250 Jahre
rechtswissenschaftlicher
Verlag C.H.Beck

1763 – 2013

250 Jahre rechtswissenschaftlicher Verlag C.H.Beck

1763 – 2013

von
Uwe Wesel

und
Hans Dieter Beck
sowie Mitarbeitern des
Verlages C.H.Beck

www.beck.de

ISBN 978 3 406 65634 7

© 2013 Verlag C.H.BECK oHG
Wilhelmstraße 9, 80801 München
Druck und Bindung: CPI – Ebner & Spiegel, Ulm
Satz: Fotosatz Amann, Aichstetten
Gestaltung: Konstanze Berner, München
Grafiken: Jörg Schäffer, München
Kartographie: Ulrich Grebe, Essen

Gedruckt auf säurefreiem, alterungsbeständigem Papier
(hergestellt aus chlorfrei gebleichtem Zellstoff)

Vorwort

Ein Verlagsunternehmen, 250 Jahre im Besitz und erfolgreich geführt von einer Verlegerfamilie, ist eine Seltenheit, die angemessen gefeiert werden muss. Dazu gehört auch eine Jubiläumsschrift; sie soll die wechselvolle Geschichte des Verlages C.H.Beck aus heutiger Sicht nachzeichnen.

Dabei waren die Rechtswissenschaft und die sonstigen geisteswissenschaftlichen Bereiche nebst Belletristik in zwei getrennten Werken zu behandeln. Die Stofffülle wäre sonst zu groß geworden.

Nun hat unser Verlag im Jahr 2007 eine Festschrift mit dem Titel «Rechtswissenschaft und Rechtsliteratur im 20. Jahrhundert» von Dietmar Willoweit und anderen Autoren erscheinen lassen. Darin wurden 100 Jahre Rechtsliteratur – insbesondere von C.H.Beck – im Zusammenhang mit der rechtswissenschaftlichen Entwicklung von namhaften Wissenschaftlern nach Sachgebieten geordnet beschrieben. Musste nun zum 250-jährigen Gründungstag erneut eine Festschrift für den juristischen Verlag erscheinen? Die Antwort lautet «ja»; denn das Interesse liegt bei einem solchen Jubiläum nicht nur auf den letzten hundert Jahren, sondern auf der gesamten Zeit von 1763 bis heute. Und es stehen bei der neuen Jubiläumsschrift nicht nur die Werke und die Autoren im Mittelpunkt, sondern das gesamte Unternehmen C.H.Beck mit seinem gesellschaftlichen Umfeld und mit seinen wirtschaftlichen Bedingungen.

Dieses Buch erscheint in einer Zeit rapider Wandlung. Das Interesse der Juristen wendet sich den Datenbanken und den Informationen aus dem Internet zu und ob die Rechtsliteratur in ihren bisherigen gedruckten Formen dominant bleiben wird, erscheint für die Zukunft jäh in Frage gestellt. Umso mehr macht es Sinn, den bis jetzt erreichten Stand der Literatur im Beck Verlag aufzuzeigen.

Diese Jubiläumsschrift wäre kaum vorstellbar, hätten wir nicht dafür den in der deutschen Rechtsgeschichte umfassend erfahrenen und anerkannten Rechtshistoriker Uwe Wesel gewinnen können. Er ist mit dem Beck Verlag durch seine «Geschichte des Rechts» sowie seine «Geschichte des Rechts in Europa» eng verbunden. Es war für ihn als einzigen Autor eine nicht mehr erfüllbare Aufgabe, den langen historischen Zeitraum von 250 Jahren zu erschließen und zugleich der großen Fülle der Werke aus der neueren Zeit gerecht zu werden. Deshalb haben Verlagslektoren bei der letzten Phase der Manuskripterstellung mitgewirkt und haben neuere Sachgebiete und Verlagswerke beschrieben. Den deutlich größten Teil, nämlich die Zeit von 1763 bis 1970, hat Uwe Wesel geschrieben. Für die Zeit danach haben – in unterschiedlichem Umfang – folgende Verlagslektoren mitgeholfen:

Anna von Bonhorst, Albert Bucholz, Dieter Burneleit, Dr. Wolfgang Czerny, Dr. Christiane Dobring, Gerald Fischer, Dr. Adrian Hans, Andreas Harm, Dr. Heino Herrmann, Matthias Hoffmann, Dr. Roland Klaes, Dr. Wolfgang Lent, Professor Dr. Klaus Letzgus, Thomas Marx, Andreas Mirbt, Dr. Rolf Müller, Philipp Mützel, Dr. Thomas Schäfer, Ruth Schrödl, Professor Dr. Achim Schunder, Stefan Tischler, Dr. Wilhelm Warth, Dr. Johannes Wasmuth, Professor Dr. Klaus Weber und Dr. Klaus Winkler.

Da für die Arbeit dieser Verlagsmitarbeiter nicht mehr viel Zeit zur Verfügung stand, muss für manche Unterlassung und für nicht optimale Verteilung der Schwerpunkte sowie die eine oder andere Ungenauigkeit um Nachsicht gebeten werden. Auch hat jeder, der am Manuskript mitgewirkt hat, einen etwas verschiedenen Formulierungsstil. Nichtsdestoweniger haben Professor Wesel und wir uns bemüht, dem Werk eine harmonische Gesamtform zu geben.

Der Verleger hat am Schluss die Entwicklung von beck-online beschrieben, hat Anmerkungen zum Gesamtunternehmen C.H.Beck gemacht und einen Ausblick in die Zukunft zu geben versucht.

München, im September 2013

Dr. Hans Dieter Beck

Inhalt

I. Einleitung. Sechs Generationen in vier Jahrhunderten 17

II. Konturen des Anfangs 19
   1. Nördlingen 19
   2. Vier Kriege und ihre Folgen 21
   3. Veränderungen im Buchhandel 26

III. Carl Gottlob, Luise, Carl Heinrich und Catharina Magdalena Beck. 1763–1846. Die Ersten 31

IV. Märzrevolution und Reichsgründung. 1848–1871 43

V. Carl und Eugenie Beck, Ernst Rohmer als Statthalter für die Söhne Carl Becks. 1846–1884. Intensivierung des Juristischen 47

VI. Kaiserreich, Weimarer Republik und Buchhandel. 1871–1933 57

VII. Oscar Beck. 1884–1924. Mit dem Umzug nach München auch juristisch etwas weiter nach oben 65

VIII. Schwabing. Arbeiter, Studenten, Literaten und Künstler 77

IX. Heinrich Beck 1924–1933. Bedeutungsverlust im Recht 81
   1. Der Vorlauf 1919–1924. Unterstützer und Teilhaber des Vaters 81
   2. 1924–1933. Die ersten Jahre als Verleger 87
   3. Heinrich Schönfelder 93
   4. Der Greif 103

X. Das «Dritte Reich» und der Buchhandel. Rechtsverwüstung und Gleichschaltung 107

XI. Heinrich Beck 1933–1945. Beginn von Größe im Juristischen und Nationalsozialistisches 111
   1. Arisierungen 111
   2. Der Verlag von Otto Liebmann 115
   3. Der Erwerb des Verlags von Otto Liebmann 131
   4. Der Verleger im «Dritten Reich» 138
   5. Einzelne Werke 156
      a) Hueck/Nipperdey/Dietz, Arbeitsorganisationsgesetz 156
      b) Stuckart/Globke, Kommentar zur Rassegesetzgebung 159
      c) Palandt, Bürgerliches Gesetzbuch 166
      d) Volkmar/Antoni u. a., Großdeutsches Eherecht, Kommentar zum Ehegesetz vom 6. Juli 1938 177
      e) Schönke, Strafgesetzbuch 179
   6. Andere Verlage mit Literatur zum Recht im «Dritten Reich» 180

XII. Westdeutsche Nachkriegszeit und ihr Buchhandel. 1945–1949 183

XIII. Entnazifizierungsverfahren gegen Heinrich Beck. JCS 1067, Militärregierungsgesetz Nr. 191 189

XIV. Aufarbeitung von Unrecht des Nationalsozialismus. Rückerstattung. Entschädigung. 201

XV. Berliner Niederlassung und Nördlinger Druckerei nach Kriegsende 1945 205

XVI. Biederstein Verlag. Statthalter für CHB 207
   1. Gustav End 207
   2. Der Anfang 1946/47 209
   3. Gründung der Neuen Juristischen Wochenschrift 215
   4. Die Wende 1948/49 217

XVII. Bauarbeiten in München und in der Nördlinger Druckerei. Ein vielseitig begabter Architekt: Roderich Fick 221

XVIII. Die Bundesrepublik und ihr Buchhandel. Unterwegs zum Wirtschaftswunder 229

Inhalt 9

XIX. Heinrich Beck in der Bundesrepublik. 1949–1970.
C.H.Beck wird größter juristischer Verlag 233
1. C.H.Beck und Biederstein Verlag 233
2. Die Ära Höller 235
3. Neue Juristische Wochenschrift, Juristische Schulung und vier andere Zeitschriften 236
4. Textausgaben 245
5. Kommentare von Palandt bis zu Thomas/Putzo und Löffler 249
6. Kommentare zum Strafrecht. Grundlage für die Zukunft 255
7. Maunz/Dürig, Grundgesetz 262
8. Lehrbücher und Studienliteratur 271
    a) Große Lehrbücher in der «Grünen Reihe» 272
    b) Juristische Kurz-Lehrbücher 293
    c) «Prüfe dein Wissen» und «Grundrisse des Rechts» 301
9. Rechtsgeschichte 303

XX. Hans Dieter Beck in der Bonner Republik. 1970–1990.
Expansion des Juristischen 309
1. Die sozialliberale Koalition und die Anfänge der Ära Kohl 309
2. Wechsel an der Verlagsspitze, Erwerb des Verlages Franz Vahlen und weitere Verlagsgebäude 311
3. Eine neue Klasse: der Münchener Kommentar zum Bürgerlichen Gesetzbuch 315
4. Die weitere Familie der Münchener Kommentare 321
    a) Handelsgesetzbuch 321
    b) Aktiengesetz 322
    c) GmbH-Gesetz 324
    d) Deutsches und Europäisches Wettbewerbsrecht 325
    e) Insolvenzordnung 326
    f) Versicherungsvertragsgesetz 326
    g) Lauterkeits-, Bilanz- und Anfechtungsrecht 327
    h) Zivilprozessordnung 327
5. Eine recht erfolgreiche Textausgabe und ein «Gelber Kommentar» zum BGB 328
6. Soziale Bewegung und andere Neuigkeiten im Privatrecht 330
    a) Mietrecht 330
    b) Arztrecht 332
    c) Nichtehelichenrecht 333
    d) Internationales Privatrecht 335

7. Weitere Entwicklungen im Zivilrecht 339
   a) Familienrecht 339
   b) Erbrecht 342
   c) Wohnungseigentumsrecht 343
   d) Gesellschaftsrecht 348
   e) Versicherungsrecht 349
   f) Bankrecht 354
   g) Wettbewerbs- und Immaterialgüterrecht 354
   h) Kartellrecht 358
   i) Vergaberecht 359
   k) Privates Baurecht 361
8. Einige Bewegung im Prozessrecht 363
9. Handbücher sowie Vertrags- und Formularbücher 365
   a) Sauter, Der eingetragene Verein 365
   b) Geigel, Der Haftpflichtprozess 365
   c) Handbuch der Rechtspraxis (HRP) 366
   d) Bärmann/Seuß, Praxis des Wohnungseigentums 366
   e) Gesellschaftsrechtliche Handbücher 366
   f) Bankrechts-Handbuch 367
   g) Weitere Handbücher 367
   h) Münchener Vertragshandbuch 368
   i) Beck'sches Formularbuch Bürgerliches, Handels- und Wirtschaftsrecht 369
   k) Beck'sches Prozessformularbuch 370
   l) Beck'sches Formularbuch für den Strafverteidiger 370
   m) Disketten und CD-ROMs in Formularbüchern 371
10. Arbeitsrecht: Rechtsliteratur für ein uneinheitlich kodifiziertes Rechtsgebiet 371
11. Das Sozialgesetzbuch und die Folgen für das Verlagsprogramm 381
12. C.H.Beck als Gravitationszentrum des Verfassungsrechts 389
13. Das Verwaltungsrecht wird immer wichtiger 396
14. Zunehmende Bedeutung des Europarechts 401
15. Festigung der Verlagsstellung im Strafrecht 406
16. Straßenverkehrsrecht 410
17. Der Weg zum steuerrechtlichen Verlag 416
   a) Erste Werke 416
   b) Gesetzesnovellen im Steuerrecht 417
   c) Gesetzestextausgaben und Veranlagungshandbücher 419

d) «Deutsches Steuerrecht (DStR)» und weitere Zeitschriften 420
e) Steuerrecht bei Franz Vahlen 422
f) Steuerrechtskommentare in der Gelben Reihe 423
g) Die Blaue Reihe der «Beck'schen Steuerkommentare» 427
h) Wassermeyer, Doppelbesteuerung 430
i) Beck'scher Bilanz-Kommentar 430
k) Die Blaue Handbuchreihe 431
l) Internationales Steuerrecht 431
m) Beck'sches Steuerberater-Handbuch 432
n) Küttner, Personalbuch 433
o) Resümee 433
18. Die Studienliteratur wird lebendiger 433
a) Prüfe dein Wissen (PdW) 435
b) Kurz-Lehrbücher 436
c) JuS-Schriftenreihe 438
d) Grundrisse des Rechts 439
e) Juristischer Studienkurs 442
f) Grundkurse 442
g) Lernbücher Jura 443
h) Juristische Fall-Lösungen 443
i) Studienkommentare 444
k) Beck'sche Examinatorien 444
l) Jurakompakt 444
m) Lehrbücher im Verlag Franz Vahlen 445
n) Lehrbücher von Heymanns, Luchterhand & Co. im Verlag Franz Vahlen 445
19. Große Leistungen in der Rechtsgeschichte 448
20. «Neue» Zeitschriften entstehen in den achtziger Jahren und später fast eine Explosion 458
a) Die «N»-Zeitschriften 460
b) Weitere Zeitschriften-Neugründungen 464
c) Übernahmen von anderen Verlagen 464
d) Rechtsprechungs-Reporte (RR) 465
e) Zeitschriften bei Vahlen und Nomos 465
f) Jüngste Entwicklungen 465

XXI. Deutschlands Vereinigung und Zerfall des Ostblocks. Entstehung von Rechtsstaaten im östlichen Mitteleuropa 467

XXII. **Hans Dieter Beck in der Berliner Republik. 1990–2013.**
Die Expansion wird noch größer 471
  1. Das Ende der DDR und die Folgen für den Verlag 471
  2. Aufbruch ins östliche Mitteleuropa 476
     a) Verlagsgründung in Warschau 476
     b) Verlagsgründung in Prag 481
     c) Der Verlag «All Beck» – Erwerb einer Beteiligung in Rumänien und später eine Art Neugründung 484
  3. Erwerb von Nomos und anderen Verlagen 486
  4. «Beck International» – das englischsprachige Programm des Verlages 488
  5. Neue oder grundlegend veränderte Rechtsgebiete 491
     a) Informationstechnologie, Telekommunikation, Datenschutz 491
     b) Energierecht 497
     c) Compliance 501
  6. Neues auf dem Handbuchmarkt: Anwaltsbücher und weitere Formularbuchreihen 503
     a) Handbücher speziell für den Anwalt 503
     b) Formularbücher 507
  7. Rote Kommentarreihe 509
  8. Rechtsliteratur für Nichtjuristen 512
  9. BeckAkademie Seminare 513
  10. Die neue Form des Kommentars: der BeckOK (Beck'scher Online-Kommentar) 516

XXIII. **beck-online – die Datenbank.**
Publizieren in der digitalen Welt *(von Hans Dieter Beck)* 521
  1. Rückblick auf die Entwicklung 521
  2. Die neuere Entwicklung. Erreichter Stand 525
  3. beck-online. Chancen und Risiken 529
  4. Zur Zukunft der Bücher 532

XXIV. **Die Beck'sche Unternehmensgruppe.**
Synergien *(von Hans Dieter Beck)* 535
  1. Die Nördlinger Druckerei 535
  2. Die Buchhandelsgruppe Schweitzer Fachinformationen 536
  3. Auslandsverlage 538

XXV. Dank und Ausblick *(von Hans Dieter Beck)* 541

Anhang 1: Kaufvertrag über den Erwerb des Verlages von Otto Liebmann vom 12. Dezember 1933 545
Anhang 2: Spruchkammerentscheidung («Spruch») vom 1. Oktober 1947 betreffend das Entnazifizierungsverfahren gegen Dr. Heinrich Beck 551

Literaturhinweise 559
Abbildungsnachweis 573
Personenverzeichnis 575
Zur Person des Autors 591

Veröffentlichungen des Verlags zu seiner Geschichte und Arbeit:

Verlagskatalog der C.H. Beckschen Verlagsbuchhandlung Oscar Beck in München 1763–1913. Mit einer geschichtlichen Einleitung, 1913 (zitiert: Oscar Beck 1913)

Der Aquädukt. Ein Jahrbuch. Herausgegeben im 175. Jahr der C.H. Beck'schen Verlagsbuchhandlung, 1938 (zitiert: Heinrich Beck 1938)

Festschrift zum zweihundertjährigen Bestehen des Verlages Beck 1763–1963, 1963 (zitiert: Heinrich Beck 1963)

Der Aquädukt 1963. Im 200. Jahre ihres Bestehens herausgegeben von der C.H. Beck'schen Verlagsbuchhandlung, 1963

Drei Reden, Festgabe zum 80. Geburtstag von Heinrich Beck, 1969 (zitiert: Heinrich Beck 1969)

Die C.H. Beck'sche Buchdruckerei Nördlingen in den Jahren 1945 bis 1979, 1980 (am Ende mit einer Stammtafel der Familie Beck, Auszug; zitiert: Albert Heinrich 1980)

Juristen im Porträt. Verlag und Autoren in 4 Jahrzehnten. Festschrift zum 225jährigen Jubiläum des Verlages C.H. Beck, 1988 (zitiert: Hans Dieter Beck 1988, sonst: Juristen im Portrait)

Der Aquädukt 1763–1988. Ein Almanach aus dem Verlag C.H. Beck, 1988 (zitiert: Wolfgang Beck 1988)

Einladung ins 18. Jahrhundert. Ein Almanach aus dem Verlag C.H.Beck, 1988

Bibliographie Verlag C.H.Beck 1913–1988. Biederstein Verlag 1946–1988. Verlag Franz Vahlen 1970–1988. Bearbeitet von Albert Heinrich, 1988

Rechtswissenschaft und Rechtsliteratur im 20. Jahrhundert. Mit Beiträgen zur Entwicklung des Verlages C.H.Beck, herausgegeben von Dieter Willoweit, 2007 (zitiert: Rechtswissenschaft und Rechtsliteratur)

Hermann Weber, Juristische Zeitschriften des Verlages C.H. Beck. Von den Anfängen im 19. Jahrhundert bis zum Zeitalter der elektronischen Medien, 2007

Verlagsarchiv

Das Archiv des Verlags ist am Ende des Zweiten Weltkriegs zerstört worden. Es gibt aber Unterlagen über den Erwerb des Verlags von Otto Liebmann, die nach dem Ende des Kriegs aus Berlin nach München gebracht worden sind (vgl. S. 131), und eine Abschrift des Kaufvertrags über diesen Verlag in der Akte des Staatsarchivs München zum Entnazifizierungsverfahren gegen Heinrich Beck, die auf S. 545 ff. wiedergegeben ist.

I. Einleitung
Sechs Generationen in vier Jahrhunderten

Damals gab es noch das Heilige Römische Reich Deutscher Nation, 1763, als der dreißigjährige Carl Gottlob Beck im schwäbischen Nördlingen am 9. September die kleine Mundbach'sche Druckerei mit Verlag und Buchhandlung gekauft und übernommen hat. Der siebenjährige Krieg war gerade beendet, Mitte Februar im Frieden von Hubertusburg, mit dem der Preußenkönig Friedrich seinen Raub Schlesiens von 1740 gesichert und den Nachnamen «der Große» erworben hatte. Dieser Krieg mit seinen Kämpfen und Unruhen im preußisch besetzten Sachsen könnte der Grund gewesen sein, warum Carl Gottlob Beck, vormals Buchhandlungsgehilfe in Leipzig, die Stadt einige Zeit vorher verlassen hatte und über Regensburg, wo er danach kurz lebte, nach Nördlingen gekommen war.

Hier in Nördlingen blieben die Becks noch 126 Jahre. Sie wurden allmählich erfolgreich trotz einiger auch finanzieller Schwierigkeiten am Anfang des 19. Jahrhunderts durch die napoleonischen Kriege, eine radikale Veränderung des Buchhandels und das von Napoleon 1806 erzwun-

Gedenkmedaille auf den Frieden von Hubertusburg nach einem zeitgenössischen Kupferstich.

gene Ende des Alten Reichs, das die kleine schwäbische Reichsstadt zu einem Teil des bayerischen Königreichs machte (S. 19 ff.).

1889 zog Oscar Beck, der Urenkel Carl Gottlobs, mit Verlag und Familie nach Schwabing, das wenig später Stadtteil von München wird. Die Druckerei mit den vielen Leuten blieb in Nördlingen. Dort ist sie heute noch. Inzwischen gab es seit 1871 wieder ein Deutsches Reich. Das Unternehmen C.H. Beck wurde größer, auch seine juristische Produktion, denn nun entstanden viele neue Gesetze in ganz Deutschland wie das Reichsstrafgesetzbuch oder das BGB. Der Verlag lebte zu einem guten Teil von der Produktion solcher Gesetzestexte in den damals allgemein bekannten kleinen roten Beck'schen Bändchen.

Seit dem Umzug von Nördlingen sind die Becks nun bereits 124 Jahre in Schwabing. 126 Jahre Nördlingen plus 124 Jahre Schwabing ergibt 250 Jahre. Das dürfte selten sein in der Bundesrepublik, ein großes Unternehmen, zugleich größter juristischer Verlag des Landes, und nicht nur zweieinhalb Jahrhunderte im Eigentum einer Familie, sondern auch immer noch unter ihrer aktiven Leitung. Ihre Geschichte wird nun erzählt. Dies geschieht mit dem Schwerpunkt der juristischen Produktion. Ab 1949 wird überhaupt nur noch der juristische Verlagsteil beschrieben. Er ist seitdem der dominante Bereich des Verlages. Für ihn hat Hans Dieter Beck 1970 die Verantwortung übernommen, 1972 sein jüngerer Bruder Wolfgang die für den geisteswissenschaftlichen Teil des Verlags. Die beiden sind nach Carl Gottlob Beck die sechste Generation der Familie. Sie begann im 18. Jahrhundert und ist nun über das 19. und 20. mit dem 21. im vierten Jahrhundert angekommen. Das soll ihr mal einer nachmachen.

Die bekanntesten noch existierenden Verlage aus dem 17. und 18. Jahrhundert sind Cotta, Metzler, Vandenhoeck & Ruprecht, Goeschen und Perthes. Cotta, 1659 gegründet, war 230 Jahre im Eigentum der Familie, wurde dann von Kröner und schließlich von Klett übernommen. Metzler, gegründet 1682, blieb 224 Jahre bis 1906 im Familienbesitz und gehört heute über einige Umwege zu Holtzbrink. Vandenhoek & Ruprecht in Göttingen gehörte von 1735 bis 1787 der Familie Vandenhoek und seitdem Carl Friedrich Günther Ruprecht, dessen Nachkommen bis heute Alleingesellschafter sind. Dieser Verlag veröffentlicht auch juristische Bücher, aber die Familie ist nicht mehr in der Geschäftsführung. Goeschen wurde 1785 gegründet, war der Verlag von Goethe und Schiller, ging 1838 zu Cotta und wurde 1912 von de Gruyter übernommen. Perthes, von 1796 bis 1890 im Familienbesitz, ist 1937 aufgelöst worden. So bleibt C.H.Beck der einzige Verlag, der seit 250 Jahren einer Familie gehört und immer noch von ihr geleitet wird.

II. Konturen des Anfangs
Die Stadt, vier Kriege und der Buchhandel in Deutschland

1. Nördlingen

Die schwäbische Stadt, in der Carl Gottlob Beck und die nächsten drei Generationen seiner Familie mit dem Unternehmen von 1763 bis 1889 lebten, ist die südlichste der drei mittelalterlichen Orte an der heute so genannten «Romantischen Straße», Rothenburg ob der Tauber, Dinkelsbühl und eben: **Nördlingen**. Es hat heute noch eine rundum begehbare Stadtmauer mit Wehrgang aus dem 14. Jahrhundert. Alles überragt der riesige Turm – Daniel genannt – der Kirche St. Georg, einer der wichtigsten spätgotischen Hallenkirchen Süddeutschlands. 1538 wurde Nördlingen evangelisch durch Beschluss seines Rats. Die schweren Verwüstungen des Dreißigjährigen Kriegs (1618 bis 1648) waren zur Zeit Carl Gottlob Becks nur zum Teil wieder gutgemacht. Das zeigen die Einwohnerzahlen.

1600: 8700
1700: 5400
1800: 5600
1900: 8300

Einwohnerzahlen von Nördlingen

Auch die Verfassung blieb ungünstig, die der katholische Kaiser Karl V. 1552 in den ersten Religionskriegen der ungeliebten evangelischen Reichsstadt aufgezwungen hatte und die sich unter den katholischen Habsburgern bis zum Ende des Alten Reichs nicht mehr ändern ließ. Seitdem war die für eine Weiterentwicklung wichtige Mitwirkung der Zünfte im Stadtrat beseitigt und ersetzt durch erbliche Patrizier, die alle Ämter unter sich aufteilten. Das verstärkte den allmählichen wirtschaftlichen und politischen Abstieg der kleinen Stadt, der auch verursacht war durch die Verlagerung des Handels nach Norddeutschland seit der Entdeckung Amerikas. Das Leben erstarrte hier in alten Formen ähnlich wie im ganzen Reich, das 1806 endete.

Die Enge der Verhältnisse in Nördlingen beschrieb der wichtigste Autor Carl Gottlob Becks, Wilhelm Ludwig Wekhrlin, nach seiner Ausweisung aus der Stadt 1784:

«25 Leser, 1 Schreiber und 2 Denker machen die Republik der Vernunft zu Nördlingen aus. Dabei ist kein Musäum, keine Bibliothek, keine einzige

II. Konturen des Anfangs

Ansicht von Nördlingen aus «Merkwürdigkeiten der Stadt Nördlingen nebst einer Chronik mit lythographischen Zeichnungen» von «Johannes Müller, Maler und Antiquar. Druck und Verlag von Karl Heinrich Beck, 1824.»

Hilfsquelle vorhanden. Es giebt Etwas, das man die Schulbibliothek nennt. Sie ist aber in dem Zustand, in welchem Karl Martell die Visigothische Bibliothek zu Rom fand. Zu Nördlingen findet man weder einen Geomether, noch einen Physiker, noch einen Sprachmeister, noch einen mechanischen Künstler. Die Stadt kennt kein Theater, keinen Klubb; selbst ein Kaffehauß, dieser allgemeine Gesellschaftspunkt der großen wie der kleinen Städte, fehlt ihr. Es ist lediglich nichts für den Geist gethan.»

So etwa wird es gewesen sein, auch wenn Wekhrlin im Zorn geschrieben hat und mit Häme. Dann aber machten die Franzosen 1789 eine Revolution, die erste, die der Beck'sche Verlag miterlebte, und mit den französischen Revolutionskriegen wurde die Stadt vom Krieg gestreift, sah einmal sogar den Mann in ihren Mauern, der damals Weltgeschichte gemacht hat, den Kaiser Napoleon im dritten dieser Kriege. Ihre politische Situation ist in jener Zeit grundlegend verändert worden. So erlebten es auch diejenigen der Verlegerfamilie Beck, die in der hier beschriebenen Zeit vor 1848 Inhaber des Verlags gewesen sind, nämlich

Carl Gottlob Beck, 1763 bis 1802,
Luise Beck, 1802 bis 1815,
Carl Heinrich Beck, 1815 bis 1834 und
Catharina Magdalena Beck, 1834 bis 1846.

2. Vier Kriege und ihre Folgen

Schon im **ersten Revolutionskrieg** (1792–1797) gab es in Nördlingen Truppendurchzüge in Richtung Frankreich, das den Krieg aus eher innenpolitischen Gründen begonnen hatte mit einer Kriegserklärung gegen Österreich, dem sich Preußen als Verbündeter angeschlossen hatte, beide unterstützt durch die Reichsarmee. 1795 sind es einige Hundert französische Kriegsgefangene gewesen, die in der Stadt untergebracht werden mussten. 1796 zog der österreichische Oberbefehlshaber in die Stadt, nahm dort sein Quartier mit seinem Gefolge und vielen Generälen, verteilte seine Armee rund um Nördlingen, die schonungslos in dessen Gärten hauste, und ist eine Woche später weitergezogen. Eine kostspielige Angelegenheit für die kleine Stadt. Dann fand in der Nähe eine Schlacht statt, die er verlor. Nun kamen die Franzosen und kauften ein in den Geschäften Nördlingens, oft ohne Bezahlung. Schließlich war ein Teil der siegreichen Armee des Generals Moreau in der Stadt. Deren Soldaten benahmen sich besser und sind fast unter Tränen verabschiedet worden. Nach dem Frieden von Campo Formio – zwischen Venedig und Triest – ist es wieder ruhig geworden in Nördlingen.

Von 1799 bis 1802 fand der **zweite Krieg** Frankreichs gegen Österreich, Russland und England statt, nun schon unter Führung Napoleons mit seinem berühmten Sieg bei Marengo in Oberitalien und dem des Generals Moreau bei Hohenlinden östlich von München, beide im ersten Jahr und gegen die Österreicher. Preußen war neutral geblieben. 1801 kam der Frieden von Lunéville – in Lothringen zwischen Nancy und Straßburg – mit Österreich und Russland und 1802 in Amiens mit England. Österreich verlor viele Gebiete. Dieser Frieden führte zum so genannten **Reichsdeputationshauptschluss**, offiziell ein Beschluss des Reichstags, aber schon jetzt weitgehend diktiert von Napoleon. In ihm sind 1803 diejenigen deutschen Fürsten entschädigt worden, die durch die Eroberungen der Franzosen auf der linken Seite des Rheins Gebiete verloren hatten. Bayerns Verluste waren im Wesentlichen die linksrheinischen Teile der Pfalz. Außerdem musste es an Baden die rechtsrheinische Pfalz um Mannheim und Heidelberg abtreten. Es erhielt einen ziemlich guten Ersatz, wurde für den Verlust von 200 Quadratmeilen und 730 000 Einwohnern entschädigt mit 288 Quadratmeilen und 843 000 Einwohnern. Andere, wie Preußen, erhielten prozentual mehr.

Die Wiedergutmachung für Bayern bestand zum größten Teil aus geistlichen Herrschaften, die säkularisiert, also normales bayerisches Staats-

II. Konturen des Anfangs

gebiet wurden. Außerdem kamen für den Staat vierzehn freie Reichsstädte dazu. Ihre selbständige Freiheit ist aufgehoben worden und ihre Bürger waren nun bayerische Untertanen. Eine dieser Städte ist Nördlingen gewesen und in seiner Umgebung waren es Dinkelsbühl, Rothenburg ob der Tauber, Weißenburg und Windsheim. Nördlingen gehörte zu Schwaben, die anderen zu Franken. Alle waren evangelisch, nur Dinkelsbühl hatte ein Drittel Katholiken.

Inzwischen hatte ein Wechsel in der Herrschaft über Bayern stattgefunden. Bis 1799 war es Kurfürst Karl Theodor gewesen, ein Wittelsbacher aus der Linie Pfalz-Sulzbach, der in Bayern sehr unbeliebt war, nicht nur, weil er aus der Pfalz kam, sondern wegen der allgemein schlechten Situation des Landes unter seiner Herrschaft. Nachdem er 1799 gestorben war, zog sein Erbe aus der einzig übrig gebliebenen Wittelsbacher Nebenlinie Birkenfeld-Zweibrücken als **Kurfürst Max Joseph** auf einer Woge der Begeisterung in München ein, begleitet von seinem wichtigsten Minister Maximilian Graf Montgelas. Der hatte ihm schon 1796 im Ansbacher Exil einen Plan für Reformen in Bayern vorgelegt, die dann weitgehend durchgeführt worden sind.

Aluminiumstandbild für Montgelas auf dem Promenadeplatz in München von Karin Sander (2005).

Maximilian Montgelas war beeinflusst von den Ideen der französischen Revolution, auch wenn er ihre Gewaltexzesse mit Sorge sah. Wie die preußischen Reformer Karl vom Stein und Karl August von Hardenberg nach der Niederlage gegen Napoleon in Jena und Auerstedt 1806 hat er schon zehn Jahre früher nach der Vertreibung seines Fürsten aus der Pfalz Ähnliches als «Reform von oben» in einem Plan für Herzog Max vorgeschlagen. Dies geschah zum Teil mit Änderungen für die Zukunft in Bayern, die in Preußen schon im 18. Jahrhundert durchgesetzt worden waren. Dazu zählte der Aufbau eines beruflich ausgebildeten, vom Staat ausreichend besoldeten und nicht mehr von Gebühren der Bürger und Gnadengeschenken des Fürsten abhängigen und außerdem auch noch korrupten Beamtentums.

Die wichtigsten anderen Vorschläge dieses «Ansbacher Mémoire» von 1796 waren eine Neuordnung der Zentralregierung mit klarer Trennung der Kompetenzen von Ministern nach den für sie vorgesehenen Aufgaben wie Außenpolitik, Finanzen oder Militär, Gleichheit der Besteuerung. Die Folgen waren Abschaffung von Privilegien des Adels, Wegfall der Binnenzölle, also Einführung eines einheitlichen Wirtschaftsraums, eine neue Verwaltungseinteilung von Kreisen nach dem Vorbild der französischen Départements, Auflösung der Grundherrschaft («Bauernbefreiung»), Reform des Zivilrechts, Humanisierung des Strafrechts, Verbesserung der Gerichtsverfassung, Reform der Universitäten und Schulen, Pressefreiheit und schließlich Zugang aller, auch der Nichtadligen, zu Staatsämtern. Sehr viel davon ist in den 17 Jahren der engen Zusammenarbeit zwischen Max Joseph und seinem ersten Minister verwirklicht worden, bis Montgelas 1817 auf Grund von Intrigen des Kronprinzen Ludwig entlassen wurde, der später König Ludwig I. geworden ist. Aber diese 17 Jahre reichten, um für Bayern die Grundlagen eines modernen Verfassungsstaats zu schaffen.

Der **dritte Krieg** (1805), England, Russland und Österreich gegen Frankreich, in dem Napoleon schon seit 1804 Kaiser der Franzosen war, und mit der «Dreikaiserschlacht» bei Austerlitz – gegen Österreicher und Russen – den Sieg für sich entschieden hatte, brachte Bayern zusätzliche Gebiete im Frieden von Pressburg (an der Donau, östlich von Wien, in der heutigen Slovakei). Denn Max Joseph und Montgelas hatten sich nach manchen Bedenken für ein Bündnis mit Napoleon entschieden, um sich gegen Österreich zu schützen, das seit langem Pläne hatte, Bayern zu annektieren. Außerdem wurde Max Joseph von Napoleon zum König ernannt. Bayern erhielt außer anderen Gebieten des heutigen Österreich die bis dahin preußische Markgrafschaft Ansbach und außerdem Augsburg, das damit seine Stellung als freie Reichsstadt verlor.

Auf dem Weg von Frankreich nach Böhmen zur Schlacht bei Austerlitz kam im Oktober 1805 Kaiser Napoleon für eine Übernachtung ins Haus des Deutschen Ordens nach Nördlingen, «auf einem Schimmel», berichtet der Chronist, «ganz einfach und prunklos in dunkelblauer, mit weiß und roten Aufschlägen versehenen Uniform» und riesigem Gefolge. Es war ein Ereignis für die Bürger. Die riefen «Vive l'Empereur» und seufzten unter der Last der Einquartierungen.

Dem für Napoleon großen Erfolg im dritten Krieg folgte auf seine Weisung 1806 die Bildung des **Rheinbunds** unter seinem Protektorat, dem Bayern und Württemberg im Süden angehörten und einige nord- und mitteldeutsche Staaten. Deutschland war nun viergeteilt in Österreich, Preußen, den Rheinbund und einen Rest unter anderem mit den drei norddeutschen Hansestädten Bremen, Hamburg und Lübeck. Napoleon, auf dem Weg zur Eroberung ganz Europas, hatte das alte Deutsche Reich zerstört, sein letzter Kaiser Franz II. trat von diesem Amt zurück und regierte weiter als Kaiser von Österreich.

Im **Vierten Krieg** (1806/07) wurde Preußen in der Schlacht bei Jena und Auerstedt besiegt. König Friedrich Wilhelm III. floh mit seiner auch vom Volk geliebten Königin Luise nach Ostpreußen. 1807 unterschrieb er in Tilsit, nordöstlich von Königsberg, den für Preußen harten Friedensvertrag, in dem aber immerhin die Weiterexistenz des Staates bestätigt wurde. In Bayern waren es Max Joseph und Montgelas, die unter anderem 1808 ihr Land in 15 Kreise einteilten nach dem Vorbild der heute noch existierenden französischen Départements. Nördlingen wurde Teil des Kreises Oberdonau mit der Verwaltung in Ulm, das 1810 zu Württemberg kam. Eichstädt wurde Hauptstadt des Kreises. Nach der Neueinteilung Bayerns auf dem Wiener Kongress 1814/15 kam Nördlingen zum fränkischen Kreis Rezat mit der Regierung in Ansbach und 1837 endlich zum Regierungsbezirk Schwaben mit dem Zentrum in Augsburg.

Inzwischen hatte der große Napoleon seinen großen Fehler gemacht, 1812 mit einer Riesenarmee Russland überfallen, darunter auch viele Bayern im Rahmen des Rheinbunds, kam bis Moskau, musste wegen des vorzeitig eintretenden harten Winters den Rückzug antreten unter großen Verlusten seiner Armee, die in der Schlacht an der Beresina endgültig zerschlagen wurde, kam von Frankreich mit einer neuen zurück, musste nun gegen ein Bündnis von Preußen, Österreich und Russland kämpfen und verlor 1813 bei Leipzig die größte Schlacht seines Heeres. Auch Bayern hatte schnell noch die Seiten gewechselt, war dabei, als die alliierten Truppen 1814 in Paris einmarschierten. Napoleon dankte ab, wurde von den Alliierten als Kaiser von Elba auf die Mittelmeerinsel versetzt, kam während des Wiener Kongresses wieder nach Frankreich zurück, stellte eine neue Armee auf, verlor seine letzte große Schlacht bei Waterloo in Belgien südlich von Brüssel gegen Engländer und Preußen, dankte wieder ab und wurde von den Engländern auf ihre Atlantikinsel St. Helena gebracht, wo er 1821 gestorben ist, 52 Jahre alt.

Der Krieg gegen ihn wurde 1813/14 als Befreiungskrieg von der napoleonischen Fremdherrschaft geführt und hatte in Deutschland zur Folge, dass ein neues Nationalgefühl entstand. Das geschah nicht nur in Preußen, auch in den anderen Staaten wie Bayern, mit seinen positiven und negativen Folgen und dem Streben nach deutscher staatlicher Einheit, das 1848 seinen ersten Höhepunkt erreichte (siehe S. 43 f.).

Nach der Entlassung Montgelas' wurde 1818 ein Gemeindeedikt erlassen, das die gemeindliche Selbstverwaltung zum Teil wiederherstellte, aber unter strenger Staatsaufsicht. Im selben Jahr verkündete König Max die früheste der süddeutschen Verfassungen mit ersten Andeutungen von Gewaltenteilung und Menschenrechten. Er starb 1825. Sein Sohn und Nachfolger Ludwig I. wurde ein «Selbstherrscher», der keinen Montgelas neben sich duldete. Dessen Minister hatten seinen Anordnungen zu folgen, obwohl der König mit gutem Blick zum Teil hervorragende Männer berufen hatte. Er war eben König und nicht ein «Organ des Staates». Zur Tragödie wurde sein Verhältnis mit einer schönen irischen Tänzerin, die sich Lola Montez nannte und 25 Jahre alt war. Es begann 1846. Im Gegensatz zu früheren Favoritinnen nahm sie Einfluss auf seine Politik, besonders auf die Personalpolitik. Als die Sache öffentlich wurde, schlug seine Haltung in Starrsinn um. Obwohl sie von der adligen Gesellschaft abgelehnt wurde, verlangte sie eine Standeserhöhung mit Staatsangehörigkeit, nachdem die Stadt München die Verleihung des Bürgerrechts abgelehnt hatte. Gegen Widerstände im Staatsrat und der Minister hat der sechzigjährige Ludwig diese Statuswünsche durchgesetzt und sie zur Gräfin von Landsfeld ernannt. Diese Affäre mit vielen weiteren Einzelheiten war ein entscheidender Grund für seine Abdankung in der Märzrevolution 1848.

Handwerk und Gewerbe blieben in Nördlingen nach dem Erlöschen ihrer Blüte im Mittelalter noch lange unterentwickelt. Größter Bereich war die Loden- und Leinenweberei. Seit dem 18. Jahrhundert ist sie in Not gewesen. In der zweiten Hälfte des 19. Jahrhunderts entstanden einige kleine Fabriken, die mit Maschinen produzierten. Im Durchschnitt hatten sie zehn Mitarbeiter. 1877 war das Beck'sche Unternehmen mit 38 Arbeitern immer noch das größte der Stadt und blieb es mit seiner Druckerei bis in die Zeit der Bundesrepublik.

Nachdem Napoleon den Krieg gegen Russland und zuletzt die Schlacht von Waterloo verloren hatte, beschloss 1815 der Wiener Kongress die «Neuordnung Europas», die aber nur die alte war, nämlich die Herrschaft von Monarchen. Der Deutsche Bund wurde gegründet. Er war kein Bundesstaat, wie ihn die deutschen Liberalen wollten und auch nicht wenige in Nördlingen, einer der evangelischen Enklaven im katholischen Bayern. Der Vormärz begann, die Zeit vor der Märzrevolution 1848. Das hieß äußerer Frieden mit gewaltsam erzwungener Ruhe durch Unterdrückung aller nationalen und liberalen Bewegungen und schärfere Zensur für Presse und Bücher als je zuvor. Soviel zu jener Zeit in der die Ersten der Familie

Beck Verleger in Nördlingen gewesen sind, Carl Gottlob, nach ihm seine Witwe Luise, dann sein Sohn Carl Heinrich und nach dessen Tod Catharina Magdalena Beck.

3. Veränderungen im Buchhandel

Carl Gottlob Beck begann 1763 in einer Zeit großer Veränderungen des Buchhandels, der zweiten Welle nach der ersten ein Jahrhundert vorher. Bei der ersten ging es um die Vorherrschaft der Buchmessen Frankfurt und Leipzig, beide entstanden am Beginn der frühen Neuzeit aus den allgemeinen Messen des Mittelalters. Seit 1500 war die Frankfurter die wichtigste. Sie blieb es noch einige Zeit nach dem Dreißigjährigen Krieg 1618/1648, wurde dann aber überholt von der Leipziger, die um 1680 die Höhe der Alleinherrschaft im deutschen Buchhandel erreichte.

Das hatte mehrere Gründe. Frankfurt war eine internationale Messe für die in Europa allgemein verbreitete lateinische Literatur, im Wesentlichen zur katholischen Theologie und für gelehrte Bücher. Durch den Dreißigjährigen Krieg wurde nicht nur die Internationalität weitgehend zerstört. Dazu kam, dass im 17. Jahrhundert überall die Produktion von Büchern in der Landessprache zunahm. Seit 1690 übertraf sie auch bei uns in Deutschland die lateinische. Die «schöne Literatur» verstärkte im 18. Jahrhundert die Entstehung der deutschen Nationalliteratur für ein bildungsbürgerliches Publikum, das durch die Aufklärung im 17. und 18. Jahrhundert entstanden war. Um 1800 hatte diese Literatur die Neuerscheinungen der Theologie vom bisher ersten Platz verdrängt. Nicht nur deshalb büßte Frankfurt seinen Vorrang ein, vielmehr auch durch die schwindende Bedeutung von Kaiser und Reich und dadurch, dass seine kaiserlichen Privilegien nicht mehr beachtet wurden, überlagert durch die Souveränität der Landesfürsten. So wurde Leipzig die Messe für die nun überwiegend deutschsprachigen Bücher, die hauptsächlich in protestantischen Gebieten erschienen, nicht nur in Sachsen. Also: Leipzig war wichtig für den ersten Verleger der Familie Beck, Carl Gottlob, der protestantisch war wie seine Nachkommen. Dort lebte er in seiner Lehr- und Wanderzeit als Buchhandlungsgehilfe und ging dann über die Zwischenstation Regensburg ins protestantische Nördlingen.

Seit dem Dreißigjährigen Krieg gab es noch etwas, das Carl Gottlob Becks Arbeit bestimmte: den Tauschhandel des Barockzeitalters. Nach diesem Krieg war nämlich entstanden, was man Merkantilismus nennt, vom lateinischen mercari abgeleitet, Handel treiben. Es war eine staatliche Wirtschaftslenkung durch die absolutistischen Fürsten, die nach den Kriegsverwüstungen die Wirtschaft wieder aufbauten. Das geschah in erster Linie, um ihre militärische Stärke zu erhalten, wiederherzustellen und zu vergrößern. Die beiden wichtigsten Prinzipien des Merkantilismus: Erstens, das Geld soll im Land bleiben. Zweitens, es soll noch möglichst viel von außen dazukommen. Deshalb wollten die Fürsten möglichst wenig Import, für den man nach außen zahlen muss, den sie also mit hohen Zöllen niedrig hielten, und möglichst viel Export, der Geld ins Land bringt. Damit stand der Buchhandel besonders in Deutschland wegen der vielen Einzelstaaten vor einem existenzgefährdenden Problem. Denn er war ein gegenseitiger Import und Export zwischen ihnen, der nun durch die merkantilistische Politik fast unmöglich gemacht wurde. Aber die Buchhändlerverleger fanden einen Ausweg: den Tauschhandel. Der war ein Verrechnungsverfahren, mit dem man den Geldverkehr weitgehend vermeiden konnte. Und das ging so:

Auf den Messen in Leipzig und Frankfurt wurden ihre Neuerscheinungen ohne Rücksicht auf den Inhalt bogenweise getauscht, sozusagen nach Gewicht. Das hatte den großen Vorteil, dass der Einsatz von Betriebskapital niedrig gehalten wurde. Man handelte mit ungebundenen Druckbogen, weil der Transport von gebundenen Büchern zu teuer gewesen wäre. Der Buchhandel dieser Zeit war «gewissermaßen ein einziger großer Genossenschaftsverlag» und die Messe «die Genossenschafterversammlung, auf der jeder seine Erzeugnisse vorlegte und einlieferte und seinen Anteil aus der Gesamterzeugung für seinen Vertrieb auswählte und übernahm» (Gerhard Menz). So konnte die gesamte Produktion bis in die entferntesten Gegenden umgewälzt werden. Dem Universalverlag entsprach ein Universalbuchhandel, zumal das Verfahren auch außerhalb der Messen von Verleger zu Verleger stattfinden konnte. Wenn die Tauschrechnung nicht glatt aufging, wurde der finanzielle Saldo zwar notiert, der Ausgleich aber oft Jahre lang aufgeschoben. Diese Lösung zur Umgehung des Merkantilismus hatte aber auch einen Nachteil. Die Gewölbe der Verlegerbuchhändler füllten sich mit Tausenden ungebundener Bogen, die durch Überalterung schnell an Wert verloren. Auch war eine eigenständige verlegerische Politik schwierig. Jede Spezialisierung auf wenige Sachbereiche würde die Chancen beim Tauschhandel verringert haben. Der Buchhandel wurde betrieben durch «Köpfe, die oft über ebenso wenig Kapital wie Vorkenntnisse verfügten» (Reinhard Wittmann) und viel Überflüssiges druckten.

Daniel Chodowiecki, Werke der Finsternis (1781). In der Mitte der gut gekleidete Nachdrucker, der den rechtmäßigen Verleger bis aufs Hemd ausgezogen hat, während zwei Helfeshelfer dessen Rock zerteilen. Links fliehen andere ausgeraubte Buchhändler, vorne schläft Justitia.

Deshalb bekamen sie Konkurrenz durch Kollegen, die dynamischer waren, bereit zum Risiko und zur Spekulation, besonders in Sachsen. An ihrer Spitze standen Leipziger Großverleger, die mit zunehmendem Erfolg den Tauschverkehr verließen und ihre Produkte nur gegen Barzahlung verkauften. Der Nettohandel entstand, der die zweite Welle einleitete. Sein Großfürst war Philipp Erasmus Reich, seit 1745 Geschäftsführer des Leipziger Verlags Weidmann mit festem Gehalt und deshalb besonders forsch und wagemutig. Seine traditionellen Kollegen sahen «jetzt mit Furcht und Bangen ein ihrem buchhändlerischen Wesen völlig fremdes ‹kaufmännisches› Zeitalter anbrechen» (Johann Goldfriedrich). Das hing auch zusammen mit der Wende im 18. Jahrhundert zu Industrialisierung und Kapitalismus, Demokratisierung und der Entwicklung weg von der ständischen zur bürgerlichen Gesellschaft. Leipzig wurde Mittelpunkt der Aufklärung im

Buchhandel auch durch eine liberale Zensur, staatliche Förderung und frachtfreie Lieferung.

Jedoch, diese schöne kapitalistische Medaille hatte ebenfalls eine Kehrseite. Sie hieß Nachdruck. Es gab ja noch kein Urheberrecht. Nachdruck war die Antwort des kapitalschwachen Buchhandels außerhalb Sachsens. Daran beteiligte sich vielleicht auch der junge Carl Gottlob Beck in Nördlingen. Der hatte hochkarätige Literatur in seiner Buchhandlung. Das ergibt sich zum Beispiel aus einer Anzeige in den von ihm herausgegebenen «Nördlingischen Wöchentlichen Nachrichten» vom 10. März 1775, in der er anbot:

«Leiden des jungen Werther, 2 Theile, Oktav, 1775, 54 Kreuzer
Dasselbe Buch, Oktav, 1775, 30 Kreuzer
Klopstocks Meßias, 4 Bände, Großoktav, 1773 und 74, 2 Gulden 30 Kreuzer»

«Dasselbe Buch» für fast die Hälfte? Das wird möglicherweise ein Nachdruck gewesen sein, vielleicht sogar sein eigener, im Jahr der Anzeige erschienen, also kaum ein antiquarisches Exemplar. Philipp Reich reagierte auf so etwas mit Preiserhöhungen, die seinen Verlust wieder ausgleichen sollten. Das brachte jedoch nicht viel. Denn nicht wenige Staaten förderten die billigen Ersatznachdrucke. Zum Beispiel Österreich: Maria Theresia sagte ihren Verlegern sinngemäß, es müsse viele Bücher geben, Nachdrucke müssten kommen, «bis wir Originalwerke haben». Der forsche Nettohandel mit seiner sofortigen und unbedingten Barzahlung konnte sich nicht halten, musste nachgeben. Die Lösung war der Konditionsverkehr, eine Milderung des kapitalistischen Buchhandels. Schon 1788 war sie gefordert worden von mehr als hundert süddeutschen Firmen, darunter vielleicht auch Carl Gottlob Beck. Sie verlangten Reformen, unter anderen das Recht zur Rückgabe unverkaufter Exemplare. Heute spricht man von Remittenden. Dieser Konditionsverkehr setzte sich allmählich durch und wurde so genannt, weil gekauft wurde unter der Bedingung – lateinisch: conditio – der Möglichkeit einer Rückgabe. Das erleichterte die Weiterexistenz der süddeutschen Firmen, auch der in Nördlingen.

Das Auslaufen des Tauschhandels führte um 1800 zur Entstehung des Antiquariats. Nun konnten die wertvolleren Exemplare der alten Lagerbestände als Antiquitäten verkauft werden. Dazu kam das Geschäft durch die Säkularisierungen im Rahmen des Reichsdeputationshauptschlusses von 1803. Sie brachten Millionen von Büchern der aufgelösten geistlichen Herrschaften und Klöster auf den Markt, darunter viele Kostbarkeiten. So ist auch Carl Heinrich Beck ein Antiquar geworden, Sohn und Nachfolger Carl Gottlobs, zum Ausgleich des fast vollständigen Stillstands seiner Verlagsarbeit in jener schwierigen Zeit der Revolutionskriege. Unter seinem Sohn Carl wurde das Antiquariat in Nördlingen weltberühmt und blieb es bis in die sechziger Jahre, als Ernst Rohmer für Carls Söhne Statthalter gewesen ist.

III. Carl Gottlob, Luise, Carl Heinrich und Catharina Magdalena Beck
1763–1846. Die Ersten

Carl Gottlob Beck wurde 1733 in Johanngeorgenstadt geboren, in einfachen Verhältnissen. Die Stadt im sächsischen Erzgebirge an der Grenze zu Böhmen, heute Tschechien, war 1654 gegründet worden vom sächsischen Kurfürsten Johann Georg I. für protestantische böhmische Auswanderer. Daher ihr Name. Böhmen wurde seit dem Dreißigjährigen Krieg bedrängt durch die Rekatholisierungspolitik der hier siegreichen katholischen Habsburger. Johanngeorgenstadt war eine Bergbaustadt mit vielen Erzgruben. Carl Gottlob war das jüngste Kind des Berg-, Huf- und Waffenschmiedmeisters Johann Gottfried Beck und wuchs auf mit zwei Brüdern und einer Schwester. Schon 1741 starb seine Mutter. Da war er sieben oder acht Jahre alt. Der Vater hat die Kinder zunächst allein erzogen, bis er 1746 zum zweiten Mal heiratete. Sein neuer Schwager war Bürgermeister der Stadt und hat wohl die Ausbildung der Kinder aus der Bergschmiede finanziell gefördert. Jedenfalls besuchte Carl Gottlob eine Lateinschule, begann zunächst eine Lehre als Goldschmied und bald schon als Buchdrucker, Buchhändler und Verleger. Das war nicht ungewöhnlich damals. Diese Drucker/Verleger kamen häufig aus handwerklichen Berufen, hatten Grundkenntnisse in

Carl Gottlob Beck

Latein und erwarben ihre Bildung durch beharrliche Arbeit, wie er es später selbst von seinen Lehrlingen verlangte. Das zeigt ein Inserat in seinen Nördlingischen Wöchentlichen Nachrichten vom 28. Mai 1771:

«Bey ebendemselben hat einer Gelegenheit, die Buchdruckerey und Buchhandlung ohne Lehrgeld zu erlernen; doch muß er etwas in der latein. Schule gethan haben, und von guter Aufführung seyn.»

III. Carl Gottlob, Luise, Carl Heinrich und Catharina Magdalena Beck

Das 1772 erworbene Nördlinger Stammhaus der Verlagsbuchhandlung, 1856 abgebrochen und durch einen größeren Neubau ersetzt.

Das neue Handwerk als Drucker lernte er in der Lutherstadt Wittenberg, die im 16. Jahrhundert Zentrum des protestantischen Buchhandels geworden war. Zur Zeit Carl Gottlob Becks ist das Vergangenheit gewesen. Seine Wanderjahre führten ihn weiter durch protestantisches Gebiet, über Schlesien und Berlin in die Messestadt Leipzig. Wohl wegen der Unruhen des Siebenjährigen Kriegs verließ er Sachsen und kam nach Regensburg, wo sein Bruder Carl Gotthelf ein reicher Kaufmann geworden war. Hier erhielt er 1763 die Konzession zum Betrieb einer Druckerei mit Buchhandlung und Verlag und ging ins – protestantische – Nördlingen, wo er im Herbst für 5000 Gulden – heute ungefähr 300 000 Euro – die Mundbachsche Druckerei und Buchhandlung gekauft hat, deren Geschichte zurückgeht bis in das Jahr 1633. Zuletzt hatte sie 1722 Friedrich Georg Mundbach erworben mit dem Haus in der Turmgasse 1 als Wohn- und Geschäftsgebäude. Dort begann nun Carl Gottlob Beck. 1775 kaufte er von der Witwe eines Bürgermeisters die Bergerstraße 3 für seine Familie, Druckerei, Buchhandlung und Verlag. Hier steht – erweitert – der alte Teil der Beck'schen Druckerei noch heute. Der größte ist seit 1980 aus der Altstadt verlegt in einen Riesenbau an der Augsburger Straße südöstlich vor den Stadtmauern.

1771 hat er die fürstlich oettingische Buchdruckerei in Wallerstein gekauft und damit den Titel eines Hofbuchdruckers und die Verlagsbefugnis erworben für die im fürstlich katholischen und nördlich benachbarten Land eingeführten Schul- und kirchlichen Gesangbücher. Die wirtschaftliche Bedeutung dieser Befugnis war groß. Denn diese Bücher wurden nicht über den Tauschhandel der Messen abgesetzt, sondern im eigenen Buchhandel gegen Barzahlung. Das sicherte die finanzielle Liquidität. Nördlingen mit den entsprechenden protestantischen Büchern für 5500 Bürger reichte allein dafür nicht aus.

Zu den wichtigen überregionalen Werken gehörten pädagogische Schriften wie die elfbändige «Allgemeine Bibliothek für Schul- und Erziehungswesen in Deutschland» 1774/84, medizinische und volkswirtschaftliche Bücher wie Johann August Philipp Gesners «Entdeckungen der neusten Zeit in der Arzneygelahreit», vier Bände, 1778 bis 1788 oder das «Realwörterbuch für Kameralisten und Ökonomen» in acht Bänden 1783 bis 1796 von Georg Gottfried Strelin, Direktor für Wirtschaft und Finanzen des Fürsten Wallerstein. Daneben historische Bücher und schon ein Jahr nach Übernahme des Mundbachschen Unternehmens das erste bei Beck erschienene juristische Fachbuch von einem nicht ganz unbedeutenden Mann, Heinrich Christian Senckenbergs «Vorläufige Einleitung zu der ganzen in Deutschland üblichen Rechtsgelehrsamkeit», 1764. Senckenberg war der älteste von drei Brüdern, geboren in Frankfurt am Main, von Goethe in seinen Erinnerungen «drei Hasen» genannt, weil sie in der Hasengasse aufgewachsen sind. Er wurde Professor der Rechte in Göttingen und Gießen, 1745 von Kaiser Franz I. zum Reichshofrat in Wien ernannt, wo er 1768 gestorben ist. Sein jüngerer Bruder Johann Christian war Arzt in Frankfurt und gründete später die nach ihm benannte Stiftung, aus der das Naturmuseum Senckenberg ihrer Heimatstadt entstanden ist. Das Buch von 1764 war eine zweite Auflage, die erste 1762 noch bei Mundbach erschienen.

Die nächsten juristischen Werke waren die «Tractatus duo de fideiussoribus et de advocatis procuratoribus, syndicis et negotiorum gestoribus», also über Bürgschaftsrecht, von Kaspar Manz, Professor der Pandekten und des öffentlichen Rechts in Ingolstadt, erschienen 1773, fast einhundert Jahre nach seinem Tod, und zwei Jahre später von einem noch lebenden Juristen, Justitiar des Augsburger Stadtrats, der nun auf deutsch schreibt: Johann Friedrich von Tröltsch, «Anmerkungen und Abhandlungen in verschiedenen Theilen der Rechtsgelahrtheit», 2 Bände, 1775/77. Er war der Bruder des letzten Bürgermeisters von Nördlingen als Freier Reichsstadt, Georg Christian von Tröltsch. Der ist dort übrigens ein großer Feind desjenigen Mannes gewesen, über den nun berichtet werden soll, weil er der einzige Autor Carl Gottlob Becks war, der eine überregionale Bedeutung hatte, heute noch in den einschlägigen historischen Beschreibungen erscheint und dessen bestes Buch bei C.H. Beck zum 225-jährigen Verlagsjubiläum 1988 noch einmal veröffentlicht worden ist.

Er hieß Wilhelm Ludwig Weckherlin, nannte sich Wekhrlin, weil er meinte, seine Vorfahren würden aus Böhmen stammen und hätten sich so geschrieben, schmückte sich gern mit Adelstiteln, eine schillernde Persönlichkeit, Württemberger aus Botnang, das heute ein Stadtteil von Stuttgart ist, war der bekannteste deutsche politische Journalist dieser letzten Zeit der Aufklärung, der kämpferischste unter den Aufklärern, wie die meisten von ihnen Befürworter der Fürstenherrschaft, aber immer in der Fehde gegen Duckmäusertum und falsche Autoritäten, schrieb für Meinungsfreiheit und soziale Gerechtigkeit und hat sich mit seiner spitzen Feder viele Feinde gemacht. Carl Gottlob Beck, sein Verleger, war ebenfalls ein bemerkenswerter seiner Zunft, viel solider als sein berühmter Autor, aber auch ein Mann der Aufklärung, der über den Tellerrand Nördlingens und seiner Umgebung sehen konnte und deshalb nicht nur mutig und bereit war, die beiden Bücher dieses bunten Vogels zu veröffentlichen, sondern mit ihm auch noch eine politische Zeitung zu machen.

Sammlung auserlesener Predigten..., Nördlingen, gedruckt und verlegt von Carl Gottlob Beck, 1769. Titelvignette von Johann Esaias Nilson aus Augsburg, das damals Hauptort des Kupferstechergewerbes war.

Die beiden Bücher waren «Denkwürdigkeiten von Wien», drei Teile, 1776/77, satirische Gesellschaftsskizzen und Sittenschilderungen mit sozialkritischen Bemerkungen, aber keineswegs revolutionär, Erfahrungen eines Aufenthalts dort von zehn Jahren, schon als Buch ein erster großer Erfolg , mit einer zweiten Auflage im selben Jahr, und das zweite ein noch größerer, das den Autor sofort in ganz Süddeutschland berühmt machte, «Anselmus Rabiosus Reise durch Oberdeutschland», 1778, noch einmal erschienen bei Beck 1988. Anselmus, ein alter deutscher Vorname, bedeutet etwa «unter dem Schutz der Götter» und Rabiosus, der Nachname, kommt aus dem Lateinischen, rabiosus heißt zornig und wütend. Noch heute haben wir das Wort rabiat. Es sind Berichte aus Österreich, Bayern und Südwestdeutschland, noch schärfer im Ton über Rückständigkeit und Buckelei in allen Fragen des Lebens, eine interessante, lehrreiche Lektüre und lustig wegen ihrer klugen Ironie. Und dann, im selben Jahr die Zeitschrift, zweimal wöchentlich, «Das Felleisen», so genannt nach der Kuriertasche von Postboten.

«Diß ist, sprach Zeus, der Zeitpunkt, welchen ich erwählt habe, dem menschlichen Geschlecht seine Rechte wieder zu verschaffen»,

hieß es auf der ersten Seite der ersten Ausgabe. Mit entsprechenden Bemerkungen auch über Nördlingen. Eine Sottise, verschlüsselt aber erkennbar, traf bald jenen Bürgermeister Tröltsch. Das «Felleisen» ist eine der vielen Zeitschriften der Aufklärung des 17. und 18. Jahrhunderts gewesen wie zum Beispiel die seit 1688 erschienenen «Freimütigen, lustigen und ernsthaften, jedoch vernunftgemäßen Gedanken und Monatsgespräche über allerhand, fürnehmlich aber neue Bücher» des großen Juristen Christian Thomasius. Er lebte damals noch in Leipzig, hielt die Fürstenherrschaft für selbstverständlich, aber zeigte schon im Titel, dass auch er Mißstände aufdecken wollte. Er schrieb manche Karikatur seiner Leipziger Professorenkollegen, machte sich ebenfalls viele Feinde, so dass er bald die Stadt verlassen musste. In Nördlingen war es schon nach einem Jahr vorbei mit der Zusammenarbeit von Verleger und Autor im «Felleisen». Wekhrlin ging zu weit mit seiner Kühnheit, wollte ohne Rücksicht auf die strenge Zensur des Magistrats schreiben und musste gestoppt werden von seinem Verleger, der ebenfalls kühn war, aber mit etwas mehr Vernunft. Sie trennten sich 1779. Wekhrlin musste Nördlingen verlassen auf Befehl des Stadtrats und machte weiter in der Nähe, einem Dorf des Fürstentums Wallerstein, mit einer Reihe anderer Zeitschriften.

Der Verleger setzte seine Arbeit fort innerhalb der Stadt, sogar mit einer gewissen überregionalen Bedeutung. Im Lagerkatalog von 1787 des berühmten Friedrich Nicolai, Verleger und Buchhändler in Berlin, der nur

III. Carl Gottlob, Luise, Carl Heinrich und Catharina Magdalena Beck

wenige Bücher aus süddeutschen Verlagen enthielt, finden sich immerhin drei Titel aus dem Verlag Beck. Schließlich gab es 1779 und 1790 noch zwei Bücher von Georg Gottfried Strelin, der in der Geschichte des Steuerrechts einer der vielen klugen Teilnehmer war, nämlich mit seiner «Einleitung in die Lehre von den Auflagen» und dem «Vorschlag zu einer Universalauflage statt der bisherigen Partikularauflagen». Auflagen heißen heute Abgaben, Steuern. Strelin war Kameralist. Die Kameralwissenschaft behandelte im Absolutismus des 17. und 18. Jahrhunderts alle Bereiche der öffentlichen Verwaltung, auch das Finanzwesen. Sein achtbändiges «Realwörterbuch für Cameralisten und Ökonomen» erschien 1783 bis 1796 bei Carl Gottlob Beck.

Welche Bedeutung dieser Verleger für Nördlingen hatte, zeigen Bemerkungen von Georg Wilhelm Zapf, 1773 bis 1786 Notar in Augsburg, danach Geheimrat in Mainz, der aus Nördlingen kam, in einer sehr kritischen Rezension des «Anselmus Rabiosus» 1778:

«Nördlingen hat in älteren Zeiten in bezug auf die Gelehrsamkeit nicht die allergeringsten Vorzüge und von Verdiensten läßt sich gar nicht reden. Dieser Ort glich einer dickfinsteren Nacht mit dunkelschwarzen Wolken behangen, aus denen manchmal ein ganz schwacher Blitz hervordrang, sich aber gleich wieder verhüllte. Erst in der neueren Zeit macht die Stadt eine gewisse merkwürdige Periode in der Gelehrsamkeit durch ... Die Buchdruckerei und der Buchhandel wurden durch die unermüdlichen Bemühungen eines Beck lebhafter; er regte zu Unternehmungen, zu gelehrten Arbeiten an, da wo vorher alles todt und ausgestorben war.»

Aber auch dieser tatkräftige Mann blieb nicht verschont von den Umwälzungen, die den Buchhandel in der zweiten Hälfte des 18. Jahrhunderts völlig verändert haben. Wie beschrieben wurde das Buch zur Ware gegen Barzahlung auf dem freien Markt. Auf ihm konnten sich diejenigen am besten durchsetzen, die in einem aufgeklärten Umfeld über mehr Kunden und Autoren verfügten und weniger von einer strengen Zensur kontrolliert wurden. Das waren die nord- und mitteldeutschen Verleger in den protestantischen Ländern, während die süddeutschen in der katholischen Umgebung die Leidtragenden gewesen sind, auch Carl Gottlob Beck in der Enge Nördlingens, das zwar protestantisch war, aber mitten in katholischen Gebieten. Als man allmählich zum Konditionsverkehr überging, wurde ihre Lage allmählich besser. Das hat der Nördlinger allenfalls in ersten Anfängen erlebt.

Dazu kamen die französischen Revolutionskriege, die seine Stadt und ihre Umgebung in große finanzielle Schwierigkeiten brachten, auch ihn selbst. Am Ende seines Lebens schrieb er an den Fürsten von Oettingen-Wallerstein über «starke Drohungen» seiner «stürmenden Gläubiger» und seiner «so traurigen Lage», weil er «durch den leidigen Krieg» in seinen «Geschäften so sehr zurückgesetzt wurde.» Am 30. November 1802 verlor Nördlingen in Vorwegnahme der endgültigen Abstimmung im Reichstag über den Reichsdeputationshauptschluss von 1803 seine Stellung als Freie Reichsstadt und wurde ein Teil Bayerns mit militärischer Aufsicht ebenso wie die Oettingischen Fürstentümer. Damit verlor er seine besten Kunden. Bayerische Exemplare verdrängten die Nördlinger und Oettingischen Schul- und Gesangsbücher, die er bisher gedruckt hatte. Den Anfang dieser Entwicklung hat er aber wohl kaum noch miterlebt. Schwer krank starb er am 20. Dezember 1802.

Sein Sohn **Carl Heinrich Beck** war der älteste der zwölf Geschwister, die ihren Vater überlebten, hatte in den neunziger Jahren dessen Beruf in Leipzig und Berlin gelernt, kam zurück und führte nach seinem Tod den Verlag zur Unterstützung und auf Rechnung seiner Mutter **Luise Beck**, die noch mehrere minderjährige Kinder versorgen musste. Nach dem Recht der Zünfte führten die Witwen den Betrieb ihres Mannes selbständig weiter. Als Luise Beck 73 Jahre alt war, 1815, übernahm ihr Sohn den Verlag auf eigene Rechnung. Im nächsten Jahr, er war schon 48 Jahre alt, heiratete er Catharina Magdalena Heinzelmann, die nicht nur ein großes Vermögen mitbrachte, das der Verlag gut brauchen konnte, sondern sich auch aktiv an der Arbeit im Geschäft beteiligte. So konnte Carl Heinrich Beck 1819 das stagnierende Verlagsgeschäft ergänzen durch eine lithografische Werkstatt, in der er mit der von Alois Senefelder am Ende des 18. Jahrhunderts in München erfundenen und von ihm «Steindruckerei» genannten neuen Technik

Carl Heinrich Beck

auch Landkarten, Noten, Schönschreibvorlagen, Landschafts- und Städteansichten drucken konnte. Noch eine zweite Neuerung geht auf Carl Heinrich Beck zurück: Das Antiquariat. Es konnte besonders aus den Biblio-

Neues Augsburgisches Kochbuch, «gedruckt und verlegt bey Karl Heinrich Beck.» 1821.

theken aufgelöster Klöster kostbare Schätze erwerben. Unter seinem Sohn Carl entwickelte es sich zu großer Blüte und seine Kataloge hatten seit der Mitte des 19. Jahrhunderts Weltruf. Viele Bestellungen kamen aus den Vereinigten Staaten.

Das Verlagsgeschäft hat noch lange unter der Umwälzung im Buchhandel und den Folgen der Revolutions- und Befreiungskriege gelitten. Auch die wirtschaftliche Situation Nördlingens war in der ersten Hälfte des 19. Jahrhunderts alles andere als günstig. Die wichtigste Zunft der Stadt, die der Lodenweber, war auf einer Talfahrt. Es gab niemanden, der mit Weitblick und Energie die Stadt von der handwerklichen auf die industrielle Produktion umstellen konnte.

So blieb die verlegerische Produktion Carl Heinrich Becks hinter der seines Vaters zurück. Es entstanden keine großen Handbücher mehr und von den beiden Bestsellern seines Vaters, den Büchern Wekhrlins, konnte der Sohn nur träumen. Die Jahresproduktion ging zurück auf drei bis vier meist kleinere Werke. In den 32 Jahren von 1802 bis zu seinem Tod 1834 waren es nur 111 Titel, im Gegensatz zu den 132 während der 29 Jahre seines Vaters. Es war überwiegend Kirchliches, Predigten und Gesangbücher, einige Schulbücher, einige medizinische Veröffentlichungen und immerhin 1825 schon in zweiter Auflage eine größere anonyme Sammlung von ungefähr 350 Seiten mit Erläuterungen und Stellungnahmen zu Anselm von Feuerbachs berühmtem bayerischen Strafgesetzbuch von 1813. 1834 starb der Mann, 67 Jahre alt, der der Firma bis heute seinen Namen gegeben hat.

Danach hat seine Witwe **Catharina Magdalena Beck** zwölf Jahre Verlag, Druckerei und Buchhandlung geleitet, seit 1836 unterstützt von ihrem Sohn Carl, der beim Tod seines Vaters erst 17 Jahre alt war. Er hatte die Lehre im Nördlinger Unternehmen gerade abgeschlossen, dann aber die Stadt zur weiteren Ausbildung verlassen. Er war bei Metzler in Stuttgart, einer Buchhandlung in Passau und der Universitätsbuchhandlung Friedrich Beck in Wien beschäftigt und nach zwei Jahren zurückgekommen. Im Jahr 1846, zwei Jahre vor ihrem Tod, hat seine Mutter ihm das Unternehmen übergeben.

In diesen zwölf Jahren von Catharina Magdalena Beck hat der Verlag große Fortschritte gemacht. Das hatte wohl mehrere Gründe. Zum einen waren die Nachkriegswirren beendet, unter denen Carl Heinrich Beck gelitten hat. Eine lange, friedliche Zeit hatte wieder begonnen, die die wirtschaftliche Lage begünstigte. Zum anderen hatte Catharina Magdalena Beck auch schon mitgearbeitet, als ihr Mann noch lebte, und wird von Zeitgenossen als tüchtig und entscheidungsfreudig beschrieben. Schließlich ist in manchen Fällen auch schon die zupackende Handschrift des künftigen Verlegers Carl Beck zu erkennen, dem es gelang, wieder wichtige Autoren zu gewinnen. Vergleicht man die Produktion dieser Jahre mit der Zeit Carl Heinrich Becks, zeigt sich eine erstaunliche Steigerung. Bei ihm waren es drei bis vier Titel jährlich. In der Zeit seiner Witwe mit ihrem Sohn sind es 194 Veröffentlichungen gewesen, jedes Jahr durchschnittlich 16.

Catharina Magdalena Beck

Das Schwergewicht lag mit fast der Hälfte bei theologischen Schriften wie Predigten, Gesangbüchern, Gebetbüchern und Glaubenslehren, überwiegend evangelischen, aber auch katholischen und sogar mit Büchern zur jüdischen Religion. Dann folgen mehrere Titel medizinischen Inhalts, zum Beispiel ein Ratgeber für Ärzte, schließlich Schulbücher, Schönschreibvorlagen, Bücher zur Geschichte Nördlingens und Schwabens und einige Gedichtbände und Erzählungen. Seit 1836 gab der Verlag eine «historisch-statistische» Zeitschrift heraus, «Das Ries wie es war und ist», also über Nördlingen und das umgebende Ries. Sie erschien auch später weiter in der Nördlinger C.H. Beck'schen Verlagsbuchhandlung, als Carl Becks zweitältester Sohn Oscar 1889 mit dem Verlag nach München gezogen war. Außerdem begann 1845 die «Bienenzeitung» für Imker, die bis 1899 weitergeführt worden ist.

Bemerkenswert sind zwei Bücher, die 1840 und 1844 erschienen, nämlich das eine des politischen Schriftstellers Theodor Rohmer über «Deutschlands Beruf in der Gegenwart und Zukunft» und das andere «Die Lehre von den politischen Parteien» Friedrich Rohmers, eines Philosophen mit sehr persönlichen Ideen und geringer Gefolgschaft. Beide waren die älteren Brüder Ernst Rohmers, der bald im Verlag eine wichtige Rolle spielen sollte. Friedrich Rohmer war befreundet mit dem bedeutenden Schweizer Juristen **Johann Caspar Bluntschli**, der von ihm beeindruckt war und die von Rohmer entdeckten sechzehn Grundkräfte der menschlichen Seele auf die Staatslehre übertrug, unter anderem und schon durch ihn beeinflusst in dem Buch «Psychologische Studien über Staat und Kirche» von 1844. Bluntschli war seit 1836 Professor der Rechtswissenschaft in Zürich mit großem Ansehen. Eine seiner besten Leistungen ist das Zürcher Privatgesetzbuch gewesen, das nicht nur wegen seiner verständlichen Sprache zu den besten Gesetzen des 19. Jahrhunderts gehört. Mit seiner engen Beziehung zu Friedrich Rohmer hat er sich in den Augen der Zürcher stark kompromittiert (Stintzing/Landsberg), und ging deshalb 1848 nach Mün-

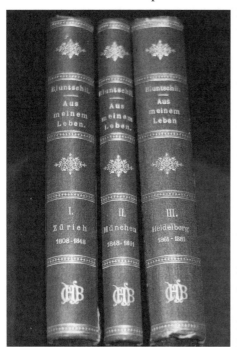

Johann Caspar Bluntschli, Denkwürdiges aus meinem Leben. Drei Bände. 1884.

chen, wo Friedrich Rohmer lebte, und er Professor für Privatrecht und Staatsrecht wurde. Einige seiner bedeutenden, von Rohmer nicht mehr beeinflussten und an der Universität Heidelberg geschriebenen Werke sind deshalb auch später im Verlag Beck erschienen, zum Beispiel «Das moderne Völkerrecht der zivilisierten Staaten als Rechtsbuch dargestellt» von 1868, ein Entwurf für eine neue Völkerrechtsordnung, und die nach seinem Tod herausgegebenen «Denkwürdigkeiten aus meinem Leben», 1884.

Und es gab weitere juristische Bücher. Eines wird sogar in der Rechtsgeschichte besonders gelobt, nämlich **Wolfgang Heinrich Puchta**, «Erinnerungen aus dem Leben und Wirken eines alten Beamten, vornehmlich für Anfänger in der juristischen, besonders Ämterpraxis», 1842. Er war der Vater eines der wichtigsten Pandektenjuristen des 19. Jahrhunderts, Georg Friedrich Puchta, zunächst Justizamtmann in Ansbach, dann Richter am Landgericht Erlangen. Seine Autobiografie zeigt das «Musterbild eines deutschen Praktikers, der, ohne je nach Beförderung zu streben, aus innerer Neigung hervor seiner richterlichen Tätigkeit ein Menschenalter hindurch in stiller Tüchtigkeit obgelegen ... mit schriftstellerischer Begabung ... ein ernsthafter Beamter von altem Schrot und Korn» gewesen ist (Ernst Landsberg).

1838 war eine anonyme «Sammlung ausgezeichneter Abhandlungen über Lehren des gemeinen Rechts» erschienen mit kurzen Artikeln eines württembergischen Juristen über aktuelle Probleme, Kaufrecht, Erbrecht und so weiter für Juristen, denen «ausgedehntere Büchersammlungen nicht zugänglich sind», geschrieben in Balingen, einer kleinen Stadt südlich von Tübingen. Denselben Zweck hatten fünf Bände einer «Sammlung interessanter Erkenntnisse aus dem gemeinen und bayer'schen Civil-Rechte und Prozesse», 1845 bis 1859 herausgegeben von «C. Arends, königl. Advocaden in Nördlingen», eine Sammlung von Urteilen, meistens des bayerischen Oberappellationsgerichts, aber auch anderer, zum Beispiel des preußischen. 1844 begann die Herausgabe von Vorschriften für die bayerische Verwaltung über die Meldung von Einnahmen und Ausgaben an die königliche Finanzkasse in München, auch mit Vordruck von entsprechenden Formularen, herausgegeben vom Königlich Bayerischen Regierungsdirektor Ludwig Heinrich Geret mit Folgesammlungen bis in die Zeit des Verlegers Carl Beck (1846–1852) und die seiner Witwe Eugenie. Soviel zur juristischen Produktion der Catharina Magdalena Beck in ihren zwölf Jahren. Es war ein erster Anfang mit immerhin zwei bemerkenswerten Autoren, Johann Caspar Bluntschli und Wolfgang Heinrich Puchta.

IV. Märzrevolution und Reichsgründung
1848-1871

Vor dem Kaiserreich war Deutschland in viele Territorialstaaten zersplittert. Nur langsam entwickelte es sich im 19. Jahrhundert zu einem einheitlichen Wirtschaftsraum durch Verbesserungen im Straßenbau, Eisenbahnwesen und seit 1834 einen preußisch beherrschten Zollverein. Bis 1854 gehörten die meisten der 54 deutschen Staaten dazu. Das bedeutete Wegfall von Straßengebühren, Zöllen und Belebung des Handels, verstärkt durch Einführung der Gewerbefreiheit 1869 durch den Norddeutschen Bund und 1871 für das ganze Deutsche Reich. Seit der Mitte des Jahrhunderts gab es große Fortschritte der Industrialisierung.

Ende Februar 1848 machten die Franzosen wieder eine Revolution, die zweite, die der Verlag Beck erlebte. «Bürgerkönig» Louis Philippe musste gehen wegen seiner zunehmend konservativen Politik und für kurze Zeit entstand die zweite französische Republik mit parlamentarischer Demokratie. Das war das Signal zum Aufstand in anderen europäischen Ländern, in Deutschland für die Märzrevolution gegen die immer noch absolutistisch regierenden Fürsten. Die gaben zunächst schnell nach. In Bayern trat König Ludwig I. sogar zurück, weil seine Affäre mit der Tänzerin Lola Montez ihm zusätzlich schadete. Nachfolger wurde sein Sohn Maximilian II. Auch er ließ wie die anderen Fürsten Abgeordnete für eine Nationalversammlung wählen. Die trat in Frankfurt zusammen, dem Zentrum des Deutschen Bundes und Sitz seines Bundestages, und hatte die Aufgabe, eine Verfassung für ganz Deutschland zu beschließen. Größtes Problem war die Konkurrenz zwischen Österreich und Preußen. «Großdeutsch» mit Österreich oder «kleindeutsch» nur mit Preußen? Es wurde gelöst durch Österreichs Kaiser Franz Joseph. Anfang März 1849 oktroyierte er seinem Land eine Verfassung, die eine großdeutsche Lösung praktisch unmöglich machte. Sie galt nicht nur für das deutschsprachige Kernland, sondern auch für polnische Herzogtümer, Ungarn, Siebenbürgen, Norditalien, Dalmatien, Kroatien und Slavonien und bestimmte in § 2, «Diese Kernländer bilden die konstitutionelle unauflösbare österreichische Erbmonarchie». Ende März 1849 wurde deshalb in der Paulskirche die neue deutsche Verfassung «kleindeutsch» beschlossen. Erblicher Kaiser der

Deutschen sollte der preußische König werden, Friedrich Wilhelm IV. Aber der wollte die Kaiserkrone nicht, nannte sie eine «Wurstprecel», weil sie von einer Volksvertretung kam, hätte allenfalls eine «von Gottes Gnaden» angenommen. Die erhielt dann 1871 sein jüngerer Bruder als Wilhelm I. nach dem Sieg über Frankreich. Damit war die Paulskirchenverfassung gescheitert.

Trotzdem blieb die Märzrevolution nicht ohne Erfolg. Die hohen Herren wussten, ohne Zugeständnisse würde es wieder gefährlich werden. So entstand in Deutschland die konstitutionelle Monarchie, zuerst in den Einzelstaaten, dann im Bismarckreich 1871 mit dem Vorlauf des zwei Jahre zuvor gegründeten Norddeutschen Bundes. Es war eine Verfassung mit Gewaltenteilung, aber ein wenig korrigiert zugunsten der Machthaber. Gesetze konnten vom Parlament nur erlassen werden mit Zustimmung des Monarchen.

Im Übrigen führte der Deutsche «Dualismus» nach 1848 zum letzten Gefecht. Preußen gewann es durch drei Kriege, gegen Dänemark 1864, gegen Österreich 1866 und gegen Frankreich 1870/71. Bismarcks schöpferische Antirevolution (Michael Stürmer) führte endlich zum Nationalstaat. Am 18. Januar 1871 wurde König Wilhelm I. von Preußen von den deutschen Fürsten, alle von Gottes Gnaden, zum Deutschen Kaiser ernannt, also ebenfalls von Gottes Gnaden. Berlin wurde Hauptstadt des Reichs und selbst Ludwig II., bayerischer König, Enkel des Herrn mit Lola Montez, hat mitgemacht, weil er brauchte, was Bismarck ihm zahlte. Einige Millionen von den Reparationen, die Frankreich nach seiner Niederlage leisten musste.

Und Nördlingen, die Stadt der C.H. Beck'schen Buchhandlung? Man höre und staune. In der Märzrevolution 1848 war es eine der politisch aktivsten Gemeinden Bayerns, kämpfte mit seinem «Volksverein» und Volksversammlungen auf der Festwiese mit zehn- bis fünfzigtausend Teilnehmern aus Bayern und Württemberg für die deutsche Einheit unter der Führung Preußens, dem das dann 1871 gelang. Grund für den Aufstand hier war natürlich auch, dass Nördlingen seit 1803 als kleine protestantische Gemeinde in Schwaben von der katholischen Herrschaftszentrale in München und der Bezirksregierung im überwiegend katholischen Augsburg nicht besonders freundlich behandelt worden ist. Den großen protestantischen Gebieten Frankens ging es insofern besser. Dinkelsbühl und Rothenburg ob der Tauber zum Beispiel, in der Nähe von Nördlingen, gehörten zum Regierungsbezirks Ansbach, das seit der preußischen Zeit evangelisch war. Der Volksverein Nördlingens hatte mehr Mitglieder als irgendeiner der demokratischen Vereine Münchens. Mittendrin und sehr aktiv der Verleger Carl Beck.

Auch Nördlingen erhielt nach dem Scheitern der Revolution ein Trostpflaster, die Eisenbahn. Im Winter 1848/49 wurde sonntags wie werktags am Tag und in der Nacht an der Nord-Südstrecke von München über Nördlingen nach Nürnberg gearbeitet. Auch der Bahnhof vor den Toren der Stadt war 1849 fertig. Nördlingen wurde später ein Knotenpunkt von fünf Bahnlinien und vorübergehend eine Eisenbahnerstadt mit mehr als 800 Eisenbahnerfamilien, etwa einem Drittel seiner Bürger.

Die Strecke von München nach Nürnberg über Nördlingen und Gunzenhausen war mit 230 Kilometern ein Umweg, den man im Wesentlichen aus technischen Gründen gewählt hatte, denn er führte weitgehend durch flaches Gebiet. Seit 1869 wurde die Strecke über Ingolstadt und Treuchtlingen, 1906 auch über Donauwörth verkürzt auf knapp 200 Kilometer. Damit lief sie aber über die Anfänge der schwäbischen Alb, war zum Teil mit tiefen Einschnitten in das Gebirge verbunden, was jetzt technisch leichter möglich gewesen ist.

V. Carl und Eugenie Beck, Ernst Rohmer als Statthalter für die Söhne Carl Becks
1846–1884. Intensivierung des Juristischen

Die Steigerung der Buchveröffentlichungen durch Catharina Magdalena Beck gegenüber denen ihres Mannes Carl Heinrich erklärt sich, wie beschrieben, in erster Linie aus der Verbesserung der allgemeinen wirtschaftlichen Situation und daraus, dass der Buchhandel nun die Umstellungsschwierigkeiten vom Tauschhandel zum Konditionssystem überstanden hatte. In der Zeit ihres Mannes war die Zahl der Neuerscheinungen ständig zurückgegangen. Seit dem Ende der zwanziger Jahre beschleunigte sich das Wachstum und erreichte seinen Höhepunkt 1843. Dann ging die Buchproduktion parallel zur allgemeinen Wirtschaftsentwicklung schlagartig zurück. Waren es 1843 auf dem Höhepunkt 14 000 Neuerscheinungen in Deutschland, sind es 1846 nur 10 000 gewesen und 1848 wurden auch die 10 000 unterschritten. Der Höchststand von 1843 wurde erst 1878 wieder erreicht.

In dieser Zeit des Niedergangs ist **Carl Beck** 1846 selbständiger Verleger geworden. Er blieb es bis zu seinem frühen Tod 1852. Trotz der ungünstigen Situation des allgemeinen Buchhandels ist es ihm gelungen, jährlich mehr Bücher auf den Markt zu bringen als seiner Mutter. Bei ihr waren es im Durchschnitt jährlich 16 Neuerscheinungen. Er steigerte das um etwas mehr als ein Drittel auf 25. Warum? Da die Verhältnisse im engen Umfeld Nördlingens eher noch ungünstiger waren als allgemein in Deutschland, bleibt nur eine Antwort.

Carl Beck

Jetzt, als selbständiger Unternehmer, ist der nun 29-jährige besonders tatkräftig gewesen. Schließlich ist ihm auch noch eine für die Zukunft des Verlags wichtige Verlagerung des Schwerpunkts dieser Veröffentlichungen gelungen, nämlich zum Recht. In jenen sechs Jahren waren es 150 Neuerscheinungen, davon zwar die meisten, 87, theologische. Aber es gab auch 36 juristische. Schulbücher rutschten mit 20 Titeln vom zweiten auf den dritten Platz. Der Übergang zum Recht als zweitem Schwerpunkt vor den Schulbüchern war seine persönliche Initiative.

Unter den 36 Neuerscheinungen zum Recht waren mehrere Textausgaben einzelner Gesetze. Das ist für diese Zeit ungewöhnlich gewesen und hat einen politischen Hintergrund. Die beiden ersten waren nämlich 1848 das Gesetz über die Einführung von Schwurgerichten und das über die Aufhebung der Patrimonialgerichtsbarkeit, der Gerichtsbarkeit der Gutsherren. Das ist die Reaktion des Königs gewesen im ersten Schreck über die Märzrevolution dieses Jahres. Und Carl Beck war, wie noch beschrieben wird, ein liberaler «Achtundvierziger». So begann die lange Tradition der **Beck'schen Textausgaben** als Folge dieser gescheiterten bürgerlichen Revolution. Auch der Text der nicht wirksam gewordenen Paulskirchenverfassung von 1849 wurde in Nördlingen veröffentlicht und im selben Jahr die Textausgabe der Neufassung des berühmten bayerischen Strafgesetzbuchs von 1813, dem Werk des großen Juristen Anselm von Feuerbach, 1850 die eines neuen Jagdgesetzes und des neuen Forstgesetzes, um nur die wichtigsten zu nennen, und dann ging es mehr oder weniger unpolitisch weiter mit anderen Gesetzen.

Schließlich erschienen im Verlag Beck zum ersten Mal **juristische Zeitschriften**, zwei unter den vielen «neuen Medien des 18.–20. Jahrhunderts» im Recht (Michael Stolleis). Die erste 1847, «Blätter für Fortschritt in der Civil-Rechtspflege, zunächst in Bayern», herausgegeben von Eduard Freiherrn von Völderndorff-Waradein, Advocat in Nördlingen. Sie sind nicht erfolgreich gewesen, endeten schon 1850. Zeitschriften für das Zivilrecht gab es damals schon in größerer Zahl. Im Gegensatz zu der zweiten Zeitschrift, **«Blätter für administrative Praxis, zunächst in Bayern»**, die bei Carl Beck ein Jahr nach dem Ende der ersten erschienen sind, 1851. Herausgeber ist **Karl Brater** gewesen, ein etwas schwereres Kaliber als der Advocat. Diese Zeitschrift erschien im Verlag Beck fast ein ganzes Jahrhundert bis 1945, seit 1895 für das ganze Deutsche Reich, also ohne den Zusatz «zunächst in Bayern», seit 1934 als «Deutsche Verwaltungsblätter» und seit 1938 verbunden mit einer NS-Zeitschrift als «Deutsche Verwaltung», die erste Zeitschrift des Verwaltungsrechts in Deutschland. Damals war sie nach dem Scheitern der Märzrevolution der liberale Versuch, den Rechtsstaat wenigstens auf der unteren Ebene der Verwaltung voranzubringen, nachdem er auf der höheren des Staats noch nicht durchgesetzt werden konnte. Mit Braters eigenen Worten in der Einleitung zum ersten Heft 1851: «Die wissenschaftliche Behandlung des Stoffes schließt jede Willkür aus» und die Zeitschrift habe sich vorgenommen, durch «wissenschaftliche Diskussion» das bisher fehlende «Einverständnis über die Fundamentalsätze des Verwaltungsrechts herzustellen.» Der erste Band mit sechs Heften und 488 Seiten war weitgehend von Karl Brater selbst geschrieben, in kurzen Artikeln über den Begriff des Wohnsitzes, über Porto im Verkehr mit Verwaltung und Gerichten bis zum Heimatrecht zurückgekehrter Auswanderer. Er hatte Erfahrungen. 1848 war er als liberaler Jurist zum Bürgermeister von Nördlingen gewählt worden und ist 1851 zurückgetreten wegen politischer Schwierigkeiten mit der königlichen Regierung von Schwaben in Augsburg. Die wurde wieder mutig nach dem Scheitern der Märzrevolution.

Im nächsten Jahr, 1852, hat Karl Brater bei Carl Beck eine große Textausgabe der bayerischen Verfassung von 1818 herausgegeben mit den vielen Ergänzungen und Änderungen der letzten 34 Jahre, auch der kleinen Konzessionen von 1848 und den dazugehörenden Nebengesetzen. Ohne jeden Kommentar, aber mit einer genauen Darstellung des Auf und Ab von konservativer Reaktion und liberalen Konzessionen auf 264 Seiten. Alles ganz objektiv und von der strengsten Zensur nicht zu beanstanden. Denn es war formal nur eine buchhalterische Bilanz. Wer aber lesen konnte mit etwas politischem Verstand, dem wurden die Augen geöffnet für den antiliberalen Kurs der Wittelsbacher Monarchen. So wurde das Buch ein großer Erfolg und ist zwanzig Jahre später, 1872, noch in vierter Auflage erschienen, nach dem Tod Braters bearbeitet von Georg Pfeil, nun mit 316 Seiten, der «Brater/Pfeil». Diese Bezeichnung haben nicht wenige verstanden als ein liberales Geschoss gegen den konservativen Kurs der bayerischen Könige.

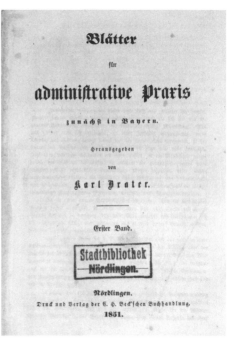

Karl Braters «Blätter für administrative Praxis zunächst in Bayern» (1851ff.)

Sie waren Freunde, Carl Beck und Karl Brater. Auch der Verleger, wie gesagt, ein «Achtundvierziger». «Ein feingebildeter und intelligenter Mann», so der Bericht in den Akten der königlichen Regierung von Schwaben in Augsburg und neben einem anderen – vielleicht Karl Brater – sei er «die einzige Persönlichkeit im Verein, die wirklich rednerisch begabt ist.» Der Verleger Carl Beck. Und die rednerische Begabung? 1848/49 im revolutionären Volksverein Nördlingen. Der kämpfte für die von der Paulskirchenversammlung geplante Reichseinheit. Also Hochverrat, wie der König und seine Augsburger Regierung meinten. Und trotzdem diese Beurteilung.

Karl Brater hat später eine politische Karriere gemacht, wurde 1858 als liberales Mitglied in den bayerischen Landtag in München gewählt, in dem er bis zu seinem Tod geblieben ist, und war 1863 einer der Gründer der liberalen Fortschrittspartei in Bayern, die die Politik Bismarcks unterstützte, der wichtigste liberale Politiker in Bayern und auch für ganz Deutschland einer der bedeutendsten Liberalen jener Zeit. Die «Süddeutsche Zeitung», die er 1859 in München gründete, wurde 1862 nach Frankfurt am Main verlegt und ist nicht die Vorgängerin der heutigen «Süddeutschen», wie es manchmal heißt. Die heute in München erscheinende «Süddeutsche Zeitung» ist Nachfolgerin der dort von 1848 bis 1945 erschienenen «Münchner Neuesten Nachrichten». Karl Brater starb 1869 im Alter von fünfzig Jahren, sein Freund Carl Beck schon 1852 sehr plötzlich an einem Nervenfieber. Da war er 35 Jahre alt.

Ein Jahr vor seinem Tod hatte er Ernst Rohmer eingestellt durch Vermittlung Karl Braters. Der wurde das Glück im Unglück der Familie Beck. Rohmer hatte sich in den eineinhalb Jahren bis zu diesem Unglück sehr gut eingearbeitet und war eine große Unterstützung für **Eugenie Beck**, die als Witwe und Verlegerin das Unternehmen weiter führte, unterstützt von Carls jüngerem Bruder Wilhelm. Denn sie hatte auch noch zu sorgen für drei kleine Kinder. Der jüngste Sohn, Oscar, war zwei Jahre alt. So wurde Ernst Rohmer zur wichtigsten Kraft des Unternehmens. Außerdem verliebte er sich in die junge Witwe. Sie warteten fünf Anstandsjahre und heirateten 1857. Sie hieß nun Eugenie Rohmer und er war der Verleger, der den juristischen Bereich in der zweiten Hälfte des Jahrhunderts so weit ausbaute,

Eugenie Rohmer, verwitwete Beck, geborene Heinzelmann

dass der Verlag in der jetzt allgemein einsetzenden Spezialisierung im Buchwesen einer der führenden juristischen geworden ist.

Ernst Rohmer, ein Jahr jünger als Carl Beck, geboren 1818, Sohn eines Pfarrers, wuchs nach dem frühen Tod seines Vaters in München auf, in der Familie eines Konsistorialrats des Landeskirchenamts der bayerischen evangelischen Kirche. Auf dem Gymnasium schloss er Freundschaft mit Karl Brater, der ihn später zu Carl Beck brachte, verließ die Schule vor dem Abitur, machte eine kaufmännische Lehre in Nürnberg, war dann seit 1840 Buchhandlungsgehilfe in mehreren süddeutschen Städten und wurde schließlich Journalist in liberalen Zeitungen Württembergs und Bayerns. Nach dem Scheitern der Märzrevolution bedrückte ihn der zunehmende Erfolg der siegreichen Konservativen seit 1849 und es drängte ihn zurück zu seiner Tätigkeit im Buchhandel, und zwar in die liberale Atmosphäre Nördlingens unter Karl Brater mit dem Verlag Carl Becks. Den kannte er über seinen Bruder Friedrich, der dort seit 1844 schon einiges veröffentlicht hatte. Also schrieb er 1851 einen Brief an seinen Jugendfreund Karl Brater in Nördlingen, der dort damals noch Bürgermeister war, und fragte ihn, ob er ihm vielleicht eine Stelle in der Beck'schen Buchhandlung verschaffen könne. Die Antwort kam umgehend. «Wenn Du als Tagelöhner mit 1 Gulden pro Tag bei Beck eintreten willst, kannst Du jeden Tag kommen.» Er kam Ende Juli 1851.

Ernst Rohmer

In den 33 Jahren von 1851 bis 1884, in denen Ernst Rohmer zunächst ein wichtiger Mitarbeiter des Verlags geworden war und dann dessen Leiter, verlagerte sich das Schwergewicht der Veröffentlichungen weiter in die Richtung des Rechts. Die Zahl der theologischen Neuerscheinungen war bei Carl Beck fast noch doppelt so groß wie die der juristischen. Während der Zeit Ernst Rohmers sind zum ersten Mal in der Verlagsgeschichte aber mehr juristische Bücher erschienen als theologische, nämlich 231 zum Recht und 163 zur Theologie. Dies erfolgte zunächst auf dem Gebiet des bayerischen Rechts. Bayern erließ 1861 etwa noch ein Strafgesetzbuch und eine Gerichtsverfassung, 1868 ein neues Staatsangehörigkeitsgesetz, 1869 eine neue Zivilprozessordnung und ein Sozialgesetz über öffentliche Armen- und Krankenpflege. Sie waren im Geist der freiheitlichen Bewegung abgefasst, die in Bayern seit den Jahren 1848 und 1849 an Bedeutung gewonnen hatte. Ernst Rohmer verfolgte diese Reformgesetzgebung mit persönlichem Interesse. Und es gelang ihm, bedeutende Praktiker für maßgebliche Kommentare zu gewinnen: den königlichen Geheimen Rat Julius Staudinger, der dem Verlag auch nach der Reichsgründung als Autor treu blieb (dazu sogleich unten), für einen Kommentar zum «Gesetz vom 10. November 1861, die Einführung des Strafgesetzbuchs und Polizeistrafgesetzbuchs für das Königreich Bayern betreffend» (1862), den liberalen Politiker Marquard Adolph Barth, führendes Mitglied der bayerischen Fortschrittspartei, für einen «Commentar zur neuen Civilprozeßordnung für das Königreich Bayern» (1869/70), oder den Regierungsassessor im Staatsministerium des Innern Emil Freiherr von Riedel mit Kommentaren zum Heimatgesetz und zum Armengesetz. Unter König Ludwig II. wurde Riedel Finanzminister und hatte seine liebe Not mit der Finanzierung der extensiven Bautätigkeit dieses Monarchen. Aber auch Professoren der Rechte konnte Ernst Rohmer für das Verlagsprogramm anwerben. Der Würzburger Ordinarius Karl Edel, Professor des Kriminalrechts und der Polizei, schrieb «Commentare über die Bayerischen Gerichts-Verfassungsgesetze».

Die eigentliche Steigerung im juristischen Teil fand aber im Wesentlichen erst nach der Reichsgründung 1871 statt. Das entsprach der allgemeinen Entwicklung. 1870 waren es noch insgesamt 1400 juristische Bücher im deutschen Sprachbereich, 1885 fast 1900. Grund ist die neue Gesetzgebung des Bismarckreichs gewesen. 1871 wurde das Reichsstrafgesetzbuch erlassen, 1877 kamen die so genannten Reichsjustizgesetze, also Gerichtsverfassungsgesetz, Zivilprozess- und Strafprozessordnung, Konkursordnung, 1878 die Rechtsanwaltsordnung und die Kostengesetze, 1884 das Aktiengesetz und dazu viele Landesgesetze zur Überleitung von Landesrecht ins Reichsrecht.

Das führte zu einem Wettlauf der Verlage, in dem Ernst Rohmer sich gut gehalten hat, obwohl die Berliner Konkurrenz durch ihre Nähe zum Reichstag und den Ministerien im Vorteil war. Nach dem Erlass eines Gesetzes kam es auf die Schnelligkeit an. Wer zuerst auf dem Markt war, machte das Geschäft. In Berlin war das viel leichter als in Nördlingen, weil man mit Referenten im Reichstag und den Ministerien eng zusammenarbeiten konnte. Aber auch C.H.Beck in Nördlingen brachte die Gesetzestexte jeweils im selben Jahr heraus und hatte immerhin noch fast ein Monopol für das bayerische Landesrecht, war hier auch führend bei den Kommentaren. Die erreichten hohe Auflagen, weil Ernst Rohmer dafür nicht Professoren des Rechts suchte, sondern gute Praktiker in München fand, zum Beispiel Emil von Riedel für das bayerische Polizeistrafgesetzbuch von 1871. Sein Kommentar erschien 1872 und hatte bis 1907 sieben Auflagen. Oder der Kommentar zur bayerischen Gemeindeordnung von 1869, erschienen 1876, mit zehn Auflagen bis 1910, geschrieben von Karl Weber, Richter am Münchener Verwaltungsgericht.

Mit den Gesetzestexten nach 1870 begann die **Reihe der roten Ausgaben**, auch der kleineren Kommentare. Dieses Rot der Einbände wurde Kennzeichen der C.H. Beck'schen Verlagsbuchhandlung. Die konnte sich nicht nur bei den Reichsgesetzen mit Textausgaben sehen lassen, auch mit einigen Kommentaren, die den Ruf bayerischer Juristen im Deutschen Reich verbreitet haben. Auch sie waren Praktiker. Zuerst erschien 1876, also fünf Jahre nach Inkrafttreten, der kleine Kommentar zum Strafgesetzbuch von **Julius Staudinger**, Senatspräsident am Oberlandesgericht München, bis 1935 in 20 Auflagen, seit der 9. Auflage nach dem Tod Staudingers bearbeitet von Hermann Schmitt, Ministerialdirektor im Münchener Justizministerium. Schon 1861 versah Staudinger eine Textausgabe zum bayerischen Strafgesetzbuch mit Anmerkungen. Später hat er den großen Kommentar zum BGB geschrieben, den «Staudinger», bei Schweitzer in München, dessen hundertjähriges Jubiläum vor zehn Jahren gefeiert wurde mit inzwischen unzähligen Bänden und 55 000 Seiten. Auch mit der Strafprozessordnung für das Deutsche Reich von 1877 war man erfolgreich. 1879 erschien der Kommentar von Ernst von Bomhard und Wilhelm Koller sowie 1885 der von Melchior Stenglein, Reichsanwalt in Leipzig (3. Aufl. 1898). Der Verlag war damals stärker auf die forensische Praxis ausgerichtet.

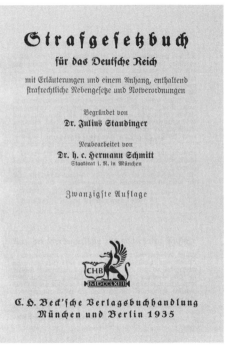

Julius Staudinger/Hermann Schmitt, Strafgesetzbuch mit Erläuterungen, 20. A. 1935

Ein weiterer erfolgreicher Kommentar zu einem Reichsverfahrensgesetz, von Ernst Rohmer auf den Markt gebracht, war der von **Lothar von**

Seuffert zur Zivilprozessordnung, von 1879 bis 1911 in elf Auflagen. Seuffert, ein Augsburger, war damals als bayerischer Amtsrichter Schriftführer der Justizkommission des Reichstags.

Dann kam 1883 Rohmers größter Erfolg, der noch heute im Programm ist, mit 5000 Seiten ein wenig kleiner als der große Staudinger. Aber in diesem Jahr 2013 kann er immerhin sein 130-jähriges Jubiläum feiern. Der «**Landmann/Rohmer**», Kommentar zur Gewerbeordnung. Ernst Landmann, geboren 1845 im fränkischen Schwabach südlich von Nürnberg, war damals Regierungsrat im Münchner Innenministerium und wurde 1895 bayerischer Minister für Kirchen und Schulen, auch nach dem Ende des Kulturkampfs mit Bismarck kein leichter Posten. Deshalb hat Rohmers Nachfolger Oscar Beck dessen Sohn, seinem jüngeren Halbbruder Gustav Rohmer die Bearbeitung der nächsten Auflagen übertragen, im Einverständnis mit Robert von Landmann. Gustav Rohmer war damals junger Anwärter auf einen Posten in der Münchener Regierung und hat noch eine große bayerische Karriere gemacht. Als Landmann 1902 wegen seiner Schulpolitik zurücktreten musste, hat er seit der fünften Auflage den zweibändigen Kommentar wieder selbst bearbeitet. Nach seinem Tod setzte Gustav Rohmer die Arbeit fort. Heute sind es zehn Bearbeiter einer zweibändigen Loseblattausgabe. Als Gustav Rohmer starb, waren die noch lange nicht geboren.

In der Gewerbeordnung des Norddeutschen Bundes vom 21. Juli 1869, die später vom Deutschen Reich übernommen wurde, liegt der Ursprung des Arbeitsrechts. Sie legt u. a. fest, dass die Regelung der Verhältnisse zwischen den selbständigen Gewerbetreibenden und den gewerblichen Arbeitnehmern Gegenstand freier Übereinkunft ist. Schon damals wurde von Landmann eine im Prinzip bis auf den heutigen Tag gültige Definition des Arbeitnehmerbegriffs aufgestellt. Aber nicht nur das Individualarbeitsrecht, sondern auch das Kollektive Arbeitsrecht findet seinen Ursprung in der Arbeitsordnung der §§ 134a bis 134h der Gewerbeordnung, die sehr sorgfältig erläutert wurden.

Noch ein anderes Geschöpf Ernst Rohmers lebt bis heute weiter. Die **Zeitschrift für das Notariat**. Auch sie ein Kind der Zeit nach dem Scheitern der Paulskirchenverfassung, in der einige liberale Konzessionen gemacht wurden, um bürgerliche Revolutionen in Zukunft zu vermeiden. Dazu gehörte die Trennung von Justiz und Verwaltung, die schon von Montesquieu geforderte Gewaltenteilung. Das geschah 1850 mit einem für Bayern gültigen Gesetz Maximilians II. zur Gerichtsverfassung als Ergänzung zur Verfassung von 1818. In ihm wurde die Unabhängigkeit der Richter garantiert und der Grundsatz ihrer Unabsetzbarkeit, wenn sie einmal vom König ernannt waren. Seitdem sind hier aber auch wie im übrigen Deutschland die Gerichte im Rahmen der so genannten Freiwilligen Gerichtsbarkeit zuständig geblieben für die Vornahme von Beurkundungen, die eher eine amtliche Tätigkeit ist. Deshalb wurde in Bayern 1861 nach französischem Vorbild die Notariatsordnung erlassen. Sie führte die Notariate ein, die nun im Wesentlichen für Beurkundungen allein zuständig waren. Eine liberale Lösung, die die Trennung von Justiz und Verwaltung verbesserte. Deshalb gründete Ernst Rohmer 1864 die «Zeitschrift für das Notariat und die freiwillige Gerichtsbarkeit in Bayern diesseits und jenseits des Rheins», seit 1872 als «Deutsche Notariatszeitung» für das ganze Deutsche Reich. Sie blieb im Beck-Verlag mit einer kurzen Unterbrechung und anderen Titeln, seit 1950 bis heute als **«Deutsche Notar-Zeitschrift»**.

Ernst Rohmers Leistung war, dass «Beck, Nördlingen» hinter «Heymanns, Berlin» und «Decker, Berlin» mit seinen Neuerscheinungen und ihrer Seitenzahl vielleicht schon 1880 an dritter Stelle der führenden deutschen juristischen Verlage stand. Allerdings, alle drei lagen jeweils unter fünf Prozent der juristischen Gesamtproduktion:

Führende juristische Verlage nach Titelproduktion, Prozent der gesamten juristischen Titel in Deutschland und Gesamtseitenzahl ihrer juristischen Bücher 1880

Verlag	Titel	Prozent	Gesamtseitenzahl
Heymanns, Berlin	54	4,4	13 463
Decker, Berlin	38	3,1	10 099
Beck, Nördlingen	24	1,9	5 490

Nach: G. Jäger, Juristischer Verlag, in: G. Jäger (Hg.), Geschichte des deutschen Buchhandels im 19. und 20. Jahrhundert, Bd. 1, 2001, S. 490.

Als Verleger und Herausgeber des «Nördlinger Wochenblatts», seit 1864 «Nördlinger Anzeigenblatt», äußerte sich Rohmer immer klar und deutlich für die kleindeutsche preußische Lösung, wie sein Vorbild Carl Beck, und wie er selbst es schon in der Märzrevolution vertreten hatte. Das brachte im katholischen Bayern nicht viele Freunde, schon gar nicht in der Regierung des Königs. 1859 wurde er Mitglied im neu gegründeten Nationalverein. Damals gehörte er zu den Gründern der Bayerischen Fortschrittspartei, für die er bei den Wahlen zum Reichstag 1871 und 1874 erfolglos kandidierte. Drei Jahrzehnte war er Mitglied im Rat der Stadt Nördlingen und blieb es auch nach 1884. Das war das Jahr, in dem er als treuer Statthalter für seine Stiefsöhne die Leitung des Verlags an Oscar Beck übergab, der 1878 mit seinem älteren Bruder Carl, der denselben Vornamen hatte wie ihr 1852 gestorbener Vater, Teilhaber der Firma geworden war. Carl blieb als Mitinhaber an dessen Seite. Der Verlag, zur Zeit ihres Vaters Carl Beck eher von lokaler Bedeutung, hatte nun ein gewisses Gewicht in ganz Deutschland, besonders für die Rechtswissenschaft. Ernst Rohmer ist 1897 in Nördlingen gestorben.

VI. Kaiserreich, Weimarer Republik und Buchhandel
1871–1933

Die mit nur 79 Artikeln sehr kurze Bismarcksche Reichsverfassung von 1871 verschleierte die wahren Machtverhältnisse und ließ nicht erkennen, dass das **Deutsche Reich** letztlich eine preußische Militärmonarchie gewesen ist mit dem Kaiser in Berlin an der Spitze. Dessen wahre Machtstellung blieb zunächst auch dadurch verborgen, dass die Riesenfigur seines Kanzlers Bismarck vor ihm stand, der neben dem Kaiser ein eigenständiges Kraftfeld gewesen ist und bald nach der Reichsgründung seinen «Kulturkampf» gegen die katholische Kirche begann, die als Hauptgegner der preußischen Übermacht galt. Höhepunkt der Auseinandersetzung war 1875 die Einführung der Zivilehe, Reaktion der Gegenseite das starke Ansteigen der katholischen Zentrumspartei bei den Reichstagswahlen. Deshalb musste Bismarck 1886/87 zurückrudern und die meisten antikirchlichen Gesetze wurden aufgehoben. Nur die Zivilehe blieb.

Das Kaiserreich und seine Symbole der Einheit: Niederwalddenkmal unweit Rüdesheim am Rhein, vollendet 1883, Planung von Karl Weißbach, Skulpturen von Johannes Schilling

Die vier Milliarden Goldmark der französischen Kriegskontributionen nach dem deutschen Sieg von 1871 wurden zu einem großen Teil zur Entschuldung der Bundesländer verwendet, wodurch sich die Liquidität des privaten anlagesuchenden Kapitals erhöhte. Das investierte nun übermäßig in private Eisenbahngesellschaften und Schwerindustrie, was im Oktober 1873 zu einem Börsenkrach mit plötzlichem Kursverfall führte, Zusammenbruch vieler neu gegründeter Unternehmen, dem Verlust von Ersparnissen nicht weniger Bürger, einem allgemeinen Stimmungsumschwung und damit zu einer Wirtschaftskrise. Sie führte zum Rückgang der Nachfrage, der Kaufkraft, des Konsums, der Umsätze und Preise sowie zu stagnierender Produktion und Massenarbeitslosigkeit. Diese «Gründerkrise» dauerte bis 1880. Besonders die Arbeitslosigkeit hatte zur Folge, dass die Sozialdemokraten bei den Reichstagswahlen immer stärker wurden. Darauf antwortete Bismarck 1878 mit dem Sozialistengesetz, das sozialdemokratische Betätigungen mit Gefängnisstrafen bedrohte. Erst 1890 ist es vom Reichstag abgeschafft worden, der Anlass für den Sturz Bismarcks. Der hatte das Gesetz 1883 bis 1889 mit Unterstützung des neuen Kaisers Wilhelm II. durch eine Sozialgesetzgebung ergänzt. Sie brachte den Arbeitern Kranken-, Unfall- und Rentenversicherung und sollte sie davon abhalten, Sozialdemokraten zu wählen. Was nicht gelang. Dann kam es zum endgültigen Bruch zwischen Kaiser und Kanzler, bei dem der Kaiser im Recht gewesen ist, der wie die Industriellen die Verlängerung des Sozialistengesetzes für falsch hielt. Bismarck trat 1890 zurück.

Adolf Graf von Westarp, Fürst Bismarck und das deutsche Volk. Verlag CHB 1893.

Das Problem war nur, der Kaiser verstand im Gegensatz zum Kanzler nichts von Außenpolitik, war auch dort sprunghaft schwankend, begann jetzt sein «persönliches Regiment», mit dem er 1914 in den Ersten Weltkrieg schlidderte, die «Urkatastrophe des 20. Jahrhunderts» (George F. Kennan). Nach achteinhalb Millionen Toten und der deutschen Niederlage 1918 ging Wilhelm II. ins Exil der Niederlande. In Berlin wurde die Republik ausgerufen.

Die Nationalversammlung beschloss 1919 in Weimar eine demokratische Verfassung und dann begannen bis 1933 die 14 unruhigen Jahre dieser **Weimarer Republik**. In Berlin löste eine Regierung die andere ab, durchschnittlich alle neun Monate. Der Versailler Friedensvertrag war viel zu hart. Die hohen Reparationszahlungen und die nach verlorenen Kriegen ohnehin übliche Inflation bewirkten eine schwere Wirtschaftskrise mit dem Höhepunkt 1923. Dann stabilisierte sich die Währung durch geschickte Maßnahmen der Reichsbank und auch die Wirtschaft. Aber schließlich starb 1929 Gustav Stresemann, auf dem viele Hoffnungen ruhten, und mit der Weltwirtschaftskrise im selben Jahr kam wieder die Massenarbeitslosigkeit. Die politische Situation spitzte sich zu mit Nationalsozialisten auf der einen, Kommunisten auf der anderen Seite, in der Mitte ratlose bürgerliche Parteien, und schließlich ernannte Reichspräsident Hindenburg nach langem Zögern am 30. Januar 1933 Adolf Hitler zum Reichskanzler, der mit seiner nationalsozialistischen Arbeiterpartei (NSDAP) die stärkste Fraktion im Reichstag vertrat. Jetzt noch alles legal, aber fatal. Das Ende der Weimarer Republik.

Die Industrialisierung erreichte auch den **Buchhandel**. Die von Friedrich Koenig in England erfundene mit Dampf betriebene Schnellpresse verdrängte allmählich die kleinen handbetriebenen Druckereien, zuerst in der Zeitungsproduktion. 1826 führte Brockhaus in Leipzig sie für den Druck seines Lexikons ein. Friedrich Koenig kam 1817 nach Deutschland zurück und gründete die jetzt in Würzburg arbeitende und immer noch große Druckmaschinenfabrik Koenig & Bauer. 1871 hatten fast alle Verlagsdruckereien seine Maschinen übernommen. Auch das Buchbinden wurde mechanisiert und schließlich billiges Papier auf Endlosbahnen hergestellt.

Trotzdem litt der deutsche Buchhandel zwischen 1848 und 1880 unter einer schweren Absatzkrise. Erst 1879 erreichte die Zahl der Neuerscheinungen wieder einen Stand, der den von 1843 übertraf. Die Wirtschaft erlebte in den Jahren nach der gescheiterten Revolution zwar ihren ersten Gründerrausch. Aber der Buchhandel stagnierte. Ursache war wohl in erster Linie eine stärkere Meinungskontrolle als vor der Revolution. Vorher gab es die Zensur. Jedes Buch musste der Behörde vorgelegt werden, die es verbieten konnte. Das wurde während der Revolution abgeschafft und auch nicht wieder eingeführt. An die Stelle der Zensur, die «nur» das Buch traf, trat nun die strafrechtliche Verfolgung von Personen mit Vorschriften über die Gefährdung der Sittlichkeit, des öffentlichen Friedens oder Majestätsbeleidigung. Dazu kam, dass nach der in den Pressegesetzen angeordneten Solidarhaftung in einem Prozess wegen Verstoßes gegen die Vorschriften außer dem Autor auch alle anderen am Herstellungs- oder Verteilungsprozess des Buches beteiligten Personen verantwortlich gemacht werden konnten, selbst wenn sie ohne Verschulden gehandelt hatten. Das behinderte den Buchhandel außerordentlich und wurde ohne gesetzliche Änderung erst besser am Ende der siebziger Jahre, als die allgemeine Furcht vor einer Revolution allmählich geschwunden war. Hinzukam die «Krönersche Reform» von 1887, ein Beschluss des 1825 gegründeten Börsenvereins des deutschen Buchhandels, mit dem der vom Verleger festge-

1889: 18 000
1900: 25 000
1910: 31 000
1913: 35 000

Anzahl der Neuerscheinungen in Deutschland

setzte Verkaufspreis eines Buches verbindlich wurde, so genannt nach dem damaligen Vereinsvorsteher, dem Stuttgarter Verleger Alfred von Kröner. Nun stieg die Zahl der Neuerscheinungen sprunghaft an.

Damit stand Deutschland an der Spitze der Weltproduktion. Grund war übrigens auch die Zunahme der Alphabetisierung in Mittel- und Westeuropa. 1830 konnten hier nur dreißig Prozent der über sechs Jahre alten Bevölkerung lesen und schreiben. Das stieg von Jahrzehnt zu Jahrzehnt um zehn Prozent, so dass die Alphabetisierung am Ende des Jahrhunderts fast vollständig gewesen ist.

Schon am Ende des 18. Jahrhunderts hatte es als Folge der Aufklärung eine erste Leserevolution gegeben, den Wandel von der «intensiven Wiederholungslektüre» in Bibel, Gesangbuch, Andachtsbuch und Fibel zur «extensiven Lektüre» mit immer neuen Schriften zur Information oder Unterhaltung. Ihr folgte in den letzten Jahrzehnten des 19. Jahrhunderts die zweite Leserevolution durch den allgemeinen wirtschaftlichen Aufschwung, die größere Kaufkraft besonders des Bürgertums und die Senkung der Buchpreise im Verlauf der Industrialisierung bei der Herstellung.

Dazu kam in Deutschland die Bevölkerungsexplosion seit der Gründung des Deutschen Reichs. Dessen Einwohnerzahl stieg 1871 bis 1910 von 41 Millionen auf 65 Millionen. Dann verlangsamte sich das Wachstum. Schließlich stiegen auch die Jahresausgaben der Bundesländer seit Gründung des Norddeutschen Bundes 1869 bis 1911 von vier Mark pro Kopf auf 21 Mark. Auch dies alles, verbunden mit dem Erlass des Urheberrechtsgesetzes im Norddeutschen Bund 1870, übernommen vom Kaiserreich, führte dazu, dass die Stagnation der Zeit von 1848 bis 1880 überwunden worden ist. Insofern kam Oscar Beck, als ihm 1884 der Verlag von Ernst Rohmer übergeben wurde, in eine günstige Zeit, während der Rückgang der jährlichen Neuerscheinungen bei Ernst Rohmer von 21 gegenüber den 25 bei Carl Beck sich aus der langen Stagnation seit 1848 erklärt.

Trotzdem entstanden seit der Mitte des 19. Jahrhunderts wissenschaftliche Fachverlage. Das hängt zusammen mit dem Aufstieg der deutschen Wissenschaft. Um 1800 war Deutschland auf dem Gebiet von Naturwissenschaft, Medizin und Recht ein eher zurückgebliebenes Land. Aber seit 1830 hatte es im Bereich von Medizin, Optik, Elektrizität und in der Wärme- und Magnetismuslehre einen höheren Anteil an wichtigen Neuentdeckungen als andere Länder. Schon vorher, seit dem Anfang des 19. Jahrhunderts, waren die Deutschen mit Friedrich Carl von Savigny, seiner historischen Schule und dem daraus entstandenen Pandektenrecht führend in der europäischen Rechtswissenschaft. Die Spezialisierung des wissenschaftlichen Verlagswesens setzte nun auch im Recht ein, und zwar bei den jüngeren nach der Jahrhundertmitte gegründeten Verlagen:

- Immanuel Guttentag'sche Verlagsbuchhandlung Berlin, 1853
- Verlag von Ludwig Roßberg, Leipzig 1854
- Verlag Franz Vahlen, Berlin 1870
- Verlag von Otto Liebmann Berlin, 1890

«Verlagskatalog der C.H. Beck'schen Verlagsbuchhandlung Oskar Beck in München 1763–1913. Mit einer geschichtlichen Einleitung. Herausgegeben zur Feier des hundertfünfzigjährigen Bestehens der Firma.»

Der Berliner Carl Heymanns Verlag war ursprünglich ein Universalverlag wie die C.H.Beck'sche Verlagsbuchhandlung. 1871 wurde er von Otto Löwenstein erworben, der nur die rechtswissenschaftliche Literatur weiterführte, den Rest verkaufte und so schon 1880 zum führenden juristischen Verlag des Kaiserreichs aufgestiegen war.

Die Steigerung der Zahl juristischer Neuerscheinungen hängt auch zusammen mit der großen Zunahme der Zahl von Jurastudenten. 1874 waren es 6700. 1910 sind es 12 600 gewesen. Größter Motor der juristischen Buchproduktion war jedoch der Erlass des Bürgerlichen Gesetzbuchs von 1896. Das zeigen die Zahlen der Neuerscheinungen von 1870 bis 1900:

Jahr	1870	1875	1880	1885	1890	1895	1900
Zahl	1394	1666	1829	1870	1818	2184	2598

Niemand, der diese Zeit etwas genauer kennt, würde heute noch von den goldenen Zwanzigern sprechen, wohl auch kaum ein Verleger oder Buchhändler. Denn mit dem Ersten Weltkrieg ging die nun wirklich goldene Zeit der allgemeinen Buchproduktion zu Ende, die sich seit 1871 mehr als verdreifacht und im letzten Friedensjahr 1913 die Zahl von etwas mehr als 35 000 Neuerscheinungen erreicht hatte. 1918 erschien dann nicht einmal mehr die Hälfte, nämlich 14 750. Zwischen 1919 und 1922 stieg die Zahl von etwas über 15 800 auf 22 600, sinkt durch die Hochinflation 1924 auf 18 000 und steigt dann wieder nach der Einführung der Rentenmark am 15. November 1923 im übernächsten Jahr 1925 auf 24 300, hält sich in den nächsten Jahren bis 1930 ab und zu leicht sinkend oder steigend auf diesem Niveau, um dann seit dem Beginn der Weltwirtschaftskrise am schwarzen Freitag der New Yorker Börse, 25. Oktober 1923, bis 1932 auf dem Stand nach der Hochinflation zu landen, nämlich wieder bei 18 000 Neuerscheinungen.

Dieser starke Rückgang gegenüber der Zeit vor dem Ersten Weltkrieg hatte natürlich auch noch andere Ursachen als Inflation oder Weltwirtschaftskrise. Zum einen war die Bevölkerungszahl gesunken, zum anderen auch das Einkommen der Mittelschichten gegenüber der Vorkriegszeit. Seit den frühen zwanziger Jahren sprachen nicht nur die Verleger von einer «Bücherkrise». Samuel Fischer beschrieb sie 1926 in seinen «Bemerkungen zur Bücherkrise» als eine Kulturerscheinung mit den berühmten Sätzen: «Da ist es nun sehr bezeichnend, dass das Buch augenblicklich zu den entbehrlichsten Gegenständen des täglichen Lebens gehört. Man treibt Sport, man tanzt, man verbringt die Abendstunden am Radioapparat, im Kino, man ist neben Berufsarbeit vollkommen in Anspruch genommen und findet keine Zeit, ein Buch zu lesen.» Es gab aber auch Ausnahmen von dieser Absatzkrise, zum Beispiel ihn selbst mit der gewagten Billigausgabe der «Buddenbrooks» von Thomas Mann, kurz bevor der dann den Literaturnobelpreis erhielt und diese Sonderausgabe die Auflage von fast einer Million erreichte. Das war 1929. Bald danach erreichte Erich Maria Remarque mit seinem Roman «Im Westen nichts Neues» über die verlorene Generation der Weltkriegssoldaten die ganze Million.

Im Übrigen spielte die große Zahl von Buchgemeinschaften eine wichtige Rolle für den geringer gewordenen Absatz der Verlage, an der Spitze die bürgerlich-konservative «Deutsche-Buch-Gemeinschaft», die 500 000 Mitglieder hatte, und der politisch ähnlich ausgerichtete «Volksverband der Bücherfreunde» mit sogar 600 000 in den Jahren 1929/30. Und es war wohl auch kein Zufall, dass es jetzt wieder eine sehr große Zahl von so genannten Leihbibliotheken gab.

Den juristischen Verlagen ging es besser als dem Durchschnitt. 1919 und 1920 produzierten sie ungefähr so viele Neuerscheinungen und Neuauflagen wie vor dem Krieg. Dann ging auch ihre Produktionshöhe mit zunehmender Inflation erheblich zurück, kam aber nach deren Ende wieder auf die alte Höhe von etwa 3800/3900 Titeln. Wohl wegen der sich auch juristisch zuspitzenden Krise im Reich konnten sie nach 1929 eine beachtliche Zunahme erleben mit dem Höhepunkt 1932, als es über 4000 gewesen sind. Juristische Fachverlage wie Carl Heymanns, Guttentag (jetzt de Gruyter), Liebmann und Vahlen konnten sich weiter behaupten, während die Bedeutung von C.H.Beck mit der juristischen Literatur zurückfiel. Die in der folgenden Tabelle genannten Zahlen für Gesamtladenpreise der führenden Verlage von 1927 werden bestätigt durch die der juristischen Neuerscheinungen im Katalog des Beck'schen Verlags für 1913–1988. Danach gingen sie für Heinrich Beck gegenüber denen seines Vaters Oscar um zehn Prozent zurück.

Gesamtladenpreise juristischer Werke in führenden Verlagen 1927

Carl Heymanns Verlag Berlin	1079,30 RM
Walter de Gruyter Berlin	568,20 RM
C.H.Beck München	260,10 RM

Nach Ute Schneider in: E. Fischer, S. Füssel (Hg.), Geschichte des deutschen Buchhandels im 19. und 20. Jahrhundert, Bd. 2, 1918–1933, 2007, S. 418.

VII. Oscar Beck
1884–1924. Mit dem Umzug nach München auch
juristisch etwas weiter nach oben

Oscar Beck war 34 Jahre alt, als Ernst Rohmer ihm 1884 den Verlag übergab. Er hat ihn vierzig lange Jahre bis zu seinem Tod 1924 geleitet, obwohl er als junger Mann viele gesundheitliche Schwierigkeiten hatte. Schon als Schüler auf dem berühmten Wilhelmsgymnasium in München und während der Wehrpflicht in einem Münchener Regiment war er in mehreren Kliniken, danach zu einer längeren Kur in Baden-Baden. Dann hat er 1874 seine Arbeit im Nördlinger Unternehmen begonnen und in den nächsten zehn Jahren alles gelernt, was man als Drucker, Buchhändler und Verleger lernen konnte. 1878 ist er Teilhaber geworden und hat im nächsten Jahr seine Cousine Hedwig Burger geheiratet, Tochter seines Onkels, der Sohn einer Tochter seines Großvaters Carl Heinrich Beck gewesen ist und höherer Beamter der evangelischen Kirche in München.

Der Verleger Oscar Beck war ein Mann, der trotz der zunehmenden Arbeit alles allein machte, auch nachdem er, dem Zug der Zeit im deutschen Buchhandel folgend, 1889 von der Provinz in Nördlingen in die Zentrale nach München zog. Die Druckerei blieb in Nördlingen, bis heute. In München hatte er 1888 vor den Toren der Stadt in der gerade noch selbständigen Gemeinde Schwabing ein Grundstück gekauft und sich ein Verlagsgebäude mit drei Stockwerken bauen lassen, im vornehm bescheidenen Villenstil, das so genannte rote Palais, mit einem großen Garten. Wie in Nördlingen lebte er hier mit seiner Familie in den beiden oberen Etagen und im Erdgeschoss waren die Räume des Verlags, ein Zimmer für ihn, eins für die technischen Gehilfen, eine Bibliothek und Räume für Papier

Oscar Beck. Gemäß alter Beschriftung: «Geheimer Kommerzienrat D. Dr. h. c. Oskar Beck».

Links das erste Münchener Verlagsgebäude Wilhelmstraße 9, zerstört am 14. Juli 1944. Rechts der neue Bau, im heutigen Sprachgebrauch der «Altbau» mit «Anbau».

und Bücher zur Auslieferung. Trotz der inzwischen größeren Ausweitung des Verlags, führte er die Geschäfte allein, verhandelte selbst mit den Autoren, war sein eigener Lektor, schrieb seine Briefe selbst mit der Hand, wollte weder Sekretärin noch Schreibmaschine, obwohl er ein vermögender Mann war. Das Haus ist 1944 im Zweiten Weltkrieg mit dem Archiv und allem anderen durch Bomben zerstört worden. Sein Sohn Heinrich hat es danach größer wieder aufbauen lassen. Die Adresse aber blieb von 1889 bis heute: Wilhelmstraße 9, Schwabing, inzwischen ein Stadtteil von München.

Den größten literarischen Erfolg hatte Oscar Beck am Ende seiner Arbeit als Verleger. Damals war er schon verzweifelt, weil er wusste, dass der vom deutschen Kaiser und anderen begonnene Weltkrieg das Ende des von ihm geliebten Kaiserreichs sein würde. Aber die Siege am Anfang und die allgemeine Kampfbegeisterung blieben auch auf ihn nicht ohne Wirkung. So hat die Beck'sche Verlagsbuchhandlung in den ersten beiden Kriegsjahren eine größere Zahl von Berichten über die Schlachten der deutschen Truppen veröffentlicht und andere Werke zum Krieg. Als im Osten und Westen der Vormarsch ins Stocken kam, der «Stellungskrieg» begann und die Schrecken des Unternehmens immer deutlicher wurden, endete der Versuch des Verlegers, dem Ganzen doch noch einen Sinn zu geben. Bis auf eine Ausnahme.

Es war das kleine Buch eines jungen Autors, der den Heldentod für viele deutsche Patrioten ergreifend so gefeiert hat wie Horaz fast zweitausend Jahre vorher in Rom mit dem lateinischen Vers *dulce et decorum est pro patria mori,* süß und ehrenvoll ist es, für das Vaterland zu sterben. Die Schrift hatte, als Kultbuch in Deutschland noch Wirkung bis zum Ende des «Dritten Reichs» und seinem Zweiten Weltkrieg. Der junge Mann hieß **Walter Flex** und die knapp einhundert Seiten mit dem Titel «Der Wanderer zwischen beiden Welten» wurde mit später einer Million Exemplaren eines der sechs erfolgreichsten literarischen Werke zwischen 1915 und 1940 in Deutschland.

Walter Flex, geboren 1887 in Eisenach, Sohn eines Gymnasiallehrers, studierte Germanistik und Geschichte, promovierte 1911 in Erlangen, war von 1910 bis 1913 Hauslehrer der Familie Bismarck, schrieb Novellen und ein Drama über den Reichsgründer, meldete sich 1914 als Kriegsfreiwilliger, wurde 1915 Leutnant der Infanterie und kämpfte in Polen und im Baltikum. Hier entstand die kurze große Freundschaft mit Ernst Wurche, Student der Theologie, ebenfalls Kriegsfreiwilliger und Leutnant im selben Regiment, der im August 1915 bei einem Gefecht mit russischen Truppen getötet wurde. Nach seinem Tod hat Walter Flex ihm ein Denkmal geschrieben auf diesen fast einhundert Seiten mit dem Untertitel «Ein Kriegserlebnis», eine Erzählung, die im Oktober 1916 bei Oscar Beck erschien. Der hatte schon 1915 die ihm von Flex zugeschickte erste kleine Schrift veröffentlicht, «Vom großen Abendmahl. Verse und Gedanken aus dem Felde», knapp 50 Seiten. Wer heute dieses Kriegserlebnis

Walter Flex, Der Wanderer zwischen beiden Welten. Wildgänse zieren den Umschlag der Gedächtnisausgabe zum 20. Todestag des am 17. Oktober 1917 gefallenen Autors.

liest, der staunt, wie viel Begeisterung es in den ersten dreißig Jahren bis 1945 gefunden hat mit seinem schwärmerischen Ton und religiösen, vaterländischen und militärischen Übereifer, der den «Sturmangriff» fast in Todessehnsucht verherrlicht als «ewiges Preislied Gottes aus seiner Schöpfung» und die Prosa oft unterbricht mit emotionaler Lyrik, insgesamt dreizehn Gedichte, von denen das erste gleich auf der zweiten Seite gar nicht so schlecht ist, berühmt war und auch mehrfach vertont wurde:

«Wildgänse rauschen durch die Nacht
Mit schrillem Schrei nach Norden –
Unstäte Fahrt! Habt acht, habt acht!
Die Welt ist voller Morden.»

In dieser ersten Strophe schon zwei Ausrufezeichen, in den nächsten drei noch mehr und es endet mit der letzten:

«Wir sind wie ihr ein graues Heer
Und fahr'n in Kaisers Namen,
Und fahr'n wir ohne Wiederkehr,
Rauscht uns im Herbst ein Amen!»

Er wusste nicht, wie Recht er hatte. Es rauschte im Oktober 1917. Da ist er wie sein Freund an jener Ostfront den Heldentod gestorben, war nun auch ein Wanderer zwischen den beiden Welten von Leben und Tod, hatte aber den ersten großen Erfolg seines Buches noch miterlebt. 1917 sind es schon 30 000 Exemplare gewesen. Bei Kriegsende 1918 waren es fast 180 000. Und so ging es weiter. Als Klassiker im «Dritten Reich» ist es auch für das politische Renommee des Verlags, das durch einen anderen Autor gefährdet war, nicht unwichtig gewesen. Am Ende dieses Reichs und seines Zweiten Weltkriegs waren fast 950 000 Exemplare verkauft und auch danach ging es noch ein wenig weiter. 1966 war die Million erreicht und 1977 haben die Söhne Heinrich Becks die Rechte an einen kleinen Verlag in der Nähe von Frankfurt am Main verkauft, der damals noch nicht so rechtsextrem gewesen ist wie heute.

Die letzten Jahre wurden schwer für Oscar Beck. Seine Kräfte ließen nach. Dazu kamen neue Krankheiten und die Enttäuschung über die Niederlage im Ersten Weltkrieg. Aber sein Sohn Heinrich hat ihm sofort geholfen. Anfang 1919 kam er als junger Offizier von der «Westfront» nach Hause, mit dem Eisernen Kreuz erster und zweiter Klasse, gab alle Pläne für eine angedachte akademische Karriere auf und übernahm immer mehr die Verantwortung.

Die Lebensleistung seines Vaters Oscar im Vergleich zu der seiner Vorgänger war beachtlich. In den vierzig Jahren als Verleger brachte er es auf etwas mehr als 1300 Neuerscheinungen, wenn man die fünf Jahre von

1919 bis zu seinem Tod Anfang 1924 dazurechnet, in denen die Arbeit im wesentlichen von seinem Sohn Heinrich geleistet worden ist. Das waren im jährlichen Durchschnitt 33, während es bei Carl Beck 25 und Ernst Rohmer 21 gewesen sind.

Die Neuerscheinungen (NE) von Carl Gottlob Beck bis Ernst Rohmer, Zeitschriften nur mit dem ersten Erscheinen.

Verleger	Jahre der Tätigkeit	NE insgesamt	Jährlicher Durchschnitt der NE	Theologische NE insgesamt	Schulbücher insgesamt	Juristische NE insgesamt
Carl Gottlob Beck, Verleger 1763–1802	29	132	4,6	54	8	7
Carl Heinrich Beck, zunächst als Unterstützer seiner Mutter als Verlegerin, dann selbst als Verleger 1802–1834	32	111	3,5	39	11	6
Catharina Magdalena Beck, Verlegerin als Witwe von Carl Heinrich Beck 1834–1846	12	194	15	87	22	10
Carl Beck, Verleger 1846–1852	6	150	25	61	20	36
Ernst Rohmer, zunächst Unterstützer von Eugenie Beck als Verlegerin, dann als ihr Ehemann Verleger und Statthalter für ihre Söhne mit Carl Beck 1852–1884	32	669	21	163	63	231

Dabei blieb der prozentuale Anteil der juristischen mit einem Drittel der neuen Bücher so groß wie bei Ernst Rohmer. Nur waren es eben sehr viel mehr. Auch Theologie und Schulwesen blieben dahinter weiter Schwerpunkte des Verlags. Das Schulwesen hieß nun Erziehungswissenschaft mit wichtigen Handbüchern. Schulbücher waren nicht mehr dabei. Aber bei Oscar Beck kam noch etwas Neues dazu. Die im 19. Jahrhundert groß gewordene deutsche Altertumswissenschaft, klassische Philologie und Alte Geschichte.

Sie erhielten im Verlag Beck eine wichtige Plattform mit dem seit 1886 erscheinenden «**Handbuch der klassischen Altertumswissenschaft**». Das war zuerst noch in Nördlingen. Herausgeber ist Iwan von Müller gewesen, damals Professor für klassische Philologie (Griechisch und Latein) in Erlangen. Dann begab sich sein Verleger Oscar Beck 1889 nach München und er folgte ihm 1893 mit einer Berufung an die Universität dieser Stadt. Zu Lebzeiten der beiden erschienen ungefähr 40 Bücher, von griechischer Geschichte bis zu lateinischer Grammatik. Das war nicht nur für den Verleger ein wichtiges Unternehmen, das ihm sehr am Herzen lag, sondern ebenfalls für die deutsche Altertumswissenschaft von großer Bedeutung. Ihren hohen internationalen Rang hat sie auch diesem Riesenwerk zu verdanken. Heute sind es im Katalog des Verlags von 1988 sieben eng bedruckte Seiten, darunter für die Rechtsgeschichte die unentbehrlichen Handbücher zum römischen Privat- und Zivilprozessrecht von Max Kaser, inzwischen auch noch zur Geschichte des römischen Rechts von Franz Wieacker und zur Verfassungsgeschichte von Wolfgang Kunkel, den drei großen Männern der Wissenschaft vom römischen Recht in der Bundesrepublik.

In der Reihe der führenden juristischen Verlage hat Oscar Beck noch um 1900 den dritten Platz Ernst Rohmers in Deutschland von 1880 gehalten, obwohl er ein Einzelkämpfer war, anders als Heymanns und Guttentag, und die Gesamtproduktion der rechts- und staatswissenschaftlichen Werke in dieser Zeit fast um mehr als vierzig Prozent gestiegen ist, nämlich von 1829 auf 2598. Hier die Zahlen für 1900:

Führende Verlage nach Titelproduktion 1900

Nr.	Verlag	Titel	Prozent
1.	Heymanns, Berlin	109	4,4
2.	Guttentag, Berlin	90	3,6
3.	Manz, Wien	63	2,5
4.	Beck, Nördlingen/München	53	2,1

Führende Verlage nach Gesamtseitenzahl

Nr.	Verlag	Gesamtseitenzahl
1.	Heymanns, Berlin	33 536
2.	Guttentag, Berlin	28 840
3.	Beck, Nördlingen/München	16 533
4.	Hof- u. Staatsdruckerei, Wien	15 606
5.	Manz, Wien	13 966
6.	G. Fischer, Jena	12 291
7.	Schweitzer, München	11 983
8.	Decker, Berlin	11 870

Die Zahlen nach Georg Jäger, Juristischer Verlag, in: Jäger u. a. (Hg.), Geschichte des deutschen Buchhandels im 19. und 20. Jahrhundert, Das Kaiserreich 1871–1918, Teil 1, 2001, S. 491.

In diesen Zahlen sind es für Beck in erster Linie die **roten Textausgaben** oder **kurzen Kommentare** gewesen. Die erschienen bei den Berlinern wie in Nördlingen, seit 1889 in München, fast immer zeitgleich mit dem Erlass der Reichsgesetze. Die wichtigsten waren in dieser Zeit 1883–89 die Bismarckschen Sozialgesetze (Kranken-, Unfall- und Rentenversicherung der Arbeiter), das BGB von 1896, das den größten Anstieg brachte, das neue Handelsgesetzbuch 1897, die neue Zivilprozessordnung und das Gesetz über die Freiwillige Gerichtsbarkeit 1898. Nach 1900 kam noch das neue Urheberrechtsgesetz 1907 dazu und in der Weimarer Zeit die Tarifvertragsverordnung 1918, das Betriebsrätegesetz 1920, das Reichsmietengesetz 1922 und 1923 das Mieterschutzgesetz und das Jugendgerichtsgesetz. Aber der Verlag publizierte auch eine umfangreiche Gesetzessammlung, die das bayerische Landes- und das Reichsrecht zusammenfasste: die von Karl Weber seit 1880 herausgegebene «Neue Gesetz- und Verordnungssammlung für das Königreich Bayern mit Einschluß der Reichsgesetzgebung.» Sie umfasste immerhin 42 Bände und erschien bis 1919.

In den bei Georg Jäger genannten Zahlen für 1910 erscheint Oscar Beck nicht mehr unter den ersten fünf führenden juristischen Verlagen. Tatsächlich hat er in diesem Jahr nur 35 neue juristische Bücher veröffentlicht, weniger als die dort genannten fünf Konkurrenten. Vielleicht lag das daran, dass er schon damals als Einzelkämpfer etwas erschöpft war:

Führende Verlage nach Titelproduktion im Jahre 1910

Nr.	Verlag	Titel	Prozent
1.	Heymanns, Berlin	83	3,9
2.	Guttentag, Berlin	70	3,3
3.	Vahlen, Berlin	61	2,9
4.	G. Fischer, Jena	46	2,2
5.	Duncker & Humblot, Leipzig	44	2,1

Zwei große Erfolge und zwei Niederlagen hatte Oscar Beck mit Einzelveröffentlichungen zum Reichsrecht. Die erste Niederlage war das zweibändige Lehrbuch des Zivilprozessrechts von Julius Wilhelm Planck, Professor in München, Vater des Physikers Max Planck und nicht zu verwechseln mit Gottlieb Planck, dem Vorsitzenden der zweiten vom Reichstag eingesetzten Kommission zur Beratung des BGB. Der erste Band erschien 1887, der zweite 1896. Es war ein vorzügliches Buch, erschien sogar 1970 in einem Nachdruck. Aber dann wurde die Zivilprozessordnung von 1877 unter dem Einfluss des BGB 1898 stark verändert, so dass Plancks Lehrbuch schon nach zwei Jahren wieder fast völlig veraltet war. Er ist zu alt gewesen, um eine Neubearbeitung vorzunehmen. 1900 ist er gestorben.

Ebenfalls misslang der Plan eines großen Kommentars zum Bürgerlichen Gesetzbuch, das nach langer Vorarbeit erst 1896 beschlossen wurde, nachdem die Verhandlungen über das Werk schon bald nach 1872 begonnen hatten, als durch eine Änderung der Reichsverfassung das Parlament auch die Kompetenz erhielt, ein einheitliches Bürgerliches Gesetzbuch für das ganze deutsche Reich zu erlassen. Dann dauerte es aber noch einmal 24 Jahre bis es fertig war und mehrere Autoren, die Oscar Beck zugesagt hatten, am Kommentar mitzuarbeiten, waren entweder gestorben oder zu alt geworden, um ihre Zusagen zu erfüllen. So erschienen nur Bruchstücke, nämlich 1900 der Allgemeine Teil vom Leipziger Professor Eduard Hölder mit 480 Seiten, das Allgemeine Schuldrecht von Professor Friedrich Schollmeyer, Universität Würzburg, mit 450 Seiten und 1907/09 Teile des Familienrechts vom Gießener Professor Artur Schmidt und dem Reichsgerichtsrat August Fuchs mit insgesamt 1300 Seiten. Es blieb ein Torso, der sich trotz großen Lobs für die ersten Teile nicht durchsetzen konnte.

Ein großer Erfolg war dagegen der Kommentar von Otto Fischer und Wilhelm Henle zum BGB, der als einbändige Handausgabe ein Jahr nach dessen Erlass erschienen ist, 1897, lange vor dem Inkrafttreten 1900, eine Seltenheit. Der «Fischer/Henle». **Otto Fischer** war ein heute fast vergessener Jurist von besonderer Art. Zunächst ist er einige Jahre preußischer Amtsrichter gewesen, wurde 1884 Professor in Greifswald und 1890 in Breslau. Ein sehr gescheiter Mann und schon damals eine seltene und heute kaum noch vorhandene Kombination von langer hauptamtlicher Erfahrung in der juristischen Praxis mit danach guter hauptamtlicher wissenschaftlicher Arbeit an der Universität. **Wilhelm von Henle** war Beamter im bayerischen Innenministerium, um 1900 Regierungsrat, später Ministerialdirektor. Der Erfolg ihres Kommentars war überwältigend. Bis 1932 hatte er 14 Auflagen mit ungefähr 120000 Exemplaren. Grund dafür war die Auswahl der Bearbeiter. Es sind Praktiker gewesen, die das alte Recht vor dem BGB kannten und nun den Übergang zu den neuen Regelungen deutlich erklären konnten und so dessen «reichsrechtlichen Zuspruch sicherten» (Stefan Saar). Die erste Auflage war ein grauer Leinenband, mit 1150 Seiten schon ziemlich dick und 19 Zentimeter hoch, was man Oktav nennt und zum Beispiel heute die Höhe eines «Schönfelders» ist.

Fischer/Henle, Bürgerliches Gesetzbuch, 11. A. (95. bis 100. Tausend), 1921.

Dieser Fischer/Henle wird ab und zu als Vorläufer des Palandt angesehen. Das ist nicht richtig. Er hatte nämlich eine Schwäche: die so genannte Häkchenmethode. Im Gesetzestext wurden einzelne Worte mit einer hochgestellten Ziffer versehen und dann in dieser Reihenfolge Wort für Wort erklärt. Das mag für Anfänger gar nicht so schlecht sein. Und diejenigen Juristen, die damals als «Anfänger» mit dem BGB arbeiten mussten, haben das offensichtlich auch zu schätzen gewusst. Aber auf die Dauer reichte das nicht. Der Zusammenhang einer Gesetzesvorschrift wird auf diese Weise nicht deutlich genug. Das System, das hinter den einzelnen Worten steht, wird nicht erkannt, und der Sinn dieser Vorschrift erscheint nicht klar genug, durch den der Umgang mit ihr erleichtert wird oder, mit anderen Worten, der eine vollständige und gründliche Interpretation erst möglich macht. Nach dem oft zitierten Satz des römischen Juristen Celsus, der in der Mitte des 2. Jahrhunderts n. Chr. lebte, der «klassischen» Zeit des römischen Rechts, und der bekannt ist für seine markigen Sprüche (1. Buch der Digesten, 3. Titel, 17. Fragment, «Cels.D.1.3.17»):

«Scire leges non hoc est verba earum tenere, sed vim ac potestatem.» Deutsch: Gesetze zu verstehen heißt nicht, dass man sich an ihre einzelnen Worte klammert, sondern ihren Sinn und Zweck erkennt.

Man nennt das systematische Methode im Gegensatz zu der mit den Häkchen. Das unterscheidet den Palandt vom Fischer/Henle. Auch der Palandt ist ein Kurzkommentar, Handkommentar in einem Band, aber systematisch. Und warum der Fischer/Henle 1932 mit der 14. Auflage endete und erst 1939 durch den Palandt ersetzt worden ist, wird unten S. 166 ff. beschrieben. Das hatte – leider – auch politische Gründe.

Im Übrigen hat die Ablösung des Fischer/Henle durch den Palandt eine verblüffende Parallele in der mittelalterlichen Geschichte des römischen Rechts. Als die Texte des später so genannten Corpus Iuris Civilis im 11. Jahrhundert gesammelt und erklärt wurden und in Bologna die erste europäische Universität als Rechtsschule entstand mit Irnerius und seinen Nachfolgern, die wir Glossatoren nennen, wurden die Texte dieser damals 500 Jahre alten Gesetzgebung des oströmischen Kaisers Justinian den Studenten erklärt nach der Methode wie bei Fischer/Henle, nämlich mit der Häkchenmethode, Wort für Wort. Nur mit zwei Unterschieden. Erstens nicht mit Ziffern wie bei Fischer/Henle, sondern mit kleinen Buchstaben. Und zweitens nicht unter dem Text, sondern um ihn herum. Der Text in der Mitte, die Erklärungen am Rand drumherum. Man nennt das Randglossen. Das Wort Glosse ist abgeleitet vom altgriechischen glossa, deutsch Zunge, Sprache, Wort, Erklärung. Im Text hinter den Worten ein hochgestellter kleiner Buchstabe, am Rand mit demselben Buchstaben die Erklärung, Kommentierung.

So blieb es bis zum 14. Jahrhundert. Dann hatte sich diese Methode erschöpft und es kam Bartolus mit seinen Nachfolgern, die wir Postglossatoren oder Kommentatoren nennen. Mit der neuen Methode, wissenschaftlich systematisch wie im Palandt. Nun wurden zum Beispiel in den Digesten, dem wichtigsten Teil der Gesetzgebung Justinians, nicht mehr die einzelnen Fragmente Wort für Wort erklärt, sondern der ganze Abschnitt mit allen Einzelheiten im Zusammenhang, also etwa das Kaufrecht. Bartolus, der berühmteste mit dieser neuen Methode, war noch ein juristischer Doktor in Bologna geworden, danach Professor an den neuen Universitäten in Pisa und Perugia. Weil er der Erste war, galt noch lange der juristische Spruch «nemo jurista nisi Bartolista», deutsch: Niemand ist ein richtiger Jurist, wenn er nicht arbeitet wie Bartolus.

Der zweite große Erfolg Oscar Becks war der «Sartorius». Im Gegensatz zum Fischer/Henle lebt er bis heute weiter. **Carl Sartorius**, wurde im Jahre 1865 als Sohn eines Gymnasiallehrers in Bayreuth geboren und war ein Neffe Ernst Rohmers. Er wurde 1901 Professor in Greifswald und 1908 an die berühmte staatswissenschaftliche Fakultät in Tübingen berufen, an der bis zum Ende des Ersten Weltkriegs Gerhard Anschütz, Heinrich Thoma und Rudolf Smend lehrten. Seit 1920 war er Mitglied der liberalen Deutschen Demokratischen Partei, die 1933 wie alle anderen von Hitler aufgelöst wurde, was aber für deren Mitglieder ohne weitere Folgen blieb. Im selben Jahr ist er 68 Jahre alt geworden und wurde emeritiert. Er hat über Verwaltungsrecht, Staatsrecht und Völkerrecht geschrieben und wurde «unsterblich» (Michael Stolleis) durch seine «Sammlung von Reichsgesetzen staats- und verwaltungsrechtlichen Inhalts», die zuerst 1903 bei Beck erschien, als er noch in Greifswald war. Ein kleines rotes Bändchen, Kleinoktav, nur einen halben Zentimeter höher als die normalen roten Textausgaben, mit etwas mehr als 500 Seiten, zeitlich geordnet, zunächst an der Spitze mit der Bismarckschen Verfassung von 1871, seit 1921 mit der von Weimar 1919, und danach vom Gesetz des Norddeutschen Bundes 1867 über das Passwesen, das Reichs- und Staatsangehörigkeitsgesetz von 1913, den Aufruf des Rats der Volksbeauftragten von 1918 zur Legitimation der neuen Regierung bis zum Gesetz über das Ruhegehalt des Reichspräsidenten von 1922. Seit 1935 ist der «Sartorius» eine Loseblattausgabe, die ständig ergänzt wird, und bis heute neben dem «Schönfelder», der unten S. 93 ff. beschrieben wird, eine der beiden «klassischen» Gesetzessammlungen der Bundesrepublik, inzwischen dick wie ein Ziegelstein, manchmal auch so genannt, und immer noch unentbehrlich für Studium und Praxis.

Nachdem dessen Verkauf so gut lief, dass nach vier Jahren schon eine zweite Auflage gemacht werden musste, hat Oscar Beck 1906 einen entsprechenden Band mit preußischen Gesetzen erscheinen lassen, der einen analogen Titel hatte: «Sammlung preußischer Gesetze staats- und verwaltungsrechtlichen Inhalts», der fast genauso gut verkauft wurde wie der Sartorius. Im Grunde eine erstaunliche Geschichte, dass diese damals wichtigste Sammlung des öffentlichen Rechts in Preußen unter der Herrschaft des bayerischen Prinzregenten Luitpold in München erschien. Herausgeber war **Fritz Stier-Somlo**, einer der prominenten Professoren des öffentlichen Rechts in der Weimarer Zeit, seit 1904 in Bonn, später in Köln. Das Buch erschien im selben Format wie der Sartorius und in derselben roten Farbe, war nur doppelt so dick, hatte acht Auflagen und erschien zum letzten Mal 1934, weil nun die Länder von Adolf Hitler abgeschafft und zu Verwaltungseinheiten des Reichs herabgestuft wurden.

Hatte der Verlag Beck mit der Sammlung von Stier-Somlo auf fremdem Terrain gearbeitet, besaß er im bayerischen Recht schon damals eine dominante Stellung, nicht nur mit Textausgaben, auch bei den Kommentaren. Wie beim Fischer/Henle lag das auch hier an der Auswahl der Autoren, die alle Praktiker gewesen sind. Markus Pollwein, der das bayerische Jagdgesetz kommentierte, war Richter, später am Oberlandesgericht München. Das Buch brachte es von 1885 bis 1928 auf elf Auflagen. Ferdinand von Englert, der den Kommentar zur bayerischen Bauordnung schrieb, war Verwaltungsbeamter, später Präsident der bayerischen Versicherungskammer. Sein Werk brachte es von 1901 bis 1911 auf vier Auflagen und wurde später von anderen weitergeführt. Das dreibändige «Handbuch der inneren Verwaltung» von Wilhelm Krais war mit drei Auflagen im Würzburger Verlag Stuber erschienen und schaffte den Durchbruch 1896/97 mit der vierten, die Oscar Beck übernommen hatte. Wilhelm Krais war damals Vizepräsident des Bayerischen Verwaltungsgerichtshofs in München. Auch die «Blätter für das bayerische Finanzwesen» von 1893 bis 1922 dienten in erster Linie der bayerischen Verwaltungspraxis. Der Umzug nach München hatte den Verlag auch noch mit anderen guten Werken juristisch weitergebracht.

VIII. Schwabing
Arbeiter, Studenten, Literaten und Künstler

Schwabing, ein Jahrhunderte altes Dorf nördlich von München, wurde seit 1800 allmählich Einzugsgebiet der Stadt. Hier entstand die Lokomotivenfabrik Maffei, die 1848 schon 500 Arbeiter beschäftigte und 1874 den Bau ihrer 1000. Lokomotive feiern konnte. Hier baute Georg Frey 1870/71 während des Kriegs mit Frankreich und der Reichsgründung eine große Lodenfabrik, die in ihrer besten Zeit 1600 Mitarbeiter hatte. Seit 1877 war Schwabing mit München durch eine privat betriebene Pferdetrambahn verbunden. Die ist aber so teuer gewesen, dass nur gut verdienende Bürger sie benutzen konnten, die hier vor die Stadt in zum Teil riesige Wohnungen gezogen waren. Es gab kaum noch Bauern, aber viele preiswerte Felder. Das war wohl auch einer der Gründe, warum Oscar Beck hier 1888 ein Grundstück kaufte, im Zentrum des Ortes, an der ersten Parallelstraße westlich der großen Schwabinger Verkehrsader, der Leopoldstraße, hinter dem Siegestor die Fortsetzung der Ludwigstraße, die am Odeonsplatz mit der Feldherrnhalle beginnt. Dazu kam wahrscheinlich auch, dass die Universität am Siegestor nicht weit entfernt lag und von der Akademie der Künste daneben sind es nur ein paar Schritte zur Wilhelmstraße. 1889 war das Verlagsgebäude fertig, Wilhelmstraße 9.

Es ist die Zeit gewesen, in der die Schwabinger Bohème entstand, die bisher einzige deutsche. Ihren Höhepunkt hatte sie von 1900 bis zum Ersten Weltkrieg. Hier lebten Bertold Brecht, Lovis Corinth, Lion Feuchtwanger, Stefan George, Wassily Kandinsky, Paul Klee, Heinrich und Thomas Mann, Franz Marc, Erich Mühsam, Gabriele Münter, Franziska Gräfin zu Reventlow als gesellschaftliches Zentrum der Bohème, Joachim Ringelnatz und Oswald Spengler, ein wichtiger Autor des Verlags, den Heinrich Beck entdeckte, von 1912 bis 1914 auch Adolf Hitler und nach dem Ersten Weltkrieg Rudolf Hess, später Stellvertreter des «Führers», Ernst Röhm, Alfred Rosenberg und andere, die später Größen der NS-Zeit wurden.

Hier gab es viele Verlage und Buchhandlungen der Szene in dem europaweit berühmten «Wahnmoching», wie sich die Bohème selber nannte in-

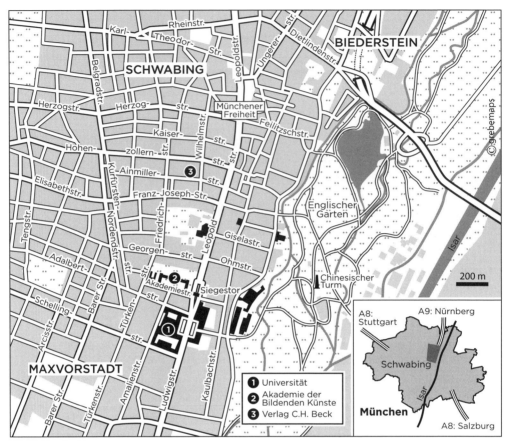

Schwabing. Die Karte nach K. Bäthe, Wer wohnt wo in Schwabing? 1965.

mitten des alteingesessenen «Kraglfing», und auch berühmte Kabaretts, das «Überbrettl» und die «Scharfrichter».

Der erste Verlag der Schwabinger Moderne war der von Albert Langen, Sohn eines Kölner Industriellen, der ihn 1883 gründete und bis heute berühmt ist als Erfinder der Zeitschrift «Simplicissimus», deren von Thomas Theodor Heine entworfenes Wappentier die rote Bulldogge auf schwarzem Grund gewesen ist. 1896 erschien sie zum ersten Mal. Am Anfang war der Absatz stockend. Dann wurde sie aber mit hohen Auflagen in ganz Deutschland die große satirische Zeitschrift während des «persönlichen Regiments» Kaiser Wilhelms II., gegen preußischen Militarismus und Imperialismus, Muckertum und Spießbürgerei. Daneben existierten zwischen Siegestor und Feilitzschplatz ohne Zugehörigkeit zu Wahnmoching auch andere Verlage, zum Beispiel der kleine luxuriöse Insel Verlag, der seit

1899 nur die Zeitschrift «Insel» herausgab und 1901 als Buchverlag nach Leipzig ging, der Verlag von Ernst Piper, gegründet 1904, noch heute in derselben pompösen Gründerzeitvilla und, ebenfalls an derselben Stelle wie nach dem Umzug von Nördlingen, C.H.Beck, der größte von ihnen.

Als Oscar Beck das Grundstück kaufte, war Schwabing ein Jahr vorher zur Stadt ernannt worden. Damals waren es 8000 Einwohner. Heute ist Schwabing mit ungefähr 100 000 der größte Münchener Stadtteil. Nach dem Ersten Weltkrieg war die Bohème verblasst und allmählich breiteten sich hier die Studenten aus mitten im alten Kraglfing. Ihre Universität am Siegestor liegt noch heute gleich davor, und nach dem Zweiten Weltkrieg wurden es noch mehr. Zu einem guten Teil sind sie 1962 an den Schwabinger Krawallen beteiligt gewesen, den Vorboten der Studentenrevolte 1967/68. Seit den 1980er Jahren wohnen sie dort nicht mehr. Die Mieten wurden zu teuer. Nun gibt es hier nur noch einige alte Kraglfinger und solche, die sich die neuen Mieten leisten können. Unter der großen Verkehrsader Leopoldstraße fährt seit den Olympischen Spielen 1972 die U-Bahn vom Marienplatz nach Norden, deren erste Station für Schwabing sinnvoll noch «Universität» heißt. Wenn die Studenten dort ankommen aus allen Teilen der Stadt, nicht mehr aus Schwabing, bringt sie einer der Ausgänge direkt in deren großes altes Gebäude.

IX. Heinrich Beck
1924–1933. Bedeutungsverlust im Recht

1. Der Vorlauf 1919–1924. Unterstützer und Teilhaber des Vaters

Oswald Spengler, Albert Schweitzer und Egon Friedell, seine Autoren in der Weimarer Zeit, das war die Welt, in der Heinrich Beck glücklich gewesen ist. Er schreibt es selbst (1963, S. 156):

«Heute erscheinen die nun lange verflossenen Jahre, in denen er (er meint sich selbst, U.W.) mit Persönlichkeiten wie Oswald Spengler, Albert Schweitzer und Egon Friedell freundschaftlichen Umgang pflegte, als Höhepunkt seiner Laufbahn.»

Nach dem Abitur in München hatte er vor dem Ersten Weltkrieg in Paris, Berlin und Leipzig Philosophie und Germanistik studiert, eine Verbindung mit dem Verlag seines Vaters weder gewollt noch für möglich gehalten. Er ging nach dem Studium 1913 als «Einjährig Freiwilliger» in ein Münchener Artillerieregiment. Dieses «Einjährige» statt der allgemeinen Wehrpflicht von zwei Jahren war ein in Preußen erfundenes und im Bismarckreich weitergeführtes Privileg für wehrpflichtige Abiturienten oder, um es etwas deutlicher zu sagen, für Söhne aus besseren Familien. Sie konnten sich ein Jahr lang in einem Truppenteil ihrer Wahl zum Offizier ausbilden lassen, um danach neben der beruflichen Tätigkeit als Reserveoffizier weiter zur Verfügung zu stehen. Aber diese Reserve wurde für Heinrich Beck 1914 mit 25 Jahren im Ersten Weltkrieg schnell bitterer Ernst. Zuletzt war er Oberleutnant an der Westfront und kam Anfang 1919 mit dem Eisernen Kreuz erster und zweiter Klasse wieder nach Hause. Die geplante Laufbahn an der Universität gab er auf, denn der Vater brauchte dringend Hilfe. Oscar Beck war nun 68 Jahre alt, erschöpft nach 35 Jahren langer Arbeit als verlegerischer Einzelkämpfer und seelisch schwer getroffen durch die Niederlage im Krieg, die er von Anfang an erwartet hatte. Es war ein Nervenzusammenbruch.

Dazu kam, dass die Nachkriegsturbulenzen in München besonders schwer gewesen sind. Hier fiel schon am 7. November 1918 die erste deutsche Monarchie, zwei Tage vor der Abdankung des Kaisers am 9. November. Auf der Theresienwiese, dem Ort des Oktoberfests, hatte nachmittags eine riesige Protestveranstaltung gegen die preußenfreundliche Politik Ludwigs III. stattgefunden, der in Bayern auch aus anderen Gründen nicht sehr beliebt war. Abends erschien eine größere Zahl von Demonstranten vor der Residenz und da kein Militär in der Stadt war, riet der Staatsminister von Dandl seinem König zur Flucht. Der verließ die Stadt sofort und fuhr mit seiner Familie in ein Schloss am Chiemsee. Danach trat ein Arbeiter-, Soldaten- und Bauernrat zusammen, der um Mitternacht die Republik ausrief und Kurt Eisner von der linken Unabhängigen Sozialdemokratischen Partei (USPD) zum Ministerpräsidenten ernannte. Ein schwerer Schlag für Münchener Konservative wie Oscar Beck. Aber es kam noch schlimmer. Im Februar 1919 erschoss der Jurastudent Graf Arco-Valley diesen Ministerpräsidenten, worauf es eine Schießerei im gerade neu gewählten Landtag gab mit zwei Toten und einem Verletzten. Schließlich setzte sich Anfang April eine linksradikal anarchistische «Räterepublik Baiern» gegen die vom Landtag gewählte Regierung Johannes Hoffmanns (SPD) durch, die nach Bamberg floh. Das ergab vier Wochen einer eher komischen, für viele Bürger aber bedrückenden Revolution in München und anderen bayerischen Orten, auch Schwabinger Räterepublik genannt, weil Schwabinger Schriftsteller und Künstler in ihr eine nicht unwichtige Rolle spielten, Oskar Maria Graf zum Beispiel oder Rainer Maria Rilke, besonders Erich Mühsam und Ernst Toller. Es endete Anfang Mai mit vielen Toten bei der Eroberung der Stadt durch Truppen der Reichswehr und des «Freikorps» Franz von Epps, nachdem die «Rote Armee» der Räterepublik noch schnell zehn bürgerliche Geiseln erschossen hatte, die meisten von ihnen Mitglieder der rechtsradikalen Thule Gesellschaft, einer Art Vorgängerin der NSDAP. Das alles waren neue seelische Belastungen für den nun kränklichen Oskar Beck.

Heinrich Beck

Der dreißigjährige Heinrich Beck ging völlig unvorbereitet als Teilhaber im Verlag an die Seite seines Vaters. Der, am Ende seiner Kraft, konnte ihn noch nicht einmal mehr einarbeiten. Deshalb kann man Erfolge wie Misserfolge dieser Zeit weitgehend als Ergebnis der Tätigkeit Heinrich Becks ansehen. Es waren schwere Zeiten. Trotzdem konnte er 1921 noch nebenbei mit einer Dissertation über «Henri Bergsons Erkenntnistheorie» den Doktortitel in Leipzig erwerben.

Schon während des Kriegs war durch die staatliche Wirtschaftslenkung Papier knapp und schlecht geworden und blieb es noch länger. Nach Kriegsende setzte zunächst schleichend und dann bis Ende 1923 immer stärker die Inflation ein durch Rückzahlung von Kriegsanleihen und Reparationsleistungen nach dem Versailler Friedensvertrag, weshalb die Reichsbank immer mehr Geld auf den Markt brachte, immer mehr Papiergeld drucken ließ, am Ende des Jahres 1923 in 1783 Notenpressen von 133 Druckereien – darunter auch die Beck'sche in Nördlingen. Das waren wichtige Aufträge, denn wer hatte damals noch Geld für Bücher? Die Inflation: Kostete ein Brot 1918 noch 63 Pfennige, waren es 1922 schon 163 Mark und Mitte November 1923 zweieinhalb Milliarden. Dann wurde Ende November die Rentenmark eingeführt, die nicht durch Gold gedeckt war, sondern durch Rentenbriefe in Form von Hypotheken auf den landwirtschaftlichen Boden in Deutschland und das industrielle Vermögen. Letztlich war es eine Fiktion. Aber das Publikum nahm die Scheine an, die im Grunde nur ein Schein waren, und verbunden mit einem Gesetz, das dem Staat verbot, neues Geld mit der Notenpresse auf den Markt zu bringen. Das führte zum «Wunder der Rentenmark». Die Inflation war beendet und in den fast sechs Jahren bis zur Weltwirtschaftskrise 1929 lief die deutsche Wirtschaft normal weiter, sogar mit einem Aufschwung.

Für C.H. Beck bedeutete die Inflation wie für andere Verlage und ihre Autoren trotz steigender Buchpreise eine ständige Minderung der Einnahmen, weil die Buchhändler ihre Zahlungen hinauszögerten. In dieser ersten Zeit hatte Heinrich Beck gleich am Anfang einen Riesenerfolg, indem er sich stark gemacht hat für einen älteren philosophischen Kollegen gegen den Rat des damals im Verlag unentbehrlichen und hochintelligenten «Mädchen für alles», August Albers. Der war als Sohn eines Bäckers von der Volksschule in die Buchhandelslehre gekommen, ein kleiner lebendiger Mann, mit Spitzbart und Spitzbauch, lustigen Augen und runder Nickelbrille, hatte viel gelesen, ist ein Privatgelehrter geworden mit Gespür für große Ideen und hatte sich mit einem Brief den Weg gebahnt zu diesem Philosophen, schon während des Ersten Weltkriegs. Über den erfährt man einiges im Tagebuch Friedrich Recks, der noch konservativer war als dieser damals noch unbekannte Philosoph, der **Oswald Spengler** hieß. Reck-Malleczewen, so nannte er sich, hatte ein kleines Gut in Bayern und ist ebenfalls schon früh einer seiner Bewunderer gewesen. Nach dessen Tod schrieb er im Mai 1936 über ihn neben anderen Anekdoten, wie Spengler und Albers ihn auf seinem Gut besuchten:

«Er (Spengler) stellte die seltsamste mir je untergekommene Mischung dar von wirklicher menschlicher Größe und einer Reihe von kleinen und auch großen Schwächen, deren Erwähnung man mir heute, wo ich Abschied von ihm nehme, gewiss nicht verübeln wird. Als Mensch war er einer jener großen melancholischen Fresser, die gern an einsamer Tafel und mit traurigen Augen ihre Orgien feiern, und mit einiger Heiterkeit erinnere ich mich eines Abends, wo er in meinem Hause bei einem kleinen Nachtmahl zu dritt – es war in den letzten Wochen des ersten Weltkrieges und man konnte seinen Gästen nicht viel vorsetzen – predigend und eifernd eine komplette Gans verschlang, ohne dass für seine beiden Tafelgenossen – außer mir war noch Albers anwesend – ein Bissen übrig geblieben wäre.»

August Albers war Spenglers Freund geworden und als dieser 1936 starb, hat er sich das Leben genommen. 1919 hörte er von einem anderen Freund dieses Mannes, er würde einen neuen Verleger suchen, weil der erste Band seines wichtigsten Buches von einem Wiener Verleger aus Nachlässigkeit schlecht verbreitet worden sei. Aber Albers lehnte ab mit dem Vermerk: «Er hat eine verlorene Seele; für den Beck'schen Verlag kommt ein solcher Autor nicht in Betracht.»

Heinrich Beck sah das anders. Er brachte Spengler auf den Markt, in «Abweichung von der Generallinie, die der Verlag bis dahin verfolgt hatte», wie er es 1963 formulierte und seine eigene Initiative vornehm verschwieg. Der Autor lebte in eher ärmlichen Verhältnissen nebenan in Schwabing, wurde nun weltberühmt und sein Buch einer der größten Bestseller in der Geschichte des Verlags: **«Der Untergang des Abendlandes».** Der erste Band war noch in der ersten und zweiten Auflage 1918 im Verlag Braumüller in Wien erschienen. Im Verlag C.H.Beck kam er in der dritten Auflage 1923 heraus, während 1922 bereits die erste Auflage des zweiten Bandes dort veröffentlicht wurde. Das damit verbundene Renommee war für Autor und Verlag gewaltig. Spengler wurde nicht nur in Schwabing der große Philosoph, wo er stolz spazieren ging. Auch in der Münchener Gesellschaft war er jetzt ein begehrter Gast. Im Mai 1922 war der von Heinrich Beck ausgelieferte zweite Band mit 50 000 Exemplaren zu je 240 Mark ein Riesenerfolg. Aber er brachte für Verlag und Autor keinen Gewinn. Der wurde durch den schnellen Geldwertverlust infolge der Inflation in kurzer Zeit beseitigt. Das Gegenteil trat ein. Im Herbst dieses Jahres kam der Beck'sche Verlag zum zweiten Mal seit Carl Heinrich Beck am Anfang des 19. Jahrhunderts in ernsthafte finanzielle Schwierigkeiten. Diesmal wurde er gerettet durch ein objektiv absurd geringes Darlehen von zehntausend starken französischen Francs, das ein hilfreicher Verwandter gab. Es half für das Überleben bis zum Ende der Inflation ein Jahr später im November 1923. Dann stieg auch der Gewinn mit dem inzwischen viel diskutierten Buch für beide erheblich und Oswald Spengler konnte sich seitdem einen Lebensstil leisten, der seinem anspruchsvollen Geschmack entsprach.

Damals war das Buch eine Sensation, Ausweg für die große Zahl der Verzweifelten nach der Niederlage im Krieg, der Demütigung durch den Versailler Vertrag, dem Verlust der Monarchie und Gründung einer demokratischen – Weimarer – Republik. Nicht nur sprachlich folgte Spengler dem Vorbild Friedrich Nietzsches, auch mit seiner Beschreibung der acht «Hochkulturen» von Babylon und Ägypten über China und Indien bis zum «faustischen» Abendland, jede mit der Lebensdauer eines Jahrtausends, die nach Frühzeit, Reife, Spätzeit und Entfaltung übergeht in die Möglichkeit einer Zivilisation mit der Entstehung eines schützenden Imperiums. Mit anderen Worten: Die westliche Welt, das Abendland, braucht einen Führer, der Imperialismus und Sozialismus vereint. Oswald Spengler war – und ähnlich sein Verleger in Schwabing – konservativ, antidemokratisch, antirepublikanisch. Es gab viele Bewunderer, aber auch Gegner mit Spott. Der damals bedeutende Soziologe und Philosoph Georg Simmel soll den «Untergang des Abendlandes» kurz vor seinem Tod die «wichtigste Geschichtsphilosophie seit Hegel» genannt haben, ähnlich beeindruckt war der große Philosoph Ludwig Wittgenstein, auch Thomas Mann nach der ersten Lektüre, später nicht mehr, und der ebenfalls heute noch anerkannte Friedrich Meinecke sprach für die Historiker, als er meinte, «Was er über mein Fachgebiet sagt, ist ja alles Unsinn. Aber das übrige ist sehr

Oswald Spengler, Bronzebüste von Fritz Behn, präsentiert zum 175-jährigen Jubiläum der Druckerei in Nördlingen.

geistreich». Kurt Tucholsky nannte Spengler den «Karl May der Philosophie».

Damals wurde er von vielen und wird noch heute von manchen als Wegbereiter des «Führers» Adolf Hitler angesehen. Das sah er wohl selbst manchmal so, war 1933 noch schwankend, ist aber 1934 nach den Morden der SS an der SA-Führung beim «Röhmputsch» zu seinem entschiedenen Gegner geworden. Diese Morde, das sah er deutlich, waren ein Verbrechen, nicht nur weil sie auch viele andere als SA-Leute trafen, darunter einen seiner Freunde, den Musiker- und Kunstkritiker Willi Schmid, der verwechselt wurde mit einem Münchner SA-Führer Wilhelm Schmid. Zweifel an der moralischen Integrität Hitlers hatte Spengler schon immer gehabt und ein «Rasseidiot», wie er ihn nannte, war er nie, bewunderte eher Mussolini, den faschistischen «Duce» in Italien. Der gefiel ihm vom Typ viel mehr als der kleinbürgerliche «Führer» der Deutschen. Ziemlich deutliche Worte dazu fand er schon in seinem letzten Buch «Jahre der Entscheidung», das Heinrich Beck 1933 veröffentlichte. Weder Autor noch Verleger, immer in engem Kontakt, waren Anhänger Hitlers. Spenglers Äußerungen über ihn und seine NSDAP wurden nach dem «Röhmputsch» immer drastischer und für ihn selbst gefährlicher. 1936 ist er gestorben.

Oswald Spengler, Jahre der Entscheidung. 1. A. 1933. Ein zweiter Teil ist nicht erschienen.

Der zweite große verlegerische Erfolg Heinrich Becks in dieser Zeit war die Verbindung des Verlags mit einem anderen und heute noch berühmten Autor. Sie fand statt 1922. Dessen Mitarbeiterin und rechte Hand, Emmy Martin, fuhr damals vom elsässischen Gunsbach nach München zu einer Freundin. In Gunsbach bei Colmar war er aufgewachsen, hatte im Haus seines Bruders noch einen Stützpunkt und beschreibt die Szene in einem Brief an Heinrich Beck von 1962.

Diesmal sah August Albers sofort einen Autor mit Seele, wusste, wer das war, denn der «Urwalddoktor» war allgemein bekannt geworden mit seinem 1921 in einem Schweizer Verlag erschienenen Buch «Zwischen Wasser und Urwald». So erschien im nächsten Jahr, 1923, das philosophische Hauptwerk dieses Theologen, Musikers, Philosophen und Mediziners, «Kultur und Ethik», bei Beck. Mit diesem Buch wollte Albert Schweitzer dem Abendland, das auch ihn beschäftigte, eine neue Sittlichkeit vermitteln, seine «Ethik vor dem Leben», die die Frage beantwortete, was gut und böse ist. Seine Antwort? Gut ist Leben erhalten, Leben fördern und entwickelbares Leben auf seinen höchsten Wert bringen. Böse ist es, Leben zu vernichten, zu schädigen und entwickelbares Leben zu behindern. Sehr viel mehr lässt sich wohl auch heute dazu nicht sagen, nach dem, was in diesem Abendland unter Stalin und Hitler geschehen ist.

Heinrich Beck blieb mit **Albert Schweitzer** bis zu dessen Tod in einer freundschaftlichen Verbindung. Dieser wichtige Autor kam auch ab und zu nach München, seit er nach dem Ende des Ersten Weltkriegs wieder in Lambarene lebte, im westafrikanischen Gabun, das damals noch eine französische Kolonie war. Dort hatte er 1913 eine Klinik gegründet und ist in Lambarene 1965 gestorben. 1952 erhielt er für sein Lebenswerk den Friedensnobelpreis, hielt in Oslo und Schweden Reden gegen die atomare Rüstung und Heinrich Beck veröffentlichte sie mit großer Überzeugung und gegen die Politik Adenauers, schickte ihm auch noch den bei ihm erschienenen ersten Band der «Antiquiertheit des Menschen» von Günther Anders, der darin über die Gefährdung der Menschheit durch die Atombombe geschrieben hatte, eine von vielen anderen seiner Veröffentlichungen, die dann später dazu auch noch bei Beck erschienen sind.

Insgesamt ist es eine beachtliche Leistung Heinrich Becks gewesen in den fünf Jahren von Anfang 1919 bis Ende 1923. Sein Vater starb im Januar 1924. 200 Neuerscheinungen waren es in einer für den Buchhandel schweren Zeit, also jährlich 40, eine Steigerung gegenüber den 33 seines Vaters. Es gab insgesamt nur 23 Neuerscheinungen, davon 18 Gesetzestextausgaben, die anderen fünf ohne größere Bedeutung. Bei seinem Vater hatten sie einen Anteil an der Gesamtproduktion von 33 Prozent. Nun waren es nur noch 11,5.

2. 1924–1933. Die ersten Jahre als Verleger

Nach dem Tod seines Vaters war Heinrich Beck mit 34 Jahren selbständiger Verleger geworden. Nach dem Ende der Inflation mit der Einführung der Rentenmark begann damals eine Zwischenphase relativer Stabilität von knapp sechs Jahren bis zu denen der Depression, der Weltwirtschaftskrise, die mit dem «schwarzen Freitag» am 25. Oktober 1929 begann. Schon bald gelang ihm 1927 sein dritter großer Erfolg nach den Bestsellern von Oswald Spengler und Albert Schweitzer mit einem Buch, das ebenfalls erstaunlich hohe Auflagen brachte. Der dritte Autor hieß **Egon Friedell**, hatte angefangen als Kabarettist in seiner Heimatstadt Wien, wurde dann dort vom Theatergenie Max Reinhardt als Schauspieler entdeckt, ging einige Zeit später mit ihm ans Deutsche Theater in Berlin und war nebenbei ein Gelehrter, der über Nacht berühmt geworden ist mit dem ersten Band seiner heute noch bei Beck erscheinenden «Kulturgeschichte der Neuzeit.» Auch das war eine mutige Entscheidung des jungen Verlegers, dieses Buch eines philosophierenden Schauspielers auf den Markt zu bringen, ebenso mutig wie die Entscheidung für Spenglers «Untergang des Abendlandes». Beide waren etwa gleich alt, Friedell 1878 geboren, Spengler 1880, aber sehr unterschiedlich. Spengler war eher schwermütiger Pessimist, Friedell geistreicher und witziger Optimist. Aber eins hatten sie gemeinsam. Das Risiko des Verlegers bei diesem wie bei jenem. Denn beide schrieben mit gleicher Verachtung gegen die konventionelle Geschichtsschreibung. Aber Heinrich Beck behielt Recht, weil er einen Spürsinn hatte für literarische und intellektuelle Qualität. Auch Friedell war nicht nur in Deutschland ein großer Erfolg und ist in sieben Sprachen übersetzt worden, obwohl der Titel seines Buches weniger aufregend war als «Der Untergang des Abendlandes».

Es gibt noch eine Parallele mit Spengler. Auch Friedell hatte vorher einen Vertrag mit einem anderen Verlag. Es war aber nicht ein eher unbedeutender wie der Wiener von Spengler, sondern einer der größten deutschen, nämlich Ullstein in Berlin. Der erste von drei Bänden sollte dort 1925 erscheinen. Friedell hatte das Manuskript rechtzeitig abgeliefert, das Buch war gedruckt, nur der Einband noch nicht fertig. Dann nahm der Verleger Hermann Ullstein den Fortgang selbst in die Hand. Der Autor schien ihm verdächtig, eben ein Kabarettist und Schauspieler, auch gefiel ihm wohl die Tendenz des Buches nicht und außerdem war Friedell nicht damit einverstanden, dass er mit Bildern und Abbildungen erscheinen solle. Der Verleger verzögerte die Herstellung um ein Jahr und machte dann den Vorschlag, Friedell sollte die drei Teile zu Ende schreiben und dann würde er alles in einem Band auf den Markt bringen. Der antwortete in seiner üblichen Art, das Buch sei keineswegs ein seriöses Werk, «Dafür bürgt, denke ich, sowohl der Name des Verlags wie der des Verfassers.» Diese Ironie verfehlte ihr Ziel. Hermann Ullstein gab nicht nach. Also versuchte Friedell, den Vertrag mit ihm aufzulösen, schickte das

Manuskript an andere Verlage und erhielt fünf Absagen. Erst der sechste Verleger las es mit den richtigen Augen: Heinrich Beck. Im Mai 1927 erschien der erste Band. Der Erfolg war riesengroß. Nur nicht bei der schönen Schauspielerin Lina Loos, der er vergeblich Avancen machte. Friedell fragte sie, «Was stellst Du Dir unter meiner ‹Kulturgeschichte› vor?» «Darunter stelle ich mir ein dickes Buch vor, in dem lauter Sachen stehen, die mich nicht interessieren.» Er: «So umfangreich ist sie wiederum nicht.»

Es ist tatsächlich ein dickes Buch, aber leicht zu lesen. Die beiden nächsten Bände erschienen 1928 und 1931. Heute sind es 1571 Seiten und immer noch aktuell wie damals. Der Untertitel: «Die Krisis der europäischen Seele von der Schwarzen Pest bis zum Ersten Weltkrieg». Der Anfang, 55 Seiten, ist ein Meisterstück über Theorie und Methode der Geschichtsschreibung von Herodot über Voltaire und Leopold von Ranke bis zu Spengler, den er bewunderte. Diese Einleitung müsste auch heute noch Pflichtlektüre sein für junge Historiker und manche ältere, brillant formuliert. Dann folgt bis zum Ende ein intellektuelles Feuerwerk vom Problem der Einteilung historischer Epochen – «Der Wille zur Schachtel» – bis zu Sigmund Freud und der Frage, ob er ein Metaphysiker ist, also jenseits einer wissenschaftlich nachprüfbaren Methode arbeitet. Friedells Antwort: «Ja, aber er weiß es nicht.» Insgesamt ist dieses Buch und die später erschienene «Kulturgeschichte Ägyptens, des alten Orients und Griechenlands» die Leistung eines großen Gelehrten mit einer außerordentlichen Belesenheit, die er leicht und lesbar aus dem Ärmel schüttelt mit der Anekdote als wichtigstem Stilmittel. Dafür nur ein Beispiel aus seiner Schilderung Englands im 17. Jahrhundert nach dem Tod Cromwells, als der Stuartkönig Karl II. aus dem französischen Exil zurückkam und die Ausschweifungen an seinem Hof in London Tagesgespräch waren. Da schreibt er über Karl II. unter anderem:

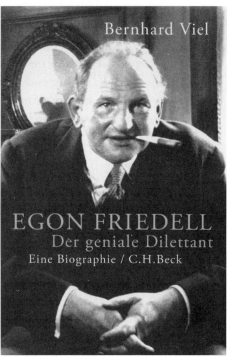

Die aktuelle Biographie von Bernhard Viel über Egon Friedell (2013).

«Als er vom Grafen Shaftesbury eines Tages besucht wurde, sagte er lachend: ‹Ah, da kommt der liederlichste unter allen meinen Untertanen.› Shaftesbury verneigte sich tief und erwiderte: ‹Jawohl, Majestät, unter den Untertanen›.»

Im «Dritten Reich» dauerte es nicht lange, dann wurde es düster für diesen Autor, der vorher auch gut lachen konnte, ohne liederlich zu sein. 1937 wurden seine Bücher im Verlag Beck von der Gestapo beschlagnahmt und eingestampft, weil er Jude war. Am 13. März 1938 marschierte Adolf Hitler in Österreich ein und am 16. März abends um zehn Uhr klingelte es an Friedells Wohnungstür in der Wiener Gentzgasse. Zwei junge SA-Leute fragten seine Haushälterin, «Wohnt da der Jud Friedell?» Der Gesuchte erschien in der Tür seines Bibliothekszimmers, sah die Szene, schloss die Tür hinter sich, öffnete das Schlafzimmerfenster im 3. Stock, warnte einen Vorübergehenden, er solle zur Seite treten, und stürzte sich auf die Straße. Ein Notarzt stellte den Tod fest. Oswald Spengler war ein Jahr vorher plötzlich in München an einem Herzschlag gestorben. Albert Schweitzer lebte noch lange bis in die Zeit der Bundesrepublik.

Gedenktafel für Egon Friedell Gentzgasse 7 in Wien

Spengler, Schweitzer und Friedell, das waren die größten literarischen Erfolge des Verlags. Das hatte keiner der Vorgänger Heinrich Becks geschafft und mehr war auch nicht möglich im Rahmen der Beck'schen Verlagsbuchhandlung, die in erster Linie ein wissenschaftlicher und juristischer Verlag gewesen und geblieben ist. Die große deutsche Literatur dieser Zeit – von Brecht bis Wedekind und Zweig – erschien in rein literarischen Verlagen wie Fischer, Kiepenheuer, Rowohlt oder Kurt Wolff. So ähnlich war es dann ja auch später in der Bundesrepublik.

Die Zahl der Neuerscheinungen bei Beck blieb etwa gleich. Von 1919 bis 1924 waren es jährlich 40, nun 43. Aber der Anteil juristischer Bücher stieg von 11,5 auf 28,3 Prozent. Das war jedoch immer noch weniger als in der Zeit seines Vaters von 1884 bis 1918. Damals sind es 34,2 Prozent gewesen. Der Aufwärtstrend von 11,5 auf 27 Prozent entsprach ungefähr dem allgemeinen Anstieg der Titelproduktion in den Rechts- und Staatswissenschaften. 1924 sind es ungefähr 2800 Neuerscheinungen gewesen. 1929 waren es etwas mehr als 4000, die 1932 wieder auf ungefähr 3200 zurückgingen, was wohl mit der politisch und juristisch unsicheren Situation zu erklären ist.

In seiner juristischen Sparte am besten war der Verlag C.H.Beck vertreten mit seinen roten Textausgaben, «Deutsche Reichsgesetze» und mit bayerischen Gesetzestexten, die – leicht kommentiert oder gar nicht – immer sofort nach deren Erlass erschienen sind. Nun kamen auch Kommentare dazu und sogar Lehrbücher für das Studium. Aber sie setzten sich nicht durch. Zum Beispiel der solide «Handkommentar» zum Handelsgesetzbuch von Friedrich Goldschmit, Rechtsanwalt in München. Er erschien 1929 nur in einer Auflage, obwohl er schon in der modernen systematischen Methode geschrieben war und nicht mehr mit den alten Häkchen. Er ist überholt worden von Adolf Baumbachs 1924 im Verlag Otto Liebmann erschienener «Taschenausgabe», die sogar noch im selben Jahr eine zweite Auflage erlebte, im Format kleiner, kürzer und etwas präziser war. Goldschmit hatte 916 Seiten, Baumbach 615, das war mit dem Format etwa ein Drittel weniger, billiger und genauso gut, im Grunde sogar besser, weil exakter.

Im Landmann/Rohmer (siehe oben S. 54) erläutert der zweite Band das Arbeitsrecht der Gewerbeordnung. In der 7. Auflage (1925) kommentiert Gustav Rohmer erstmals das im Februar 1920 erlassene Betriebsrätegesetz eingehend. Das Arbeitsgerichtsgesetz vom Dezember 1926 trat gewissermaßen die Nachfolge des Gewerbegerichtsgesetzes aus dem Jahre 1890 an. Es hat erstmals die Arbeitsgerichtsbarkeit auf alle Rechtsstreitigkeiten aus dem Arbeitsverhältnis erstreckt und einen dreigliedrigen Instanzenzug geschaffen. Bereits 1927 erschien dazu eine Kurzkommentierung von Oskar Held, Franz Lieb und Hugo Gift.

Die beiden Lehrbücher waren kein Erfolg. Sie erschienen ebenfalls 1929. Das eine, Fritz van Calkers «Grundzüge des Deutschen Verwaltungsrechts», war zu kurz, hatte nur 115 Seiten und einen problematischen Autor, der bei der Abfassung des Buches unterstützt wurde von zwei fragwürdigen Assistenten. Fritz van Calker war Strafrechtler, der seinen Lehrstuhl in Straßburg 1919 verlassen musste, weil das Elsass nach dem Ersten Weltkrieg französisch geworden war. Er wurde noch im selben Jahr Professor für allgemeine Rechtswissenschaft an der Technischen Hochschule München, musste auch Verwaltungsrecht lesen, was ihm schwer fiel. Die beiden Assistenten, die ihm geholfen haben, waren Wilhelm Glungler und Hans Frank, beide keine Freunde von Verwaltungsrecht. Wilhelm Glungler galt im «Dritten Reich» als «Künder der nationalsozialistischen Staatsidee» (Michael Stolleis). Hans Frank wurde Hitlers «Reichsrechtsführer» und 1946 im großen Nürnberger Kriegsverbrecherprozess zum Tode verurteilt, weil er als Generalgouverneur im besetzten Polen den Massenmord an dessen Einwohnern und den Juden nicht nur in Auschwitz mit zu verantworten hatte. Diese beiden waren wohl auch der Grund, warum Fritz van Calker den alten weiten Begriff des Verwaltungsakts weitergeführt hat, obwohl die herrschende Meinung längst beim «modernen» engen angekommen war, den der Vater des deutschen Verwaltungsrechts Otto Mayer für den Zugang zur Verwaltungsgerichtsbarkeit allgemein in Deutschland eingeführt hatte. Wie für staatlich autoritär übertreibende Juristen sind auch den beiden Assistenten Verwaltungsgerichte schon vor dem «Dritten Reich» suspekt gewesen und so blieb das kleine Lehrbuch eine Münchner Eintagsfliege, die dort nur an der Technischen Hochschule geflogen ist. Der in München an der Universität lehrende Hans Nawiasky folgte der Lehre Otto Mayers. Das konnte Heinrich Beck nicht wissen.

Etwas anders war es mit dem zweibändigen Lehrbuch des Schuldrechts von Hugo Kreß, der in Würzburg lebte. Das war ja auch das Problem Heinrich Becks, dass er nur auf bayerische Juristen zurückgreifen konnte ohne eine Zeitschrift, die im ganzen Reich erschien. Es war ein kluges Buch, das sich am römischen Recht orientierte, in dem Hugo Kreß bis 1900 groß geworden war, allerdings mit einem eigenwilligen, sehr liberalen System, das nicht leicht zu verstehen war. Deshalb konnte es dem damals schon an allen deutschen Universitäten verbreiteten «Recht der Schuldverhältnisse» von Ludwig Enneccerus keine Konkurrenz machen, zumal es umfangreicher gewesen ist. Der Enneccerus blieb für Jurastudenten das wichtigste Schuldrechtslehrbuch, damals schon in 10. Auflage, und blieb es auch noch in den ersten Jahren nach dem Krieg und in der Bundesrepublik. Erst seit 1953/56 ist es abgelöst worden durch die beiden Bände Schuldrecht Allgemeiner und Besonderer Teil von Karl Larenz, seit 1960 auch durch die zweite schöne – gelbe – Auflage von Essers einbändigem Schuldrecht bei C. F. Müller in Heidelberg.

Trotzdem. Auch für Jurastudenten gelang Heinrich Beck in den letzten Jahren der Weimarer Republik noch ein großer Wurf mit zwei Werken eines jungen Juristen. Der begann das eine, als er kurz vor seinem zweiten Staatsexamen stand, und wurde mit dem anderen fertig, als er dieses Examen hinter sich hatte. Der kluge junge Mann hieß **Heinrich Schönfelder**. Mit seinem zweiten Werk ist er heute noch ebenso juristisch «unsterblich» wie der ältere Carl Sartorius, der damals als Professor für Staats- und Verwaltungsrecht an der für dieses Fach zu jener Zeit berühmten juristischen Fakultät der Tübinger Universität lehrte und sich 1933 vorsichtshalber emeritieren ließ.

3. Heinrich Schönfelder

Der «Schönfelder», die heute jedem deutschen Juristen bekannte Gesetzessammlung, ist wohl wirklich «einer der größten verlegerischen Erfolge im gesamten deutschen Buchgeschäft» (Hans Wrobel). Der Mann, der sie erfunden hat, wuchs auf in einem wohlhabenden Elternhaus, machte 1922 Abitur auf der «Fürstlichen Landesschule St. Afra» in Meißen, die ebenso berühmt und alt ist wie die beiden anderen mitteldeutschen Schwesterschulen Schulpforta in Bad Kösen und St. Augustin in Grimma, studierte Rechtswissenschaft in Tübingen und Leipzig, war Mitglied einer «schlagenden» Studentenverbindung, mit Fechten, Lebensbundprinzip, bunten Brustbändern und Mützen, promovierte in Leipzig, machte das erste Staatsexamen, das zweite 1930, war dann Gerichtsassessor am Amtsgericht Dresden, heiratete und wurde 1934 in Dresden Amtsgerichtsrat. Da ist er 32 Jahre alt gewesen. Ein Leben voller Ehrgeiz, mit sehr viel Arbeit und einer großen Sprachbegabung. Er lernte Griechisch, Latein, Hebräisch, Französisch und Italienisch, wohl nicht Englisch. Das war damals noch nicht so wichtig. Französisch war seine Rede zum Abitur und Italienisch sprach er fließend nach einer Unterbrechung des Referendariats, als er in Rom an seiner Dissertation arbeitete über die Wahlreform Mussolinis von 1923, den er sehr bewunderte. Er war einer der vielen antidemokratischen Gegner der Weimarer Republik und seit April 1933 Mitglied der NSDAP.

Leicht skurril ist er auch gewesen. 1931 oder 1932 wurde er Mitglied der Masdasnan- oder Mazdaznan-Tempelvereinigung, einer Sekte, die auch heute wieder in der Bundesrepublik aktiv ist, nachdem sie 1935 von den Nationalsozialisten verboten war. Nach einer Verfügung des – seit 1934 für alle deutschen Gerichte zuständigen – Reichs-

Schönfelder, Deutsche Reichsgesetze, 1. A. 1931, damals noch kein Loseblattwerk.

justizministers Gürtner von 1936 drohten Mitgliedern dieser «freimaurerähnlichen Organisation» auch beamtenrechtliche Folgen. Gegründet war sie von einem Deutschamerikaner, der wohl den bürgerlichen Namen Otto Hanisch, sich aber einen orientalisch klingenden zugelegt hatte, eine autoritär geführte Sekte in einer Mischung von Lehren des Zarathrusta, indisch-arischer Theosophie und Elementen des Yoga. Sie verkündete nicht nur Glaubensvorstellungen, sondern auch eine eigentümliche Rassenlehre und eine Atem- und vegetarische Ernährungskunde, deren Grundlage Vollkornbrot ohne Hefe war und die den Verzehr von Fleisch ablehnte, weil das Töten von Tieren dem fünften Gebot – «Du sollst nicht töten» – der Bibel widerspräche. Es gab auch ein Reichsprogramm von 1932, in dem Deutschland zum ersten Mitglied der Vereinigten Staaten Europas erklärt wurde mit einem Reichskanzler «im Sinne Bismarcks» und der Bau von Autobahnen vorgeschlagen worden ist. Bis zum Verbot von 1935 blieb Heinrich Schönfelder Mitglied und musste sich 1936 gegenüber seinem Dienstherrn Gürtner rechtfertigen, warum er Mitglied gewesen war. Er erklärte, das hätte ihm einer seiner Ärzte wegen deren Ernährungskunde empfohlen, aus gesundheitlichen Gründen, eine Schutzbehauptung, denn nach allem, was man weiß, hat Heinrich Schönfelder das ganze Programm sehr ernst genommen. Das Ministerium akzeptierte seine Erklärung, zumal er rechtzeitig vorgesorgt hatte mit seinem Beitritt zur NSDAP. Er durfte Amtsrichter in Dresden bleiben, konnte aber nicht mehr mit einer Beförderung rechnen. Allerdings, die Mitgliedschaft in der NSDAP hatte auch nachteilige Folgen, in seiner Ehe, die nicht glücklich war. Seine Frau hat ihn deshalb heftig kritisiert und schließlich wurde er auf seinen Antrag – aus anderen Gründen – 1944 geschieden. Das Leben war für ihn nicht leichter geworden. Aber er hatte Erfolg als juristischer Schriftsteller mit beträchtlichen Einnahmen.

Nach seiner Promotion und während der Vorbereitung auf das zweite Staatsexamen schrieb er die Hälfte jener völlig neuartigen und hervorragenden kleinen Hefte für Studenten zur Vorbereitung auf das erste Staatsexamen. Er nannte sie **«Prüfe dein Wissen»** und bot sie Heinrich Beck zur Veröffentlichung an, aus Dresden wohl mit der Post. Mindestens zwei oder drei waren schon fertig als Manuskript. Auch jemand, der wie Heinrich Beck nicht Jurist war, konnte sofort erkennen, dass dies etwas Besonderes gewesen ist, das Erfolg versprach.

Und warum hat Heinrich Schönfelder sich an Heinrich Beck gewendet und nicht an einen der größeren juristischen Verlage? Vielleicht, weil hier in München 1925 eine der ersten umfangreichen Beschreibungen des italienischen Faschismus erschienen war, ein Buch von Johann Wilhelm Mannhardt, wohl auf Anregung Oswald Spenglers, der aber auch selbst der Grund für das Angebot an Heinrich Beck gewesen sein kann, denn auch sein inzwischen berühmter «Untergang des Abendlandes» entsprach den Vorstellungen Schönfelders. Jedenfalls, die ersten sechs Hefte erschienen 1929/30, geschrieben vor seinem Referendarexamen, und waren sofort ein voller Erfolg: BGB Allgemeiner Teil, Schuldrecht Allgemeiner Teil, Schuldrecht Besonderer Teil, Sachenrecht, Familien- und Erbrecht, Zivilprozessordnung. 1929 war er 27 Jahre alt. Bis 1933 waren es zwölf kleine Pappbände. Es folgten Reichsverfassung, Handelsrecht, Strafrecht Allgemeiner Teil, Strafrecht Besonderer Teil, Strafprozessordnung mit Gerichtsverfassungsgesetz und zuletzt Konkursordnung mit Vergleichsordnung, Anfechtungsgesetz und Zwangsversteigerungsgesetz, im Durchschnitt etwa 180 Seiten, auf jeder Seite zwei Spalten: links Fälle und Fragen, rechts die Lösungen und Antworten. Alles geschrieben mit einer großen pädagogischen Begabung, einfach, kurz und juristisch genau. Für die ersten sechs Hefte wurden 1931/32 schon zweite Auflagen notwendig. Der Vorsitzende des Justizprüfungsamts in Berlin schrieb 1929 dazu:

Schönfelder, Prüfe dein Wissen, Beilage in DJZ 1935 Heft 13.

«Die vorliegenden Hefte haben vor vielen anderen dem gleichen Zwecke dienenden Schriften den Vorzug größter Übersichtlichkeit und Bequemlichkeit, indem unmittelbar neben den geschickt gestellten, teils allgemeinen, teils an konkrete Fälle angeknüpften Fragen in gedrängter Fassung die Antworten und die Lösungen der mitgeteilten Fälle zu finden sind... Ein weiterer Vorzug ist, dass überall auf die wichtigsten Ergebnisse der Rechtsprechung verwiesen ist.»

Zwölf solcher Bände in etwa fünf Jahren über die gesamten Gebiete des Rechts in den Prüfungen des ersten juristischen Staatsexamens vom BGB über das Strafrecht bis zum Staatsrecht, das war eine Leistung, die ihm damals wie heute wohl niemand hätte nachmachen können. Selbst im Verfassungsrecht blieb er juristisch kühl, genau und korrekt, obwohl er ein Gegner der Weimarer Verfassung war. Noch heute ist der siebte Band dazu lesbar und gibt ein deutliches Bild dieses ersten deutschen republikanischen Staatsrechts, deutlicher als manche abstrakte Beschreibung, eben in Fällen und Lösungen, Fragen und Antworten, erschienen 1930. Er schrieb dieses Heft im Sinn der Verfassung. Dazu nur ein Beispiel, das zeigt, wie klar er seine eigenen Vorstellungen als Bewunderer des Faschismus Mussolinis von denen trennen konnte, die Grundlage der von ihm ungeliebten Weimarer Verfassung gewesen sind. Prüfe dein Wissen, 7. Heft, Reichsverfassung, 1930, S. 12 f., Nr. 52 bis 54:

52. Der Italiener Simoncini ist in München ansässig. Er gründet dort eine aus deutschen Staatsangehörigen bestehende Vereinigung, die die Schaffung einer faschistischen Diktatur in Deutschland anstrebt. Die Reichsregierung fordert die Bayerische Staatsregierung auf, Simoncini aus dem Reichsgebiet auszuweisen. Diese weigert sich und weist die «unzulässige Einmischung des Reichs in bayerische Angelegenheiten» zurück. Hat sie damit recht?

Nein. Gemäß Art. 15 Abs. 1 übt die Reichsregierung die Aufsicht in den Angelegenheiten aus, in denen dem Reiche das Recht der Gesetzgebung zusteht. Nach Art. 7 Nr. 4 hat das Reich auch die (konkurrierende) Gesetzgebung über die Fremdenpolizei. Wenn es auch insoweit von seinem Gesetzgebungsrechte bisher noch keinen Gebrauch gemacht hat, das Land Bayern also nach Art. 12 Abs. 1 Satz 1 noch zur gesetzlichen Regelung der Ausweisungen zuständig ist, so hat das Reich doch auch über diese Landesgesetzgebung und ihre Ausführung das (nach Triepel «selbständige») Aufsichtsrecht.

53. a) Welche beiden Arten von Reichsaufsicht gibt es nach der von Triepel einge- führten Begriffsbestimmung?
b) Wie unterscheiden sie sich voneinander?

a) Die «selbständige» und die «abhängige» Reichsaufsicht.

b) Die selbständige Aufsicht führt das Reich auf den Gebieten, auf denen es von seinem Gesetzgebungsrechte noch keinen Gebrauch gemacht hat, die abhängige auf Gebieten, die schon durch Reichsgesetz geregelt sind.

3. Heinrich Schönfelder

54. Bayern beharrt auf seiner Weigerung. Was kann die Reichsregierung zunächst tun?	Sie kann wegen dieser Meinungsverschiedenheit die Entscheidung des Staatsgerichtshof für das Deutsche Reich anrufen (nach dessen Entscheidung äußerstenfalls Reichsexekution nach Art. 19 Abs. 2, 48 Abs. 1).

Finanziell waren die Hefte wichtig für beide, Verleger und Autor. Damals in der Weltwirtschaftskrise seit 1929 hatte der Verlag Absatzsorgen. Die wurden nun geringer. Und der Autor, zunächst ohne Einkünfte, dann nach dem Zweiten Staatsexamen mit dem niedrigeren Gehalt eines Gerichtsassessors in Chemnitz, danach in Dresden, konnte sich jetzt sogar große Reisen leisten nach Belgien, England, Spanien, Südfrankreich, Nordafrika und in die Schweiz. Noch 1933, als er heiratete, erhielt er vierstellige Honorare, die höher gewesen sein müssen als die Einkünfte am Amtsgericht Chemnitz. Doch dann gingen sie schnell zurück. 1934 sind es nur noch 69 Mark gewesen und seit 1935 wurden die Hefte nicht mehr gekauft. Grund war das «Dritte Reich». Nicht nur der kleine blaue Band über die Weimarer Verfassung war seit 1933 völlig überholt durch die sofort einsetzende Verfassungsverwüstung der Nationalsozialisten, auch im Zivil- und Strafrecht begann schon früh die «Unbegrenzte Auslegung» durch die Gerichte, die Bernd Rüthers in seinem Buch mit diesem Titel beschrieben hat. Die streng rechtsstaatlich ausgerichtete Reihe «Prüfe dein Wissen» war überholt und wurde erst in der Bundesrepublik wieder weitergeführt.

Es kam noch anderes dazu. Das Studium ist nach der «Verreichlichung» der Justiz geändert worden. Nach dem «Gesetz über den Neuaufbau des Reichs» vom 30. Januar 1934 gingen die Hoheitsrechte der Länder über auf das Reich. Zuständig für die Justiz war jetzt allein das bisher eher kleine Reichsjustizministerium, zu dem nun auch ein Reichsjustizprüfungsamt gehörte, dessen Präsident Otto Palandt wurde (siehe S. 166 ff.). In Zusammenarbeit mit dem Hochschulreferenten des neuen Reichskultusministeriums, Karl August Eckhardt, Professor der Rechtsgeschichte und Mitglied der SS, wurden 1935 die Lehrfächer an den juristischen Fakultäten und die Prüfungsfächer des Referendarexamens geändert. Das Studium und entsprechend die Prüfung sind nach «Lebensgebieten» geändert worden. Zu ihnen gehörte «das deutsche Staatsrecht einschließlich der Grundzüge des Verwaltungsrechts und des Völkerrechts», «Rasserecht» und statt des bürgerlichen Rechts des BGB «deutsches Gemeinrecht» mit «Vertrag und Unrecht» und «Familien- und Erbrecht», «Bauernrecht» usw. Dazu wurden neue Lehrbücher geschrieben, die «Grundzüge» oder «Grundrisse» hießen. Dafür hätte Heinrich Schönfelder mit seiner juristisch-didaktischen Begabung und politischen Haltung auch mühelos sein «Prüfe dein Wissen» umschreiben können und vielleicht hat er das Heinrich Beck auch vorgeschlagen. Aber der hätte sicher abgelehnt. Denn in seinem Entnazifizierungsverfahren 1947 (siehe S. 189 ff.) erklärte er in seiner zweiten undatierten Stellungnahme (S. 6):

«Dagegen schien es mir auf dem Felde der Rechts- und Staatswissenschaften wiederum geboten, in vorsichtiger Zurückhaltung diejenigen Sachgebiete zu meiden, die vor allem im politischen Schussfeld lagen und während der Zeit der nationalsozialistischen Gewaltherrschaft nicht ohne Konzessionen an die herrschende politische Ideologie hätten behandelt werden können. Aus diesem Grund habe ich im Gegensatz zu fast sämtlichen Konkurrenzverlagen keine juristischen Grundriss- und Lehrbuchreihen herausgebracht...»

Tatsächlich sind außer dem «Lehrbuch des Reichserbhofrechts» von Hans Dölle keine weiteren Werke erschienen. Dieses Buch betraf zwar einen – noch heute aktuellen Teil – des damaligen «Bauernrechts», aber nicht das ganze Gebiet, hieß aber auch «Lehrbuch» und nicht wie die anderen «Grundriss» oder «Grundzüge», war also kein NS-Lehrbuch. Der finanzielle Verlust von «Prüfe dein Wissen» für Autor und Verleger wurde seit 1931 mehr als ausgeglichen durch das zweite Unternehmen Heinrich Schönfelders, das bis heute seinen Namen trägt. **«Der Schönfelder».** Er begann es noch während seiner Arbeit an den letzten Heften der Reihe, die dann so schnell beendet wurde. Heinrich Beck übernahm es als Verleger und es war ebenfalls sofort ein voller Erfolg, aber eben bis heute, und ohne Unterbrechung.

Schönfelder nannte es «Deutsche Reichsgesetze. Sammlung des Zivil-, Straf-, Verfahrens- und Staatsrechts». Die erste Ausgabe 1931 erschien wie alle bis heute folgenden als roter Einband, damals in Leinen, in derselben Höhe wie heute mit etwa der Hälfte des Umfangs, hatte 1300 Seiten. Das Verwaltungsrecht war weggelassen. Dafür gab es bei Beck schon den «Sartorius» in 10. Auflage mit 970 Seiten, «Sammlung von Reichsgesetzen staats- und verwaltungsrechtlichen Inhalts», dessen erste Auflage 1903 bei Oscar Beck erschienen war. Heute stehen beide als klassisches Werk-Duo gleichbedeutend nebeneinander. Damals waren sie unterschiedlich ausgerichtet. Der Sartorius war eine Sammlung für Praktiker in der Verwaltung. Heinrich Schönfelder als Pädagoge dachte in erster Linie wie mit «Prüfe dein Wissen» an Jurastudenten, wollte ihnen alle Gesetze in einem Band zur Verfügung stellen, die sie während des Studiums brauchten, anstelle der vielen Einzelausgaben, die sie bis zum Examen erwerben und benutzen mussten. Aber er war nicht dumm und meinte zu Recht, das könne auch für fertige Juristen in der Praxis wichtig sein, Richter, Anwälte und andere. Für sie übernahm er zum Beispiel das Gerichtskostengesetz und die Gebührenordnung für Rechtsanwälte in die Sammlung. Aber die Reihenfolge der Vorschriften entsprach dem Gang des Jurastudiums, also am Anfang das Bürgerliche Gesetzbuch mit den dazugehörenden Gesetzen, dann die des Handels-, Straf- und Prozessrechts und zum Schluss die Weimarer Verfassung mit umgebenden Vorschriften wie zum Beispiel das Reichswahlgesetz. Insgesamt 59 Gesetze, durchnummeriert von Nr. 1 Bürgerliches Gesetzbuch bis Nr. 59 Gesetz über den Volksentscheid von 1921. Ein Jahr nach dem Erscheinen der ersten Auflage konnte der Verlag 1932 im Anzeigenteil von Prüfe Dein Wissen 5. Heft, Familien- und Erbrecht, 2. Auflage, die Meinungen von Professoren und Praktikern verkünden, zum Beispiel Paul Koschakers, Professor in Leipzig, 1947 Autor des damals Aufsehen erregenden bei Beck/Biederstein erschienenen Buches «Europa und das römische Recht»:

«Diese Gesetzausgabe ist, was Auswahl, Druckausstattung, Handlichkeit und Preis anlangt, vorbildlich und für unsere Studenten in hervorragendem Maße brauchbar und geeignet.»

Oder Franz Schlegelberger, Staatssekretär im Reichsjustizministerium, ein Amt, das er unter Adolf Hitler noch lange behalten hat und deswegen im Nürnberger Juristenprozess 1947 zu lebenslanger Freiheitsstrafe verurteilt wurde, damals, 1932, noch ein konservativer Justizjurist alter Schule:

«Das Werk ist tatsächlich ganz ausgezeichnet und hat mir schon in der kurzen Zeit, in der ich es besitze, die allerbesten Dienste geleistet.»

Der «Schönfelder» von 1931 war die einzige noch in der Weimarer Republik erschienene Auflage, die zweite erschien 1933 im «Dritten Reich» und die dritte 1934, die vierte 1935. Bis zum Ende des «Dritten Reichs» und des Zweiten Weltkriegs erschienen insgesamt 17 Auflagen. Von 1935 bis zum Kriegsbeginn erhielt Schönfelder für jede Auflage fünfstellige Honorare. Das waren Summen, die sein Gehalt als Amtsgerichtsrat weit überstiegen.

So konnten die Schönfelders 1936 umziehen in die komfortable Wohnung eines prächtigen Mietshauses in der besten Dresdner Wohngegend, Weißer Hirsch. Sie hatten eine Haushälterin, eine Kinderfrau für die beiden Söhne und zwei Automobile, wohnten im Erdgeschoss, im ersten Stock ein Fabrikdirektor, im zweiten Stock ein Oberlandesgerichtsrat.

Die vierte Auflage von 1935 brachte zwei Änderungen. Die erste wurde erzwungen durch die Gesetzesflut, mit der das «Dritte Reich» den Umbau der Weimarer Republik zur Hitler-Diktatur begleitete. Allein 1935 wurden 150 neue Reichsgesetze erlassen, eine Beschleunigung, die möglich geworden war durch das Ermächtigungsgesetz von 1933, nach dem die Regierung Hitler Gesetze allein erlassen konnte und mit dem der Reichstag sich selbst überflüssig gemacht hatte. Das bedeutete zum einen noch mehr Arbeit für Heinrich Schönfelder mit der Auswahl für seine Sammlung und der genauen Nachprüfung des Wortlauts der Gesetze. Zum anderen ergab sich, dass die bisherige Methode des Verlags nicht mehr ausreiche, neue Gesetze bis zur nächsten Auflage durch Einlagen in die bisher normal gebundenen Ausgaben zu ergänzen. Mit großen Bedenken stellte C.H. Beck deshalb das gebundene Buch um auf eine **Loseblattausgabe**. Der Umschlag solcher Bücher hat zwei Metallstäbe, die die mit entsprechenden Lochungen versehenen Seiten zusammenhalten. Das ermöglicht von Zeit zu Zeit einfache Nachlieferungen zur Einfügung neuer oder zum Austausch der alten Seiten, wenn neue Gesetze eingefügt werden sollen oder schon aufgenommene geändert worden sind. Der «Schönfelder» und die im Vorjahr auf Loseblatt umgestellte Textausgabe «Reichsversicherungsordnung» von Franz Eichelsbacher (später Friedrich Aichberger) waren die ersten Bücher in der deutschen Verlagsgeschichte, die in dieser Form erschienen sind. Die Bedenken des Verlags waren völlig berechtigt. Man konnte wirklich nicht wissen, ob das Publikum dieses «absolute Novum» (Heinrich Beck) annehmen würde. Aber es stellte sich heraus, auch dieses Wagnis war gelungen. Noch im selben Jahr 1935 folgte der «Sartorius» mit seiner zwölften Auflage und heute gibt es nicht nur bei Beck unzählige solcher Loseblattbücher mit Ergänzungslieferungen. Soviel zur ersten Änderung von 1935.

Die zweite Änderung war eine des Inhalts. Heinrich Schönfelder beschreibt sie selbst im Vorwort zur vierten Auflage, Februar 1935:

Erklärung der Loseblatt-Technik aus den 1930er Jahren.

> Zur Entfernung und Einfügung von Blättern
>
> ist in unseren Loseblattausgaben ohne Gewaltanwendung die Stahlschiene mit den eingenieteten Bolzen, die oben den Buchblock hält, aus den Röhrchen zu heben, die in die zweite Stahlschiene eingetaucht sind. Man nimmt dann den Buchblock bis zu der Stelle der Änderung und Ergänzung von den Röhren, entfernt die überholten Blätter, fügt die neuen ein und dann das Ganze wieder zusammen. Die eingelegten Pappstreifen dienen dazu, den für spätere Ergänzungen bestimmten Raum vorläufig auszufüllen.

«Auch inhaltlich zeigt diese Auflage, die erste neubearbeitete nach dem nationalen Umbruch, ein verändertes Gesicht. Das Staatsrecht ist entsprechend seiner neuen Einschätzung und der ihm vom Studienplan des Reichsministers für Wissenschaft, Erziehung und Volksbildung angewiesenen Stellung vom letzten an den ersten Platz gerückt. An die Spitze des Teiles «Staatsrecht» und damit an die des ganzen Bandes habe ich das Parteiprogramm gestellt: seine Grundsätze sollen jedem Arbeiter am deutschen Recht, vom jüngsten Studenten bis zum ältesten Praktiker, die Richtschnur der täglichen Arbeit sein. Neu aufgenommen sind zwölf wichtige Gesetze der Regierung des Führers; sechs staatsrechtliche Gesetze, die bisher im Anhang abgedruckt waren, stehen nun im Ersten Teil. Als Anhang ist diesem Teil die Weimarer Verfassung beigegeben worden, weil sie im staatsrechtlichen Unterricht, vor allem zum Vergleich der nationalsozialistischen Staatsordnung mit den Zuständen im Zwischenreich, unentbehrlich ist und gleichzeitig Gelegenheit bietet, auf zahlreiche gesetzgeberische Maßnahmen der Regierung Adolf Hitlers durch Fußnoten zu verweisen. Da die Weimarer Verfassung nicht mehr das geltende Staatsgrundgesetz ist, habe ich sie in Schrägdruck setzen lassen, wie ich es mit nicht mehr geltenden, wenn auch nicht ausdrücklich aufgehobenen Vorschriften zu tun pflege.»

Also erschien als Nr. 1 nun das Programm der Nationalsozialistischen Deutschen Arbeiterpartei von 1920. Nr. 2 war eines der Grundgesetze des NS-Staats, das Gesetz zur Sicherung der Einheit von Partei und Staat, im Dezember 1933 erlassen, Nr. 5 das Ermächtigungsgesetz, Nr. 10a und 12a die Nürnberger Rassegesetze bis Nr. 18, dem Reichsarbeitsdienstgesetz. Erst als Nr. 20 folgt das BGB, wie noch heute, nachdem seit 1949 das Grundgesetz als Nr. 1 eingefügt wurde anstelle des Parteiprogramms. Und mancher wundert sich noch heute, was mit Nr. 2 bis 19 passiert ist. Mit anderen Worten, der 33-jährige überzeugte Nationalsozialist Heinrich Schönfelder hat damit die Entwicklung

Parteiprogramm der NSDAP im Schönfelder prominent als Nr. 1.

des Rechts im «Dritten Reich» nicht unwesentlich beeinflusst, denn die Sammlung war weit verbreitet wie heute, von vielen als eine Art Gesetz angesehen und damit auch die Nr. 1 mit dem Parteiprogramm. Die Weimarer Verfassung wurde im Vorwort für unwirksam erklärt, nur noch im Anhang abgedruckt und seit der achten Auflage 1937 ganz weggelassen.

Anders, im selben Verlag, der eher konservative 65-jährige Carl Sartorius drei Monate später im Vorwort der 12. Auflage, die nun ebenfalls eine Loseblattsammlung war, vorsichtig und mit etwas Widerstandsgeist, datiert Mai 1935:

«Seit dem Erscheinen der letzten Auflage der Sammlung im Mai 1933 ist der Um- und Ausbau des öffentlichen Rechts durch die Gesetzgebung der nationalen Revolution im größten Maßstab weitergeführt worden. Aber er ist noch nicht zum Abschluss gelangt. Auch heute noch befindet sich das Staats- und Verwaltungsrecht weithin in einem Übergangszustand, in dem neues und altes Recht übereinander geschichtet ist. Der Umstand, dass die nationalsozialistische Gesetzgebung, so umwälzend sie auch ist, doch nur ganz vereinzelt das alte Recht förmlich außer Wirksamkeit gesetzt oder abgeändert hat, lässt da und dort Zweifeln Raum, ob und inwieweit Ordnungen und Einrichtungen der früheren Zeit heute noch Bestand haben. Dies gilt bekanntlich besonders von der Weimarer Verfassung selbst.

Es kann nicht die Aufgabe der Sammlung sein, der Entscheidung dieser Zweifelsfragen vorzugreifen. Sie wird sich darauf beschränken müssen, das Quellenmaterial in möglichster Vollständigkeit zu bringen und damit dem Benützer die Grundlage für eine selbständige Urteilsbildung zu liefern. Von diesem Gesichtspunkt ausgehend und der bisher eingehaltenen Regel folgend habe ich auch in der neuen Auflage wie die Weimarer Verfassung selbst so die zu ihrer Ausführung ergangenen Gesetze – soweit sie nicht förmlich aufgehoben oder abgeändert wurden – unverkürzt aufgenommen und in zeitlicher Folge eingereicht.»

Als der Zweite Weltkrieg begann, war Schönfelder 37 Jahre alt. 1940 wurde er Soldat bei der Luftwaffe, Ende des Jahres Feldwebel, 1941 Leutnant und 1942 Kriegsrichter in Italien, wo seine Sprachkenntnisse wichtig waren für die Zusammenarbeit mit dem italienischen Militär. Sie wurden noch wichtiger, als 1943 englische und US-Truppen in Italien landeten, Mussolini zurücktrat, die Italiener mit den Alliierten einen Waffenstillstand vereinbarten und Hitler mit seiner Wehrmacht Italien besetzte. Spuren von Schönfelders Tätigkeit als Kriegsrichter gibt es nicht. Man weiß nur, dass die deutschen Kriegsrichter damals allgemein sehr harte Urteile gesprochen haben. Noch im Februar 1944 arbeitet er nebenbei am «Schönfelder». Die deutschen Truppen kämpfen inzwischen gegen italienische Partisanen. Am 3. Juli 1944, kurz nach seinem 42. Geburtstag, wurde er von ihnen bei einer Dienstfahrt mit Begleitern auf einer kleinen Straße nahe La Spezia im nördlichen Apennin erschossen.

Er war ein Mann, der mit pädagogischer Fantasie unglaublich viel und sehr genau gearbeitet hat. Deshalb leben seine beiden Werke bis heute weiter. Der «Schönfelder» wurde nach dem Krieg in vier Teil-Lieferungen von 1947 bis 1949 als 14. Auflage weitergeführt. Seit dem Schuldrechtsmodernisierungsgesetz 2002 wurde er getrennt in eine Textsammlung der wichtigsten Vorschriften und einen Ergänzungsband mit weniger wichtigen und älteren Vorschriften, die nach den Übergangsregelungen des Gesetzes von 2002 noch weiter anzuwenden waren. Außerdem erscheint er auch wieder wie am Anfang in einer gebundenen Ausgabe, hat jetzt aber 4250 Seiten und nicht 1300 wie damals.

Die Reihe «Prüfe dein Wissen» wurde nach dem Krieg seit 1950 bis 1973 unter seinem Namen von verschiedenen Autoren fortgeführt, hieß dann nur noch «Prüfe dein Wissen» und hat heute 23 Bände. Andere Studiengebiete sind dazugekommen wie zum Beispiel Arbeitsrecht, Verwaltungsrecht, Kriminologie und Jugendstrafrecht. Wenn man die alten Hefte liest, die er selbst geschrieben hat, meint man manchmal, sie seien knapper und präziser gewesen. Außerdem hat er die zwölf Hefte in fünf Jahren allein geschrieben. Diese Zahl würde heute keiner der Professoren als Bearbeiter in dieser Zeit schaffen.

4. Der Greif

Der Greif als Firmenzeichen von C.H.Beck wurde nach zwei Vorläufern im 19. Jahrhundert und anderen Formen 1908 und 1913 endgültig 1924 wieder eingeführt, als Heinrich Beck Erbe seines Vaters wurde. Der Greif mit der rechten Pfote über einem Rahmen mit den drei Buchstaben CHB und bis 1945 darunter im Kasten in lateinischen Ziffern das erste Gründungsjahr des Verlags 1763. Nach dem Zweiten Weltkrieg folgt dann 1946 ein Kunstgriff, nämlich derselbe markante Greif, der seinen Fuß auf ein Oval mit zwei Buchstaben gesetzt hat, BV. Das hieß Biederstein Verlag, hätte aber auch Beck Verlag heißen können. 1947 erscheint im Oval nur noch ein Buchstabe, B. Der Kunstgriff von 1946 wurde verbessert als Vorgriff auf eine absehbare Zukunft, denn seit 1949 bedeutete er nicht mehr Biederstein, sondern Beck.

Dieser Greif ist sehr alt, etwa 5000 Jahre. Schon um 3000 v. Chr. meinte man im alten Ägypten, irgendwo, wahrscheinlich im Süden, gäbe es vierbeinige Tiere mit Flügeln, in Babylon seit ungefähr 1400 v. Chr., im minoischen Kreta etwa um dieselbe Zeit und auch die alten Griechen und Römer glaubten, den *gryps, gryphos* oder *gryphus* würde es geben im Gebiet der Skyten am Schwarzen Meer. Das setzte sich fort im Mittelalter ohne Festlegung auf irgendeinen Ort, oft als Kombination von Adler und Löwe in der Meinung, es seien kluge, weitsichtige und kräftige Tiere. So landeten sie im Hochmittelalter seit dem 12. Jahrhundert neben anderen Darstellungen als Erkennungszeichen auf den Rüstungen mancher Ritter, der Reiter als Berufskrieger. Diese Zeichen heißen heute noch Wappen und waren am Anfang eher abstrakte Darstellungen, die den Zweck hatten, dass man die Herren erkennen konnte, die in ihren Rüstungen mit Helm und Visier, dem Gesichtsschutz aus Metall, aber herunterklappbar, noch weniger zu erkennen waren als heute islamische Damen in der Burka, die wenigstens einen kleinen Teil des Gesichts noch freilässt.

Das Wort Wappen bedeutete damals nichts anderes als Waffe und wird heute noch auf Englisch *coat of arms* genannt und französisch *les armes*. Schon die alten Germanen haben im Kampf Schilde benutzt, die mit unterschiedlichen bunten Zeichen versehen waren. Ihren militärischen Klang verloren die Zeichen im Spätmittelalter des 14. und 15. Jahrhunderts. Das lernt man in der Heraldik, der Wissenschaft vom Wappenwesen, die so heißt, weil der Herold der Fachkundige für das Lesen von Wappen war, zuständig bei Ritterturnieren, einer Art Truppenübung, für Prüfung, Einteilung und Erkennung der in ihren Metallburkas unkenntlichen miteinander kämpfenden Herren. Damals, am Ende des Mittelalters, breiteten sich die Feuerwaffen nach der Erfindung des Schwarzpulvers sehr stark aus, meistens große Geschütze, die mit ihrer Fernwirkung den Kampf der Ritter Mann gegen Mann mit Schild, Lanze, Rüstung und Schwert durch neue militärische Taktiken ersetzten. Das Wappenwesen der Ritter wurde zum Symbol ihrer adligen Familien und breitete sich aus auf andere Bereiche, wurde zum Kennzeichen von kleinen und großen Fürstentümern, auch im kirchlichen Bereich. Selbst die Städte identifizierten sich mit eigenen Wappen, in der Frühen Neuzeit auch vermögende und angesehene Bürgerfamilien. Befreit von ihren militärisch-praktischen Funktion sind die Wappen dann sehr viel malerischer geworden. Das alte Schild in der Mitte, früher das einzige, erhielt eine Umgebung, rechts und links die

Entwicklung des Beck'schen Greifs. Dritte Reihe rechts mit BV für den Biederstein Verlag, der teilweise aber auch nur das «B» verwendete.

Schildhalter. Und da breiteten sich die Greife aus in einer großen Zahl solcher Ornamente.

C.H.Beck ist nicht der einzige Verlag, der sich klug, weitsichtig und stark sieht wie den Vogel. Das hängt wohl auch damit zusammen, dass dieses Fabeltier früher das Wappen der Buchdrucker gewesen ist. Cotta in Tübingen hatte ihn schon 1640 als Firmenzeichen, J.C.B. Mohr in Tübingen seit 1801, Brockhaus seit 1858, heute aber stilistisch geschmacklich reduziert. Andere sehen sich anders. Sie nennen nur ihren Namen.

X. Das «Dritte Reich» und der Buchhandel
Rechtsverwüstung und Gleichschaltung

Nachdem Adolf Hitler am 30. Januar 1933 von Reichspräsident Hindenburg zum Reichskanzler ernannte wurde, begann schnell die Verfassungsverwüstung. Schon vier Wochen später erging nach dem Reichstagsbrand von Hitler veranlasst die *Verordnung des Reichspräsidenten zum Schutz von Volk und Staat*, mit der die wichtigsten Grundrechte der Weimarer Verfassung außer Kraft gesetzt wurden. Noch einmal vergingen vier Wochen. Dann erließ der Reichstag am 24. März auf Druck Hitlers das *Gesetz zur Bekämpfung der Not von Volk und Reich*, «Ermächtigungsgesetz» genannt, mit dem das Parlament sich selbst für überflüssig erklärte, die in der Verfassung geregelte Gewaltenteilung beseitigte und der Reichsregierung die volle Gesetzgebungsbefugnis gegeben wurde, auch zur Änderung der Verfassung. Zwei Wochen später am 7. April folgte das nun von der Regierung Hitler erlassene *Gesetz zur Wiederherstellung des Berufsbeamtentums*, mit dem Sozialdemokraten, Kommunisten und andere, «die nach ihrer bisherigen politischen Betätigung nicht die Gewähr dafür bieten, dass sie jederzeit rückhaltlos für den nationalen Staat eintreten» oder «nicht arischer Abstammung sind» entlassen oder in den Ruhestand versetzt werden konnten. Es war das Gegenteil dessen, was sein pompöser Titel versprach, nämlich ein Gesetz zur Beseitigung des bisherigen Berufsbeamtentums und zielte in erster Linie auf Preußen, das von 1920 bis 1932 fast nur sozialdemokratisch regiert und mit 38 von 62 Millionen Einwohners das größte Land des Reichs gewesen ist, und es richtet sich gegen die Juden in allen deutschen Ländern. Am 14. Juli wurden mit dem *«Gesetz zur Neubildung von Parteien»* alle anderen bisher bestehenden verboten durch den Satz «In Deutschland besteht als einzige Partei die Nationalsozialistische Deutsche Arbeiterpartei». 1934 wurde die Auflösung der Bundesländer angeordnet und der Zentralstaat eingeführt, ernannte sich Hitler nach dem Tod Hindenburgs als «Führer und Reichskanzler» zum Staatsoberhaupt, wurde die Justiz der Länder auf das Reich übertragen und damit das kleine feine Reichsjustizministerium zu einer Riesenbehörde erhoben. Außerdem erklärte man die Mordaktion der SS an der SA-Führung und anderen im Juni als Staatsnotwehr für rechtmäßig. 1935 sind die Nürn-

X. Das «Dritte Reich» und der Buchhandel

berger Gesetze erlassen worden, die die Entrechtung und Ausgrenzung der Juden anordneten. Im Übrigen war schon seit 1933 durch Erlass immer neuer Strafgesetze mit Androhung der Todesstrafe und Einsetzung des Volksgerichtshofs, des Reichskriegsgerichts und von Sondergerichten die Justizkatastrophe vorbereitet, die 1945 mit der unglaublichen Zahl von 50000 Todesurteilen endete, neben Millionen zivilen Opfern von Juden, Polen und anderen, die ohne gesetzliche Grundlage ermordet worden sind. Dann hat sich der Führer und Reichskanzler am 30. April 1945 mit einer Pistole selbst das Leben genommen und das Deutsche Reich in den Nächten vom 7. bis 9. Mai die bedingungslose Kapitulation in einem Krieg erklärt, den Hitler begonnen hatte und der die größte kriegerische Katastrophe der Geschichte gewesen ist mit einer unvorstellbaren Millionenzahl von Toten, Verletzten, Vertriebenen und Flüchtlingen.

Dem Reichstagsbrand am 27. Februar 1933 folgte in den Universitätsstädten am 10. März ein anderes Feuer: die Bücherverbrennung von Werken jüdischer und anderer «Asphaltliteraten». Sie war nicht zentral von der NSDAP organisiert, sondern eine Zusammenarbeit örtlicher völkischer, nationalistischer und nationalsozialistischer Studentengruppen. Mit Gebrüll und kernigen Sprüchen sind die Bücher auf Scheiterhaufen geworfen worden als symbolisches Spektakel und Drohung. Aber viele der Autoren waren schon vorher geflohen und nun folgten ihnen andere auf dem Weg in das ausländische Exil.

Weniger spektakulär, aber viel bedrohlicher und nicht öffentlich, systematisch und bürokratisch entwickelte sich die offizielle NS-Kulturpolitik im Rahmen einer umfassenden Gleichschaltung geistiger Produktion. Im Wesentlichen war sie das Werk von Joseph Goebbels, Hitlers Minister für «Volksaufklärung und Propaganda». Im September 1933 hat die Regierung Hitler für ihn das *«Reichskulturkammergesetz»* erlassen, mit dem sieben Körperschaften des öffentlichen Rechts gegründet wurden wie Reichsmusik- oder Reichsfilmkammer und für den Buchhandel die Reichsschrifttumskammer. In ihnen galt die Zwangsmitgliedschaft. Das hieß für den **Buchhandel**, dass Autoren, Verleger und Buchhändler Mitglieder sein mussten, um arbeiten zu können. Wurde die Mitgliedschaft – regelmäßig aus politischen oder «rassischen» Gründen – abgelehnt oder entzogen, bedeutete das ein Berufsverbot. Der Börsenverein des Deutschen Buchhandels blieb zwar bestehen, wurde aber in den Hintergrund gedrängt durch den nationalsozialistischen «Bund Reichsdeutscher Buchhändler». Die von der Schrifttumskammer verbotenen Bücher wurden bis Ende 1934 im Börsenblatt angezeigt. Danach musste man sich bei ihr oder der Gestapo erkundigen, ein perfides System, das für den Buchhandel ein wesentlicher Unsicherheitsfaktor wurde. «Wer volksschädliches Schrifttum verbreitet, wird sein Recht auf Berufsausübung verlieren», hieß es schon 1934 in der ersten Erklärung des «Leiters des Deutschen Buchhandels», der in Personalunion Vorsitzender des Börsenvereins und des NS-Bundes war.

Säuberungsmaßnahmen führten 1934 bei der Produktion mit 20 850 Buch- und Zeitschriftentiteln (Neuerscheinungen und Neuauflagen) zum ersten Tiefstand nach 1918. 1927 waren 37 800 Titel erschienen. Dann gab es seit 1935 wieder einen Aufschwung, der aber mit dem Kriegsbeginn 1939 beendet wurde. Die Zahl ging von da ab zunächst langsam zurück, dann schneller und lag 1944 bei 11 700. Ursache war nicht nur die durch den Krieg bedingte Zuteilung des knappen Papiers. Allein der den Markt beherrschende riesige, der NSDAP gehörende Franz Eher Verlag und andere NS-Unternehmen erhielten bis Kriegsende großzügige Papierlieferungen. Hinzukam die Unsicherheit der Verleger, ob ein mit dem wenigen Papier hergestelltes Buch von der Schrifttumskammer oder der Gestapo verboten würde. So ging die Zahl der Neuerscheinungen zu Gunsten der Neuauflagen drastisch zurück. War das Verhältnis 1938 noch vier zu eins, ist es 1942 schon eins zu eins gewesen. Der Zweite Weltkrieg hat den Buchhandel schwer behindert, noch stärker als der Erste, nun aber auch aus politischen Gründen.

XI. Heinrich Beck
1933–1945. Beginn von Größe im Juristischen
und Nationalsozialistisches

Auf dem Schreibtisch liegt ein kleines rotes Buch, «Gesetz zur Wiederherstellung des Berufsbeamtentums ... Mit Erläuterungen und Sachverzeichnis von Albert Gorter, Ministerialrat im bayer. Staatsministerium der Finanzen», erschienen 1933. Das Vorwort ist geschrieben am 9. Juli 1933. Es ist das erste nationalsozialistische Gesetz, das Heinrich Beck veröffentlicht hat, und zwar verhältnismäßig schnell. Denn es war am 7. April erlassen worden. Dann gab es noch Durchführungsverordnungen und ergänzende Länderverordnungen bis zum 6. Juli. Das kleine rote Buch hat 227 Seiten und eine Beilage als Nachtrag von vier Seiten mit einer Durchführungsverordnung der Reichsregierung vom 18. Juli 1933. Es ist eine der vielen Textausgaben mit Erläuterungen im roten Leineneinband, die das Markenzeichen des Verlags geworden waren und noch lange blieben. Das Gesetz beendete das Beamtenverhältnis für Tausende Deutsche, besonders Juden und Sozialdemokraten. Was wird der Verleger sich gedacht haben? Wir wissen es nicht. Und er wusste wie die meisten Deutschen nicht, was noch alles kommen würde.

In den nächsten zwölf Jahren ist C.H.Beck einer der größten juristischen Verlage in Deutschland geworden, weil Heinrich Beck im Dezember 1933 den jüdischen Verlag von Otto Liebmann in Berlin gekauft hat. Am 12. Dezember dieses Jahres übernahm er dessen Lebenswerk mit etwa 350 Buchtiteln und einer wichtigen Zeitschrift. War das eine der ersten «Arisierungen»?

1. «Arisierungen»

Die beste Zeit für jüdische Deutsche war das 19. Jahrhundert seit der «Judenemanzipation» an seinem Anfang. Damals hatten sie vor dem Hintergrund der 1789 in der französischen Revolution verkündeten Menschenrechte mit deren Gleichheit aller – männlichen – Bürger allmählich und unterschiedlich in den einzelnen deutschen Ländern gleichen Zugang zu den meisten Berufen und zu wirtschaftlicher Tätigkeit erhalten. Das war auch durch Napoleon in Gang gesetzt worden, der das in den von ihm eroberten deutschen Gebieten eingeführt und damit die Entwicklung in ganz Deutschland beeinflusst hat. Diese Gleichheit von jüdischen und anderen Bürgern ließ jedoch schon in den ersten Jahren Kaiser Wilhelms I. einen neuartigen Antisemitismus entstehen. Der war biologisch begründet und bekämpfte die Gleichbehandlung von jüdischen Bürgern mit dem Argument ihrer biologischen Ungleichheit. Juden seien nämlich eine andere «Rasse» und hätten anderes «Blut». Das könne auch nicht durch den Übertritt zum Christentum verändert werden, wie es früher möglich war.

Dieser neue biologische rassistische Antisemitismus verstärkte sich in der allgemeinen Verunsicherung nach der Niederlage im Ersten Weltkrieg besonders in den Mittelschichten, zum Beispiel auch mit der weiten Verbreitung der schon vor dem Krieg entstandenen angeblichen «Protokolle der Weisen von Zion», in denen von einer «jüdischen Weltverschwörung» die Rede war. Er wurde aufgenommen in das Parteiprogramm von Adolf Hitlers NSDAP und nach dessen Ernennung zum Reichskanzler 1933 staatliches Programm mit der Parole «die Juden sind unser Unglück».

Das wurde nun durchgesetzt in zunehmender Härte und Brutalität, zuerst schon am 1. April 1933, den Hitler und Goebbels als Tag des Judenboykotts organisiert hatten mit Warnwachen der SA vor jüdischen Geschäften und Schmiereien an deren Schaufenstern. Das verstärkte sich im Zuge der «Nürnberger Gesetze» von 1935, den Judenpogrom der «Reichskristallnacht» 1938, den 1941 angeordneten «Judenstern» bis zum Holocaust. In diesen Zusammenhang gehört auch die Verdrängung der Juden aus der Wirtschaft durch «Arisierung» von jüdischen Betrieben. Deren Übernahme durch neue Inhaber «deutschen Blutes» begann mit ersten Anfängen schon 1933 und erreichte ihren Höhepunkt 1938. Hier werden nur die wenigen ersten Anfänge von 1933 beschrieben, zu denen auch der Erwerb des Verlags von Otto Liebmann durch Heinrich Beck gehörte.

Die in der Literatur zur «Arisierung» heute bekannten ersten drei Fälle von 1933 waren ungeordnet, nicht systematisch geplant. In Hamburg scheiterten zwei antisemitische Kampagnen von «arischen» Konkurrenten gegen jüdische Firmen mit dem Ziel ihrer Ausschaltung vom Markt. Nur die größere der beiden wird hier beschrieben. Die andere verlief ähnlich. Dann gab es eine erfolgreiche Aktion in Berlin und dazu kommen vier andere erfolgreiche «Arisierungen» von jüdischen juristischen Verlagen, die nur in der rechtshistorischen Literatur beschrieben sind. Die zeitlich letzte war die des Liebmann-Verlags, über die sogleich in einem eigenen Abschnitt (S. 115 ff., 131 ff.) berichtet wird.

1. «Arisierungen»

In Hamburg war die Firma **Beiersdorf** Ziel eines Angriffs von Konkurrenten. Mit mehr als tausend Beschäftigten ist sie 1933 eines der größten deutschen pharmazeutischen Unternehmen gewesen mit Weltmarken wie Nivea, Leukoplast und Labello. Mehrheitsinhaber war das jüdische Hamburger Bankhaus Warburg. Außerdem hatte auch der Vorstand von Beiersdorf jüdische Mitglieder. Schon im März 1933 begann gegen die Firma eine antisemitische Kampagne fast aller Konkurrenzunternehmen. Erstes war eine ebenfalls Hamburger Fabrik, die mit ihrer Hautcreme «Lovana» weit hinter dem Erfolg von «Nivea» zurücklag. Zunächst teilte sie in geschäftlichen Schreiben nur mit, ihre Firma sei «rein arisch und national», steigerte das wenig später mit der Aufforderung an Apotheken und Drogerien, «anstelle jüdischer Präparate nur solche nationaler Herkunft zu empfehlen» und wurde im April noch deutlicher mit Werbeanzeigen, «Keine jüdische Hautcreme mehr benutzen! Lovana-Creme ist mindestens gleichgut, ist billiger und rein deutsch!» Andere Beiersdorf-Kurrenten folgten schnell zum Beispiel mit zigtausend gelben Aufklebern auf ihren Produkten «Wer Nivea-Artikel kauft, unterstützt damit eine Judenfirma.» Dann wurde Anfang Mai auch noch die völkische Presse gegen Beiersdorf mobilisiert.

Der angegriffene Riese reagierte mit einer freiwilligen «Arisierung». Die jüdischen Vorstandsmitglieder traten zurück oder kündigten ihren Rücktritt an. Die Warburg Bank ließ mit einem Umtauschtrick von Aktien trotz tatsächlicher Mehrheit den Vorstand öffentlich erklären, dass auch die Mehrheit der Beiersdorf-Aktien jetzt «in christlichen Händen» sei. Die NS-Zeitung «Der Stürmer» bezeichnete das – zu Recht – als Täuschung. Trotzdem erreichten die Beiersdorfer, dass in Kenntnis dieser Mogelei gleich zwei NS-Verbandsorganisationen im Mai erklärten, die «unseriöse Kampagne» gegen ihre Firma würde «auf absolute Ablehnung auch bei Parteistellen stoßen». Selbst die Hamburger NS-Wirtschaftsbehörde stellte sich auf die Seite der Angegriffenen, um Arbeitsplätze zu erhalten. Schließlich untersagte sogar das Reichswirtschaftsministerium im September antisemitischer Einzelaktionen von privaten Konkurrenzfirmen. Dieser Erfolg von Beiersdorf hatte mehrere Gründe. Für die Nationalsozialisten hatte jetzt noch die Rücksicht auf konservative Kreise, das Ansehen im Ausland und die Bewältigung der Massenarbeitslosigkeit größten Vorrang. Außerdem hatte die Gruppe der privaten Konkurrenten ihr Vorgehen nicht mit den Instanzen von NSDAP und Staat abgestimmt.

Ähnlich ungeordnet, aber erfolgreich war eine NS-Aktion in Berlin am 31. März 1933, am Vorabend des Judenboykotts vom 1. April. Ein bewaffneter Haufen von SA-Leuten überfiel mit Gewehrfeuer das Privathaus des jüdischen Bauunternehmers **Adolf Sommerfeld** im Stadtteil Steglitz. Es war spät und schon dunkel. Seine Hausdame wachte auf, weckte ihn und rief die Polizei. Deren Überfallkommando war sofort da und nahm die Täter fest. Nur einer entkam. Wenige Tage später flüchtete Adolf Sommerfeld, ein politisch denkender und in sozialdemokratischen Kreisen lebender Mann, nur mit einem Rucksack über die Schweiz nach Paris und verdiente dort seinen Lebensunterhalt durch handwerkliche und landwirtschaftliche Arbeit, denn er war nicht nur ein politischer Kopf, sondern auch ein kräftiger und sportlicher Mann.

Seine Firmengruppe in Berlin, AHAG Sommerfeld, hatte damals einen Umsatz von 7,2 Millionen Reichsmark und 671 Mitarbeiter. Im September 1933 erschien gegen ihn ein deutscher Steckbrief, weil er die – aus Weimarer Zeit stammende – Reichsfluchtsteuer von etwas mehr als 800 000 Mark nicht bezahlt hatte. Im November wurde in Paris von seinem Anwalt ein Vertrag ausgehandelt. Er übertrug sein ganzes Vermögen an die AHAG, die auf alle Ansprüche gegen ihn verzichtete. Sein Anwalt erhielt von ihr ein Honorar von 5000 Mark und sie verpflichtete sich, die Reichsfluchtsteuer zu bezahlen und damit das gegen ihn eingeleitete Strafverfahren einstellen zu lassen. Er hatte alles verloren, nur nicht seine Freiheit. NSDAP-Mitglieder wurden als kommissarische Leiter eingesetzt und damit seine Firma 1934/35 «arisiert».

Adolf Sommerfeld war ein Sonderfall, denn er gehörte zur sozialdemokratisch gefärbten politischen und kulturellen Elite der Weimarer Republik, die die Nationalsozialisten so schnell wie möglich beseitigen wollten. 1939 ging er nach England, bevor die NS-Truppen ihn fassen konnten. Dort hatte sein Sohn eine neue Baufirma aufgebaut und der Vater wurde als Andrew Sommerfield englischer Staatsbürger. Nach dem Krieg kam er zurück, erhielt eine Entschädigung, die bei weitem nicht so hoch war wie sein Verlust 1933, und machte erfolgreich weiter.

Sein Fall sorgte damals für Aufsehen in der Stadt. Und trotzdem, am 1. April 1933 erschien zum «Tag von Potsdam» ein Jubelartikel Otto Liebmanns in seiner Deutschen Juristen-Zeitung, der auch noch beschrieben wird. Den hätte er am Tag des Erscheinens nicht mehr geschrieben. Denn nun war er in doppelter Weise gewarnt, einmal durch das, was mit Adolf Sommerfeld in Berlin geschah und dann auch noch durch den Judenboykott der SA an diesem Tag in ganz Deutschland.

Die vier juristischen Verlage, die 1933 «arisiert» worden sind, waren der Bensheimer-Verlag in Mannheim, der Verlag J. Heß in Stuttgart, der Verlag Walther Rothschild im Berliner Stadtteil Grunewald und der Verlag von

Otto Liebmann mitten in Berlin, Potsdamer Straße 96. Sie alle gaben juristische Zeitschriften heraus, auf die Nationalsozialisten besonders schnell Einfluss nehmen wollten, auch auf die von «arischen» Verlegern. Bei jüdischen war die «Arisierung» der einfachste Weg, häufig wohl auf Druck des «Reichsrechtsführers» Hans Frank. Gegen Herausgeber und Schriftleiter konnte man mit dem schon genannten Schriftleitergesetz vom Oktober 1933 vorgehen.

Im **Verlag J. Bensheimer** in Mannheim, gegründet 1836, erschienen viele bedeutende Werke besonders zum Handels- und Arbeitsrecht, daneben mehrere juristische Zeitschriften, deren wichtigste die Vierteljahresschrift «Judicium» war, das Organ der Vereinigung deutscher Zivilprozessrechtslehrer. Der Verlag musste 1933 umbenannt werden, wurde arisiert, 1936 an die Weidmann'sche Verlagsbuchhandlung verkauft, von der ihn später der Verlag Franz Vahlen erworben hat.

Der **Verlag J. Heß** in Stuttgart war 1818 gegründet worden und hatte die vier Zeitschriften «Arbeitsrecht», «Steuer und Wirtschaft», «Reich und Länder» und die «Württembergische Zeitschrift für Verwaltung und Verwaltungsrechtspflege». Auf Druck von Hans Frank gingen drei Zeitschriften über auf andere Verlage: «Steuer und Wirtschaft» auf den Berliner Verlag Julius Springer, «Reich und Länder» auf Franz Vahlen und die Verwaltungszeitschrift auf den Kohlhammer-Verlag. Das «Arbeitsrecht» wurde nach dem Juli-Heft 1933 eingestellt. Der jüdische Verleger Arthur Heß starb im Sommer 1933 an einem Herzleiden, das die Folge dieses ständigen Drucks gewesen ist. Seine Witwe führte den Verlag bis 1939 weiter, ließ ihn im Handelsregister löschen, emigrierte 1940 in die Schweiz und wurde ausgebürgert.

Der **Verlag Walther Rothschild** in Berlin-Grunewald ist am Anfang des 20. Jahrhunderts gegründet worden, hatte neben einer verkehrsrechtlichen Zeitschrift die Monatsschrift «Markenschutz und Wettbewerb» und wurde 1933 vom «Verlag für Staatswissenschaft und Geschichte» übernommen, der im Grunewald weiterarbeitete.

2. Der Verlag von Otto Liebmann

Der Berliner «Verlag von Otto Liebmann», so nannte er sich, wurde am 1. Januar 1890 gegründet. Der Verleger war damals 24 Jahre alt. Geboren in Frankfurt oder Mainz 1865, die biografischen Angaben von 1907 und 1930 widersprechen sich beim Geburtsort, machte das Abitur, war «Ein-

Liebmanns Verlagssignet, links in graphischer Form als Vorsatzpapier, rechts plastisch geprägt auf einem Leineneinband.

jähriger» in einem Darmstädter Dragonerregiment, danach auf längeren Reisen, unter anderem in die USA, bereitete sich dann vor auf seinen Traumberuf als juristischer Verleger, lernte das Druckereiwesen in Berlin und den Buchhandel in Leipzig. Den Verlag gründete er für Rechts- und Staatswissenschaften, veröffentliche aber auch einige politische Schriften und solche über die «Frauenfrage». Ohne ein Studium machte er ihn als Außenseiter mit großem Einfallsreichtum zu einem der wichtigsten deutschen juristischen Verlage.

Zunächst aber zurück zur Frage nach seinem Geburtsort: Die Antwort findet sich in seinem Verlagsprospekt von 1930 und einer Bibliotheksauskunft. Wenn man das kombiniert mit den widersprüchlichen Angaben über den Geburtsort, ergibt sich wohl die richtige Lösung. Im Verlagsprospekt wird angekündigt:

«*Liebmann*, weil. JR., und *Saenger*, RA. Prof., Kommentar zum Gesetz betr. d. G.m.b.H. 7. Aufl. 1927, 475 S., geb. 17.– Mark.»

Dann die Auskunft im Katalog der Berliner Staatsbibliothek, die drei Bücher nennt:

1. *Theodor Hergenhahn*, GmbH-Gesetz, Textausgabe mit Einleitung, Liebmann Verlag Berlin, 1892, 184 Seiten
2. *Theodor Hergenhahn*, GmbH-Gesetz, 3. Aufl., vermehrte und wesentlich veränderte, bearbeitet von J. Liebmann, Liebmann Verlag Berlin, 1895, 164 Seiten

3. *Jakob Liebmann*, Justizrat, Frankfurt am Main, Kommentar zum GmbH-Gesetz, 4. Aufl. auf Grund des Hergenhahnschen Kommentars, Liebmann Verlag Berlin, 1899.

Und die Lösung? Jakob Liebmann, als Justizrat Rechtsanwalt in Frankfurt, war der Vater von Otto Liebmann. Die erste biografische Angabe 1906 stammt nämlich von Paul Ebel. Der war 1894 Prokurist im Verlag von Otto Liebmann, wusste, dass dort dessen Vater lebte und meinte deswegen, diese Stadt sei auch sein Geburtsort. Die zweite biografische Angabe ist anonym mit einem Bild von Otto Liebmann und offensichtlich von ihm selbst geschrieben. Der wusste natürlich, dass er in Mainz geboren war und erwähnt nicht, dass er vielleicht später noch mit seinen Eltern in Frankfurt gelebt hat, wo sein Vater offensichtlich ein vermögender Anwalt war, der ihm kostspielige Reisen bis in die USA und die Gründung eines juristischen Verlags ermöglichen konnte, außerdem dazu noch den nötigen juristischen Hintergrund gab.

Otto Liebmann

Otto Liebmann ging mit dem Verlag nach Berlin, der Hauptstadt, in der die Gesetze gemacht wurden und die Ministerien waren. Zweimal ist er dort umgezogen, mit zunehmendem Erfolg jeweils wohl in etwas größere Räume. Das lässt sich nach den Verlagsadressen verfolgen, die unten auf den ersten Seiten seiner Bücher angegeben waren. Die Umzüge fanden immer um die Ecke statt innerhalb eines kleinen Gebiets von «Berlin W». W bedeutet West. Im Osten lag es an der Grenze zu «Berlin C». C wie Centrum. Heute sagt man Mitte. Die Gebäude, in denen der Verlag untergebracht war, lagen zunächst in zwei unmittelbar aufeinander folgenden Querstraßen der Potsdamer Straße, dann in der großen Straße selbst, die nach Norden von W nach C führte, das am Potsdamer Platz begann. Vom Verlag bis zum Platz war es zu Fuß ein Weg von ungefähr zehn Minuten. Dann ist es nicht mehr weit gewesen bis zu den Ministerien in der Wilhelmstraße und Unter den Linden.

Otto Liebmanns größte Leistung war 1896 die Einführung der deutschen Juristen-Zeitung, DJZ. Als Herausgeber erschienen auf dem Titel-

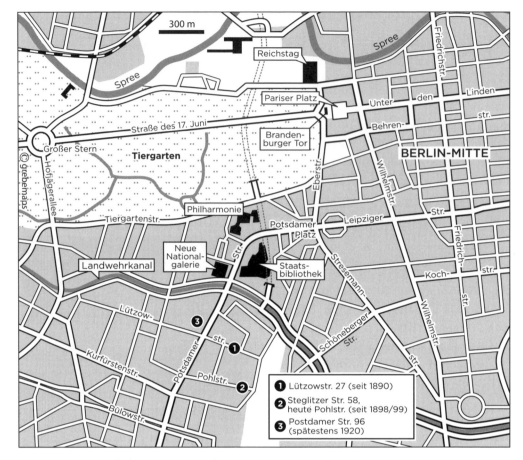

Lageplan der Geschäftsräume des Liebmann Verlags in Berlin.

blatt drei bedeutende Juristen und Otto Liebmann, nämlich Professor Paul Laband, der mit seinem dreibändigen «Staatsrecht des Deutschen Reiches» das Standardwerk der Kaiserzeit geschrieben hatte, Hermann Staub, Berliner Rechtsanwalt, der mit der Entdeckung der «positiven Vertragsverletzungen» im zivilen Schadensersatzrecht berühmt wurde, und der auch als Politiker bekannte Melchior Stenglein, der zunächst Rechtsanwalt und dann Richter am Reichsgericht in Leipzig gewesen ist. Es war eine für Juristen völlig neuartige Zeitschrift. Das deutet schon die Bezeichnung als Zeitung an. Bisher arbeiteten juristische Zeitschriften in der Weise, dass sie die ihnen angebotenen, meist sehr ausführlichen Artikel in der Reihenfolge des Eingangs veröffentlichten und in der Regel höchstens monatlich erschienen. Es waren Blätter für die Wissenschaft, nicht für Praktiker wie

Anwälte oder Richter. Otto Liebmanns DJZ erschien am 1. und 15. jedes Monats mit aktuellen kurzen Beiträgen, deren Thema und Autor er selbst bestimmte. Die anderen Herausgeber hatten damit nichts zu tun. Dazu schreibt Max Hachenburg, Anwalt in Mannheim, später im Exil in den USA, der seit 1912 in jedem Heft mit einer Kolumne beteiligt war, in seinem 1926 erschienenen «Lebenserinnerungen eines Rechtsanwalts»:

«Zwar standen früher als Herausgeber auf dem Titelblatt drei erlauchte Namen, «Laband, Staub, Stenglein». Aber nicht sie waren es, welche das Blatt organisierten und redigierten. Sie waren die zierende Aufschrift, die Garanten für den Inhalt und die würdige Form. Nur Staub kam in die Redaktion, plauderte in seiner liebenswürdigen Art und entfernte sich wieder. Heute ist das Titelblatt mit einer ganzen Reihe von Namen geschmückt. Der meine steht auch darunter. Aber keiner hat mit der Herausgabe des Blattes das Geringste zu tun. Es ist eine Ehrenhalle, die der Verleger und Schriftleiter errichtete und in welche er die aufnimmt, die sich um das Vaterland und die DJZ verdient machten. Das System Liebmanns, in gedrängter Weise jeweils aktuelle Fragen zu behandeln, hat sich durchgesetzt. Ihm bleibt der Ruhm des ersten Schrittes. Liebmann ist kein allgemein beliebter Schriftleiter. Ein solcher zu sein ist auch kaum möglich. Wer Schriftsteller von Ruf bitten muss, sich kürzer zu fassen, oder gar genötigt ist, selbst der Eile wegen Striche in den zu ausgedehnten Aufsätzen vorzunehmen, wer nicht erbetene Arbeiten zurückgibt oder doch ihr Erscheinen erst in unbestimmter Ferne in Aussicht stellen kann, wer für die Literaturanzeigen nur einen kleinen Raum zur Verfügung hat und jede Bücherbesprechung als nicht eilend ansieht, der wird wohl sein Ziel erreichen, eine leicht lesbare Fachzeitung mit einer Reihe von Aufsätzen in gedrängter Form herauszubringen, vor dem wird man Respekt haben und sein Werk bewundern, aber lieben wird man ihn nicht. Ein jeder Ruhm fordert Opfer. Die Universität Heidelberg hat Otto Liebmann die Doktorwürde ehrenhalber verliehen. Das war zu einer Zeit, ehe sie genötigt war, aus finanziellen Gründen die akademische Würde zu vergeben. Liebmann hatte die Anerkennung seiner Schöpfung verdient.»

Die DJZ wurde die meistgekaufte und meistgelesene Zeitschrift, die «vielleicht bedeutendste rechtswissenschaftliche Zeitschrift», «altehrwürdig und hochangesehen» (Bernd Rüthers). Erst als die noch ältere, vom Deutschen Anwaltverein herausgegebene Juristische Wochenschrift, JW, 1915 einen neuen Chefredakteur – heute sagt man oft Schriftleiter – erhielt, än-

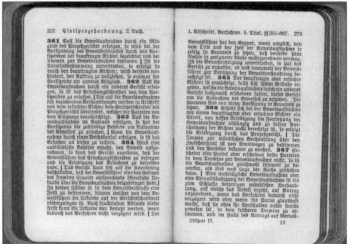

Liebmanns Liliput Textausgabe hier verkleinert; die Originalmaße des Buches sind 10,7 x 6,7 cm.

derte sich das. Der neue hieß Julius Magnus, ebenfalls ein Genie auf dem Gebiet, übernahm die Methode Liebmanns, nachdem die JW bis dahin im Wesentlichen nur Urteile des Reichsgerichts gebracht hatte. Mit dem Gewicht des Anwaltvereins hat er in den zwanziger Jahren die DJZ überholt, die ihren großen Ruf behielt, aber nicht mehr die meistgekaufte war. Seit 1927 stockte ihr Absatz.

Der zweite Geniestreich nach der DJZ gelang Otto Liebmann ein Jahr später, 1897. Das lange vorbereitete Bürgerliche Gesetzbuch war 1896 be-

2. Der Verlag von Otto Liebmann 121

schlossen worden und ist 1900 in Kraft getreten. Sofort wurde der Gesetzestext veröffentlicht, zum Beispiel bei Vahlen und Guttentag schon 1896 in ziemlich großem Format mit 519 oder 768 Seiten, von Heymanns 1897 im normalen Buchformat mit 624 Seiten. Liebmann machte eine «Liliputausgabe», etwas größer als heute eine Zigarettenschachtel, dunkelgrüner Leinenband, kleiner enger Druck auf dünnen 599 Seiten für eine Mark. Der große Heymanns Verlag erreichte mit seiner größeren und teureren Ausgabe bis 1915 fast 100000 Exemplare, der kleine Otto Liebmann bis 1914 immerhin 74000. Es folgten mindestens noch drei weitere Liliputs, 1900 Handelsgesetzbuch, 1911 Reichsversicherungsordnung, 1930 Zivilprozessgesetze. Das BGB war der größte Erfolg.

Die dritte und folgenreichste Idee hatte Otto Liebmann 1924. Anlass war die damals erlassene «Emminger-Novelle», mit der die Parteiherrschaft der Zivilprozessordnung vorsichtig eingeschränkt wurde, zum Beispiel die einseitige Klageänderung seitdem nur zugelassen wird, wenn sie sachdienlich ist, worüber das Gericht entscheidet. Der Verleger sah hier die Gelegenheit, eine neue Art von Kommentar einzuführen, denn besonders die 1877 erlassene ZPO war seitdem öfter geändert worden, was zur Folge hatte, dass für sie nur noch einfache Textausgaben auf dem Markt waren oder umfangreiche Kommentare. Dazu heißt es im Vorwort der ersten Auflage des von **Adolf Baumbach** 1924 verfassten und bis heute weitergeführten ZPO-Kommentars:

«Dieser vielfach längst als nachteilig empfundene Übelstand hat ... bei der Verlagsbuchhandlung den Wunsch erweckt, eine Taschenausgabe der ZPO ... erscheinen zu lassen, die in gedrängter Kürze die notwendigsten Erläuterungen gibt.»

Mit anderen Worten, die Idee des später so genannten Kurz-Kommentars und der systematischen statt der Häkchenmethode war nicht Baumbachs Erfindung. Bis heute wird meistens von Baumbachs genialer Kommentierungsmethode gesprochen. Es war aber die Idee des Verlegers. Das hat er sehr energisch in einem Brief betont, den er am 14. September 1934 an Paul Ebel geschrieben hat, seinem Prokuristen bis Dezember 1933. Ebel war danach von Heinrich Beck für die neue Zweigstelle übernommen worden. In diesem Brief heißt es:

«Sie und kein anderer mussten unter allen Umständen vermeiden, dass die Liebmann'schen Kurzkommentare den Titel bekamen: Begründet von

Beispiel für einen typischen Liebmann'schen Taschenkommentar: Ludwig Ebermayer, Patentgesetz, 1. A. 1926.

Baumbach. Das ist Sache des Verlegers, nicht des Verfassers. Dr. Beck konnte den historischen Werdegang unmöglich aus Eigenem kennen. Sie mussten sich sagen, dass nur der Versuch, die Sammlung so abzustempeln, ethisch und juristisch unmöglich ist.»

Das gilt auch für die in den Kommentaren verwendete neue systematische statt der alten Häkchenmethode. Der Unterschied ist schon S. 73 f. beschrieben worden beim Bericht über Oscar Becks Erfolg mit dem BGB-Kommentar von Fischer/Henle. Auch diese neue Methode, die noch heute übersichtliche Praxis mit Wissenschaftlichkeit verbindet, war nicht Baumbachs Erfindung, sondern die von **Hermann Staub**, seit dem Anfang 1896 Mitherausgeber der Deutschen Juristen-Zeitung in der Weise, wie sie von Max Hachenburg beschrieben worden ist. Hermann Staub war einer der bekanntesten Berliner Anwälte. Er hat diese Methode zum ersten Mal 1891/93 angewendet in seinem großen Kommentar zum neuen HGB. Otto

Liebmann schrieb dazu schon 1904 in einem Nachruf auf ihn. Deutsche Juristen-Zeitung 1904, S. 298:

«Staub, ein Genie als Kommentator, hat der Kommentarliteratur überhaupt eine neue Richtung gegeben. Die früher übliche gewesene kompilatorische Kommentierungsweise hat er mit einem Schlag vernichtet. Von der Erkenntnis ausgehend, dass nur in dem Mutterboden der Systematik die Frucht der Wissenschaft gedeiht, kam Staub zu dem Gedanken, die Erörterung der einzelnen Gesetzesparagraphen auf systematischer Grundlage aufzubauen. Er hat daher nicht wie bisher nur durch ein loses Zusammenstellen der Judikatur und Literatur das Material zusammengetragen und bearbeitet, sondern auf Grund einer umfassenden wissenschaftlichen Bildung sowie eines vollen Verständnisses für die Bedürfnisse der juristischen Praxis und des Handelsverkehrs, im Verein mit einer ungewöhnlichen Schärfe der Definition, in kristallklarer, präziser, dabei oft bilderreicher Sprache Erläuterungswerke zugleich von wunderbarer übersichtlicher Anordnung geschaffen, die weit über das hinausgehen, was man bisher unter dem Worte Kommentar verstand, die als geeignet befunden wurden, Eingang in die Hörsäle der Universitäten zu finden, und die der vornehmste Grund für die Größe seines Erfolges sind.»

Deshalb soll, wie Erich Prölss, Kommentator des Versicherungsvertragsgesetzes, in einem kleinen Aufsatz «Glanz und Elend der Kommentatoren» berichtet, auf dem Grabstein dieses Begründers der modernen Kommentartechnik zu lesen sein:

«Hier liegt Staub. Kommentar überflüssig.»

Zwanzig Jahre später hatte Liebmann die Idee, diesen Kommentarstil auch für Kurzkommentare zu verwenden und gab **Adolf Baumbach** den Auftrag für den ersten Band mit einer entsprechenden Anweisung wie für allen anderen Autoren später auch. Baumbachs große Leistung bestand darin, dass ihm dies in kurzer Zeit und sehr präzise auf 615 Seiten eines sehr kleinen hellgrauen Leinenbands gelungen ist, 16 Zentimeter lang, 10 Zentimeter breit und 2 Zentimeter dick, oder besser: dünn, der wie auf dem Titel und im Vorwort genannt, eine Taschenausgabe wurde, weil man ihn mühelos in eine Jackentasche stecken konnte. Sie hatte einen ziemlich niedrigen Preis und wurde sofort ein großer Erfolg, bis heute, wo sie teurer ist.

In der Weimarer Zeit erschienen sechs Auflagen dieses Kommentars (1924, 1925, 1928, 1930, 1931), im «Dritten Reich» elf, nämlich die noch 1933 bei Otto Liebmann erschienene siebte und bei C.H. Beck noch zehn weitere, 1943 die letzte, die 17. Auflage. Seit 1924 waren das insgesamt 102 000 Exemplare. Nach dem Ende des Zweiten Weltkriegs sind es bis heute noch einmal 54 Auflagen bis zur 71. Auflage 2013.

Nur die Größe machte Schwierigkeiten. 1931 hatte das hellgraue Buch schon 1550 Seiten. Aus dem zwei Zentimeter dünnen Buch war ein mehr als doppelt so dickes geworden. Mit fast fünf Zentimetern ging es nicht mehr in normale Jackentaschen. Es hieß zwar immer noch Taschenausgabe, aber in den Verlagsankündigungen wurde es schon als Kurzkommentar bezeichnet. So wird es noch heute genannt, seit der Übernahme des Liebmann Verlags durch C.H. Beck bald in der Form von «Kurz-Kommentar» wie die anderen auch. Aber mit seinen jetzt 3041 Seiten passt es nicht einmal mehr in jede Aktentasche. Deshalb hat der Verlag seit 1963 daneben wieder einen neuen kleineren herausgegeben, «Thomas/Putzo», Kommentar zur ZPO von Heinz Thomas und Hans Putzo, etwas kleineres Format, orangefarben und mit 1126 Seiten. Heute sind es in der 33. Auflage 2090 Seiten. Man kann sich denken, wie es weitergeht.

Liebmann's Taschenkommentare: Baumbach, ZPO, 4. A. 1928.

Die Taschenausgaben begannen also 1924 mit Baumbachs Zivilprozessordnung. In der von Otto Liebmann geplanten Reihenfolge sind bis zum Verkauf des Verlags an Heinrich Beck Ende 1933 neun andere erschienen, davon allein vier von Adolf Baumbach, nämlich 1925, 1927, 1929 und 1932, die beiden erfolgreichsten zum Wettbewerbsrecht und Handelsgesetzbuch. So hatte er in zehn Jahren mit fünf Titeln die Hälfte dieser Reihe allein geschrieben neben den jährlich erscheinenden Neuauflagen. Im «Dritten Reich» schrieb er für Heinrich Beck noch drei andere, 1936 den Kommentar zum GmbH-Gesetz, 1937 zum Aktiengesetz und 1940 zum Wechsel- und Scheckgesetz, die meisten nach seinem Tod 1945 bis heute fortgesetzt in vielen Neuauflagen.

Dieser Mann mit einer solchen Präzision, Schnelligkeit und ausdauernder Arbeitskraft war ein juristisches Talent, das im 20. Jahrhundert einmalig gewesen ist. 1874 geboren, begann er nach Studium, Promotion und juristischem Examen eine Richterlaufbahn, die ihn bis in das Amt eines Senatspräsidenten am Berliner Kammergericht brachte. 1927 musste er den Dienst wegen einer Eheaffäre quittieren. So war das damals. Seine konservative Haltung wird sehr deutlich in einem Artikel vom nächsten Jahr in der Deutschen Richterzeitung. Die sozialdemokratische preußische Regierung von Otto Braun hatte ein übertrieben drakonisches Strafurteil des Kammergerichts im Gnadenweg korrigiert. «Der Bankrott der Strafjustiz» war die Überschrift und das Resümee:

«Die Knochenerweichung ist die Krankheit unserer Zeit. Wir müssen wieder hart werden. Nur wo Härte ist, da kann auch Milde sein. Wo sie fehlt, da findet sich nicht Milde, nicht Humanität, sondern eine breiige Masse, aus Feigheit und Denkfaulheit gemischt. Uns fehlt wahrhaftig die Zivilcourage; die Angst ist unser konservatives Prinzip. Wie kann eine solche Zeit ein brauchbares Strafrecht schaffen!... in den Gnadenausschüssen der Parlamente wird die eigentliche Strafjustiz gehandhabt, natürlich nach politischen Gesichtspunkten – ist es anders denkbar? Wir haben es soweit gebracht, dass manche Bestrafte von vornherein auf Berufung verzichten und sich an den Abgeordneten wenden. Die Strafjustiz ist zur Dirne der Politik geworden. Was Wunder, wenn in solchem Sumpf die Moderpflanze des Verbrechens blüht.»

Diese antidemokratisch-antiparlamentarische Haltung darf man nicht verwechseln mit den ordinär grausamen Verzerrungen der NS-Diktatur. Deren Rechtspolitik kritisierte Adolf Baumbach ebenso deutlich mit mehreren Artikeln in juristischen Zeitschriften. Deshalb wurde die ihm von Heinrich Beck 1934 übertragene Leitung der Deutschen Juristen-Zeitung auf Anordnung der «Deutschen Rechtsfront» unter Hans Frank nach wenigen Monaten wieder entzogen und übertragen auf Carl Schmitt. Der hatte 1933 schnell die Seiten gewechselt und für einige Jahre den «Kronjuristen des Dritten Reichs» gespielt. Vor der Entlassung Baumbachs war schon ein Heft der DJZ wegen eines seiner kritischen Artikel von der Gestapo beschlagnahmt worden.

Wichtigster Taschenkommentar dieser Reihe, jetzt auch schon Kurzkommentar genannt, war die Nummer 7 von 1931, **Otto Loening, James Basch** und **Ernst Straßmann**, Bürgerliches Gesetzbuch. Wie Baumbach hatten die drei Richter des Berliner Landgerichts in der von Otto Liebmann vorgeschriebenen systematischen Methode ein knapp gefasstes, präzises und übersichtliches Buch von 1750 Seiten geschrieben. Aber Ende 1933 gab es für Heinrich Beck ein Problem. James Basch und Otto Loening waren Juden. Jüdische Autoren, das war schon deutlich zu spüren, durften bald nicht mehr erscheinen. Und Ernst Straßmann hatten einen jüdischen Adoptivvater, stand auch unter Verdacht, obwohl sein «Blut» ein «deutsches» war. Mehrere dienstliche Erklärungen musste er über seine Abstammung schreiben und durfte im Amt bleiben. Trotzdem waren da die beiden anderen. Heinrich Beck musste bald eine Lösung finden. Die wird später beschrieben. Sie hieß «Palandt». Otto Loening und James Basch haben wohl nach dem Gesetz zur Wiederherstellung des Berufsbeamtentums als Richter ihr Amt schon 1933 verloren und es ist trotz mancher Versuche nicht gelungen zu erfahren, ob sie das «Dritte Reich» überlebt haben. Ernst Straßmann ist es gelungen. Seit 1934 war er in einer Widerstandsgruppe gegen die NS-Herrschaft und deshalb 1942 bis 1945 in einem Konzentrationslager, ist nach dem Krieg Mitglied der SPD geworden, war dann im Vorstand der Westberliner Elektrizitäts- und Wasserwerke und ist in Berlin 1958 gestorben.

Neben den Kommentaren von Baumbach gab es noch zwei andere, die vor der Übernahme durch Heinrich Beck bei Otto Liebmann erschienen sind und die ganze Zeit bis heute in vielen Auflagen überstanden haben. Es sind die beiden von **Otto Schwarz** zur Strafprozessordnung und zum Strafgesetzbuch. Otto Schwarz, geboren 1876, ist nach einer erfolgreichen Laufbahn an den Landgerichten in Memel und Hannover und am Oberlandesgericht Breslau schließlich Reichsgerichtsrat geworden. Das war 1926. 1941 ging er in Leipzig mit 65 Jahren in den Ruhestand, machte dort aber als «Beamter auf Widerruf» in seinem Strafsenat weiter, um den durch den Krieg bedingten Personalmangel auszugleichen. Nach dem Krieg und der Auflösung des Reichsgerichts ist er im Gegensatz zu den meisten seiner Kollegen, die zum Teil im Speziallager Buchenwald interniert waren, was viele nicht überlebt haben, in der sowjetischen Besatzungszone noch ein ziemlich hoher Richter geworden, Direktor des thüringischen Amtsgerichts Mühlhausen, weil er ohne jede Verbindung zur NSDAP gewesen war. Er kam ja auch vom Liebmann Verlag. Nebenbei hat er noch an den

Vom Taschenkommentar zum Kurzkommentar; Hinweis in Baumbach, ZPO, 7. A. 1933.

beiden anderen Kommentaren weitergearbeitet. Weil das aber für einen westdeutschen Verlag geschah, war das bald nicht mehr möglich. Deshalb und weil man von ihm verlangt hatte, in die SED einzutreten, hat er sich in den Ruhestand nach Westberlin zurückgezogen und dort weiter seine Arbeit fortgesetzt, so dass die beiden Bücher 1949 und 1950 wieder erscheinen konnten. Bis 1958/59 hat er noch mehrere Auflagen selbst bearbeitet. 1960 ist er gestorben und die beiden Kommentare sind zunächst von Juristen des Bundesjustizministeriums fortgeführt worden, der zum Strafgesetzbuch von Eduard Dreher, der andere von Theodor Kleinknecht. Dann kamen später bis heute andere Bearbeiter (dazu mehr S. 259 ff.).

Schwarz, StPO, 1. A. 1928.

Von den ungefähr 150 Titeln, die Heinrich Beck Ende 1933 aus dem Liebmann Verlag übernahm, konnten viele bald nicht mehr weitergeführt werden, weil sie jüdische Autoren hatten. Außer dem BGB-Kommentar waren es neben zahlreichen anderen drei bemerkenswerte Bücher, die hier noch genannt werden sollen, zwei von Leo Rosenberg und eins von Marie Munk.

Leo Rosenberg war «der große Prozessualist» (Karl Heinz Schwab), 1879 in Schlesien geboren, gestorben 1963 in München. Er promovierte 1900 in Breslau bei Otto Fischer vom Beck'schen Fischer/Henle über «Die Beweislast». Das war eine der erfolgreichsten juristischen Dissertationen des 20. Jahrhunderts. Sie erschien 1921 bei Otto Liebmann, in zweiter Auflage 1923. So übernahm sie Heinrich Beck, der sie erst nach der erzwungenen Pause 1933–1945 in der Bundesrepublik wieder in drei Auflagen herausbringen konnte, 1953, 1956 und 1963. Sie behandelt die Frage, wer was beweisen muss, wenn zwei sich streiten. Das war weder in der ZPO noch im BGB geregelt, weil man sich nicht einigen konnte, ob das zum materiellen Recht gehört oder zum prozessualen. Der junge Doktorand hat sie als prozessuales Problem behandelt und gelöst mit der «Rosenbergschen Formel», wie sie heute noch genannt wird. Nach ihr muss jeder der beiden diejenigen Tatsachen beweisen, die für ihn günstig sind. 1927 erschien von Leo Rosenberg im Verlag von Otto Liebmann das «Lehrbuch des deutschen Zivilprozeßrechts», 1929 und 1931 die zweite und dritte Auflage. Mit ihm setzte er sich «an die Spitze der deutschen Prozessrechtswissenschaft» (ebenfalls Karl Heinz Schwab). Heinrich Beck brachte es nach der erzwungenen Pause der Judenverfolgung als 4. Auflage 1949 wieder auf den Markt. Rosenberg, ein jüdischer Deutscher, hatte das «Dritte Reich» in Deutschland überlebt in der kleinen Allgäuer Gemeinde Stiefenhofen, 20 Kilometer östlich des Bodensees. Dort gehörte seiner Frau ein Ferienhaus, eine Art Versteck, in dem er den Holocaust überstehen konnte. 1946 wurde er gleich an die Universität München berufen, inzwischen 67 Jahre alt. Bis 1955 hat er hier mit großem Erfolg gelehrt. Sein Lehrbuch ist heute noch ein Klassiker, weitergeführt in vielen Neubearbeitungen und Anfang der großen Lehrbücher der Beck'schen Verlagsbuchhandlung.

Marie Munk wurde 1885 in Berlin geboren. Ihr Vater war dort Präsident des Landgerichts. Sie studierte Rechtswissenschaft in ihrer Heimatstadt, Bonn und Heidelberg, wo sie 1911 promoviert wurde. Dann schlug sie sich durch als juristische Hilfskraft. Erst am Anfang der Weimarer Republik wurden Frauen in juristischen Berufen zugelassen. Sie machte die beiden Staatsexamen, wurde Assistentin des preußischen Justizministers, dann Anwältin in Berlin, schrieb viel über Familienrecht, hielt als erste Frau 1924 auf dem Deutschen Juristentag ein Hauptreferat mit großem Eindruck auf das männliche Publikum über die Reform des ehelichen Güterrechts, wie es erst in der Bundesrepublik mit der Zugewinngemeinschaft verwirklicht worden ist, und wurde 1929 die erste deutsche Richterin. Eine kleine Sensation. Zuerst war sie am Amtsgericht im Stadtteil Charlottenburg und dann am Landgericht Berlin. 1933 ist sie als Jüdin entlassen worden, emigrierte 1936 in die USA, wurde dort Anwältin und schließlich Professorin an der Universität von Cambridge in Massachusetts. Dort ist sie 1978 gestorben, 93 Jahre alt. Bei Otto Liebmann erschien 1929 ihr Buch «Recht und Rechtsverfolgung im Familienrecht». Heinrich Beck übernahm es 1933. Da war sie als Richterin schon entlassen, er konnte es nicht mehr richtig auf den Markt bringen, es wurden nur noch 15 Exemplare verkauft und nach dem Ende der bösen Zeit war es nicht mehr aktuell.

Nach der Ernennung Adolf Hitlers zum Reichskanzler am 30. Januar 1933, dem Reichstagsbrand am 27. Februar, der Notverordnung Hindenburgs vom 28. Februar, der Reichstagswahl am 5. März, bei der die NSDAP elf Prozent dazugewinnen konnte, aber nicht die erhoffte absolute Mehrheit erhielt, und drei Tage vor dem «Ermächtigungsgesetz» vom 24. März, fand am 21. März 1933 der «Tag von Potsdam» statt, eine Meisterleistung der Inszenierung des «Ministers für Volksaufklärung und Propaganda»

2. Der Verlag von Otto Liebmann

Joseph Goebbels. Der 21. März war nicht nur das Datum des Frühlingsanfangs, sondern auch der Tag, an dem Bismarck 1871 den ersten deutschen Reichstag eröffnet hatte. Ihn wählte Goebbels nun auch als Datum für die Eröffnung des am 5. März gewählten Reichstags und als Ort dafür die Potsdamer Garnisonkirche. In ihr fand über dem Grab Friedrichs des Großen ein nationales Spektakel statt mit Musik und einer Rede Hitlers, das deutschlandweit über den Rundfunk verbreitet wurde, in Anwesenheit von viel Militär, preußischen Prinzen, Männern der Wirtschaft und anderen Größen, als Symbol der Vereinigung von Preußentum und Nationalsozialismus. Höhepunkt der Feier war die Szene danach. Vor der Kirche erschienen der 43 Jahre alte Reichskanzler Adolf Hitler, Gefreiter des Ersten Weltkriegs, aber nun als Bürger im schwarzen Cut mit Zylinder, und der 85-jährige Reichspräsident Paul von Hindenburg, immer noch Held des letzten Kriegs in der Uniform eines preußischen Generalfeldmarschalls mit Helm und vielen Orden und Ehrenzeichen. Hitler verbeugte sich tief mit dem Zylinder in der Hand, Hindenburg stand aufrecht und ist mit Helm fast einen Kopf größer. Sie geben sich die Hand. Das sollte bedeuten: Der Kanzler ordnet sich unter und auf den Reichspräsidenten könnt ihr Deutschen euch verlassen. Das machte das Ermächtigungsgesetz drei Tage später möglich mit den Stimmen der bürgerlichen Parteien gegen die der SPD. Warum das hier so ausführlich beschrieben wird? Weil der jüdische Verleger Otto Liebmann dazu auf der ersten Seite des nächsten Hefts seiner Deutschen Juristen-Zeitung, das am 1. April erschienen ist, einen Artikel geschrieben hat:

«Zum 21. März 1933.
Der 21. März 1933, der Tag des Frühlingserwachens, war zugleich der Tag des Erwachens des Deutschen Volkes. Nach langer Winternacht darf Deutschland hoffen, einem Wiederaufbau entgegenzugehen. Auch das Recht wird gemäß der programmatischen Rede des Herrn Reichskanzlers am 23. März im Reichstage durchgreifende Aenderungen erfahren. An dieser Neu- und Umgestaltung mitzuwirken, ist Pflicht und Aufgabe der DJZ. Vom ersten Jahrgang an mit dem Aufsatz ihres Mitbegründers Laband: ‹Zum 18. Januar› zur 25jährigen Gründungsfeier des Deutschen Reiches bis zum heutigen Tage hat sie 38 Jahre lang, weit über den Rahmen eines engbegrenzten, formal-juristischen Organes hinaus, stets alle bedeutenden Fragen der Rechtspolitik und der Gesetzgebung im deutschen Geiste erörtert. Unausgesetzt, in allen Stunden vaterländischer Erhebung und mehr noch in den Zeiten der tiefsten Not des deutschen Volkes, hat die

DJZ., wenn ihr auch in den letzten Jahren ihre Haltung gar oft verdacht wurde, stets das Recht zu wahren, den nationalen Rechtsstandpunkt zu verteidigen gewußt. Diesem alten Geiste wird die Deutsche Juristen-Zeitung auch in Zukunft treu bleiben!
Der Herausgeber der DJZ: Dr. Dr. Otto Liebmann.»

War das ein Aprilscherz? Keineswegs. Es war geschrieben mit voller Überzeugung eines vaterländisch denkenden Mannes, der wie viele andere Juden preußisch national dachte wie vorher im geliebten Bismarckreich mit eher antiparlamentarischen und antidemokratischen Vorstellungen. Selbst dieser kluge und fantasiereiche Mann war auf Goebbels reingefallen und konnte sich nicht vorstellen, was auf ihn zukommen würde. Aber schon am 1. April 1933, als der Hymnus erschien, fand der von der NSDAP-Leitung angeordnete Judenboykott statt, der auch kein Aprilscherz war, sondern bitterer Ernst. Der richtete sich gegen jüdische Geschäfte, Ärzte, Richter und Rechtsanwälte mit NS-Schmierereien auf Schaufenstern der Läden und SA-Mahnwachen vor ihrer Tür. Dann, im Herbst, ging es auch direkt an die Existenz von Otto Liebmann als Verleger und Herausgeber der DJZ. Am 22. September 1933 ist von der Regierung Hitler auf der Grundlage des Ermächtigungsgesetzes das Reichskulturkammergesetz erlassen worden und am 4. Oktober das Schriftleitergesetz, das ihm mit Wirkung ab 1. Januar 1934 die Leitung der Deutschen Juristen-Zeitung unmöglich machte, weil er Jude war. Das ist kein Frühling mehr gewesen, sondern die Ankündigung eines Winters. Und so hat er auf der ersten Seite des letzten Hefts dieses Jahres am 15. Dezember einen ganz anderen Artikel geschrieben mit der Überschrift «Zum Abschied». Er beginnt mit den ersten drei Absätzen:

«Mit diesem Hefte nehme ich Abschied von den Lesern der Deutschen Juristen-Zeitung und einem großen Kreise der deutschen Juristen. Achtunddreißig Jahre lang habe ich die von mir selbst begründete DJZ. als Schriftleiter und Herausgeber geleitet. Vierundvierzig Jahre sind seit Begründung des meinen Namen tragenden Verlages vergangen. In einem Alter von fast 69 Jahren, nach einer mehr als 50jährigen Berufstätigkeit, glaube ich damit, die Berechtigung zu haben, mich zur Ruhe zu setzen. Der Verlag Otto Liebmann geht am 15. Dezember 1933 in den Besitz der altbewährten und bekannten C.H. Beck'schen Verlagsbuchhandlung (Inhaber Dr. phil. Heinrich Beck), München, über. Die Schriftleitung und Herausgabe der DJZ. übernimmt Herr Senatspräsident beim Kammergericht a. D. Dr. Adolf Baumbach, Berlin.»

Am 13. Juli 1942 ist Otto Liebmann in Berlin gestorben, wahrscheinlich eines natürlichen Todes. Seine Frau lebte nicht mehr. Er war 77 Jahre alt und hatte viele Niederlagen und Demütigungen hinter sich, nicht nur den Verlust seines Verlags, sondern auch den Judenstern, den er seit dem September 1941 auf der Straße tragen musste, und quälende Sperren für Abhebung des Gelds von seinen Konten. Nur drei Trauernde waren bei der Beerdigung an seinem Grab: seine beiden Töchter und sein jüdischer Autor Leo Rosenberg, der aus dem Versteck im Allgäu mit großem Risiko nach Berlin gekommen war. Er hielt die Gedächtnisrede. Liebmanns Sohn Karl Wilhelm war schon nach Südamerika geflohen. Die beiden Töchter wurden in Auschwitz ermordet.

> Ganz unerwartet verstarb in Berlin unser innig geliebter Vater, Schwiegervater, Grossvater u. Bruder
> Dr. jur. h.c., Dr. rer. pol. h.c.
> **Otto Liebmann**
> Begründer, Verleger und Herausgeber der früheren Deutschen Juristen-Zeitung, im 78. Lebensjahre.
> Namens der tieftrauernden Hinterbliebenen:
> **Karl Wilhelm Liebmann**
> Quito-Ecuador, Apartado 759
> Berlin, Quito-Ecuador, Zürich.

Die Todesanzeige in der jüdisch-deutschen Zeitschrift «Aufbau» in New York vom 21. August 1942, S. 20.

3. Der Erwerb des Verlags von Otto Liebmann

Über die «Arisierung» dieses Verlags gibt es im Gegensatz zu den Beschreibungen des Schicksals der drei anderen jüdischen juristischen Unternehmen im selben Jahr ziemlich genaue Informationen. Sie sind erhalten in einer Sammlung von Dokumenten, die ein älterer Mitarbeiter in den siebziger Jahren den Brüdern Hans Dieter und Wolfgang Beck übergeben hat.

Diese Zusammenstellung – «Ebel-Notizen 47» – ist 1947 entstanden aus Anlass von Nachforderungen, die Karl Wilhelm Liebmann als Erbe seines Vaters Otto Liebmann gegen Heinrich Beck geltend machte. Der Sohn meinte, 1933 sei der Kaufpreis zu niedrig gewesen. Heinrich Beck wandte sich an **Paul Ebel** in Berlin, der bis zur Übernahme des Verlags durch C.H. Beck Prokurist von Otto Liebmann war, danach von Heinrich Beck in der Berliner Zweigstelle weiter beschäftigt wurde und 1947 trotz seines hohen Alters von über siebzig Jahren dort immer noch tätig war. Das Gebäude des Beck-Verlags in Berlin war im Krieg nicht zerstört worden. Hier gab es noch Unterlagen, anders als in München, wo das Haus in der Wilhelmstraße 9 im Juli 1944 von Brandbomben getroffen wurde, völlig niederbrannte und auch das Archiv vernichtet worden ist. Der Verleger und seine nur noch wenigen Mitarbeiter machten in anderen Unterkünften Schwabings weiter.

Paul Ebel schickte im April und Mai 1947 mehrere Papiere aus jener Zeit, darunter eine Abschrift des Kaufvertrags vom 12. Dezember 1933 und dazu noch zwei Briefe aus eigenem Besitz, die ihm Otto Liebmann 1934 geschrieben hatte und die er als wertvollste Beweisstücke mit großer Vorsicht selbst und nicht mit der Post nach München auf den Weg brachte. Das alles ergänzte er durch einen Bericht, den er im Mai 1947 über die Vertragsverhandlungen von 1933 geschrieben hat, und zwar einen Entwurf und die endgültige Fassung.

Aus all dem ergibt sich, dass ein Prozess über die Nachforderungen Karl Wilhelm Liebmanns mit großer Wahrscheinlichkeit zum Scheitern verurteilt gewesen wäre. Denn der Preis, den Heinrich Beck damals gezahlt hat, entsprach nach allem, was wir aus den gleich zitierten Briefen Otto Liebmanns und über den Verkaufswert der erworbenen Literatur wissen, dem tatsächlichen Wert des Unternehmens zu dieser Zeit. Und juristisch war die Lage einfach. Wenn ich vor zwölf Jahren einen Betrieb zu einem Preis erworben habe, der damals angemessen war, und heute mit ihm Gewinne gemacht habe, die seinen Wert außerordentlich erhöhen, dann hat der Verkäufer keine Nachforderungen gegen mich, gleichgültig ob die Wertsteigerung das Ergebnis meiner Tüchtigkeit ist oder der Verbesserung der allgemeinen politischen oder wirtschaftlichen Situation. Heinrich Beck hat, wie wir von Stefan Rebenich wissen, an den Sohn Otto Liebmanns 50 000 Mark gezahlt. Das ist keinesfalls das Eingeständnis, der Kaufpreis sei zu niedrig gewesen, sondern ein typisches Zeichen für die Großzügigkeit seiner vornehmen Haltung, die er im «Dritten Reich» auch gegenüber seinen jüdischen Autoren gezeigt hat (siehe auch S. 194).

Seit dem Herbst 1933, nach dem Erlass des Reichskulturkammer- und des Schriftleitergesetzes, wusste Otto Liebmann, dass er seinen Verlag nicht mehr weiterführen könne und ihn verkaufen müsse. Mit seinem Sohn Karl Wilhelm begann er die Verhandlungen. Im Verlag wurde niemand informiert, nicht einmal der Prokurist Paul Ebel. Sie verhandelten zuerst mit Heinrich Beck. Der lehnte wohl schon bald ab, wahrscheinlich weil ihm der Kaufpreis zu hoch war, vielleicht auch, weil ihn anfänglich das Programm des Liebmann Verlages noch nicht in dem Maße überzeugte. Dann haben Liebmann und sein Sohn ergebnislos mit zwei anderen Verlegern verhandelt, zunächst mit einem in Stuttgart, dann mit Heymanns in Berlin. Auch das scheiterte, nach Meinung von Paul Ebel ebenfalls wegen zu hoher Forderungen. Im Hintergrund wurde das alles vom «Reichsrechtsführer» Hans Frank verfolgt, der seinen Hauptsitz in München hatte, als bayerischer Justizminister und Präsident der dort im

Juni gegründeten Akademie für Deutsches Recht. Er war sehr daran interessiert, dass der renommierteste jüdische Verlag bis Ende des Jahres 1933 in «arische» Hände kam, und bat Heinrich Beck, es noch einmal zu versuchen, nachdem die Verhandlungen endgültig zu scheitern drohten. Der folgte seiner Bitte und Otto Liebmann war froh, dass derjenige die Verhandlungen wieder aufnahm, an den er sich zuerst gewendet hatte, wusste nun wohl auch, dass seine Forderungen am Anfang zu hoch gewesen waren. Aus einem Gespräch Otto Liebmanns mit Paul Ebel ergibt sich – und wird durch seine späteren Briefe an ihn bestätigt – dass 300 000 Mark jetzt bei der zweiten Verhandlung mit Heinrich Beck schon ein sehr gutes Ergebnis sein würde. Er sagte nämlich zu seinem Prokuristen, der ihn bei diesen Verhandlungen unterstützten sollte:

«Wenn ich aus dem Verkauf meines Verlages 300 000 Mark erlöse, erhalten Sie davon als Abfindung zehn Prozent».

Paul Ebel hat bei den Verhandlungen geholfen und das Ergebnis war sogar noch etwas höher. Das zeigen der Vertrag vom 12. Dezember 1933 (abgedruckt als Anhang 1 auf S. 545 ff.) und die beiden Briefe Otto Liebmanns an Paul Ebel von 1934. Im Vertrag war ein Kaufpreis von 250 000 Mark vereinbart, aber es kam noch zweierlei dazu: Erstens in §6, dass Heinrich Beck dem Verkäufer Liebmann die Hälfte der zu zahlenden Einkommensteuer für die 250 000 Mark zahlt. Zweitens in § 10, dass das Rechtsverhältnis mit dem Prokuristen Ebel in einem besonderen Vertrag geregelt wird. Das waren zusätzlich zu dem bisherigen Gehalt für die nächsten fünf garantierten Jahre mit einer beim Ende der Beschäftigung zu zahlenden Abfindung von 10 000 jene 30 000 Mark, die Ebel erhielt als diejenigen zehn Prozent der 305 000 Mark des tatsächlichen Kaufpreises, die Otto Liebmann auf Heinrich Beck noch abwälzen konnte. Das ergibt sich aus dem ersten Brief Liebmanns an Ebel vom 11. Januar 1933 in schöner alter deutscher Sütterlinschrift mit der Anrede «Lieber Ebel».

Der zweite Brief ist vom 14. September 1934, wieder vier Seiten, aber mit der Schreibmaschine und der Anrede «Lieber Herr Ebel», voller Empörung über dessen Brief vom 12. September, der nicht erhalten ist. Worum es im Einzelnen geht ist aus diesem Antwortschreiben nicht zu erkennen, nur, dass Paul Ebel einen vor kurzem am 10. August geschlossenen Frieden wieder gebrochen hat. «Sie wischen alles das aus, was sie gesagt und zuletzt geschrieben haben». Es geht – mindestens auch – um Geld. Auf der zweiten Seite beginnt der Text zu Heinrich Beck:

«Ihre Verteidigung zugunsten des Herrn Dr. Beck war weder erforderlich noch m. E. angebracht. Nie würde ich, das wissen Sie ganz genau, mein Lebenswerk an einen Mann verkauft haben, der nicht auch nach meiner innersten Überzeugung seit dem Tage, da ich ihn kennen lernte, bis heute ein Ehrenmann durch und durch ist. Sie haben ganz Recht, wenn Sie sagen – und das ist das Mindeste, was Sie sagen konnten –, dass Herr Dr. Beck ein Mann der vornehmsten Gesinnung ist, und niemals etwas Unrechtes tun oder verlangen wird. Nein, Herr Ebel, gegen Herrn Beck richteten sich meine Bedenken nach keiner Richtung.»

Vom 16. Juni 1947 stammt eine Aufstellung von 16 Seiten über die vom Verlag Liebmann übernommenen Bücher (eine Seite fehlt). Es sind 314 Titel mit 55 000 Exemplaren. Davon sind vom 15. Dezember 1933 bis zum 31. Juli 1945 4630 Exemplare verkauft und 50 470 «makuliert», also eingestampft worden, weil sie allgemein unverkäuflich geworden waren oder von jüdischen Autoren stammten. Hier sind allerdings die für Beck so wichtigen Kurz-Kommentare nicht mit aufgeführt, weil die auf den Karteikarten in München geführt wurden. Dazu gleich. Nach dieser großen Liste sind zum Beispiel vom Buch Marie Munks zum Familienrecht 15 Exemplare verkauft worden, von Rosenbergs Lehrbuch zum Zivilprozess, 3. Auflage, 4 Exemplare, von seiner Schrift zur Beweislast immerhin 31 Exemplare und von Gerhard Leibholz' Buch über «Gleichheit vor dem Gesetz» 114 Exemplare. Von den ungefähr 50 noch verkäuflichen Titeln – ohne die Kurz-Kommentare – sind vom 15. Dezember 1933, dem Tag der Übernahme durch C. H. Beck, bis zum 31. Juli 1945 insgesamt etwa 1200 Exemplare verkauft worden, im Durchschnitt 25 Exemplare von jedem Buch. Das war sehr wenig.

Mit den **Kurz-Kommentaren**, die bei Liebmann erschienen sind, hat die Beck'sche Verlagsbuchhandlung im «Dritten Reich» nicht nur finanziell einen guten Erfolg gehabt, sondern auch ihr Renommee als juristischer Verlag verbessert, ebenso wie am Anfang mit der Deutschen Juristen-Zeitung. Sieben Bände dieser Sammlung wurden bis 1945 weitergeführt. 1933 übernahm Heinrich Beck als eingeführte Kommentare in der Reihenfolge der Bandzählung von Liebmann

Baumbach, ZPO, 7. Aufl., bis 1945 erschienen insgesamt 17 Auflagen,
Baumbach, Reichskostengesetze, 5. Aufl., bis 1945 gab es insgesamt 9 Auflagen,
Floegel, Kraftfahrzeugverkehr, 2. Aufl., bis 1945 gab es insgesamt 7 Auflagen,

Schwarz, Strafprozessordnung, 3. Aufl., bis 1945 gab es insgesamt 10 Auflagen,
Hoeniger, Weissler, Bergmann, Grundbuchordnung, 2. Aufl., fortgeführt von Henke und Mönch erschienen bis 1945 insgesamt 7 Auflagen und
Schwarz, Strafgesetzbuch, 1. Aufl., bis 1945 gab es insgesamt 12 Auflagen.

Von Otto Liebmann waren bei der Übernahme schon zwei Bände vorbereitet, die dann bei C.H. Beck 1934 in erster Auflage erschienen, nämlich

Meyer, Genossenschaftsgesetz, von dem bis 1945 insgesamt 6 Auflagen erschienen und
Wilhelmi, Zwangsversteigerungsgesetz, bis 1945 erschien noch eine zweite Auflage.

Der achte Band der Reihe, in Liebmanns Zählung Nr. 7, war der Kommentar von Loening, Basch und Strassmann zum BGB, der 1931 erschienen ist, aber bald nicht fortgeführt werden konnte, weil Loening und Basch jüdische Autoren gewesen sind und so 1939 der «Palandt» entstand, mit großem Erfolg schon im «Dritten Reich».

Außerhalb der Reihe war vor 1933 von Baumbach als selbständiger Kommentar der zum Wettbewerbs- und Warenzeichenrecht erschienen, in 2. Auflage 1931. Adolf Baumbach ist nämlich im Berliner Kammergericht bis 1927 Präsident des für diese beiden Gebiete zuständigen Senats gewesen. Später wurde dieses Buch von C.H. Beck in die Reihe der Kurz-Kommentare aufgenommen und hatte mit den beiden ersten Auflagen bis 1945 insgesamt fünf. Als neue Kommentare erschienen dann bis 1945 vom Verlag Beck selbst in Auftrag gegebene 13 Bände, angefangen mit dem von Prölss zum Versicherungsvertragsgesetz über fünf zum Steuerrecht bis zu den drei von Adolf Baumbach zum GmbH-Gesetz 1936, Aktiengesetz 1936 und 1940 zum Wechsel- und Scheckgesetz, die meisten davon in mehreren Auflagen.

Diese Reihe war im Grunde der einzig wirkliche Gewinn für Heinrich Beck aus dem Kaufvertrag, der beschriebene Kaufpreis gut angelegt und die Übernahme des Liebmann-Verlags insofern kein schlechtes Geschäft schon allein für die Zeit des «Dritten Reichs», der Preis dafür, insbesondere im Vergleich zu späteren Arisierungen, wohl ein angemessenes Entgelt. Später wurde von anderen schon großer Profit gemacht wie bei der Übernahme des Ullstein-Verlags durch das NS-Unternehmen Franz Eher Nachfolger 1934, der 12 Millionen Mark zahlte statt der 60 Millionen, die Ullsteins Aktien wert gewesen sind.

Beim wichtigsten Prestigeobjekt Liebmanns, der Deutschen Juristen-Zeitung, musste Heinrich Beck bedenken und Otto Liebmann einsehen, dass die Auflage spätestens seit 1927 kontinuierlich gesunken war. Die Statistik im Bericht Paul Ebels von 1947 ergibt:

1927		10 327 Abonnenten
1928		10 349 Abonnenten
1929		10 103 Abonnenten
1930		9561 Abonnenten
1931		8744 Abonnenten
1932		7548 Abonnenten
1933	bei der Übernahme	6499 Abonnenten

Sie haben darüber gesprochen. Denn in § 7 des Kaufvertrags war vereinbart, dass Otto Liebmann für jeden Abonnenten eine einmalige abgestufte Abfindung erhalten sollte, wenn die DJZ 1936 mehr als 6000 haben sollte. Nachdem Carl Schmitt 1934 Herausgeber geworden war, sind es 1936 nur noch 4033 gewesen. Auch die beschriebene Aufgabe dieser guten alten renommierten DJZ und ihren Ersatz durch die Übernahme der «Zeitschrift der Akademie für Deutsches Recht» 1940 konnte Heinrich Beck 1933 nicht vorhersehen. Deshalb war zutreffend, was Otto Liebmann in seinem Brief an Paul Ebel vom 14. September 1934 über ihn geschrieben hat. Lassen wir Heinrich Beck einfach selbst zu Wort kommen, wie er vor fünfzig Jahren das Ganze beschrieben hat (Heinrich Beck 1963, S. 170f.):

«Inzwischen hatte die juristische Verlagsabteilung dadurch eine bedeutende Stärkung erfahren, dass im Dezember 1933 der Verlag von Otto Liebmann in Berlin käuflich erworben wurde. Das schon zur Zeit der Weimarer Republik wohlbegründete Bestreben des Verlages, in der Reichshauptstadt Boden zu gewinnen, war geradezu lebensnotwendig geworden, als das ‹Dritte Reich› sich anschickte, die Eigenständigkeit der Länder abzuschaffen und die gesamte Staatsführung und Gesetzgebung in Berlin zu konzentrieren. Während der Verlagsinhaber im Herbst 1933 gerade in Berlin weilte, erreichte ihn dort ein persönlicher Brief von Dr. h. c. Otto Liebmann, in dem ihm dieser seinen Verlag «alters- und krankheitshalber» zum Kauf anbot. Es lag auf der Hand, was den 68-jährigen Verlegerkollegen nötigte, sich von seinem Lebenswerk zu trennen; zwar war man damals noch weit von der alarmierenden «Kristallnacht» und ihren schändlichen Folgen entfernt, aber die Diskriminierung aller Deutschen jüdischer Abstammung hatte schon gleich nach der nationalsozialistischen «Machtergreifung» begonnen. Als der Inhaber des Beck'schen Verlags mit seinem Entschlusse zögerte, setzten sich einige der Liebmann'schen Autoren für die Verlagsübernahme bei ihm ein, so der preußische Finanzminister Johannes Popitz und der Leipziger Oberbürgermeister Carl Friedrich Goerdeler, denen gemeinsam das erschütternde Schicksal vorbehalten war, als Häupter des Widerstands gegen Hitler noch kurz vor dem Zusammenbruch seiner Herrschaft gehenkt zu werden. Wenn in die Zukunft überhaupt noch Hoffnungen zu setzen waren, musste sich der Verlag Beck positiv entscheiden. Damals waren sich wohl nur wenige Menschen darüber im klaren, welchen unüberbrückbaren Einschnitt die nationalsozialistische Machtergreifung für die kulturelle und politische Entwicklung des deutschen Volkes bedeutete. Selbst Pessimisten glaubten, sie werde nur eine Übergangsphase von kurzer Dauer bilden. Gerade diesen lag die Vorstellung, der Nationalsozialismus könnte eine Macht entwickeln, die die weite Welt zu bedrohen vermöchte, am fernsten. Viel eher fürchteten sie, dass ein Einschreiten der Großmächte Deutschland aufs Neue in die Notzeiten der ersten Nachkriegsjahre zurückwerfen würde. Auch von den Maßnahmen gegen die Juden erwartete man, dass sie sich bald überleben würden; aus diesem Grunde blieben ja auch viele Juden im Reich. Der Leiter der Beck'schen Verlagsbuchhandlung war darin nicht weitblickender als seine Umgebung, und auch unter seinen Autoren war keiner, der ihm einen Rat hätte geben können, der über das Allernächste hinausgriff. Der juristische Teil des Verlags wurde naturgemäß am stärksten von der politischen Umwälzung berührt. Nach alter Tradition blieb der Verlag auch weiterhin im Dienste der Gesetzgebung, der Rechtsprechung und der Verwaltung. Welche andere Linie hätte er auch verfolgen sollen? Er vermied wohl jede freiwillige Verbindung mit den Wortführern der nun herrschenden Richtung, blieb aber in der sich immer schwieriger gestaltenden Situation nicht immer Herr seiner Entschlüsse.»

Der am 12. Dezember 1933 geschlossene Vertrag über den Erwerb des «Verlags von Otto Liebmann», befindet sich als Abschrift nicht nur in den «Ebel-Papieren», sondern auch in der Akte über das Entnazifizierungsverfahren gegen Heinrich Beck im Staatsarchiv München (SpkA K 102: Beck, Heinrich, Dr.). Beide Fassungen sind identisch. Sie haben den privaten Verhandlungen mit Karl Wilhelm Liebmann und den Entnazifizierungsverfahren zugrunde gelegen. Der Vertrag kann unten auf S. 545 ff. nachgelesen werden.

4. Der Verleger im «Dritten Reich»

Von den 350 Büchern des Liebmann Verlags konnten nur noch ungefähr 60 verkauft werden, die anderen waren zum Teil veraltet oder aus politischen Gründen bald unverkäuflich, etwa weil sie jüdische Autoren hatten. Rechnet man die vom Liebmann Verlag erworbenen noch verkäuflichen Titel dazu, ergibt das für die Zeit von 1933 bis 1945 insgesamt ungefähr 460 neue Bücher, davon 250 juristische. Das macht einen jährlichen Durchschnitt der Neuerscheinungen oder Neuauflagen von 38,3 Titeln, darunter nun der hohe Anteil juristischer Bücher von 54,3 Prozent. Dazu hier der Überblick für die entsprechenden Zahlen seit Ernst Rohmer, wobei der Rückgang der Neuerscheinungen im «Dritten Reich» sich durch deren allgemeines Schrumpfen in den sechs Kriegsjahren erklärt:

Die Verleger	jährliche Neuerscheinungen	davon juristische
Ernst Rohmer 1852–1884	21	34,5 %
Oscar Beck 1884–1924	33	34,2 %
Heinrich Beck 1924–1933	43	28,3 %
Heinrich Beck 1933–1945	38,3	54,3 %

Heinrich Beck hat seine Verlagssparten nicht nach rechtswissenschaftlichen und geisteswissenschaftlichen bzw. schöngeistigen Bereichen getrennt. Die nichtjuristischen Neuerscheinungen liefen im Wesentlichen normal weiter. Das Handbuch der Altertumswissenschaften wurde fortgesetzt und Pädagogik, Medizin und Theologie waren vertreten wie bisher. NS-Literatur gab es fast gar nicht, nur 1938 ein Heft über den «Herrschaftsstand der deutschen Revolution» und ein Buch des Reichsarbeitsministers Franz Seldte zur «Sozialpolitik im Dritten Reich». Häufiger vertreten war die über den italienischen Faschismus mit zehn Büchern, davon eins schon 1933 von Mussolini selbst: «Der Faschismus». Dahinter stand die Vorliebe Spenglers für Mussolini, die Heinrich Becks Aufmerksamkeit auf den «Duce» gelenkt hatte.

Im literarischen Bereich gelang es ihm auch im «Dritten Reich» wieder, einen begabten Autor zu entdecken, **Heimito von Doderer**. Der schrieb 1938 und 1940 zwei Romane, die jedoch nur in ersten Auflagen erschienen sind. Erst in der Bundesrepublik begann 1951 sein Erfolg mit der «Strudlhofstiege», die zu mehreren Auflagen auch seiner anderen Bücher führte. Daneben erschien 1941 eine wenig beachtete kleine literarische Kostbarkeit, ebenfalls das Ergebnis eines sicheren Gefühls des Verlegers für intellektuelle und sprachliche Qualität. Mitten im Krieg ist es eine Übersetzung aus dem Französischen gewesen. Das war an sich verboten, ebenso wie solche aus anderen feindlichen Ländern. Aber nachdem Hitler jetzt ganz Frankreich unterworfen hatte und der französische Feind scheinbar beseitigt war, ist es möglich gewesen, das Buch eines Journalisten, Historikers und Dramatikers dieses Landes zu veröffentlichen. Der lebte von 1855 bis 1935, wurde dort von seinen Zeitgenossen bewundert, hieß Theodore Gosselin und nannte sich **G. Lenotre**. Das war eine Kombination des Anfangbuchstabens seines Familiennamens mit dem seines berühmten Urahns André Le Notre. Der ist «Erster Gartenbaumeisters des Königs» im Dienst Ludwigs XIV. gewesen und hat die Gärten der Tuilerien und den Park in Fontainebleau entworfen, außerdem den Schlosspark von Versailles. Ähnlich präzise wie diese französische Gartenkunst war Lenotre als Historiker der Revolution von 1789. In seinen sechs Bänden «*Vieilles maisons, vieux papiers, chroniques des temps*», 1900 bis 1929 –

1938. Ein Gebäude der Nördlinger Druckerei in der Festdekoration zum 175-jährigen Bestehen.

Alte Häuser, alte Papiere, Chroniken der Zeiten – hat er die Entwicklung bis Napoleon nicht wie andere en gros beschrieben, sondern en detail, nämlich in der Rekonstruktion von Einzelschicksalen, distanziert, zum Teil leicht ironisch, immer genau aus unzähligen Urkunden wiederbelebt, von kleinen und großen Leuten und herausgezogen aus dem Schrecken, Unsinn und Terror jener Zeit. Noch 2011 ist er von einem französischen Journalisten der «Papst der Geschichte im Kleinen» genannt worden. Aus diesen kleinen Geschichten hat Heinrich Beck elf aussuchen und übersetzen lassen in einem kleinen Band mit dem Titel «Im Schatten der Guillotine». Es war wohl, wie er 1963 andeutete, ein kleiner verborgener Protest mit der Beschreibung des Terrors der Revolution von 1789 gegen den der deutschen von 1933. Jedenfalls haben die NS-Spürnasen es nicht gemerkt.

Allerdings ist ihnen allmählich ein anderes Licht aufgegangen darüber, dass in der Schwabinger Wilhelmstraße 9 nicht alles in ihrem Sinne zuging. Das lässt sich aus Urkunden herausfinden, die im Berliner Bundesarchiv zu finden sind. Am 3. Februar 1937 hat die Reichsschrifttumsstelle beim Minister für Volksaufklärung und Propaganda einen Brief geschrieben an die Reichsschrifttumskammer, Gruppe Buchhandel, in Leipzig. Sie solle prüfen, was mit dem Egon Friedell los ist, von dem im Verlag C.H. Beck eine «Kulturgeschichte der Neuzeit» erscheint. Die Reichsschrifttumskammer gibt die Frage weiter an den Münchener Verlag mit einem Schreiben vom 19. April 1937. Heinrich Beck antwortet am 26. April 1937, Friedell sei «von seiner Seite aus Nichtarier». Bald darauf hat die Gestapo in der Wilhelmstraße die noch vorhandenen Vorräte des Buchs beschlagnahmt und eingestampft. Dazu gibt es ein Schreiben der Gestapo vom 16. Februar 1938 an den Präsidenten der Reichsschrifttumskammer, in dem sie mitteilt, «polizeiliche Beschlagnahme und Einziehung wurden veranlasst». Wieder ein Jahr später schreibt die Reichsschrifttumskammer am 28. März 1939 an die Gauleitung der NSDAP in München. Heinrich Beck sei Mitglied der Partei. «Da über seine politische Zuverlässigkeit bisher nichts bekannt geworden ist, wird gebeten, eine politische Beurteilung baldmöglichst einzureichen» und die Möglichkeit angedeutet, er könne ausgeschlossen werden, wenn er politisch unzuverlässig sei. Die Gauleitung schreibt am 6. Juni 1939 nach Leipzig, er sei Mitglied der NSDAP seit 1. Mai 1937 und «gegen ihn in politischer Hinsicht nichts Nachteiliges bekannt.» Diese Mitgliedschaft in der Partei hat er beantragt am 25. Mai 1937, einen Monat nach seiner Antwort auf die Frage der Reichsschrifttumskammer. Der Antrag wurde angenommen und wie üblich rückdatiert auf den Anfang des Monats. Wahrscheinlich ist dem Verleger die Sache politisch etwas mulmig geworden und Spengler, der diesen Beitritt kritisiert hätte, war im Jahr vorher gestorben. Es kann auch sein, dass er vom NS-Blockwart seiner Wohngegend oder anderen gedrängt worden ist, wie er es zehn Jahre später in seinem Entnazifizierungsverfahren erklärt hat. Er wollte den Verlag über die Runden bringen, wie noch beschrieben wird.

Auf der **juristischen Seite des Verlags** sah man naturgemäß mehr Nationalsozialistisches als auf den anderen vom Verlag gepflegten Gebieten. Zum Beispiel in zwei Zeitschriften. Die eine hatte Carl Beck schon 1851 gegründet, die andere Heinrich Beck erst 1934 erworben. Aus den **«Blättern für administrative Praxis»** waren in Weimarer Zeit «Bayerische Verwaltungsblätter» geworden und mit der Auflösung der Bundesländer 1934 wieder **«Deutsche Verwaltungsblätter»** für ganz Deutschland. Chefredakteur war Ottmar Kollmann, der sie nach dem alten Verwaltungsrecht weiterführen wollte als Schutz von Rechten des Einzelnen gegen den Staat. In der Bundesrepublik wurde er 1950 Präsident des Bayerischen

4. Der Verleger im «Dritten Reich» 141

1938. Heinrich Beck bei den Feierlichkeiten zum 175-jährigen Bestehen der Druckerei in Nördlingen.

Verwaltungsgerichtshofs. Aber das alte Verwaltungsrecht war den Nationalsozialisten ein Dorn im Auge. Ihre Verwaltung sollte «dem ganzen Volk» dienen, nicht dem Einzelnen. Mit anderen Worten, sie sollte schalten und walten, wie sie es wollten. Deshalb wurden die Verwaltungsblätter 1938 mit der Zeitschrift «Deutsche Verwaltung» auf Druck der NSDAP zusammengelegt, deren Verhandlungsführer der Staatssekretär im Reichsinnenministerium Wilhelm Stuckart gewesen ist, der Herausgeber der **«Deutschen Verwaltung»** war. Die erschien seit 1934 als «Organ der Fachgruppe Verwaltungsjuristen des Bundes Nationalsozialistischer Juristen» im Deutschen Rechtsverlag, Berlin, dessen Eigentümer die NS-Regierung war. Die Zusammenlegung wurde von Stuckart im Dezember 1937 angekündigt:

«Kameraden der Verwaltung!
Zum ersten Male ist es gelungen, der Zersplitterung im Zeitschriftenwesen des Staats- und Verwaltungsrechts erfolgreich zu begegnen. Ab 1. Ja-

nuar erscheint die ‹Deutsche Verwaltung› als große Verwaltungsrechtszeitschrift Deutschlands. In ihr gehen einige Verwaltungszeitschriften ... auf ... Erstmalig ist damit auch für die Arbeit der Beamten aller Verwaltungszweige ein einheitliches Rüstzeug geschaffen worden ...»

Die große Verwaltungszeitschrift Deutschlands erschien 1938 und 1939 zuerst gemeinsam in zwei Verlagen, nämlich im nationalsozialistischen Deutschen Rechtsverlag und bei Kohlhammer, seit 1940 im Deutschen Rechtsverlag und im Verlag C.H. Beck, Zweigstelle Berlin, weil Kohlhammer sich aus finanziellen Gründen nicht mehr beteiligen und Heinrich Beck trotz der finanziellen Belastung mit seinen Berliner Mitarbeitern dafür sorgen wollte, dass die Zeitschrift sich von Parteipolitik fernhalten und soweit wie möglich einen fachwissenschaftlichen Charakter behalten sollte, wie er in seinem Entnazifizierungsverfahren erklärte. Er passte sich an. Es gab bei anderen aber auch Widerstand, mindestens in einem Verlag, nämlich bei Heymanns Berlin, der seit 1927 das «Reichsverwaltungsblatt und Preußisches Verwaltungsblatt» herausgab, das nach Abschaffung der Länder 1934 nur noch «Reichsverwaltungsblatt» hieß, politisch nicht angreifbar war und bis 1943 erschien. Andere, zum Beispiel Mohr Siebeck in Tübingen, haben nachgegeben wie Heinrich Beck. Offizieller Herausgeber der «Deutschen Verwaltung» blieb Stuckart bis zum Ende des Dritten Reichs, SS-Offizier und strammer Nationalsozialist. Nun war klar, dass Verwaltungskontrolle nicht nur in dieser Zeitschrift im Wesentlichen als «Einheit der Staatsführung» beschrieben werden konnte, wie es nach NS-Vorstellungen hieß. Es kam hinzu, dass Klagen gegen Maßnahmen der Verwaltung vor den Verwaltungsgerichten seit 1939 nur noch zulässig waren, wenn die betreffende Behörde vorher zugestimmt hatte. In diesem Sinne ging es in dieser Zeitschrift weiter bis 1945.

Ein ähnliches Schicksal hatte die andere, die wissenschaftlich hoch angesehene **Deutsche Juristen-Zeitung**, DJZ. Bis Ende 1933 war sie seit 1896 im Berliner Verlag von Otto Liebmann erschienen, den Heinrich Beck Mitte Dezember 1933 übernommen hat. Man hatte sich darauf geeinigt, dass neuer Herausgeber der juristische Erfolgsautor Liebmanns werden sollte, der konservative **Adolf Baumbach**. Aber der schrieb nun in der regelmäßigen aktuellen Kolumne der DJZ vorsichtig formuliert, aber klar in der Sache, öfter Kritisches zur NS-Rechtspolitik, zuletzt im Mai 1934 gegen das Gesetz über Sondergerichte, das die Regierung Hitler im März erlassen hatte. Wahrscheinlich ist es dasjenige Heft der DJZ gewesen, das von der Gestapo beschlagnahmt worden ist. Über diese Aktion zur Zeit von

Adolf Baumbach berichtete Heinrich Beck in seinem Entnazifizierungsverfahren 1947. Die Sondergerichte urteilten seitdem bei politischen Delikten mit der vom «Führer» geforderten Härte ohne die Möglichkeit einer Berufung oder Revision. Dieser Artikel vom Mai war der Anlass für den «Reichsrechtsführer» Hans Frank, dafür zu sorgen, dass ein neuer Herausgeber eingesetzt wurde, der «Kronjurist des Dritten Reichs», **Carl Schmitt**, und die DJZ ein Organ der «Reichsfachgruppe Hochschullehrer des Bundes Nationalsozialistischer Juristen» geworden ist, deren Leiter Carl Schmitt war. So stand es seit dem 1. Juni 1934 im Kopfteil auf der ersten Seite jedes ihrer Hefte. Schmitts erste große Heldentat war im Augustheft der grauenvolle und berühmt-berüchtigte Artikel «Der Führer schützt das Recht». In ihm rechtfertigte er in peinlicher Weise die von Hitler angeordnete Ermordung der SA-Führung und anderer im Juni, denn «Aus dem Führertum fließt das Richtertum» und deshalb waren diese Morde «in Wahrheit... echte Gerichtsbarkeit».

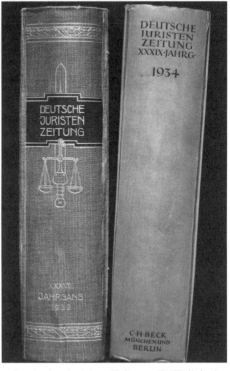

Deutsche Juristen-Zeitung (DJZ) links im Originaleinband von Otto Liebmann 1932, rechts von CHB 1934.

Außerdem war in der DJZ seit dem 1. Juli 1934 das alte etwas verfremdete Markenzeichen des Liebmann-Verlags ersetzt durch ein Schwert mit Hakenkreuz, die Kolumne wurde nicht mehr von Adolf Baumbach geschrieben, sondern anonym mit NS-Inhalt. Die Reaktion im Ausland über die Gleichschaltung dieser angesehenen Zeitschrift war sehr negativ und im Inland kam es zu einem starken Rückgang der Zahl von Abonnenten. Auch deshalb hat Heinrich Beck 1937 dem Drängen des «Reichsrechtsführers» nachgegeben und «sein Blatt der Akademie zur Verfügung gestellt», wie er es 1963 formulierte. Die Akademie, das war die nationalsozialistische «Akademie für Deutsches Recht» in München mit Sitz am Siegestor, der Grenze zwischen Maxvorstadt und Schwabing. Ihr Leiter war der «Reichsrechtsführer» Hans Frank. Der andere Grund ist gewesen, dass der «Kronjurist des Dritten Reichs» nicht mehr Kronjurist war, sondern gestürzt von seinen Gegnern, alten NS-Kämpfern, die ihn in ihrer SS-Zeitschrift «Das Schwarze Korps» Ende 1936 als Opportunisten und

DJZ Heft 1 (1. Januar 1934): Adolf Baumbach wird Herausgeber. CHB verwendet das Signet der DJZ weiter bis Heft 10.

Wendehals entlarvt haben, indem sie seine Judenfreundschaft und NSDAP-Feindlichkeit von 1933 beschrieben. Da musste ihn sein Gönner und Beschützer von allen NS-Ämtern entlassen.

Seit Januar 1937 erschien die DJZ als «Zeitschrift der Akademie für Deutsches Recht». Die gab es schon seit 1934 und nun wurden sie vereinigt wie später die «Verwaltungsblätter» des Beck Verlags mit der «Deutschen Verwaltung». Ihr offizieller Herausgeber war bis 1945 Hans Frank, der seit 1939 auch deshalb nicht mehr großen Einfluss nehmen konnte, weil Adolf Hitler ihn damals zum Generalgouverneur des besetzten Polen ernannte. Bis zum Kriegsende blieb er in dem Land, das «Generalgouvernement» genannt wurde. Dort ist er nicht nur zum Inbegriff eines korrupten und prunksüchtigen Potentaten geworden (Ernst Klee), sondern auch verantwortlich für den nationalsozialistischen Terror, in dem drei Millionen Juden und fast ebenso viele Polen ermordet worden sind, weshalb er 1946 im großen Nürnberger Prozess gegen die Hauptkriegsverbrecher zum Tode verurteilt und hingerichtet worden ist.

Dieser Wechsel von der Deutschen Juristen-Zeitschrift zur Akademie für Deutsches Recht hatte für das Blatt auch einen Vorteil. Den beschrieb im Entnazifizierungsverfahren dessen von Carl Schmitt eingesetzter

Schriftleiter Karl Lohmann, der von Heinrich Beck auch nach dem Sturz von Schmitt weiter beschäftigt worden ist. Seit Mai 1934 stand die DJZ als Organ des Bundes Nationalsozialistischer Juristen, später Deutscher Rechtswahrer, unter der Kontrolle des Leiters des Presseamts dieser Vereinigung. Der hieß Max du Prel und war ein fanatischer Nationalsozialist ohne juristische Ausbildung, der nur an Propaganda interessiert gewesen ist. Nicht nur Karl Lohmann, auch Heinrich Beck musste mit ihm erniedrigende Verhandlungen überstehen. Das fiel nun weg. Denn die Akademie für Deutsches Recht war eine vom NS-Juristen-/Rechtswahrerbund unabhängige selbständige NS-Institution, die mehr juristische Interessen hatte als propagandistische.

Die Entwicklung der beiden Zeitschriften von C.H.Beck war ein Trauerspiel, das diesen Verlag nicht allein getroffen hat. Die Nationalsozialisten haben nicht nur die Tagespresse, sondern ebenso fast alle juristischen Zeitschriften gleichgeschaltet. Auch die Juristische Wochenschrift des Verlags Moeser in Leipzig ist schon 1933 gleichgeschaltet worden. Julius Magnus, der als Schriftleiter die Zeitschrift zum großen Erfolg gemacht hatte, musste im Mai ausscheiden, weil er Jude war. Es blieb zunächst Heinrich Dillenberger, der neben ihm in der Schriftleitung gewesen ist. Seit Ende Mai hieß es im Kopf des Blatts «Zeitschrift des Deutschen Anwaltsvereins im Bunde Nationalsozialistischer Deutscher Juristen. Herausgeber Reichsjustizkommissar Frank». Die Zeitschrift erschien weiter im Verlag Moeser. Dann kam ihr Ende im März 1939. Sie wurde «vereinigt» mit der NS-Zeitschrift «Deutsches Recht» und erschien seit dem 1. April 1939 im Berliner Deutschen Reichsverlag, dessen Eigentümer, wie schon beschrieben, die NS-Regierung gewesen ist.

Das Instrument für die Gleichschaltung der Zeitschriften war im Oktober 1933 mit dem Schriftleitergesetz geschaffen, nachdem die «Mitwirkung an der Gestaltung des geistigen Inhalts der im Reichsgebiet herausgebe-

DJZ Heft 11 (1. Juni 1934): Signet jetzt mit dem Hakenkreuz. Auf dem Schwert ist zu lesen: BNSDJ, d. h. Bund Nationalsozialistischer Deutscher Juristen. Herausgeber: Carl Schmitt.

nen Zeitungen und Zeitschriften» voraussetzte, dass der Betreffende «arischer Abstammung ist» und «die Eigenschaften hat, die die Aufgabe der geistigen Einwirkung auf die Öffentlichkeit erfordert» (§ 5). Wer sie hat, entschied letztlich der «Reichsverband der Deutschen Presse», dem alle angehören mussten und der über die Aufnahme und Entlassung entschied. Meistens genügte ein Wink mit dem Zaunpfahl. Adolf Baumbach hatte diese Eigenschaft 1934 nicht und ihm folgte Carl Schmitt 1936, 1938 traf es Ottmar Kollmann. Heinrich Beck musste es hinnehmen oder die Zeitschrift, so schien es, aufgeben. Er nahm es hin. Und wir Heutigen? Wir haben gut reden und das Beste ist, wir beschreiben nur, wie es war.

DJZ Heft 15 (1. August 1934): Nach dem sog. Röhm-Putsch erscheint Carl Schmitts berüchtigter Artikel: «Der Führer schützt das Recht.»

Bei den **Büchern** ist es anders gewesen. Auch hier gab es viel Nationalsozialistisches, aber auch eine große Zahl von Neuerscheinungen rein juristischen Inhalts ohne ideologisches Beiwerk des Nationalsozialismus, wie solche zur Grundbuchordnung oder zum Patentgesetz. Neuauflagen werden hier dagegen nicht aufgeführt.

Unter den Büchern zum NS-Recht bei C.H.Beck sind mehr als die Hälfte Textausgaben mit kleinen oder ganz ohne Erläuterungen. Bei den Kommentaren war der Anteil derjenigen zum NS-Recht niedriger als bei den Textausgaben, was sich dadurch erklärt, dass hier eine größere Zahl von rein juristischen Kurz-Kommentaren erschienen ist, die vom Liebmann Verlag übernommen oder in Fortsetzung dieser Reihe geschrieben worden sind, darunter wieder einige von Baumbach oder die Kommentare von Benkard zum Patentgesetz und Prölss zum Versicherungsvertragsgesetz.

Sie sind insgesamt sehr erfolgreich gewesen. Deshalb ließ Heinrich Beck sie bald unter der Bezeichnung **«Kurz-Kommentar»** als Warenzeichen schützen. Bei Otto Liebmann hießen sie noch in einem Wort «Kurzkommentar.» Diese «Kurz-Kommentare», die ebenfalls von Liebmann übernommene «Deutsche Juristen-Zeitung», dazu der große Kommentar von Landmann und Rohmer zur Gewerbeordnung, außerdem der «Sartorius» und «Schönfelder», das war das solide juristische Fundament des Ver-

  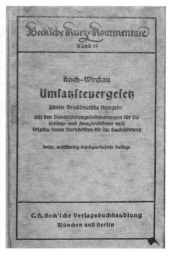

Zur Entwicklung der «Beck'schen Kurz-Kommentare» nach Übernahme vom Liebmann Verlag: Links «Kurzkommentar» noch mit Liebmann'schem Signet (1934); Mitte «Kurzkommentare in Baumbach'scher Erläuterungsweise» (1934); rechts die ausgereifte Version (1943).

lags C.H. Beck, jetzt auch mit einer Niederlassung in Berlin. Dann kam Anfang 1939 auch noch der «Palandt», dessen Entstehung noch beschrieben wird. Er ist sofort ein großer Erfolg gewesen und stellte mehr oder weniger alle anderen Kommentare zum BGB für die juristische Praxis in den Schatten mit sechs Auflagen in den letzten sechs Jahren des «Dritten Reichs».

Heinrich Beck konnte zufrieden sein. Aber ist er es gewesen? Als der Palandt Ende 1938 fertig war, lag der abschreckende Judenpogrom der «Reichskristallnacht» des 9. November knapp zwei Monate zurück. Der Tod des mit ihm persönlich eng verbundenen Egon Friedell im März davor wird ihn belastet haben. Die Morde beim «Röhmputsch» im Juni 1934 hatte er noch gemeinsam mit dem von ihm bewunderten Oswald Spengler erlebt und danach die «Nürnberger Gesetze» von 1935. Spenglers Wort von der «Rassenidiotie» entsprach wohl auch seinem Gefühl.

Er machte weiter, seit 1938 mit dem ersten juristischen Lektor in München, **Walter Mallmann**. Der war bekannt als mutiger junger Jurist, der nicht nur kritisch gewesen ist gegenüber dem NS-Staat, seinem neuen Recht und dessen prominenten Vertretern, sondern das auch vorsichtig, aber deutlich geschrieben und gesagt hat, selbst vor Studenten. Deshalb wurde er nach einer anonymen Denunziation wegen politischer Unzuverlässigkeit mehrfach gemaßregelt, aus dem Dienst als Assistent an der Universität Tübingen entlassen, ebenso aus dem Referendardienst. Seine Habilitation scheiterte aus politischen Gründen und er fand Unterschlupf als Lektor und Redakteur bei Heinrich Beck in München. Nach dem Krieg wurde er Professor für Staats- und Verwaltungsrecht an der Universität Frankfurt am Main, dann in Gießen.

So liest man es heute und das wird auch stimmen. Wenn man sich allerdings im Berliner Bundesarchiv erkundigt, sieht es etwas anders aus. Danach ist er am 10. November 1933 Mitglied der SA geworden und war seit dem 1. Mai 1937 in der NSDAP. Aber das lässt sich beides erklären durch die Aufnahmesperre der Partei. Sie begann am 1. Mai 1933 und ist weitgehend aufgehoben worden am 1. Mai 1939. Sie wurde angeordnet, weil von Januar bis April 1933 die Zahl der Parteimitglieder von 850 000 auf mehr als 2,5 Millionen gestiegen war. Diese hohe Zahl überforderte die Verwaltung der Partei. Außerdem befürchtete man, dass unter den Neuanmeldungen auch Tausende von Konjunkturrittern und politisch Unzuverlässigen sein könnten. Erst nach vier Jahren wurde die Aufnahmesperre zum 1. Mai 1937 entscheidend gelockert, weil man jetzt wieder sicherer geworden war. Und die Partei, besonders «Reichsrechtsführer» Hans Frank ist sehr interessiert gewesen, dass leitende Personen in juristischen Verlagen Mitglieder der Partei wurden, weil er sie so besser in der Hand hatte. Auf diese Weise ist nicht nur Heinrich Beck, sondern auch sein erster juristischer Lektor zur Mitgliedschaft mit der Rückdatierung auf den 1. Mai 1937 gekommen.

Walter Mallmann, geboren am 16. Juli 1908, war 24 Jahre alt, als Adolf Hitler Reichskanzler wurde. Er sah wie viele andere, dass es wieder bergauf ging, wollte im November 1933 in die Partei eintreten, konnte es aber wegen der Sperre nicht und ging deshalb in die SA. Dort konnte er problemlos eintreten. Dann kamen knapp ein Jahr später im Juli 1934 die verbrecherischen Morde des «Röhm-Putschs», die vielen die Augen öffneten über den Charakter Hitlers, der zur Organisation dieses Massakers extra nach München geflogen war. Mallmann wendete sich ab vom Nationalsozialismus und redete auch darüber. Das führte ihn, wie beschrieben, von Tübingen zu Heinrich Beck nach München.

Bis 1945 erschienen jene Bücher, die sich jedenfalls auch mit NS-Recht befasst haben. Dazu zähle ich auch Bücher zum Kriegsrecht, weil sie der Durchführung des spezifisch nationalsozialistischen Vernichtungskrieges dienlich waren. Dabei berühren manche das NS-Unrecht nur am Rande, andere sind aber auch davon entscheidend geprägt. Neuerscheinungen, bei denen das NS-Unrecht eine ganz untergeordnete Rolle gespielt hat, erwähne ich hier nicht. Die Bücher mit NS-Recht werden nun erstmal ge-

4. Der Verleger im «Dritten Reich»   149

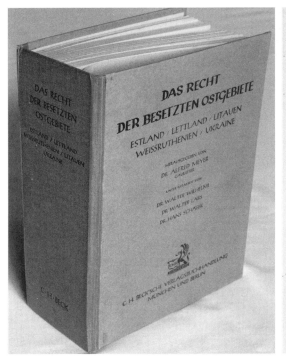

Loseblatt-Textsammlung der besetzten Ostgebiete, herausgegeben von Dr. Alfred Meyer, Gauleiter und ständiger Vertreter des Reichsministers für die besetzten Ostgebiete, und Mitarbeitern, 1943 (es erschien nur eine Ergänzungslieferung 1944). – Rechts eine Seite daraus. «O» im Kolumnentitel steht für Reichskommissariat Ostland (dazu gehörten Estland, Lettland, Litauen und Weißruthenien), daneben gab es noch «U» für die Ukraine.

nannt nach Formgruppen, jeweils in der zeitlichen Reihenfolge, damit man einen Überblick erhält, zuerst die Textausgaben mit Erläuterungen oder kurzen Kommentaren. Diese Neuerscheinungen bilden die größte Gruppe:

1933 *Albert Gorter*, Gesetz zur Wiederherstellung des Berufsbeamtentums, 227 S.
Friedrich Wilhelm Koch, Gesetz zur Verminderung der Arbeitslosigkeit, 207 S.
1934 *ohne Verfasser*, Schriftleitergesetz, «Textausgabe mit kurzen Anmerkungen», 505 S.
Rolf Dietz, Gesetz zur Ordnung der nationalen Arbeit, 117 S.
ohne Verfasser, Justizausbildungsordnung, «Textausgabe mit Anmerkungen», 53 S.
Gustav Rohmer, Die neue Innungsordnung, 169 S.

1935 *ohne Verfasser*, Bauernrecht, «Textausgabe mit kurzen Anmerkungen», 162 S.

1937 *Rolf Dietz*, Ehrengerichtsordnung der gewerblichen Wirtschaft, 86 S.
Friedrich Wohlhaupt u. a., Die gesamten Preisbildungsvorschriften nach dem Vierjahresplan, Loseblattausgabe, 2 Bände,
Friedrich Wolfstieg, Deutsches Polizeibeamtengesetz vom 24. Juni 1937, 225 S.

1938 *Karl Fiehler*, Die Deutsche Gemeindeordnung, 168 S.

1939 *Franz Linde, Ludwig Zimmerle*, Fürsorge des Staates, Fürsorge der Partei, Loseblattausgabe

1943 *Alfred Meyer* u. a., Das Recht der besetzten Ostgebiete, Loseblattausgabe

1945 *Heinz Kümmerlein*, Reichsjugendgerichtsgesetz vom 6. November 1943, 588 S.

Einfache rote Textausgaben:

1934 *ohne Verf.*, Reichserbhofgesetz,

1935 *ohne Verf.*, Strafrecht der Deutschen Wehrmacht, 344 S.
ohne Verf., Wehrgesetzgebung, 194 S.

1936 *Ludwig Münz*, Arbeitseinsatz nach dem Vierjahresplan 77 S.
ohne Verf., Reichs-Rechtsanwaltsordnung, 83 S.

1938 *ohne Verf.*, Beamtenrecht. Einführung des deutschen Beamtenrechts in Lande Österreich, 56 S.
Friedrich Etmer, Die Sicherung der lebenswichtigen Wirtschaft, 141 S.

1939 *Eduard Schiffner*, Kriegsmaßnahmen gegen das deutsche Vermögen im feindlichen Ausland (Wortlaut der Übersetzungen), 97 S.

1941 *ohne Verf.*, Personenschädenverordnung vom 10. November 1940, 148 S.

Kommentare:

1934 *Alfred Hueck, Hans Carl Nipperdey, Rolf Dietz*, Gesetz zur Ordnung der nationalen Arbeit, 663 S.; 4. Aufl., 1943, 905 S.

1936 *Wilhelm Stuckart, Hans Globke*, Kommentare zur deutschen Rassegesetzgebung, 1. Band, 287 S.
Wilhelm Breitenfeld u. a., Kommentar zum Familienunterstützungsgesetz vom 30. März 1936, 160 S.
Roderich Hildebrandt, Kaspar Engels, Reichsumlegungsordnung, mit einem Nachtrag von 1940, 445 S.

1938 *Hubert Darsow u. a.*, Kommentar zum Luftschutzgesetz, Loseblattausgabe
1939 *Otto Palandt*, Bürgerliches Gesetzbuch, 6. Aufl., 1944, 2194 S.
Hans Gurski, Heinz Friedrich Schulz, Devisengesetz vom 12. Dezember 1938, Loseblattausgabe
Erich Volkmar u. a., Großdeutsches Eherecht, Kommentar zum Ehegesetz vom 6. Juli 1938, 539 S.
1940 *Hans Ernst Posse u. a.*, Kommentar zur Reichsverteidigungsgesetzgebung, Loseblattausgabe
Karl Krieger, Wolfgang Hefermehl, Behandlung des feindlichen Vermögens, Loseblattausgabe
1941 *Bernhard Danckelmann*, Kriegsschädenrecht, Loseblattausgabe
1942 *Heinrich Issel, Paul Riffel*, Kriegspreise und Gewinnabführung, mit Nachtrag, 199 S.
1942 *Adolf Schönke*, Strafgesetzbuch, erschien in vier Lieferungen 1941–1942, XI, 835 S.

Ausgaben von Schriften der Akademie für Deutsches Recht, herausgegeben von Hans Frank:
1938 Zur Erneuerung des Bürgerlichen Rechts, mit Beiträgen von *Justus Wilhelm Hedemann u. a.*, 114 S.
1938 *Wilhelm Kisch*, Der Deutsche Rechtslehrer, 95 S.
1942 *Laszlo v. Radocsay*, Die Rechtserneuerung in Ungarn, 39 S.
1944 *Gustav Boehmer*, Die Vermögensverfassung des deutschen Hauses, 99 S.

Arbeitsberichte der Akademie für Deutsches Recht, herausgegeben von Hans Frank, vorgelegt von den Vorsitzenden der Ausschüsse:
1941 *Justus Wilhelm Hedemann*, Das Volksgesetzbuch der Deutschen, 53 S.
1942 *Justus Wilhelm Hedemann*, Volksgesetzbuch. Grundregeln und Buch I, 117 S.

Darstellung einzelner Rechtsgebiete:
1935 *Hans Dölle*, Lehrbuch des Reichserbhofrechts, 179 S.
1938 *Walter Erich Kinkel*, Unternehmer und Betriebsführer in der gewerblichen Wirtschaft. Unter besonderer Berücksichtigung der Haftungsverhältnisse, 211 S.

Bei den Textausgaben mit Erläuterungen sind es wenige bekannte Namen. Schon ganz anders sieht es bei den Kommentaren aus: Hueck, Nipperdey und Dietz werden auf S. 156 ff. behandelt. Gustav Rohmer, jüngerer Stiefbruder Oscar Becks, hat den erfolgreichen Kommentar zur Gewerbeordnung Robert von Landmann weitergeführt (siehe oben S. 54). Wilhelm Stuckart und Hans Globke werden unten S. 159 ff. beschrieben, Otto Palandt S. 166 ff.

Interessant ist im Übrigen **Wolfgang Hefermehl** (1906–2001), der als Professor für Wirtschaftsrecht in der Bundesrepublik eine große Rolle gespielt hat, auch mit seinen Büchern bei C.H. Beck. Damals war er seit 1934 als abgeordneter Richter – zuletzt Oberlandesgerichtsrat – Beamter im Reichsjustizministerium als Referent für die Gesetzgebung zur Verwaltung des Feindvermögens, seit 1933 Mitglied der NSDAP und der SS, zuletzt als Hauptsturmführer. Das entspricht dem militärischen Rang eines Hauptmanns. Bei der Behandlung des Feindvermögens waren die Nationalsozialisten sehr vorsichtig, weil sie für ihr deutsches Vermögen bei den Feinden fürchteten. So war dieses Sachgebiet in Deutschland damals eine «Insel des Völkerrechts» (Stephan H. Lindner). Das ist auch die Tendenz des Kommentars, den er dazu 1940 mit Karl Krieger geschrieben hat.

Ein Arbeitsbericht der Akademie für Deutsches Recht.

Weniger harmlos war seine Beschäftigung im Ministerium als Referent für «Die Entjudung der deutschen Wirtschaft», wie die Überschrift eines von zwei antisemitischen, von ihm verfassten Artikeln dazu in der «Deutschen Justiz» lautete, dem Organ des Ministeriums. Dieser zweite von 1938 behandelte sehr ausführlich die «Verordnung zur Ausschaltung der Juden aus dem deutschen Wirtschaftsleben» vom 12. November 1938, drei Tage nach dem Judenpogrom vom 9. November, der «Reichskristallnacht», in der auch die Synagogen brannten. Deswegen und als höherer Ministerialbeamter ist er am Ende des Kriegs untergetaucht, fuhr mit dem Fahrrad nach Hamburg, wurde dort unter falschem Namen Mitarbeiter einer Anwaltskanzlei, nach einer Anzeige 1947 oder 1948 verhaftet, in einem Entnazifizierungsverfahren rehabilitiert, arbeitete seitdem wieder unter seinem richtigen Namen bis 1952 als juristischer Repetitor in Münster, wurde 1953 in Köln habilitiert und nach einer Tätigkeit an der Wirtschaftshochschule Mannheim 1959 Professor an der Universität Münster und 1961 in Heidelberg, mit großen Erfolg auch in der Lehre.

Die großen Namen erscheinen schließlich in hoher Zahl bei den **Schriften und Arbeitsberichten der Akademie für Deutsches Recht**. Aber das sagt nicht viel. Die Akademie war 1933 von Hans Frank in München gegründet worden, als er noch bayerischer Justizminister gewesen ist. Seit 1923 Mitglied der Partei, Teilnehmer beim Marsch zur Feldherrnhalle, seit Ende der zwanziger Jahre als Rechtsanwalt Verteidiger in zahlreichen Verfahren nicht nur gegen viele mittellose Parteigenossen, sondern auch Vertreter Adolf Hitlers in verschiedenen Prozessen. Er wurde 1933 nicht wie erhofft Reichsjustizminister, sondern litt eher unter der Verachtung Hitlers für Juristen und wich aus auf die Stellung als «Reichsrechtsführer» und Präsident der Akademie für Deutsches Recht. Die wurde mit Sitz in Berlin und München gegründet und unterstützt durch Reichspräsident Hindenburg als Institution für das ganze Deutsche Reich, war eng verbunden mit den Juristenfakultäten, für die das finanziell günstig gewesen ist, denn sie hatte viel Geld, und in ständiger Konkurrenz zum Reichsjustizministerium. Von den mehr als 300 Mitgliedern sind viele keine Nationalsozialisten gewesen und ihre unzähligen Arbeitsberichte und Schriften erschienen in verschiedenen Verlagen. Der Grund für dieses Durcheinander war wohl, dass Autoren und Verlage das selbst entscheiden konnten. Dazu nur eine Kostprobe der ersten drei «Schriften» von 1934, alle drei von NS-Juristen:

Roland Freisler, Grundzüge eines allgemeinen deutschen Strafrechts, Schenk Verlag Berlin
Karl August Eckhardt, Die Gesetze des Karolingerreichs, Böhlau Verlag Weimar
Carl Schmitt, Über die drei Arten rechtswissenschaftlichen Denkens, Hanseatische Verlagsanstalt Hamburg

Dazu für die bei C.H.Beck erschienenen Schriften und Arbeitsberichte der Akademie nur einige Bemerkungen. Paul Koschaker, hervorragender Rechtshistoriker, war kein Nationalsozialist, eher das Gegenteil. Wilhelm Kisch war der akademische Lehrer Hans Franks und sein Berater bei der Gründung der Akademie, Mitglied der NSDAP. Justus Wilhelm Hedemann, hochkarätiger Wirtschaftsjurist, seit 1936 an der Universität Berlin, leitete die Arbeitsgruppe der Akademie für das Volksgesetzbuch, mit dem das BGB ersetzt werden sollte, war Parteimitglied. Hans Carl Nipperdey, seit 1925 an der Universität Köln, ist es nicht gewesen.

Ähnlich war es bei den Verfassern der **Textausgaben** mit Erläuterungen. Die erste 1933 von Albert Gorter zum Gesetz über die Wiederherstellung des Berufsbeamtentums ist stark geprägt von NS-Tendenzen, die letzte von Heinz Kümmerlein 1944 zum Jugendgerichtsgesetz überhaupt nicht. Selbst die von Friedrich Wolfstieg 1937 zum Deutschen Polizeibeamtengesetz ist völlig frei davon.

Im Übrigen zeigt die fast ausschließliche Beschränkung auf Textausgaben mit und ohne Erläuterungen und auf Kommentare, dass der Beck'sche Verlag sich im Bereich des Juristischen auf das unbedingt Notwendige beschränkte und von den großen NS-Juristen wie Eckhardt, Freisler, Höhn, Koellreutter oder Schmitt als konservativ zurückhaltend – «reaktionär» hieß es zuweilen – bewusst gemieden worden ist. Das zeigt auch der Vergleich mit anderen juristischen Verlagen, der noch folgt. Unter den bei Beck erschienenen Kommentaren gibt es allerdings zwei peinliche Veröffentlichungen, die in der Bundesrepublik dem Verlag immer wieder vorgehalten worden sind. Es sind der zu den Rassegesetzen von Stuckart und Globke 1936 und der Palandt zum BGB von 1939. Außerdem ist schon 1934 einer erschienen zum «Gesetz zur Ordnung der nationalen Arbeit» von Alfred Hueck, Hans Carl Nipperdey und Rolf Dietz. Der spielt in öffentlichen Vorwürfen regelmäßig keine Rolle, ebenso wenig wie der Kommentar von Schönke zum Strafgesetzbuch. Bei beiden geschieht das zu Recht nicht. Anders ist das mit dem Kommentar von Volkmar und Antoni zum Großdeutschen Eherecht. Diese fünf Werke werden gleich genauer betrachtet.

Vorher aber noch einige Bemerkungen zum – bewusst – einzigen **Lehrbuch**, das Heinrich Beck in dieser Zeit veröffentlicht hat, um nicht noch mehr Konzessionen «an die herrschende politische Ideologie» machen zu müssen, wie er es in seiner ersten Stellungnahme an die Münchener Spruchkammer in seinem Entnazifizierungsverfahren formuliert hat (siehe S. 189 ff.). Es ist das Lehrbuch von **Hans Dölle**, damals Professor für Bürgerliches Recht in Bonn, zum Reichserbhofrecht, 1935, das in 2. Auflage 1939 erschienen ist. Das Reichserbhofgesetz war das erste der neuen NS-Gesetze zum Zivilrecht, erlassen Ende September 1933. Es sollte, so die Präambel, zur «Sicherung alter deutscher Erbsitte das Bauerntum als Blutquelle des deutschen Volkes erhalten» und galt für Erbhöfe, die so groß waren, dass sie eine Familie ernähren konnten und nicht größer waren als

125 Hektar. Das diente der Verhinderung von Zersplitterung des Landbesitzes, indem immer nur ein Abkömmling «Anerbe» – Alleinerbe – werden konnte. Abgesehen von § 13 – «Bauer kann sein, wer deutschen Blutes ist» – ein vernünftiges altes Ziel. Trotzdem ist es 1947 durch das Kontrollratsgesetz Nr. 45 als NS-Recht aufgehoben worden, wurde aber in der britischen Zone – ohne § 13 – als Höfeordnung in der Substanz wieder eingeführt und ist als Landesrecht auch heute noch möglich nach Art. 64 EGBGB.

Mit den Büchern zum NS-Recht sind nur die Neuerscheinungen im Verlag C.H. Beck genannt. Kommentare wie der von **Julius Staudinger** zum Strafgesetzbuch, 1. Auflage 1878, oder der von Otto Schwarz zum StGB, 1. Auflage 1933 noch im Verlag von Otto Liebmann, sind nicht dazu gezählt worden, auch wenn sie wegen der NS-Tendenz, das Strafrecht zunehmend zu verschärfen, später im Sinn dieser Tendenz kommentiert worden sind. Im Kommentar von Staudinger, 18. Auflage 1934, bearbeitet von Hermann Schmitt, geschieht das zum Beispiel besonders grauenvoll. Die Notverordnung des Reichspräsidenten vom 28. Februar 1933 und das Gesetz des Reichstags vom nächsten Tag mit der Anordnung der Todesstrafe für Brandstiftung und ihrer Rückwirkung für Handlungen in der Zeit vom 31. Januar 1933 bis zum 28. Februar 1933 wegen des Reichstagsbrands, erklärt Schmitt, indem er schreibt, das müsse als rechtswirksam angesehen werden, wörtlich, weil die Rückwirkung (S. 7)

«sich gegen eine internationale Verbrecherbande richtet (gemeint sind die Kommunisten, U.W.), die wegen ihrer Gefährlichkeit ausgerottet werden soll».

Otto Schwarz blieb dagegen in der 2. Auflage 1934 eher sachlich zurückhaltend, obwohl er später das StGB zunehmend mit NS-Tendenz kommentierte im Gegensatz zum Strafrechtskommentar von Adolf Schönke, der in vier Lieferungen 1941/1942 erschien und auf S. 179 f. beschrieben wird. In der Bundesrepublik sind beide nach der «Entnazifizierung» des StGB dessen erfolgreichste Kommentare geworden, der eine als «Schwarz/Dreher», jetzt «Fischer» mit 60 Auflagen (2013), der andere als «Schönke/Schröder» mit 28 (2010). Der von Staudinger/Schmitt erschien nur bis zur 20. Auflage 1935. Vielleicht war das kein Zufall.

5. Einzelne Werke

a) Hueck/Nipperdey/Dietz, Arbeitsordnungsgesetz

Es war kein Zufall, dass eine der ersten Regelungen eines Lebensbereichs durch die Regierung Hitler das «Gesetz zur Ordnung der nationalen Arbeit» (AOG) von 1934 gewesen ist. Denn die NSDAP, nationalsozialistische Deutsche Arbeiterpartei, war – vordergründig – die Partei der Arbeiter und das AOG bis zum Ende ihrer Herrschaft die wichtigste arbeitsrechtliche Regelung. Es fing schon an mit Hitlers Rede zum Tag der Arbeit am 1. Mai 1933. Lang und breit hat er über die Ehre der Arbeit gesprochen. Am nächsten Tag, dem 2. Mai, sind die Gewerkschaften aufgelöst und in der neu gegründeten Deutschen Arbeitsfront (DAF) zusammengeschlossen worden unter der NS-Führung von Robert Ley. Die Unternehmer kamen erst später dazu. Vorher gab es ein Zwischenspiel.

Nachdem im März 1933 bei den Wahlen der Betriebsräte die «Nationalsozialistische Betriebszellenorganisation» (NSBO) – nur – 25 % der Stimmen erhalten hatte, verbündete sie sich mit der DAF. So kam es zu einigen Eingriffen in die Betriebsführung von Unternehmen. Das war der Grund, warum die Regierung Hitler Mitte Mai 1933 auf Drängen des Reichsbankpräsidenten Hjalmar Schacht, führender Industrieller und Vertreter der staatlichen Wirtschaftsbürokratie, ein «Gesetz über die Treuhänder der Arbeit» erlassen hat. Die wurden von Adolf Hitler selbst ernannt und sollten bis zu einer Neuordnung der Sozialverfassung, so hieß es, die Tarifverträge erlassen und für die Aufrechterhaltung des Arbeitsfriedens sorgen. Diese Neuordnung kam 1934 mit dem AOG. In ihm spielten die Treuhänder weiter eine Rolle als eine Art staatlicher Schlichter, aber eher im Interesse der Wirtschaft, nicht der Arbeiter.

Hueck/Nipperdey/Dietz, AOG, 3. A. 1939.

Aus einem ähnlichen Grund ist der dann führende Kommentar zum AOG entstanden, geschrieben von Alfred Hueck, Hans Carl Nipperdey und Rolf Dietz, erschienen 1934 bei C.H. Beck mit vier Auflagen bis 1943. Auf den ersten

Blick erscheint es merkwürdig, dass diese drei einen Kommentar zu einem NS-Gesetz produzierten. Denn Nazis sind sie wahrhaftig nicht gewesen. Sieht man genauer hin, gibt es eine einfache Erklärung. Sie wollten Hitlers «rechte» Politik zugunsten von Privatunternehmen unterstützen, deren Repräsentant und Hitlers finanzieller Gönner der Mediengigant Alfred Hugenberg war, gegen den «linken» sozialistischen Flügel der NSDAP mit den Brüdern Gregor und Otto Strasser. Sie hatten die Zeichen der Zeiten erkannt und mischten sich ein, Hueck und Nipperdey, seit langem bekannt als arbeitsrechtliche Prominenz durch ihr Lehrbuch bei Vahlen, unterstützt durch Nipperdeys Schüler Rolf Dietz, der damals noch Privatdozent bei ihm in Köln gewesen war. Als jüngster erhielt er die politisch schwierigsten Teile des AOG zugewiesen. Zum Beispiel die Vorschriften, die an die Stelle des Betriebsrätegesetzes getreten waren. Oder ein anderes Beispiel: die Kommentierung der beiden ersten Paragrafen des AOG:

«§ 1
Im Betriebe arbeiten der Unternehmer als Führer des Betriebes, die Angestellten und Arbeiter als Gefolgschaft gemeinsam zur Förderung der Betriebszwecke und zum gemeinen Nutzen von Volk und Staat.
§ 2
(1) Der Führer des Betriebes entscheidet der Gefolgschaft gegenüber in allen betrieblichen Angelegenheiten, soweit sie durch dieses Gesetz geregelt werden.
(2) Er hat für das Wohl der Gefolgschaft zu sorgen. Diese hat ihm die in der Betriebsgemeinschaft begründete Treue zu halten.»

Hier wurden die Weichen gestellt für die Interpretation des ganzen Gesetzes mit seinen 38 Paragrafen, besonders in § 2 Absatz 2. Auf der einen Seite standen die NS-Professoren Arthur Nikisch, Universität Dresden, und Wolfgang Siebert in Kiel mit ihrer «Eingliederungstheorie». Auf der anderen waren Rolf Dietz und der Ministerialdirektor im Reichsarbeitsministerium Werner Mansfeld. Beide Seiten hatten eine größere Gefolgschaft. Nach der Eingliederungstheorie war allein entscheidend die Tätigkeit und Zugehörigkeit zur «Betriebsgemeinschaft», die in § 2 Abs. 2 genannt wird. Sie sollte das liberale Vertragsrecht des BGB zum Dienstvertrag der §§ 611 BGB völlig verdrängen. Die «gesetzestreue (konservative) Vertragstheorie» ließ den Vertrag der §§ 611 ff. als entscheidende Grundlage bestehen. Er würde nur durch das AOG gemeinschaftsrechtlich verändert. So entschied auch bald das Reichsarbeitsgericht. Die Mühe der Arbeit eines Kommen-

Links Alfred Hueck in der Festschrift zu seinem 70. Geburtstag 1959. Rechts Hans Carl Nipperdey in der Festschrift zu seinem 60. Geburtstag 1955.

tars von 633 Seiten, der noch im ersten Jahr erschienen ist, in dem das AOG am 20. Januar 1934 erlassen worden war, hatte sich gelohnt. Denn das Ziel der drei Autoren war nach ihrem Vorwort, «alle auftauchenden Rechtsfragen in streng wissenschaftlicher Weise zu behandeln» in «Anknüpfung an das frühere Recht» und im Hinblick auf die künftige Rechtsprechung des Reichsarbeitsgerichts. Es war noch ein wenig übriggeblieben vom bisherigen Recht, anders als die anderen mit ihrer Eingliederungstheorie es wollten, nämlich einen beliebigen Brei zu produzieren, der mit Rechtswissenschaft nichts mehr zu tun gehabt hätte. Das AOG gehörte nicht zu den dezidierten «Nazi-Gesetzen», weshalb es vom Kontrollrat zunächst auch nicht aufgehoben wurde und bis zum 1. Januar 1947 in Kraft blieb. Der Kommentar zum AOG von Hueck/Nipperdey/Dietz hatte mit seiner sorgfältigen wissenschaftlichen Durchdringung erhebliche Bedeutung für die Fortentwicklung des Arbeitsrechts nach dem Zweiten Weltkrieg.

Alfred Hueck (1889–1975) begann im Ersten Weltkrieg als Richter, wurde 1925 Professor in Jena und war 1936 bis zu seiner Emeritierung 1958 Hochschullehrer in München. **Hans Carl Nipperdey** (1896–1968) promovierte 1917, war Kriegsfreiwilliger im Ersten Weltkrieg, wurde 1920 in Jena habilitiert und 1925 bis zu seiner Emeritierung Professor in Köln.

Von 1954 bis 1964 war er der erste Präsident des Bundesarbeitsgerichts, nachdem er 1952 in einem Gutachten zum Streik der Zeitungsdrucker gegen das dann vom Bundestag erlassene Betriebsverfassungsgesetz ein neues Streikrecht der Bundesrepublik begründet hatte. Bisher galt – außer im «Dritten Reich» – die Auffassung des Reichsgerichts, das schon 1906 erklärt hatte, was im «Lohn- und Klassenkampf zwischen Arbeitgebern und Arbeitnehmern» üblich sei, könne nicht rechtswidrig sein, auch wenn es zu Verlusten der Unternehmer komme. Schadensersatzforderungen seien nur begründet, wenn der Streik mit dem Ziel der wirtschaftlichen Vernichtung des Gegners oder völlig unverhältnismäßig geführt würde (RGZ 64, 52). Mit einer neuen Formel zur «Sozialadäquanz» im Rahmen des § 823 BGB kam er zu dem Ergebnis, dass die Gewerkschaft Druck und Papier den Zeitungsunternehmen zur Zahlung von Schadensersatz verpflichtet sei. Landesarbeitsgerichte folgten ihm und als Vorsitzender des dafür zuständigen ersten Senats des Bundesarbeitsgerichts hat er dieses «System Nipperdey» weiter ausgebaut, wie es der ehemalige Justiziar der IG Metall genannt und ausführlich beschrieben hat. **Rolf Dietz** (1902–1971) promovierte 1925 in Würzburg, wurde nach dem Assessorexamen 1929 Assistent in Köln, 1932 habilitiert, 1937 Professor in Gießen, 1940 in Breslau, vom Kriegseinsatz aus gesundheitlichen Gründen befreit, 1945 Professor in Kiel, 1950 in Münster und seit 1958 in München, dort 1969 emeritiert.

b) Stuckart/Globke, Kommentar zur Rassegesetzgebung

Dunkelster Schandfleck in der Geschichte von C.H.Beck sind ohne jeden Zweifel die «Kommentare zur deutschen Rassegesetzgebung, Band 1, Reichsbürgergesetz, Gesetz zum Schutz des deutschen Blutes und der deutschen Ehre und Gesetz zum Schutze der Erbgesundheit des deutschen Volkes», erläutert von Wilhelm Stuckart und Hans Globke, Staatssekretär der eine und Oberregierungsrat der andere, beide im Reichsinnenministerium.

Mit den «Nürnberger Gesetzen», beschlossen auf dem Parteitag der NSDAP in Nürnberg am 15. September 1935, erreichte die Entrechtung der deutschen Juden einen

Wilhelm Stuckart

ersten Höhepunkt. Nach dem Reichsbürgergesetz wurden sie Staatsbürger zweiter Klasse und das Blutschutzgesetz verbot die Ehe zwischen ihnen und «Staatsangehörigen deutschen Blutes», auch den außerehelichen Verkehr und bedrohte beides mit Kriminalstrafen. Im Erbgesundheits- oder Ehegesundheitsgesetz zwei Monate später wurde ein «Ehetauglichkeitszeugnis» Voraussetzung für die Heirat, ausgestellt von der «Beratungsstelle für Erb- und Rassenpflege im zuständigen Gesundheitsamt. Nun gingen die Deutschen auf die Suche nach ihren «arischen» Großeltern und es entstand das «Mischlingsproblem». Alles beschrieben auf 287 Seiten des Buchs von Stuckart/Globke, das in der Bundesrepublik berühmt und berüchtigt wurde, weil Hans Globke Staatssekretär im Bundeskanzleramt Konrad Adenauers geworden war, mit heftiger Kritik in der Öffentlichkeit, auch im Bundestag. Er blieb es bis zum Ende der Amtszeit dieses Kanzlers 1963.

Man kann wohl auch den Weg beschreiben, auf dem das Buch zum Verlag gekommen ist. Heinrich Beck hatte mit den Räumen des von ihm Mitte Dezember 1933 erworbenen Verlags von Otto Liebmann in der Potsdamer Straße eine Berliner Zweigniederlassung erhalten und dort zum 1. Februar 1934 als ersten juristischen Lektor seines Verlags **Alfred Flemming** eingestellt. Erst 1937 kam mit Walter Mallmann in München der zweite. Heinrich Beck kannte Flemming schon seit zehn Jahren. Damals war er ein junger Bankangestellter in München, Jahrgang 1904, und es entstand seit 1924 eine freundschaftliche Verbindung bis zum Tod des Verlegers 1973, für den er besonders nach dem Krieg und dann in der Bundesrepublik einer der wichtigsten Mitarbeiter geworden ist. 1927 begann Flemming ein Jurastudium in München und Göttingen, bestand 1927 das erste juristische Staatsexamen in Celle und im Januar 1934 das zweite in Berlin. Gleich danach ab Februar hat Heinrich Beck den begabten jungen Juristen in der Potsdamer

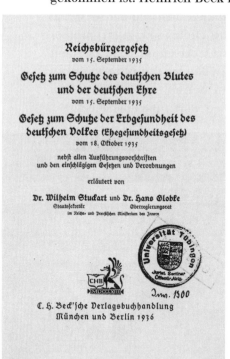

Stuckart/Globke, Titelblatt.

Straße beschäftigt. Der war nun 29 Jahre alt und seit dem 1. Mai 1933 Mitglied der NSDAP, was Heinrich Beck vielleicht wusste, vielleicht auch nicht. Es war nicht nur eine formale Mitgliedschaft. In einigen Rezensionen und

Aufsätzen, die er in der DJZ geschrieben hat, sind nationalsozialistische Tendenzen nicht zu übersehen. Als toleranter Konservativer hätte der Verleger ihn als alten Freund trotzdem im Verlag aufgenommen.

Der Weg des «Stuckart/Globke» in den Verlag 1935 lässt sich vielleicht so etwas besser verfolgen. Der Kommentar vom «Rassereferenten» im Reichsinnenministerium Lösener mit dem dort beschäftigten Regierungsrat Knost war wohl beim alten juristischen Verlag Vahlen in Berlin schon vorher vereinbart. Beck mit seiner Zweigstelle in Berlin lag ebenfalls in der Nähe, war jedenfalls immer noch der Verlag der renommierten Deutschen Juristen-Zeitung und der nicht weniger wichtigen Kurz-Kommentare. Also fragte Stuckart dort an. In der Potsdamer Straße saß als juristischer Lektor der junge Parteigenosse Alfred Flemming, der dem großen NS-Staatssekretär aus dem Reichsinnenministerium unmöglich eine Absage erteilen konnte, sondern seinen Verleger in München fragte, ob der das machen wolle. Heinrich Beck wusste natürlich genau, worum es ging, denn die Rassegesetze waren mit großem Propagandagetöse verkündet worden. Sollte er absagen, weil er kein «Rasseidiot» war? Er entschloss sich zum Mitmachen, wie bei den Zeitschriften.

Es ist müßig, im Einzelnen zu untersuchen, ob dieser Kommentar in manchen Fragen, zum Beispiel beim «Mischlingsproblem» weniger stramm antisemitisch oder bei der Frage der Rassenschande härter gewesen ist als andere oder ob die fürchterliche Einleitung wirklich von Stuckart geschrieben wurde oder der ganze Text von Hans Globke. Darüber ist man unterschiedlicher Meinung in der Literatur. Was man da so liest, und wenn es die mildeste Fassung von allen war, ist dieser rassistische Wahnsinn immer noch grauenvoll, auch wenn ein Verleger 1936 nicht ahnen konnte, welche fürchterlichen Folgen diese «Rassenidiotie» fünf, sechs

Stuckart/Globke, Reichsbürgergesetz § 2.

Jahre später noch haben würde. Das Buch bleibt der schwarze NS-Fleck in der Geschichte des Verlags, so oder so, auch wenn der zweite angekündigte Band nicht erschienen ist. Ob es allerdings der «führende» oder «maßgebliche» und «erste» Kommentar der «Nürnberger Gesetze» war, wie es so oft heißt, scheint zweifelhaft, denn es gab noch andere mit mehreren Auflagen, nicht nur mit einer einzigen wie der im Verlag C.H. Beck. Ohne Anspruch auf Vollständigkeit sind es in zeitlicher Reihenfolge, meistens von Ministerialbeamten geschrieben, diese:

1. *Rudolf Beyer*, Landgerichtspräsident in Zwickau, «Die Nürnberger Gesetze und das Ehegesundheitsgesetz», Textausgabe mit ausführlichen Anmerkungen, Verlag Reclam Leipzig, Reclams Universalbibliothek, Reihe «Hitlergesetze» Band XIII, 1. Aufl. 1935, 8. Aufl. 1942, 150 S. (mir liegt vor 6. Aufl. 1938, 89 S.).
2. *Gerhard Wagner* (Arzt), Nationalsozialistische Rassen- und Bevölkerungspolitik, 1935, 2. Aufl. 1938 unter dem Titel: Die Nürnberger Judengesetze, mit Erläuterungen, 31 S., Verlag Franz Eher München.
3. *Ernst Brandis*, Ministerialrat im Reichsjustizministerium, «Die Ehegesetze von 1935», Verlag für Standesamtswesen, Berlin, 1936, 256 S.
4. *Arthur Gütt, Herbert Linden*, Ministerialräte im Reichsinnenministerium, Franz Massfeller, Amtsgerichtsrat im Reichsjustizministerium, «Blutschutz- und Ehegesundheitsgesetz. Dargestellt, medizinisch und juristisch erläutert… J. F. Lehmans Verlag, München, 1936, 354 S.
5. *Bernhard Lösener*, Ministerialrat, *Friedrich A. Knost*, Regierungsrat, beide im Reichsinnenministerium, «Die Nürnberger Gesetze, dargestellt und erläutert, Verlag Franz Vahlen, Berlin, 1. Aufl. 1936, 5. Aufl. 1942, 296 S. (mir liegt vor die 2. Aufl. 1937, 168 S.).

Dazwischen dann, wie oben beschrieben, der *«Stuckart/Globke»*, C.H. Beck'sche Verlagsbuchhandlung München und Berlin, 1936, 287 S.

6. *Herbert Linden, Wilhelm Franke*, «Gesetz zum Schutze der Erbgesundheit des deutschen Volkes, Gesetz zum Schutz des deutschen Blutes und der deutschen Ehre, Reichsbürgergesetz», erläuterte Textausgabe, Verlag Bertelsmann, Bielefeld, 1937, 124 S. (habe ich nicht einsehen können).
7. *Robert Deisz,* Das Recht der Rasse. Kommentar zur Rassegesetzgebung, 324 S., Verlag Franz Eher München, 1938.
8. *Richard Lange,* Gesetz zum Schutze des deutschen Blutes und der deutschen Ehre, Kommentar, in: Eduard Kohlrausch, Richard Lange, «Strafgesetzbuch», spätestens wohl schon 37. Aufl. 1941 (mir liegt vor: 38. Aufl. 1944, S. 756–776), Verlag Walter de Gruyter, Berlin.

5. Einzelne Werke

9. *Otto Schwarz,* Reichsgerichtsrat, «Strafgesetzbuch», Beck'sche Kurz-Kommentare, Band 10, wohl schon 4. Aufl. 1936 (mir liegt vor: 12. Aufl. 1943, dort Anhang A 1, «Rasse und Judentum», S. 597–617), Beck'sche Verlagsbuchhandlung München und Berlin.

Außerdem erschien noch allein der Gesetzestext als «Gesetzes-Eildienst» ohne Erläuterung:

10. *Bodo Richter, Hellmuth Türpitz,* «Die Nürnberger Grundgesetze» (sic), Verlag Heymanns Berlin, 1935, 116 S.

Es spricht manches dafür, dass nicht «Stuckart/Globke», sondern «Lösener/Knost» der «führende», am meisten verbreitete Kommentar gewesen ist. Erstens nennt Adolf Schönke in seinem Kommentar zum Strafgesetzbuch, der in erster Auflage 1942 und in zweiter Auflage 1944 erschienen ist, als Literatur zum Blutschutzgesetz, das er nur als Text im Anhang wiedergibt und nicht kommentiert, in der 2. (mir vorliegenden) Auflage S. 790 in Anmerkung 2:

«Schrifttum: Lange in Kohlrausch S. 713 (oben Nr. 8, U. W.), Lösener/Knost, Die Nürnberger Gesetze, 4. Aufl. 1941. Sandrock DRM 1940 S. 261. Schwarz S. 597 (oben Nr. 9, U. W.).»

Stuckart/Globke wird nicht genannt. Zweitens hat der «Lösener/Knost» insgesamt fünf Auflagen erreicht, «Stuckart/Globke» nur eine, und drittens war **Bernhard Lösener**, Ministerialrat, als «Rassereferent» im Reichsinnenministerium der entscheidende «Fachmann». Bis es ihm zu weit ging. 1941 bat er Staatssekretär Stuckart um Ablösung von seinem Posten, nachdem er von der Massenermordung deutscher Juden gehört hatte, dem Beginn des Holocaust. Offiziell hat er das Ministerium 1943 verlassen und arbeitete im Reichskriegsschädenamt des Reichsverwaltungsgerichts. Auch **Friedrich August Knost** war Beamter des Reichsinnenministeriums, und zwar in der Reichsstelle für «Sippenforschung» unter der Leitung von Wilhelm Lösener, einer Dienststelle für die Klärung von Zweifelsfällen der rassischen Einordnung deutscher Bürger. Sie war entstanden 1933 auf Grund von Bestrebungen antisemitischer Standesbeamten. Friedrich Knost, Regierungsrat, Jurist, ist Stellvertreter ihres Leiters gewesen. Und so kam es zur Zusammenarbeit der beiden am Kommentar.

Wilhelm Stuckart, schon als Jurastudent 1922 Mitglied der NSDAP, seit 1926 deren Rechtsberater, wurde 1935 Staatssekretär im Reichsinnenministerium. Auf dem Parteitag der NSDAP Mitte September 1935 hat er mit Bernhard Lösener nach einer politischen Weisung Hitlers überstürzt die Judengesetze entworfen und war 1941 einer der Teilnehmer der Wannseekonferenz, auf der die «Endlösung der Judenfrage» beschlossen wurde. Seine Zusammenarbeit mit **Hans Globke** am Beck'schen Kommentar erklärt sich vielleicht daraus, dass Lösener einen eigenen schreiben wollte und möglicherweise schon vorher einen Vertrag darüber mit dem Berliner Verlag Franz Vahlen geschlossen hatte. Globke, damals Oberregierungsrat im Ministerium, war anders als Stuckart nicht, wie manchmal berichtet wurde, mit dabei auf dem Nürnberger Parteitag, aber zuständig für Fragen des Personenstands- und Namensrechts, ein Referat, dass immer mehr befasst worden ist mit dem rassistischen NS-Wahn. So hat er das Gesetz über die Änderung von Familien- und Vornamen vom 5. Januar 1938 formuliert, das – damals noch nicht vorhersehbar – die Grundlage der vollständigen Erfassung von jüdischen Deutschen für den 1941 beschlossenen Holocaust wurde. Politisch spielte er eine Doppelrolle. Einerseits war er Beamter des NS-Innenministeriums, der zunehmend mit antisemitischen Maßnahmen beschäftigt wurde, andererseits ist er kein Antisemit gewesen, sondern ein gläubiger Katholik, der aktiv manches Antisemitische heimlich verhinderte und die katholische Kirche über alle antisemitischen NS-Maßnahmen informierte, auch über den Holocaust, nicht nur zum Schutz der katholisch gewordenen Juden.

Wie gesagt, es spricht manches dafür, dass nicht «Stuckart/Globke» der führende Kommentar zu den Nürnberger Gesetzen gewesen ist, sondern «Lösener/Knost». In der Bundesrepublik kannte man aber allgemein nur noch den einen, weil Hans Globke die bekannte Figur hinter Konrad Adenauer gewesen ist. Die anderen Kommentare sind dagegen nicht mehr beachtet worden. Sieht man aber in die maßgebliche Zeitschrift jener Zeit, kann man die höhere Zahl der Auflagen des «Lösener/Knost» auch einfach finanziell erklären. Die «Deutsche Justiz», Amtsblatt des Reichsjustizministeriums, brachte nämlich Rezensionen mit Angabe des Verlags, der Seitenzahl und vom Preis des Buchs. Im Jahrgang 1936 wird (S. 195) zuerst der «Lösener/Knost» kurz beschrieben auf 17 Zeilen von einem Amtsgerichtsrat Massfeller, der mit den Worten endet, «Das Buch kann bestens empfohlen werden», erschienen im Verlag Franz Vahlen, 1936, 107 S., 2,50 Reichsmark.

Dann aber, vierhundert Seiten später, S. 587, die doppelte Zeilenzahl zu «Stuckart/Globke» von «Staatssekretär Dr. Freisler». Seine letzten Worte:

«Der Kommentar kann wohl in keiner Handbücherei eines Rechtswahrers fehlen». Daneben die Angabe: C.H.Beck, München und Berlin, 1936, 5,80 Reichsmark (287 S., U.W.). Der «Stuckart/Globke» war also mehr als doppelt so teuer wie der kleinere «Lösener/Knost», der mit fünf Auflagen wohl der zu diesen fürchterlichen Gesetzen am meisten verbreitete war. Und der «maßgebliche»? Eine solche Untersuchung steht noch aus.

Alle vier Autoren überlebten das Ende des Kriegs. **Bernhard Lösener** wurde von Einheiten der Roten Armee 1945 in Torgau an der Elbe aus dem Gefängnis befreit, nachdem er im November 1944 verhaftet worden war, weil er im August einen Offizier für einige Tage bei sich wohnen ließ, der mit dem Hitlerattentäter Graf Staufenberg befreundet war. 1950 ist er Regierungsdirektor bei der Oberfinanzdirektion Köln geworden und starb 1952. **Friedrich August Knost** wurde 1950 Regierungsdirektor in Niedersachsen, 1954 Kurator der Universität Göttingen, 1955 Präsident des Verwaltungsbezirks Braunschweig und blieb es bis zu seiner Pensionierung 1964. Daneben ist er von 1957 bis 1980 Präsident des Bundesverbandes der Standesbeamten gewesen. **Wilhelm Stuckart**, damals der im Rang Höchste, wurde 1949 im Nürnberger Wilhelmstraßenprozess gegen führende Angehörige von Reichsministerien zu einer Haftstrafe von fast vier Jahren verurteilt, nach der Urteilsverkündung entlassen, weil die Strafe durch die Untersuchungshaft seit 1945 abgegolten war. Er ist in der Bundesrepublik Geschäftsführer des Instituts zur Förderung der niedersächsischen Wirtschaft geworden, daneben Mitglied der neonazistischen Deutschen Reichspartei. Am höchsten in der Hierarchie der Bundesrepublik stieg **Hans Globke**. Seit 1949 war er Ministerialdirigent im Bundeskanzleramt Konrad Adenauers, wurde 1953 als Kanzleramtschef der wichtigste Mann hinter Adenauer und

Bundeskanzler Konrad Adenauer kehrt am 24. November 1955 nach siebenwöchiger Krankheit in seine Amtsräume im Palais Schaumburg zurück; links Staatssekretär Globke.

blieb es zehn Jahre bis zu dessen Rücktritt 1963. Bei den drei anderen spielte die Kommentierung der Nürnberger Gesetze überhaupt keine Rolle. Nur Globke war schon sehr früh allgemein bekannt als derjenige, der dazu einen Kommentar geschrieben hatte, wobei sogar Wilhelm Stuckart oft nicht genannt wurde. Schon 1950 hatte der rechtspolitische Sprecher der SPD-Bundestagsfraktion Adolf Arndt im Parlament aus dem Kommentar zitiert. Die Presse berichtete darüber und zahllose Veröffentlichungen folgten.

Das richtete sich in erster Linie gegen Adenauer, der es sich leisten konnte, an ihm festzuhalten, weil es – zu Recht – viele prominente glaubwürdige Fürsprecher über seine Kontakte zur katholischen Kirche gab und zumal auch die DDR sich in die Gesellschaft der Angreifer einreihte, sogar mit einem Schauprozess vor dem Obersten Gericht 1963, was in der Bundesrepublik einen schlechten Eindruck machte und Adenauer half. Noch 35 Jahre nach Globkes Tod wurde in zwei Fernsehdokumentationen der Kommentar erwähnt. So ist er zu «dem» Kommentar der Nürnberger Gesetze geworden, auch als Veröffentlichung der Beck'schen Verlagsbuchhandlung im «Dritten Reich». Insofern führen die verschiedenen Meinungen in die Irre, die sich damit beschäftigen, ob der «Stuckart/Globke» die Gesetze eher streng oder milde kommentiert hat. Die politische Haltung des im Wesentlichen von Hans Globke geschriebenen Texts kann man richtig nur im Vergleich mit den sieben anderen Kommentaren beurteilen, von denen sechs nicht bei C.H. Beck erschienen sind. Das ändert nichts an der Verantwortung Heinrich Becks für die Veröffentlichung des Buchs von Stuckart und Globke, die, wie Dietmar Willoweit es formuliert hat, «nicht mit spitzen Fingern zu Werke» gegangen sind.

c) Palandt, Bürgerliches Gesetzbuch

Helmut Heinrichs war von 1981 bis 1992 Präsident des Landgerichts Bremen und von 1969 bis 2009 lange vierzig Jahre der wichtigste Mitarbeiter am «Palandt», dem Kommentar zum BGB. Zuerst hat er nur das Allgemeine Schuldrecht behandelt, die §§ 241 bis 432, seit 1971 auch noch den «Allgemeinen Teil» für das ganze BGB, §§ 1 bis 240. Im Wesentlichen dafür hat ihm die Juristische Fakultät der Universität München 1988 den Ehrendoktor verliehen und er hat dazu einen Vortrag gehalten über «Palandt – der Mensch und das Werk». In ihm hat er auch kurz gesprochen über die Diskussion der Jahre vorher zur Rolle der Juristen im «Dritten Reich» allgemein und dass auch der Palandt'sche Kommentar sich daran beteiligt hat, durch «unbegrenzte Auslegung» (Bernd Rüthers) nationalsozialistisches Gedankengut in das Recht zu übernehmen. Er hätte aber Zweifel, ob das 1988, 43 Jahre nach dem Zusammenbruch der NS-Herrschaft, noch wichtig sei. Niemand habe während der letzten vierzig Jahre im «Palandt» auch nur Spuren irgendeines nationalsozialistischen Gedankens entdeckt. Und er schließt diesen Abschnitt mit den Worten, «Damit möchte ich das Thema Palandt und Nationalsozialismus für heute ad acta legen.» Das war in gewisser Weise sein gutes Recht. Denn 1945 war er siebzehn Jahre alt, hat in der Nachkriegszeit Jura studiert und ist erst 1956 in der Bundesrepublik Richter geworden.

Aber die Diskussion über dieses vielleicht erfolgreichste juristische Buch des 20. Jahrhunderts, das Heinrich Beck auf den Weg gebracht hat, war damit nicht beendet. Im Gegenteil, sie fing danach erst richtig an. Immer intensiver ist über dessen politische Vorgeschichte und Anfangsgeschichte geschrieben worden. Als Helmut Heinrichs 1988 sprach, hatte dazu nur ein jüngerer Jurist 1982 einen kritischen Aufsatz veröffentlicht. Später erschienen noch sieben andere Artikel, darunter ein allgemeiner ausführlicher Bericht von Helmut Heinrichs selbst. Damit hält auch insoweit der Palandt einen Rekord. Hier wird nun im Wesentlichen auf der Grundlage dieser Literatur und eigener Untersuchungen zuerst das Leben Otto Palandts beschrieben, der dem Kommentar seinen Namen gab, dann das von Gustav Wilke, der das Buch als Herausgeber bis zur Druckreife vorbereitet hatte und dann gestorben war. Danach wird auf die Wettbewerbssituation 1932/33 zwischen dem bei C.H. Beck seit 1897 erschienenen und schon beschriebenen BGB-Kommentar von Fischer/Henle und dem neuen BGB-Kurzkommentar, der 1931 im Verlag von Otto Liebmann erschienen ist, eingegangen. Im Anschluss daran wird über die von Heinrich Beck in Auftrag gegebene Arbeit an einem zweiten Kurzkommentar zum BGB, die von Gustav Wilke bis zu seinem Tod geleitet wurde, die Suche nach einem neuen Herausgeber, der dann Otto Palandt geworden ist, und den großen Erfolg des Buches schon seit seinem Erscheinen 1939 berichtet. Dazu wird ein Vergleich mit dem 1931 bei Otto Liebmann erschienenen Kurzkommentar, der dabei nicht so gut abschneidet, angestellt. Schließlich wird auf den Übergang von der 6. Auflage 1944 zur 7. Auflage 1949, die «Entnazifizierung» des Buchs, eingegangen.

Zunächst sah es nicht so gut aus für die Karriere von **Otto Palandt**. In Hildesheim ist er aufgewachsen, geboren 1877 in Stade an der Elbe bei Hamburg. Sein Vater war Taubstummenlehrer mit eher niedrigem Einkommen. Der Sohn studierte nach dem Abitur Rechtswissenschaft in München, Leipzig und Göttingen, bestand 1899 das erste Examen mit «gut», promovierte 1902 in Heidelberg und machte auch das zweite Staatsexamen mit «gut», ist also ein überdurchschnittlich qualifizierter Jurist gewesen. Aber es gab Schwierigkeiten bei Bewerbungen auf eine Richterstelle. Denn Ehrenrühriges war bekannt geworden. Als Referendar wurde er 1901 beleidigt mit zwei Ohrfeigen und den Worten: «Sie Lümmel, Sie!» Das war die Aufforderung zum Duell. Aber Otto Palandt ist ein «Gegner von Duellprinzipien» gewesen, verachtete das unsinnige Streiten mit Säbeln, antwortete mit einer erfolgreichen Privatklage und riskierte bewusst den Verstoß gegen den Ehrenkodex der Kaiserzeit auch in Kreisen der Justiz. Das ergab einen Vermerk «mit größtem Befremden» im Stationszeugnis des Amtsgerichts Zellerfeld im Harz und wirkte noch lange nach. Schließlich ist er wegen seiner überdurchschnittlichen Qualifikation doch noch Amtsrichter in Schlesien geworden, kämpfte im Ersten Weltkrieg als Leutnant der Infanterie immerhin mit dem Ergebnis eines Eisernen Kreuzes zweiter Klasse und wurde wegen dieser militärischen Leistung 1919 noch Oberlandesgerichtsrat in Kassel. Aber dort blieb er hängen und wurde älter.

Erst 1933 kam für den inzwischen 56-jährigen die große Chance. Er wurde Mitglied der NSDAP und die Partei suchte angestrengt nach Kandidaten für die vielen höheren Stellen, die durch das Gesetz zur Wiederherstellung des Berufsbeamtentums freigeworden waren. Die Verweigerung eines Duells vor über dreißig Jahren spielte nun keine Rolle mehr, war den Nationalsozialisten eher sympathisch, denn das ging gegen die Regeln der Kaiserzeit, des «zweiten Reiches», und nun waren sie nach einer Wende, die sie als Revolution bezeichneten, im «Dritten Reich». Und so ist Otto Palandt wohl auf Empfehlung von Roland Freisler doch noch etwas geworden. Freisler war nämlich seit 1927 Rechtsanwalt in Kassel, seit 1925 Mitglied der NSDAP, wurde 1933 als Ministerialdirektor Leiter der Personalabteilung im Preußischen Justizministerium, hat 1944 als Präsident des Volksgerichtshofs den fürchterlichen Prozess gegen die Attentäter vom 20. Juli geführt und ist Anfang 1945 bei einem Bombenangriff in seinem Gericht getötet worden. Also, 1933: Der Leiter der Personalabteilung im preußischen Ministerium und der Oberlandesgerichtsrat Otto Palandt kannten sich aus Kassel, wo Palandt einen guten Ruf hatte als Richter, Ausbilder von Referendaren und Prüfer im zweiten Staatsexamen. Jedenfalls wurde er Präsident des Preußischen Justizprüfungsamts und nach der Entmachtung der Länder und Übergang ihrer Justiz auf das Reich 1934, der «Verreichlichung der Justiz», ist er noch höher gestiegen. Freisler war nun Staatssekretär im Reichsjustizministerium und Otto Palandt wurde Präsident des neuen Reichsjustizprüfungsamts. Nun war er doch noch etwas geworden an der Spitze der deutschen Justiz. Nebenbei wurde er Herausgeber des «Palandt» im Verlag C.H. Beck, weil ein anderer gestorben war.

Der andere, über dessen Leben wir nicht so gut informiert sind, war **Gustav Wilke**, auch er ein überdurchschnittlich qualifizierter Jurist, geboren 1889 in Leipzig, studierte zuerst Rechtswissenschaft, hat das erste und zweite Staatsexamen 1913 und 1918 mit Auszeichnung bestanden, promovierte 1913 mit einer Arbeit über Wechselrecht, studierte dann Wirtschaftswissenschaften und promovierte noch einmal 1921 zum Dr. rer. pol. mit einer Arbeit zur Finanzwissenschaft im 19. Jahrhundert, wurde also Dr. iur und Dr. rer. pol., 1928 Oberlandesgerichtsrat in Dresden und kam 1935 im Alter von 45 Jahren nach Berlin als Ministerialrat im Reichsjustizministerium und persönlicher Referent des neben Freisler älteren, noch aus der Weimarer Zeit stammenden Staatssekretärs Franz Schlegelberger, eines Justizjuristen der alten Schule, der erst nach 1941 auf Befehl Hitlers als Mitglied der NSDAP in deren Kartei eingetragen worden ist. Gustav Wilke war es nicht. Wohl auch deshalb hat Adolf Baumbach, der kein Freund von Nationalsozialisten war, ihn Heinrich Beck als Herausgeber des neuen Kurz-Kommentars zum BGB vorgeschlagen.

Allgemein wird angenommen, das sei schon 1934 geschehen, bald nach der Übernahme des Verlags von Otto Liebmann. So beschreibt es Heinrich Beck 1963 selbst (Heinrich Beck 1963, S. 176):

«Wie schon oben einmal im Zusammenhang mit dem «Fischer/Henle» erwähnt wurde, gab es auch bei Otto Liebmann unter den Kurzkommentaren das BGB. Der Band war von den Autoren James Basch, Otto Loening und Ernst Straßmann geschrieben, stark auf Judikatur eingestellt und ganz knapp im Umfang, so dass er sich in Format und Seitenzahl nicht wesentlich von anderen Bänden der Sammlung unterschied. Da er in der nationalsozialistischen Ära ohnehin nicht fortgeführt werden konnte, wurde sogleich ein Werk ganz anderer Art geplant. Es sollte nicht nur die Judikatur so vollständig wie möglich darbieten, sondern auch eine systematische Erläuterung geben und bei aller Knappheit der Ausdrucksform die leitenden Gesichtspunkte deutlich hervorheben. Bei der Auswahl der Mitarbeiter hat Adolf Baumbach als Berater mitgewirkt. Die wichtige Funktion des Herausgebers übernahm der tatkräftige Ministerialrat im Reichsjustizministerium Gustav Wilke.»

Aber das kann nicht stimmen. Denn 1934 lebte Gustav Wilke noch als Oberlandesgerichtsrat in Dresden und Baumbach konnte ihn kaum kennen. Wilke wurde in Berlin erst bekannt, nachdem er am 1. Januar 1935 Referent des Staatssekretärs Schlegelberger im Reichsjustizministerium geworden war. Und nach der 1988 erschienenen Bibliographie des Verlags C.H. Beck erschien der Kommentar von Loening, Basch und Straßmann nach der 1. Auflage 1931 noch ein zweites Mal 1934, wie damals mit 1764 Seiten, aber mit einem Nachtrag von 99 Seiten. Außerdem ergibt sich aus der während der Abfassung dieses Berichts aufgefundenen Entnazifizierungsakte Heinrich Becks, dass am 31. August 1935 ein Vertrag mit Otto Loening, James Basch und Ernst Straßmann über eine zweite Auflage ihres BGB-Kommentars mit dem Beck'schen Verlag abgeschlossen worden ist. Dann allerdings kam die von Carl Schmitt am 3. und 4. Oktober 1936 in Berlin organisierte Tagung der NS-Reichsgruppe Hochschullehrer mit Hans Frank zum Thema «Das Judentum und die Rechtswissenschaft». Dort wurde vom «Reichsrechtsführer» gefordert, die Juden auch vom deutschen Rechtsleben auszuschalten, also auch aus der rechtswissenschaftlichen Literatur, wörtlich:

«Für die Neuauflage deutsch geschriebener Rechtswerke jüdischer Autoren besteht keinerlei Bedürfnis mehr. Alle deutschen Verleger wollen derartige Neuauflagen unverzüglich Einhalt tun.»

Jetzt erst hat Heinrich Beck reagieren müssen, löste den Vertrag von 1935 auf und schloss am 6. Dezember 1936, zwei Monate nach der Tagung, den neuen Vertrag über einen BGB-Kommentar mit Gustav Wilke als Herausgeber und acht Bearbeitern, darunter Bernhard Danckelmann und Wolfgang Lauterbach, die beide damals wie zwei andere Richter am Berliner Kammergericht gewesen sind. Das Datum des 6. Dezember 1936 nennt Helmut Heinrichs in seinem zweiten Beitrag zum «Palandt» von 2007. Es ist ihm offensichtlich von Bernhard Danckelmann genannt worden, dessen Bearbeitung des Allgemeinen Teils im BGB er 1969 übernommen hatte.

Die acht Autoren arbeiteten vom Dezember 1936 bis Dezember 1938 unter der Koordination von Gustav Wilke zwei Jahre, jeder mit durchschnittlich 260 von insgesamt 2089 Druckseiten. Der Kommentar war fertig und dann ist Gustav Wilke bei einem Verkehrsunfall getötet worden. Darüber gibt es genauere Informationen.

Es war eine Dienstreise nach Österreich. Dort regierte Bundeskanzler Engelbert Dollfuß seit 1932 nach dem italienischen faschistischen Vorbild Mussolinis, «Austrofaschismus» genannt. 1934 wurde er bei einem Putschversuch österreichischer Nationalsozialisten ermordet, die den Anschluss an das Deutsche Reich erzwingen wollten und scheiterten. Sein Nachfolger Kurt von Schuschnigg setzte die Politik des Austrofaschismus fort, der die

5. Einzelne Werke

Vereinigung mit Deutschland strikt ablehnte, wurde aber 1938 von Adolf Hitler gezwungen, den «Anschluss» zu akzeptieren und musste zurücktreten. Am 12. März marschierten deutsche Truppen in Österreich ein, Hitler hielt drei Tage später in der Hauptstadt seines Heimatlandes unter großem Jubel der Wiener Bevölkerung eine begeisternde Rede und setzte den österreichischen Nationalsozialisten Arthur Seyss-Inquart als Reichsstatthalter des nun «Ostmark» genannten Österreich ein.

Nachdem Österreich ein Teil des Deutsches Reichs geworden war, wurde auch seine Justiz dem deutschen Ministerium unterstellt. Die feierliche Übernahme fand statt am 16. Mai 1938 in Wien. Hauptpersonen waren der bisherige österreichische Justizminister und der deutsche, Franz Gürtner. Gürtner war begleitet von seinen beiden Staatssekretären Schlegelberger und Freisler. Wilke als persönlicher Referent begleitete Schlegelberger. Der hatte am nächsten Vormittag noch ein Gespräch mit dem österreichischen Patentamt in

Palandt, BGB. 1. A. 1938.

Wien. In einem Wagen, Fahrer war ein Polizist des österreichischen Justizministeriums, kamen Schlegelberger und Wilke dorthin. Danach sind beide mittags mit diesem Wagen zum Semmering gefahren, einem hohen Pass in den Alpen südwestlich von Wien, ein beliebtes Ausflugsziel mit guten Restaurants. Dort haben sie in der warmen Maisonne mit schöner Aussicht über die Alpen bei einem Mittagessen gesessen und wollten dann zurückfahren nach Baden bei Wien zu Franz Gürtner zu einem Treffen um fünf Uhr nachmittags, um gemeinsam mit ihm abends zu einer Veranstaltung mit «1700 Mitgliedern der Gefolgschaft der Justiz in Wien» weiterzufahren. Aber sie kamen nicht an. Der Fahrer des Wagens verfehlte den Weg nach Baden. Deshalb sagte Schlegelberger ihm, er solle direkt nach Wien fahren, denn bis fünf Uhr konnte man es nicht mehr schaffen. Ungefähr sechs Kilometer vor Wien hatten sie einen schweren Autounfall. Schlegelberger wurde verletzt, brach sich das rechte «Schienenbein» und mehrere Rippen, wie es in seinem Bericht an den Minister einmal wörtlich heißt, und einmal von Schlegelberger verbessert ist. Gustav Wilke wurde getötet. Franz Schlegelberger verlor einen wichtigen Mitarbeiter, Heinrich Beck den Herausgeber des neuen Kommentars.

Diesen Kommentar zum BGB brauchte sein Verlag. Seit 1935/36 hatte er keinen mehr. Der große Erfolg des von Fischer und Henle seit 1896 endete mit dem Tod Otto Fischers 1929, der noch die 13. Auflage von 1927 betreut hatte. Die 14. Auflage von 1932 übernahm Heinrich Titze, Professor an der Berliner Universität. Sie wurde eine Enttäuschung. Denn 1931 war bei Otto Liebmann als siebter seiner Kurzkommentare der zum BGB erschienen, geschrieben von Praktikern, Richtern am Berliner Landgericht, kleiner, knapper und preiswerter. Also liefen diejenigen, die bisher den von Professoren geschriebenen Fischer und Henle gekauft hatten, in Scharen über zu dem von Loening, Basch und Straßmann bei Liebmann. Als Heinrich Beck dann Ende 1933 dessen Verlag übernahm, war dieses Buch aber bald auch ohne Zukunft.

Nun brauchte man nach dem Tod Wilkes für den neuen Kommentar wieder einen Herausgeber. Auf die Suche machten sich Alfred Flemming, der Lektor in Berlin, und die acht Autoren. 1938 einigte Flemming sich mit ihnen darauf, Otto Palandt zu bitten, die Herausgeberschaft zu übernehmen. Als Präsident des Reichsjustizprüfungsamts war er besonders unter den jüngeren Juristen bekannt und das schien für das Buch eine gute Werbung zu sein. Das war es wohl auch, aber mehr war es auch nicht. Denn mit dem Inhalt des Kommentars von 2089 Seiten – ohne Sachverzeichnis – hatte er nichts zu tun. Er hat nur ein Vorwort geschrieben, datiert vom 1. Dezember 1938, und eine Einleitung, insgesamt die Seiten III bis VI und XXIII bis XL.

Im Vorwort findet sich das nationalsozialistische Programm der Kommentierung auf Seite III und IV:

«In der Erkenntnis, dass in der Nachkriegszeit, namentlich in den letzten Jahren vor dem nationalsozialistischen Umbau im Gegensatz zu der das gesamte Recht als eine Einheit betrachtenden Rechtskunde die nur einseitig eingestellte Gesetzeskunde eine teilweise recht unheilvolle Rolle gespielt hat, die jedes Gesetz für sich verstanden, oft nur aus sich ausgelegt wissen wollte, häufig seinen Zusammenhang mit dem übrigen Recht außer Acht ließ und selbst das BGB nicht immer als eine vom Gesetzgeber fraglos gewollte Einheit anzusehen geneigt war, versucht der Kommentar die Stellung der einzelnen Gesetzesbestimmungen im gesamten Recht unter Berücksichtigung der nationalsozialistischen Rechts- und Lebensauffassung sowie unter Hervorhebung der rechtspolitischen Gesichtspunkte der einzelnen Vorschriften aufzuzeigen und das BGB als einen Teil des gesamten einheitlichen in allen seinen Teilen zusammenhängenden Rechts darzustellen. Er setzt sich damit für die der Theorie wie der Praxis allein förderliche Rechtskunde ein und wendet sich ab von der einseitigen Gesetzeskunde.»

Im Übrigen ist der restliche Text politisch uninteressant, zum Beispiel die Nennung Gustav Wilkes, der die Arbeit als Herausgeber bisher geleitet hat, und auf Seite VI die Namen der Bearbeiter und ihrer einzelnen Beiträge.
    Auch die Einleitung ist bei weitem nicht so schlecht, wie es manchmal dargestellt wird. Sie beginnt mit den Worten, die, wie er selbst sagt, «auf den ersten Blick» sonderbar erscheinen:

«Die Sehnsucht der Deutschen nach Rechtseinheit ist von jeher mindestens ebenso groß gewesen wie die nach der Volkseinheit.»

Damit folgt er aber durchaus der herrschenden Meinung der damaligen Rechtshistoriker der Germanenzeit seit dem 19. Jahrhundert, die von einheitlichem Recht der Germanen ausgingen, das man aus der «Germania» des Tacitus und besonders als Rekonstruktion aus dem früh- und hochmittelalterlichen deutschen Recht herleitete. Das hat man seit dem Ende des «Dritten Reichs» allmählich aufgegeben. Er nennt dann die verschiedenen Germanenrechte des Frühmittelalters von der lex Salica bis zur lex Visigothorum, bezeichnet, wie es bei Rechtshistorikern damals oft üblich war, das allgemeine Stammesrecht der Germanen mit den Kapitularien der fränkischen Könige, besonders Karls des Großen, als «Reichsrecht», übersieht dabei, wie es auch in der Rechtsgeschichte gern geschah, dass dies nicht ein deutsches Reich, sondern ein fränkisches war, zu dem auch Frankreich gehörte, nennt dann zu Recht den Zerfall des Reichs als Folge eines «zersetzenden Partikularismus», nämlich den Aufstieg der Landesfürsten zu Lasten der königlich-kaiserlichen Macht trotz einer – tatsächlich nicht vorhandenen – Sehnsucht der Deutschen nach einem gemeinsamen Recht und führt dazu einige Juristen an, die tatsächlich die habsburgischen Könige/Kaiser gebeten haben, ein einheitliches deutsches Recht zu erlassen. Dann nennt er deren drei Namen aus dem 16. Jahrhundert, nämlich die beiden heute von der Rechtsgeschichte vernachlässigten Sebastian Derrer und Viglius von Aytta und den heute noch als bedeutend angesehenen Johann Oldendorp, wie er in der wichtigsten «Geschichte der Deutschen Rechtswissenschaft» von Stintzing/Landsberg beschrieben wird.

Auch Hermann Conring im 17. Jahrhundert wird ebenso richtig beschrieben wie dann der Streit zwischen Thibaut und Savigny, wo er sich sogar auf die Seite Savignys stellt, der Thibauts Forderung nach einer gemeinsamen deutschen Parallelgesetzgebung als verfrüht abgelehnt hat. Auch die Entstehung des BGB, dessen unsozialer Charakter, die Kritik Otto von Gierkes werden genauso korrekt beschrieben wie die Gesetzgebung danach bis zum letzten Abschnitt von S. XXXIII bis XL, etwas mehr als sechs Seiten. Er beginnt bombastisch:

«Der nationalsozialistische Umbruch des 30.1.1933 brachte eine gewaltige geistige Bewegung, die wie andere ihr vorausgegangenen, z. B. die Renaissance und die Französische Revolution, fraglos auch auf dem Gebiet des Privatrechts ihren Einfluss ausüben musste und inzwischen auch schon in großem Maße ausgeübt hat.»

Es folgt eine Kritik des «Allgemeinen Teils», wie man sie noch heute oft hört, ihr Erfinder Arnold Heise wird genannt, die Kritik des Besitzschutzes und der Regelung der Grundpfandrechte, der Trennung von Familien- und Erbrecht, und dass das Arbeits- und Bauernrecht vom Privatrecht des BGB getrennt werden müsse. Dieser Abschnitt endet auf S. XXXVIII mit dem Absatz:

«So sieht die Weltanschauung des Nationalsozialismus manches anders als es bisher der Fall gewesen ist. Was von den Erwägungen, Vorschlägen, Anregungen zur neuen Gestaltung des Bürgerlichen Rechtes, das man sich richtigerweise schon angewöhnt hat Gemeinrecht zu nennen, einmal Wirklichkeit wird und wie dieses Gemeinrecht in allen Teilen ausgestaltet wird, lässt sich heute nicht sagen; dazu sind die Dinge noch zu sehr im Fluß.»

Und nun kommt auf den letzten zwei Seiten eine trockene Aufzählung der inzwischen ergangenen NS-Gesetze zum Privatrecht, von der Wiedereinführung des alten § 61 Absatz 2 BGB im Vereinsrecht über das Wildschadengesetz, die Nürnberger Gesetze von 1935 bis zum Testamentsgesetz 1938. Sie schließt mit der Wiederholung der schon im Vorwort genannten und zitierten Notwendigkeit des Übergangs von der alten Gesetzeskunde zu einer nationalsozialistischen Rechtskunde. Das ganze, Vorwort und Einleitung, enthält verhältnismäßig wenig NS-Ideologie, auch in der historischen Darstellung danach, und war ziemlich weit entfernt von mancher

NS-Phraseologie in der Kommentierung etwa durch Bernhard Danckelmann oder Wolfgang Lauterbach.

Dazu einige Beispiele, zuerst von **Bernhard Danckelmann**, Mitglied der NSDAP seit dem 1. Mai 1933. In der Randziffer des Überblicks von § 1 BGB schreibt er:

«Natürl Personen sind die Menschen; das BGB geht als selbstverständlich davon aus, daß jeder Mensch die allgemeine Rechtsfähigkeit besitzt ... dh grundsätzlich fähig ist, Träger irgendwelcher Rechte oder Verbindlichkeiten zu sein (was bei den Sklaven nicht der Fall war). Das trifft auch heute noch zu, bedeutet aber nicht etwa, daß jedem Menschen jede Rechtsstellung zugänglich wäre (das war auch im Liberalismus nicht der Fall!). Während aber der Liberalismus auch die besondere Rechtsfähigkeit jedes Menschen ohne Rücksicht und Rasse, Religion, Alter, Geschlecht usw wenigstens auf dem Gebiete des Privatrechts als den Grundsatz ansah, dh grundsätzlich jedem Menschen den Zutritt zu allen Rechtsstellungen gewährte und Ausnahmen nur zuließ, soweit sie naturbedingt oder ausdrückl festgelegt waren, **geht die nat-soz Rechtsauffassung von der Verschiedenheit der Menschen, insbes vom erbbiologischen Standpunkt (Rasse, Erbgesundheit) aus** und verlangt daher in jedem Falle die Prüfung, ob eine Rechtseinrichtung dem einzelnen nach seinen persönlichen Eigenschaften zugänglich zu machen ist.»

Bei der Anfechtung einer Willenserklärung wegen Irrtums nach § 119 Abs. 2 BGB «über solche Eigenschaft der Person ..., die im Verkehr als wesentlich angesehen werden», heißt es bei ihm gleich am Anfang:

«Als wesentliche **Eigenschaften der Person** kommen je nach Lage des Falles unter Umständen in Frage: Rassezugehörigkeit (Jude!) RAG DJ 40, 1170, AG Wanne-Eicke (sic) DJ 36, 936, insbesondere bei Geschäften mit Parteigenossen, AG Mainz DJ 36, 1017, vgl auch Hofmann DR 36, 425, Metzger DRpfl 37, 322 ...»

Oder zu § 138 Abs. 1 BGB, nach dem ein Rechtsgeschäft nichtig ist, wenn es «gegen die guten Sitten verstößt», ebenfalls am Anfang:

«Zur Auslegung heranzuziehen ist seit dem Umbruch vor allem das Programm der NSDAP Punkt 10 Satz 2, wonach die Tätigkeit des einzelnen nicht gegen die Interessen der Allgemeinheit verstoßen darf, Punkt 11, der die Brechung der Zinsknechtschaft verlangt, Punkt 18, der rücksichtslose Kampf denen ansagt, die durch ihre Tätigkeit das Gemeininteresse schädigen, insbesondere den Wucherern und Schiebern, und der Satz «Gemeinnutz geht vor Eigennutz» aus Punkt 24. So auch RG GZS 150,4: Der Begriff der guten Sitten wird durch das seit dem Umbruch herrschende Volksempfinden, die nat-soz Weltanschauung, bestimmt.»

Besonders im Familienrecht, das **Wolfgang Lauterbach** kommentierte, wimmelte es von Nationalsozialistischem, auch wegen der Nürnberger Gesetze. Hier nur seine Einleitung in dieses Rechtsgebiet, Anmerkung 1 vor § 1297 BGB:

«**Die Familie ist im nationalsozialistischen Staat** ihrer wahren Natur entspr wieder ‹Urzelle des Gemeinschaftslebens, von deren Kraft und Gesundheit Bestand und Wert der Volksgemeinschaft abhängen›; demgemäß ist die rassisch und gesundheitl wertvolle, kinderreiche Familie das Ziel seiner Bevölkerungspolitik, dahin sind seine gesetzgeberischen Maßnahmen hins der Eheschließung und Scheidung, der Aufnahme von unehel Kindern in die Familie, der Feststellung der richtigen Sippenzugehörigk (Abstamm), weiterhin aber auch die mancherlei wirtschaftlichen Maßnahmen wie Ehestandsdarlehen, FamLastenausgleich u dgl ausgerichtet. Ihrer Stärkung, nicht zuletzt durch Wiedererweckg des FamilienSinnes wird weiter sein Bestreben gelten. Das BGB, das selbst keine Begriffsbestimmung der Fam enthält, sagt nichts über diese Aufgaben.»

Der Erfolg schon dieser ersten Auflage war überwältigend. Ihre 5000 Exemplare waren nach wenigen Tagen ausverkauft. Seit 1940 ist der «Palandt» unter den Kommentaren zum BGB der auf dem Markt führende gewesen. Bis 1944 erschienen sechs Auflagen. Das hatte aber nichts mit den zitierten nationalsozialistischen Kommentierungen zu tun. So viele waren das wieder auch nicht. Der Erfolg hatte drei Gründe. Erstens die Schwäche der bis dahin führenden Kommentare. Das waren im Wesentlichen zwei, nämlich der von Alexander Achilles und Max Greiff bei de Gruyter in Berlin, 15. Aufl. 1939, und Otto Warneyer und Heinrich Bohnenberg, 2 Bände, 9. Aufl. 1938 bei Heymanns in Berlin. Ihre Schwäche war die alte, schon beschriebene Häkchenmethode. Zweitens die von Otto Liebmanns Kurzkommentaren übernommene systematische Methode des «Palandt», die von Gustav Wilke und den acht Bearbeitern vorzüglich eingesetzt worden ist und Praxis mit Wissenschaft klar und übersichtlich verbunden hat.

Drittens war es wohl auch der Name Otto Palandts, der als Präsident des Reichsprüfungsamts besonders unter den jüngeren Juristen ziemlich bekannt gewesen ist.

Nicht nur im Vergleich mit den beiden bisher führenden Kommentaren Achilles/Greiff und Warneyer/Bohnenberg ist der Palandt besser gewesen, auch im Vergleich mit seinem unmittelbaren Vorgänger bei Otto Liebmann, dem Kurzkommentar von Otto Loening, James Basch und Ernst Straßmann. Zum einen war er im Format etwas größer, die Schrift leichter zu lesen als der sehr engzeilige Druck im Liebmann-Kommentar. Der Text war jeweils etwas ausführlicher, denn es waren jetzt acht und nicht nur drei Kommentatoren. Die machten ihn präzis und klar. Zum Beispiel die Kommentierung zu § 812 BGB, den ersten der elf Paragrafen zum Recht der «ungerechtfertigten Bereicherung». Im Vorgänger sind es siebeneinhalb eng bedruckte Seiten, im «Palandt» sind es neun, ein insgesamt längerer Text, besser gegliedert und übersichtlicher.

d) Volkmar/Antoni u. a., Großdeutsches Eherecht, Kommentar zum Ehegesetz vom 6. Juli 1938

Nachdem Adolf Hitler am 12. März 1938 deutsche Truppen in Österreich einmarschieren und am nächsten Tag den Anschluss Österreichs an das Deutsche Reich hatte erklären lassen, musste für beide Teile des neuen Großreichs ein gemeinsames Recht erlassen werden, besonders im Familienrecht, wo die Unterschiede am größten waren. Denn in Österreich gab es nicht wie nach dem BGB die vor dem Standesamt geschlossene Zivilehe. Die Eheschließung konnte nur durch die Kirche vorgenommen werden und eine Ehescheidung war im Gegensatz zum BGB unmöglich. Das wurde nun schnell geändert im Ehegesetz, das am 6. Juli 1938 von der Regierung Hitler erlassen worden ist. Einer der frühesten und ausführlichsten Kommentare erschien dazu Ende Juli 1939 bei C.H. Beck, geschrieben von Erich Volkmar, seit 1931 Ministerialdirektor im Reichsjustizministerium, Hans Antoni, Senatspräsident am Kammergericht Berlin und drei weiteren Mitarbeitern des Reichsjustizministeriums. Alle sind politisch im «Dritten Reich» unauffällig geblieben.

Das Gesetz hieß zwar Ehegesetz, betraf aber nur die Vereinheitlichung von Eheschließung und Ehescheidung. Es ersetzte also lediglich die §§ 1303–1353 und 1564–1587 des BGB, die aufgehoben wurden. In seinem § 4 wurden die Nürnberger Blutschutzgesetze als Teil der Eheverbote genannt, im § 5 das Ehegesundheitsgesetz von 1935, danach die Eheschließung durch einen Standesbeamten angeordnet und schließlich ab § 47 die Ehescheidungsgründe. Diese begannen mit den Verschuldensprinzipien des BGB wie Ehebruch und endeten mit der Neuerung auch für das Altreich im § 55, mit dem Zerrüttungsprinzip:

«Ist die häusliche Gemeinschaft der Ehegatten seit drei Jahren aufgehoben und infolge einer tiefgreifenden unheilbaren Zerrüttung des ehelichen Verhältnisses die Wiederherstellung einer dem Wesen entsprechenden Lebensgemeinschaft nicht zu erwarten, so kann jeder Ehegatte die Scheidung begehen.»

Diese Regelung war ein Kompromiss zwischen den «Allesscheidern» aus den Reihen der SS, die alles ohne weitere Gründe scheiden lassen wollten, und dem vorsichtigen Vorgehen Adolf Hitlers, der einen unüberbrückbaren Kompromiss mit der katholischen Kirche scheute. Dieser Kompromiss ging zurück auf Vorschläge aus der Weimarer Zeit von KPD, USPD, SPD, der Deutschen Demokratischen Partei und der Deutschen Volkspartei, also von der gesamten Linken bis zur rechten Mitte. Er war nur von Vertretern der katholischen Zentrumspartei abgelehnt worden.

Nimmt man das Gesetz als Ganzes, so stand dahinter durchaus auch der neue nationalsozialistische Blick auf die Ehe. Sie wurde nicht mehr angesehen als persönliche Verbindung der Eheleute, sondern eher als öffentliche Einrichtung im Sinne dessen, was Adolf Hitler schon 1925/26 in seinem Buch «Mein Kampf» geschrieben hatte:

«Auch die Ehe kann nicht Selbstzweck sein, sondern muss dem einen großen Ziel, der Vermehrung und der Erhaltung der Art und Rasse dienen.»

Dieses Ziel wurde letztlich auch mit dem neuen § 55 verfolgt, nämlich Ehen aufzulösen, die der Volksgemeinschaft nicht den neuen «arischen» Nachwuchs brachten, um neue zu ermöglichen, die das leisten konnten. Aber offen ausgesprochen wurde das nicht. Wie das ganze Gesetz eben eher ein rein technisches gewesen ist, das Zivilehe und Scheidung einführen sollte. So ist auch der Kommentar von Volkmar/Antoni abgefasst, mit einigen Verbeugungen vor der «Auffassung des nationalsozialistischen Gesetzgebers vom Wesen und völkischen Wert der Ehe». Das geschieht in §§ 4 und 5 auf 19 von 531 Seiten. Die Kommentierung des Blutschutz- und Ehegesundheitsgesetzes erfolgt nach der üblichen Kommentarliteratur – von Gütt/Linden/Massfeller, über Lösener/Knost bis Stuckart/Globke – bei den §§ 4 und 5, und ohne irgendwelche politischen Bemerkungen auf den sieben Seiten in der Erläuterung zu § 55.

So ist das Gesetz 1946 nach seiner Entnazifizierung besonders der §§ 4 und 5 vom Alliierten Kontrollrat bestätigt worden, auch mit dem Zerrüttungsprinzip des § 55. Genauer: Mit seinem Gesetz Nr. 16 vom 20. Februar 1946 hat der Kontrollrat das Ehegesetz von 1938 aufgehoben und durch ein neues ersetzt, das sich aber eng an das von 1938 anlehnte, dessen Vorschriften wörtlich oder nur mit geringen Abweichungen übernommen wurden. Es ist am 1. März 1946 in allen vier Besatzungszonen und Berlin in Kraft getreten und konnte als alliiertes Recht in der Bundesrepublik zunächst kaum geändert werden. Erst durch das Familienrechtsänderungsgesetz vom 11. August 1961, also während der Regierung Konrad Adenauers, wurde durch eine Änderung des § 48 die Anwendung des Zerrüttungsprinzips – im christlichen Sinn – praktisch unmöglich gemacht. Letzte Kurve war dann das Erste Gesetz zur Änderung des Ehe- und Familienrechts vom 14. Juni 1976, mit dem das Recht der Eheschließung und Scheidung wieder in das BGB eingefügt, das Scheidungsrecht liberalisiert und das Zerrüttungsprinzip neben den Aufhebungsgründen des Schuldprinzips wiederhergestellt wurden. So kann man lernen, dass kein anderes Gebiet des bürgerlichen Rechts so stark von politischen Einflüssen geprägt ist wie das Familienrecht. Das Gesetz von 1976 ist nämlich in der Zeit der sozialliberalen Koalition von SPD und FDP erlassen worden.

e) Schönke, Strafgesetzbuch

Adolf Schönkes Kommentar zum Strafgesetzbuch erschien 1941/1942 im Beck'schen Verlag in vier Lieferungen, größer und breiter als der Kurz-Kommentar von **Otto Schwarz** und eher geschrieben für die wissenschaftliche Arbeit, auch für Studenten, nicht für die Praxis wie der von Schwarz. Aber nicht nur das unterschied sie. Schönke, Professor in Freiburg, war im Hinblick auf NS-Recht sehr zurückhaltend, Schwarz nicht. Obgleich sein Kommentar umfassender angelegt war als derjenige von Schwarz, druckte Schönke etwa das «Blutschutzgesetz» im Anhang nur als Text ab und verwies in einer Anmerkung einfach auf die wichtigste Literatur. Otto Schwarz hat es nicht nur als Gesetz abgedruckt, sondern am Anfang des Anhangs zum StGB unter dem Titel «Rasse und Judentum» als erstes in der Weise kommentiert, wie zunächst der fünfte, dann der vierte Strafsenat in Leipzig, in denen er Richter war, es angewandt haben. Es ist eine sehr harte Rechtsprechung gewesen, die von den unteren Instanzen verlangte, die NS-Rassentheorie zur Grundlage ihrer richterlichen Tätigkeit zu machen.

Auch der Reichsanwalt Hans Richter hat in einer Rezension des Kommentars von Adolf Schönke kritisiert, dass er gegenüber Grundlagen des NS-Strafrechts – das «Täterrecht» – eine «Zurückhaltung» erkennen lässt.

1935 ist Schönke von der Berliner juristischen Fakultät habilitiert worden. Wahrscheinlich war er schon 1932 oder früher in der SA. Im Mai 1933 ist er jedenfalls sehr früh Mitglied der NSDAP geworden. Trotzdem hat das Reichswissenschaftsministerium mit dem für Juristen zuständigen Hochschuldezernenten Karl August Eckhardt, Rechtshistoriker und nicht nur Mitglied der NSDAP, sondern sogar der SS, seine Habilitation von 1935 völlig ungewöhnlich und erstaunlich spät erst nach zwei Jahren 1937 genehmigt. Irgend etwas muss da gewesen sein. Was es war, kann auch die beste Beschreibung der Berliner Fakultät durch Anna-Maria von Lösch nicht erklären. Dann ist er 1938 Professor für Strafrecht in Freiburg geworden, eine große didaktische Begabung im Hörsaal und in seinen Schriften, war hier während des Kriegs – mit Duldung durch Karl August Eckhardt – Dekan und Prodekan der Juristenfakultät und dann auch noch 1944 sogar – da hatte der aber wohl nicht mehr viel zu sagen – Prorektor, also Stellvertreter des Rektors der Universität. Nach Gründung der Bundesrepublik ist er schon sehr früh, 1953, gestorben, Otto Schwarz dagegen 1960 im Alter von 81 Jahren. Beide leben aber bis heute in der Bundesrepublik weiter, der eine immer noch als «Schönke/Schröder» (siehe dazu S. 256 f.), der andere zunächst noch sehr lange als «Schwarz/Dreher», heute nur noch als «Fischer».

6. Andere Verlage mit Literatur zum Recht des «Dritten Reichs»

Es war in dieser Zeit mehr oder weniger selbstverständlich, dass Verlage mit juristischer Literatur auch NS-Recht veröffentlichen mussten. Deshalb würde die Beschreibung der juristischen Literatur des Beck'schen Verlags im «Dritten Reich» unvollständig sein, wenn sie isoliert gesehen wird und nicht im Zusammenhang mit einer allgemeinen Verlagsgeschichte des NS-Rechts. Die ist bisher nicht geschrieben und bleibt eine Aufgabe für die Zukunft. Trotzdem habe ich versucht, dafür einen Anfang zu machen mit einer Auswahl von Verlagen, die damals neben C.H. Beck zu den wichtigsten gehörten. Es sind fünf. Erstens ein älterer, der wie der Beck'sche auch andere wissenschaftliche Literatur auf den Markt brachte, nämlich Mohr Siebeck in Tübingen, dann zwei ältere, die im Wesentlichen nur juristische Bücher veröffentlicht haben, also Franz Vahlen und Carl Heymanns in

Berlin, und schließlich zwei jüngere, die 1937 und 1931 gegründet worden sind und bei NS-Juristen wegen ihres völkisch nationalen Charakters besonders beliebt waren, nämlich Junker und Dünnhaupt und die Hanseatische Verlagsanstalt in Hamburg.

Mohr Siebeck in Tübingen wurde 1801 in Frankfurt gegründet und 1877 von Paul Siebeck erworben, der den Verlag in Tübingen nach einen Zwischenspiel in Freiburg im Breisgau weiterführte und aus den Gebieten Philosophie, Recht, Theologie und Wirtschaftswissenschaft veröffentlichte. Im «Dritten Reich» wurde das Verlagsprogramm stark reduziert wegen seiner vielen jüdischen und antinationalsozialistischen Autoren. Es erschienen viele programmatische Schriften zum NS-Recht in der Reihe «Recht und Staat in Geschichte und Gegenwart» auch von prominenten NS-Juristen wie Otto Koellreutter, Heinrich Lange und Karl Larenz und von Karl Siegert das Buch «Grundzüge des Strafrechts im neuen Staat», 1934.

Carl Heymann gründete seinen Verlag 1822 im schlesischen Glogau, ging mit ihm 1835 nach Berlin und spezialisierte sich dort auf die Rechtswissenschaft. Im Krieg wurde das Verlagsgebäude zerstört. Das Unternehmen hat seit dem Ende des Kriegs seinen Sitz in Köln und gehört seit einiger Zeit zur niederländischen Verlagsgruppe Wolters Kluwer. Im «Dritten Reich» erschienen hier von allen behandelten Verlagen wohl die meisten juristischen Neuerscheinungen zum NS-Recht, auch von prominenten NS-Juristen wie Reinhard Höhn, Otto Koellreutter und Carl Schmitt.

Der Verlag **Franz Vahlen** entstand 1870 in Berlin, war von vornherein auf juristische Literatur spezialisiert, gehört seit 1970 zur Unternehmensgruppe C.H.Beck und hat seitdem seinen Sitz in dessen Münchner Gebäude. Er veröffentlichte juristische Neuerscheinungen zum NS-Recht und war der Lieblingsverlag des Justizstaatssekretärs Franz Schlegelberger, dessen berühmter «Abschied zum BGB» dort 1935 erschien.

Junker und Dünnhaupt in Berlin war von 1927 bis 1945 ein einflussreicher völkisch-nationaler Verlag mit sehr enger Nähe zum Nationalsozialismus. Seit 1933 publizierte er Neuerscheinungen zum NS-Recht. Autoren waren neben Carl Schmitt, Roland Freisler, Graf Gleispach und Otto Koellreutter die Juristen der Kieler NS-Stoßtruppfakultät Georg Dahm, Ernst Rudolf Huber, Friedrich Schaffstein, Wolfgang Siebert und Karl Larenz, dessen bekannte Schrift «Rechtsperson und subjektives Recht» hier 1935 veröffentlicht worden ist.

Die **Hanseatische Verlagsanstalt** in Hamburg entwickelte sich aus dem Organ des Deutschen Handlungsgehilfenvereins seit 1931 zu einem völkisch-nationalen Verlag, der seit 1933 den Anschluss an das NS-Recht suchte und in Carl Schmitt bis zu seinem Sturz als «Kronjurist des Dritten Reichs» den Herausgeber einer Reihe «Der deutsche Staat der Gegenwart» fand, dessen Schrift «Über die drei Arten rechtswissenschaftlichen Denkens», das wohl wichtigste Programm des NS-Rechts gewesen ist, hier publiziert 1934. In dieser Reihe erschienen mehrere Schriften von NS-Juristen, die die Rechtsverwüstung des «Dritten Reichs» vorbereiteten unter anderem neben Carl Schmitt Heinrich Henkel, Reinhard Höhn, Ernst Rudolf Huber, Theodor Maunz, Friedrich Schaffstein und Wolfgang Siebert. Nach dem Krieg konnte der Verlag nicht weitergeführt werden.

XII. Westdeutsche Nachkriegszeit und ihr Buchhandel
1945–1949

Deutschland war im Mai 1945 von amerikanischen, englischen, sowjetischen und einigen französischen Truppen vollständig besetzt. Ein großer Teil der Städte ist durch Luftangriffe weitgehend zerstört gewesen. Dagegen waren diese Angriffe auf die Industrie weniger wirkungsvoll. Allerdings verhinderten die Alliierten zunächst ihre Weiterarbeit. Lediglich die Bauern durften arbeiten wie bisher. Churchill, Roosevelt und Stalin hatten sich auf der **Konferenz von Jalta** im Februar 1945 auf die Einteilung in vier Besatzungszonen geeinigt, auch auf vier Sektoren in Berlin von Amerikanern, Engländern, Franzosen und Sowjets, außerdem auf die «vier D's»: Demilitarisierung, Demontage, Denazifizierung und Demokratisierung. Über die Reparationen gab es keine allgemeinen konkreten Absprachen. Das sollte nachgeholt werden auf der **Konferenz von Potsdam** im Juli und August 1945.

Sie wurde kein großer Erfolg, auch nicht im Hinblick auf die Grenze zu Polen. Es ging um große Gebiete, im Wesentlichen um Ostpreußen, Pommern und Schlesien. Man einigte sich auf einen Kompromiss, der später dazu führte, dass Polen den größten Teil dieser Gebiete bis zur Oder und zur Görlitzer Neisse behalten konnte. Er bedeutete, dass die Alliierten in ihren Besatzungszonen Millionen Vertriebene aufnehmen und versorgen mussten. Trotzdem gab es noch eine nicht geringe Einigkeit der Sieger. Das änderte sich erst im nächsten Jahr. 1946 begann der «Kalte Krieg» (Walter Lippmann), als die Westmächte erkannten, dass Stalins Außenpolitik aggressiv auf die Ausdehnung seines Machtbereichs gerichtet war. Nun wurde Deutschland zum zentralen Schauplatz der Auseinandersetzung und trotz seiner Niederlage mit seinen drei westlichen Besatzungszonen zum Schlüssel für die Zukunft Europas und allmählich eine Art Verbündeter der Westalliierten als Bollwerk gegen den Osten. Amerikaner und Engländer gründeten im Dezember 1946 ein vereinigtes Wirtschaftsgebiet, im März 1946 sprach US-Präsident Truman zum ersten Mal davon, dass die Welt sich spalten würde in ein westlich-demokratisches und ein östlich-kommunistisches System. Und mit einer Rede im Juni 1948 kündigte US-Außenminister Marshall ein umfassendes Hilfsprogramm für das notleidende Europa an mit Milliardenunterstützungen auch für Westdeutschland und West-Berlin, den «Marshall-Plan». Dafür fand noch im selben Monat eine Währungsreform statt. Sie brachte die neue D-Mark, deren Einführung in West-Berlin von Stalin beantwortet wurde mit der **Berlin-Blockade,** der Unterbrechung von Landverbindungen zwischen West-Berlin und Westdeutschland. Amerikaner und Engländer überrundeten das mit einer gigantischen «Luftbrücke». Inzwischen hatten die Westalliierten beschlossen, einen westdeutschen Teilstaat gründen zu lassen. Auf ihren Vorschlag begann am 1. September 1948 der Parlamentarische Rat in Bonn seine Beratungen über dessen Verfassung und beschloss am 8. Mai 1949 das Grundgesetz. Vier Tage später hat Stalin die Blockade Berlins beendet.

Vertreibungsgebiete nach dem 2. Weltkrieg.

Die Nachkriegswirtschaft Deutschlands litt zunächst unter einer hohen Inflation. Folge waren Schwarzmarktgeschäfte und Tauschwirtschaft. Größter Verlierer ist die Stadtbevölkerung gewesen. Die Bauern machten gute Geschäfte. Bewirtschaftung von Versorgungsgütern und Preisregulierung halfen da nicht viel weiter. Eine katastrophale Versorgungskrise mit großem Hunger in den Städten begann im Winter 1946/47 und verschärfte sich nach einer Missernte 1946 und einem grausam kalten Winter 1946/47. Deshalb setzten die USA nun auf die Wiederankurbelung der deutschen Wirtschaft, bald Engländer und Franzosen ebenso. Denn ähnlich wie in der Verwaltung gab es letztlich auch in der Wirtschaft keine «Stunde Null». Im Vergleich zur Mitte der dreißiger Jahre war das Anlagevermögen der Industrie sogar immer noch um ungefähr zwanzig Prozent höher, weil das Hitler-Regime es für die Vorbereitung des Krieges durch riesige Investitionen verbessert und während des Kriegs die Steigerung der Produktion durch technische Neuerungen erhöht hatte.

Es fehlten nur die politischen Rahmenbedingungen. Deren Wende kam am Sonntag, 18. Juni 1948, vormittags der erste Teil mit der **Währungsreform,** der zweite am Nachmittag mit der Ankündigung Ludwig Erhards, dass die Bewirtschaftung von Lebensmitteln und anderen wichtigen Gütern ab Montag aufgehoben werde. Er war Direktor des den Westalliierten

Einführung der Deutschen Mark (DM) 1948

unterstellten Wirtschaftsrats in Frankfurt am Main und hielt diese Rede ohne Absprache mit ihnen. Ein unerhörter Handstreich. Als General Clay ihn zur Rede stellte und fragte, wie er dazu käme, die alliierten Vorschriften zu ändern, war seine Antwort: «Ich habe sie nicht geändert. Ich habe sie aufgehoben.» Aber er hatte Glück. Sein marktwirtschaftlicher Coup brachte der westdeutschen Wirtschaft in Verbindung mit der einsetzenden Hilfe des Marshall-Plans einen ersten Aufschwung und war das Ende der Mangelwirtschaft sowie der erste Schritt zum bald beginnenden «Wirtschaftswunder» der Bundesrepublik, deren erster Wirtschaftsminister er geworden ist.

Die Siegermächte haben sofort nach Kriegsende im **Buchmarkt** strenge Kontrollen eingeführt, weil Bücher eine wichtige Rolle spielen sollten bei der Entnazifizierung und Demokratisierung. Schon drei Tage nach dem Ende des Kriegs hat General Eisenhower als Oberbefehlshaber der Alliierten am 12. Mai 1945 das Militärregierungsgesetz Nr. 191 erlassen, mit dem das Drucken, Veröffentlichen, Vertreiben und Verkaufen von Zeitungen, Zeitschriften, Büchern und anderen verboten wurde, ergänzt am selben Tag durch die Nachrichtenkontrollvorschrift Nr. 1 (Information Control Regulation No. 1). Sie regelte Ausnahmen von diesem Verbot, indem mit schriftlicher Genehmigung der Militärregierung unter bestimmten formalen Bedingungen Lizenzen an natürliche oder juristische Personen gegeben werden konnten. Verstöße gegen beide Vorschriften waren bedroht mit der Verurteilung durch Militärgerichte bis zur Todesstrafe.

Voraussetzungen für eine Lizenz waren in der Praxis eine einwandfreie demokratische Haltung und ausreichende berufliche Kenntnisse. Sie wurde in der US-Zone vergeben von der Information Control Division (ICD), und zwar von einer örtlichen Dienststelle, die das Vorliegen der Voraussetzungen prüfte, dann einen Vorschlag an das Hauptquartier der ICD in Berlin gab, und, wenn dort zugestimmt wurde, die Lizenz erteilte. In München erhielten sie 1945/46 insgesamt 41 Buchverlage, zunächst oft kirchliche oder solche mit technischen Veröffentlichungen, dann auch literarische Verlagsunternehmen mit oder ohne Sachbüchern. Von den wichtigen Münchener Verlagen erhielten Piper und Carl Hanser schon im Januar 1946 ihre Lizenz, weil Piper sich im «Dritten Reich» in neutrale Unterhaltungsliteratur zurückgezogen hatte und Hanser in dieser Zeit die Literatur aufgab und nur noch technische Literatur veröffentlichte.

Dann wurden Mitte 1946 an ein und demselben Tag, am 30. August, drei wichtige andere Lizenzen erteilt in politischen Problemfällen, und zwar für den **Biederstein Verlag**, den Verlag von Franz Hanfstaengl und den Leibniz Verlag. Biederstein war problematisch als Nachfolger von C.H.Beck, weil Heinrich Beck 1937 Mitglied der NSDAP geworden ist. Das Problem bei Hanfstaengl war das merkwürdigste, denn sein Eigentümer Ernst («Putzi») Hanfstaengl ist seit 1922 mit Adolf Hitler befreundet gewesen, hatte 1923 den «Marsch auf die Feldherrnhalle» mitgemacht und bald als einziges Mitglied der Münchner Oberschicht geholfen, die Finanzierung der NSDAP zu organisieren. Aber 1937 kam ein Bruch. Joseph Goebbels denunzierte ihn bei Hitler, «Putzi» Hanfstaengl musste nach England fliehen, war dort von den Nationalsozialisten mit dem Tode bedroht und wurde im Krieg politischer Berater von US-Präsident Roosevelt für Deutschland. Deshalb wurde auch sein Fall mit einer Lizenz positiv entschieden. Beim Leibniz Verlag war es ähnlich wie bei Biederstein, nämlich als Nachfolger des Oldenbourg Verlags, dessen Inhaber Alexander Oldenbourg 1943 in die NSDAP eingetreten ist, aus denselben Gründen wie Heinrich Beck, nämlich um den Verlag über die Runden zu bringen.

Für C.H.Beck trat 1946 **Gustav End** als Statthalter auf, der im «Dritten Reich» unbelastet geblieben war, weil er die von ihm mitgesteuerte Deutsche Buchgemeinschaft von NS-Literatur freigehalten hatte, für den Oldenbourg Verlag dessen Lektor Manfred Schröter, der 1937 als Privatdozent für Philosophie von der Technischen Hochschule München entlassen worden ist, weil er mit einer Jüdin verheiratet war. Aus dem Biederstein Verlag entstand 1949 im Nebeneinander wieder C.H.Beck und der Leibniz Verlag verwandelte sich um dieselbe Zeit in den alten, 1858 gegründeten Rudolf Oldenbourg Verlag. Näheres zu Gustav End S. 189, 207 ff.

Die Produktion der lizensierten Verlage litt in der Regel unter zwei Problemen. Das eine war die meistens knappe Zuteilung von Papier durch die Besatzungsmacht, das andere sind die Druck- und Bindekapazitäten gewesen, die im Westen während des Kriegs sehr viel stärker zerstört worden waren als im östlichen Deutschland. Trotzdem nahm die Buchproduktion seit 1946 ständig zu, denn der Lesehunger der Westdeutschen war groß und der Preis der Bücher mit der alten Reichsmark niedrig. Aber dann wurde in den Westzonen am 21. Juni 1948 und drei Tage später in Westberlin mit der Währungsreform die Deutsche Mark eingeführt, die den Lesehunger erheblich zurückdrängte. Nun waren plötzlich lang entbehrte andere Güter auf dem Markt, deren Anschaffung wichtiger wurde als die von Büchern. Das führte zu einer Absatzkrise im Buchhandel. Im Wesentlichen haben sie nur solche Verlage überstanden, die noch ausreichend gute Literatur aus der Zeit vor dem Nationalsozialismus hatten, die «back list», Biederstein/C.H.Beck zum Beispiel mit der «Kulturgeschichte der Neuzeit» von Egon Friedell und besonders mit seiner juristischen Literatur.

XIII. Entnazifizierungsverfahren gegen Heinrich Beck
JCS 1067, Militärregierungsgesetz Nr. 191

Auf der Konferenz von Jalta hatten Churchill, Roosevelt und Stalin im Februar 1945 beschlossen, den deutschen Militarismus und Nazismus zu vernichten, so dass Deutschland nie wieder den Frieden der Welt stören könnte. Die systematische Entnazifizierung begann in Westdeutschland mit einer Weisung des Generalstabs der USA an den Oberbefehlshaber der amerikanischen Besatzungstruppen General Eisenhower über die Grundlinien der Politik seiner Militärregierung in der US-Besatzungszone, der JCS 1067 vom 26. April 1945. JCS bedeutet Joint Chiefs of Staff, Generalstab. In ihr heißt es unter anderem:

«Alle Mitglieder der Nazipartei, die nicht nur nominell in der Partei tätig waren ... sollen entfernt und ausgeschlossen werden aus öffentlichen Ämtern und aus wichtigen Stellungen in halbamtlichen und privaten Unternehmen wie zivilen Organisationen, solchen des Wirtschaftslebens und der Arbeiterschaft ... und ... Verlagsanstalten und anderen der Verbreitung von Nachrichten und Propaganda dienenden Stellen.»

München wurde am 30. April 1945 von Einheiten der US-Armee besetzt. Bald danach könnte Heinrich Beck auf Grund dieser Vorschrift von der Besatzungsmacht die Tätigkeit als Verleger verboten worden sein, weil er seit 1937 nicht nur nominelles Mitglied der NSDAP gewesen, sondern in seinem Verlag auch NS-Literatur erschienen ist. Es ist aber auch möglich und eher wahrscheinlich, dass er seine Tätigkeit als Verleger eingestellt hat, weil das seit dem 12. Mai 1945 nach dem Militärregierungsgesetz Nr. 191 nun allgemein verboten war und er wusste, dass ein Antrag auf Lizenzerteilung nach der Information Control Regulation Nr. 1 wegen der JCS 1067 keine Erfolgsaussicht gehabt hätte (vgl. S. 185). Das Eigentum am Verlag wurde ihm jedenfalls nicht entzogen. So konnte er ihn an seinen Vetter Gustav End verpachten, der ihn seit dem 1. September 1946 mit einer Lizenz der Militärregierung vom 30. August 1946 (S. 207 ff.) unter dem Namen Biederstein Verlag weiterführte, in Absprache untereinander als sein Treuhänder, wie auf S. 215 beschrieben wird.

Nach der JCS 1067 folgten noch drei weitere Vorschriften zur Entnazifizierung. Am 26. September 1945 wurde das Gesetz Nr. 8 der amerikanischen Militärregierung erlassen, am 12. Januar 1946 die Direktive Nr. 24 des Alliierten Kontrollrats in Berlin, die von den Zonenbefehlshabern in ihren Besatzungszonen umgesetzt werden sollte, und am 5. März 1946 das Gesetz zur Befreiung von Nationalsozialismus und Militarismus für die amerikanische Besatzungszone, allgemein **Befreiungsgesetz** genannt. Auf dessen Grundlage fand vom 29. März bis zum 1. Oktober 1947 vor einer Spruchkammer in München das Entnazifizierungsverfahren gegen Heinrich Beck statt, dessen Akten vollständig erhalten sind.

Der maßgebende Kommentar des Befreiungsgesetzes war – nicht ohne unfreiwillige Komik – 1946 die erste Veröffentlichung des Biederstein Verlags, ihr Verfasser Professor Erich Schullze, Präsident der Berufungskammer für Entnazifizierungsverfahren in Bayern. 1948 erschien das Buch in dritter Auflage. Es war von Anfang an das Standardwerk für die Verfahren in der amerikanischen Zone bis zu ihrem Ende.

Das Befreiungsgesetz ist eine Reaktion gewesen auf die sehr harten Vorschriften der JCS 1067 und des Militärregierungsgesetzes Nr. 8. Die von der Militärregierung eingesetzten bayerischen Amtsträger, der Münchener Oberbürgermeister Scharnagl, die Ministerpräsidenten Fritz Schäffer, später CSU und erster Finanzminister unter Adenauer, sowie sein Nachfolger Wilhelm Hoegner, SPD, liefen Sturm gegen die Vorschriften. Sie gefährdeten das Funktionieren von Verwaltung, Justiz, Wirtschaft und Bildung, weil große Teile des alten qualifizierten Personals entlassen worden waren, weshalb zum Beispiel die Finanzverwaltung zusammenbrach und nur noch 35 Prozent der Volksschullehrer im Amt gewesen sind. Auch die Ministerpräsidenten der beiden anderen von der Militärregierung gebildeten Länder der amerikanischen Zone protestierten. Nach langem Hin und Her zwischen den drei Ministerpräsidenten von Bayern, Großhessen und Nordwürttemberg-Nordbaden untereinander und dann zwischen ihnen und der Mili-

Erich Schullze, Befreiungsgesetz.

tärregierung lenkte General Clay, Stellvertreter Eisenhowers, ein. Als Kompromiss entstand Anfang März 1946 das Befreiungsgesetz. Es wurde erlassen von den Regierungen der drei Länder und genehmigt von General Clay.

Seine wichtigste Bestimmung war, dass die Entscheidung über die Entnazifizierung nicht mehr vom Militär getroffen wurde, von Offizieren der dafür zuständigen Sonderabteilung «special branch», sondern von deutschen Spruchkammern. Sie konnten die einzelnen Lebensläufe und örtlichen Verhältnisse besser beurteilen. Die Verfahren wurden eingeleitet durch die Klageschrift eines deutschen öffentlichen Klägers auf Grund von Fragebögen, wörtlich: Meldebögen, die alle deutschen Bürger über 18 Jahre ausfüllen mussten mit Angaben zur Mitgliedschaft und Tätigkeiten in NS-Organisationen und ihre berufliche und finanzielle Entwicklung seit 1932. Das war ein Drittel der Bevölkerung, deren Verhalten im «Dritten Reich» sorgfältig überprüft werden musste. Eine gigantische Aufgabe, an der die Entnazifizierung letztlich gescheitert ist. Ohnehin hatte die US-Regierung seit dem Höhepunkt des Kalten Kriegs 1948 das Interesse an der Entnazifizierung verloren. Vielmehr plante sie schon die Gründung der Bundesrepublik mit dem Aufbau einer westdeutschen Armee als zusätzlichem Schutz gegen eine militärische Expansion Stalins nach Westeuropa. Außerdem war das Befreiungsgesetz rechtsstaatlich problematisch. Denn letztlich sind seine Sanktionen strafrechtlicher Natur gewesen, betrafen ein Verhalten in der Vergangenheit, das damals nicht strafbar war. Auf diese Weise verletzte das Gesetz mit seinen zum Teil sehr harten Sühnemaßnahmen ein wichtiges Gebot des Rechtsstaats, den die USA in Deutschland wieder aufbauen wollten, nämlich den Grundsatz nulla poena sine lege, keine Strafe ohne ein Gesetz zur Tatzeit, auch wenn es im Grundgesetz 1949 in Artikel 139 als gerechtfertigte Ausnahme dieses in Artikel 101 garantierten Prinzips bezeichnet worden ist.

Nach der Klageschrift hatten die Spruchkammern nämlich die Aufgabe, ähnlich wie ein Strafgericht das Verhalten des Beklagten im «Dritten Reich» genau zu untersuchen und dann einen «Spruch» zu erlassen, mit dem er in eine der fünf auch in den anderen Besatzungszonen üblichen Kategorien eingestuft wurde und gegen ihn die im Gesetz vorgesehenen «Sühnemaßnahmen in gerechter Auswahl und Abstufung zu verhängen» (Artikel 14). Das ging von der Einweisung in ein Arbeitslager, Berufsverbot, Vermögenseinziehung bis zu Geldstrafen. Die fünf Kategorien waren nach Artikel 4: 1. Hauptschuldige, 2. Belastete, 3. Minderbelastete, 4. Mitläufer und 5. Entlastete.

Wie alle anderen hatte Heinrich Beck nach dem Erlass des Befreiungsgesetzes zuerst seinen zweiseitigen «Meldebogen», dann den sechsseitigen «Fragebogen» abgegeben und mitgeteilt, er sei seit 1937 Mitglied der NSDAP gewesen. Danach stellte der öffentliche Kläger in München bei der «Kommission für Kulturschaffende» im Münchner Kultusministerium den Antrag auf ein Gutachten über ihn. Die schrieb es am 19. November 1946 auf einer Seite und einigen Zeilen. Vorwurf war die Veröffentlichung von Büchern über den italienischen Faschismus. Das sei auch Propaganda für den Nationalsozialismus gewesen, ob mit oder ohne Absicht Heinrich Becks, der deshalb als Minderbelasteter der Gruppe III anzusehen sei und dem für längere Zeit die Tätigkeit als Verleger verboten werden solle. Weder vom Kommentar Stuckart/Globke noch vom Palandt war hier und im weiteren Verfahren die Rede. Die Diskussion darüber kam, wie beschrieben, erst in der Bundesrepublik auf.

Diesem Gutachten folgte die Klageschrift vom 29. März 1947, auch mit der Einordnung in die Gruppe 3, allerdings eingeschränkt. Auch in ihr hieß es schon wörtlich:

«Nach den zahlreichen vorliegenden Erklärungen ist glaubhaft dargetan, dass der Betroffene persönlich dem Nationalsozialismus absolut ablehnend gegenübersteht.»

Auf Grund von zwanzig Erklärungen zugunsten von Heinrich Beck hielt der öffentliche Kläger die Anwendung von Artikel 39 Absatz 2 Ziffer 4 des Gesetzes für möglich, wonach zugunsten eines Betroffenen bei der Zuweisung in eine Gruppe die nachweisbare Unterstützung von Opfern des Nationalsozialismus berücksichtigt werden konnte, wenn «sie auf antinationalsozialistischen Beweggründen beruhte.» Bei aller Vorsicht gegenüber solchen Erklärungen, die man damals Persilscheine nannte, weil damit viele wirkliche Nationalsozialisten auf empörende Weise reingewaschen wurden: Damals wie heute kann man sagen, dass Heinrich Beck 1937 gegen seine innere Überzeugung in die NS-Partei eingetreten ist, um den Verlag über die Runden zu bringen. So hat es auch die Kammer Anfang Oktober 1947 in ihrem Spruch gesehen. Wörtlich:

«Schon die Klage geht von der Feststellung aus, dass nach den zahlreichen vorliegenden unbedenklichen Erklärungen glaubhaft dargetan sei, dass der Betroffene persönlich dem NS ablehnend gegenübersteht.»

MG/PS/G/9a
(Rev. 15 May 45)

MILITARY GOVERNMENT OF GERMANY
Fragebogen

WARNING: Read the entire Fragebogen carefully before you fill it out. The English language will prevail if discrepancies exist between it and the German translation. Answers must be typewritten or printed clearly in block letters. Every question must be answered precisely and conscientiously and no space is to be left blank. If a question is to be answered by either "yes" or "no", print the word "yes" or "no" in the appropriate space. If the question is inapplicable, so indicate by some appropriate word or phrase such as "none" or "not applicable". Add supplementary sheets if there is not enough space in the questionnaire. Omissions or false or incomplete statements are offenses against Military Government and will result in prosecution and punishment.

WARNUNG: Vor Beantwortung ist der gesamte Fragebogen sorgfältig durchzulesen. In Zweifelsfällen ist die englische Fassung maßgebend. Die Antworten müssen mit der Schreibmaschine oder in klaren Blockbuchstaben geschrieben werden. Jede Frage ist genau und gewissenhaft zu beantworten und keine Frage darf unbeantwortet gelassen werden. Das Wort „Ja" oder „Nein" ist an der jeweilig vorgesehenen Stelle unbedingt einzusetzen. Falls die Frage durch „Ja" oder „Nein" nicht zu beantworten ist, so ist eine entsprechende Antwort, wie z. B. „keine" oder „nicht zutreffend" zu geben. In Ermangelung von ausreichendem Platz in dem Fragebogen können Bogen angeheftet werden. Auslassungen sowie falsche oder unvollständige Angaben stellen Vergehen gegen die Verordnungen der Militärregierung dar und werden dementsprechend geahndet.

A. PERSONAL / A. Persönliche Angaben

1. List position for which you are under consideration (include agency or firm). — 2. Name (Surname). (Fore Names). — 3. Other names which you have used or by which you have been known. — 4. Date of birth. — 5. Place of birth. — 6. Height. — 7. Weight. — 8. Color of hair. — 9. Color of eyes. — 10. Scars, marks or deformities. — 11. Present address (City, street and house number). — 12. Permanent residence (City, street and house number). — 13. Identity card type and Number. — 14. Wehrpass No. — 15. Passport No. — 16. Citizenship. — 17. If a naturalized citizen, give date and place of naturalization. — 18. List any titles of nobility ever held by you or by the parents or by grandparents of either of you. — 19. Religion. — 20. With what church are you affiliated? — 21. Have you ever severed your connection with any church, officially or unofficially? — 22. If so, give particulars and reason. — 23. What religious preference did you give in the census of 1939? — 24. List any crimes of which you have been convicted, giving dates, locations and nature of the crimes. —

1. Für Sie in Frage kommende Stellung: **Leiter u. Inhaber einer Buchdruckerei u. Verlagsbuchhdlg.**
2. Name: **B e c k , Heinrich Karl Eugen Gustav**   3. Andere von Ihnen benutzte Namen
   Zu-(Familien-)name   Vor-(Tauf-)name
   oder solche, unter welchen Sie bekannt sind **nicht zutreffend**
4. Geburtsdatum **28.2.89**   5. Geburtsort **Nördlingen**
6. Größe **1.76 m** 7. Gewicht **60 kg** 8. Haarfarbe **grau**   9. Farbe der Augen **braun**
10. Narben, Geburtsmale oder Entstellungen **keine**
11. Gegenwärtige Anschrift **München 23, Kunigundenstr. 40**
    (Stadt, Straße und Hausnummer)
12. Ständiger Wohnsitz **München**
    (Stadt, Straße und Hausnummer)
13. Art der Ausweiskarte **Kennkarte** Nr. **A-60508** 14. Wehrpaß-Nr. **89/0.u. D.012** 15. Reisepaß-Nr. **2577**
16. Staatsangehörigkeit **Bayern** 17. Falls naturalisierter Bürger, geben Sie Datum und Einbürgerungsort an **nicht zutreffend**
18. Aufzählung aller Ihrerseits oder seitens Ihrer Ehefrau oder Ihrer beiden Großeltern innegehabten Adelstitel
    August von Burger, Grossvater mütterlicherseits (persönlicher Adel)
19. Religion **prot.** 20. Welcher Kirche gehören Sie an? **evang.-luth.** 21. Haben Sie je offiziell oder inoffiziell Ihre Verbindung mit einer Kirche aufgelöst? **nein** 22. Falls ja, geben Sie Einzelheiten und Gründe an **nicht zutreffend**
23. Welche Religionsangehörigkeit haben Sie bei der Volkszählung 1939 angegeben? **prot.** 24. Führen Sie alle Vergehen, Übertretungen oder Verbrechen an, für welche Sie je verurteilt worden sind, mit Angaben des Datums, des Orts und der Art **keine**

B. SECONDARY AND HIGHER EDUCATION / B. Grundschul- und höhere Bildung

Name & Type of School (If a special Nazi school or military academy, so specify) Name und Art der Schule im Fall einer besonderen NS oder Militärakademie geben Sie dies an	Location Ort	Dates of Attendance Wann besucht?	Certificate Diploma or Degree Zeugnis, Diplom o. akademischer Grad	Did Abitur permit University matriculation? Berechtigt Abitur od. Reifezeugnis zur Universitätsimmatrikulation?	Date Datum
Maximiliansgymnasium (Human. Gymn.)	München	1899–1908	Abitur	ja	1908
Universität München, Berlin, Leipzig	München 08/09, Berlin 09/10, Leipz. 10/13		Dr. phil.		1921

25. List any German University Student Corps to which you have ever belonged. — 26. List (giving location and dates) any Napola, Adolph Hitler School, Nazi Leaders College or military academy in which you have ever been a student. — 27. Have your children attended any of such schools? Which ones, where and when? — 28. List (giving location and dates) any school in which have ever been a Vertrauenslehrer (formerly Jugendwalter).

25. Welchen deutschen Universitäts-Studentenburschenschaften haben Sie je angehört? **keiner**
26. In welchen Napola, Adolf-Hitler-, NS-Führerschulen oder Militärakademien waren Sie Lehrer? Anzugeben mit genauer Orts- und Zeitbestimmung. **in keiner**
27. Haben Ihre Kinder eine der obengenannten Schulen besucht? **nein** Welche, wo und wann? **nicht zutreffend**
28. Führen Sie (mit Orts- und Zeitbestimmung) alle Schulen an, in welchen Sie je Vertrauenslehrer (vormalig Jugendwalter) waren **in keiner**

C. PROFESSIONAL OR TRADE EXAMINATIONS / C. Berufs- oder Handwerksprüfungen

Name of Examination Name der Prüfung	Place Taken Ort	Result Resultat	Date Datum
	nicht zutreffend		

Staatsarchiv München
SpkA K 102: Beck, Heinrich, Dr.

Aus den Spruchkammerakten von Heinrich Beck: S. 1 (von 6) des «Fragebogens»

Und weiter:

«Sein Eintritt in die Partei ist nicht aus innerer Sympathie zur nationalsozialistischen Ideologie erfolgt, sondern kann glaubhaft als Auswirkung von Maßnahmen der Partei betrachtet werden, die sich gerade in diesem kulturellen Sektor als unausweichlicher und lähmender Druck auf das Selbstbestimmungsrecht der Verlagsunternehmungen und deren Leitung legten.»

Das wurde ergänzt durch den glaubwürdigen Bericht seiner beiden ältesten Mitarbeiter, des Prokuristen Karl Schröpel und des Lektors Georg Sund. Offensichtlich auf Grund von Informationen aus dem Autorenbuch der unversehrt gebliebenen Berliner Niederlassung haben sie vorgetragen, dass ihr Verleger an zwanzig mit Namen genannte jüdische Juristen, darunter Leo Rosenberg, zum Teil bis 1943/44 Honorare gezahlt hat, obwohl deren Bücher nicht mehr verkauft oder veröffentlicht werden konnten. Auch an Egon Friedell hat er, das wusste Karl Schröpel aus der Zeit in München, nach der Beschlagnahme seiner Kulturgeschichte durch die Gestapo noch fast zwei Jahre monatlich 600 Mark als Vorschuss überwiesen für das zweite Buch, das während der NS-Zeit nie hätte erscheinen können. Es war ein Vertrag über vier Jahre, der durch den Tod Friedells 1938 beendet wurde. Ebenfalls gingen Zahlungen an jüdische Autoren des Handbuchs der Altertumswissenschaft und des Byzantinischen Handbuchs. Wer weiß, ob es das in deutschen Verlagen während des «Dritten Reichs» noch einmal gegeben hat.

In zwei Schriftsätzen wehrte sich Heinrich Beck gegen den Hauptvorwurf der Tendenz seiner Veröffentlichung von insgesamt zehn Büchern zum italienischen Faschismus. Sie hätte begonnen auf Anregung von Oswald Spengler, der im erfolgreichen faschistischen Beginn 1923 einen allgemeinen kosmopolitischen Wandel sah, dem man sich historisch stellen müsse. Von dessen Sympathie für diese Bewegung sagte der Verleger nichts und auch nichts darüber, dass er selbst vielleicht sogar diese Meinung teilte. Wohl aber, dass Spengler im italienischen Faschismus einen Gegensatz sah zum deutschen Nationalsozialismus, der erst zehn Jahre später seinen Durchbruch feiern konnte und von ihm sehr bald entschieden abgelehnt worden ist. Hier zunächst eine Übersicht über die zehn Bücher:
Johann Wilhelm Mannhardt, Faschismus, 1925
Paul Herre, Die Südtiroler Frage, 1927
Eduard Reut-Nicolussi, Tirol unterm Beil, 1928 und 1930

die blosse Ankündigung der Zeitschrift als "unabhängiges Organ" wurde von dem NS Rechtswahrerbund und seinem Pressechef Du Prel schon als eine Herausforderung angesehen. Es erfolgten schwere Angriffe auf die Zeitschrift seitens der Partei, und schliesslich wurde die Beschlagnahme eines Heftes durch die Gestapo erwirkt. Ich wurde persönlich vor den Reichsjuristenführer und Reichsminister Dr. Hans Frank zitiert und gezwungen, die Zeitschrift unter die Aufsicht des NS Rechtswahrerbundes zu stellen. Ein unerwünschter Herausgeber wurde mir aufgenötigt. Von da ab hatte ich jahrelang schwere Kämpfe mit dem Pressechef der deutschen Rechtsfront und dem Klüngel skrupelloser und fanatischer junger Funktionäre aus seiner Umgebung zu bestehen. Heute mag man sagen, ich hätte damals die Zeitschrift preisgeben sollen. Ich glaubte aber richtiger zu handeln, wenn ich den Kampf um die Erhaltung eines – so gut es in damaliger Zeit nur möglich war – sachlich-wissenschaftlich redigierten juristischen Organs mit Zähigkeit fortsetzte. Nicht so sehr das wirtschaftliche wie das ideelle Interesse war dabei für mich entscheidend. Auf mir lag aber auch die Verantwortung für meine Berliner Mitarbeiter, deren wirtschaftliche Existenz von der Fortführung der Zeitschrift abhing. Mein Berliner Verlagsprokurist Paul Ebel, den ich vom Verlag Liebmann übernommen hatte, war damals bereits 38 Jahre lang an der Zeitschrift tätig. Er hätte sich entwurzelt und verraten gefühlt, wenn ich den Kampf um die Zeitschrift aufgegeben hätte. Aus taktischen Gründen – vor allem, um ihr eine grössere Unabhängigkeit gegenüber dem NS Rechtswahrerbund zu sichern – wurde die "Deutsche Juristenzeitung" später als "Zeitschrift der Akademie für Deutsches Recht" fortgeführt. Die Verhandlungen, die ich in dieser Zeit mit dem Direktor der Akademie für Deutsches Recht, Karl Lasch, mit dem Geschäftsführer des NS Rechtswahrerbundes Heuber und anderen zu führen hatte, waren denkbar schwierig. Ich wurde von diesen Leuten nicht als gleichberechtigter Partner angesehen, sondern als Feind des Nationalsozialismus und Reaktionär; meine entgegengesetzten politischen Überzeugungen wurden mir als Mangel an Idealismus und Engherzigkeit ausge-

Aus den Spruchkammerakten von Heinrich Beck: S. 4 (von 16) seines «Lebenslaufes».

Kuno Renatus, Das neue Italien, 1933
Benito Mussolini, Der Geist des Faschismus, 1933
Emilio de Bono, Die Vorbereitungen und ersten Operationen zur Eroberung Abessiniens, 1936
Pietro Badoglio, Der abessinische Krieg, 1937
Vittorio Mussolini, Bomber über Abessinien, 1937
Rodolfo Graziani, Somali-Front, Vertragsabschluss 1938, erschienen 1940
Roberto Farinacci, Die faschistische Revolution, 3 Bde. Vertragsabschluss 1938, erschienen 1939–41.

Die Schriften von Herre und Reut-Nicolussi seien faschismusfeindlich gewesen, die von Mannhardt und Renatus faschismusfreundlich, der letztere aber ein entschiedener Gegner des Nationalsozialismus. Die Bücher der drei Marschälle de Bono, Badoglio und Graziani hätten dem allgemeinen europäischen Interesse an diesem Krieg gegen Äthopien 1935/36 entsprochen und der Vertrag über die drei Bände des damals in Deutschland unbekannten Farinacci sei ein Irrtum gewesen, der sich erst bei der Übersetzung herausstellte. Das haben die beiden Lektoren Gertrud Grote und Horst Wiemer ausführlich beschrieben. Auf Weisung des Verlegers wurde das Buch durch Kürzungen und Umformulierungen im Text entschärft, ohne dass in den Erklärungen Heinrich Becks und seiner beiden Mitarbeiter klar wurde, worin der Irrtum bestand. Heute kann man sagen, dass es die stark antisemitische Tendenz dieses frühen Mitstreiters Mussolinis gewesen ist, die er erst später im Gegensatz zum «Duce» vertreten hat. In der Begründung ihres «Spruchs» hat die Kammer erklärt, dass vom Verleger mit diesen zehn Büchern auch objektiv keine Propaganda für das NS-Regime gemacht worden ist. Was wohl zutrifft. Es war aber mit acht Büchern mindestens objektiv eine positive Stellungnahme zu einer Diktatur.

Dann wies Heinrich Beck darauf hin, dass er sich mit der Veröffentlichung von **Oswald Spenglers «Jahre der Entscheidung»** im August 1933 schon am Anfang der NS-Herrschaft gegen sie gewendet habe. Das Buch war in Teilen tatsächlich ein Angriff auf Hitler und seine Politik, ohne Vorankündigung an die Buchhandlungen ausgeliefert, um eine Beschlagnahme zu verhindern, und konnte so mit etwa 165 000 Exemplaren bis in die ersten Kriegsjahre verkauft werden, weil die NS-Stellen wegen des allgemein großen Ansehens von Spengler nicht mehr wagten, es öffentlich zu verbieten. Heinrich Beck schrieb an die Kammer:

«Dass ich mit diesem Kampf ein großes Wagnis auf mich nahm, dürfte auf der Hand liegen. Mir ist jedenfalls kein Beispiel dafür bekannt, dass irgendein anderer deutscher Verleger in jener Zeit mit seinen Veröffentlichungen gleich scharfe Opposition gegen die Partei getrieben hätte.»

Womit er wohl Recht hatte, auch wenn es noch andere gab, die verlegerischen Widerstand geleistet haben, aber meistens eher verdeckt wie Heinrich Beck später selbst mit dem Buch von Lenotre 1941. Vorsichtigen Widerstand gab es auch von Peter Suhrkamp, aber nicht so offensiv wie hier. Er hatte 1936 den «nicht arischen» Verlag von Samuel Fischer übernommen, weitergeführt, sich deshalb bei den NS-Größen unbeliebt gemacht und war 1944/45 wegen Hoch- und Landesverrats von der Gestapo verhaftet und in ihren Gefängnissen und Konzentrationslagern misshandelt worden. Dahinter stand ein Lockvogel dieser politischen Polizei, den er als solchen nicht erkannt hatte.

Spenglers «Jahre der Entscheidung» sind am Anfang und Ende eine offene Provokation an die Adresse Hitlers und der NSDAP gewesen, auch wenn 160 von 165 Seiten schon geschrieben waren, als Hitler am 30. Januar 1933 zum Reichskanzler ernannt wurde, nämlich über die Notwendigkeit einer «weißen Weltrevolution», die von der «weißen Rasse des Abendlandes» geführt werden müsse gegen die «farbige Weltrevolution» von Asiaten, Afrikanern und anderen. Aber im Juli 1933 schrieb er noch eine Einleitung von 12 Seiten. Über Hitlers «Machtübernahme heißt es dort, «Ich sehe mit Bedenken, dass sie täglich und mit so viel Lärm gefeiert wird», denn: «Richtige Gedanken werden von Fanatikern bis zur Selbstaufhebung übersteigert. Was als Anfang Großes versprach, endet in Tragödie oder Komödie.» Und auf der nach dem 30. Januar geschriebenen Seite 161 kann man lesen, dass er im weißen Abendland sehr langsam die Entstehung einer Rasse im «preußischen Geist» erwarte, aber einer «Rasse, die man hat, nicht eine zu der man gehört. Das eine ist Ethos, das andere Zoologie».

Schließlich beschrieb Heinrich Beck den schwierigen Weg der «Deutschen Juristen-Zeitung» nach der Übernahme des Liebmann'schen Verlags, auch dass während der Herausgeberschaft Baumbachs sogar ein Exemplar der Zeitschrift von der Gestapo beschlagnahmt worden ist, was bisher nicht bekannt war. Ihm sei dann ein «anderer» – den Namen Carl Schmitt nennt er nicht – von Hans Frank als Herausgeber aufgezwungen worden und schließlich bezieht er sich auf die Gleichschaltung mit der «Zeitschrift der Akademie für Deutsches Recht». Seine Bemerkung über verbale Angriffe und Drohungen von NS-Offiziellen wurde eindrucksvoll ergänzt durch einen Bericht Ottmar Kollmanns, des Schriftleiters der

Beck'schen «Deutschen Verwaltungsblätter», die 1940 gleichgeschaltet und verschmolzen wurden mit der NS-Zeitschrift «Deutsche Verwaltung», was er auch beschrieben hat. Ottmar Kollmann schilderte eine Besprechung mit Max du Prel, Presseamtsleiter des Bundes Nationalsozialistischer Juristen in Berlin, der Heinrich Beck «im Stil und Ton eines Ketzerrichters gegenüber einem der Häresie Verdächtigen» als «Reaktionär» beschimpfte, weil bei einem solchen Verleger selbst mit Carl Schmitt als Herausgeber das Blatt niemals ein nationalsozialistisches Organ werden könne.

Auf Grund dieser Verteidigung und der zugehörigen glaubhaften «eidesstattlichen» Berichte bat die Münchener Spruchkammer X, die für den Norden der Stadt zuständig war, die Kommission im Kultusministerium um eine neue Stellungnahme. Die kam am 11. September 1947 und war entschieden milder als ihr Gutachten von 1946. Darauf erging am **1. Oktober 1947 der «Spruch»** der Kammer. Heinrich Beck wurde eingestuft als Mitläufer der Gruppe IV, nicht, wie beantragt, als Minderbelasteter der Gruppe III. Im Übrigen wurde er nur zu einer symbolischen Geldbuße von 500 Reichsmark verurteilt, weil die Prozesskosten von etwas mehr als 100 000 Mark wegen seines Vermögens ohnehin schon sehr hoch waren. Kernsatz der fünfseitigen Begründung ist die Feststellung der Spruchkammer:

«Sie hat aus dem Verhalten des Betroffenen als Verleger den Eindruck gewonnen, dass sich dieser auch während der Zeit des Dritten Reiches sehr wohl seiner Pflichten als demokratisch und liberal eingestellter Staatsbürger bewusst geblieben ist und dass er trotz schweren auf ihn ausgeübten Druckes mit Erfolg bestrebt war, seinen Verlag von nationalsozialistischen Einflüssen nach Möglichkeit freizuhalten und damit die Tradition seines international angesehenen Unternehmens im guten überlieferten Sinne hochzuhalten.»

Die Worte «demokratisch und liberal» gehen wohl etwas zu weit. Richtiger würde es gewesen sein festzustellen, dass er ein anständiger, toleranter Konservativer geblieben war. Die Entscheidung ist durch Rechtsmittelverzicht beider Seiten, des öffentlichen Klägers und Heinrich Becks, am 13. Oktober 1947 rechtskräftig geworden und wurde am 5. Januar 1948 von der Special Branch der Militärregierung nicht beanstandet. Heinrich Beck war wieder ein freier Mann ohne Berufsverbot und ohne Einziehung seines Vermögens.

Der Spruch war korrekt. Denn nach Artikel 11 des Gesetzes galt als Mitläufer (Gruppe IV), «wer nicht mehr als nominell am Nationalsozialismus teilgenommen ... hat.» Eine Beurteilung als Entlasteter (Gruppe V) würde nach Artikel 13 vorausgesetzt haben, dass Heinrich Beck aktiv Widerstand geleistet und dadurch Nachteile erlitten hat. Im Großen und Ganzen hat der Verlag im «Dritten Reich» aber gut verdient. Deshalb würde eine Einstufung nach Artikel 13 – trotz mancher Beschlagnahmen – falsch gewesen sein. Der Spruch ist im Anhang dieses Buches auf S. 551 ff. abgedruckt.

XIV. Aufarbeitung von Unrecht des Nationalsozialismus
Rückerstattung. Entschädigung.

Aufarbeitung von Unrecht des «Dritten Reichs» kann leicht ausarten zu ihrem Zerrbild, dem leeren und kalten Vergessen, schreibt Theodor Adorno, nämlich dann, wenn man damit einen Schlußstrich ziehen und das Vergangene aus der Erinnerung wegwischen will. So war es nicht im westlichen Deutschland. Es gibt kein Land, das so intensiv Vergangenheitsbewältigung betrieben hat und immer noch betreibt wie die Bundesrepublik, nicht nur juristisch, auch politisch und ökonomisch. Das beginnt mit Konrad Adenauer, der gegenüber den von Hitler überfallenen Nachbarn mit der Aufgabe von Souveränitätsrechten 1951 in der Montanunion begonnen hat, wurde fortgesetzt von Willy Brandt mit dem Kniefall 1976 vor dem Ehrenmal für die Opfer der jüdischen Ghettos in Warschau bis zur Außenpolitik der Bundesrepublik, für die bis heute die israelisch-deutschen Beziehungen «von ganz besonderer Art» sind.

So hat Konrad Adenauer, zu der Zeit als die Montanunion gegründet wurde, gegen seinen Finanzminister Fritz Schäffer und den heftigen Protest arabischer Staaten in den schwierigen Haager Verhandlungen über eine Globalentschädigung für den Staat Israel und der Individualwiedergutmachung an die Conference on Jewish Claims against Germany 1951/52 letztlich mit Nachdruck für eine möglichst großzügige Lösung gesorgt, wobei das aber alles von «oben» geregelt wurde.

Die Deutschen sind aber an einer vermögensrechtlichen Wiedergutmachung für die Opfer der Rechtsverwüstung im «Dritten Reich» in den drei westlichen Besatzungszonen und später in der Bundesrepublik relativ uninteressiert gewesen. So hat zum Beispiel das bayerische Justizministerium im Oktober 1945 ein Rückerstattungsgesetz entworfen, aber in der Begründung gleich erklärt, dass eine Gesamtregelung noch sinnlos sei. Auch waren dessen Regelungen halbherzig. So sollte ein «Ariseur» geschützt werden, der vor der «Reichskristallnacht» am 9. November 1938 jüdisches Eigentum erworben hatte. Das war aber gar nicht möglich. Denn spätestens seit den Nürnberger Rassegesetzen vom September 1935 konnte man nicht mehr «gutgläubig» sein. Außerdem gab es Ende

1938 kaum noch nennenswertes jüdisches Vermögen. Das meiste war schon «arisiert».

Wegen des Versagens deutscher Instanzen haben die Westalliierten in ihren Besatzungszonen **Rückerstattungsgesetze** erlassen, die von Presse, Wirtschaft, Juristen und anderen zum Teil hart kritisiert wurden. Sehr unterschiedliche Vorreiter waren im November 1947 das amerikanische Gesetz Nr. 59 und die französische Verordnung Nr. 120. Erst im Mai 1949 folgte das britische Gesetz Nr. 59 und im Juli des Jahres für Berlin eine Verordnung der Alliierten Kommandantur BK/O (49) 180.

Diese Gesetzgebung der Alliierten war allerdings noch unvollständig. Sie regelte nur die Rückgabe von Gegenständen, die im «Dritten Reich» durch politische oder rassistische Verfolgung entzogen worden waren. Das war aber oft nicht mehr möglich. Deshalb hat das **Bundesrückerstattungsgesetz** 1957 gegen die Erwerber Schadensersatz- oder andere Geldansprüche begründet.

Ein langes Hin und Her gab es wegen der Wiedergutmachungsgesetze für immaterielle Schäden insbesondere an Leib und Leben. Erst 1953 ist ein Bundesgesetz zur Entschädigung für Opfer der NS-Verfolgung erlassen worden. Es musste immer wieder nachgebessert werden, bis zum Bundesentschädigungs-Schlussgesetz von 1965. Da gab es das «Dritte Reich» schon seit zwanzig Jahren nicht mehr.

Dieses komplizierte Recht zur Wiedergutmachung von NS-Unrecht ist auch im Verlag C.H.Beck dokumentiert und kommentiert worden. Die wesentlichen Vorschriften des Alliierten Kontrollrats wurden in den «Schönfelder» aufgenommen. Unter seinen Nummern 1 bis 20 waren die wesentlichen «Grundgesetze» des «Dritten Reichs» ersetzt durch Gesetze des Kontrollrats und der Militärregierungen zur Aufhebung von NS-Recht oder die Proklamation Nr. 3 für die Umgestaltung der Rechtspflege. Die alliierten Rückerstattungs- und Entschädigungsgesetze erschienen bald in kleinen roten Textausgaben.

Die Kommentare konzentrierten sich zunächst auf das amerikanische Rückerstattungsgesetz. Der bedeutendste davon war der von Harmening/Hartenstein/Osthoff im Metzler Verlag. Die Lücke einer Kommentierung des britischen Gesetzes schloss dann 1950 C.H.Beck mit dem «Rückerstattungsrecht» von Egon Kubuschok und Rudolf Weißstein. Egon Kubuschok war Rechtsanwalt in Bad Honnef am Rhein, Rudolf Weißstein Regierungsdirektor im Hessischen Landesamt für Vermögenskontrolle und Wiedergutmachung. Sie machten es originell. Die beiden Gesetze ähnelten sich sehr. Deswegen wurden ihre einzelnen Vorschriften als Synopse einer einheitlichen Kommentierung vorangestellt, in der dann nur noch auf Abweichungen besonders hingewiesen wurde. Während dieser Kommentar zum alliierten Rückerstattungsrecht nur einer von vielen war, hatte der 1958 erschienene zum Bundesrückerstattungsgesetz von Georg Blessin, Ministerialrat im Bundesfinanzministerium, und Hans Wilden, Richter am Bundesgerichtshof, geschriebene nur noch einen «Rivalen».

Zuvor war 1954 bei C.H.Beck zum ersten Mal ein führender Kommentar zum Wiedergutmachungsrecht erschienen, nämlich zu den **Bundesentschädigungsgesetzen** von Georg Blessin und Hans Wilden, damals noch Oberregierungsräte in den Bundesministerien der Finanzen und der Justiz. Er hatte mehrere Auflagen bis 1967 zum Bundesentschädigungsschlussgesetz, das an die Ursprungsfassung des BEG getreten war. Da war Georg Blessin bereits Finanzpräsident und der Nachfolger von Hans Wilden wurde Landgerichtsrat Hans Gießler. Nun konnte der Kommentar über eine umfangreiche Rechtsprechung berichten und musste viele zusätzliche Vorschriften berücksichtigen. Das führte zu einem Umfang von fast 1200 Seiten. Er hat genau über die Rechtslage informiert, blieb aber in Einzelfragen Kind seiner Zeit und lehnte noch Entschädigungsansprüche ab, über die man heute wohl anders denken würde.

Das Ganze wurde begleitet durch die Zeitschrift **Rechtsprechung zur Wiedergutmachung – RzW,** seit 1949 einmal im Monat als Beilage zur NJW, zunächst nur mit der maßgeblichen Rechtsprechung, seit 1957 als normale Zeitschrift zusätzlich mit Aufsätzen und Mitteilungen zum Rückerstattungs- und Entschädigungsrecht. Damit ist sie auch ein wichtiges Diskussionsforum für die schwierige Aufgabe gewesen, das fürchterliche Unrecht angemessen aufzuarbeiten, das der NS-Staat hinterlassen hatte. Schließlich ist die RzW dann noch als eigene Zeitschrift erschienen, losgelöst von der NJW, nämlich von 1961 bis 1981, zwanzig Jahre. Man ahnt, wieviel da noch zu tun war.

Daneben ist bei C.H.Beck seit 1974 eine Reihe von bisher sechs Büchern erschienen über «Die Wiedergutmachung nationalsozialistischen Unrechts durch die Bundesrepublik Deutschland», herausgegeben vom **Bundesfinanzministerium** und dem Frankfurter Rechtsanwalt **Walter Schwarz.** Im ersten Band beschreibt der Anwalt auch die Rückerstattung nach den alliierten Gesetzen. Die Rückerstattungs- und Entschädigungsgesetze, ihre Entstehung und praktische Umsetzung werden anschaulich und oft sehr genau nachgezeichnet, im dritten Band auch «Der Werdegang des Entschädigungsrechts unter national- und völkerrechtlichem und politologischem Aspekt» von Ernst Féaux de la Croix und Helmut Rumpf, hohen

Beamten des Bundesfinanzministeriums. Später erschien 2000 die Schrift «Wiedergutmachung und Kriegsfolgenliquidation. Geschichte – Regelungen – Zahlungen» von Hermann-Josef Brodesser und anderen, die auf 250 Seiten einen guten kurzen Überblick über letzte Entwicklungen im Wiedergutmachungsrecht gibt. Zunächst hatten diese Bände lediglich die Funktion, nachträglich über die Praxis der Wiedergutmachung in Deutschland zu informieren. Mit der Wiedervereinigung war aber auch das im Gebiet der DDR verübte NS-Unrecht aufzuarbeiten. Dazu ließ sich nun auch für die praktische Arbeit auf diese Werke zurückgreifen.

Last but noch least, 1990 ist von **Horst Göppinger,** bis 1979 Richter am Oberlandesgericht Stuttgart, bei C.H.Beck die 2., völlig neubearbeitete Auflage seines Buches «Juristen jüdischer Abstammung im ‹Dritten Reich›. Entrechtung und Verfolgung» erschienen (1.Auflage 1963 im Ring-Verlag). Er beschreibt in 500 Kurzbiografien sehr genau die entsetzliche Brutalität der Nationalsozialisten gegen jüdische Juristen und gleichzeitig die fast noch schlimmere Passivität ihrer Kollegen, Juristen, die das duldeten und gegen dieses Unrecht nicht vorgegangen sind. Auch solch ein Buch ist Aufarbeitung von Unrecht des Nationalsozialismus. Es folgten von Tillmann Krach «Jüdische Rechtsanwälte in Preußen» (1991) und 1993 das umfangreichste Werk dieser Art «Deutsche Juristen jüdischer Herkunft», herausgegeben von Helmut Heinrichs, Harald Franzki, Klaus Schmalz und Michael Stolleis.

XV. Berliner Niederlassung und Nördlinger Druckerei
nach Kriegsende 1945

Die Berliner Niederlassung in der Potsdamer Straße lag im amerikanischen Sektor der Stadt wie der Münchener Verlag in der amerikanischen Besatzungszone. Das Gebäude war im Gegensatz zu dem in München nicht zerstört. Aber hier wie dort galt die JCS 1067 und das Militärregierungsgesetz Nr. 191, zumal das Hauptquartier der Information Control Division (ICD) in Berlin lag. Jede verlegerische Tätigkeit war verboten. Aber als Gustav End am 30. August 1946 die Lizenz für den Biederstein Verlag in München erhielt, galt sie auch für die Zweigstelle in Berlin. So erschien die Textausgabe des neuen Ehegesetzes im Kontrollratsgesetz Nr. 16 vom 20. Februar 1946 im «Biederstein Verlag München und Berlin» ebenso wie der erste richtige Nachkriegs-Palandt in 7. Auflage 1949 mit einem Vorwort von Otto Palandt, geschrieben im April, also noch vor der Gründung der Bundesrepublik im Mai. Man darf auch annehmen, dass vor der Übernahme der Verantwortung durch Gustav End am 1. September 1946 der Prokurist Paul Ebel und vielleicht noch der eine oder andere Mitarbeiter aus der Zeit vor Kriegsende sich in der Potsdamer Straße ein wenig um den Betrieb gekümmert hat ohne verlegerische Tätigkeit.

Ganz anders war es in Nördlingen. Dort sind am 23. April 1945 amerikanische Truppen ohne Widerstand einmarschiert und nach dem JCS 1067, dem Militärregierungsgesetz Nr. 191 und der Nachrichten-Kontrollvorschrift Nr. 1 ruhte die Arbeit. Nur ein Hausmeisterdienst war erlaubt. Aber hier ging es schon Ende Mai 1945 wieder richtig los. Denn die Druckerei war im Krieg nicht beschädigt, nach dem damaligen Stand der Technik ein modern eingerichteter Betrieb, der größte in der kleinen Stadt mit einem hervorragenden Ruf weit und breit. Direktor der C.H. Beck'schen Buchdruckerei, so hieß sie weiter, war seit 1928 Georg Heydolph, der mit seiner Familie weiter in den oberen Stockwerken des alten Bürogebäudes wohnte. Und Heinrich Beck blieb Eigentümer.

Die ersten Aufträge kamen von der US-Ortskommandantur, einem Artilleriebataillon. Die ließ ihre Bataillonszeitung drucken, Bekanntmachungen für die deutsche Bevölkerung und in hohen Auflagen die großen Entnazifizierungsfragebögen mit 100 Erkundigungen zur Überprüfung des

Verhaltens aller erwachsenen Deutschen im «Dritten Reich». Außerdem wurden für deutsche Rechnung weiter Lebensmittelkarten gedruckt wie vorher im Krieg und daneben manches andere wie Drucksachen für die Reichsbahndirektionen Augsburg und München. Seit Ende 1945, Anfang 1946 kamen auch Druckaufträge für Bücher von solchen Verlagen dazu, die wie Hanser, Kaiser oder Piper schon Lizenzen von der amerikanischen ICD erhalten hatten, auch vom großen wissenschaftlichen Verlag Julius Springer in Berlin, weil dessen eigene Druckerei in Würzburg während des Kriegs zerstört worden war.

Die beiden Voraussetzungen für die Weiterarbeit waren erfüllt, nämlich die politische und die technische. Politisch war Georg Heydolph im «Dritten Reich» völlig unbelastet geblieben, so dass er die Erlaubnis der ICD zur Weiterarbeit erhielt, und technisch war der Betrieb, wie gesagt, immer noch auf hohem Stand.

XVI. Biederstein Verlag
Statthalter für CHB

1. Gustav End

Gustav End, von Freunden wegen seines heiteren Gemüts «Happy End» genannt, kam im September 1945 mit zwei Koffern aus Tirol nach München, als Mitfahrer auf einem kleinen Lastwagen voller Mobiliar. Das gehörte einer Frau, die mit ihrem Kind aus Italien in ihre Wohnung nach München fuhr. Es war auch nicht leicht, bei Kufstein über die Grenze zwischen Österreich und Bayern zu kommen. Aber schließlich ließen die amerikanischen Soldaten sie durch. Seine Familie hatte er in seiner Bleibe bei Innsbruck zurückgelassen, um erstmal allein die Rückkehr nach München vorzubereiten, wo er groß geworden war und seine Mutter noch lebte. Dort traf er auch seinen Vetter Heinrich Beck. Sie kannten sich seit langem.

Gustav End (1900–1994) wurde im nordbayerischen Hof geboren. Dort ist sein Vater Wilhelm End von 1899 bis 1909 Direktor einer Realschule gewesen, auf der man die «mittlere Reife» machte. Wilhelm End war verheiratet mit Mathilde Rohmer, Tochter von Eugenie und Ernst Rohmer, der von 1857 bis 1884 den Verlag Beck geleitet hat. Gustav End und Heinrich Beck hatten also dieselbe Großmutter, Eugenie Beck/Rohmer, geborene Heinzelmann. Sie nannten sich Vettern. Juristisch waren sie so genannte Halbvettern, weil die Großväter nicht dieselben waren:

Wilhelm End war nach seiner Zeit in Hof «Geheimer Rat» im bayerischen Kultusministerium geworden. So hat sein Sohn Gustav den größten Teil seiner Jugend in München gelebt, dort Abitur gemacht und Literaturwissenschaft studiert, war im berühmten «Kutscher-

Gustav End

XVI. Biederstein Verlag

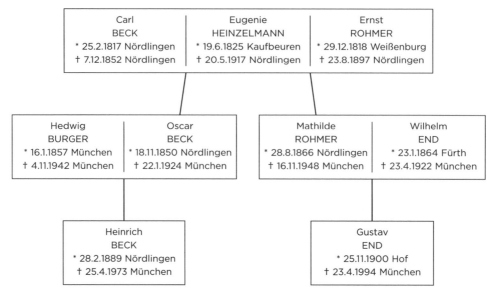

Das Verwandtschaftsverhältnis von Gustav End zur Familie Beck.

Seminar» bei Professor Artur Kutscher und wohnte als Student in Schwabing, das schon damals seine Heimat wurde. Er wollte Verleger werden wie sein Vetter Heinrich und ging deshalb 1925 nach Leipzig, um dort das Handwerk zu lernen im großen Schulbuch- und Pädagogik-Verlag Julius Klinkhardt.

Dort blieb er drei Jahre. Dann versuchte er, 1928 in Berlin einen eigenen Verlag zu gründen, und landete hier stattdessen in der Verlagsleitung der Deutschen Buch-Gemeinschaft. Als größtes Unternehmen dieser Art mit mehr als 300000 Mitgliedern konnte sie es sich im «Dritten Reich» leisten, kein einziges nationalsozialistisches Buch zu veröffentlichen. In ihrer Zeitschrift für die Mitglieder gab es auch keinen Hitlergruß. Es hieß nicht «Heil Hitler», sondern «Verehrte Freunde» und am Ende «in Freundschaft und ergebenst». So war Gustav End im Beruf gegen das NS-System abgegrenzt und brauchte nicht wie sein Vetter in die NSDAP einzutreten. Er war auch privat ein stiller Gegner der Nationalsozialisten, der sich äußerlich anpasste. So hat er das «Dritte Reich» völlig unbelastet überstanden. Am Ende des Kriegs, als die umfangreichen Verwaltungsgebäude der Buchgemeinschaft zerstört waren und die Situation in der Stadt immer bedrohlicher wurde, hat er Berlin mit seiner Familie verlassen und fuhr nach Tirol, das bis Ende April 1945 wie ganz Österreich als «Ostmark» noch ein Teil des Deutschen Reichs gewesen ist.

Als er dann nach zwanzig Jahren wieder nach München kam, um in seiner alten Heimat eine neue Existenz zu finden, hat er mit dem «Verleger, Vetter und Freund Heinrich Beck» – so nannte er ihn in einer kleinen Erinnerungsschrift – lange Gespräche geführt über eine gemeinsame Lizenz für dessen Verlag und die Deutsche Buch-Gemeinschaft, mit der er immer noch vertraglich verbunden war. Dafür hat er einen Antrag gestellt bei der «Information Control» in München. Denn er war politisch nicht belastet und hatte vorzügliche Fachkenntnisse. Es dauerte fast ein Jahr. Die Amerikaner verlangten zunächst, der Beck'sche Verlag müsse an ihn verkauft werden. Er erreichte schließlich, dass sie sich mit einem Pachtvertrag einverstanden erklärten, und erhielt am 30. August 1946 die Lizenz Nr. US-E-178 mit der Unterschrift des Colonel (Oberst) …, Name unleserich, von dieser Dienststelle der Militärregierung in München für die «Veröffentlichung von Büchern und Zeitschriften» auf einer Riesenurkunde von 50 x 40 Zentimetern, englisch und deutsch. Sie musste öffentlich in seinem Betrieb an einer deutlichen Stelle angeschlagen sein. So hat er seit dem 1. September im Norden Schwabings, Dietlindenstraße 14, das Unternehmen Heinrich Becks weitergeführt unter der Bezeichnung «Biederstein Verlag». Der neue Name war geschickt gewählt. Er bedeutete, dass im Oval des alten Verlagszeichens mit dem Greifen ein «B» erscheinen konnte. Biederstein – mit der Dietlindenstraße – war ein Gebiet Schwabings am Rand des Englischen Gartens hinter dem Kleinhesseloher See. Dort lag das Wohnhaus Heinrich Becks.

2. Der Anfang: 1946/47

Es ging nur langsam voran. Die wenigen noch übrig gebliebenen Mitarbeiter des Verlags arbeiteten in getrennten, provisorischen Behausungen. Das Gebäude in der Wilhelmstraße 9 war am Ende des Kriegs durch Bomben völlig zerstört, das Papier knapp und man arbeitete in Überstunden bis in den sehr späten Abend. Das erste Buch, das 1946 in der Nördlinger Druckerei für «Biederstein» gedruckt worden ist, war, wie beschrieben, der Kommentar von Erich Schullze, er schrieb sich wirklich mit Doppelell, zum «Gesetz zur Befreiung von Nationalsozialismus und Militarismus», auf dem Titelblatt mit dem «B» im Oval, auf das der alte Greif seine rechte Pfote setzt. Von vielen anderen, die jeweils nur eine Auflage erreichten, war er der erfolgreichste. Das zweite Buch war genauso gut ausgewählt nach der Katastrophe des «Dritten Reichs», nämlich die «Geschichte der

Weimarer Verfassung» von Willibalt Apelt. Sie ist die erste Darstellung ihrer Geschichte gewesen, geschrieben von einem kompetenten Autor. Willibalt Apelt (1877–1965) war Jurist, 1918/19 Mitarbeiter von Hugo Preuß im provisorischen Reichsamt des Innern, in dem die Verfassung entworfen worden ist. 1920 wurde er Professor des öffentlichen Rechts in Leipzig und 1933 von den Nationalsozialisten entlassen, weil er in der Weimarer Zeit Mitbegründer der liberalen Deutschen Demokratischen Partei in Sachsen gewesen war. Nach dem Krieg ist er Professor für Staats- und Verwaltungsrecht an der Münchner Universität geworden.

Ende Mai, Anfang Juni 1945 nahmen die ersten deutschen Amts- und Landgerichte ihre Arbeit wieder auf. Im Frühjahr 1946 sind sämtliche Zivil- und Strafgerichte in allen Westzonen wieder in Betrieb gewesen, alles unter Kontrolle der Alliierten und mit viel zu wenig Richtern und Staatsanwälten. Im Herbst und Winter 1945 waren die Universitäten wieder geöffnet worden und mit ihnen ihre juristischen Fakultäten. Sie alle konnten mit der bisherigen Literatur der NS-Zeit nur in wenigen, völlig unpolitischen Gebieten weiterarbeiten. Man brauchte neue juristische Bücher.

Dazu erschienen 1946 unter acht anderen auch vier juristische, nämlich eine rote Textausgabe des BGB, eine zweite des von den Alliierten entnazifizierten Ehegesetzes von 1938 als Kontrollratsgesetz Nr. 16, die 7. Auflage von Baumbachs Kurz-Kommentar zum Handelsgesetzbuch und eine Palandt-«Sonderausgabe der §§ 1 bis 432 BGB», ein politisch durch Schwärzungen bereinigter Teilnachdruck der 6. Auflage von 1944. Sie ist wohl nur in kleiner Zahl erschienen und heute unauffindbar, weder im Verlagsarchiv vorhanden, auch nicht zu finden in den Katalogen öffentlicher Staats- und Universitätsbibliotheken oder im Antiquariatsangebot des Internet.

1947 waren es schon 30 neue Bücher, davon 22 juristische, darunter die 3. Auflage des Kommentars von Adolf Schönke zum Strafgesetzbuch und zwei neue Lehrbücher, der Anfang der später Kurz-Lehrbücher genannten, nämlich von Friedrich Lent zum Zivilprozessrecht (237 S.) und Günther Beitzke zum Familienrecht (172 S.). Beide Autoren hatten im «Dritten

---

MEINEN SÖHNEN

Ein Dämon stieg aus zügellosen Massen
und warf ein Volk in Irrwahn und Verblendung;
des Geistes Würde, sie erlag der Schändung
durch Höllenkräfte, die den Menschen hassen.

Im blutigen Sturm des Krieges kam die Wendung,
doch mag kein Hirn die Zahl der Opfer fassen,
die Glück und Sinn des Lebens mußten lassen,
daß Wahn gedeihen konnte zur Vollendung.

So seid auch Ihr den schweren Weg gegangen
mit den Gefährten Eurer reinen Jugend;
nicht durftet Ihr gereift ans Ziel gelangen,

doch ward Euch eigen alle Mannes Tugend.
Der nie ich Eure Gräber sehen werde,
leg' diesen Kranz Euch auf die heilige Erde.

Apelt widmete die Geschichte der Weimarer Verfassung (sie erlebte 1964 eine 2., unveränderte Auflage) seinen Söhnen mit einem Sonett.

2. Der Anfang: 1946/47

DEUTSCHE GESETZESLISTE

Systematisches Fundstellenverzeichnis aller Rechtsvorschriften und Rechtsänderungen seit dem 8. Mai 1945

Teil A
Amerikanische Zone

Sonderveröffentlichung
der Neuen Juristischen Wochenschrift

BIEDERSTEIN VERLAG MÜNCHEN UND BERLIN

Anweisung
zur Benutzung der Gesetzausgaben
der C. H. Beck'schen Verlagsbuchhandlung
München und Berlin
November 1945

1. Zu streichen sind:

a) Alle Gesetze, Verordnungen und sonstigen Vorschriften, die **durch Gesetze**, Verordnungen, Allgemeine Vorschriften und Anweisungen **des Kontrollrats und der Militärregierung aufgehoben** oder als unanwendbar erklärt worden sind. Besonders zu beachten ist Gesetz Nr. 1 des Kontrollrats, durch das 25 nationalsozialistische Gesetze, Erlasse und Verordnungen sowie u. a. sämtliche sonstigen **Sonderbestimmungen gegen Juden und Ausländer** aufgehoben worden sind.

b) Alle Gesetze usw., die **infolge der Auflösung der NSDAP**, ihrer Gliederungen und angeschlossenen Verbände und der sonstigen in Gesetz Nr. 2 des Kontrollrats verzeichneten Ämter, Organisationen und Einrichtungen, sowie der Wehrmacht oder infolge sonstiger Maßnahmen zur Ausmerzung der NS und des Militarismus **gegenstandslos** oder überholt sind.

c) Alle Gesetze usw., die sich auf die vom NS-Reich **eingegliederten oder besetzten Gebiete** (Oesterreich, Sudetenland, Protektorat, Memelland, Danzig, Ostgebiete, Generalgouvernement, Eupen, Malmedy und Moresnet, Elsaß, Lothringen, Luxemburg usw.) beziehen und daher jetzt **gegenstandslos** sind.

d) Alle **Anmerkungen** und sonstigen Hinweise, die sich auf gemäß Abschnitt a–c außer Kraft getretene Vorschriften beziehen.

Zentrale Fragen: Was gilt weiter, was ist außer Kraft, was bestimmt das Besatzungsrecht? Links: «Sonderveröffentlichung der Neuen Juristischen Wochenschrift» im Biederstein Verlag (1949). Rechts: Beilagezettel vom November 1945 für diverse Textausgaben und Kommentare; außer Kraft getretene Vorschriften wurden zudem mit «Ungültig» gestempelt. So konnte damals z. B. noch der «Kurzkommentar» von Baumbach/Teichmann zum Arbeitsgerichtsgesetz (3. A. 1934) weiter verkauft werden.

Reich» Schwierigkeiten mit dem Regime, waren politisch nicht belastet und sind mit diesen Büchern bis heute Klassiker geworden. Im Übrigen waren es im Wesentlichen Textausgaben und die erste Nachkriegsauflage des «Schönfelder». Der musste nun nach dem Tod Heinrich Schönfelders völlig neu bearbeitet und von NS-Inhalten gereinigt werden, hieß auch nicht mehr «Deutsche Reichsgesetze», sondern «Deutsche Gesetze». Das war keine leichte Aufgabe des juristischen Lektorats. Die Hauptlast wird noch Walter Mallmann getragen haben, der bis zum Juli in München geblieben und dann zurück nach Tübingen gegangen ist, von wo er nach München gekommen war (siehe S. 147 f.). Wahrscheinlich hat er dann gleich im Verlag Mohr Siebeck angefangen, der von der französischen Militärregierung schon im Dezember 1945 eine Lizenz erhalten hatte. Seit dem ersten Er-

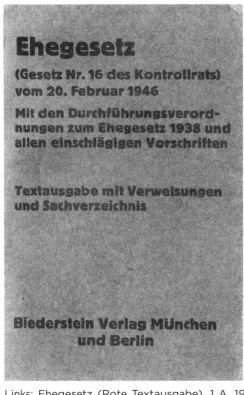

Links: Ehegesetz (Rote Textausgabe), 1. A. 1946. Published (wie alle Bücher damals) under Military Government Information Control License; das neue Gesetz in moderner Typographie. Rechts: Bürgerliches Gesetzbuch (Rote Textausgabe), 49. A. 1947, mit dem «BV» im Schild des Greifen für den «Biederstein-Verlag». Wegen des noch vorhandenen Stehsatzes blieb aus Kostengründen die Frakturschrift.

scheinen der «Juristenzeitung» 1951 war er dort deren Chefredakteur, bevor er Professor in Frankfurt und später in Gießen wurde. Sein Nachfolger war seit dem 1. August 1947 Carl Hoeller, der als juristischer Cheflektor bis weit in die Zeit der Bundesrepublik den Aufstieg der rechtswissenschaftlichen Literatur im Verlag Beck geleitet und ihr Profil bestimmt hat.

Das Ergebnis der 16 Monate von September 1946 bis Ende 1947 waren insgesamt 40 Bücher, davon 28 juristische. Als Jahresleistung ist das im Vergleich zur Produktion Heinrich Becks im «Dritten Reich» etwas weniger gewesen. Wen wundert das? Aber der juristische Anteil lag mit 70 Prozent um 16 Prozent höher (vgl. S. 138). Mit anderen Worten: «Biederstein» war in dieser Zeit noch stärker juristisch ausgerichtet als Heinrich Beck in jenen zwölf Jahren mit den ohnehin schon erstaunlichen 54 Prozent.

2. Der Anfang: 1946/47

Carl Hoeller (1913–2004) war Münchner, Sohn eines bayerischen Hauptmanns. In seiner Heimatstadt hat er nach dem Abitur Jura studiert und die beiden juristischen Staatsexamen bestanden, das erste 1935 mit «lobenswert», eine vorzügliche Note, heute «sehr gut», und das zweite 1939 mit «gut», immer noch weit oben. Sein Werdegang ergibt sich im Übrigen aus Akten des Berliner Bundesarchivs. Danach hat er während des 1935 begonnenen bayerischen Referendardiensts im Oktober 1937 den Antrag gestellt, in das Berliner Schulungshaus des Außenpolitischen Amts der NSDAP aufgenommen zu werden. Das ist zwei Monate später abgelehnt worden, obwohl er schon als Student im Mai 1932 Mitglied der SA und wenige Wochen später danach der NSDAP geworden war. Einzelheiten der Gründe werden nicht genannt. Das Außenpolitische Amt seiner Partei hat Adolf Hitler im April 1933 gegründet, nachdem er im Januar zum Reichskanzler ernannt worden war, und zwar als Gegengewicht zum Auswärtigen Amt unter dem konservativen Konstantin von Neurath. Der war schon 1932 auf Drängen des Reichspräsidenten Hindenburg Außenminister geworden und musste es auch nach dessen Tod noch lange bleiben wegen seines großen Ansehens im Ausland. Leiter des Außenpolitischen Amts der NSDAP war Alfred Rosenberg.

Auch ist er während der Referendarzeit vom 23. Januar bis Ende Juli 1938 im Münchner Reichsrechtsamt unter der Leitung von Hans Frank beschäftigt gewesen, wahrscheinlich freiwillig. Einen Tag, bevor er dort anfing, wurde ihm am 22. Januar ein Zeugnis der «Kameradschaft» geschrieben, in dem es heißt: «Hier ließ er erkennen, dass er sich mit den Gedanken des Nationalsozialismus, die er stets auf das Eifrigste vertrat, innerlich auseinandergesetzt hat.» Solche Zeugnisse waren besonders für das zweite Staatsexamen wichtig, das wie das erste seit 1934

Carl Hoeller

nach dem «Führerprinzip» durchgeführt wurde. Danach entschied der Vorsitzende einer Kommission von drei Prüfern allein über die Note und berücksichtigte dabei nicht nur die juristischen Kenntnisse des Kandidaten, sondern auch die in solchen politischen Zeugnissen beschriebene Bewährung als Nationalsozialist. Es konnte sogar vorkommen, dass jemand trotz unzureichender juristischer Kenntnisse auf Grund eines besonders positiven politischen Zeugnisses nach dem «Führerprinzip» die Prüfung bestanden hat, aber wohl sicherlich nicht mit «gut» wie Carl Hoeller, der damit mindestens in den oberen 20 % der 1939 im Deutschen Reich geprüften Kandidaten lag.

Die im Berliner Archiv vorhandenen Akten bestätigen, dass er danach in der Justiz gearbeitet hat und dann in das Reichsjustizministerium gekommen ist. Dort war er zuständig für Strafsachen, die zur Zuständigkeit der Sondergerichte gehörten, die auch Todesurteile zum Beispiel nach der Gewaltverbrecherverordnung von 1939 aussprechen konnten. Er hat sich 1941 gewehrt, als er aus dieser Stellung entfernt werden sollte durch Einberufung zum Wehrdienst. Die kam trotzdem im Dezember und endete fünf Monate später im Mai 1942. Nach der Entlassung aus dem Wehrdienst wurde er im Reichsjustizministerium wieder mit derselben Zuständigkeit wie vorher beschäftigt. Dann beantragte er 1944 die Versetzung in die Münchener Justiz, und zwar mit der Begründung, dass seine beiden Eltern sehr krank geworden seien. Sie wurde nicht genehmigt. Aber er kam danach sehr bald in die Präsidialkanzlei und blieb dort bis zum Kriegsende, seit August 1944 als Oberregierungsrat. Die Präsidialkanzlei mit ihrem Leiter Otto Meissner, engster Mitarbeiter der deutschen Reichspräsidenten Ebert und Hindenburgs seit 1919, blieb mit ihm auch unter Adolf Hitler seit Hindenburg Tod 1934 bis Kriegsende 1945 bestehen, nun als Teil der Reichskanzlei, seit 1939 im Schloss Bellevue und reduziert vor allem auf repräsentative Zuständigkeiten wie die Verleihung von Orden und Ehrenzeichen. Dann folgten für Carl Hoeller 14 Monate in amerikanischen Lagern. Ein bewegtes Leben für den inzwischen 33-Jährigen. Das änderte sich nun bald.

Erstmal arbeitete er noch ein Jahr in einer Anwaltskanzlei und traf dann bei einem Besuch in München 1947 seinen alten Studienfreund Alfred Flemming, seit 1934 juristischer Mitarbeiter des Beck'schen

Schönfelder-Ordner des Biederstein Verlags (BV).

Verlags. Der erzählte ihm, dass im Biederstein Verlag noch im selben Jahr die Stelle eines juristischen Lektors frei werde, weil Walter Mallmann nach Tübingen wollte. Heinrich Beck erfuhr von Flemming die hohe juristische Qualifikation Hoellers, sprach mit ihm und stellte ihn als Nachfolger Mallmanns ein. Das konnte er, weil der Biederstein Verlag 1947 mit Zustimmung der Information Control eine GmbH geworden war, in der er neben Gustav End zweiter Gesellschafter und Geschäftsführer gewesen ist. Die berufliche Unruhe von Carl Hoeller war beendet. Bis zu seiner Pensionierung 1978 – mit 65 Jahren – ist er der maßgebende Jurist des Verlags geblieben, der seit 1949 wieder C.H.Beck hieß, hoch geachtet als begabter Diplomat, vorzüglicher Formulierer, Berater und Vertrauensmann von Heinrich Beck. Und Alfred Flemming, der ihn vorgeschlagen hat, war damals wesentlich daran beteiligt, dass eine weitere Voraussetzung für diesen Aufstieg geschaffen worden ist. 1947 war auch das Jahr des Erscheinens der NJW.

3. Gründung der Neuen Juristischen Wochenschrift

Es ist ein mühsamer Weg von zwei Jahren gewesen. Die erste Besprechung fand statt im September 1946, kurz nach der Gründung des Biederstein Verlags. Das erste Heft der NJW erschien im Oktober 1947. Dann gab es noch einen Rechtsstreit von November 1947 bis Juli 1948. Endlich war alles geschafft. Seit August 1948 konnte die Zeitschrift ungehindert erscheinen. Sie wurde das erfolgreichste juristische Fachblatt der Bundesrepublik und wesentlicher Grund für die Karriere von C.H.Beck.

Als die erste Besprechung im Verlag stattfand, war die Konkurrenz mit zwei juristischen Zeitschriften schon ziemlich weit voraus und bevor die erste NJW erschien, gab es noch zwei weitere. Im April 1946 entstand im Heidelberger Verlag Lambert Schneider die Süddeutsche Juristen-Zeitung für die amerikanische Zone, im Juli bei Mohr Siebeck in Tübingen die «Deutsche Rechts-Zeitschrift» für die französische. Sie wurden 1951 zusammengelegt als «Juristen Zeitung» des Verlags Mohr Siebeck. Im April 1947 kam die «Monatsschrift für Deutsches Recht» im alten Hamburger Verlag Otto Meissner hinzu, der wegen der Zerstörung seines Gebäudes im Krieg in die kleine Stadt Bleckede an der Elbe südöstlich von Hamburg umgezogen war, und seit Juli 1947 erschien bei de Gruyter in Berlin die «Juristische Rundschau».

Die Besprechung im September fand statt mit Gustav End, Heinrich Beck und Rechtsanwalt Valentin Heins, dem von der Münchener Militärbehörde eingesetzten Treuhänder für den Verlag C.H.Beck. Außerdem waren dabei Karl Schröpel, vorher Prokurist bei C.H.Beck, jetzt des Biederstein Verlags, dem Palandt-Autor Wolfgang Lauterbach, der damals

Mitarbeiter des Zentralen Justizamts der britischen Zone gewesen ist, und **Alfred Flemming**, der noch in Wilhelmshaven lebte und bald die treibende Kraft bei der Gründung der Zeitschrift werden sollte.

Zunächst wollte man es jedoch über Wolfgang Lauterbach und seine Verbindung zu Wilhelm Kiesselbach versuchen, dem Leiter des Zentraljustizamts in Hamburg und gleichzeitig Präsident des Oberlandesgerichts der Stadt. Es sollte ein Blatt in erster Linie für die praktischen Bedürfnisse der Justiz werden. Aber Kiesselbach lehnte ab wegen Überlastung. Er war seit Ende Mai 1945 immer noch schwer damit beschäftigt, möglichst viele alte NS-Richter in die Justiz zu bringen mit der von ihm erfundenen «Huckepack-Regel», nach der für jeden unbelasteten Richter ein belasteter von den Engländern zur Einstellung genehmigt worden ist.

Um die Jahreswende 1946/47 hatte Alfred Flemming dann die richtige Idee und die viel versprechende Marktlücke entdeckt: die Anwaltschaft. In Erinnerung an den großen Erfolg der Juristischen Wochenschrift als Organ des Deutschen Anwaltvereins schlug er schließlich noch vor, das geplante Blatt «Neue Juristische Wochenschrift» zu nennen, obwohl zunächst nicht mehr als ein Heft pro Monat möglich war. So hatte es die amerikanische Information Control beschlossen. Außerdem sollte es eine Zeitschrift für alle westlichen Besatzungszonen werden. Also schickte man ihn auf die Reise. Das war auch 1947 immer noch sehr mühsam.

Zuerst gelang es ihm, die Zustimmung der Rechtsanwaltskammern in der amerikanischen und französischen Zone zu erhalten und in Frankfurt den angesehenen und politisch völlig unbelasteten Rechtsanwalt Walter Lewald in Frankfurt als Schriftleiter zu gewinnen. Er selbst kam wegen seiner NS-Vergangenheit nicht in Frage, übernahm aber für Lewald die eigentliche Arbeit, blieb lange ungenannt im Hintergrund, erschien dann seit 1957 im Impressum der Zeitschrift immerhin als Lewalds Stellvertreter, blieb aber weiter de facto Leiter der Redaktion und bestimmte maßgeblich Ausrichtung und Entwicklung der Zeitschrift. Frankfurt in der Mitte Westdeutschlands schien auch die günstigste Adresse für eine Zeit-

Ausführlich zur Geschichte der juristischen Zeitschriften bei CHB die Darstellung von Hermann Weber (2007).

schrift zu sein, die in allen drei Zonen erscheinen sollte. Schwierigkeiten verschiedener Art gab es in der britischen Zone, besonders mit den Hamburger Anwälten, auch weil dort schon die «Monatsschrift für Deutsches Recht» erschienen war. Aber schließlich kam auch der größte Teil der norddeutschen Anwaltskammern dazu. So erschien Mitte Oktober 1947 das erste Heft. Aber Mitte Dezember 1947 erreichte der MDR-Verlag Meissner beim Amtsgericht Hamburg eine einstweilige Verfügung mit dem Verbot, den Titel mit der Wortverbindung «Juristische Wochenschrift» zu verwenden. Das sei irreführend und wettbewerbsrechtlich unzulässig. Der Biederstein Verlag reagierte darauf damit, dass im Kopf der Zeitschrift der Titel «Neue Juristische ***» (mit drei Sternchen) erschien und die nächsten Ausgaben einfach «Neue Juristische» genannt wurden. Im Januar kam es zur Hauptverhandlung vor dem Hamburger Landgericht. Die Kammer drängte auf Abschluss eines Vergleichs. So kam es nach vielen Verhandlungen im Juli 1948 zu einer Einigung. Die NJW durfte ihren Titel weiterführen, nur der Hinweis auf die Verbindung mit den Anwaltsorganisationen musste verändert werden, denn der Streit zwischen denen stand letztlich dahinter. Das hatte das Hamburger Landgericht gut erkannt. Die Gründungsgeschichte der NJW war beendet. Das Augustheft konnte normal erscheinen. Ab Oktober 1948 erschien die NJW zweimal im Monat, ab Januar 1952 dreimal und ab Januar 1953, wie das der Titel versprach, wöchentlich.

4. Die Wende 1948/49

In den beiden letzten Jahren des Besatzungsregimes veränderte sich die Situation in Deutschland, am meisten im Westen. 1948 war das Jahr der Währungsreform. Im Juni wurde die D-Mark eingeführt und die wirtschaftliche Lage sehr verbessert. 1949, das Gründungsjahr der Bundesrepublik, war ein politischer Neubeginn.

Die Währungsreform führte, wie beschrieben, zu einem Rückgang auf dem Buchmarkt. Mancher neue Verlag musste aufgeben. Bei Biederstein erschienen nur noch 24 neue Bücher, ein starker Rückgang, aber immerhin auch eine neue juristische Zeitschrift, die bis heute existiert. Unter den Büchern waren je zwölf juristische und nichtjuristische, unter den juristischen wieder ein Kurz-Kommentar, der von Erich Prölss zum Versicherungsvertragsgesetz, und immerhin 1947–49 zehn neue Lehrbücher, die nun schon die heute noch gebräuchliche Vorsilbe «Kurz» erhielten, nämlich

Günther Beitzke, «Familienrecht», Alfred Hueck, «Gesellschaftsrecht», Eduard Kern, «Gerichtsverfassungsrecht» und «Strafverfahrensrecht», Friedrich Lent, «Zivilprozessrecht» und «Zwangsvollstreckungs- und Konkursrecht», Edmund Mezger «Strafrecht, Allgemeiner Teil», Heinrich Mitteis, «Deutsche Rechtsgeschichte» und Erich Molitor, «Schuldrecht. Allgemeiner Teil» und «Schuldrecht. Besonderer Teil». Die neue Zeitschrift war eine Gründung von Hans Carl Nipperdey mit dem Titel «Recht der Arbeit».

Merkwürdig war das Erscheinen des Kurz-Lehrbuchs von **Edmund Mezger** (1883–1962). Er ist seit 1925 Professor für Strafrecht in Marburg gewesen, seit 1932 in München. 1931 entstand sein umfangreiches Lehrbuch des Strafrechts bei Duncker und Humblot, 2. Auflage 1933. Dann hat er im «Dritten Reich» nicht nur ein NS-Lehrbuch im Verlag Junker und Dünnhaupt geschrieben, den Grundriss «Deutsches Strafrecht», sondern sich auch mit Aufsätzen in den antisemitischen Dienst der nationalsozialistischen Rasseidiotie gestellt. Und nicht nur das. Erst vor kurzem wurde bekannt, dass er maßgeblich beteiligt war am grausamen Entwurf eines Gesetzes gegen «Gemeinschaftsfremde», das nach dem Krieg in Kraft treten sollte und ganz Deutschland zu einem latenten Konzentrationslager gemacht hätte, zu diesem Zweck sogar das in der Nähe von München gelegene Konzentrationslager Dachau besucht hat, in dem ihm der SS-Kommandant des Lagers die erbetenen Typen von Gefangenen vorführen ließ. Deshalb durfte er bis 1948 an der Münchner Universität nicht mehr weiterarbeiten. Dann wurde er dort wieder zuständig für Strafrecht bis zu seiner Emeritierung 1952. Und nun das Merkwürdige. 1948/49 sind von ihm zwei Strafrechtslehrbücher erschienen. Zum einen 1948 das Kurz-Lehrbuch zum «Allgemeinen Teil» bei Biederstein, und dann 1949 die 3. Auflage des 1931 bei Duncker und Humblot erschienenen Buchs. Es war aber nur die unveränderte Auflage von 1933 mit einem neuen Vorwort. 1950 wurde diese Ausgabe erweitert durch ein kleines Heft von 51 Seiten «Moderne Wege der Strafrechtsdogmatik. Eine ergänzende Betrachtung zum Lehrbuch des Strafrechts in seiner 3. Auflage (1949)». In ihr setzte er sich mit inzwischen neuen Entwicklungen zu me-

Edmund Mezger, Strafrecht I. Allgemeiner Teil, 1. A. 1948.

BIEDERSTEIN VERLAG MÜNCHEN BERLIN
HERVORGEGANGEN AUS DEM VERLAG C. H. BECK

Verlagsbezeichnung auf dem Titelblatt des oben abgebildeten Buches von Mezger.

thodischen Grundlagen auseinander, zum Handlungsbegriff, zum Unrecht, zur Schuld und dem System des Strafrechts, zum Beispiel mit Hans Welzels neuem «finalem Handlungsbegriff», den er, wie die meisten anderen damals, ablehnte.

Das bald durch einen «Besonderen Teil» ergänzte Kurz-Lehrbuch hat sich schnell gegen das andere durchgesetzt. Aber was sollte das? Ein deutscher Herr Professor in drei Ausgaben, zuerst gut bürgerlich in der Weimarer Republik, dann als politischer Brandstifter im «Dritten Reich» und schließlich der dreifache Biedermann 1948/49, 1950. Recht im Wandel.

1949 ging es im Gründungsjahr der Bundesrepublik dem Buchhandel wieder besser, auch dem Biederstein Verlag. Nun waren es 44 Neuerscheinungen, davon 27 juristische. Und die wichtigste Neuauflage? Das war der Palandt, der neue Palandt, 7. Auflage, wieder in derselben Größe, im Jahr 1944 waren es 2260 Seiten, jetzt 2250. Es war ja einiges weggefallen. Und er kam im selben grauen Leinenband wie vorher und heute. Von den Bearbeitern im «Dritten Reich» lebten einige nicht mehr. Nur Bernhard Danckelmann und Wolfgang Lauterbach machten weiter. Dazu kamen Hans Gramm, Ulrich Hoche und Ludwig Rademacher. Otto Palandt lebte noch und sein Vorwort vom April 1949 war nichtssagend kurz, geschrieben in Hamburg. Dort ist er 1951 gestorben.

Es gab noch zwei weitere Kurz-Kommentare in diesem Jahr, den von Adolf Baumbach zum Aktiengesetz, 16. Auflage, und Otto Schwarz zum Strafgesetzbuch, 13. Auflage. Dazu drei schon genannte Kurz-Lehrbücher, nämlich die zwei von Eduard Kern, das eine zum Gerichtsverfassungsrecht und das andere zum Strafverfahrensrecht. Das dritte war die «Deutsche Rechtsgeschichte» vom großen Rechtshistoriker des deutschen Mittelalters Heinrich Mitteis (1889–1952). Heute ist das Buch veraltet. Das ändert nichts an der Bedeutung dieses Autors, der 1947 von der Berliner Universität im Ostsektor der Stadt nach München gewechselt und gegenüber den Nationalsozialisten im «Dritten Reich» sehr tapfer gewesen ist. Schließlich erschien gerade noch bei Biederstein die Textausgabe des Grundgesetzes als Symbol für das Ende der Interimszeit bis zum Wiederauftreten unter dem bewährten Verlagsnamen C.H.Beck.

Aber schon seit der Wende 1948 konnte Gustav End wieder veröffentlichen, was ihm mehr am Herz lag als Recht. Die Literatur. So erschienen nun die vollständige Kulturgeschichte der Neuzeit Egon Friedells, mehrere Bücher von Albert Schweitzer und dem großen russischen Autor Nikolai Leskow. Immerhin hat der Biederstein Verlag in den drei Jahren von September 1946 bis Oktober 1949 die Zahl von 107 Büchern veröffentlicht, von denen 63 juristische waren. Der hohe Prozentsatz der Rechtsliteratur erklärt sich daraus, dass nach dem Zusammenbruch des Dritten Reichs mit vielen neuen Textausgaben geklärt werden musste, was von den ursprünglichen Gesetzen noch fortgalt. Zu den «alten» Gesetzen gesellten sich die neuen Themen der Militärregierung, zum Beispiel das Befreiungsgesetz 1946, Entnazifizierung und Lizenzgesetz zur Errichtung neuer Betriebe. Gustav End ist für alle Publikationen im Biederstein Verlag – auch die juristischen – ein treuer Statthalter gewesen. Vom Oktober 1949 an war Biederstein nur noch der Verlag für die Belltristik – geleitet von Gustav End. Da Heinrich Beck den Beck Verlag jetzt wieder lenken durfte, erschienen die wissenschaftlichen und fachlichen Publikationen, insbesondere die Rechtswissenschaft, wie gewohnt unter dem Namen C.H.Beck.

XVII. Bauarbeiten in München und in der Nördlinger Druckerei
Ein vielseitig begabter Architekt: Roderich Fick

Als Heinrich Beck 1949 seinen Verlag wieder übernahm, sind es in Nördlingen noch die alten Gebäude gewesen, in denen die Druckerei untergebracht war, nämlich seit 1775 die Adresse Bergerstraße 3 – das ursprüngliche Haus musste 1856 abgerissen und durch einen Neubau ersetzt werden – und die im selben Jahr dazugekommene Ergänzung des Druckhauses Bergerstraße 5. Der Wiederaufbau von Verlag und Druckerei nach der Währungsreform ist auch einer im wahrsten Sinne des Wortes gewesen, nämlich die Geschichte einer ständigen Bautätigkeit. Dazu meinte Heinrich Beck in seiner 1963 geschriebenen Verlagsgeschichte, die Beschäftigung mit Bauplänen sei für ihn «beinahe zu einem zweiten Beruf» geworden. Nicht nur in Nördlingen musste die Druckerei erweitert werden. Zuerst ist das am Ende des Kriegs zerstörte Verlagsgebäude wieder aufgebaut worden. Der Hauptbau wurde 1951 fertig. Mit seinem Anbau von 1952 scheint er für den heutigen Betrachter viel älter zu sein. Tatsächlich steht er mit seiner schönen konservativen Struktur unter Denkmalschutz. Das und die ähnlich sensible Anpassung der Druckerei an die mittelalterliche Umgebung der Altstadt in Nördlingen ist das Verdienst des Architekten Roderich Fick und seiner Frau Catherina, die nach seinem Tod auf der Grundlage von Planungen ihres Mannes die Arbeiten in Nördlingen weitergeleitet hat. Roderich Fick hatte 1938 Heinrich Becks Wohnhaus am Biederstein im nördlichen Schwabing gebaut. Seit jener Zeit kannten sie sich. Wer beide Gebäude betrachtet, erkennt als Gemeinsamkeit Roderich Ficks charakteristischen Stil. Dieser zeigt sich in feinsinnig ausgewogenen Proportionen und in der gediegenen Gestaltung der Details.

Roderich Fick (1886–1955), geboren in Würzburg, aufgewachsen in Zürich, war außergewöhnlich vielseitig tätig und begabt. 1907 begann er ein Architekturstudium in München, Zürich und Dresden, das er ohne Abschlussexamen beendete, um lieber gleich in die Praxis zu gehen, bekam aber kaum Aufträge, hörte deshalb in Zürich Vorlesungen über Geologie, Meteorologie, Luftschifffahrt und Astronomie, beteiligte sich 1911 an einer Arktis-Expedition mit Ausrüstungsgegenständen, die er selbst hergestellt

Roderich Fick gestaltete bis ins Detail: Eingang des Verlagsgebäudes in Schwabing, Wilhelmstr. 9 (der sog. Altbau, links anschließend der Anbau).

hatte, wurde 1914 Ingenieur in der deutschen Kolonie Kamerun, dort nach Ausbruch des Ersten Weltkriegs Offizier der Schutztruppe, die sich vor den Engländern auf spanisches Kolonialgebiet rettete und in Spanien interniert worden ist. Dort bildete er sich weiter, ging nach dem Krieg mit seinen Eltern und seiner ersten Frau nach Herrsching am Ammersee, wo er eine alte Wassermühle ausbaute und mit einer handwerklichen Firma, einer Bootswerft und der Konstruktion von Segelflugzeugen versuchte, sich eine neue Existenz aufzubauen. Schließlich erhielt er die ersten Aufträge als Architekt und wurde allmählich bekannt. 1935 kam der Durchbruch. Er hatte das «Haus der Deutschen Ärzte» in der Münchener Briennerstraße gebaut, das heute noch erhalten ist.

Dieses dreistöckige Gebäude ist typisch für seine Arbeit, ein eher schlichter Bau, der dort sensibel in die klassische Umgebung eingefügt wurde, ohne seine Herkunft aus der Gegenwart zu verleugnen. Man kann ihn als konservativ bezeichnen mit seinem großen ebenerdigen Eingangsportal, das umgeben ist von größeren Natursteinen. Das war jedenfalls eine klare Absage an die moderne Architektur des Bauhauses mit seinen Vertretern wie Mies van der Rohe oder Walter Gropius, deren äußere Form nur bestimmt wurde durch die innere Funktion unter Verzicht auf alles Überflüssige wie Stuck oder Ornamente. Dieses Gebäude der Ärzte war nicht weit entfernt vom «Braunen Haus», der Parteizentrale der NSDAP. Adolf Hitler ist bei der Einweihung dabei gewesen, bewunderte die Architektur und ließ sich ihren Urheber vorstellen. So kam Roderich Fick zu der fragwürdigen Ehre eines Gesprächs mit dem «Führer». Es hatte für ihn die

Ein vielseitig begabter Architekt: Roderich Fick 223

Verlagsgebäude in Schwabing von Roderich Fick, Wilhelmstr. 9 (der sog. Altbau) von der Gartenseite aus; rechts schließt der Anbau an.

angenehme Folge einer Flut von Aufträgen durch Partei und Staat, die ihn zu einem der wichtigsten Architekten im «Dritten Reich» machte. So hat er seit 1936 die meisten Gebäude am Obersalzberg gebaut, Hitlers Feriensitz in der majestätischen Bergwelt des bayerischen Berchtesgaden, so das heute noch existierende Kehlsteinhaus, das Hotel Patterhof, auch Zweckbauten wie Siedlungen für Bauarbeiter, Kasernen für die Bewacher des abgesperrten «Führergebiets» oder ein Verwaltungsgebäude für Hermann Göring und den Gutshof Martin Bormanns. Ungefähr vier Jahre hat er dort gearbeitet, wurde inzwischen Professor für Architektur an der Technischen Hochschule München und 1937 – wie Heinrich Beck – Mitglied der NSDAP. Nach Streitigkeiten mit Martin Bormann, Reichsleiter der NSDAP, hat er 1940 um Entlassung aus der Stellung des dort leitenden Architekten gebeten.

Er zog sich zurück auf seine Tätigkeit als vom «Führer» 1939 ernannter «Reichsbaurat» für die Stadt Linz, in der Hitler die schönsten Jahre seiner Jugend erlebt hat. Bis 1941 hat er hier die Donaubrücke gebaut, das Hotel Donauhof und das Wasserstraßenamt. Dann kam er wieder durch Bormann unter Druck und konzentrierte sich nun auf seine Arbeit als Professor in München und private Bauten, war aber noch in der Endphase des Kriegs auf der damals von Hitler und Goebbels geführten Sonderliste von über tausend Künstlern, die dem Regime wichtig erschienen, um sie vom Dienst in der Wehrmacht zu befreien, offiziell als «Gottbegnadetenliste»

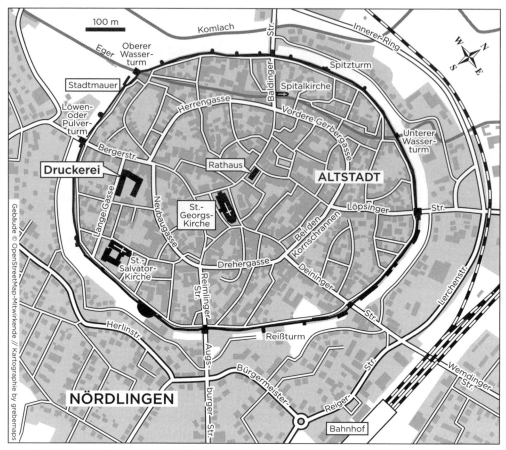

Die Altstadt von Nördlingen und die Druckereigebäude.

bezeichnet. Bis zum Ende dieser schlimmen Zeit hat er auch bei Aufträgen von Partei und Staat immer seinen eigenen Stil behalten, der schwer zu beschreiben ist, weil er ständig wechselte, je nach sensibler Einordnung in die Umgebung, aber immer in solider Handwerklichkeit und mit großer Liebe zum Detail. Nirgendwo hat er Konzessionen gemacht an den oft pompös-bombastischen Baustil der NS-Architektur und hat insgesamt gut verdient. Eine Million Reichsmark netto in den Jahren seit 1936, gab er an vor der Spruchkammer in München, und immer nur abgerechnet nach dem geringsten Satz der Honorarordnung für Architekten.

Nach Kriegsende wurde Roderich Fick wie Heinrich Beck wegen seiner Mitgliedschaft in der NSDAP und aktiver Tätigkeit für das «Dritte Reich» nach der JCS 1067 entlassen, er als Professor, Heinrich Beck als Verleger. Auch er wurde angeklagt nach dem Befreiungsgesetz vor derselben

Spruchkammer X in München wie Heinrich Beck (siehe S. 189 ff.). Für beide endete das Verfahren mit einem Urteil über die Einstufung als «Mitläufer» der Kategorie 4. Roderich Fick war nun nicht mehr der Lieblingsarchitekt Adolf Hitlers, sondern jetzt der von Heinrich Beck. Beide waren sich sehr ähnlich, vielleicht sogar befreundet. Auch ihm ist später zu Unrecht vorgeworfen worden, er habe aktiv nationalsozialistisch gehandelt. Richtig ist, dass beide vom «Dritten Reich» profitiert haben. Roderich Fick wurde einer der wichtigsten Architekten, Heinrich Beck einer der wichtigsten juristischen Verleger. Diese dunklen Flecke bleiben.

Nachdem die **Bauarbeien** in München mit dem Hauptbau/Altbau und dem Anbau in Richtung Ainmillerstraße fertig geworden waren, begannen Heinrich Beck und sein Architekt mit dem Ausbau der Nördlinger Druckerei. 1954 wurde rechtwinklig zur Bergerstraße ein erster Westflügel in der Langen Gasse fertig, 1967 dessen Fortsetzung bis zur Bräugasse und schon 1959 auch wieder im rechten Winkel zur Bergerstraße auf der anderen östlichen Seite an der Neubaugasse das «Versandgebäude», ebenfalls bis zur Bräugasse. Der Versand fand hier allerdings nur im Erdgeschoss statt, darüber wie in den Ergänzungsbauten der Langen Gasse waren Räume für Satz, Druck und Buchbinderei. So entstand zur Bräugasse ein Geviert, das ein wenig offen war für eine Einfahrt in den Hof, denn hier standen noch vier alte Häuser, die Heinrich Beck vorsichtshalber dazugekauft hatte. Eins musste bald abgerissen werden.

Danach folgte etwa ein Jahrzehnt Bauruhe in München und Nördlingen. Inzwischen wurden beide wieder größer, Verlag und Druckerei. Deshalb ging es seit 1978 weiter, hier wie dort. Das war nun schon die Initiative des jungen Verlegers Hans Dieter Beck. In München sind rechtwinklig zur Wilhelmstraße zwei Neubauten in der Ainmillerstraße entstanden, zuerst der «Neubau», später der «Erweiterungsbau». Doch dies soll später geschildert werden (siehe S. 314 f.).

Nun zur technischen Entwicklung der **Druckerei** bis zum Ende der aktiven Zeit Heinrich Becks. Nachdem man bis zum Anfang der Bundesrepublik in Nördlingen ständig damit beschäftigt war, die ausgeleierten Vorkriegsmaschinen mit intensiver Tüftelei und oft viel Zeit mühsam auszubessern, konnten seit 1950 neue Geräte angeschafft werden. Die erste große Wende für die Druckerei kam 1962, nachdem sie die Produktion sämtlicher dtv-Bände übernommen hatte. Deren erstes Taschenbuch, immer wieder aufgelegt, war Heinrich Bölls «Irisches Tagebuch». Nun kam die «Martini», eine in der Schweiz hergestellte Buchbindemaschine, die eine Fertigstraße war für die Druckbögen der Taschenbücher oder später

226   XVII. Bauarbeiten in München und in der Nördlinger Druckerei

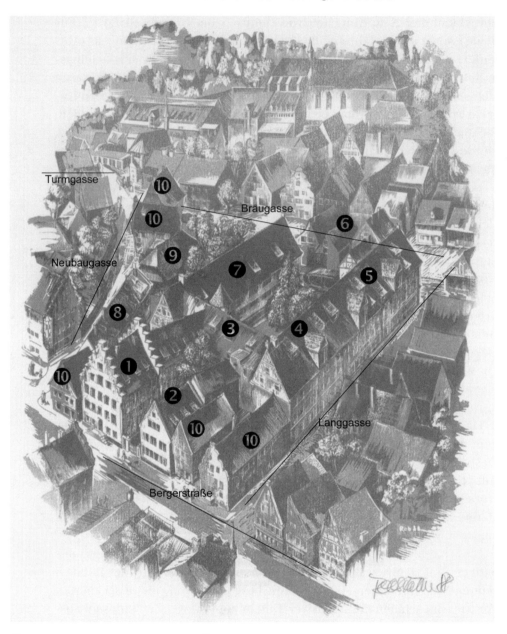

❶ Verwaltungsgebäude Nr. 3
❷ Technikgebäude Nr. 5
❸ Querbau
❹ 1. Westflügel 1953
❺ 2. Westflügel 1967
❻ 3 Beck'sche-Häuser verkauft an Lebenshilfe
❼ Versandgebäude 1959
❽ Gerstmeierhaus, jetzt von Verkauf genutzt
❾ ehemaliges Werkstattgebäude/Fahrradraum
❿ Privatgebäude

Lageplan der Druckereigebäude in Nördlingen

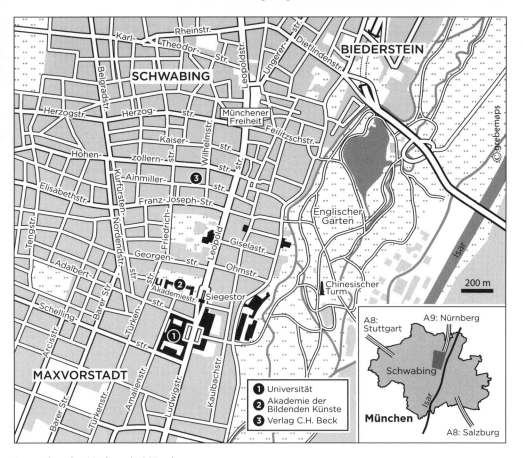

Lageplan des Verlags in München.

von Paperbacks, die sie am Ende als fertig gebundene Bände verließen. Zur selben Zeit fand die zweite Revolution der Buchherstellung in der Beck'schen Druckerei statt. Bleisatz und Buchdruck wurden abgelöst durch Fotosatz und Offsetdruck. Die waren leistungsstärker und es konnte billiger produziert werden.

In den fünfziger Jahren hatte man sich nach langen Diskussionen auch schon von der alten **Frakturschrift** getrennt und war zur inzwischen fast allgemein üblichen **Antiqua** übergegangen. Wegen der Kostenvorteile des Stehsatzes konnte sie sich freilich in einzelnen Teilen noch sehr lange halten, etwa beim Schönfelder. Die Fraktur war die in Deutschland vom 16. bis zum Anfang des 20. Jahrhunderts meistbenutzte Druckschrift, leicht gebrochen und mehr oder weniger verziert, anders als die sonst in Europa übliche Antiqua, die einfacher und klarer ist. Die Fraktur hatte für die

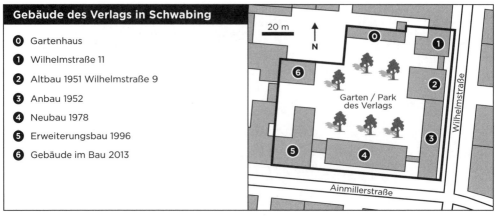

Lageplan der Verlagsgebäude.

juristischen, oft langen Texte von Gesetzen und Kommentaren den Vorteil, dass man mehr Worte auf einer Zeile unterbringen konnte, aber allgemein den Nachteil, dass es immer weniger Leser gab, die nach dem Krieg gewohnt waren, sie zu lesen. Das hatte politische Gründe. Als Adolf Hitler 1940/41 auf dem Höhepunkt seiner militärischen Erfolge davon träumte, ganz Europa vom Atlantik bis zum Ural zu erobern, hat er in einem Befehl von 1941 die Verwendung der Fraktur verboten mit der Erklärung, sie sei gar keine deutsche Schrift, sondern eine «Schwabacher Judenletter», die so bezeichnet wurde, weil eine Zwischenform in der Entwicklung zur strengen Fraktur Schwabacher genannt wird und diese Bezeichnung angeblich auf einen Juden als Namensgeber zurückzuführen sei. Dahinter stand einfach der Wunsch, dass die anderen Europäer seine Propaganda in der ihnen vertrauten Antiqua lesen sollten, die deshalb Antiqua heißt, weil sie den einfachen großen Buchstaben der römischen Antike folgt. Fraktur kommt von lateinisch *frangere*, brechen, ist gebrochen und etwas verzwackt.

XVIII. Die Bundesrepublik und ihr Buchhandel
Unterwegs zum Wirtschaftswunder

Die Gründung der Bundesrepublik 1949 war die Antwort der drei Alliierten in Westdeutschland auf Stalins sowjetischen Expansionsdruck im Kalten Krieg. Die Militärgouverneure der drei Westzonen veranlassten 1948 die Bildung einer Versammlung von Vertretern der damals elf Länderparlamente, des Parlamentarischen Rats, der im Mai 1949 eine Verfassung beschloss, **Grundgesetz** genannt, das dann von den Militärgouverneuren genehmigt und von den elf Landtagen bestätigt worden ist.

Mit der neuen Bundesrepublik haben die Westdeutschen Glück gehabt. Der Erfolg dieses neuen Staats ist auch drei Männern zu verdanken, die zuerst an seiner Spitze standen, Adenauer, Heuss und Erhard. Bundeskanzler **Konrad Adenauer**, CDU (1949–1963), war eine große politische Begabung und trotz des Alters von 73 Jahren bei seiner Wahl erfrischend lebendig. Bundespräsident **Theodor Heuss**, FDP (1949–1959), ist ein gebildeter Mann gewesen, der als «Papa Heuss» schnell populär wurde. Und Wirtschaftsminister **Ludwig Erhard**, CDU (1949–1963), konnte sein Versprechen «Wohlstand für alle» trotz hoher Arbeitslosigkeit am Anfang mit dem bald einsetzenden «Wirtschaftswunder» zu einem guten Teil einlösen. Es kam hinzu, dass das Grundgesetz manche Fehlkonstruktionen der Weimarer Verfassung vermieden hat, zum Beispiel die Direktwahl eines mächtigen Präsidenten, und ein starkes Bundesverfassungsgericht einsetzte, das auch für die Politik ein hoch angesehenes Kontrollinstrument wurde und ebenso beruhigend wirkte wie

Eine Unterschriftenseite aus der im Bundestag aufbewahrten Verfassungsurkunde, hier wiedergegeben nach der Faksimileausgabe «Die deutschen Verfassungen», hrsg. von Jutta Limbach, Roman Herzog und Dieter Grimm, CHB 1999.

die bald eingeführte Fünfprozentklausel für die Wahl des Bundestags und der Landtage, mit der die Zersplitterung des Parteiwesens von Weimar verhindert worden ist. Entscheidend aber für die Erfolgsgeschichte dieses Staats ist seine wirtschaftliche Leistung gewesen. Sie war und ist bis heute wichtigster Grund seiner Stabilität, die der Weimarer Republik fehlte.

Heinrich Beck im Gespräch mit Bundespräsident Theodor Heuss auf der Frankfurter Buchmesse 1960.

Für den **Buchhandel** blieb der 1825 gegründete Börsenverein auch nach dem Zweiten Weltkrieg die wichtigste Organisation. Sie hatte ihren Sitz bisher in Leipzig, das nun in der sowjetischen Besatzungszone lag. Deshalb haben sich die Verbände der Westzonen schon 1948 zum «Börsenverein Deutscher Verleger- und Buchhändlerverbände» zusammengeschlossen, mit Sitz in Frankfurt am Main. Seit 1955 nennt er sich «Börsenverein des Deutschen Buchhandels» und hatte 2012 etwa 5500 Mitglieder, im Wesentlichen Verlage und Buchhändlerverbände. Er wurde einer der einflussreichsten Wirtschaftsverbände. Sein besonderer Verdienst bis heute war die **Sicherung der Buchpreisbindung**. Der feste Ladenpreis für Bücher – auch im Versandhandel oder Internet – ist die Voraussetzung dafür, dass überall in Deutschland – wie in Österreich und in anderen europäischen Ländern, jedoch nicht mehr in der Schweiz – auch kleine oder mittelgroße Buchhandlungen ohne Aufpreis bei Verlagen oder Grossisten einzelne Bücher bestellen und so ein umfangreiches Sortiment führen können, anders als zum Beispiel in den USA. Dort gibt es nur wenige Buchhandlungen und die haben nur eine geringe Auswahl an Werken. Mit anderen Worten: Die Buchpreisbindung ist eine kulturelle Errungenschaft für ein interessiertes Lesepublikum. In der Bundesrepublik wurde sie zunächst nur vertraglich durchgesetzt, dann durch eine Ausnahmevorschrift zum Gesetz gegen Wettbewerbsbeschränkungen von 1957 und schließlich – gegen Widerstände der Europäischen Kommission in Brüssel – durch ein Gesetz über die Buchpreisbindung von 2002. Auch war es eine Leistung des Börsenvereins, dass für den Kauf von Büchern die niedrige Umsatzsteuer von 7 Prozent erhalten blieb statt der allgemeinen, die inzwischen 19 Prozent beträgt.

Seit dem Anfang der Bundesrepublik stieg die Zahl der Neuerscheinungen bis zur fast beängstigenden Höhe von heute. Waren es 1951 noch 10 000 Erstauflagen, nähern wir uns jetzt schon den 90 000 jährlich. Zum Vergleich:

1900 sind es 25 000 Erstauflagen gewesen, davon 2600 juristische,

1927, auf dem Höhepunkt der Weimarer Republik, 24 900, davon 3200 juristische.

Für die – geografisch sehr viel kleinere – Bundesrepublik gibt es die Zahlen der Neuerscheinungen seit 1951:

1951:	10 149,	davon	587 juristische,	5,78 %
1960:	17 639,	davon	1257 juristische,	7,12 %
1970:	38 703,	davon	2142 juristische,	5,53 %
1980:	54 572,	davon	2468 juristische,	4,52 %
1990:	44 779,	davon	2368 juristische,	5,31 %
2000:	63 021,	davon	3437 juristische,	5,45 %
2010:	84 351,	davon	4282 juristische,	5,07 %

Bemerkenswert ist zunächst der prozentuale Unterschied der juristischen Neuerscheinungen in der Kaiserzeit und Weimarer Republik zur Bundesrepublik. Vielleicht erklärt er sich auch dadurch, dass es damals sehr viel mehr einzelne Textausgaben waren und heute die Beck-Texte im dtv als Taschenbücher in der Statistik nicht mehr auftauchen. Aber als einzige Erklärung bleibt das unzureichend.

Die Steigerung der allgemeinen Produktion in den sechziger Jahren wird durch das Wirtschaftswunder und die Einführung der computergesteuerten Satztechnik zu erklären sein, der Rückgang in den Achtzigern durch den Anstieg des privaten Fernsehens, gefördert von der Regierung Kohl und bestätigt vom Bundesverfassungsgericht 1981 (BVerfGE 57,215), also Zunahme von Unterhaltungssendungen, wegen der Konkurrenz mit den Privaten auch bei ARD und ZDF. Denn die Zahlen der juristischen Bücher wurden dadurch nicht berührt.

Wichtigster Beitrag des Buchhandels zur Demokratisierung von Literatur war die **Einführung des Taschenbuchs.** Den Anfang machte der Rowohlt Verlag mit der Reihe Rowohlts Rotations-Romane, rororo. Dann folgten Fischer, Ullstein, List, Knaur und Suhrkamp, schließlich der Deutsche Taschenbuch Verlag (dtv), ein Gemeinschaftsunternehmen mit Sitz in München, an dem damals elf Verlage beteiligt waren, darunter auch C.H.Beck mit Biederstein. Heute sind es vier, zu denen immer noch C.H.Beck gehört. Die Zahl der Taschenbuchleser mit Volksschulbildung

für anspruchsvolle Leser:
die weissen Taschenbücher
des Deutschen
Taschenbuch Verlages

Das 1. Halbjahresprogramm des dtv startete am 1. September 1961. Zum Erfolg trug auch ein Meister der graphischen Gestaltung bei: Celestino Piatti. Neben zahlreichen Umschlägen schuf er Plakate wie dieses von 1963.

stieg allein von 1963 bis 1967 um zwei Drittel und in ländlichen Gebieten verdoppelte sich die Zahl der Taschenbuchkäufer während dieser Zeit.

Allgemein nahm die **Konzentration im Verlagswesen** zu. 1997 waren es acht Prozent der knapp zweitausend Verlage, die mehr als drei Viertel des Branchenumsatzes erzielten. Ähnlich war es bei den Grossisten, dem Zwischenhandel von Verlagen und einzelnen Buchläden. Um 2000 sind es im Wesentlichen zwei Firmen gewesen, die jeweils mit ungefähr einer halben Million lieferbarer Titel die Läden über Nacht beliefern konnten, nämlich die wohl etwas größere Firma Koch, Neff und Volckmar («KNV») mit Sitz in Köln und Zweigstellen in Berlin, Hamburg und Leipzig und das Unternehmen «Libri» in Hamburg und Frankfurt am Main.

Die Konzentration findet sich auch bei den Buchhandlungen, oder wie sie auch genannt werden: den «Sortimentern». Zur Zeit gibt es noch ungefähr 8000, aber sie werden bedrängt von «Buchkaufhäusern» wie Hugendubel und Thalia mit vielen hundert Filialen in den größeren Städten. Auch der Internetbuchhandel, allen voran Amazon, inzwischen aber auch der beck-shop, breitet sich aus.

XIX. Heinrich Beck in der Bundesrepublik, 1949–1970
C.H.Beck wird größter juristischer Verlag

1. C.H.Beck und Biederstein Verlag

Als Heinrich Beck 1949 mit seinem alten Verlag wieder neu anfangen konnte, kam es zu einem fruchtbaren Nebeneinander mit seinem hilfreichen Vetter (siehe dazu schon oben S. 207 ff.). Es war eine Arbeitsteilung. Heinrich Beck übernahm die juristische und die andere wissenschaftliche Literatur und Gustav End konnte im Biederstein Verlag endlich nur das machen, was ihm schon immer mehr am Herzen lag, die schöngeistige Literatur, auch Belletristik genannt. Dieses Nebeneinander blieb bis Anfang 1959 eine komplizierte Verflechtung. Biederstein bestand weiter als die 1947 gegründete GmbH mit den beiden als Gesellschaftern und Geschäftsführern auf der Grundlage des Pachtvertrages von 1947. Der wurde erst Ende 1958 aufgelöst und Biederstein eine normale Offene Handelsgesellschaft von Gustav End und Heinrich Beck. Der Sache nach war das mehr oder weniger die Vereinigung von Biederstein und C.H.Beck, äußerlich schon seit 1951 vollzogen mit dem gemeinsamen Einzug in das größer und schöner wiederhergestellte Gebäude in der Schwabinger Wilhelmstraße 9.

Auch in dieser Phase blieb Gustav End ein erfolgreicher Verleger. 1951 gelang ein große Wurf mit dem schon von Heinrich Beck im «Dritten Reich» engagierten, aber unbekannt gebliebenen Autor Heimito von Doderer. Nun schrieb er seinen ersten Bestseller, «Die Strudlhofstiege», kunstvoll konstruiert um die durch den Roman berühmt gewordene Treppenkonstruktion zwischen zwei Wiener Straßen. Hohe Auflagen hatten auch das 1961 erschienene «Ostpreußische Tagebuch» des Grafen Lehndorff und Ursula von Kardorffs «Berliner Aufzeichnungen» von 1962 über die letzten Kriegsjahre. Außerhalb des Verlags war End ebenfalls aktiv, Mitgründer der «Bücher der Neunzehn» gegen die damals noch starken Buchgemeinschaften, des Deutschen Taschenbuch Verlags und der seit 1951 während der Frankfurter Buchmesse verliehenen internationalen Auszeichnung «Friedenspreis des Deutschen Buchhandels». Als Heinrich Beck 1973 starb, zog sich End allmählich ins Privatleben zurück. Der Biederstein Verlag wurde nicht aufgelöst, aber die letzten Bücher in ihm erschienen 1995, ein Jahr nach seinem Tod. Es waren Neuauflagen von zwei Romanen Heimito von Doderers.

Heinrich Beck, der Philosophie und Germanistik studiert hatte, brachte seit 1949 die umfangreiche «Geschichte der deutschen Literatur» heraus, von der bis 1973 sechs Bände erschienen sind, vor allem anderen zunächst das Lebenswerk Helmut de Boors. Seit 1951 verlegte Heinrich Beck die meisten Bücher des Philosophen Günther Anders, der sich von der akademischen Philosophie abgewendet hatte, weil er «unter einer Allergie gegen stereotype philosophische Schulausdrücke litt». Er wurde einer der großen Autoren des Verlags, besonders mit dem ersten Band der «Antiquiertheit des Menschen». Er erschien 1956 und beschreibt unsere seelische Unvollkommenheit gegenüber einer immer größer werdenden Perfektion der Technik. Deren Höhepunkt sah er in der Atombombe. Mit ihr hat er sein Lebensthema gefunden. Dies führte zu der radikalen Überlegung, ob Mordattentate auf Betreiber von Atomkraftwerken moralisch zu rechtfertigen seien, im zweiten Band der «Antiquiertheit», der 1980 erschien.

Stellvertretend für vieles andere sei nur noch das von Heinrich Becks Vaters Oscar im 19. Jahrhundert begonnene Riesenwerk des Handbuchs der Altertumswissenschaft erwähnt, das von 1949 bis 1973 mit 21 Bänden weitergeführt wurde, zum Beispiel mit Hermann Bengtsons Griechischer Geschichte, dessen «Grundzüge der römischen Geschichte» und den drei umfangreichen Bänden von Max Kaser. Die sind von 1955 bis 1966 erschienen und bis heute Grundlage der Forschung zum antiken römischen Recht: zwei Bände «Das römische Privatrecht» und der dritte «Das römische Zivilprozessrecht».

Anfang der siebziger Jahre, Heinrich Beck war achtzig Jahre alt und seine Gesundheit nicht mehr die beste, machte er seine beiden Söhne zu Gesellschaftern im Verlag. Dessen juristischen Teil und die Druckerei leitet seit 1970 der ältere, Hans Dieter, promovierter Jurist mit Erfahrung als Staatsanwalt und Richter. Für den geisteswissenschaftlichen Teil mit der Belletristik wurde 1973 Wolfgang Beck zuständig, der Germanistik, Philosophie und Soziologie studiert hatte. Zum ersten Mal in der Geschichte von C.H.Beck gab es nun zwei aktive Verleger mit einer Arbeitsteilung, die bei der Größe des Unternehmens vorzüglich war, zumal jeder für seinen Bereich auch noch die richtige Fachausbildung hatte. Deshalb wird in diesem Abschnitt auch nur die Zeit von 1949 bis 1970 beschrieben, nämlich bis zu jenem Jahr, seit dem der juristische Verlagsteil selbständig geleitet wird und nicht mehr ein Verleger für beide Teile verantwortlich ist, auch wenn das Unternehmen weiter der Familie gehört.

2. Die Ära Hoeller

Heinrich Beck übernahm 1949 den von ihm 1947 für Biederstein eingestellten und oben S. 213 ff. schon beschriebenen Carl Hoeller als juristischen Cheflektor. Der blieb es mit großem Erfolg fast noch drei Jahrzehnte bis 1978, als er 65 Jahre alt wurde. Die Zugpferde standen bereit, eine Quadriga aus Sartorius, Schönfelder, Palandt und Neuer Juristischer Wochenschrift, zusammengestellt in einem halben Jahrhundert, der Sartorius von Oscar Beck 1903 in der Kaiserzeit, der Schönfelder 1931 in der Weimarer Republik, der Palandt 1939 im «Dritten Reich», und die NJW 1946/47 aus der Nachkriegszeit, als Carl Hoeller bei Biederstein anfing. Nun mussten sie richtig gelenkt werden. Zur Verdeutlichung dafür erst einmal einfach nur die durchschnittlichen Zahlen der Produktion von C.H.Beck in fast einem ganzen Jahrhundert:

Oscar Beck 1884–1924, jährlich 33 Neuerscheinungen, davon 34,2 % juristische,
Heinrich Beck 1924–1945, jährlich 37,7 Neuerscheinungen, davon 37,6 % juristische,
Biederstein 1946–1949, jährlich 35,7 Neuerscheinungen, davon 58,9 % juristische und
Heinrich Beck 1949–1970, jährlich 61,4 Neuerscheinungen, davon 51,4 % juristische.

Der hohe Prozentsatz in den drei Jahren des Biederstein Verlags ist schon erklärt worden (siehe S. 212 und 219). Es waren die juristische Verunsicherung und der mühsame Neuaufbau des Rechts nach dem Zusammenbruch des «Dritten Reichs» mit seiner Rechtsverwüstung. Die juristische Produktion von C.H.Beck stieg in den 21 Jahren von 1949 bis 1970 auf 51,4 % von jährlich 61,4 Neuerscheinungen. Wenn man das vergleicht mit den 21 Jahren Heinrich Becks von 1924 bis 1945 mit 37,6 % juristischen Büchern der jährlich 37,7 Neuerscheinungen, war das mehr als eine Verdoppelung. Damals sind es insgesamt 289, nun sind es 641 gewesen. Bedenkt man außerdem noch die größere Zahl von Neuerscheinungen 1949 bis 1970 und die vielen Beck-Texte im dtv, die in der Statistik nicht mitgerechnet wurden, dann werden in dieser Zeit dreimal so viele juristische Bücher erschienen sein wie in der Zeit von 1924 bis 1945 und das trotz der erheblichen Steigerung im «Dritten Reich». Es war – mit Carl Hoeller – nun ja auch ein Team von zunächst zwei juristischen Lektoren in München gegenüber nur einem Lektor dort in der Zeit vorher. Dann sind es bald drei gewesen und seit 1954 vier, die alle sehr fähig waren: Herbert Thiele-Fredersdorf, Hans-Ulrich Büchting (ein Urenkel von Ernst Rohmer) und Dr. Klaus Tremel.

Außerdem war München jetzt ein Standortvorteil gegenüber Verlagen in Berlin wie zum Beispiel Duncker & Humblot oder Franz Vahlen, die vom westlichen Teil der Stadt zunächst das Hindernis DDR überwinden mussten, um zu den Ministerien und zum Parlament in Bonn zu kommen und zu ihren Autoren in der Bundesrepublik.

In dieser nun beginnenden Ära Hoeller ist C.H.Beck wohl der größte juristischer Verlag in der Bundesrepublik geworden. Autoren wurden vom Lektorat nach ihrer Befähigung ausgesucht. Wenn damit auch Autoren berücksichtigt wurden, deren Anpassung an das «Dritte Reich» sie belastete, wie z.B. Edmund Mezger, Ernst Forsthoff, Theodor Maunz, Karl Larenz, Friedrich Berber und Eduard Dreher, so war das keine bewusste Planung Carl Hoellers, sondern eine ähnliche Haltung wie die Politik Konrad Adenauers gegenüber ehemaligen Nationalsozialisten. Man kann sie Integration statt Ausgrenzung nennen. In Westdeutschland ließ sich eine Demokratie nicht aufbauen ohne frühere NS-Anhänger. Man musste sie einbinden. Das ist ja auch – mit manchen unangenehmen Nebenwirkungen – geglückt, nicht nur durch das bald folgende Wirtschaftswunder. Der Aufbau eines demokratischen Rechtsstaats gelang.

3. Neue Juristische Wochenschrift, Juristische Schulung und vier andere Zeitschriften

Rückblickend war sie ein Geniestreich, Flemmings Idee der Erinnerung an die Juristische Wochenschrift der Weimarer Zeit, die sogar die wunderbare Deutsche Juristen-Zeitung Otto Liebmanns überrundet hatte, die Leistung von Julius Magnus, einem ebenso begabten juristischen Dirigenten wie Liebmann. Magnus übernahm dessen Methode und verstärkte sie durch das Gewicht des Deutschen Anwaltsvereins und der Anwaltskammern sowie die größere Aktualität mit wöchentlichem Erscheinen statt nur alle zwei Wochen. Das ist auch das Rezept gewesen, mit dem die **Neue Juristische Wochenschrift** in der Bundesrepublik die anderen juristischen Zeitschriften überholt hat, innere Beweglichkeit, Anbindung an die Anwaltschaft und wöchentliches Erscheinen, das nun nicht nur größere Aktualität bedeutete, sondern auch mehr und umfassende Information. So hatte C.H.Beck nicht nur den Erfolg des wichtigsten Fachblatts mit der höchsten Auflage und das Renommee als bedeutender Verlag, sondern gleichzeitig ein Instrument für das Marketing, das entscheidend dazu beigetragen hat, ihn zum größten der Bundesrepublik zu machen. Das soll nun in der richtigen Reihenfolge beschrieben werden.

Die anderen allgemeinen juristischen Zeitschriften, das waren, wie berichtet, und sind immer noch die Monatsschrift für Deutsches Recht, MDR, seit April 1947 im Hamburger Verlag Otto Meissner, später Otto Schmidt in Köln, dann die Juristische Rundschau, JR, seit Juli 1947 bei de Gruyter in Berlin, dort auch schon vorher seit 1925, und schließlich die Juristenzeitung, JZ. Diese erscheint seit 1951 bei Mohr Siebeck in Tübingen als Kombination der dort begründeten Deutschen Rechts-Zeitschrift für die französische Besatzungszone (seit Juli 1946) und der für die US-Zone im Heidelberger Verlag Schneider betreuten Süddeutschen Juristen-Zeitung (auch seit Juli 1946).

Mit der wöchentlichen Ausgabe der NJW seit 1953 begann sie, die anderen zu überholen, ein Vorgang der am Ende der hier beschriebenen Zeit bis einschließlich 1970 abgeschlossen war. Das zeigt ein Blick auf die Bände der drei anderen Zeitschriften dieses Jahres und die NJW. Damals erschienen Juristische Rundschau und die Monatsschrift für Deutsches Recht einmal und die Juristenzeitung zweimal monatlich. Alle drei hatten zusammen fast auf die Seite genau denselben Umfang wie die NJW mit ihren inzwischen schon zwei Bänden von 1970. Die Juristische Rundschau hatte in diesem Jahr 480 Seiten, die MDR 1048 und die Juristenzeitung 800, macht insgesamt 2328 Seiten, die beiden Bände der NJW hatten 2320.

Die Juristische Rundschau und die Juristenzeitung waren – und sind noch heute – eher wissenschaftliche Zeitschriften, die JR im Umfang etwa die Hälfte der JZ, im Druck etwas größer, ein Blatt für den gebildeten Juristen, der sich einmal im Monat schnell über das Wesentliche informieren will mit knapp einhundert Entscheidungen des Bundesgerichtshofs und des Bundesverwaltungsgerichts, die ergänzt wurden durch knappe Berichte über die Rechtsprechung des Bundesverfassungsgerichts, des Bundesarbeits- und des Bundessozialgerichts. Sie füllten die Lücke in der Wiedergabe der Entscheidungen. Im Übrigen gab es hier auch längere Aufsätze wie zum Beispiel von Karl Lackner zur Strafrechtsreform oder Eberhard Schmidt zum Strafprozessrecht, dazu etwa 60 Rezensionen von Neuerscheinungen oder Neuauflagen. Ähnlich, nur sehr viel ausführlicher, auch durch den kleineren Druck war schon damals die Juristenzeitung, wissenschaftlich, die vornehme alte Dame der juristischen Zeitschriften. Ganz anders ist die Monatsschrift für Deutsches Recht gewesen, ebenfalls bis heute. Mit der großen Zahl von Entscheidungen diente sie der eiligen juristischen Praxis, für die sie aber im Grunde ohne dauerhaften Wert war, weil die Wiedergabe einschließlich der Sachverhalte viel zu kurz war.

Die NJW hat 1970 mit der großen Zahl von 1320 Entscheidungen, davon 783 des Bundesgerichtshofes in Zivilsachen, fast zwei Drittel ihres Gesamtumfangs der Rechtsprechung eingeräumt. Für einen großen Teil ihrer Leser hat sie damit einen ausreichenden Überblick zur Entwicklung der Rechtsordnung gegeben und zusätzliche Informationen entbehrlich gemacht, zumal auch über die Gesetzgebung gründlich informiert wurde. Mit der im Inhaltsverzeichnis gelieferten Konkordanz brauchte man auch nicht die kostspieligen Entscheidungssammlungen des Bundesverfassungsgerichts und der anderen Bundesgerichte. Das hat der Bundesgerichtshof 1978 mit einem Beschluss bestätigt, in dem es heißt, dass ein Anwalt die Rechtsprechung der Bundesgerichte kennen müsse, es aber genüge, wenn er die NJW als «allgemein verwendete Wochenschrift» unverzüglich nach ihrem Erscheinen durchsehe. So konnte man mit ihr auch, wie Uwe Diederichsen berichtet, Anfang der sechziger Jahre eine Habilitationsschrift im Zivilrecht schreiben, wenn man am liebsten zu Hause arbeitete, dort keine anderen Hilfsmittel hatte und nur zwischendurch für die übrige Literatur in die Bibliothek der juristischen Fakultät ging.

Schon seit dem ersten Erscheinen 1947 übernahm Alfred Flemming von der alten «Juristischen Wochenschrift» das System, zu möglichst vielen Entscheidungen unmittelbar folgende, kommentierende Anmerkungen abzudrucken. 1952 verfeinerte er dies dadurch, dass fast alle anderen Entscheidungen – wie heute noch – ergänzt wurden durch kurze «Anmerkungen der Schriftleitung» mit weiterführenden Hinweisen auf Literatur und Rechtsprechung. Aufsätze, längere und kürzere, sind zunächst überwiegend von Praktikern geschrieben worden, ebenso wie die Rezensionen, weniger von Professoren, deren Beteiligung im Lauf der Zeit allerdings zunahm. Die NJW ist eben bis heute, das ergibt sich auch aus der Verbindung mit der Anwaltschaft, eine Zeitschrift für die Praxis – mit wissenschaftlichem Anspruch.

Ihr Umfang ist von Jahr zu Jahr größer geworden. Seit 1953 erscheint sie in zwei Bänden. Die anderen drei Zeitschriften nahmen ebenfalls an Umfang zu, kommen aber bis heute jede mit einem Band aus. Und von Jahr zu Jahr sind diese zwei Bände dicker geworden. Waren es 1949 noch

960 Seiten der NJW, sind es am Ende der hier beschriebenen Zeit schon 2320 Seiten der beiden Bände von 1970 gewesen. Dafür gibt es wohl mehrere Gründe. Zum einen ist es das Wachsen des Rechtsstoffs gewesen. Das war auch eine Folge des Sozialstaatsgebots in Artikel 20 Absatz 1 des Grundgesetzes. Dieses Wachsen lässt sich schon seit dem Ende des 19. Jahrhunderts beobachten mit der eindrucksvollen Entwicklung im Arbeits- und Sozialrecht, Mieterschutz und Verbraucherschutz. Dann kam die vom Grundgesetz geforderte Gleichberechtigung der Frauen dazu und ihre zunehmende Gleichstellung, damit auch eine Erweiterung des späteren Familienrechts, der Umweltschutz und der mit dem Übergang in die Informationsgesellschaft notwendige Datenschutz. Besonders die Wiedervereinigung machte später Deutschland zu einer «rechtlichen Großbaustelle» (Alexander Hollerbach). Schließlich ist bis heute das Recht der europäischen Integration immer umfangreicher geworden. Das als Gesetzes- oder Prozessflut zu beklagen, ist falsch. Von einer dramatischen Zunahme rechtlicher Regelungen kann für die Bundesrepublik keine Rede sein (Manfred Rehbinder) und von einer allgemeinen Prozessflut zu sprechen ist ebenso unzutreffend. Die Gesamtzahl der Prozesse in der Bundesrepublik ist trotz ungefähr gleicher Einwohnerzahl niedriger als im Deutschen Reich vor dem Ersten Weltkrieg. Zweitens bedeutet das Fortschreiten jeder Wissenschaft eine Vermehrung von Stoff, auch in der Rechtswissenschaft. Und drittens könnte sich die Vermehrung des Umfangs nicht nur der NJW vielleicht auch damit erklären, dass es für juristische Literatur ebenfalls eine Art Parkinsonsches Gesetz gibt, also das einer eigendynamischen Tendenz zur Selbstaufblähung.

Nicht nur am Anfang hat die NJW zugenommen. Auch die Auflage ist kontinuierlich gestiegen. Am Anfang 1947 sind es sofort 10 000 Exemplare gewesen. Mehr Papier wurde von den Amerikanern nicht genehmigt. Seit der Währungsreform 1948 ging es fast ein halbes Jahrhundert bis 1996 aufwärts. Da sind es über 50 000 Exemplare wöchentlich gewesen, mit einem leichten Rückgang 1963–66, den man mit der Wirtschaftskrise damals wohl erklären kann. Der starke Anstieg bis 1990 hat als Ursache im Wesentlichen den Nachholbedarf in den östlichen Bundesländern. Die starke Abnahme seit 1996 hat wahrscheinlich zwei Gründe, nämlich die neue Informationstechnik und später auch eine schwere Wirtschaftskrise.

Die moderne Informationstechnik begann in den achtziger Jahren. Seitdem gibt es private Rechner, «PCs», und bald auch Informationen über Recht im Internet. Dadurch ist der Absatz von Büchern und Zeitschriften zugunsten von juristischen Online-Diensten zurückgegangen. Auch C.H.Beck hat bald auf diese Veränderung reagiert, nämlich mit «beck-online» (siehe S. 521 ff.). Das hat auch eine Kehrseite: Es werden weniger gedruckte Ausgaben des Palandt und der NJW bestellt. Jetzt kauft man nicht mehr fünf Palandts und fünf Exemplare der NJW, sondern nur noch zwei oder drei. An den Universitäten erhielten Professoren, Assistenten und Studenten kostenlosen Zugang zu juristischen Internet-Diensten.

Eine leise Erinnerung an die Liebmann'sche Deutsche Juristen-Zeitung mit ihrer aktuellen Kolumne war seit Oktober 1958 Flemmings Einführung der einmal im Monat erscheinenden Rubrik «Umwelt und Recht» zu Fragen des aktuellen Zeitgeschehens, insbesondere auch rechtspolitischer Natur. Sie wurde zunächst allein von Gerhard Erdsiek geschrieben, Ministerialdirektor im Bundesjustizministerium. Seit März 1960 kam Adolf Arndt dazu, rechtspolitischer Sprecher der SPD-Bundestagsfraktion, als Gegengewicht zum eher konservativen Erdsiek. Sie wechselten sich ab. Erdsiek schrieb zum letzten Mal im Mai 1964, Adolf Arndt im Oktober 1967. Andere traten an ihre Stelle, bis diese Kolumne 1994 durch die neue Rubrik «Forum» ersetzt worden ist. Inzwischen hatte Flemming nämlich für die «rechtspolitische Natur» etwas anderes gefunden. Seit 1968 erschien als monatliche Beilage der NJW die **«Zeitschrift für Rechtspolitik (ZRP).»**

Damals waren Recht und Politik zu einer heiß diskutierten Frage geworden. Von der wollte Flemming die NJW freihalten. Sie sollte juristisch «objektiv» bleiben. Schon 1966 hatten die so genannten Justizreformer mit ihrer umstrittenen Kritik begonnen und neue Vorschläge zur Änderung der Gerichtsverfassung und Ausbildung der Juristen gemacht. Der erste war Theo Rasehorn, Richter in Bonn, mit seiner kleinen Schrift «Im Paragraphenturm», vorsichtshalber noch unter dem Pseudonym Xaver Berra. 1968 folgte unter seinem richtigen Namen und mit drei anderen Autoren der kleine Band «Im Namen des Volkes? Vier Richter über Justiz und Recht», 1969 Rudolf Wassermann, Präsident des Frankfurter Landgerichts, «Erziehung zum Establishment. Juristenausbildung in kritischer Sicht» und im selben Jahr das «Loccumer Memorandum» zur Juristenausbildung, Ergebnis einer Tagung in der Evangelischen Akademie Loccum. Die Justizreformer kritisierten den autoritären Charakter der Justiz, forderten ihre Demokratisierung, zum Beispiel durch die Wahl der Gerichtspräsidien, turnusmäßigen Wechsel im Vorsitz der Kollegialgerichte, höhere Besoldung von Richtern der ersten Instanz als denen der Rechtsmittelgerichte und eben eine neue Ausbildung von Studenten und Referendaren, weg vom rein Technisch-Dogmatischen zu mehr wirtschaftlichen, soziologischen und allgemein bildenden Themen.

Dazu kam die «Justizkampagne» des Sozialistischen Deutschen Studentenbundes, SDS, während der Studentenrevolte nach Urteilen gegen linke Demonstranten und dem Freispruch des Berliner Polizisten Kurras, der am 2. Juni 1967 bei der Demonstration gegen den persischen Schah vor der Oper den Studenten Benno Ohnesorg erschossen hat. Schließlich Ende 1967 Fritz Teufels berühmt gewordene Bemerkung, «Naja, wenn's der Wahrheitsfindung dient», der sitzen geblieben war, als das Gericht erschien im Prozess gegen ihn wegen Landfriedensbruchs an jenem 2. Juni, und der Vorsitzende verlangte, er solle aufstehen. Außerdem war 1966 Gustav Heinemann in der großen Koalition von CDU/CSU und SPD Justizminister geworden und begann mit seiner Strafrechtsreform. So sorgte die Gründung der «Zeitschrift für Rechtspolitik», mit den liberalen Herausgebern Rudolf Gerhardt, bisher Frankfurter Allgemeine Zeitung, und Martin Kriele, Professor für Staats- und Verwaltungsrecht in Köln, für Aufregung nicht nur unter vielen konservativen Lesern der NJW. Auch unter ihren Herausgebern gab es Unruhe, an der Spitze der «Barockfürst» Philipp Möhring, Rechtsanwalt am Bundesgerichtshof. Sie sahen in der Beilage «ein ihnen aufgezwungenes Teufelswerk» (beide Zitate Hermann Weber). Jedenfalls, die ZRP hat nicht geschadet, manchmal sogar sehr gute Artikel gebracht und existiert noch heute. Inzwischen kann sie aber nur noch separat von der NJW bestellt werden.

Der nächste große Zeitschriftenerfolg nach der NJW war 1961 die Gründung der «**Juristischen Schulung** (JuS)», für Studenten und Referendare. Sie ist die erste Ausbildungszeitschrift für Juristen gewesen, die zweite große Idee Alfred Flemmings nach dem Einfall mit der NJW. Die JuS hat dann Nachahmer gefunden, ist aber bis heute Marktführer geblieben, wenn auch mit einigen erstaunlichen Schwankungen im Absatz. Flemming hatte mit sicherem Blick eine Marktlücke entdeckt, ähnlich wie Heinrich Schönfelder mit seinem «Prüfe dein Wissen» und der Sammlung von Reichsgesetzen. Denn es gab einen Adressatenkreis, den die NJW nur beschränkt ansprechen konnte.

Der Vorschlag einer solchen Ausbildungsschrift war im Verlag und unter ihm nahe stehenden Professoren umstritten. Man fürchtete, es würden sich nicht genügend Abnehmer finden, denn es gab nun 1960 schon wieder ausreichende Literatur für die Ausbildung, Lehrbücher, große und kleine, Fallsammlungen mit Lösungen und auch «Prüfe dein Wissen» war seit 1950 wieder da. Außerdem arbeiteten in vielen Universitätsstädten wieder Repetitoren, die berühmteren in Bonn, Münster, München und Hamburg. Aber Heinrich Beck vertraute der Spürnase Alfred Flemmings, nahm das verlegerische Risiko auf sich mit den Worten, «Lasst die jungen Leute nur machen.»

So konnte Flemming in Frankfurt, dem Sitz der NJW, dem dort gerade habilitierten Privatdozenten Gerhard Lüke den Vorschlag machen, als freier Mitarbeiter «nebenamtlich» die Schriftleitung der JuS zu übernehmen. Der war sofort mit großer Überzeugung bereit und machte auch weiter, als er im Sommersemester 1961 Professor für Bürgerliches Recht und Zivilprozessrecht an der Universität Saarbrücken geworden war. Mit zwei ehemaligen Frankfurter Assistentenkollegen und mit Hilfe des NJW-Sekretariats hat er eine Zeitschrift geführt, die zwar nicht so vornehm wurde wie die Juristenzeitung, die sich an Ältere wendete, aber eben eine Zeitschrift für Jüngere, die wissenschaftlich, akademisch genauso ehrgeizig auftrat und verbunden war mit pädagogischem Elan.

Gerhard Lüke in der Festschrift zu seinem 70. Geburtstag 1997.

Im Kern blieben es bis heute drei Formen, nämlich Aufsätze zu Themen des Referendar- und des Assessorexamens, dazu Rezensionen von dafür wichtigen Gerichtsentscheidungen und die «Methodik der Fallbearbeitung», mit anderen Worten Examensklausuren mit den Aufgaben und ausführlichen Lösungsvorschlägen dazu. Im Übrigen einmal im Jahr eine Übersicht, wie die beiden Staatsexamen in den einzelnen Bundesländern und insgesamt in der Bundesrepublik ausgefallen sind. Nicht uninteressant. Denn die Rechtswissenschaft ist wohl dasjenige Fach, in dem es die schlechtesten Noten und die höchste Durchfallquote gibt. So konnte man im ersten Heft der JuS 1961 lesen, dass 1959 insgesamt 3771 Jurastudenten das erste Staatsexamen gemacht haben und nur einer mit «sehr gut». Die Durchfallquote lag bei 19,7 Prozent. Die meisten bestanden mit «ausreichend» und der Durchschnitt aller Noten war 4,6, also zwischen ausreichend und befriedigend, aber mehr bei ausreichend. Ähnlich ist es im Assessorexamen gewesen und heute noch bei beiden, nur dass die Zahl der geprüften Kandidaten stark gestiegen ist.

Die Auflage der «Juristischen Schulung» nahm zunächst ständig zu, so dass ein fest besoldeter Schriftleiter eingestellt wurde, 28 Jahre alt, gerade promoviert, der später Schriftleiter der NJW geworden ist, Hermann Weber. Dann gab es ein erstaunliches Auf und Ab.

Das Ab und Auf von 1985 und 1995 ist zu erklären, für den Aufstieg mit dem Nachholbedarf in den östlichen Bundesländern, ähnlich wie bei der NJW. Maßgeblich wird auch der Verkauf durch die «Studentenpresse» gewesen sein, die direkt in den Universitäten Kontakt mit den Studenten aufnahm. Und der starke Rückgang danach? Nun hatte die Informationstechnik endgültig die Rechtswissenschaft erreicht. In den meisten Juristenfakultäten konnten die Studenten bald kostenlos die Onlinedienste nutzen und ihre Lesegewohnheiten hatten sich deutlich verändert.

Der Aufstieg der JuS bis 1985 war nicht nur begleitet von einer Umfangvermehrung, die ähnliche Gründe hatte wie bei der NJW. Es kamen auch zwei Konkurrenten dazu, die «Juristischen Arbeitsblätter (JA)» 1969 im Verlag Schweitzer und 1979 die «Juristische Ausbildung (Jura)» bei de Gruyter. 1969, das ist das Jahr gewesen, in dem die JuS besonders stark kritisiert worden ist, sie sei zu wissenschaftlich. Das war berechtigt, denn die Aufsätze sind zu lang gewesen, die Zahl ihrer Fußnoten zu groß und insgesamt war sie für Jurastudenten in den Anfangssemestern zu schwierig. Die JA wollte das ausnutzen und gab sich bewusst schlichter. Die JuS aber blieb Marktführer und reagierte seit 1970. Zum einen nahm sie nun mehr Rücksicht auf jüngere Semester, nicht nur in den Aufsätzen und Entscheidungsrezensionen, auch bei der «Fallbearbeitung», wo es nun auch einfache «Grundfälle» gab. Zum anderen entstand die **«JuS-Schriftenreihe»** in vielen Bänden. Der erste war «Die BGB-Klausur» von Uwe Diederichsen mit der Friedrich Nietzsche nachempfundenen Aufforderung, man solle an einer Seite juristischer Prosa wie an einer Bildsäule arbeiten. Für die Zeit von zwei bis fünf Stunden einer Klausur ein lustiger Vorschlag und trotzdem ein gutes Buch. Mehr zu dieser Reihe auf S. 438 f.

Während JuS und Jura seit ihrer Gründung jeweils im selben Verlag erschienen, hatten die Juristischen Arbeitsblätter ein

Der erste Band der JuS-Schriftenreihe (1970)

erstaunlich wechselvolles Schicksal. Von 1969 bis 1978 erschienen sie zuerst im Verlag Schweitzer (Berlin), kamen ab Heft 10/1978 zu Gieseking in Bielefeld. Ab 1985 waren die JA dann lange bei Verlagen des niederländischen Riesen Wolters Kluwer: zuerst bei Metzner (Frankfurt/M.), dann bei Luchterhand (Neuwied) und zuletzt bei Heymanns (Köln). Schließlich gab dieser Studienliteratur an den Verlag Vahlen weiter, der 1960 von C.H.Beck übernommen worden ist. Da war ab Heft 7/2010 diese Konkurrenz letztlich an der selben Adresse gelandet wie die JuS, wo beide in freundlichem Einvernehmen weiterexistieren.

Zu den anderen vier Zeitschriften vor 1970: Das «**Recht der Arbeit» (RdA)** ab 1949), eine Monatszeitschrift, wurde von H. C. Nipperdey geplant und anfangs redigiert. Sie war eine für die Wissenschaft geschriebene Aufsatzzeitschrift. Gleichzeitig gründete er damals mit Alfred Hueck und Rolf Dietz ein großes Loseblattwerk, das «Nachschlagewerk des Bundesarbeitsgerichts. Arbeitsrechtliche Praxis», AP. Hier erschienen nun die Entscheidungen, oft mit ausführlichen Anmerkungen kompetenter Experten, dagegen im «Recht der Arbeit» nur noch Leitsätze mit Hinweis auf die AP. Diese entwickelte sich zu einer weit verbreiteten Entscheidungssammlung im Arbeitsrecht (näher zur AP siehe S. 380 f.).

Die «**Deutsche Notar-Zeitschrift (DNotZ)**», erschien ebenfalls ohne eigene Redaktion im Verlag als Organ der Standesorganisation, zunächst der Gemeinschaft der Deutschen Notariate, dann der Bundesnotarkammer, die eine eigene Schriftleitung unterhielten. 1962 erschien auf Vorschlag von Hans Dieter Beck die Zeitschrift «**Deutsches Steuerrecht (DStR)**», die erste Zeitschrift für Steuerberater als berufsständisches Organ, heute Organ der Steuerberaterkammer mit eigener Verlagsschriftleitung. Diese drei Zeitschriften hatten eins gemeinsam: Sie erschlossen spezielle, klar abgegrenzte Zielgruppen.

Das «**Europarecht (EuR)**», ist wie das «Recht der Arbeit» eine Zeitschrift für die Wissenschaft mit eigener Redaktion im Verlag, herausgegeben von einer Gruppe renommierter Europarechtler, unter ihnen Hans Peter Ipsen, Reimer Schmidt und Konrad Zweigert. Sie war und ist ein anspruchsvolles Organ, eine Zweimonatsschrift, die sich nur an den damals noch kleinen Kreis der Vertreter dieser Wissenschaft wendete und später an den Nomos Verlag abgegeben wurde. Zwanzig Jahre danach, 1999, kam sie mit dem Erwerb dieses Verlags (siehe unten S. 486 f.) wieder zur Beck-Gruppe.

4. Textausgaben

Die kleinen roten Textausgaben einzelner Gesetze in festen Leinenbänden sind schon am Ende des 19. Jahrhunderts das Erkennungszeichen von C.H.Beck gewesen, damals noch in Konkurrenz mit der Sammlung Guttentag und anderen. Am Anfang des 20. Jahrhunderts und in der Weimarer Republik wurden sie ergänzt durch Gesetzessammlungen, die noch heute existieren. Das waren nicht nur der «Sartorius» (zuerst 1903) und «Schönfelder» (1931). Auch die heute «Aichberger» genannte sozialrechtliche Textsammlung gehörte schon dazu, zuerst 1911 ohne Namen eines Herausgebers erschienen, seit 1921 unter dem Namen von Franz Eichelsbacher als «Sammlung der Reichsversicherungsordnung mit Nebengesetzen». Sie ist weitgehend die Zusammenfassung der Bismarck'schen Sozialgesetzgebung von 1883/89 gewesen, mit der Kranken-, Unfall- und Rentenversicherung für Arbeiter. 1927 kam die Arbeitslosenversicherung dazu. 1934 ist sie die **erste Loseblattausgabe** geworden. Der «Schönfelder» wurde es erst 1935, der «Sartorius» 1938.

1949 erschien die Sammlung – noch im Biederstein Verlag – als «Eichelsbacher/Aichberger» und seit 1956 nur noch unter dem Namen von Friedrich Aichberger. Seit Jahren gibt es gar eine kleine Aichberger-Familie: die große Ausgabe zum gesamten Sozialgesetzbuch mit all seinen Büchern und den wichtigsten Nebengesetzen, herausgegeben von Stefan Rittweger, Vorsitzender Richter am Bayerischen Landessozialgericht, aber auch den Aichberger zum Kranken- und Pflegeversicherungsrecht mit dem Vorsitzenden Richter am Bundessozialgericht Klaus Engelmann als Herausgeber und den Aichbeger zum Rentenversicherungsrecht, den Andreas Polster, Verwaltungsdirektor bei der Deutschen Rentenversicherung verantwortet.

1960 hatte C.H.Beck schon 150 Gesetzessammlungen, gebundene und Loseblattausgaben. Ende der fünfziger Jahre war das «Arbeitsrecht» von Hans Carl Nipperdey dazugekommen, die «Steuergesetze» und die «Bundesbeamtengesetze» ohne Herausgeber, alle drei im roten Schönfelderformat als Loseblattausgaben, der «Aichberger» zunächst etwas kleiner, seit 1970 ebenso groß. Auch sie stehen zumeist nicht mehr isoliert für sich. Das «Steuerrecht» hat inzwischen viele Kinder bekommen: «Steuerrichtlinien», «Steuererlasse», «Zölle und Verbrauchsteuern», «Doppelbesteuerungsabkommen» und «Steuertabellen». Zu den «Beamtengesetzen» hat sich etwa das von Michael Kloepfer, zuletzt Professor an der Humboldt-Universität zu Berlin, herausgegebene «Umweltrecht» hinzugesellt.

Parallel dazu erschienen, ebenfalls als Loseblattausgaben, die Sammlungen von «Verwaltungsgesetzen der Bundesländer», zuerst 1949, schon bei Beck, nicht mehr im Biederstein Verlag, die von Bayern, herausgegeben von Georg Ziegler, mit dem Untertitel «staats- und verwaltungsrechtlichen Inhalts». Die bayerische Verfassung war dabei, wie später bei den Sammlungen anderer Bundesländer. Georg Ziegler war Senatspräsident am Bayerischen Verwaltungsgerichtshof. Seine Sammlung erschien in größerer Schrift und sein Format war sehr viel höher als dasjenige von «Schönfelder» oder «Sartorius». Bayern war eben etwas Besonderes. Auch war die Farbe dieser stattlichen Ausgabe nicht rot, sondern ein helles Orange. Seit der 4. Auflage von 1956 kam als zweiter Herausgeber Paul Tremel dazu, Richter am Verwaltungsgerichtshof München. Spätestens seitdem war der «Ziegler/Tremel» Tausenden Verwaltungsjuristen, Jurastudenten und Rechtsreferendaren in Bayern ein vertrautes Handwerkszeug. 2013 erschien er in der 110. Auflage, immer noch im stattlichen Format, nur schon seit langem blau und nicht mehr orange, für ältere Damen und Herren, die damit studierten und als Referendare lebten, etwas irritierend und traurig. The times they are a changin.

1955 folgten die Gesetze für Nordrhein-Westfalen von Ernst von Hippel und Friedrich Rehborn, die einige Zeit brauchten, sich durchzusetzen, dann ebenso unerlässlich wurden wie der «Ziegler/Tremel» in Bayern. Die meisten anderen Bundesländer zogen im Lauf der Jahre nach, mit der Wiedervereinigung auch Berlin und die neuen Bundesländer von Brandenburg bis Thüringen, später sogar Hamburg, Schleswig-Holstein und das Saarland. Nur in zwei Bundesländern gibt es keine Beck'sche Landessammlung, in Bremen, das dafür vielleicht doch zu klein ist, und in Rheinland-Pfalz, weil sich hier der Nomos-Verlag schon früh positioniert hatte. Insgesamt gibt es immerhin 14 Bände für die 16 Bundesländer heute, alle – außer Ziegler/Tremel – im roten Schönfelder-Format als Loseblattausgaben.

Einer dieser 16 Bände ist besonderer Betrachtung wert **«Gesetze des Landes Baden-Württemberg»** von Günter Dürig, (zu Dürig siehe auch unten S. 262 ff.). Der Band erschien zuerst 1956 und gibt schon hier ein bemerkenswertes Bild dieses erstaunlichen Mannes, nicht im Textteil mit der Wiedergabe von der Verfassung bis zum Finanz- und Steuerrecht, alles übersichtlich und gut, sondern im Sachverzeichnis. Das bekam im Laufe der Zeit einen Umfang von 135 Seiten. Aber was man hier alles lernen und lachen kann, ist schon beachtlich. Es wird das meist gelesene Sachverzeichnis der Bundesrepublik gewesen sein. Immer wieder führt die aufblitzende Phantasie des Professors für öffentliches Recht in Tübingen zu ergänzenden Bemerkungen, die von der trockenen juristischen Ebene auf die einer geistreichen Unterhaltung führte. Dazu einige Kostproben, kurze Essays unter Stichworten. Zum Beispiel beim Stichwort «Pflichtverhältnis besonderer Art»:

«... wenn beamtete Fluglotsen ein Streikrecht fordern, dürfte die Aufklärung genügen, dass sie von der Aufgabe her Polizeibeamte sind wie ihre Kollegen von der Straßenverkehrspolizei; bei Lehrern, die ein Streikrecht fordern, ist meist alles klar, wenn man sie fragt: dann doch wohl auch für die Beamten des Landesamts für Besoldung und Versorgung?; es ist durch Erfahrung belegt, dass Lehrer einschließlich Hochschullehrer meinen – darauf käme kein Metaller oder einer vom Bau –, während des Streiks liefen die Besoldungsbezüge weiter.»

Auch nicht schlecht, was man beim Stichwort: «Sachverständige» lesen kann:

«es gibt übrigens einen Witz, mit dem sich die Juristen selbst «auf den Arm nehmen»: Der Zeuge war dabei, aber versteht nichts von der Sache; der Sachverständige versteht was von der Sache, war aber nicht dabei und der Richter (das Gericht) war weder dabei noch versteht er was von der Sache; im Allgemeinen ist der Richter jedoch trainiert, an Z. und S. die richtigen Fragen zu stellen: das ist schon sehr viel ...»

Und schließlich noch, was Günter Dürig beim Stichwort «Wildlebende Tiere» eingefallen ist:

«... und dann schießen sie auch als «Jäger» noch; daneben, zu wenig oder zu viel; die meisten aber pflastern auch noch die Waldwege ... und nageln Schildchen gegen die Reiter an ...; denn von Wanderern oder Pferden halten Jäger nicht viel (man darf auf sie nicht schießen).»

Günter Dürig, Gesetze des Landes Baden-Württemberg, Sachverzeichnis, S. 126 (40. Ergänzungslieferung, September 1981).

Anfang der sechziger Jahre meinten Taschenbuchverlage wie der von Wilhelm Goldmann in München, bekannt durch die Kriminalromane von Edgar Wallace, sie könnten sich auch auf den Markt von Gesetzestexten begeben, denn die haben den Vorteil, dass keine Tantiemen zu zahlen sind. Das war keine geringe Konkurrenz für die kleinen roten Textausgaben von C.H.Beck. Da hatte der Jungverleger Dr. Hans Dieter Beck, seit 1960 tätig in der Wilhelmstraße 9, eine Idee. Denn auch Beck/Biederstein hatten Taschenbücher, nämlich im Verlag dtv, an dessen Gründung 1961 Gustav End für Biederstein beteiligt war. Dieser Verlag produziert noch heute schöne Taschenbücher mit glänzenden weißen Umschlägen, auf denen die Titel jahrzehntelang geschmückt waren mit sparsamen bunten Grafiken des Schweizers Celestino Piatti. Es sind Taschenbuchausgaben von Büchern der damals elf Gründungsverlage, deren Zahl sich im Lauf der Zeit reduziert hat. Aber Beck/Biederstein ist geblieben. So erschienen zum Beispiel – aus anderen Verlagen – Bücher von Heinrich Böll, Günter Grass

Überblick über einige Beck-Titel im dtv aus der Dokumentation des dtv zum 25-jährigen Bestehen (1986).

und Siegfried Lenz als Taschenbuch, alle hergestellt in der Beck'schen Druckerei Nördlingen, und seit 1964 die **«Beck-Texte im dtv»** als Nebenprodukt seines Lektorats, die Umschlagtypografie ebenfalls in der Gestaltung Piattis. Inzwischen gibt es sie zu allen wichtigen Gesetzen und Rechtsgebieten vom Aktiengesetz bis zur Zivilprozessordnung und vom Ausländerrecht bis zum Zwangsvollstreckungsrecht. Sie erschienen schneller und in größerer Zahl als die der Konkurrenz von Goldmann und anderen, die sich dann allmählich von diesem Markt zurückzogen. Diese «Beck-Texte im dtv» sind nun wirklich eine Art Demokratisierung im Recht gewesen, immer aktuell, preiswert und wichtig für Jurastudenten und sogar für juristische Laien. Auf der einen Seite brachten sie zunehmend die eigenen reichhaltigeren und darum teureren, in Leinen oder Karton gebundenen roten Textausgaben in Bedrängnis. Auf der anderen Seite wurde das ausgeglichen durch die höheren Absatzzahlen dieser Texte und ihrer oft fast jährlichen Neuauflagen. Das BGB zum Beispiel, zuerst erschienen 1964, hatte 2013 schon seine 72. Auflage. Die Loseblattausgaben des Verlags sind dadurch nur wenig beeinträchtigt worden.

5. Kommentare von Palandt bis zu Thomas/Putzo und Löffler

Das erste der vier Zugpferde neben Schönfelder, Sartorius und NJW, der **Palandt**, erschien 1950 bei Heinrich Beck in der 8. Auflage, am Ende seiner aktiven Zeit 1970 in der 29. In diesen zwanzig Jahren wuchs auch dieser Kommentar mit der zunehmenden Fülle des Rechts. 1970 hatte er zwar 100 Seiten weniger als 1950 mit 2370. Aber das Format war größer. Jetzt ist er 24 cm hoch gewesen statt 18 cm vorher. Die Schrift war ebenfalls ein wenig größer, so dass man den Text noch besser lesen konnte. Aber die Abkürzungen hatten um mehr als das Doppelte zugenommen und der Inhalt auf diese Weise insgesamt um ein Drittel. Verglichen mit der späteren Zeit war das noch nicht allzu viel.

Von den fünf Bearbeitern des Kommentars waren nur Bernhard Danckelmann und Wolfgang Lauterbach geblieben. Zur Zeit Heinrich Becks in der Bundesrepublik sind es sieben gewesen, darunter Helmut Heinrichs, damals noch Richter am Oberlandesgericht Bremen, später dessen Präsident. Ferner der wunderbare Max Degenhart, Senatspräsident am Bayerischen Obersten Landesgericht, nebenbei privater Repetitor für Zivil- und Strafrecht im Assessorexamen, hervorragend und zu moderatem Preis; der Verfasser dieses Berichts weiß, wovon er spricht. Degenharts Sachenrecht war ganz vorzüglich, nur etwas zu umfangreich, so dass nach seinem plötzlichen Herztod Peter Bassenge als Nachfolger erheblich kürzen musste; vielleicht tat er dabei des Guten zuviel. Das rechte Maß – oft ist es ein Problem. Auch sein Kollege Heinz Thomas, Landgerichtsdirektor in München, ebenfalls eine pädagogische Begabung in Referendararbeitsgemeinschaften, hat seinen Abschnitt, der vom Werkvertrag bis zur Unterlaubten Handlung reichte, sehr gut durchsystematisiert, verständlicher und frei von Widersprüchen gemacht. Mit der Anpassung an neue Entwicklungen ließ er sich bisweilen Zeit: Obwohl die Literatur mit Kapazitäten wie Ernst von Caemmerer und sogar der Bundesgerichtshof schon 1963 bei der Trennungstheorie angekommen waren und zwischen Leistungs- und Eingriffskondiktion unterschieden, hat Heinz Thomas noch 1970 die mit Treu und Glauben begründete Einheitstheorie vertreten wie der alte römische Jurist Pomponius in den Digesten. Erst zwei Jahre später, 1972, hat sich Thomas der neuen Lehre angeschlossen wie Karl Larenz im selben Jahr mit der 10. Auflage seines Lehrbuchs. Im Übrigen ist damals unter den sieben Bearbeitern des Palandt auch schon Hans Putzo gewesen, Kollege von Heinz Thomas am Münchner Landgericht. Ihr kleiner Kommentar zur Zivilprozessordnung war 1963 erschienen und sehr erfolgreich. Siehe dazu sogleich auf S. 253.

Neben dem Palandt gab es 1950 noch andere Beck'sche Kurz-Kommentare. Dazu gehörte der älteste dieser Serie, als erster 1924 bei Otto Liebmann erschienen, der von Baumbach zur **Zivilprozessordnung**, 19. Auflage 1950, bearbeitet von Wolfgang Lauterbach, Richter am Hamburger Oberlandesgericht und später Vorsitzender in dessen Senat für Wettbewerbssachen, so wie Adolf Baumbach bis 1927 am Kammergericht. Dieser «**Baumbach/Lauterbach**» hatte mit zwölf weiteren Auflagen bis 1970 die Gesamtzahl von 200 000 Exemplaren überschritten und dürfte neben dem Palandt einer der erfolgreichsten Kommentare in der Bundesrepublik gewesen sein. Und auch zwei andere seiner Werke sind 1949/50 wieder erschienen. 1949 ist es die 6. Auflage des Kommentars zum **Aktiengesetz** (1. Aufl. 1937 bei C.H.Beck) gewesen, bearbeitet von **Alfred Hueck**. Er war seit 1936 Professor für Bürgerliches, Handels- und Arbeitsrecht in München und damit der erste akademische Lehrer als Kommentator in dieser Reihe, in der bisher nur Männer der juristischen Praxis geschrieben hatten. 1950 ist es die 2. Auflage von Baumbachs Kommentar zum **Wechsel- und Scheckrecht** gewesen, die zuerst 1940 erschienen und nun von **Wolfgang Hefermehl** bearbeitet wurde. Dessen Tätigkeit im «Dritten Reich» ist schon beschrieben worden, auch warum er 1950 Repetitor in Münster wurde und dann einer der erfolgreichsten Professoren des Wirtschaftsrechts in der Bundesrepublik (siehe S. 152 f.).

In den zwanzig Jahren von 1949/50 bis 1970 hat sich die Zahl der Kurz-Kommentare mehr als verdreifacht. Nun gab es dreißig statt vorher neun. Die meisten sind in den fünfziger Jahren dazugekommen. Zum Beispiel die immer wieder wegen ihrer Kürze und Genauigkeit gerühmten Kommentare des damaligen Landgerichtsdirektors **Aloys Böhle-Stamschräder**, dem Papst des Konkursrechts der 1950er und 1970er Jahre. Viele, die nicht unterscheiden konnten zwischen Bindestrich (Name) und Schrägstrich (gemeinsame Herausgeber oder Autoren) meinten, es seien zwei Autoren. Aber es war nur einer, der an sich Böhle hieß und später mit diesem Doppelnamen, den er schon vorher angenommen hatte, Ministerialrat im Bundesjustizministerium wurde für das Gebiet des Konkurs-, Vergleichs- und Anfechtungsrechts. Von ihm war schon 1939 bei C.H.Beck eine kleine Schrift zum Vollstreckungsrecht erschienen und als er 1949 den Verlag besuchte und interessiert war an einer Mitarbeit im Zivil- und Zivilprozessrecht, bot man ihm an, einen Kurz-Kommentar zur Konkursordnung zu schreiben. Er war ein schneller Arbeiter. Ein Jahr später war der fertig und erschien 1950. Noch im November 1949 bot er dem Verlag an, auch einen zur Vergleichsordnung zu schreiben. Der Verlag nahm das Angebot an, obwohl Konkurs und Vergleich damals im Wiederaufbau der Wirtschaft noch keine großen Themen waren.

1951 gab es knapp 5000 Unternehmensinsolvenzen. Der tiefste Stand wurde 1962 erreicht mit 2000. Seit 1973 mit der ersten Ölkrise wurden es sehr viel mehr mit einem Höchststand von 7000 im Jahr 1975. Den hat Aloys Böhle-Stamschräder noch erlebt, dessen dritter Kurz-Kommentar zum Anfechtungsgesetz 1952 erschien. Der zur Konkursordnung hatte bis 1976 zwölf Auflagen in 16 Jahren, der zur Vergleichsordnung von 1951 hatte neun Auflagen bis 1977 und der 1952 erschienene zum Anfechtungsgesetz bis 1975 fünf. Es wird berichtet, sein Familienleben hätte gelitten. Das dürfte glaubhaft sein, denn er war bis 1969 voll im Dienst und damals mit vielen Nebenämtern auch auf internationaler Ebene beschäftigt. 1982 ist er im Alter von 78 gestorben. Und heute, vierzehn Jahre nach der neuen Insolvenzordnung von 1999 und mit 32 000 Insolvenzverfahren 2010 erinnern sich die Älteren noch an diesen erstaunlichen Mann. An die Stelle seiner drei Bände trat bei Beck 1997 der von **Karsten Schmidt** herausgegebene Kommentar zu Konkursordnung, Vergleichsordnung und Gesamtvollstreckung, der 2013 in 18. Auflage – inzwischen zur Insolvenzordnung – erschienen ist, mit mehr als 2600 Seiten und 24 Bearbeitern. Die drei von

Aloys Böhle-Stamschräder in 27 Jahren allein bearbeiteten Kommentare hatten zuletzt insgesamt 867 Seiten und einen einzigen und einzigartigen Autor, im kleinen Format. Dies war als Kurz-Kommentar bis in die 1980er Jahre ausreichend und gut.

Im selben Jahr wie der zweite Kurz-Kommentar von Böhle-Stamschräder, 1951, erschien ein anderer Kommentar, von einem Autor, der heute den Älteren noch in Erinnerung geblieben ist. **Konrad Duden**, Enkel eines Großvaters mit demselben Vor- und Nachnamen, der das berühmte Wörterbuch geschrieben hat, wurde 1907 als Sohn eines erfolgreichen Kaufmanns in Italien geboren, war in Berlin Mitarbeiter des großen Rechtsvergleichers von Ernst Rabel am Kaiser-Wilhelm-Institut für ausländisches und internationales Privatrecht und seit 1937 in der Auslandsrechtsabteilung des Schering-Konzerns. In dieser Zeit erwarb und vertiefte er seine Kenntnisse des internationalen und ausländischen Rechts und er knüpfte weltweite wissenschaftliche Verbindungen. Im Krieg war er Soldat der Wehrmacht, heiratete, war danach in amerikanischer Gefangenschaft und lebte seit 1946 in Heidelberg.

Konrad Duden wurde Schriftleiter der Zeitschrift «Betriebs-Berater» in Heidelberg und 1948 Referent für Währungsfragen der Frankfurter Verwaltung für die britische und amerikanische Bizone, mit deren Leiter, Rudolf Harmening, er nach der Währungsreform von 1948 im Biederstein Verlag einen Kommentar zu den Währungsgesetzen geschrieben hat. In diesem Jahr wurde er Wirtschaftsanwalt in Mannheim mit vielen internationalen Verbindungen und nur wenig Tätigkeit an Gerichten. Vom Verlag Beck übernahm er die Bearbeitung des Kommentars zum **Handelsgesetzbuch** von Baumbach. Es wurden dreißig erfolgreiche Jahre von 1951 bis 1980 mit 17 Auflagen und der **Baumbach/Duden** – heute **Baumbach/Hopt** – ist zu einer Art «Palandt des HGB» geworden. Seit Ende der fünfziger Jahre war Konrad Duden Mitglied der SPD und 1965 hat ihn der Kultusminister von Baden-Württemberg Wilhelm Hahn, CDU, zum Professor für Handels-, Wirtschafts- und Gesellschaftsrecht an der Universität Mannheim ernannt, an der er als erster Dekan die juristische Fakultät aufgebaut hat, obwohl er im Organisieren nicht so gut gewesen sein soll wie in der Wissenschaft.

Dem von Baumbach begründeten Kommentar gab der international renommierte Wirtschaftsrechtler **Klaus J. Hopt**, der das Werk 1980 mit der 24. Auflage übernahm, wichtige neue Impulse. Er hat das Werk um Erläuterungen zahlreicher Nebengesetze ergänzt, zu deren Glanzstücken das Recht der Bankgeschäfte und des Zahlungsverkehrs zählen. Inzwischen wird Hopt durch die Universitätsprofessoren Hanno Merkt und Markus Roth sowie den Privatdozenten Christoph Kumpan unterstützt. Hinzugekommen sind 1992 ein Werk zum Handelsvertreterrecht und 1995 ein inhaltlich korrespondierendes Vertrags- und Formularbuch.

Die Reihe der Kurz-Kommentare war in den fünfziger Jahren wieder vollständig. Später kamen nur wenige dazu. Aber die bisher erschienenen wurden immer dicker. Der Verlag brauchte zur Ergänzung etwas Kleineres. Lösung war die wegen der Farbe ihrer Umschläge und Einbände intern und informell genannte «**Gelbe Reihe**», die tatsächlich rotbraun/orangefarben ist. Sie begann 1954 mit dem «Dreher/Maassen» (dazu siehe S. 257 f.).

1963 kam der größte Erfolg dieser Reihe, der «**Thomas/Putzo**». Heinz Thomas und Hans Putzo, beide erfahrene Richter am Münchener Landgericht, beide später auch Bearbeiter am «Palandt», haben diesen Kommentar zur Zivilprozessordnung geschrieben, gebeten vom Verlag, weil das Manuskript für die Neuauflage des «Baumbach/Lauterbach» mal wieder sehr lange auf sich warten ließ und die Lektoren um Carl Hoeller fürchteten, ein anderer Verlag könnte mit einem neuen kurzen Kommentar die Lücke füllen. Thomas und Putzo waren in München als Leiter von Referendar-Arbeitsgemeinschaften bekannt und als gute Pädagogen beliebt. So kamen sie zu dem Auftrag, erledigten ihn in der erstaunlich kurzen Zeit von wenig mehr als zwei Jahren und 1963 erschien die 1. Auflage in der «Gelben Reihe», die damit berühmt wurde. Das Buch hatte den Umfang der Hälfte des «Baumbach/Lauterbach» und etwa den halben Preis. Lauterbach in Hamburg war empört, suchte nach «Plagiaten», fand aber keine. Die Konzeption war neu. Beschränkungen auf das Wesentliche, möglichst einfache Vorbemerkungen vor den einzelnen Abschnitten, Wiedergabe der höchstrichterlichen Rechtsprechung und der herrschenden Meinung. Das war ein ideales Buch für Studenten und Referendare und ist es heute noch; damals hielt man es sogar den Lehrbüchern für überlegen. Kein wissen-

Thomas/Putzo, Zivilprozeßordnung, 1. A. 1963.

schaftliches Werk wie der dreibändige «Stein/Jonas» bei Mohr Siebeck oder der sechsbändige Kommentar von Wieczorek bei de Gruyter und auch unterhalb des Kurz-Kommentars von Baumbach/Lauterbach mit mehr als dem doppelten Inhalt, aber ein wunderbares Buch auch für Anwälte, die sich schnell orientieren wollen.

Außerhalb dieser Reihen erschien 1955 der «**Löffler**». Also: Martin Löffler, «**Presserecht.** Kommentar zum Reichsgesetz über die Presse und zum Presserecht der Länder sowie zu den sonstigen die Presse betreffenden Vorschriften», 853 Seiten. Heute: Löffler, Presserecht. Kommentar zu den deutschen Landespressegesetzen... begründet von Prof. Dr. Martin Löffler, herausgegeben von Klaus Sedelmeier und Prof. Dr. Emanuel Burckhardt. Der größte Teil in der ersten Auflage war nach einer längeren Geschichte des Presserechts von der Erfindung der Buchdruckerkunst bis 1955 die Kommentierung der 31 Paragrafen des Reichsgesetzes über die Presse auf 400 Seiten, dann des ziemlich kurzen Pressegesetzes von Berlin sowie der damals noch ohne das Saarland neun Bundesländer und schließlich «des sonstigen die Presse betreffenden Bundesrechts», etwa des StGB, Arbeitsrechts oder des BGB, dort hauptsächlich der unerlaubten Handlungen nach §§ 823 ff., wichtig hauptsächlich für Widerrufsklagen und Gegendarstellungen. Das Reichspressegesetz von 1874 war weitgehend liberal, von der ihn unterstützenden Nationalliberalen Partei gegen den Willen des autoritären Bismarck durchgesetzt. Im «Dritten Reich» wurde es nicht aufgehoben, nur völlig umgangen durch mehrere NS-Sondergesetze. Nach dem Zweiten Weltkrieg ist es Landesrecht geworden und blieb es auch nach dem Grundgesetz durch kurze landesrechtliche Ergänzungen, weil der Bundesgesetzgeber von seiner damals noch bestehenden Legitimation nach dem inzwischen aufgehobenen Artikel 75 des Grundgesetzes keinen Gebrauch machte. Inzwischen ist es aufgehoben durch neue Pressegesetze der Bundesländer.

Martin Löffler (1905–1987) war derjenige, der in der Bundesrepublik die Botschaft der Pressefreiheit verkündete, nicht nur mit dem Kommentar als seinem wichtigsten Buch, sondern auch in dem parallel dazu entstandenen «Handbuch des Presserechts», das seit der 2012 erschienenen 6. Auflage zugunsten der aktuellen Bearbeiter Ricker und Weberling nicht mehr seinen Namen trägt. Hinzu kamen aber noch andere Bücher und unendlich viele Beiträge in Zeitschriften.

1932 wurde er Anwalt in Stuttgart, war in der Weimarer Zeit Mitglied der nationalliberalen Deutschen Volkspartei Gustav Stresemanns, die die Nationalsozialisten 1933 ohne Konsequenzen für deren Mitglieder auflösten, im Zweiten Weltkrieg Soldat, von 1940 bis 1944 im Afrika-Korps, zuletzt als Panzeroffizier, dann als Wehrmachtsrichter. Nach dem Krieg ist er wieder Anwalt in Stuttgart gewesen, verteidigte im großen Nürnberger Prozess die SA, die nach den Morden im so genannten Röhm-Putsch von 1934 eine weitgehend untergeordnete Rolle spielte und hat – zu Recht – erreicht, dass sie nicht, wie die Anklage wollte, als verbrecherische Organisation verurteilt wurde, weil sie nach der «Säuberung» 1934 auf den Stand einer unbedeutenden Vereinigung von Nazi-Anhängern zurückgeworfen war. Dann begann damals bald seine Laufbahn als «Presse-Löffler», wie er sich selber gern nannte.

Von ihm stammt die Formulierung, die Presse sei die «Vierte Gewalt im Staat» und von ihm kam 1963 schnell die beste Antwort auf das Problem der von Konrad Adenauer und Franz Josef Strauß zu verantwortenden SPIEGEL-Affäre 1962, nämlich mit seiner kleinen Schrift «Der Verfassungsauftrag der Presse – Modellfall SPIEGEL». 1998 folgte für ihn die Erhebung in den enzyklopädischen Adelsstand im Brockhaus: «Löffler, Martin, Rechtsanwalt und Honorar-Prof. (seit 1974); profilierte sich auf dem Gebiet des Presserechts, zu dem er auch einen Standardkommentar verfasste.» Ein angesehener, von ihm ins Leben gerufener presserechtlicher Arbeitskreis trägt noch heute die Bezeichnung «Löffler-Kreis». Im kurzen Nachruf des SPIEGEL von 1987 wurde er sogar schon als der «Papst des deutschen Presserechts» bezeichnet. Was will man mehr als Autor?

6. Kommentare zum Straf- und Strafprozessrecht, Grundlage für die Zukunft

Nach der «Entnazifizierung» des Strafgesetzbuchs durch den Alliierten Kontrollrat und die Militärbehörden kam der 1933 noch bei Otto Liebmann und dann mehrfach bei C.H.Beck in Neuauflagen folgende Kurz-Kommentar von **Otto Schwarz** in gereinigter Form heraus. Dessen anpasserische Haltung zum NS-Strafrecht ist schon beschrieben worden (oben S. 179). 1949 konnte die erste Nachkriegsauflage erscheinen. Bis ins hohe Alter hat er an beiden Kommentaren weitergearbeitet, von denen der zum Strafgesetzbuch 1959 und der zur Strafprozessordnung 1960 jeweils in 22. Auflage erschienen. Zusammengezählt waren es 114 000 Exemplare seines StGB-Kommentars und 95 000 des zur StPO. Dann ist er Anfang 1960 in Berlin gestorben, 84 Jahre alt. Sein Nachfolger wurde Eduard Dreher.

Zweitältester war der **Schönke/Schröder**, im Format der größte, nämlich in dem der grünen Lehrbuchreihe, aber bis heute im hellroten Einband. 1942 ist er zum ersten Mal erschienen, geschrieben vom Freiburger Professor Adolf Schönke, dessen wichtigste wissenschaftliche Leistung er war (siehe oben S. 179 f.). Es ist nicht unmöglich, dass Heinrich Beck ihn unter der Flagge «mehr wissenschaftlich und größerer Umfang» gebeten hat, einen Ausgleich zu schreiben zum Kommentar von Otto Schwarz, der sich immer mehr in die Richtung des harten NS-Täterstrafrechts und des Antisemitismus bewegte. Anders als dieser war Adolf Schönke zwar schon sehr früh in NS-Organisationen Mitglied geworden. Aber wahrscheinlich ist er bald auf Distanz zu den Nationalsozialisten gegangen, vielleicht nach der Mordaktion des so genannten Röhmputschs und den Nürnberger Judengesetzen 1935.

Adolf Schönke war ein guter Lehrer, nicht nur im Hörsaal, auch in diesem Buch, eher konservativ auf der Grundlage der alten «Trennungstheorie» für die Begründung einer Straftat mit den drei Voraussetzungen Tatbestandsmäßigkeit, Rechtswidrigkeit und Schuld, ohne bedeutende neue Theorien. Deshalb konnte das Buch nach 1945 ohne große Änderungen weitergeführt werden, wurde nur immer umfangreicher bis zur letzten, von ihm geschriebenen 6. Auflage 1952 mit ungefähr 1000 Seiten.

Nach dem Krieg blieb Schönke Professor in Freiburg bis zu seinem sehr frühen Tod. 1953 ist er im Alter von 44 Jahren gestorben. Einen Tag vorher hat er den Verlag Beck gebeten, Horst Schröder zu seinem Nachfolger im Kommentar zu machen. So geschah es, nachdem Heinrich Beck sich von Karl Engisch hat beraten lassen, der damals gerade Professor für Strafrecht in München geworden war.

Auch Horst Schröder ist ein begnadeter Lehrer gewesen, einer der großen Strafrechtler der Bundesrepublik. **Horst Schröder** ist 1943 als Professor nach Graz berufen, aber 1945 von den Alliierten entlassen worden, wahrscheinlich wegen seiner Mitgliedschaft in der NSDAP. «Wahrscheinlich»: Die biografischen Angaben auch seiner Schüler in Nachrufen und einer längeren Gedächtnisschrift sind lückenhaft. Nach dem Krieg hat er sich drei Jahre mühsam durchgeschlagen. Wo? Wie? Auch das wird nicht gesagt. Über seine Vergangenheit hat er selbst mit seinen Assistenten kaum gesprochen. Als er 60 Jahre alt war, ist er 1963 bei einem Badeunfall in Viareggio an der toskanischen Westküste gestorben.

Die Bearbeitung durch ihn war wichtiger als alle späteren. Hier ist das Buch zum «Schönke/Schröder» geworden, dem Standardwerk. Das sind knapp zwanzig Jahre gewesen von der 7. bis zur 17. Auflage 1974. Danach kamen seine Schüler Peter Cramer, Albin Eser, Theodor Lenckner und Walter Stree: dritte Phase. Sie haben den Kommentar gemeinsam weitergeführt bis zur 25. Auflage 1997. Dann waren die meisten von ihnen nicht mehr am Leben und so begann mit der 26. Auflage 2001 die vierte Phase mit verschiedenen Autoren. Herausgeber war und ist bis heute Albin Eser, der letzte noch lebende Schüler von Horst Schröder. Das Buch hat bis heute den Namen «Schönke/Schröder» behalten, inzwischen ein Großkommentar mit neun Verfassern und einem Umfang von mehr als 3000 Seiten in der 28. Auflage von 2010. Als Horst Schröder seine Arbeit beendete, waren es 2000 Seiten.

Horst Schröders hat das Buch im Lauf der fast zwanzig Jahre völlig neu geschrieben. Vom Text Adolf Schönkes ist nichts mehr geblieben. Schröder bemerkte im Vorwort der ersten von ihm bearbeiteten 7. Auflage, Schönkes Werk verdiene in besonderem Maße fortzubestehen als «hervorragender Mittler zwischen Wissenschaft und Praxis.» Das wurde es in noch stärkerer Weise durch die enorme Arbeitsleistung Horst Schröders, der im Gegensatz zu seinem Vorgänger den Dingen auf den Grund gehen wollte, dogmatisch neue Wege ging und «Farbe bekannte», wie Albin Eser das nennt in seiner Beschreibung der Entwicklung des Werks und dafür das Beispiel seiner Schuldtheorie nennt. Für die ist im Gegensatz zur alten Vorsatztheorie – «Wissen und Wollen der Tat» – das Unrechtsbewusstsein des Täters die Voraussetzung für die Annahme, er habe vorsätzlich gehandelt. Das hat sich in einem nicht unwichtigen Sonderbereich, dem Verbotsirrtum, seit 1969 in § 17 des Strafgesetzbuchs durchgesetzt und ist heute die allgemein anerkannte richtige Lösung. Mit der ständig wachsenden Flut neuer Entscheidungen der Rechtsprechung, neuer Veröffentlichungen in der Literatur, nicht zuletzt neuer Änderungen des Strafgesetzbuchs und verbunden mit dem kompletomanischen Arbeitsstil Horst Schröders hat sich das Buch in dieser Zeit der zweiten Phase im Umfang verdoppelt. In den beiden nächsten Phasen bis heute wurde es verdreifacht.

Wie schon kurz bemerkt, wurden die immer umfangreicher werdenden Kurz-Kommentare 1954 ergänzt durch die der kleineren «Gelben Reihe». Erster war der **«Dreher/Maassen»** von Eduard Dreher und Hermann Maassen, beide damals Oberregierungsräte im Bundesjustizministerium. Das Buch wurde ein Erfolg, weil es genau gearbeitet und nicht nur kleiner war als der «Schwarz», sondern auch preiswerter. Den neuen konnten Studenten sich leisten, bei denen er besonders gut ankam. Zwei Jahre vorher hatte Eduard Dreher dem Verlag den Vorschlag für einen kürzeren Kommentar zum Strafgesetzbuch gemacht, den Karl Hoeller annahm unter der

Bedingung, dass er deutlich kleiner sein müsse als der von Otto Schwarz, der wohl nicht begeistert gewesen ist über die Konkurrenz im eigenen Verlag.

Eduard Dreher, geboren am 29. April 1907 in Dresden, war ein Mann mit Vergangenheit und Zukunft. Die Vergangenheit ist düster gewesen. Er war in der NS-Zeit als Erster Staatsanwalt beim Sondergericht Innsbruck. Hier hat er Todesstrafen in heute harmlos anmutenden Vergehen, wie Schwarzschlachterei, nach dem im Kriege auf die Spitze getriebenen Nazistrafrecht beantragt oder beantragen müssen, und es kam auch zu Hinrichtungen. Aber meistens blieb es nur beim Versuch, weil es in Innsbruck auch noch vernünftige Sonderrichter gab. Seine Zukunft ist für ihn günstig gewesen. Nach dem Krieg war er zunächst Rechtsanwalt in Stuttgart. 1947 erschien seine berühmte Schrift «Über die gerechte Strafe». Daraufhin wurde er 1951 auf Empfehlung des Abgeordneten Adolf Arndt (SPD) in die Strafrechtsabteilung des Bundesjustizministeriums berufen, wo er, ab 1961 als Ministerialdirektor bis zum Eintritt in den Ruhestand am 30. Juni 1969 blieb. Er war Generalreferent bei der Großen Strafrechtskommission und maßgeblich beteiligt an dem 1975 in Kraft getretenen, ganz neu gefassten Allgemeinen Teil des StGB. Die Ende der 1960er Jahre und heute wieder bei der Untersuchung von NS-Belastungen der Mitarbeiter des Bundesjustizministeriums geführte Diskussion um den am 1. Januar 1968 in Kraft getretenen § 50 Abs. 2 StGB, in dessen Folge nach der Rechtsprechung des BGH eine Beihilfe zum Mord aus niedrigen Beweggründen am 8. Mai 1960 verjährt war, berührt auch die Tätigkeit von Eduard Dreher, dem zu Recht oder Unrecht unterstellt wird, dass er mit der neuen Regelung auch ehemalige NS-Täter und sich selbst schützen wollte.

Hermann Maassen hat es im Bundesjustizministerium formal weiter gebracht als Eduard Dreher, wurde sogar Staatssekretär. Das war in jener Zeit eher ein seltener Fall von Gerechtigkeit, jedoch leicht zu erklären. Er ist jünger gewesen als sein Mitautor und nicht belastet mit einer NS-Vergangenheit. Nach dem Tod von Otto Schwarz hat Eduard Dreher seit 1961 dessen Kurz-Kommentar weitergeführt. An seine Stelle im «gelben» Kommentar von Dreher/Maassen trat **Karl Lackner**, damals ebenfalls im Bundesjustizministerium und seit 1963 Professor für Strafrecht in Heidelberg. Nun hieß das Buch «Lackner/Maassen». Und als Hermann Maassen seine Tätigkeit als Staatssekretär beendete, ist er ein viel beschäftigter Rechtsanwalt geworden und hat deshalb Karl Lackner den Kommentar allein überlassen, der seitdem lange Zeit nur noch «Lackner» hieß. Sein Verfasser wurde 1982 emeritiert, arbeitete weiter am Kommentar, den er in den neunziger Jahren an **Kristian Kühl** übergab, zunächst Professor in Gießen, dann in Tübingen. Seit 1995 hat das Buch bis heute den Verfassernamen «Lackner/Kühl». Karl Lackner ist 2011 gestorben, 94 Jahre alt.

Für Autoren und Verlag war es ein Glücksfall, als sich im Jahre 1960 die Gelegenheit bot, die Fortführung des traditionsrechen Kommentars zum StGB, den Otto Schwarz 1932 begründet hatte, an Eduard Dreher zu übertragen. Die in zahlreichen Zeitschriften verstreuten Arbeiten Drehers sind in dem vom Verlag C.H.Beck anlässlich seines 65. Geburtstags herausgegebenen Sammelband «Bemühungen um das Recht» zusammengefasst. In diesen Beiträgen wird deutlich, was Eduard Dreher angestrebt hat. Er wollte die praktischen Ergebnisse der Strafrechtsanwendung schrittweise verbessern, aber das politisch Machbare nicht überschreiten.

Seine Kommentierung des Strafgesetzbuchs hatte nicht nur wegen ihrer Klarheit außerordentlichen Einfluß auf die Rechtsprechung. Wiederholt sind auch seine Grundhaltung um eine ausgewogene, extreme Positionen vermeidende Strafrechtspraxis und seine weitgespannten Interessen unterstrichen worden. All dies hat dann auch zu dem Urteil geführt: «Der ‹Dreher› war in der Strafrechtspflege eine ‹Institution›» (Lackner).

Über das Juristische hinaus wird Drehers enge Verbundenheit mit der Wissenschaft im Ganzen und mit den schönen Künsten aus seinem auch heute noch lesenswerten Beitrag «Strafrecht seit 1763» im Beck'schen Almanach «Der Aquädukt» (1963) deutlich. Dreher hat die Jurisprudenz nicht nur als Spezialwissenschaft betrieben, sondern auch die innere Beziehung zu Geschichte und Kultur sichtbar gemacht. Im Ruhestand hat er die Fesseln seines Faches gesprengt und 1981 bei Vahlen die Schrift «Der Traum als Erlebnis» veröffentlicht. Dort entwickelt er eine neue Traumtheorie und widerspricht deutlich der Traumdeutung von Sigmund Freud. In seinem

Nach Abgabe der Kommentierung des StGB an Tröndle schrieb Dreher noch ein Buch über den Traum (Vahlen 1981) und bei CHB «Die Willensfreiheit» (1987).

1988 bei C.H.Beck erschienenen Werk über «Die Willensfreiheit», wird die Freiheitsfrage aus der Sicht aller wissenschaftlichen Disziplinen, nicht nur der strafrechtlichen, eingehend erörtert.

Als Dreher siebzig war, gab er den Kommentar an **Herbert Tröndle** ab, der ihn von 1978 bis 1999 22 Jahre fortgesetzt hat. Schwarz war Richter, Dreher hoher Ministerialbeamter und Herbert Tröndle wieder Richter. Im Krieg ist er schwer verletzt und dienstunfähig geworden. Deshalb konnte er seit 1943 Jura studieren, wurde Vorsitzender Richter einer Strafkammer am Landgericht Waldshut und war seit 1968 Präsident dieses Gerichts in jener Stadt am Rhein im südlichen Baden-Württemberg. Die Entwicklung des Kommentars «Dreher/Tröndle» ist nicht ganz so kontinuierlich gewesen wie die des «Lackner».

Herbert Tröndle ist ein hervorragender Jurist geworden, allerdings auch ein Mann mit «Antworten auf Grundfragen», wie es im Titel eines Sammelbands seiner wichtigsten Einzelbeiträge heißt. Er war ein leidenschaftlicher konservativ-katholischer Kritiker des sich bei uns auch im Recht ausbreitenden liberalen Zeitgeistes. Wenn das in Einzelbeiträgen geschieht, ist das nicht nur völlig in Ordnung, sondern im Sinn der Meinungs- und Wissenschaftsfreiheit sogar notwendig. Man darf und muss auch als Jurist gegen die in Rechtsprechung und Literatur herrschende Meinung – «hM» – ebenso wie gegen die Gesetzgebung reden und schreiben, wenn man das, was da geschieht, nach eigener Überzeugung für falsch hält. Dazu gehören für ihn zum Beispiel Teile des Sexualstrafrechts, die Regelung des Schwangerschaftsabbruchs oder die hM zu Sitzblockaden nach dem Nötigungsparagrafen, die er alle in seinem Kommentar ausführlich behandelt. Er lässt die «hM» zu Wort kommen, beschreibt auch, wie sie die Regelung von Teilen des Sexualstrafrechts,

Herbert Tröndle in «Antworten auf Grundfragen», einem Sammelband mit einer Auswahl seiner Beiträge aus drei Jahrzehnten (CHB 1999).

zum Beispiel die §§ 175, 182, 218a, 219 StGB, behandelt, räumt aber der Darstellung der eigenen Meinung zu viel Umfang ein und drängt dadurch die «hM» in den Hintergrund.

6. Kommentare zum Straf- und Strafprozessrecht, Grundlage für die Zukunft

Thomas Fischer, inzwischen Vorsitzender Richter im 2. Strafsenat des Bundesgerichtshofs, hat die endgültige Nachfolge Herbert Tröndles mit der 50. Auflage von 2001 übernommen, nachdem er schon 1999 Texte der 49. Auflage geschrieben hatte, die als «Tröndle/Fischer» erschienen ist. Er hat den Kommentar wieder zur Ruhe gebracht, extreme Positionen von Tröndle zurückgenommen oder modifiziert. Der Mainzer Professor Michael Hettinger rezensierte deshalb: «Diese 50. Auflage ist ein Ereignis.»

Dann sollen hier noch zwei maßgebliche Kommentare zum **Strafprozess** vorgestellt werden, nämlich das schon 1928 entstandene Liebmann'/Beck'sche Urgestein des Kurz-Kommentars von Otto Schwarz, viele Jahre fortgeführt von **Theodor Kleinknecht,** heute «Meyer-Goßner», und der nach dem Erfolg des Münchener Kommentars zum BGB geplante Großkommentar zur Strafprozessordnung, der «Karlsruher», herausgegeben von **Gerd Pfeiffer,** Präsidenten des Bundesgerichtshofs mit hohen Richtern und Staatsanwälten als Bearbeitern, viele von ihnen am BGH, heute in der 6. Auflage 2008 herausgegeben vom Bundesanwalt beim BGH Rolf Hanisch. Dies Werk gehört zwar in die Epoche von Hans Dieter Beck, wird aber wegen des Zusammenhangs hier schon behandelt. Beide sollen beschrieben werden im Vergleich ihrer Kommentierung der Vorschriften aus der unruhigen Zeit der Strafprozessgesetzgebung in den siebziger Jahren.

Das «Dritte Reich» hatte auch dieses Gebiet mindestens so verwüstet wie das materielle Strafrecht. Nachdem der Rechtsstaat auch hier wiederhergestellt war, begann in den siebziger Jahren besonders für die dann stattfindenden Prozesse gegen Mitglieder von Terroristenorganisationen wie der «Roten Armee Fraktion» oder der «Bewegung 2. Juni» eine Strafprozessreform «im Schatten der law and order-Bewegung». So jedenfalls bezeichnen sie Hinrich Rüping und Günter Jerouschek in ihrer Strafrechtsgeschichte in der JuS-Schriftenreihe. Es wurde «eine Gesamtreform durch Teilgesetze», meistens eingebaut in die Strafprozessordnung. So wurde 1974 der Ausschluss von Strafverteidigern möglich gemacht, die sich an Straftaten ihrer Mandanten beteiligten, und die Verhandlung in Abwesenheit von Angeklagten, die ihre Verhandlungsunfähigkeit selbst herbeigeführt haben, zum Beispiel durch Hungerstreik. Die Zahl der Verteidiger eines Angeklagten ist auf höchstens drei begrenzt worden und die automatische Untersuchungshaft wurde eingeführt mit Kontrolle der Verteidigerpost bei Verdacht der Mitgliedschaft in solchen Organisationen. Einen Höhepunkt bildete dann 1977 das Kontaktsperregesetz, nach dem Gefangene untereinander und von der Außenwelt – auch ihren Verteidigern – isoliert werden können, wenn von einer terroristischen Vereinigung Gefahren für Leib,

Leben oder Freiheit eines Dritten droht (Fall Hanns-Martin Schleyer). Alles Vorschriften die bei nicht wenigen Liberalen auf zum Teil heftige Kritik gestoßen sind. Wie verhielten sich damals die beiden Kommentare, also der Schwarz/Kleinknecht ab 1978 und der «Karlsruher» von 1987?

Die Kommentierung Theodor Kleinknechts, seit 1963 Generalstaatsanwalt in Nürnberg, zeichnet sich dadurch aus, dass völlig neue Gesetze schnell, präzise und nüchtern erläutert werden, ohne eigene kritische Äußerungen oder die Wiedergabe fremder Kritik zu den Gesetzesänderungen dieser Zeit. Anders der «**Karlsruher Kommentar**». Während Theodor Kleinknecht zum Beispiel darauf hinweist, dass der Kreis der Bediensteten mit Vollzugsaufgaben beim Kontaktsperregesetz «klein und übersichtlich gehalten werden... muss» (§ 31 EGGVG, Rdz. 6), meint der «Karlsruher», dass es den «zuständigen Stellen unbenommen (sei), anderen Personen... den Kontakt zu den Gefangenen zu ermöglichen, z. B. Ermittlungsbeamten, Dolmetschern usw» (§ 31 EGGVG, Rdz. 24).

Der Karlsruher Kommentar bemerkt zum Beispiel auch, dass das Kontaktsperregesetz «ungewöhnlich schnell... verabschiedet» wurde (§ 31 EGGVG, Rdz. 3), im parlamentarischen Prozess «nicht unumstritten» war (Rdz. 5) und nennt mehrere Autoren, die befürchten, dass durch seine Verkündung das rechtsstaatliche Prinzip außer Kraft gesetzt wurde (Rdz. 5). Er stellt weiter die Frage, ob nach dem Grundsatz der Verhältnismäßigkeit entgegen dem Wortlaut des Gesetzes «die totale Kontaktsperre... nicht nur personal, sondern auch in ihrer konkreten Auswirkung auf den einzelnen Gefangenen beschränkt werden sollte», zum Beispiel im Hinblick auf «Nachrichten über Familienereignisse» (Rdz. 28). Ähnlich kritische Stimmen nennt dieser Richterkommentar in der Beschränkung der Zahl der Verteidiger auf höchstens drei (§ 137 StPO, Rdz. 2). Vergleichbare Bedenken lassen sich bei Theodor Kleinknecht nicht finden.

7. Maunz/Dürig, Grundgesetz

Großkommentare hat C.H.Beck in der «Ära Hoeller» nicht veröffentlicht. Das kam erst seit 1970 mit dem Erwerb des Verlags von Franz Vahlen. Es gab nur eine Ausnahme. Das war der berühmte «Maunz/Dürig», der heute sogar sieben Bände hat. Er ist fast eine öffentliche Einrichtung der Bundesrepublik geworden, nicht nur denen bekannt, die zur Juristenzunft gehören, sondern auch Historikern, Journalisten und Politikern. Denn es geht um unser Grundgesetz.

Theodor Maunz ist in den 1930er Jahren Professor für Staats- und Verwaltungsrecht in Freiburg gewesen, blieb es auch nach dem Krieg. Er und hat 1948 als Vertreter des kleinen zur französischen Zone gehörenden Landes Südbaden, Hauptstadt Freiburg, am Verfassungskonvent von Herrenchiemsee teilgenommen, auf dem die Länder der westlichen Besatzungszonen einen Vorschlag für das Grundgesetz ausgearbeitet haben nach einem Entwurf von Hans Nawiasky, der aus der Emigration in die Schweiz zurückgekommen war. Das Grundgesetz ist dann 1948/49 vom Parlamentarischen Rat beraten und beschlossen worden, der diesem Vorschlag teilweise gefolgt ist. 1951 erschien dazu bei C.H.Beck das von Maunz geschriebene und sofort erfolgreiche Kurz-Lehrbuch «Deutsches Staatsrecht», nach dem bis in die späten siebziger Jahre und zum Teil noch länger Hunderttausende Jurastudenten das Verfassungsrecht der Bundesrepublik gelernt haben. 1952 ist Theodor Maunz an die Universität München berufen worden, wo seine juristische Laufbahn begonnen hatte.

Schon beim Abschluss des Vertrages über das «Staatsrecht» von 1951 hatte er angeboten, einen «Kurz-Kommentar» zum Grundgesetz zu schreiben. Aber Carl Hoeller meinte, diese Kommentarreihe sei nur für Materien der ordentlichen Gerichtsbarkeit geeignet. Ein Kommentar zum Grundgesetz müsse auch von Historikern, Politikern und Journalisten gelesen werden können. So kam es, dass im Jahr seines Rufs nach München mit dem Beck'schen Verlag der Vertrag über einen solchen vereinbart wurde. Von seinen juristischen Aktivitäten im «Dritten Reich», besonders zum Polizeirecht, wusste damals entweder niemand oder sie spielten wie bei vielen anderen noch keine Rolle. Es gab aber ein anderes Problem. Maunz lieferte nicht. Als Abgabetermin für ein Buch von 600 Seiten war der Sommer 1953 vereinbart. Jahr um Jahr verging, der Verlag wurde unruhig, denn die Konkurrenz schlief nicht, und 1956 wagte das Lektorat, ihm einen zweiten Autor als Mitarbeiter am Kommentar vorzuschlagen, um das Werk voranzutreiben. Maunz, ein sehr höflicher und freundlicher, nicht sehr großer und etwas rundlicher Mann, war sofort einverstanden.

Der zweite, ein Studienfreund des zuständigen Lektors Hans-Ulrich Büchting, hieß **Günter Dürig**. Er war 1920 in Breslau geboren, wurde 1938 nach dem Abitur Berufsoffizier und im Zweiten Weltkrieg hochdekorierter Rittmeister (Hauptmann) in einer Panzeraufklärungsabteilung der Wehrmachts-Elitedivision «Großdeutschland», mehrmals verwundet, zuletzt, März 1945, im Verteidigungskampf gegen die sowjetische Armee in Ostpreußen, durch einen Kopfschuss, eine Verletzung, die ihn lebenslang quälte, aber nicht hinderte, in seinem neuen Beruf brillant zu arbeiten, so dass er einer der bedeutendsten Verfassungsjuristen der Bundesrepublik geworden ist. 1946 begann er wie Büchting, ebenfalls im Krieg als Soldat verwundet, aber nicht so schwer wie Dürig, das Jurastudium in München, machte das erste Staatsexamen, promovierte im selben Jahr, wurde 1952 bei seinem Lehrer Willibalt Apelt an der Münchner Fakultät habilitiert und erhielt 1953 den Ruf als Professor für Staats- und Verwaltungsrecht nach Tübingen. Dort hat er, wie schon berichtet (S. 246 f.), zunächst die «Gesetze des Landes Baden-Württemberg» für C.H.Beck zusammengestellt und mit dem berühmten Sachverzeichnis versehen. Das begann 1956 mit vielen Auflagen, die folgten. Im selben Jahr machte er dann mit dem Verlag einen zweiten Vertrag über seine Mitarbeit am Kommentar, dem «Maunz/Dürig». Er wurde für lange Zeit der führende Kommentar zum Grundgesetz.

Aber es dauerte noch einige Jahre, bis er fertig war. Die erste Auflage mit sechs Lieferungen erschien von 1959 bis 1963. Ein Zusammendruck dieser sechs Lieferungen erschien noch 1963 als zweite Auflage. Heute sind es sieben große graue Bände, seit Dürigs Zusage als Loseblattausgabe eingerichtet, weil man wusste, er würde nur nach und nach entstehen und außerdem immer wieder auf den neuesten Stand gebracht werden müssen. Man könnte ihn auch den ersten «Münchener Kommentar» nennen, denn bis 1983 kamen alle Bearbeiter (Maunz, Dürig, Herzog, Scholz, Lerche, Randelzhofer) aus München. Später sind andere von anderen Universitäten dazugekommen

Zunächst jedoch noch ein wenig mehr zu den beiden Menschen Theodor Maunz und Günter Dürig, dem «Humanum», wie Dürig es nannte, ohne damit sich selbst zu meinen. Dazu war er zu bescheiden.

Theodor Maunz war ein sehr guter Pädagoge, auch gegenüber Studenten freundlich und gütig und im Examen ein milder Prüfer. Peter Lerche, sein Schüler, erzählt, dass er wie die anderen Assistenten bei Vorschlägen für die Noten von schriftlichen Übungsarbeiten regelmäßig eine Stufe unter derjenigen gewählt hat, die er für richtig hielt, weil Maunz genauso regelmäßig immer eine Notenstufe höher setzte. Als Maunz die Täuschung bemerkte und die Bewertung um zwei Stufen höher setzte, hätten sie als Assistenten «entsprechend vorreagiert». Dieser liebenswerte Mann, der auch in seinem Kurz-Lehrbuch «Deutsches Staatsrecht» seine pädagogische Begabung bewiesen hat, ist daneben als Mitglied der CSU 1957 bayerischer Kultusminister geworden. Er blieb es bis 1964. Dann hat der bekannte Bonner Rechtsanwalt Konrad Redeker in einem Aufsatz für die NJW beschrieben, was Maunz sich im «Dritten Reich» geleistet hat, besonders mit einem Buch von 1943 «Gestalt und Recht der Polizei». In ihm wurde auch für jeden traurigen Einzelfall der Wille des «Führers» Adolf Hitler als «Kernstück des geltenden Rechtssystems» bezeichnet. Schon 1933 hatte Maunz mit den NS-Professoren der «Kieler Schule» gemeinsame Sache gemacht und im berühmten «Kitzeberger Lager» am Ostufer der Kieler Förde juristische Referendare im völkisch-nationalsozialistischen Sinn auf den neuesten Stand gebracht.

Der Aufsatz Redekers, auch über andere NS-Juristen, erschien Mitte Juni in der NJW. Im Juli musste Theodor Maunz als Minister zurücktreten und war aber dann weiter der höfliche und freundliche, rundliche Professor an der Juristischen Fakultät der traditionsreichen Ludwig-Maximilians-Universität München im Rechtshaus an der Ludwigstraße kurz vor dem Siegestor. Dort lebten und arbeiteten damals auch noch zwei andere große NS-Vertreter, Friedrich Berber als Völkerrechtler und Karl Larenz, zuständig für das Privatrecht. Sie waren je-

Theodor Maunz in der Festschrift zu seinem 70. Geburtstag 1971.

doch immerhin in der Bundesrepublik angekommen und haben nicht gemacht, was nach dem Tod von Theodor Maunz bekannt wurde, der 1993 in München gestorben ist. Noch im selben Jahr verkündete Gerhard Frey, rechtsradikaler «Führer» der rechtsradikalen «Deutschen Volksunion» (DVU), dass Maunz seit 25 Jahren sein «wunderbarer Wegbegleiter» und «maßgeblicher politischer Berater» gewesen sei und hunderte Artikel für die «Deutsche National-Zeitung» geschrieben habe. Das war leider glaubhaft. Da platzte selbst seinem Schüler Roman Herzog der Kragen und Michael Stolleis, Direktor des Max-Planck-Instituts für europäische Rechtsgeschichte und Professor in Frankfurt erklärte, nun sei Maunz «vom moralischen Eckstein zum Stein des Anstoßes der deutschen Staatsrechtslehre geworden».

Davon war Günter Dürig meilenweit entfernt, der das «Dritte Reich» seit seinem 18. Lebensjahr weitgehend als Berufssoldat erlebt und nach dem Krieg wie kein anderer das Verfassungsrecht der Bundesrepublik geformt und besonders für die Grundrechte in unserer Verfassung seine Architektur entworfen hat, die bis heute anerkannt ist, auch in der Rechtsprechung des Bundesverfassungsgerichts. Er lebte ganz anders als Maunz, der seelenruhig mal mit dem Taxi von München zu einer Tagung nach Würzburg fuhr und aus der Tasche bezahlte, während Günter Dürig einen alten VW-Käfer fuhr, unauffällig lebte und bescheiden. Ähnlich unterschiedlich sind sie auch beim Schreiben gewesen. Dürig war einer jener wenigen Gemütsmenschen, die möglichst dort schrieben, wo viel los war mit lauter Unruhe, in München in einer Kneipe, in Tübingen in der dafür anscheinend besonders geeigneten «Museums-Gaststätte», gleich an der Universität, wo es auch den Rotwein gab, den er für seine Kopfschmerzen brauchte, und im Alleen-Café an der Wilhelmstraße, das auch bei Studenten sehr beliebt gewesen ist. Es konnte auch schon mal der Wartesaal eines Bahnhofs sein, und zwar möglichst einer der dritten Klasse, solange es die noch gab. Denn dort waren die meisten Leute mit der größten Lautstärke. Maunz schrieb in der Ruhe seines Schreibtischs wie die meisten, die wissenschaftlich im Recht arbeiten.

Dann aber **Dürigs** großartige **Architektur**. Während Maunz keinen Einfluss genommen hat auf die Struktur des Grundgesetzes, das er solide kommentiert hat, so wie es geschrieben war, ist es bei Dürig zuerst sein «**Wertsystem**» gewesen, nachdem die Grundrechte nicht nur innerhalb der Verfassung Wirkung haben, sondern auch nach außen ausstrahlen auf sämtliche Rechtsgebiete, zum Beispiel auf das Bürgerliche Recht. Das wurde – und wird bis heute in weiteren Entscheidungen – im Jahre 1958 vom Bundesverfassungsgericht im berühmten «Lüth-Urteil» übernommen, nachdem Günter Dürig 1956 einen Aufsatz dazu geschrieben hatte über «Grundrechte und Zivilrechtsprechung».

Günther Dürig

Danach kam 1959 seine größte Leistung mit der ersten Loseblatt-Lieferung zum Kommentar und seinem Beitrag zu Artikel 1 des Grundgesetzes über die Würde des Menschen. Diese Vorschrift ist seitdem die Verfassungsfundamentalnorm als Grundlage eines Wertsystems. Er nannte es «oberstes Konstitutionsprinzip allen objektiven Rechts». Aus dieser Fundamentalnorm ergeben sich, so Dürigs Architektur, in Artikel 2 und 3 das Hauptfreiheitsrecht und das

Hauptgleichheitsrecht als Grundlage der folgenden Grundrechte. Und hier wurde mit seiner in der Nachfolge von Immanuel Kant formulierten und vom Bundesverfassungsgericht bis heute übernommenen «**Objektformel**» auch schon die Würde des Menschen definiert, die verletzt wird, «wenn der Mensch zum Objekt eines staatlichen Verfahrens gemacht wird» und auch gleich der «Schulfall» mitgeliefert. Der ist «die Wahrheitsermittlung der Strafjustiz (aber auch der Polizei) durch physischen Zwang und vor allem durch die Anwendung chemischer und psychotechnischer Mittel, die den Menschen in den Zustand ausgeschlossener oder beeinträchtigter Willensfreiheit versetzen und ihn als ‹Registriermaschine› seiner Wahrnehmungen verwenden», so wörtlich Rdz. 35 zu Artikel 1 Absatz 1.

Selbst für Artikel 3 fand er später noch eine architektonische Lösung in den 353(!) Seiten des Kommentars zu diesem Artikel, der als letzter der drei ersten des Grundgesetzes von ihm erläutert wurde in der Loseblatt-Lieferung von 1974. An diesem Hauptgleichheitsgrundsatz mit seinen drei Absätzen hatte er, wie er in einer Anmerkung schreibt, «schon 15 Jahre herumgegrübelt» (Artikel 3 Absatz 1, Rdz. 50 Anmerkung 2). Hier findet sich sein – gemeinsam mit dem Soziologen Ralf Dahrendorf in dessen Tübinger Zeit als Professor am Institut für Soziologie entwickeltes – «**Fußboden-, Stützpfeiler- und Deckenmodell**». «Fußboden» ist die Rechtsgleichheit als «horizontaler Sockel». Auf ihm stehen als «Stützpfeiler» die einzelnen Grundrechte, die uns unsere Entfaltungsmöglichkeit geben, und darüber ist die «Decke» der sozialen Sicherungsrechte gezogen, die sich aus dem Sozialstaatsgebot des Artikels 20 Absatz 1 ergeben, in dem es heißt:

«Die Bundesrepublik Deutschland ist ein demokratischer und sozialer Bundesstaat.»

Wenn die sozialen Sicherungsrechte versagen und dem einzelnen die ihm in der Gesellschaft nach dem Gleichheitssatz mögliche Entfaltung verhindern, dann, so sinngemäß Dürig in diesem Bild, fällt die «Decke» herunter und alles bricht zusammen (Artikel 3 Absatz 1 Rdz. 139 ff.). Er war eben ein Sozialliberaler und Maunz ein anderer, ein Mann der damaligen CDU/CSU wie viele andere, die dann als Bearbeiter für den Kommentar dazukamen, Roman Herzog oder Rupert Scholz zum Beispiel.

Das Personalproblem wurde nämlich größer. Nicht nur Maunz musste Dürig zur Seite gestellt werden, damit es endlich losgehen konnte. Bald wurde klar, dass auch diese beiden, so wie sie genau und intensiv arbeiteten, allein nicht in der Lage waren, den Kommentar in überschaubarer Zeit zu Ende zu bringen. So kamen die Münchner dazu. Sie hatten dort studiert, waren dort habilitiert (Maunz, Dürig), waren dort Assistenten oder Professoren (Maunz, Herzog, Scholz, Lerche und Randelzhofer). So blieb es, bis das Werk 1981 vollständig vorlag mit der Kommentierung der Präambel und Artikel 1 bis 146, 22 Jahre, nachdem die erste Lieferung 1959 erschienen war. Es wurde zum führenden Kommentar und hatte sich durchgesetzt gegen die beiden Konkurrenten damals, den «Bonner Kommentar» und «von Mangoldt/Klein».

Der «**Bonner Kommentar**» war schon 1950 als Großunternehmen und Loseblattausgabe begründet worden vom Hamburger Oberverwaltungsgerichtsrat Bodo Dennewitz (1908–1952) im Hamburger Gildenverlag und lange Zeit eine wichtige Fundgrube, aber schließlich zu der Zeit, als der Maunz/Dürig erschien, mit vielen Autoren und 15 Ordnern nicht nur ein Monstrum, sondern zum Teil auch veraltet. Den anderen hat **Hermann von Mangoldt** (1895–1953) allein geschrieben, zuletzt Professor in Kiel, der sich über die NS-Zeit mit Veröffentlichungen zum vergleichenden Verfassungsrecht gerettet hatte. Nach dem Krieg war er Mitglied der CDU geworden und einer der wichtigen Wortführer im Parlamentarischen Rat bei der Beratung des Grundgesetzes. Sein einbändiger «Kommentar zum Bonner Grundgesetz» ist 1953 mit 700 Seiten im Verlag Franz Vahlen erschienen. Dann ist er gestorben. Das Buch wurde weitergeführt vom renommierten Verfassungsrechtler **Friedrich Klein** (1908–1974) an der Universität Münster als «von Mangoldt/Klein». Aber er schaffte es – ebenfalls allein – nur bis zu einem 3. Band, der 1974 erschienen ist mit der Kommentierung bis zum Artikel 91 b. Dann ist auch er gestorben und das Buch blieb ein Torso. Inzwischen war der Vahlen Verlag übernommen worden von C.H.Beck.

Zwischen dem «Monstrum» auf der einen Seite und dem «Torso» auf der anderen erschien der «Maunz/Dürig» 1974 schon in drei Ordnern mit einer fast vollständigen Kommentierung der 146 Artikel des Grundgesetzes. 1981 wurde sie abgeschlossen. Er hatte gegenüber den beiden anderen drei Vorteile. Er war übersichtlicher und das Schriftbild besser, erschien im Verlag mit dem inzwischen gewichtigen Namen C.H.Beck und ist der einzige gewesen, der – besonders durch die Kommentierung Günter Dürigs – großen Einfluss gehabt hat auf die Rechtsprechung des Bundesverfassungsgerichts. Das hat nicht nur, wie beschrieben, sein «Wertsystem» im «Lüth-Urteil» übernommen, bis heute ebenso wie seine «Objektformel». Nach ihr wird, wie schon eben angedeutet, die garantierte Würde des Menschen verletzt, wenn man ihn wie eine Sache, ein Objekt, behandelt. Ebenso haben die Richter in Karlsruhe seine Auffassung übernommen, Artikel 1 sei eine Verfassungsfundamentalnorm, kein Grundrecht, und damit auch jene Architektur, die Günter Dürig in seinen vollbesetzen Tübinger Vorlesungen so gern an die Tafel malte mit Artikel 1 als dem «obersten Konstitutionsprinzip» an der Spitze, aus dem sich das Hauptfreiheitsrecht des Artikels 2 und das Hauptgleichheitsrecht des Artikels 3 als Grundlage der bis Artikel 19 folgenden Grundrechte ergibt:

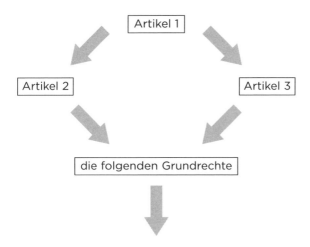

Soviel zur Frage, wie der «Maunz/Dürig» zum «führenden Kommentar» geworden ist; nun zu den Kommentaren, die mittlerweile mit ihm im Wettbewerb stehen:

Dies sind vier größere Kommentare zum Grundgesetz, nicht so umfangreich wie der «Maunz/Dürig» mit seinen inzwischen sieben dicken grauen Bänden, die Ingo von Münch «die grauen Elefanten» nennt, aber jeweils groß genug, um neben ihm zu stehen. Aber keine Angst um C.H.Beck. Drei von ihnen erscheinen in seinem Haus oder in seiner Verlagsgruppe. Und der «Maunz/Dürig» ist immer noch da, wahrscheinlich weiterhin der am meisten verbreitete und sicherlich der allgemein bekannteste. Die vier anderen sind in alphabetischer Reihenfolge:

1. der «**Dreier**», herausgegeben von Horst Dreier, Professor in Würzburg, 3 Bände, 2. Auflage 2004/2008, jeder Band etwa 2000 Seiten, erscheint bei Mohr Siebeck in Tübingen,
2. der «**von Mangoldt/Klein**», neu herausgegeben von Christian Starck, emeritierter Professor in Göttingen, 3 Bände, 6. Auflage 2010/2011, der

erste Band etwa 2000 Seiten, die beiden anderen je 2500, erscheint im Verlag Franz Vahlen, also im Verbund mit C.H.Beck,
3. der «von Münch/Kunig», herausgegeben von Ingo von Münch, emeritierter Professor in Hamburg, und seinem Schüler Philip Kunig, Professor an der Freien Universität Berlin, 2 Bände, 6. Auflage 2012, zusammen gut 4800 Seiten, erscheint bei C.H.Beck,
4. der «Sachs», herausgegeben von Michael Sachs, Professor an der Universität zu Köln, einbändig, 6. Auflage 2011, rund 2700 Seiten; auch er erscheint bei C.H.Beck.

Seit seiner Begründung durch Maunz und Dürig hat sich der Kommmentar im Übrigen auch inhaltlich verändert. So hat etwa Matthias Herdegen (Universität Bonn) mit seiner Kommentierung zum Menschenwürdebegriff in Artikel 1 des Grundgesetzes 2003 für ein gewisses Aufsehen gesorgt. Er hat den Würdebegriff Dürigs verändert, der bis heute vom Bundesverfassungsgericht übernommen worden ist, und hat ihn in den Randbereichen einer Abwägung geöffnet, was sich etwa bei der Stammzellenforschung und der Gentechnik auswirkt. Deswegen ist er nicht nur unter Kollegen kritisiert worden, sondern auch mit größeren Artikeln in der Frankfurter Allgemeinen Zeitung und in der ZEIT. Das hatte es bislang noch nicht gegeben.

Auch Dürigs «Hauptfreiheitsrecht» des Artikels 2 ist so, wie er es beschrieben hat, nicht mehr vorhanden. Heute ist dessen Kommentierung durch **Udo Di Fabio** – ehemaliger Richter am Bundesverfassungsgericht und Professor in Bonn – fünfmal so lang wie der 1958 geschriebene Text Günter Dürigs. Das war anders nicht möglich, denn die Situation hatte sich seitdem völlig verändert etwa durch die Privatisierung von Verwaltungshandeln, die Einwirkungen des Europarechts oder die Entwicklung der Technik, die sehr viel schneller geworden war und neue Reakti-

Udo Di Fabio schrieb 2005 für ein breiteres Publikum «Die Kultur der Freiheit» und fand damit sogar (höchst selten für ein Buch aus dem juristischen Verlagsteil) Eingang in die Sachbuch-Bestsellerlisten.

onen der Verwaltung forderte, um die Gleichbehandlung möglichst zu erhalten.

Aber an einer Stelle ist dagegen noch deutlich mehr vom alten Dürig zu erkennen, etwa bei den 253 Seiten seines Kommentars zu Artikel 3 von 1973. Das ist das Verdienst von **Rupert Scholz** und **Roman Herzog**, die die Neubearbeitung übernommen haben. Sie ließen den «Klassiker» von 1974 im Kern so stehen, wie er war, brachten ihn aber auf den neuesten Stand, indem sie ihn ergänzten, Rupert Scholz durch 5 Seiten zum neuesten Diskriminierungsverbot zugunsten Behinderter in Artikel 3 Absatz 3 Satz 2 des Grundgesetzes von 1994 und Roman Herzog durch eine Beschreibung der Rechtsprechung des Bundesverfassungsgerichts zum allgemeinen Gleichheitssatz des Artikels 3 Absatz 1. So geht es auch im Umgang mit einer großen verfassungsrechtlichen Tradition. Aber wahrscheinlich bleibt auch das nicht mehr lange so. The times they are ...

Für die letzte Lieferung 2011 hatte der Maunz/Dürig übrigens schon 29 Bearbeiter, um ähnlich aktuell zu bleiben wie die drei anderen größeren Kommentare mit ähnlicher Mannschaftsstärke, die für die nächste Zeit beim Maunz/Dürig inzwischen schon auf 40 gestiegen ist, immer durch Selbstergänzung durch die bisherigen Bearbeiter, jetzt unter der Leitung von zwei «geschäftsführenden» Herausgebern. Der eine ist **Matthias Herdegen**, der andere der ehemalige Richter am Bundesverfassungsgericht Professor **Hans Hugo Klein** von der Universität Göttingen.

8. Lehrbücher und Studienliteratur

Anders als in den 63 Jahren der Zeit des Kaiserreichs und der Weimarer Republik von 1870 bis 1933 hat sich in den ersten 22 Jahren der Bundesrepublik, 1949 bis 1970, die juristische didaktische Literatur schneller und vielfältiger entwickelt. Bis 1933 sind aber Lehrbücher im Wesentlichen in den Verlagen de Gruyter und Mohr Siebeck erschienen. In der Bundesrepublik wurde allmählich C.H.Beck größter Verlag für Lehrbücher und Studienliteratur.

Bis zur Übergabe des juristischen Verlagsteils an seinen Sohn Hans Dieter Ende 1970 sind unter der Leitung Heinrich Becks vier Reihen Studienliteratur fortgesetzt oder begonnen worden. Schon sehr früh sind dabei die verlagsintern «Grüne Reihe» genannten großen Lehrbücher mit hohem wissenschaftlichem Anspruch erschienen. Fortgesetzt wurden die vom Biederstein Verlag begonnenen «Kurz-Lehrbücher». Spät dagegen wurde dann die bald erfolgreiche Serie kleinerer Lehrbücher begründet, die in erster Linie für den Anfang des Studiums geplant waren und als «Grundrisse» bezeichnet werden. Schließlich erschien gleich nach 1949 die in der Weimarer Zeit entstandene und im «Dritten Reich» abgebrochene, von Schönfelder begründete Reihe «Prüfe Dein Wissen». Sie werden nun mit Beispielen in dieser Reihenfolge beschrieben.

a) Große Lehrbücher in der «Grünen Reihe»

In der Grünen Reihe war der erste **Ernst Forsthoff** (1902–1974). Er kann als der bedeutendste Vertreter des Verwaltungsrechts im 20. Jahrhundert betrachtet werden, so wie es Otto Mayer (1846–1924) für das vorhergehende gewesen ist. Otto Mayer sah die Verwaltung unabhängig vom Staat und seiner Verfassung. Bis heute wird oft sein Satz zitiert «Verfassungsrecht vergeht, Verwaltungsrecht besteht.» Den hat er 1924 im Vorwort zur dritten Auflage seines «Verwaltungsrechts» geschrieben. Ernst Forsthoff war da zu Recht ganz anderer Meinung. Er verstand den Staat, dessen Verfassung und Verwaltungsrecht als Einheit. Als Schüler Carl Schmitts hatte er an dessen Seminar in Bonn teilgenommen und wurde dort von ihm 1925 promoviert. Weil Carl Schmitt 1928 Professor an der Berliner Handelshochschule wurde, die kein Habilitationsrecht hatte, hat er Rudolf Smend um Hilfe gebeten. Der vermittelte Forsthoff schließlich zu einem Kollegen in Freiburg, Fritz Freiherr Marschall von Bieberstein, durch den er dort 1930 habilitiert worden ist. In Freiburg lebte er bis 1933. Dann ist er auf Empfehlung Carl Schmitts Professor in Frankfurt am Main geworden. Das war die Belohnung für eine kleine Schrift, die er im selben Jahr als Dreißigjähriger geschrieben hatte.

Ihr Titel «Der totale Staat» wurde später der Anlass für die Bezeichnung «totalitär». Sie hatte den Umfang von 48 Seiten, war historisch aufgebaut, wie später sein Meisterwerk, das Lehrbuch des Verwaltungsrechts von 1950, und begann mit einer weitsichtigen Beschreibung des Staats von 1789 bis 1918. Auch heute sprechen wir für diese Zeit vom «langen 19. Jahrhundert». Dann kam die Weimarer Republik und schließlich in der zweiten Hälfte der Broschüre «Der totale Staat» Adolf Hitlers, ähnlich brillant geschrieben wie alles, was er veröffentlicht hat. Sie beginnt mit einer Verherrlichung des Führerstaats. Der sei die notwendige Ablösung der überholten unsozialen, liberalen und «pluralistischen» Ordnung der Weimarer Republik, die letztlich nur eine Fortsetzung des Staats im 19. Jahrhunderts gewesen sei. Dieser Führerstaat sei ein totaler, weil er nicht nur stark, autoritär und persönlich sei, sondern über einer «seinsmäßig gleichartigen» Volksordnung stehe, die dem Staat seinen Rang nicht demokratisch verleiht, sondern ihn anerkennt. Dem folgt als Huldigung an den NS-Antisemitismus eine etwas verquere Rechtfertigung, die zeigt, dass er letztlich gar kein Antisemit gewesen ist. Hier schreibt er als Schüler Carl Schmitts, der in seiner Schrift «Der Begriff des Politischen» (1927) als dessen wesentliches Element die Unterscheidung von Freund und Feind genannt hat. Also kommt Ernst Forsthoff 1933 zu der Feststellung, dass Juden wegen ihrer «Artverschiedenheit» das Volkstum der Deutschen «antasten», und damit zum Ergebnis: «Darum wurde der Jude ... zum Feind und musste als solcher unschädlich gemacht werden.» Das ist später oft zitiert worden, aber nicht die darauf folgende Einschränkung, das gelte dann nicht mehr, wenn er «jeden Versuch einer Beteiligung an dem geistigen und politischen Dasein des deutschen Volkes aufgeben ... würde.» Wie auch immer. Belohnung war die Professur in Frankfurt.

Dann hat er sich ganz allmählich vom Nationalsozialismus abgewendet, zuerst 1934 von seinem Lehrer Carl Schmitt nach dessen Verherrlichung der Morde im «Röhmputsch» (siehe S. 143 f.). Aber er schrieb weiter über die «nationalsozialistische Revolution», und zwar merkwürdigerweise gern im «Deutschen Adelsblatt». Das soll mal jemand erklären. 1935 erschien dort zum Beispiel ein Artikel über «Hitlers Friedenspolitik und das Völkerrecht». Er hatte keine Ahnung, was dieser noch alles vorhatte. Aber da stand er nicht allein. 1937 wurde er Mitglied der NSDAP, als der Aufnahmestopp gemildert war. Inzwischen war er Professor in Hamburg geworden und nun seit 1936 an der Universität Königsberg. 1941 erhielt er einen Ruf nach Wien, den er annahm. Als er aber in der Hauptstadt der jetzt so genannten «Ostmark» ankam, hat deren Reichsstatthalter – Baldur von Schirach, vorher «Reichsjugendführer» – seine Ernennung zum Professor verhindert, weil er sich weigerte, aus der Kirche auszutreten. Das scheint damals üblich gewesen zu sein. Aber Ernst Forsthoff musste nicht an die Front, sondern wurde Unteroffizier in einer

Ernst Forsthoff in der Festgabe zu seinem 65. Geburtstag 1967.

Dienststelle der schönen Stadt an der Donau und ging 1943 an die Universität Heidelberg. Dort kam dann nach dem Ende des Kriegs das zweite Berufsverbot durch die amerikanische Militärregierung nach der JCS 1067 (siehe S. 189 f.) wie für Heinrich Beck, der ebenfalls 1937 in die Partei eingetreten war. Und anders als der hatte Forsthoff ja nun wirklich einiges für die NS-Diktatur geleistet.

Danach ist Ernst Forsthoff in der Landesverwaltung von Schleswig-Holstein beschäftigt worden, bis er 1951 seine Professur in Heidelberg zurückerhielt. In der Zwischenzeit hat er sein schon vor 1945 begonnenes «Lehrbuch des Verwaltungsrechts. Erster Band: Allgemeiner Teil» fertig geschrieben, das 1950 bei Beck erschienen ist, und zwar in größerem Format und Umfang als die Kurz-Lehrbücher, die bis heute weiß-bunte Pappbände sind, sondern in grünem Leinen. Es war das erste Buch dieser Reihe und ein großer Erfolg, dazu aber auch eine bedeutende wissenschaftliche Leistung. Bis 1973 erschienen zehn Auflagen. 1950 sind es 453 Seiten gewesen, zuletzt 664.

Es hatte zunächst denselben Vorteil wie das nächste dieser Reihe, das zweibändige «Schuldrecht» von Karl Larenz 1953/56. Es war nämlich in einer einfachen und klaren Sprache geschrieben. Außerdem ist es das Ergebnis einer langen Forschungsarbeit auf seinem Gebiet gewesen, in dem er 1938 mit seiner kleinen Schrift «Die Verwaltung als Leistungsträger» eine große Entdeckung gemacht hat.

Am Anfang des Lehrbuchs steht ein langer Abschnitt über «Wesen und Geschichte des Verwaltungsrechts». Hier werden schon – meistens historisch – wichtige Begriffe geklärt wie zum Beispiel das Ermessen, aber auch kurz die «dualistische Struktur» des Handelns von Verwaltung. Spätestens seit Otto Mayer war Verwaltungsrecht im Wesentlichen nur damit beschäftigt, sozusagen negativ den Einzelnen gegen Eingriffe in seine Rechte zu schützen. Dazu diente der von ihm ins Zentrum gerückte Verwaltungsakt, der wie ein Urteil nur auf Grund eines Gesetzes erlassen werden darf. Ernst Forsthoff hat dagegen als Erster gesehen, dass die Verwaltung im Lauf der Zeit durch die Entwicklung der Technik immer stärker für das Leben des Einzelnen sorgt. Beispielsweise durch Organisation von Wasserleitungen bis in die Wohnung, Lieferung von Energie, durch Eisenbahnen und andere öffentliche Verkehrsmittel und daneben schon seit längerem durch staatliche Bildungseinrichtungen wie Schulen und Universitäten sowie durch ihr öffentliches Gesundheitswesen. Er nannte das 1938 wie wir noch heute «Daseinsvorsorge», nur dass wir sie inzwischen leider zum Teil privatisiert haben.

Diese andere Tätigkeit der Verwaltung wird dann, nachdem das Verwaltungsrecht mit dem Recht des Eingriffs behandelt worden ist, im nächsten ausführlichen Abschnitt beschrieben, der als Überschrift den Titel der Broschüre von 1938 hat: «Die Verwaltung als Leistungsträger». Damit hat er bis heute – «dualistisch» – unsere Vorstellungen von Eingriffsverwaltung und Leistungsverwaltung geprägt. Danach wird der «Rechtsschutz» durch Verwaltungsgerichte beschrieben, der für ihn als Vertreter eines starken Staats weniger wichtig ist, weil er nur die «pathologischen» Fälle betrifft und für ihn die «gesunde» Verwaltung im Vordergrund steht. Seit der vorletzten 9. Auflage von 1966 hat er diesen Teil gestrichen, weil seit der Verwaltungsgerichtsordnung von 1960 dazu nun ausführliche Darstellungen erschienen waren. Stattdessen hat er zum Schluss das Gemeinderecht beschrieben.

Er selbst hielt die Weiterführung des Lehrbuchs nach seinem Tod nicht für angebracht, denn er wusste, dass seine Weise, den Staat mit der Verwaltung zu sehen, einen neuen Bearbeiter überfordert hätte. Das meinten auch seine Schüler. So blieb die 10. Auflage von 1973 tatsächlich auch die letzte dieses «großen Wurfs» (Karl Doehring, sein Nachfolger in Heidelberg).

1971 hat er aber noch ein zweites interessantes Buch geschrieben, «Der Staat der Industriegesellschaft. Dargestellt am Beispiel der Bundesrepublik», erschienen in der «Beck'schen Schwarzen Reihe». In ihm wird seine Haltung als Vertreter des Staatsrechts sehr deutlich, aber auch ein gewisses Dilemma, das man ein wenig schon im Lehrbuch spürt. Die Daseinsvorsorge war immer größer geworden, der Staat, wie vom Grundgesetz in Artikel 20 gefordert, ein Sozialstaat geworden, der dem Einzelnen seine Existenz nicht nur technisch,

Ernst Forsthoff in der «Beck'schen Schwarzen Reihe», 1. und 2., unveränderte A. 1971.

sondern auch sozial sichern und sich so in alle Bereiche der Wirtschaft einmischen musste. Diesen Sozialstaat mochte Ernst Forsthoff nun gar nicht. Der war für ihn, um es salopp auszudrücken, ein fetter Kapaun und schlapp, kein drahtiger Kampfhahn, kein starker Staat, wie er ihn wollte. Deshalb hat das erste Kapitel auch die Überschrift «Erinnerung an den Staat».

Die Bundesrepublik – auch mit ihrem Bundesverfassungsgericht – ist nicht sein Staat gewesen, obwohl er im Lehrbuch ganz korrekt ihrer Ordnung gefolgt ist. Ebenso wenig war sie es für Carl Schmitt, inzwischen wieder sein Freund, der schon 1963 im Vorwort zur Neuausgabe seines Buchs «Der Begriff des Politischen» von 1927 geschrieben hatte, «Die Epoche der Staatlichkeit geht jetzt zu Ende. Darüber ist kein Wort mehr zu verlieren.» Die für beide wichtige Trennung von Staat und Gesellschaft wie noch im 19. Jahrhundert, der Staat oben, die Gesellschaft unten, die gab es nicht mehr in unserer «pluralistischen Gesellschaft», in der alles durcheinander geht mit Arbeitgeberverbänden, Gewerkschaften und anderen Interessengruppen, auf die verantwortliche Politiker in einer freiheitlich demokratischen Grundordnung Rücksicht nehmen müssen. Außerdem, das wussten beide auch, war mit der Abgabe von Hoheitsrechten nach außen an mehrstaatliche Organisationen wie NATO und Europäische Integration noch viel mehr Staatlichkeit verloren gegangen. Die beiden hatten Recht. Die Epoche geht zu Ende, heute schneller als damals, obwohl noch staatliche Restbestände bleiben werden. Forsthoffs Buch von 1971 ist der Versuch, den Abbau des Staates aufzuhalten. Und er hatte 1971 noch ein kluges Argument, den Umweltschutz.

Seit Jahren, so schreibt er, gäbe es die Forderung nach Reinhaltung der Gewässer und der Luft. Aber für deren Durchsetzung sei der Staat der Bundesrepublik zu schwach, weil er von zu vielen «partikularen Interessen» abhängig sei. Dafür brauche man einen unabhängigen starken Staat. «So erklären sich die viel beklagten Versäumnisse in der Vorsorge für die Reinhaltung der Luft und der Gewässer.» Da hat er sich geirrt. In den siebziger Jahren kam mit der sozialliberalen Koalition die erste energische Gesetzgebung zum Umweltrecht, nicht so erfolgreich, wie man hoffte, aber doch ein wenig. In den Achtzigern kamen die «Grünen» in die Parlamente, wenig später auch in den Bundestag, und heute sind sich alle Parteien einig, dass noch mehr zu tun ist. Und die Bundesrepublik steht mit dem, was hier erreicht wurde, international sehr weit vorn. Die Emscher im südlichen Ruhrgebiet ist nicht mehr der «Höllenfluss», der sie 1970 noch war, und auch der Rhein ist sauberer geworden. Das Problem ist inzwischen im Wesentlichen ein globales und hat den Namen «Kyoto-Protokoll» von 1997. Immerhin ist es 2005 in Kraft getreten, hat aber nicht viel gebracht, nur kleine Verbesserungen trotz einiger Rückschläge. Im Schneckentempo geht es weiter. Und es wird besser werden. Soweit konnte 1970 auch Ernst Forsthoff noch nicht sehen, der meinte, mit einem starken Staat könnte es weiter gehen, am Beispiel der Bundesrepublik Deutschland. Er würde sie heute vielleicht sogar mögen.

Es ist noch der Höhepunkt seiner Karriere als Staatsrechtler zu ergänzen. 1960 wurde er Präsident des Verfassungsgerichtshofs der neu gegründeten Republik Zypern mit Erzbischof Makarios als Staatspräsidenten. Er blieb drei Jahre. Dann weigerte sich Makarios, ein Urteil des Gerichtshofs zugunsten der türkischen Minderheit durchzuführen. Forsthoff trat daraufhin zurück. Es begannen blutige Auseinandersetzungen zwischen Türken und Griechen der Insel. Makarios regierte noch bis 1974. Dann putschte das Militär der Insel gegen ihn mit Unterstützung der Obristendiktatur in Griechenland. Makarios floh ins Ausland und die Türkei besetzte den griechischen Norden Zyperns. In diesem Jahr ist Ernst Forsthoff gestorben. Sein Lehrbuch hatte zehn Auflagen mit einer Verzögerung zwischen 1961 und 1966. Ohne seine Tätigkeit auf Zypern würden es sicher elf geworden sein.

1953 wurde C.H.Beck auch führend auf dem Gebiet des Schuldrechts mit dem nach Forsthoffs «Verwaltungsrecht» folgenden zweiten Werk der «Grünen Reihe». Damals erschien das «**Lehrbuch des Schuldrechts. Allgemeiner Teil**» von **Karl Larenz** und 1956 dessen «Besonderer Teil». Das machte seinen Verfasser zu einem der bekanntesten Zivilrechtler der Bundesrepublik. Vorher hatte er schon 1951 die kleine Schrift «Geschäftsgrundlage und Vertragserfüllung» für C.H.Beck geschrieben, die dann noch in zwei weiteren Auflagen erschien und das seit der Weimarer Republik bekannte Rechtsinstitut der «Geschäftsgrundlage» (Paul Oertmann, 1921 nach einer Entscheidung des Reichsgerichts, RGZ 100,129, Dampfpreisfall) neu bestimmt hat, indem er zwischen einem objektiven Teil («Äquivalenzstörungen») und einem subjektiven (gemeinsamer Motivirrtum) unterschied. So ist es bis heute geblieben und seit 2002 neu formuliert in § 313 Abs. 1 und 2 BGB.

Das große Lehrbuch des Schuldrechts von Larenz ist unter den vergleichbaren, nämlich denen von Josef Esser und Wolfgang Fikentscher, das erfolgreichste geworden. Das ältere des großen alten Heinrich Lehmann hatten die drei bald überholt. Bis 1987 hat Karl Larenz vierzehn Auflagen des «Allgemeinen Teils» und zwölf des «Besonderen Teils» noch selbst geschrieben. Dieser Erfolg hatte mehrere Gründe. Das Buch war leicht lesbar, übersichtlich, klar. Man konnte die beiden Bände mühelos von vorn bis hinten durchlesen. Das wurde dann später mit zunehmender Materialfülle und Seitenzahl schwieriger. Aber es hatte nun seinen guten

Ruf und man informierte sich, indem man die gerade interessierenden Teile las. Das war anders im Schuldrechtslehrbuch von Wolfgang Fikentscher, nur ein Band, zuerst 1965, auch gut geschrieben, erschienen bei de Gruyter, das man noch viel länger ganz durchlesen konnte als das Buch von Larenz. Der war dafür berühmter und behielt die führende Stellung bis 1986. Ein Grund für diesen Erfolg war auch der Verlag selbst. C.H.Beck ist schon seit den sechziger Jahren der erfolgreichste juristische Verlag der Bundesrepublik gewesen, auch auf dem Gebiet der Studienliteratur.

Karl Larenz hat mit seinem «Schuldrecht» – später folgte bei C.H.Beck noch ein «**Allgemeiner Teil des deutschen Bürgerlichen Rechts**» – auch erheblichen Einfluss gehabt auf Rechtsprechung und Literatur. Das ist von seinen Schülern Uwe Diederichsen und Claus-Wilhelm Canaris in mehreren Darstellungen sehr gut beschrieben worden. Dafür hier nur ein positives und ein negatives Beispiel. Vorzüglich hat er einem seit langen (RGZ 78, 239, «Teppichrollenfall», es war aber eine Rolle Stragula) anerkannten und im BGB damals noch nicht aufgenommenen Rechtsinstitut einen Namen gegeben, der es endlich dogmatisch völlig richtig einordnete, nämlich der culpa in contrahendo, dem Verschulden bei Vertragsabschluss (heute § 311 Abs. 2 BGB). Er hat es bezeichnet als «ein Schuldverhältnis ohne primäre Leistungspflicht». Das war tatsächlich eine juristische Entdeckung im wahrsten Sinne des Wortes. Denn er hat die vielen Verschleierungen, die als Decke darüber lagen, weggezogen und Klarheit geschaffen. Das war kein Zufall. Denn als Schüler des Rechtsphilosophen Julius Binder (1870–1939, Universität Göttingen) hatte er einen besonders scharfen Blick im Sinn von Hegels objektivem Geist für Objektives im Recht, was im Privatrecht gar nicht so einfach ist, denn das Private ist selten objektiv, sondern meistens sehr subjektiv, vorzugsweise im Vertragsrecht, zu dem die culpa in contrahendo gehört. Verträge ruhen auf dem subjektiven Willen derer, die sie abschließen. Dies hier ist eine der wenigen Ausnahmen und Larenz' Formulierung fand schnell und bis heute Zustimmung.

Karl Larenz in der Festschrift zu seinem 70. Geburtstag 1973.

Manchmal war dieser Blick auch ein wenig zu scharf, so bei seiner Lehre vom «sozialtypischen Verhalten». Danach sollte ein Schuldverhältnis als eine Art Vertrag ebenfalls ohne den subjektiven Willen der Beteiligten zustande kommen, objektiv, einfach durch ein tatsächliches Verhalten, in der Regel eines der Beteiligten. Beispiele: Jemand stellt seinen Wagen auf einen gebührenpflichtigen Parkplatz ohne zu zahlen oder steigt in eine schaffnerlose Straßenbahn. Dann entstehe ein Rechtsverhältnis aus «sozialtypischem Verhalten», das ihn zur Zahlung verpflichtet, auch wenn er das gar nicht will, ohne seinen Willen, und ohne den Willen des Parkplatzbetreibers oder der Straßenbahngesellschaft, einfach so: objektiv. Diese Lehre von Karl Larenz setzte sich teilweise durch, zum Beispiel im Lehrbuch von Josef Esser, nicht bei Wolfgang Fikentscher, der blieb kritisch. Das ging ihm zu weit mit dem Objektiven. Aber sogar der Bundesgerichtshof folgte zunächst der Larenz'schen Autorität im «Hamburger Parkplatzfall» (BGHZ 21, 319) und es gab noch eine andere Entscheidung zu jemanden, der in Bremen auf diese Weise in eine Straßenbahn eingestiegen war. Derjenige, der Larenz – nicht nur wegen dieser Lehre – immer am heftigsten kritisierte, war der sehr liberale Werner Flume von der Universität Bonn. Er nannte das ganze «Straßenbahnjurisprudenz». Schließlich überwog die Kritik, auch die Gerichte zogen sich zurück und Larenz hat dann selbst seine Lehre aufgegeben, im «Allgemeinen Teil des deutschen Bürgerlichen Rechts», 7. Auflage 1988 im Vorwort. Heute löst man solche Probleme über das Bereicherungsrecht des § 812 Abs. 1 BGB mit der «Eingriffskondiktion», wie es Wolfgang Fikentscher schon 1965 vorgeschlagen hatte.

Dieses **Bereicherungsrecht** war übrigens ein anderes Phänomen des so erfolgreichen Larenz'schen Schuldrechts. Schon in einem Buch von 1934 hatte der österreichische Zivilrechtler und Privatdozent, später Professor in Graz, Walter Wilburg (1905–1991) gezeigt, dass in dem ersten Satz des § 812 Abs. 1 BGB zwei völlig verschiedene Sachverhalte geregelt sind:

«Wer durch die Leistung eines anderen oder in sonstiger Weise auf dessen Kosten etwas ohne rechtlichen Grund erlangt, ist ihm zur Herausgabe verpflichtet ...»

Wir nennen das heute Leistungskondiktion und Eingriffskondiktion. Seit einem Aufsatz Ernst von Caemmerers (1908–1985, Universität Freiburg), in der Festschrift für Ernst Rabel von 1954 über «Bereicherung und unerlaubte Handlung», wurde schließlich ganz deutlich, worin dieser Unterschied bestand. Die Leistungskondiktion gehört zum Vertragsrecht, ist Rückabwicklung fehlgeschlagener Verträge wie der Rücktritt. Beispiel: Ein Kaufvertrag ist nichtig. Der Käufer hat schon bezahlt und kann den Kaufpreis vom Verkäufer zurückverlangen, mit dem Grundfall der Leistungskondiktion, der condictio indebiti, Klage auf Rückzahlung einer Nichtschuld, die es schon im römischen Recht gab. Die Eingriffskondiktion, Hauptfall von «in sonstiger Weise», gehört in den Bereich des Deliktsrechts, der «unerlaubten Handlungen» des § 823 BGB:

«Wer vorsätzlich oder fahrlässig das Leben, den Körper, die Gesundheit, die Freiheit, das Eigentum oder ein sonstiges Recht eines anderen widerrechtlich verletzt, ist dem anderen zum Ersatz des daraus entstehenden Schadens verpflichtet.»

Wer auf einem gebührenpflichtigen Parkplatz seinen Wagen abstellt, verletzt das Recht des Parkunternehmers, auch wenn er nicht schuldhaft – «vorsätzlich oder fahrlässig» – handelt, sondern ohne es zu wissen. Dann ist er zwar nicht zum Ersatz des Schadens des Parkunternehmers verpflichtet, aber wegen des Eingriffs in dessen Recht aus einem «eingerichteten und ausgeübten Gewerbebetrieb», und zwar nicht in Höhe von dessen Schaden – ein anderer würde dort vielleicht zehn Stunden geparkt haben, er nur eine einzige –, sondern in Höhe dessen, was er «ohne rechtlichen Grund erlangt hat», wie es in § 812 Absatz 1 BGB heißt. Er hätte für eine Stunde die Parkgebühr zahlen müssen. Das hat er «erlangt». Mit anderen Worten, beim schuldhaften Eingriff in ein Recht des anderen, muss man dessen Schaden zahlen. Der richtet sich nach dem Vermögen dieses anderen. Bei der Eingriffskondiktion geht es nur um das «Erlangte». Das richtet sich nach dem eigenen Vermögen. Also nur die Gebühr für – hier – eine Stunde. Das ist der entscheidende Unterschied zwischen der Eingriffskondiktion des Bereicherungsrechts des § 812 und dem Deliktsrecht – der «unerlaubten Handlung» – des § 823 BGB, den Ernst von Caemmerer in der Festschrift für seinen Lehrer Rabel 1954 deutlich gemacht hat als Vollendung der «Trennungstheorie» Walter Wilburgs von 1934.

Diese Trennungslehre hat sich in der Literatur durchgesetzt, wurde in den Lehrbüchern zuerst 1960 von Josef Esser übernommen und von Wolfgang Fikentscher 1965. Der Bundesgerichtshof bestätigt sie seit 1963 – BGHZ 40, 272, Elektroherdefall – in ständiger Rechtsprechung. Aber Karl Larenz kam erst 1972 dazu, mit der 10. Auflage seines Lehrbuchs, vielleicht auf Drängen seines Schülers Claus-Wilhelm Canaris, dem besten

Kenner des Bereicherungsrechts. Bald gab es allerdings eine sehr kleine Minderheit, die wieder die alte Einheitslehre vertritt. Der erste war Jan Wilhelm in seiner Dissertation 1973, der später Professor in Passau wurde.

Warum hat Karl Larenz in seinem Lehrbuch als letzter der drei die Trennungslehre so spät übernommen, zwölf Jahre nach Esser, sieben Jahre nach Fikentscher und neun Jahre nach dem ersten Urteil des Bundesgerichtshofs, dessen Rechtsprechung er regelmäßig verfolgte und folgte? Vielleicht, weil er ein Makrologe war, ein Mann, der eher die großen Zusammenhänge sieht als die kleinen Einzelheiten. Das Bereicherungsrecht ist ja tatsächlich ein Gebiet mikrologischer Unterscheidungen und Diskussionen, das in der täglichen Praxis nur selten eine Rolle spielt. Besonders Josef Esser ist da eher der Gegensatz zu Karl Larenz. In seiner Schrift «Grundsatz und Norm in der richterlichen Rechtsfortbildung» von 1956 jongliert er brillant mit Einzelheiten des französischen, englischen und deutschen Rechts und zeigt, wie man trotz unterschiedlicher Normen immer wieder zum selben Grundsatz kommt. Auch Fikentscher kennt sich gut aus im angelsächsischen Recht mit positiven Folgen für sein Lehrbuch, in dem viele kleine Fälle als Beispiele zum Text genannt werden. Karl Larenz bewegt sich weitgehend im nationalen deutschen Recht und hat das nur zwölf lange Jahre etwas übertrieben.

Dieses Thema wird seit 2010 wieder intensiv behandelt. Damals wurde ein Vortrag veröffentlicht, den Claus-Wilhelm Canaris zur Verteidigung der Vergangenheit seines Lehrers im «Dritten Reich» gehalten hat. Das spricht ja auch für Karl Larenz, dass seine Schüler sich immer wieder wie eine Wagenburg um ihn gestellt haben, wenn es um dieses Thema ging, von Uwe Diedrichsen über Jürgen Prölss bis zu Claus-Wilhelm Canaris. Larenz war ein liebenswerter Mann, der sie gut betreut hat, im Seminar hervorragend war, wo es um die großen Zusammenhänge ging, und in Vorlesungen und Übungen mit ihren vielen Einzelheiten sehr schwach gewesen ist, um es vorsichtig auszudrücken. Uwe Diederichsen berichtet 1975, er habe bei der Besprechung für die Lösung eines Falles in einer Übung seine Assistenten einmal gefragt, «Und welche Meinung vertrete ich denn in meinem Lehrbuch?»

Er war dreißig Jahre alt, als Adolf Hitler Reichskanzler wurde, seit zwei Jahren habilitiert beim «Neohegelianer» Josef Binder, der schon 1933 Mitglied der NSDAP wurde. Seit 1934 hat Karl Larenz bis zum Zweiten Weltkrieg und noch etwas länger Fürchterliches zum NS-Recht veröffentlicht, das Schlimmste 1935 im Jahr der Nürnberger Judengesetze unter dem Titel «Rechtsperson und subjektives Recht» mit den drei bösen Sätzen:

«Rechtsgenosse ist nur, wer Volksgenosse ist; Volksgenosse ist, wer deutschen Blutes ist. Dieser Satz könnte an Stelle des die Rechtsfähigkeit ‹jedes Menschen› aussprechenden § 1 BGB an die Spitze unserer Rechtsordnung gestellt werden.»

Dieser Vorschlag ist im selben Jahr zwar nicht an den Anfang des BGB gesetzt, aber mit den auf dem Nürnberger Parteitag verkündeten Reichsbürger-, Blutschutz- und Ehegesundheitsgesetz – ohne Einfluss von Larenz – blutiger Ernst geworden. Dazu brauchten die Nationalsozialisten dessen Schrift nicht. Das stand, wie Larenz es formuliert hat, schon seit 1920 als Punkt 4 in ihrem 25-Punkte-Programm, so zu finden im Schönfelder der NS-Zeit unter Gliederungsnummer 1 (siehe oben S. 101) und so beschrieben 1968 von Bernd Rüthers in seinem «Klassiker» zum NS-Recht, «Die unbegrenzte Auslegung», auch ausführlich zu Karl Larenz.

Aber dieses Buch hat Claus-Wilhelm Canaris nicht oder nicht genau genug gelesen, sondern nur, was von Larenz seit 1934 geschrieben worden ist. Denn zur Entlastung seines Lehrers findet er nach den vier schlimmen Sätzen einen, der sie scheinbar mildert:

«So ist der Ausländer (dazu würden die deutschen Juden gehören, U. W.) nicht deutscher Rechtsgenosse, wenngleich er unter dem Schutz unseres Rechts steht und in weitem Umfang am Rechtsverkehr und seinen Einrichtungen teil hat und als Gast geachtet wird.»

Auf Punkt 4 des Parteiprogramms folgt aber Punkt 5, den Larenz ebenfalls zitiert und Canaris zur Entlastung zählt.

«Wer nicht Staatsbürger ist, soll nur als Gast in Deutschland leben können und muß unter Fremdengesetzgebung stehen.»

Ach hätte er doch bloß den Rüthers gelesen. Der hat in seinem Buch ausführlich berichtet, was dieses Fremdenrecht in der Praxis bedeutete.

Also hat Bernd Rüthers auf die Verteidigungsrede, die Claus-Wilhelm Canaris in Berlin gehalten hat, mit einem harten Aufsatz in der «Juristenzeitung» reagiert, Canaris noch im selben Jahr 2011 zurückgeschossen und Rüthers auch wieder. Eine für Canaris peinliche Kontroverse, über die 2012 sogar in der Frankfurter Allgemeinen Zeitung berichtet worden ist. Es ging nicht nur um Rassenideologie, sondern auch um das Führerprin-

Dreierlei Rüthers bei CHB: links 1. A. 1988 (2. A. 1989 und im dtv 1994), Mitte 2. A. 1990 (1. A. 1989), rechts 1. A. 1992 (im dtv 1995).

zip, das Larenz mit Hegel begründet hat, und das konkrete Ordnungsdenken, das er von Carl Schmitt übernahm.

Der langen Rede kurzer Sinn: Nach einem ausführlichen Aufsatz von Ralf Frassek über Karl Larenz in der «Juristischen Schulung» 1998 schrieb dort stud. iur. Mark Fröse in einer kurzen Bemerkung dazu noch im selben Jahr: «Nach der Lektüre von Frasseks Beitrag über Larenz weiß ich immer noch nicht, ob Larenz ‹ein Nazi› war. Ich hätte es gern erfahren.» Die Wahrheit ist: Er war einer, und zwar tiefbraun gefärbt. In der Bundesrepublik ist er bald einer der vielen «Nazis» gewesen, für die das Wort Demokratie nicht mehr Schimpf und Schande bedeutete und die das Grundgesetz mit seiner freiheitlichen demokratischen Grundordnung nun genauso anerkannten wie vorher Adolf Hitlers Führerstaat und seine Rassenidiotie. The times they are a changin. Oder auf deutsch mit Georg Wilhelm Friedrich Hegel oder Karl Larenz: Was wirklich ist, ist richtig, obwohl es vielleicht doch gewisse Unterschiede zwischen den beiden gab. Dazu hat sich Bernd Hüpers in seiner interessanten und umfangreichen Dissertation zu Karl Larenz 2010 noch etwas krasser ausgedrückt, einer Schrift, die bisher zu wenig beachtet worden ist. Und dann hat Larenz in dieser Bundesrepublik vier gute Bücher geschrieben, mit denen er eine große Autorität geworden ist, davon drei bei C.H.Beck, nämlich «Geschäftsgrundlage und

Vertragserfüllung», «Lehrbuch des Schuldrechts», «Allgemeiner Teil des deutschen Bürgerlichen Rechts» und – im wissenschaftlichen Springer-Verlag, Berlin, Göttingen, Heidelberg – «Methodenlehre der Rechtswissenschaft», alle mit mehreren oder vielen Auflagen. Zum «Allgemeinen Teil des deutschen Bürgerlichen Rechts» nur eine kurze Bemerkung. Die philosophische Einleitung zur ersten Auflage war überflüssig. Er hat sie in der zweiten verkürzt in die Gesamtdarstellung eingebaut, und zwar zu Recht, denn er war viel mehr Jurist und viel weniger – als «Neuhegelianer» – Philosoph als er selbst meinte.

Nun muss nur noch das Unglück beschrieben werden, das in dem Jahrzehnt von Mitte der achtziger Jahre bis 1994 und letztlich noch heute mit dem wichtigsten der vier Bücher geschehen ist, dem «Lehrbuch des Schuldrechts». Daran waren drei seiner Schüler beteiligt, Detlef Leenen, Jürgen Prölss und Claus-Wilhelm Canaris.

Der «Allgemeine Teil des deutschen bürgerlichen Rechts» lief normal weiter, nachdem Karl Larenz 1993 gestorben war. 1997 erschien er in der 8. Auflage, neu bearbeitet von Manfred Wolf (1939–2007), Universität Frankfurt am Main, einem Schüler von Fritz Baur und Ludwig Raiser in Tübingen, unter dem etwas veränderten Titel «**Allgemeiner Teil des Bürgerlichen Rechts**», 9. Auflage 2004. Nachdem Manfred Wolf 2007 plötzlich früh verstarb, ist die 10. Auflage 2012 erschienen, fortgeführt von Jürgen Neuner, Universität Augsburg, einem Schüler von Claus-Wilhelm Canaris.

Die letzte vollständige Ausgabe des **Schuldrechts-Lehrbuchs** war 1981 erschienen, die 12. Auflage. Für den Besonderen Teil hat Larenz 1986 noch einen ersten Halbband der 13. Auflage veröffentlicht. Schon vorher hatte er mit Detlef Leenen, Jürgen Prölss, beide Freie Universität Berlin, und Claus-Wilhelm Canaris vereinbart, dass Leenen und Prölss den zweiten Halbband übernehmen sollten, er selbst noch die 14. Auflage des Allgemeinen Teils fertig stellt und Canaris ihn ab der 15. weiterführt. Der einzige, der das einhielt, war er selbst. 1987 erschien die 14. Auflage des Allgemeinen Schuldrechts. Leenen und Prölss kamen nicht weiter und gaben auf. Deshalb vereinbarte Larenz mit Canaris, dass der auch den 2. Halbband des Besonderen Teils übernimmt. Das hatte den Vorteil, dass das ganze Lehrbuch nun in einer Hand sein würde. Die Vereinbarung über den 2. Halbband hat Canaris erfüllt, aber nicht gut. Erstens mit großer Verzögerung 1994 und zweitens in einer völligen Neubearbeitung, die man als missglückt bezeichnen darf. Sie ist juristisch einwandfrei gewesen, Canaris ein vorzüglicher Jurist, aber dieser 2. Halbband als Lehrbuch viel zu kompliziert, für Studenten ungeeignet und deshalb auch nicht in einer neuen Auflage erschienen. Und den «Allgemeinen Teil» des Schuldrechts hat er bis heute nicht geschrieben.

Trotzdem wird Karl Larenz auch mit seinem «Schuldrecht» weiterleben. Denn es ist vereinbart, dass es von Canaris und seinem Schüler Hans Christoph Grigoleit fortgeführt wird, der auch sein Nachfolger an der Universität München geworden ist, und zwar der Allgemeine und der Besondere Teil, möglicherweise beide nur von Grigoleit allein, wie zu vermuten ist. Soviel zu Karl Larenz in Vergangenheit, Gegenwart und Zukunft.

Die beiden nächsten der «Grünen Reihe» nach Forsthoff (1950) und Larenz (1953/56) waren 1960 das «**Lehrbuch des Sachenrechts**» von **Fritz Baur** und der Beginn des dreibändigen «Lehrbuch des Völkerrechts» von Friedrich Berber. Fritz Baur (1911–1992) darf nicht verwechselt werden mit seinem Fast-Namensvetter Fritz Bauer (1903–1968), ebenfalls Jurist. Der musste wegen seiner jüdischen Herkunft ins Exil nach Dänemark und Schweden, kam nach dem Krieg zurück, wurde in der Bundesrepublik zunächst Generalstaatsanwalt in Braunschweig, dann in Frankfurt, wo er den großen Auschwitz-Prozess von 1963/65 vorbereitet hat.

Fritz Baurs «Sachenrecht» erschien, als es schon drei andere wichtige Lehrbücher dazu gab, nämlich das von Martin Wolff und Ludwig Raiser, «Sachenrecht», 10. Auflage 1957 bei Mohr Siebeck in Tübingen, Friedrich Lents Beck'sches Kurz-Lehrbuch inzwischen in der 8. Auflage 1960, und ebenfalls in diesem Jahr, in dem auch Baurs Buch auf den Markt kam, die 4. Auflage von Harry Westermanns «Lehrbuch des Sachenrechts» bei C.F. Müller. Solch ein großes Angebot zum Sachenrecht hatte es noch nie gegeben. Trotzdem. Von den drei großen Lehrbüchern – Wolff/Raiser, Westermann, Baur – ist das von Fritz Baur das erfolgreichste geworden, heute in der 18. Auflage 2009, bearbeitet von seinem Schüler, dem Freiburger Professor Rolf Stürner. Der Wolff/Raiser war nach 1957 nicht mehr erschienen, ohnehin mehr ein Handbuch als ein Lehrbuch. Harry Westermanns Sachenrecht kam zuletzt 1990 in der 6. Auflage, bearbeitet von seinem Sohn Harm Peter, Universität Tübingen, seinem Schüler Wolfgang Grunsky und von Winfried Pinger, beide Universität Bielefeld. Das erfolgreichste der Bücher von damals ist bis heute das Kurz-Lehrbuch, das Friedrich Lent geschrieben hat, jetzt in der 34. Auflage 2010, bearbeitet von Hanns Prütting, Universität Köln.

Der große Erfolg des Buchs von Fritz Baur hatte mehrere Gründe. Es war erstens sehr viel übersichtlicher als das von Westermann, beschrieb zum Beispiel die nicht pfandrechtlichen Sicherungsrechte gemeinsam, also Sicherungsübereignung, Sicherungsabtretung und den Eigentumsvorbehalt, den Westermann nur am Rande behandelt, dazu nicht nur die schuldrechtlichen Probleme, sondern auch die wirtschaftlichen Hintergründe. Außerdem hatte er nicht wie Westermann den Ehrgeiz, die gesamte höchstrichterliche Rechtsprechung zu behandeln, sondern setzte Schwerpunkte. Und schließlich, er lebte viel mehr von Fällen, einzelnen Fallbeispielen, die das Verständnis erleichtern und hat auch verdeutlichende Diagramme wie zum Beispiel beim Eigentumsvorbehalt. Mit anderen Worten, er war der bessere didaktische Taktiker, der mehr an den Studenten denkt, der das alles lernen soll, und ist auch in der Vorlesung fröhlicher gewesen. Dazu nur eine der schönsten von vielen Geschichten, die man in Münster über Harry Westermann erzählt, den in einer mündlichen Prüfung zum Referendarexamen ein Student gebeten haben soll, «Herr Professor, können Sie mir nicht eine leichtere Frage stellen?». Darauf Westermann nach kurzem Zögern: «Naja. Wie geht's denn zu Hause?» So schroff würde Fritz Baur gegenüber einem Studenten nie gewesen sein.

Über sein Leben wissen wir nicht so viel wie über das von Forsthoff und Larenz. Er studierte in Tübingen und wurde dort ein Schüler von Heinrich Stoll. Der ist bis heute berühmt als Erfinder des Begriffs «Leistungsstörungen», eine der zentralen Kategorien unseres Schuldrechts. Das war in einer Schrift der Akademie für Deutsches Recht, mit der er verbunden war als Nationalsozialist wie sein Tübinger Kollege Philipp Heck, allerdings wie der eher in einer Minderheitenposition gegenüber Carl Schmitt, Larenz und anderen. Bei Heinrich Stoll hat Fritz Baur 1934 promoviert mit einer Arbeit über Schadensersatzrecht und wurde nach dessen Tod während des Kriegs 1940 – für vier Wochen vom Wehrdienst beurlaubt – mit einer schon vorher begonnenen Arbeit in Tübingen habilitiert. Inzwischen war er nach seinem Assessorexamen 1938 Richter am Landgericht. Nach dem Krieg war er wieder Richter am Landgericht, kam 1948 in das Justizministerium des Landes Württemberg-Hohenzollern der französischen Besatzungszone, mit der Hauptstadt Tübingen, seit 1950 im Ministerium als Oberlandesgerichtsrat, wurde 1954 Professor des Zivilrechts an der Universität Mainz, 1956 in Tübingen, 1977 emeritiert und ist dort 1992 gestorben, 80 Jahre alt.

1964 war er in Tübingen zum Rektor der Universität gewählt worden, vorher allerdings scharf angegriffen wegen seiner Habilitationsschrift von 1940, weil er dort das NS-Sondergericht behandelt habe. Das war einerseits zutreffend, andererseits unsinnig. Denn er beschrieb darin nicht die berüchtigten Sondergerichte zum NS-Strafrecht, sondern solche im Zivilrecht. Sie sind eine Mischung von Gericht und Behörde gewesen, die Entscheidungen getroffen haben zum Reichserbhofgesetz vom September 1933. In dieser Schrift hat Fritz Baur die Frage des Verhältnisses von Entscheidungen dieser Gerichts-Behörden zu Entscheidungen von Gerichten der normalen ordentlichen Gerichtsbarkeit behandelt. Von Vorschriften des Reichserbhofgesetzes war keine Rede, schon gar nicht von dessen Vorschrift in § 13, dass Bauer nur sein kann, «wer deutschen Blutes» ist. Kein Wort über Blut und Boden auf den etwas mehr als hundert Seiten, sondern nur die prozessrechtliche Frage, ob die ordentlichen Gerichte gebunden sind an die Entscheidungen dieser «Sondergerichte», nämlich im Wesentlichen zur Frage, ob ein landwirtschaftlicher Betrieb ein Bauernhof mit Anerbe ist, also ob eine Erbengemeinschaft entsteht oder nur einer als «Anerbe» allein den Hof weiterführt. Das war nun zwar NS-Recht wegen Blut und Boden, aber von harmloser Natur, denn das Blut spielte in diesem Bereich selten eine Rolle, nur die Größe des Bodens, wie heute noch nach vielen Ländergesetzen auf Grund von Artikel 64 EGBGB zum Anerbenrecht.

Das zweite Buch der «grünen Reihe» von 1960 war der erste Band des «**Völkerrechts**» von **Friedrich Berber** (1898–1984). Im Gegensatz zu allen anderen dieser Lehrbücher ist es nicht grün gewesen, sondern blau. Grund war der Autor, der immer diese Farbe forderte, weil er blaue Bücher liebte. Ein Mann, dessen zwiespältiges Leben hier vorweg beschrieben wird. Dann kann man sein Völkerrecht besser verstehen.

Nach dem Studium in München war er in einem englischen College der Quäker, zu denen er wohl zeitlebens gehörte, friedliebende Leute, ist dann im Münchener Justizdienst gewesen, zuletzt als Richter, und

Friedrich Berber in der Festschrift zu seinem 75. Geburtstag 1973.

promovierte nebenbei mit einer Dissertation zum Völkerrecht, seinem Lieblingsfach schon während des Studiums. Deshalb gab er auch die sichere Stellung in der Justiz auf und übernahm 1930 einen Lehrauftrag für Staats- und Völkerrecht an der privaten Hochschule für Politik in Berlin, um in diesem Fach weiter forschen und lehren zu können. 1936 wurde er daneben stellvertretender Direktor des ebenfalls privaten Hamburger Instituts für Auswärtige Politik und pendelte zwischen Hamburg und Berlin, um sein Gehalt etwas zu erhöhen. 1936, das wurde sein Schicksalsjahr und, wie er in seinen Lebenserinnerungen – «Zwischen Macht und Gewissen», 1986 in blauen Leinen erschienen bei C.H.Beck – schreibt, der Beginn seiner persönlichen Katastrophe. Er hatte den großen englischen Historiker Arnold Toynbee zu einem Vortrag nach Berlin eingeladen, kein Freund der Nationalsozialisten, als Reaktion auf dessen Einladung zu einer Tagung in England. Das führte groteskerweise zur Aufforderung eines Besuchs Toynbees bei Adolf Hitler in der Reichskanzlei, der dort lange mit dem «Führer» sprach, begleitet von Friedrich Berber, der damit einen großen Eindruck machte auf die NS-Kerntruppe. Im selben Jahr wurde Joachim Ribbentrop deutscher Botschafter in London. Der kannte Berber, hielt ihn für einen Historiker, ließ sich von ihm ständig telefonisch über andere Fragen englischer Geschichte informieren, die der immer sofort beantworten konnte, ohne nachschlagen zu müssen. Auch das machte Eindruck und hatte Folgen für Berbers Aufstieg im «Dritten Reich».

1939 wurde Ribbentrop nämlich Reichsaußenminister und ernannte Friedrich Berber zum Mitglied des Auswärtigen Amts mit Diplomatenrang als Gesandten. Dazu kam, dass Ribbentrop schon 1937 die Vereinigung des Hamburger Instituts für Auswärtige Politik mit dem von ihm privat gegründeten Institut für Außenpolitische Forschung in Berlin veranlasst hatte, beide nun in der Reichshauptstadt unter der Leitung Berbers, der mit diesen Instituten die Aufgabe hatte, wissenschaftliche Propaganda zu machen für jene Außenpolitik des «Dritten Reichs», wegen dessen verbrecherischen Charakters Joachim von Ribbentrop im großen Nürnberger Prozess 1946 zum Tode verurteilt und gehängt worden ist. Die Propaganda für diese Politik hat Berber mit unzähligen Schriften glänzend geleistet. 1940 war er in Berlin ordentlicher Professor der Universität geworden und seit 1943 oft in der Schweiz als Verbindungsmann des Auswärtigen Amts für humanitäre Aktionen, mit denen sich Ribbentrop nach der Niederlage von Stalingrad für die Zukunft absichern wollte. Und vorsichtig, wie «Fritz» Berber immer war, hat er das neutrale Land seit dem Sommer 1944 nicht mehr verlassen, denn nun hatte die Invasion der Alliierten in Frankreich begonnen. Nach dem Kriegsende 1945 ist er schließlich als Repräsentant Ribbentrops sofort ausgewiesen worden.

Aber er fand einen Ausweg. Mit Hilfe seiner englischen Quäker-Verbindungen ging er nach Indien, das noch eng mit London verbunden war, und hat dort die Regierung einige Jahre beraten im Streit mit Pakistan über die Nutzung des Wassers im Indus. Schließlich erhielt er 1953 einen Ruf als Professor für Völkerrecht an der Universität München, wo er vor mehr als drei Jahrzehnten als Student der Rechtswisseschaft angefangen hatte. Dieser Ruf war möglich geworden nach einer gesetzlichen Regelung zu Artikel 131 des Grundgesetzes über die Beschäftigung von Beamten des «Dritten Reichs».

Friedrich Berber war kein Nationalsozialist gewesen, obwohl er 1937 auf Drängen Ribbentrops in die Partei eingetreten ist, eher das Gegenteil, aber ein loyaler Diener des «Dritten Reichs». 1967 hat sich Arnold Toynbee in seinen Erinnerungen eher positiv über ihn geäußert (deutsch: U. W.):

«Berber war schlau und doppelgesichtig (sly and double-faced) ... Die Logik könnte ihn als opportunistisch und heüchlerisch verurteilen. Aber ich meine, dass er aufrichtig (honest) war, obwohl ich nicht garantieren kann, dass er sich zum Teil selbst betrogen hat, weil ich nicht erklären kann, wie er sein zweideutiges Verhalten mit seinem eigenen Verstand rechtfertigen konnte, der ein hochintelligenter Verstand war, und dann noch mit seinem Gewissen als Quäker, der er war oder gewesen war.»

Nach umfangreichen genauen Untersuchungen über Berber in den Jahren 1937 bis 1945 kam Hermann Weber, Akademischer Oberrat an der Universität Hamburg, 1986/91 zu dem Ergebnis: Wenn man seine Aktivitäten in dieser Zeit zusammenfasst,

«ergibt sich das Bild eines exemplarischen Opportunisten, der in instinktsicherer Einschätzung der jeweiligen Machtverhältnisse allein diese als Richtschnur seines Handelns anerkennt.»

Liest man Toynbees Bericht über seine Gespräche und Erlebnisse mit Friedrich Berber in Berlin 1936, ergibt sich, dass dessen Beurteilung wohl doch die richtigere ist. Es waren andere Zeiten und Friedrich Berber ist seine Karriere im «Dritten Reich» eher passiert als dass er sie angestrebt hat.

Die drei Bände «Lehrbuch des Völkerrechts» von 1960, 1962 und 1964 waren das Ergebnis von nun vier Jahrzehnten Erfahrung in Theorie und Praxis eines Mannes, der hochintelligent gewesen ist und ein starkes Gedächtnis hatte in Hinblick auf den Völkerbund, die Geschichte und Völkerrechtsgeschichte. Man spürt es auf jeder Seite. Es wurde ein sehr gutes Buch, vergleichbar mit dem von Ernst Forsthoff, nur nicht so gut geschrieben, aber genauso persönlich geprägt. Das ist wohl auch der Grund gewesen, dass der Verlag hier wie für das von Forsthoff niemand gefunden hat, der es fortsetzen konnte oder wollte. Die zweite Auflage 1969/77 hat Friedrich Berber noch selbst geschrieben mit Ausnahme von zwei Kapiteln im dritten Band, die er seinem Schüler Rainer Goerdeler überließ. Er war nun schon 79 Jahre alt.

Diese drei Bände sind damals das Beste gewesen, das zum Völkerrecht erschienen war, den drei Bänden «Völkerrecht» von Georg Dahm von 1958–61 weit überlegen aus zwei Gründen. Georg Dahm hatte nicht annähernd den Erfahrungsschatz Friedrich Berbers. Im «Dritten Reich» war er Professor für Strafrecht in Kiel, einer der schärfsten NS-Juristen dieser «Stoßtruppfakultät». Nach dem Krieg war er zunächst Rechtsanwalt und konnte auch nach dem Gesetz zu Artikel 131 des Grundgesetzes wegen seiner fürchterlichen Schriften im «Dritten Reich» unmöglich an einer Universität mit diesem Fach weiterbeschäftigt werden. Deswegen ging er 1951 nach Pakistan. Dort war er beteiligt am Aufbau der neuen Universität in Dhaka und entdeckte hier das von ihm vorher nicht behandelte Völkerrecht und konnte auf diese Weise 1955 für dieses Fach wieder an die Kieler Universität zurückberufen werden. Sein Buch von 1958/61 ist insofern eine erstaunliche intellektuelle Leistung. Aber es hatte den schon genannten Mangel, war zwar gut geschrieben, aber auch mit einigen Ungenauigkeiten, die sofort von Fachkollegen gerügt wurden. Außerdem hat er das Kriegsrecht ausgelassen, das Friedrich Berber mühelos leisten konnte, auch wenn er hier Meinungen vertreten hat, die man 1962, als es im zweiten Band erschien, unmöglich akzeptieren konnte, zum Beispiel die sehr vorsichtig formulierte Relativierung der Kriegsschuld Deutschlands 1939. Dahm war ihm überlegen mit der Vorhersage, dass der Nürnberger «Hauptkriegsverbrecherprozess» zu einem internationalen Strafgerichtshof führen würde, der 2002 seine Arbeit tatsächlich aufgenommen hat. Berber stand der Bestrafung von Angriffskriegen völlig ablehnend gegenüber, kritisierte auch die offizielle Bezeichnung des Nürnberger Gerichtshofs zu Recht, indem er meinte, damit seien die Angeklagten schon vorverurteilt gewesen. Außerdem würde die Einrichtung eines allgemeinen internationalen Strafgerichtshofs weder Angriffskriege noch Kriegsverbrechen verhindern. Womit er bis heute leider Recht behalten, aber übersehen hat, dass damit auch erst eine Forderung nach internationaler Gerechtigkeit erfüllt wird, wie die von ihm in sehr eigenständigen und kenntnisreichen fünften Kapitel seines ersten Bandes unter § 24 II als «Die ideelle Selbstbehauptung (Das Recht auf Ehre)» vorzüglich beschrieben worden ist.

Friedrich Berbers Buch ist heute teilweise veraltet, in erster Linie weil es im Wesentlichen den Staat zum Mittelpunkt des Völkerrechts gemacht hat, während heute Staatenverbindungen wie die Europäische Union, die ganz andersartige Union afrikanischer Staaten oder die Organisation für Islamische Zusammenarbeit, nicht zu vergessen die Nichtregierungsorganisationen («NGOs») eine große Rolle neben den Vereinten Nationen spielen. Im Kriegsrecht sind die asymetrische Kriegsführung und der Terrorismus neuer Art dazugekommen, zuletzt sogar die Verfolgung einzelner Führungspersonen von staatenfeindlichen Organisationen mit Fernlenkwaffen («Drohnen»). Wegen seiner Fixierung auf den Staat behandelt er auch die damals schon ziemlich weit entwickelte europäische Integration mit Skepsis, also Montanunion, Europäische Wirtschaftsgemeinschaft (EWG) und Euratom. Trotzdem ist sein Buch mit seinen vielen völkerrechtlichen und völkerrechtshistorischen Einzelheiten eine noch heute wichtige Fundgrube, anders als das von Forsthoff, das leider insgesamt nur noch zur Geschichte gehört.

Nach einem Kurz-Lehrbuch zum Allgemeinen Teil des BGB von 1952 hat **Heinrich Lange** (1900–1977, unten S. 297 ff.) 1962 in der «Grünen Reihe» noch ein großes **Lehrbuch zum Erbrecht** geschrieben. Anders als das von 1952 wurde dieses kein Erfolg. Nach Langes Tod hat es der Würzburger Professor Kurt Kuchinke seit der 2. Auflage 1978 von dem Problem der «Weitergabe des Vermögens an die Familie des Erblassers» befreit, den Vorrang der Testierfreiheit erklärt, aber – zu Recht – Schwierigkeiten gesehen bei der Begründung des mit diesem Problem eng verbundenen Pflichtteilsrechts der §§ 2303 ff. BGB für Abkömmlinge, Ehegatten und Eltern des Erblassers. Immerhin hat das Buch seitdem drei weitere Auflagen gehabt, die fünfte 2001. Und das Problem des Pflichtteilsrechts ist inzwischen auch gelöst. Das Bundesverfassungsgericht hat es 2005 als verfassungsmäßig bestätigt (BVerfGE 112, 332).

Das schließlich als fünftes und letztes in der Ära Hoeller 1964 erschienene große «**Lehrbuch des Familienrechts**» der Grünen Reihe von **Joachim Gernhuber** (geboren 1923), Universität Tübingen, war endlich wieder eine große wissenschaftliche Leistung auf der Höhe der Zeit, nämlich der Zwischenzeit nach dem so genannten Gleichberechtigungsgesetz 1957, das vom Bundesverfassungsgericht zum Teil korrigiert wurde, und dem neuen Scheidungsrecht von 1976, weiteren Korrekturen des Familienrechts durch das Karlsruher Gericht, ergänzt durch das neue Kindschaftsrecht des Gesetzgebers. Familienrecht, Politik und Verfassungsrecht sind eben eng miteinander verbunden. Gernhubers Buch erreichte auf diesem Gebiet ein «bisher kaum erreichtes wissenschaftliches Niveau» (Dieter Schwab). Es ist seit der 4. Auflage in dieser Weise fortgesetzt worden von der Münchener Professorin Dagmar Coester-Waltjen, heute in der sechsten von 2010.

Joachim Gernhuber musste im Zweiten Weltkrieg sein Studium wegen der Einberufung zur Wehrmacht unterbrechen, wurde schwer verletzt, konnte es dann fortsetzen, machte 1944 das erste Staatsexamen in Jena, wurde dort 1947 promoviert, machte 1948 in Frankfurt am Main das zweite Staatsexamen, wurde Assistent in Bonn, dort mit einer rechtshistorischen Arbeit habilitiert, 1955 Professor in Kiel und seit 1959 in Tübingen. Dort blieb er bis zu seiner Emeritierung 1988, machte unter anderem ein erfolgreiches universitäres Repetitorium im Bürgerlichen Recht mit seinem Kollegen Dieter Medicus, dessen Ergebnis das erfolgreiche Buch von Medicus mit diesem Titel gewesen ist, der dann weiterzog nach Regensburg und München.

Die große «grüne» Lehrbuchreihe ist in späteren Jahren um wissenschaftlich hochwertige, Rechtsgebiete grundlegend systematisierende Werke erweitert worden. Zu nennen sind etwa die Bände «Umweltrecht» von Michael Kloepfer, «Staatshaftungsrecht» von Fritz Ossenbühl, nunmehr fortgeführt gemeinsam mit Matthias Cornils, oder Hans Göppinger, Kriminologie. Auch das von Leo Rosenberg schon in drei Auflagen im Verlag von Otto Liebmann erschienene «Lehrbuch des Deutschen Zivilprozessrechts» hat mit der 11. Auflage seinen Weg in die «Grüne Reihe» gefunden, nachdem es als 4. Auflage schon 1949 (noch mit einem orangenen Umschlag) im Biederstein Verlag veröffentlicht worden war. Auch in der «Grünen Reihe» hat es die übersichtliche, klare Struktur der Rosenbergschen Darstellung beibehalten, zunächst fortgeführt von Karl Heinz Schwab und jetzt von Peter Gottwald.

Claus Roxin (am 3. Februar 2006)

Schließlich soll aber noch ein Buch der «Grünen Reihe» erwähnt werden, weil es wohl der bisherige Höhepunkt der strafrechtlichen Literatur der Bundesrepublik geworden ist: **Claus Roxin, «Strafrecht, Allgemeiner Teil** Band 1, Grundlagen. Der Aufbau der Verbrechenslehre.» Es ist ein sehr umfangreiches Lehrbuch, das zum Besten und Schönsten dieser Wissenschaft gehört. Der 1992 erschienene erste Band ist – ungewöhnlich für ein solches Werk von rund 700 Seiten – 2006 schon in der vierten Auflage auf den Markt gekommen. Abgeschlossen hat Roxin seine Darstellung des Allgemeinen Strafrechts mit einem zweiten Band (2003), der die besonderen Erscheinungsformen der Straftat behandelt.

Der große Erfolg dieses Werkes erklärt sich durch die Erfahrung vieler Vorarbeiten in mehr als drei Jahrzehnten. Sie werden hier in eine systematische Darstellung gebracht, die in ihren Abschnitten wie Monographien gelesen werden können, und zwar in einer ruhigen Sprache, deren ästhetische Schönheit staunen lässt und auch für denjenigen Klarheit bringt, der dem Strafrecht bisher fern gestanden hat. Allein die 25 Seiten über den Handlungsbegriff zu lesen, war nicht nur ein Genuss, sondern brachte endlich das Gefühl, dieses schwierige Gebiet verstanden zu haben, nicht nur die finale Handlungslehre, die für einige Zeit – zu Unrecht – eine größere Rolle spielte.

Claus Roxin, Jahrgang 1931, wurde 1963 Professor in Göttingen, war Mitautor des liberalen Alternativentwurfs für den Allgemeinen Teil des Strafrechts, der starken Einfluss gehabt hat, und ist ein international anerkannter Wissenschaftler, wie seine insgesamt 19 Ehrendoktorwürden zeigen, mit denen er in der Bundesrepublik wohl einen deutschen Rekord aufgestellt hat. 1971 ging er an die Universität München und ist inzwischen emeritiert.

b) Juristische Kurz-Lehrbücher

Von den Kurz-Lehrbüchern (eine lange Zeit schrieb man «Kurzlehrbücher») waren im Biederstein Verlag schon zehn erschienen. Bis 1970 kamen noch 21 dazu. Insgesamt sind es in den 24 Jahren von 1947 bis 1970 also 31 gewesen, davon zehn mit mehr als zehn Auflagen. So etwas hatte es weder in der Weimarer Zeit gegeben noch gab es das damals in einem anderen Verlag der Bundesrepublik.

Zeitlich am Anfang stand **Theodor Maunz** mit seinem «Staatsrecht». In den zwanzig Jahren von 1951 bis 1970 erschie-

Theodor Maunz, Deutsches Staatsrecht, 1. A. 1951

nen 17 Auflagen. Damit hatte der Verlag Beck 16 Jahre ein Lehrbuchmonopol im Fach Staatsrecht. Denn solange gab es nichts anderes. Das änderte sich erst 1967, als bei C. F. Müller Konrad Hesses «Grundzüge des Verfassungsrechts der Bundesrepublik Deutschland» erschienen, mit vier Auflagen bis 1970, und 1968 das «Lehrbuch des Staatsrechts» von Ekkehart Stein bei Mohr Siebeck in Tübingen, dessen 2. Auflage 1971 kam. Beide hatten in der Zukunft ähnlich viele Auflagen wie weiterhin das Buch von Maunz.

Das «Staatsrecht» von Theodor Maunz ist ein konservatives Lehrbuch gewesen, das «positivistisch» dem Wortlaut des Grundgesetzes ohne größeres Problematisieren folgte, später auch – manchmal zögernd – der Rechtsprechung des Bundesverfassungsgerichts. Es war ein gutes Lehrbuch, denn es vermittelte den Studenten diejenigen Kenntnisse, die im Referendarexamen gefordert wurden. Ganz anders waren die «Grundzüge» von Konrad Hesse, der seit 1965 an der Universität Freiburg lehrte und von 1968 bis 1976 Richter am Bundesverfassungsgericht gewesen ist. Dieses Buch wurde ein Klassiker ähnlich wie die Kommentierung der ersten drei Artikel des Grundgesetzes durch Günter Dürig. Es ist in viele Sprachen übersetzt worden, weil Konrad Hesse von einem viel weiteren Verfassungsbegriff ausging, der über das Grundgesetz hinweg wies und allgemeine Probleme des Verfassungsrechts behandelte, oft auf den Spuren von Günter Dürig, aber durchaus nicht immer im Einklang mit seiner Meinung. Maunz verstand den Staat von oben nach unten in der alten Formel seiner drei Elemente «Staatsgebiet, Staatsvolk, Staatsgewalt», die im 19. Jahrhundert entstanden war, und baute das Grundgesetz in dieses staatliche Gebilde ein.

Hesse behandelte das Verfassungsrecht von unten nach oben, als Verfasstheit der Gesellschaft und begann mit dem einzelnen Menschen und seiner in Artikel 1 des Grundgesetzes garantierten Würde. Für ihn ergaben sich aus ihr aber nicht wie für Günter Dürig in erster Linie die Grundrechte. Auch er nannte Artikel 1 wie Dürig die Staatsfundamentalnorm. Aber sie galt seiner Meinung nach für die ganze Verfassung, auch für das, was man in deutschen Lehrbüchern «Staatsorganisationsrecht» nennt und von Artikel 20 bis zum Ende des Grundgesetzes geregelt ist, also die Vorschriften für den Bund und die Länder, den Bundestag, Bundesrat und so weiter. Seine «Grundzüge» waren keine einfache Lektüre wie das Lehrbuch von Maunz, sondern gingen in die Tiefe der Probleme, nicht nur des Grundgesetzes mit seinen 146 Artikeln. Es ist auch kein Zufall gewesen, dass sein Buch erst in der zweiten Hälfte der sechziger Jahre erschien. Damals hatte sich die Studentenrevolte von Berlin auf die ganze Bundesrepublik ausgedehnt und an den Universitäten wurde manches anders diskutiert als in der konservativen Sicht von Maunz. Allerdings, Konrad Hesse, ist kein Fürsprecher der Studentenrevolte gewesen. Er war ein Liberaler.

In die Richtung der revoltierenden Studenten ging da schon eher der andere Konkurrent von Theodor Maunz. Ekkehart Stein war Schüler des linksliberalen Giessener Verfassungsrechtlers Helmut Ridder. 1968, als sein «Lehrbuch des Verfassungsrechts» erschien, wurde er Professor an der neuen Universität Konstanz. Auch er ist ein Liberaler gewesen, aber mit einer noch einfacheren Sprache als Konrad Hesse und mit dem Ziel, es den Studenten leichter zu machen, die inzwischen kompliziert gewordenen Probleme zu verstehen.

Dem Buch von Maunz haben beide Konkurrenten letztlich nicht geschadet. Inzwischen waren nämlich die Studentenzahlen erheblich gestiegen, auch der Jurastudenten. 1957 hatte man das Studienförderungssystem nach dem «Honnefer Modell» eingeführt und 1971 verbessert durch das Bundesausbildungsförderungsgesetz, BAföG, nachdem der Heidelberger Pädagogikprofessor Georg Picht 1964 im Vergleich mit anderen Ländern den «Bildungsnotstand» der Bundesrepublik entdeckt hatte. Waren es 1930 in der Weimarer Zeit noch insgesamt 100 000 Studenten im ganzen Deutschen Reich gewesen, hatte die Bundesrepublik 1965 schon 245 000. Aber dann ging es erst richtig los. 1975 waren es bereits 836 000 und inzwischen sind wir bei mehr als zwei Millionen.

Schon damals um 1970 konnten die drei Lehrbücher gut nebeneinander existieren. Die einen lasen den seit langem eingeführten «Maunz», andere den leichter zu lesenden «Stein» und erstaunlich viele den schwierigen «Hesse». Das «Deutsche Staatsrecht» von Maunz gibt es heute noch. In 32. Auflage bearbeitet von Reinhold Zippelius, Erlangen, und Thomas Würtenberger, Freiburg, 2008, auch den «Stein» in 20. Auflage, 2007, der inzwischen von Götz Frank, Universität Oldenburg, weiter geschrieben wird. Nur den «Hesse» gibt es nicht mehr. Er ließ die «Grundzüge» 1995 mit der 20. Auflage auslaufen, weil er meinte, mit dem Inkrafttreten des Vertrags über die politische Europäische Union im Vertrag von Maastricht 1992 habe es «den Anbruch einer neuen Ära» gegeben, in der sich «der nationale Staat zu einem Staat hin wandelt, der nur noch als Teil eines größeren Ganzen begriffen werden kann.» Womit er wohl Recht hatte. Zehn Jahre später, 2005, ist er gestorben, 86 Jahre alt. Und seine Schüler, darunter der großartige Peter Häberle in Bayreuth, meinten, diesen «Klassiker» könnte keiner von ihnen weiter schreiben.

Der nächste mit hohen Auflagen in der Kurz-Lehrbuch-Reihe war **Günther Beitzke**, dessen «**Familienrecht**» schon 1947 erschienen ist. Es hatte 14 Auflagen bis 1970 und bereits damals einen Konkurrenten, nämlich Heinrich Lehmann, der an seinem 1926 bei de Gruyter als «Grundriß» gestarteten «Familienrecht des Bürgerlichen Gesetzbuches» im «Dritten Reich» nicht weiter geschrieben hat. Erst 1948 erschien die zweite Auflage. In ihrem Vorwort schrieb er: «Eine Neuauflage des Familienrechts unter der Herrschaft des Nazismus herauszubringen, widerstrebte mir. Ich hätte die Grundhaltung meines Buches aufgeben müssen.» Wieder bei de Gruyter hatte es bis 1967 nur noch vier Auflagen, war verdrängt von Beitzkes Kurz-Lehrbuch aus drei Gründen. Zum einen ist das schon ein Jahr vorher auf dem Markt gewesen mit einer zweiten Auflage 1948, zum anderen war es mit 172 Seiten um die Hälfte kürzer und drittens deshalb ein großer Erfolg, weil es «wie aus einem Guß geschrieben» war (Dieter Schwab) und in einem klaren und knappen Stil.

Günther Beitzke (1909–2004) war 1939 außerordentlicher Professor an der Universität Jena geworden. 1941 wollte deren Rektor ihn zum Ordinarius ernennen, verlangte dafür aber, dass er aus der Kirche austrete. Beitzke hat das wütend abgelehnt. «Wer ihn kennt, sieht die Szene vor sich», schrieb dazu Franz Gamillscheg 1975. Folge war die Einberufung zur Wehrmacht. Von 1941 bis 1945 ist er Soldat der Artillerie gewesen, immer an der Ostfront, dreimal verwundet, kam aber im Wesentlichen unbeschädigt zurück und war seitdem Professor in Göttingen, seit 1959 in Bonn. Nachdem er zunächst wie viele seiner Generation mit dem für das Familienrecht besonders wichtigen Artikel 3 Absatz 2 des Grundgesetzes – «Männer und Frauen sind gleichberechtigt» – seine Schwierigkeiten hatte, schließlich aber mit dessen Durchsetzung seinen Frieden machte, schrieb er – neben vielem anderen – bis in das hohe Alter an diesem Kurz-Lehrbuch weiter. Heute wird es von Nina Dethloff fortgeführt, die seit 2001 – wie Beitzke vorher – eine Professur in Bonn und nie am Sinn des Artikels 3 Absatz 2 gezweifelt hat. Im Gegenteil.

Dann muss noch **Friedrich Lent** (1882–1960) genannt werden, der wie Günther Beitzke schon 1947 das erste Kurz-Lehrbuch geschrieben hat und danach sogar noch drei andere. Das erste hatte politische Gründe, die anderen drei in gewisser Weise auch. Friedrich Lent war seit 1918 Professor für Zivilprozess- und Bürgerliches Recht in Erlangen. Als Mitglied der sehr konservativen Deutschnationalen Volkspartei ist er Abgeordneter im Reichstag gewesen, wurde aber 1933 nach dem Verbot anderer Parteien «gestrichen». Danach mied er sehr deutlich jeden Kontakt mit der NSDAP und hatte deshalb manche Schwierigkeiten im «Dritten Reich». Trotzdem – und nun kommt der politische Grund für seine Produktivität bei C.H.Beck – ist er 1947 wegen einer anonymen politischen Denunziation bei der US-Militärregierung aus dem Dienst in Erlangen entlassen worden. So schnell ging das damals. Dann erwies sich der Vorwurf als haltlos und nach acht Monaten durfte er wieder lehren. Aber sein Lehrstuhl war inzwischen besetzt. Deshalb ist er im Alter von 66 Jahren vorzeitig emeritiert worden, konnte seine hervorragenden Vorlesungen fortsetzen und die erzwungene Pause hatte auch ihr Gutes. Er kam zum Schreiben und auf diese Weise ist 1947 sein Kurz-Lehrbuch «**Zivilprozeßrecht**» entstanden. Danach erschienen in kurzer Folge die drei anderen, 1948 das «Zwangsvollstreckungs- und Konkursrecht», 1949 das «Sachenrecht» und 1951 die «Freiwillige Gerichtsbarkeit». In vier Jahren vier Kurz-Lehrbücher? Das war nur möglich, weil er zwar als Emeritus seine Vorlesungen halten durfte, aber nicht mehr an Sitzungen und an Prüfungen im Staatsexamen teilnehmen musste. Die ersten drei Bücher sind gut bis sehr gut gewesen. Das letzte nicht. Dessen Neubearbeiter, Walther Habscheid, damals an der Universität Würzburg, hat es sehr verändert. Die anderen drei hatten bis 1970 acht bis zehn Auflagen, die «Freiwillige Gerichtsbarkeit» von seiner Hand nur drei. 1962 kam die Neubearbeitung von Günther Habscheid, zwei Jahre nach seinem Tod.

Im **Schuldrecht** war der Verlag Beck bis 1953 nur schwach vertreten. Das Kurz-Lehrbuch von **Erich Molitor** (1886–1963, seit 1946 an der Universität Mainz) konnte sich gegen die damals noch starke Konkurrenz des großen Lehrbuchs von Enneccerus/Lehmann (13. bis 15. Auflage, 1950 bis 1958 bei Mohr Siebeck) und den immer noch verbreiteten «Grundriß des Schuldrechts» Philipp Hecks von 1929 (ebenfalls Mohr Siebeck) nicht richtig durchsetzen. Der Allgemeine und der Besondere Teil seines Schuldrechts waren zwar schon 1948/49 erschienen, zuletzt 1965 in der 8. und 9. Auflage, waren aber in Konzeption und Formulierung nicht stark und kein großer Erfolg gewesen.

Außerdem sollen noch zwei zivilrechtliche Kurz-Lehrbücher beschrieben werden, deren erste Auflage 1954 erschienen ist und beide Verfasser haben, die nicht nur wissenschaftlich zusammengehören, sondern auch im «Dritten Reich» – allerdings in unterschiedlicher Weise – eine unrühmliche Rolle gespielt hatten. Wissenschaftlich waren sie verbunden, weil der eine Lehrer des anderen gewesen ist. Es sind die Professoren des Zivilrechts Heinrich Lange (1900–1977) und Horst Bartholomeyczik (1903–1975) gewesen. Heinrich Lange hat das Buch «**BGB. Allgemeiner Teil**» geschrieben, Horst Bartholomeyczik das «Erbrecht» (beide mit acht Auflagen bis 1970) und weitergeführt von anderen bis heute.

Heinrich Lange hatte die schwierigere Aufgabe. Zum einen, weil er als überzeugter Nationalsozialist – er war schon 1932 in die Partei eingetreten – aktiv am Entwurf des Volksgesetzbuchs mitgearbeitet hat, dessen Ziel es gewesen ist, das BGB abzuschaffen und besonders dessen Allgemeinen Teil. Und zum anderen, weil dieser Allgemeine Teil tatsächlich dessen problematischster Abschnitt ist. Erfunden um die Wende vom 18. zum 19. Jahrhundert, ist er im Streit der Juristen bis heute geblieben. Rudolf von Jhering, einer der Großen des 19. Jahrhunderts, hat ihn einen lebensfremden «juristischen Begriffshimmel» genannt. Seine Darstellung in einer Vorlesung – regelmäßig in einer für Erstsemester! – ist eine «pädagogische Crux ersten Ranges» (Franz Wieacker), ebenso wie in einem Lehrbuch. Im «Dritten Reich» war er nach der neuen Studienordnung von 1935 abgeschafft. Heute gibt es ihn leider wieder.

Der Allgemeine Teil, das erste «Buch» des BGB, ist eine nach mathematischem Vorbild sozusagen «vor die Klammer gezogene» Zusammenstellung von Regeln über zum Teil sehr abstrakte Begriffe wie Willenserklärungen und Rechtsgeschäfte, die dann für alle folgenden vier seiner fünf Bücher gelten sollen, nämlich Schuldrecht, Sachenrecht, Familienrecht, Erbrecht.

Heinrich Lange war seit 1934 Professor an der Universität Breslau, seit 1939 an der in München. 1945 ist er dort wegen seiner Parteimitgliedschaft und Aktivitäten im «Dritten Reich» nach der JCS 1067 (siehe S. 189 f.) entlassen worden, wurde 1951 wieder Professor, und zwar in Saarbrücken, und ist es seit 1953 in Würzburg gewesen. Sein Buch, eine eher anstrengende Lektüre, war trotzdem ein Erfolg, weil das im Grunde etwas bessere seines wichtigsten Konkurrenten, Heinrich Lehmann, doppelt so dick gewesen und erst ein Jahr nach Langes Kurz-Lehrbuch erschienen ist (Heinrich Lehmann, «Allgemeiner Teil des Bürgerlichen Gesetzbuches»). So hatte es zu dessen Lebzeiten nur vier Auflagen, bei de Gruyter. Nach seinem Tod ist es zwanzig Jahre unverändert in neuen Auflagen erschienen, bis es 1985 von Heinz Hübner, Universität Köln, übernommen und überarbeitet noch einmal auf den Markt kam mit einer zweiten Auflage 1996.

Auch insofern ist es dem Buch von Heinrich Lange besser ergangen. Nach dessen Tod ist es von seinem Bayreuther Kollegen **Helmut Köhler** weitergeführt worden. Der ist eine große didaktische Begabung und hat nicht nur dieses eine Buch im Verlag C.H.Beck zu einem großen Erfolg gemacht. Seine Fortsetzung des Allgemeinen Teils von Lange ist sehr viel besser geschrieben und besonders durch die vielen kurzen Fälle, die die abstrakten Regeln als Beispiele ergänzen, auch für Anfänger lesbar geworden. Inzwischen sind es 19 neue Auflagen seit 1980 und Köhler war zuletzt Professor an der Universität München.

Ein ganz anderes Leben als sein Lehrer Heinrich Lange führte **Horst Bartholomeyczik**. Er war nur wenige Jahre jünger, aber nicht so schnell in der juristischen Laufbahn wie der, Lange schon mit 25 Jahren promoviert, Bartholomeyczik erst mit 31. Er hatte sich in den zwanziger Jahren in verschiedenen völkischen Organisationen betätigt, war nach dem Staatsexamen Richter geworden. So wurde der eine nach der Habilitation Professor in Breslau, das war 1934, und der andere kurz nachdem er in Breslau habilitiert war, 1939 SS-Obersturmbannführer im Rasse- und Siedlungshauptamt der SS, RuSHA, in Berlin. Obersturmbannführer der SS, das war schon was im «Dritten Reich», ein ziemlich hoher Rang. Der entsprach dem eines Oberstleutnants der Wehrmacht, wie heute in der Bundeswehr. Und er hatte auch ganze Arbeit geleistet 1939/40. Das zeigt ein Bericht aus Prag vom 19. Dezember 1940 an den «Stab Stellvertreter des Führers», nämlich in der NSDAP, also noch unter Rudolf Hess:

«Es sind nunmehr annähernd alle jüdischen Betriebe in Böhmen und Mähren durch die kommissarische Leitung des Bodenamtes in Zwangsverwaltung genommen worden. Der kommissarische Leiter des Bodenamtes, gez. i. V. SS-OStubaf Bartholomeyczik.»

Er war also inzwischen stellvertretender Leiter dieses Bodenamts für das «Protektorat Böhmen und Mähren». So hieß nun die Rest-Tschechoslowakei, die Adolf Hitler im März 1939 militärisch besetzt und annektiert hatte ein halbes Jahr vor dem Beginn des Zweiten Weltkriegs. Das Bodenamt ist eine Unterabteilung des RuSHA gewesen, für dieses Gebiet in der Hauptstadt Prag, mit der Zentrale in Berlin. Es hatte seit 1939 die Aufgabe, die nationalsozialistische Vertreibungs- und Raumordnungspolitik auf «rassischer» Grundlage für den deutschen «Lebensraum im Osten» zu entwerfen und umzusetzen, seit 1941 auch im Zusammenhang mit dem «Generalplan Ost» über die Vertreibung und Vernichtung der slawischen Bevölkerung in Osteuropa. Horst Bartholomeyczik war bis 1944 in diesem Amt, wo – weiter in Prag, in Berlin oder woanders – wird nicht gesagt, und auch nicht, was er danach bis Kriegsende gemacht hat. Jedenfalls ist unzutreffend, wenn Wolfgang Harms 1975 in seinem Nachruf schreibt, er sei in «den letzten Kriegsjahren an der Ostfront gewesen», also als Soldat. Das kann höchstens nur 1944/45 der Fall gewesen sein.

Nach dem Krieg war er als Jurist – Syndikus – in der Industrie und hat in dieser Zeit das «**Erbrecht**» geschrieben. Denn im «Dritten Reich» ist er auch noch Mitglied des Erbrechtsausschusses der Akademie für Deutsches Recht gewesen unter dem Vorsitz seines Lehrers Heinrich Lange. Schließlich wurde er 1956 Professor des Zivilrechts an der Universität Mainz mit vielen anderen Veröffentlichungen.

Das Kurz-Lehrbuch «Erbrecht» ist noch in der alten Vorstellung geschrieben, die auch Heinrich Lange in seinem großen Lehrbuch der «Grünen Reihe» bei C.H.Beck vertrat. Danach hatte das Erbrecht wie vor dem «Dritten Reich», und in ihm noch stärker, die Aufgabe, das Vermögen des Erblassers an seine Familie weiterzureichen, manchmal hieß es nach 1933 auch «Sippe», also an seine Kinder, seine Frau oder nahen Verwandten. Das war vielleicht zur Zeit der ersten Auflage 1954 gerade noch allgemeine Vorstellung und Praxis, aber nicht mehr 1971, als die letzte von ihm bearbeitete Auflage erschien. Denn dieses alte «Familienerbrecht» hatte sich allmählich dadurch aufgelöst, dass es «die» Familie nicht mehr gab. Denn die Scheidungsrate nahm zu und damit mehrere Ehen einzelner. Nichteheliche Lebensgemeinschaften breiteten sich aus. Kinder aus verschiedenen Paarbeziehungen wurden häufiger und schließlich – später – entstanden gleichgeschlechtliche Partnerschaften. So ist die schon vom BGB vorgesehene Testierfreiheit immer wichtiger geworden und ebenso deren Notbremse, das Pflichtteilsrecht mit zunehmenden Schwierigkeiten durch die neuen Entwicklungen. Mit anderen Worten, Horst Bartholomeyciks Kurz-Lehrbuch war spätestens 1971 veraltet. Die Neubearbeitung durch Wilfried Schlüter von der Universität Münster hat es dann auf den Stand der Gegenwart gebracht, bis heute.

Zwei juristische Autoren des Verlags, die erstens wohl das ruheloseste Leben hinter sich hatten, zweitens denselben Namen, deshalb noch heute oft verwechselt werden, und drittens im selben Jahr 1935 Deutschland verlassen mussten, hießen Hans Julius Wolff. Der eine (1902–1982) war Rechtshistoriker, musste als Jude auswandern, wurde Professor in Panama, dann in den USA, kam 1952 zurück in die Bundesrepublik und ist dann Professor in Freiburg gewesen. Der andere (1898–1976), der gleich wegen seines Buchs zum Verwaltungsrecht beschrieben wird, hatte im «Dritten Reich» politische Schwierigkeiten, wurde Professor im noch unabhängigen Lettland, seit der Annexion des Landes durch die Sowjetunion 1940 in der Tschechoslowakei, 1945 von den Tschechen nach Westdeutschland vertrieben und drei Jahre später Professor in Münster. Sein «Verwaltungsrecht» wird hier behandelt, weil es neben dem Lehrbuch von Forsthoff schon damals das wichtigste Werk in diesem Gebiet gewesen ist.

Dieser ältere **Hans Julius Wolff** (1898–1976) wurde 1925 in Göttingen promoviert und 1929 in Frankfurt am Main habilitiert. Dort sollte er 1933 Nachfolger Hermann Hellers werden, wurde es aber nicht, sondern Ernst Forsthoff. Grund war, dass Wolff als Privatdozent nebenbei das Landratsamt Höchst verwaltet hatte für den im Landtag stark engagierten sozialdemokratischen Landrat, und zwar nach dessen Weisungen und in dessen Sinn. Deshalb wurde er nach der «Machtübernahme» von der NS-Studentenschaft schwer angegriffen, die erreichte, dass er nach Marburg versetzt wurde. Dort gab es ähnliche Schwierigkeiten, die dazu führten, dass er 1935 den Ruf als Professor in Riga annahm, der Hauptstadt des noch unabhängigen Lettlands. Dort ist er wohl unter Druck 1937 Mitglied der Auslandsorganisation der NSDAP geworden. Als das Land 1940 in Folge des geheimen Zusatzprotokolls zum Hitler-Stalin-Pakt von der Sowjetunion annektiert wurde, suchte er einen Ausweg und fand ihn 1941 als Professor in Prag, der Hauptstadt der von Hitler als «Protektorat Böhmen und Mähren» annektieren Rest-Tschechoslowakei, vielleicht auch deshalb, weil er 1937 Mitglied der NSDAP geworden und damit seine «Sünde» von 1929–1933 vergeben war.

Sein «**Verwaltungsrecht**» erschien als Kurz-Lehrbuch. Es war aber weder kurz noch ein Lehrbuch. Es wurden drei Bände. Sie erschienen 1956, 1962 und 1966, das erste unter dem Titel «Verwaltungsrecht I», das zweite behandelte «Besonderes Organisations- und Dienstrecht» und das dritte «Ordnungs-, Leistungs- und Verwaltungsverfahrensrecht», damals zusammen schon mehr als 1000 Seiten. Es war erschienen, als es noch kein Verwaltungsverfahrensgesetz gab und wesentliche Materien des übrigen Verwaltungsrechts ebenfalls noch ungeregelt waren. Deshalb haben die Bände weitgehend ungeregeltes Recht systematisiert und begrifflich bestimmt. Damit hatte das Werk Einfluss zunächst auf die Rechtsprechung, später auch auf die Gesetzgebung. Hans Julius Wolff hat die acht Auflagen des ersten Bandes, die drei des zweiten und des dritten bis 1973 selbst verfasst, dann kam Otto Bachof als Mitverfasser dazu. Die weitere Entwicklung dieses Werkes wird unten S. 437 beschrieben.

c) «Prüfe dein Wissen» und «Grundrisse des Rechts»

Die von Heinrich Schönfelder 1929 begonnene Reihe der zwölf Bände **«Prüfe dein Wissen»**, die im «Dritten Reich» pausieren musste (siehe S. 97), wurde seit 1950 fortgesetzt durch Ulrich Hoche und andere, außerdem in der Ära Hoeller noch um mehrere Bände ergänzt, zum Beispiel durch das «Allgemeine Verwaltungsrecht» von Roman Herzog und Walter Schick, das «Arbeitsrecht» von Felix Hunn, später Franz Gamillscheg, oder getrennt in Familienrecht und Erbrecht, die Schönfelder gemeinsam in einem Band behandelt hatte. Heute sind es fast dreißig Bände und zum Teil gegenüber den älteren verbessert worden durch mehr Fälle und weniger allgemeine Fragen. Man vergleiche etwa nur die ersten Fragen von Hoche zum Schuldrecht mit denen seines Nachfolgers Helmut Köhler seit der 9. Auflage oder in seinem «Sachenrecht» mit denen des Nachfolgers Peter Gottwald. Köhler und Gottwald waren damals junge Professoren und der Stil der Vorlesungen änderte sich. Die Behandlung der abstrakten Dogmatik wurde später ergänzt durch die Behandlung anschaulicher Fälle. Hoche dagegen und viele andere, die «Prüfe dein Wissen» in der Bundesrepublik zuerst bearbeiteten, sind Praktiker gewesen. Ulrich Hoche zum Beispiel war zuletzt Senatspräsident am Oberlandesgericht München, allerdings mit viel Prüfungserfahrung, schon im «Dritten Reich», aber wohl eher in abstrakter Dogmatik.

Noch vor 1970 begann C.H.Beck mit einer anderen, sehr erfolgreichen Serie der Studienliteratur. Es waren die ersten beiden Bände der **«Grundrisse»**, die als kürzeres Modell neben den «Kurz-Lehrbüchern» besonders für Studienanfänger gedacht waren, im Format aber deutlich kleiner. Der erste ist 1969 das «Allgemeine Schuldrecht» mit 265 Seiten des Münsteraner Professors und ehemaligen Richters am Bundesverfassungsgericht Hans Brox (1920–2009) gewesen. Jedem Abschnitt («Paragraphen») wurden Fälle vorausgestellt und, auch das war neu, der Text unterteilt in Randziffern. Der zweite Band «Besonderes Schuldrecht» kam im nächsten Jahr und beide sind bis heute ein großer Erfolg.

Hans Brox (1920–2009) war im Krieg Soldat, promovierte 1949 in Bonn, ist von 1950 bis 1959 Richter am Landgericht Dortmund und Oberlandesgericht Hamm gewesen, wurde 1959 in Münster habilitiert, 1961 Professor in Mainz, 1962 in Münster. Von 1967 bis 1975 war er Richter am Bundesverfassungsgericht und ist 1986 in Münster emeritiert worden. Nebenbei war er der erfolgreichste und auflagenstärkste Autor von Studienliteratur seiner Zeit: Allgemeiner Teil des BGB, zunächst bei Heymanns in der Academia Iuris, jetzt Vahlen; die Beck'schen Grundrisse Allgemeines und Besonderes Schuldrecht, fortgeführt von seinem Schüler Wolf-Dietrich Walker, Universität Gießen; Erbrecht, zunächst bei Heymanns in der Academia Iuris, jetzt Vahlen, ebenfalls fortgeführt von Wolf-Dieter Walker; Arbeitsrecht, bei Kohlhammer, fortgeführt von seinem Schüler Bernd Rüthers, Universität Konstanz; Zwangsvollstreckungsrecht, fortgeführt von Wolf-Dietrich Walker, zunächst bei Heymanns in der Academia Iuris, jetzt Vahlen; Handels- und Wertpapierrecht, in den Beckschen Grundrissen, fortgeführt von Martin Henssler. Seinen Schülern hat Brox die Regel auf den Weg gegeben: «Wer kompliziert formuliert, hat die Sache noch nicht selbst verstanden. Und so hat er auch selbst geschrieben, gut in der Formulierung, kenntnisreich und knapp. So haben seine Lehrbücher in aller Regel zweistellige Auflagenzahlen erreicht.

Auch andere Bände der Grundrissreihe wurden große Erfolge. Sie sind aber erst nach 1970 erschienen; Heinrich Beck war da schon nicht mehr Verleger, sondern sein Sohn Hans Dieter Beck. Wie es mit der Studienliteratur weiterging? Siehe S. 433 ff.

Hans Brox, Allgemeines Schuldrecht, 1. A. 1969

9. Rechtsgeschichte

Sehr früh, noch im Biederstein Verlag, erschien die erste große rechtshistorische Schrift der Nachkriegszeit, «Europa und das römische Recht» 1947, von **Paul Koschaker** (1879–1951). Bis 1966 kamen bei C.H.Beck noch drei weitere – unveränderte – Auflagen heraus. Nach Professuren in Innsbruck, Prag und Leipzig war Paul Koschaker Professor für römisches und bürgerliches Recht in Berlin von 1936 bis 1941, danach bis zu seiner Emeritierung 1946 in Tübingen. Schon in Berlin beschäftigte er sich als erster mit der Erforschung des Keilschriftrechts von Sumerern, Akkadern und Babyloniern in Mesopotanien. Trotzdem, sein Herz hing am römischen Recht, das im «Dritten Reich» stark gelitten hatte durch seine geplante Abschaffung nach Artikel 19 des Parteiprogramms der NSDAP, der Studienordnung von 1935 und Prüfungsvorschriften der Justizausbildungsordnungen von 1934 und 1939. In den Vordergrund trat stattdessen die deutsche Rechtsgeschichte mit germanischem Führertum und Rassismus.

Koschakers Buch sollte zeigen, dass das römische Recht ein wichtiger Teil der europäischen Kultur ist, damit an Europa hängt und deshalb wieder in den Vordergrund treten müsse. Dabei lag Europa für ihn nach den allgemeinen Vorstellungen der westdeutschen Nachkriegszeit westlich des «Eisernen Vorhangs», hinter dem im Osten Stalins Expansionsdrang drohte. Im Wesentlichen beschrieb er die Entwicklung des römischen Rechts seit seiner Wiederentdeckung im Bologna des 11. Jahrhunderts durch die Glossatoren und meinte sogar, es gäbe auch Spuren bis nach England. Das glaubt man heute nicht mehr. Europa interessierte ihn auch nicht so sehr als historische Erscheinung, sondern als Motiv für die Wiederbelebung des römischen Rechts in Forschung und Lehre der Juristenfakultäten des westlichen Nachkriegs-Deutschland.

Mit großer Sachkenntnis – und manchen Irrtümern – hat er dieses Buch geschrieben, das zweifellos einer der Gründe gewesen ist für den Aufstieg des römischen Rechts in den ersten Jahren der Bundesrepublik. Denn Europa passte in die Zeit. Ein Jahr vorher, 1946, hatte Winston Churchill seine berühmte Rede in der Aula der Universität Zürich gehalten mit dem Vorschlag, die Vereinigten Staaten von Europa zu gründen und den Anfang zu machen mit der Einsetzung eines Europarats, der dann 1949 in Straßburg entstanden ist. Und es war auch kein Zufall, dass ein Jahr nach Koschakers Buch 1948 ein anderes erschien, das ähnliches Aufsehen erregte, nämlich das des Bonner Literaturwissenschaftlers Ernst Robert Curtius über «Europäische Literatur und Lateinisches Mittelalter». Das war die Reihenfolge: 1946 Churchills Rede in Zürich, 1947 Koschakers Buch, 1948 das von Ernst Robert Curtius und 1949 die Gründung des Europarats in Straßburg. Die tatsächliche Integration Europas begann dann zwei Jahre nach der Gründung der Bundesrepublik 1949, und unabhängig vom Europarat, mit der Bildung der Montanunion 1951, die 1957 fortgesetzt wurde durch die Europäische Wirtschaftsgemeinschaft bis zur Europäischen Union 1992.

1951 erschien als Übersetzung aus dem Englischen die **«Weltgeschichte des Rechts»** von **William Seagle**, die bis 1967 immerhin drei Auflagen hatte. Dieser Erfolg erklärt sich daraus, dass es zum ersten Mal eine deutsch geschriebene Entwicklungsgeschichte des Rechts war, die von vorstaatlichen Stammesgesellschaften über Antike und Mittelalter bis in die Gegenwart führte, und zwar auch für das angelsächsische Recht. William Seagle war ein amerikanischer Jurist, geboren 1898, zunächst Rechtsanwalt, dann juristischer Redakteur der angesehenen Encyclopaedia of the social sciences und schließlich 1934 Leiter der Rechtsabteilung einer neuen US-Bundesbehörde.

1941 veröffentlichte er das Buch in einem New Yorker Verlag unter dem Titel «The Quest for Law», frei übersetzt: Auf der Suche nach dem Recht.

Es ist in den Vereinigten Staaten von der Rechtswissenschaft gut aufgenommen worden, obwohl es auch Kritik aus der Rechtsanthropologie gab. William Seagle unterscheidet drei Stufen der Entwicklung des Rechts, nämlich das «primitive», «archaische» und «reife» Recht (mature law). Jede Stufe entspräche auch einem bestimmten ökonomischen System. Das primitive sei das von Jäger- und Hirtengesellschaften, also vorstaatlichen Ordnungen, in denen es nur Gewohnheiten gäbe, kein Recht, keine Gerichte («custom is king»). Das archaische Recht ist in seiner Sicht das von Feudalismus und Sklaverei, mit anderen Worten von erster Staatlichkeit und Sklaverei mit Gesetzen und Gerichten, und das reife das des modernen Kapitalismus. Das erinnert alles ein wenig an Friedrich Engels Schrift «Der Ursprung der Familie, des Privateigentums und des Staats», der beschreibt, wie aus vorstaatlichen Hirtengesellschaften das Privateigentum der Männer und der Staat entstanden sind in der Reihenfolge Sklavenhaltergesellschaft, Feudalismus, Kapitalismus. Seagle hat dieses Buch natürlich auch gelesen. Das ist – fast 60 Jahre nach Friedrich Engels – für das 20. Jahrhundert nicht nur eine eigenwillige Konstruktion, nachdem die Rechtsanthropologie mit ihrer Forschung in Stammesgesellschaften seit 1900 sehr viel weiter gekommen war. Sie ist auch zu grob und ungenau, selbst innerhalb des eigenen Systems. So werden zum Beispiel die Aschanti zum archaischen Recht gezählt, eine westafrikanische Stammesgesellschaft, die in der Neuzeit, 17. Jahrhundert, vor der Kolonialisierung durch die Engländer ein Königreich mit einem «Asante Hene» in Kumasi geworden waren. Ähnlich ergeht es den Ifuguao auf den Philippinen, kein Königreich, aber mit einer kunstvollen Streitschlichtung, die man als Gerichtsbarkeit bezeichnen kann.

Dieses Durcheinander in der «Weltgeschichte» ist dadurch entstanden, dass Seagle sehr kritisch mit grundlegenden Schriften der angelsächsischen Rechtsanthropologie umgegangen ist, zum Beispiel mit Bronislaw Malinowskis großartigem Buch über die Trobriander in Neuguinea, «Crime and Custom in Savage Society». Trotzdem, vieles hat er richtig gesehen, etwa den Grund dafür, dass es in Griechenland im Gegensatz zu Rom keine Juristen gab, obwohl auch wieder durch die Brille eines amerikanischen Anwalts, der die römischen Juristen zur Rechtsanwaltschaft zählt (attorneys). Mit anderen Worten, er hat zuviel gelesen und zu wenig verstanden. Kuddelmuddel, aus.

Wie Paul Koschaker gehofft hatte, entstand in der Bundesrepublik eine blühende Wissenschaft vom römischen Recht in Forschung und Lehre, die nun seit einiger Zeit wieder an Bedeutung verliert. Sie befasste sich zunächst mit dem Bereich, für den auch er sich am meisten interessierte, nämlich mit dem antiken römischen Privatrecht. Verfassungs- und Strafrecht blieben erst einmal im Hintergrund. Und für das Privatrecht sind dann noch in der aktiven Zeit Heinrich Becks im «Handbuch der Altertumswissenschaft» drei Bücher erschienen, die ihren Autor zur «fraglos Nummer Eins der internationalen Romanistik» (Tomasz Giaro) gemacht haben. Romanistik ist unter Rechtshistorikern die Bezeichnung für die Wissenschaft der Geschichte des römischen Rechts im Gegensatz zur Germanistik, die sich mit dem alten deutschen Recht beschäftigt, das angeblich mit den «Germanen» begann, im «Dritten Reich» deshalb biologisch rassistisch den Vorrang hatte und in der Bundesrepublik erst langsam wieder auf die Beine kam, besonders nachdem das mit den «Germanen» von einem ihrer besten Vertreter, dem Freiburger Karl Kroeschell, endgültig als unzutreffend geklärt worden war.

Autor der drei von 1955 bis 1959 erschienenen Bände zum römischen Privatrecht ist **Max Kaser** (1906–1997) gewesen, damals an der Universität Münster, seit 1959 in Hamburg. Es waren «Das römische Privatrecht. Erster Abschnitt», danach dessen «Zweiter Abschnitt» und «Das römische Zivilprozessrecht», ein Ensemble, das unzertrennlich war, denn im alten Rom sind materielles Privatrecht und formelles Prozessrecht – «aktionenrechtlich», von lateinisch actio, die Klage – auf das engste miteinander verbunden gewesen, ganz anders als heute das Bürgerliche Gesetzbuch und die Zivilprozessordnung. Im ersten Band («Abschnitt») hat Max Kaser das Privatrecht der frühesten «Zwölftafelzeit» seit dem 5. Jahrhundert v. Chr. beschrieben, dazu das darauf folgende der Republik mit den ersten bekannteren Juristen des 3. bis in das 1. Jahrhundert v. Chr., also bis zum Ende der Republik mit Augustus, und schließlich die ersten zweihundert Jahre nach Augustus, nämlich das «klassische Recht» bis zu den Severerkaisern am Beginn des 3. Jahrhunderts n. Chr. Der zweite Band behandelt die «nachklassische Entwicklung» bis zur Gesetzgebung des oströmischen Kaisers Justinian im 6. Jahrhundert n. Chr., die man später Corpus Iuris Civilis genannt hat. Schon die ersten Auflagen der drei Bände waren voluminös. Die zweite der beiden zum Privatrecht 1971 und 1975, noch von Kaser selbst geschrieben, haben etwas mehr als 1600 Seiten. Das Zivilprozessrecht kam in zweiter Auflage erst 1996, kurz vor seinem Tod 1997, bearbeitet von seinem Schüler Karl Hackl, Professor in Salzburg. Max Kasers sensibles Riesenwerk war auch dadurch möglich geworden, dass er anders als die beiden anderen des Dreigestirns am Himmel des römischen Rechts der Bundesrepublik – Wolfgang Kunkel (1902–1981) in Heidelberg, später München, und Franz Wieacker (1908–1994) in Göttingen – sich nicht beteiligt hat an Vorlesungen und Übungen im bürgerlichen Recht der Gegenwart, sondern nur das römische Recht lehrte. Jedenfalls hat er, und mit ihm der Verlag C.H.Beck, den bis heute wichtigsten Beitrag zur römischen Rechtsgeschichte geleistet, ohne den wir gar nicht hätten weiterarbeiten können.

Wie es weiterging in der Rechtsgeschichte? Dazu siehe S. 448 ff.

XX. Hans Dieter Beck in der Bonner Republik
1970–1990. Expansion des Juristischen

1. Die sozialliberale Koalition und die Anfänge der Ära Kohl

Es war das Ende der alten Bundesrepublik, als der junge Verleger 1970 die Verantwortung für den juristischen Teil des Unternehmens und die Druckerei übernahm. 1969 wurde Gustav Heinemann als erster Sozialdemokrat zum Bundespräsidenten gewählt und noch im selben Jahr entstand die sozialliberale Koalition mit **Willy Brandt** (SPD) als Kanzler und Walter Scheel (FDP) als Außenminister. Ihre Leistung war die neue Ostpolitik als Ergänzung zu Adenauers Westintegration. 1970–73 sind es die Verträge mit Polen, der Sowjetunion, der DDR («Grundlagenvertrag») und der Tschechoslowakei gewesen. Sie hatten eine Entspannung der Beziehungen zum Ostblock als Folge.

1974 ist Willy Brandt als Bundeskanzler zurückgetreten, ein Rücktritt der viele Gründe hatte. Unmittelbarer Anlass ist die Entdeckung gewesen, dass einer seiner Referenten im Kanzleramt, der ihm sehr nahe stand, ein Spion der DDR war, Günter Guillaume. Die sozialliberale Koalition wurde fortgesetzt mit **Helmut Schmidt** als Kanzler. Ihr größtes Problem ist die Wirtschaft geworden. 1973 begann für die ganze westliche Welt eine Wirtschaftskrise. Die Währungsordnung brach zusammen, die erste Ölpreiskrise begann, die fast ununterbrochene Aufschwungphase seit einem Vierteljahrhundert endete. Für die Bundesrepublik bedeutete dies das Ende des Wirschaftswunders der fünfziger und sechziger Jahre. Globale Gründe dafür sind vom «Club of Rome» 1972 in der Studie «Die Grenzen des Wachstums» beschrieben worden. Die schon damals genannten Probleme der Zunahme der Weltbevölkerung, der Industrialisierung und Globalisierung, Umweltzerstörung und Ausbeutung natürlicher Rohstoffe sind bis heute nicht gelöst.

In der Bundesrepublik stieg die Arbeitslosigkeit bis zur staatlichen Vereinigung auf etwa zwei Millionen, unter anderem auch durch den ersten «Ölpreisschock» von 1973. Der war eine Folge der Unterstützung Israels durch den Westen im Jom-Kippur-Krieg, als Ägypten und Syrien im Oktober 1973 Israel angriffen, das militärisch letztlich erfolgreich blieb. Die

Antwort der arabischen Organisation ölexportierender Länder (OPEC) war Drosselung der Produktion und damit drastische Erhöhung des Ölpreises. Erdöl als Waffe gegen den Westen, die auch in der Bundesrepublik ihre Wirkung hatte trotz energischer Gegenmaßnahmen Helmut Schmidts.

Vor diesem Hintergrund wechselte die FDP 1982 während der Legislaturperiode zur CDU/CSU. **Helmut Kohl** wurde mit einem Misstrauensvotum gegen Helmut Schmidt zum Bundeskanzler gewählt und blieb es bis 1998. Obwohl das Wirtschaftswunder beendet war, stiegen die Nettolöhne bei weitgehender Preisstabilität. Zwischen 1950 und 1965 hatten sie sich mehr als verdoppelt und sind unter der Regierung Kohl bis zur Wiedervereinigung noch einmal real verdoppelt worden.

So lebten die Westdeutschen auch am Ende der «Bonner Republik» trotz Schwankungen durch erste und zweite Ölkrise, aber auch durch Chancen und Risiken der fortschreitenden europäischen Integration und der zunehmenden Globalisierung in einer Wohlstandsgesellschaft. Sie ruhte auf einem beträchtlichen Außenhandelsüberschuss, Massenkonsum und einem ziemlich soliden Wohlfahrtsstaat, allerdings schon mit derselben Arbeitslosigkeit von zwei Millionen wie 1950, jedoch jetzt wegen der gewachsenen Bevölkerung «nur» in Höhe von 7,5 Prozent.

Unter der Regierung Kohl gelang seit 1982 zunächst wieder ein ökonomischer Aufschwung, nur die Arbeitslosenzahlen stiegen weiter. Die Ursachen dafür waren vielfältig, u. a. gelang eine große Steigerung der Arbeitsproduktivität durch Computer, Roboter und moderne Telekommunikation. Immer weniger Menschen konnten immer mehr produzieren. Dazu kam die durch die Globalisierung möglich gewordene Verlagerung von Arbeit in Billiglohnländer, outsourcing genannt.

Daneben gab es noch manche andere Probleme, die die alte Bundesrepublik veränderten. 1965 war in Berlin die Studentenrevolte entstanden. Mit der Erschießung des Studenten Benno Ohnesorg am 2. Juni 1967 durch einen Berliner Polizisten beim Besuch des Schahs von Persien griff sie über auf die ganze Bundesrepublik, getragen von einer «außerparlamentarischen Opposition» (APO). Darauf reagierte die Regierung Brandt/Scheel 1970 mit einer Amnestie für Demonstrationsdelikte und einer Entschärfung des § 125 StGB zum Landfriedensbruch. Aber das besänftigte die Studenten nicht. Im selben Jahr entstand die linksextreme Terrororganisation «Rote Armee Fraktion», die zunächst wegen des Vietnamkriegs mit Mordaktionen gegen die US-Streitkämpfkräfte begann. Dazu kam 1974 eine zweite, die «Bewegung 2. Juni», die noch im selben Jahr den Berliner Kammergerichtspräsidenten Günter von Drenkmann ermordete. So entstand

1972 der «Radikalenerlass» von Willy Brandt und den Ministerpräsidenten der Länder. Damit sollten extremistische, verfassungsfeindliche Studenten auf ihrem «Marsch durch die Institutionen» gestoppt werden, wie das ein Sprecher der Linken, Rudi Dutschke, genannt hatte. Alle Bewerber für den öffentlichen Dienst wurden überprüft auf Grund so genannter Erkenntnisse des Verfassungsschutzes. Eine massenhafte Gesinnungsschnüffelei begann. Mit etwa einer Million Bewerbern wurde über die Jahre zusammengezählt so verfahren. Willy Brandt hat das später selbst als Fehler bezeichnet. Daneben begann 1971 durch eine Aktion Alice Schwarzers der Feminismus als politische Bewegung und die ökologische 1973 mit der schließlich erfolgreichen Verhinderung des Baus eines Atomkraftwerks im südbadischen Wyhl. 1970 erschien auch in der «Beck'schen Schwarzen Reihe» die Taschenbuchausgabe eines der Pionierwerke der Umweltbewegung: Rachel Carsons «Der stumme Frühling» (deutsche Originalausgabe schon 1963 bei Biederstein).

Juristisch wurde die alte Bundesrepublik verabschiedet durch eine Strafrechtsreform von 1969 bis 1975, eingeleitet von Gustav Heinemann als Justizminister. Die Zuchthausstrafe wurde abgeschafft, die Strafbarkeit des Ehebruchs aufgehoben und das Sexualstrafrecht liberalisiert, um nur das Wichtigste zu nennen. 1975 wurde das Strafgesetzbuch weitgehend neu formuliert. 1972 ist ein neues Betriebsverfassungsgesetz erlassen worden, mit dem Willy Brandt sein Wahlversprechen «Mehr Demokratie wagen» zu Ungunsten der Unternehmer durchsetzte. Und 1974 kam die erste soziale Neuregelung seit 1900 in das BGB durch die Verbesserung des Mietrechts für die Mieter.

2. Wechsel an der Verlagsspitze, Erwerb des Verlages Franz Vahlen und weitere Verlagsgebäude

Das war die politische, gesellschaftliche und juristische Umgebung, in der Heinrich Beck Anfang der siebziger Jahre seinen Söhnen Hans Dieter und Wolfgang die Leitung des Verlags übertragen hat. Er war nun über achtzig Jahre alt und nach einem halben Jahrhundert Arbeit für das Unternehmen in seiner Gesundheit geschwächt. Hans Dieter Beck übernahm Ende 1970 den juristischen Teil des Verlags und die Hauptverantwortung für die Druckerei, Wolfgang Beck 1972 den Bereich Geisteswissenschaften, Sachbuch und Literatur. Ihr Vater ist 1973 in München gestorben.

Wolfgang Beck

Hans Dieter Beck

Wolfgang Beck, geboren 1941, studierte an den Universitäten in Göttingen und von Santa Barbara in Kalifornien Germanistik, Philosophie und Soziologie. Er ist verheiratet und hat vier Kinder aus zwei Ehen.

Hans Dieter Beck wurde 1932 geboren und besuchte das Münchner Maximiliansgymnasium, das er 1950 absolvierte. Anschließend studierte er fast zwei Jahre Physik, dann ein Jahr Germanistik und Psychologie, um 1952 in sein endgültiges Studiengebiet Jura einzusteigen. Mit großem Interesse hörte er in Heidelberg den Urheberrechtler Eugen Ulmer und den Verwaltungsrechtler Ernst Forsthoff, dann in Bonn bei Ernst Friesenhahn Verfassungsrecht und bei Hans Dahs Strafrecht. 1956 legte er in München das 1. juristische Staatsexamen und 1960 das Assessorexamen ab. Vorher hatte er bei Eugen Ulmer über den Lizenzvertrag im Verlagswesen promoviert, während der Referendarzeit auch Volontariate in Buchhandlungen und im Carl Hanser Verlag absolviert. Als frisch gebackener Assessor nahm er 1961 seine Arbeit im juristischen Lektorat des Verlages auf. Er sah, dass die steuerrechtliche Verlagsabteilung schwächelte. Er festigte sie alsbald durch Gründung der Zeitschrift «Deutsches Steuerrecht» und die Herausgabe von «Veranlagungshandbüchern» in Zusammenarbeit mit dem Deutschen wissenschaftlichen Steuerinstitut in Bonn. Dann stellte er die Weichen dafür, dass Gesetzestexte nicht nur in rotem Einband bei C.H.Beck, sondern auch als «Beck-Texte» im Deutschen Taschenbuch Verlag in hohen Auflagen erschienen.

Der Juniorverleger verspürte ein Defizit an betriebswirtschaftlichen Kenntnissen. Sich in Amerika umzuschauen, war damals sehr populär; er entschloss sich zu einem mehrmonatigen Kurs an der Harvard Business

School im Jahr 1965; es folgte eine Praxistätigkeit in dem großen Lehrbuch- und Universitätsverlag «Holt, Rinehart and Winston» in New York. Nach seiner Rückkehr lockte es Hans Dieter Beck, noch tiefer in die juristische Praxis einzusteigen und die Richtertätigkeit kennenzulernen. Er wurde 1967 Gerichtsassessor an einer Beschwerdekammer am Landgericht München I und lernte dort alle Bereiche der freiwilligen Gerichtsbarkeit kennen. Dann war er Mitglied einer «streitigen» Zivilkammer und wurde 1970 Landgerichtsrat.

Als sich im Herbst 1970 der Gesundheitszustand seines Vaters verschlechterte, war es für Hans Dieter Beck kein einfacher Entschluss, wieder in den Verlag zurückzukehren, denn die Richtertätigkeit gefiel ihm und er schätzte die freundschaftlichen Beziehungen zu den richterlichen Kollegen. Es stand zu befürchten, dass es nicht leicht sein würde, unter den älteren Juristen im Verlag eine bestimmende Rolle zu spielen. Doch dies alles gestaltete sich dann einfacher als erwartet, zumal er juristische Erfahrungen aus der allerneusten Zeit in die Waagschale werfen konnte.

Die Verbindung zum Verlag hat während der Tätigkeit am Landgericht weiter bestanden. An den Freitagnachmittagen, wenn sich die Richterkollegen zum Wochenende verabschiedeten, eilte Hans Dieter Beck in den Verlag zur Lektoratskonferenz. Dort wurden die neuen Projekte besprochen und man beratschlagte, wie ausscheidende Autoren durch jungen Nachwuchs ersetzt werden konnten. So blieb Hans Dieter Beck über die wichtigsten Entwicklungen im Verlag auf dem Laufenden.

Als sich 1970, vermittelt durch Philipp Möhring, die Möglichkeit eröffnete, den Berliner **Verlag Franz Vahlen** zu erwerben, setzte sich Hans Dieter Beck bei seinem Vater und den Prokuristen Rolf Grillmair und Albert Heinrich dafür ein, diese Gelegenheit beim Schopf zu packen. Sie bot nämlich die Möglichkeit für C.H.Beck, in das interessante Feld der Großkommentare – repräsentiert durch Schlegelberger, HGB, Geßler/Hefermehl, Aktiengesetz oder von Mangoldt/Klein, Grundgesetz – vorzustoßen. Es gab dort auch interessante Kommentare von zuständigen Referenten aus den Ministerien, vor allem im Arbeits- und Sozialrecht. Bei der juristischen Studienliteratur fanden sich zielgruppenbezogene Werke für Rechtsreferendare. Ein ganz neues Betätigungsfeld erschlossen die zahlreichen wirtschaftswissenschaftlichen Titel für Studenten dieser Disziplin. Dazu gehören die Klassiker der Ausbildungsliteratur von Günter Wöhe «Einführung in die Allgemeine Betriebswirtschaftslehre» und Artur Woll «Volkswirtschaftslehre», die Generationen von Studenten der Wirtschaftswissenschaf-

Verlagsneubau in der Münchener Ainmillerstraße vom Garten gesehen; Architekt Alexander Freiherr von Branca.

ten geprägt haben. Alles in allem bot der Erwerb des Vahlen Verlags mehr Ergänzungen und Abrundungen als Überschneidungen. Heinrich Beck war persönlich nicht mehr in der Lage, sich mit dem Programm dieses Berliner Verlages aktiv zu beschäftigen und die Bedingungen des Erwerbs zu prüfen. Rolf Grillmair und Albert Heinrich dagegen waren bereit, in diese spannende Aufgabe mit einzusteigen. Sie leisteten alle nötigen Vorarbeiten und Hans Dieter Beck nahm Abschied von der bayerischen Justiz und kehrte in den Verlag zurück.

Sehr schnell kam auch eine weitere große Aufgabe auf den jungen Verleger zu. Ein **Neubau** für den Verlag war zu planen, denn der Bau an der Wilhelmstraße von Roderich Fick reichte für die wachsende Mitarbeiterzahl längst nicht mehr aus. Es gab drei Außenstellen für Buchhaltung, Auslieferung und das steuerrechtliche Lektorat, die man nur schwer überblicken und koordinieren konnte. Ein großer Neubau an der Ainmillerstraße, direkt verbunden mit dem Hauptgebäude an der Wilhelmstraße, war ein dringendes Desiderat. Ein Architekt musste gesucht werden, der den Fickschen Altbau wertschätzte und bei seinen Planungen sensibel berücksichtigte. Hans Dieter Beck nahm mit dem **Architekten Alexander von Branca** Gespräche auf, der weit über München hinaus bekannt und sehr angesehen war. Er hatte viele Kirchen von hoher künstlerischer Qualität errichtet, daneben aber auch weltliche Bauwerke, wie die deutschen Botschaften in Madrid und am Heiligen Stuhl. Er war durchaus ein moderner Architekt, hatte aber auch Erfahrungen in der Wiederherstellung alter Baudenkmäler. In der Zeit von 1972 bis 1988 war er Kreisheimatpfleger für Bayern, dazu Mitglied der Stadtgestaltungskommission in München.

Wenn nicht er, wer sollte dann dazu geeignet sein, den künstlerisch schwierigen Anschluss an den Bau von Roderich Fick zu meistern? Von Branca nahm die Aufgabe gerne an und es ist dabei nicht nur ein schönes, sondern auch ein sehr gut funktionierendes Verlagsgebäude mit vielen neuen Arbeitsplätzen entstanden. Einige nannten es postmodern. Es ist durch eine gläserne Brücke mit dem an den Altbau anschließenden Anbau verbunden.

Zum erstenmal in der Geschichte des Unternehmens leitete nun ein Jurist als Verleger den großen Bereich des Rechts. Das war ein wichtiger Grund für die nun folgende noch größere Expansion dieses Gebiets. Dazu gehörte die Veröffentlichung von Großkommentaren, die deutliche Zunahme von Zeitschriften sowie von Hand- und Formularbüchern, eine stärkere Ausrichtung auf Steuern und Wirtschaft und die Entwicklung von beck-online. Nicht zuletzt wurde aber auch größerer Nachdruck als bisher im Hinblick auf die äußere und innere Gestaltung der Bücher gelegt, eine Ästhetik, die für den Verlag typisch geworden ist vom Einband über die Art der Druckschrift, die Gliederung der Seiten bis zu den Umschlägen und so genannten Bauchbinden. Ein Beispiel ist der Münchener Kommentar von 1978–82. In ihm galt die Regel, jeder Absatz hat nicht mehr als zehn Zeilen, eine Randnummer und ein halbfett gedrucktes Stichwort. Das Beste waren die Fußnoten am unteren Rand jeder Seite, nämlich nicht in einer langen Reihe gedruckt, sondern in zwei Spalten, so dass man die Literatur viel schneller finden konnte. Außerdem sah es so auch schöner aus.

3. Eine neue Klasse: der Münchener Kommentar zum Bürgerlichen Gesetzbuch

Eine Folge der Übernahme des Vahlen-Verlags war die Entstehung von Großkommentaren bei C.H.Beck, die es zuvor – mit Ausnahme des «Maunz/Dürig» zum Grundgesetz – noch nicht gegeben hatte. Am Anfang war es die Idee eines jungen Juristen in den sechziger Jahren. Damals ist er Assistent beim großen Hans Carl Nipperdey an der Kölner juristischen Fakultät gewesen. Als solcher stand er in Verbindung mit dem Verlag Franz Vahlen wegen des «Hueck/Nipperdey, Lehrbuch des Arbeitsrechts», das dort von 1963 bis 1970 in 7. Auflage mit einem Band und zwei Halbbänden erschienen war. **Franz Jürgen Säcker** sah eine Marktlücke. Die Großkommentare zum BGB damals, «Soergel/Siebert», der riesige «Staudinger» und der sogenannte Reichsgerichtsräte-Kommentar waren überladen mit überflüssigem Ballast älterer Rechtsprechung und Literatur. Außerdem war der Staudinger noch in Fraktur gedruckt, die nur noch wenige mühelos lesen konnten. Säcker wollte einen modernen großen wissenschaftlichen Kommentar herausgeben, auch mit Erklärungen zum Hintergrund der Gerichtsentscheidungen und von Meinungen in der Literatur. Er hatte schon mehrere jüngere Juristen an Universitäten für diesen Plan gewonnen, darüber mit Johannes Gundlach gesprochen, dem Leiter des Verlags Vahlen, und einen Vertrag abgeschlossen über einen zehnbändigen «Berliner Kommentar».

Franz Jürgen Säcker in der Festschrift zu seinem 70. Geburtstag 2011.

1970 wurde Franz Jürgen Säcker in Bochum bei Kurt Biedenkopf habilitiert, promovierte dort 1971 noch in der Wirtschaftswissenschaft und ist im selben Jahre Professor an der Freien Universität Berlin geworden. 1972 wandte er sich wegen des mit Vahlen vereinbarten Vertrags an Hans Dieter Beck, der inzwischen diesen Verlag übernommen hatte. Der war grundsätzlich einverstanden, aber mit Änderungen. Aus dem «Berliner Kommentar» wurde ein «Münchener Kommentar zum Bürgerlichen Gesetzbuch», der bei C.H.Beck und nicht bei Vahlen erscheint. Zehn Bände seien zu viel, mit anderen Worten, das Wagnis würde zu teuer. Es wurden zunächst nur sechs Bände geplant. Entscheidend wäre, dass der Kommentar für die Praxis geeignet sei und nicht nur an den Universitäten Verbreitung fände. Die Kaufkraft der Praxis sei nämlich viel größer. Deshalb dürfe er auch nicht nur von Professoren geschrieben werden, sondern zur Hälfte von Praktikern. Außerdem sei aus diesem Grund noch ein zweiter Herausgeber notwendig, der ein Mann der Praxis sein müsse.

3. Eine neue Klasse: der Münchener Kommentar zum BGB

Der spätere Erfolg des Münchener Kommentars war dann entscheidend auch durch die Gewinnung des damaligen Ministerialdirektors im baden-württembergischen Justizministerium **Kurt Rebmann**, Jahrgang 1924, als zweitem Herausgeber geprägt. Er war ein Glücksgriff für den Verlag. Dabei war dessen Verbindung zum Verlag zu diesem Zeitpunkt eher zufällig. Die in den 1960er Jahren regierende Große Koalition unter Bundeskanzler Kurt Georg Kiesinger hatte beschlossen, das Ehescheidungsrecht grundlegend zu reformieren, und zur Vorbereitung dieser Reform eine große Eherechtskommission eingesetzt. Als Vorsitzenden dieser Kommission hat dann der Schwabe Kiesinger seinen bereits weit über die Grenzen Baden-Württembergs durch zahlreiche rechtspolitische Initiativen bekannten Landsmann Kurt Rebmann vorgeschlagen. Nachdem die Arbeiten in dieser Kommission zügig vorangingen, hat sich Rebmann an den Verlag mit dem Vorschlag gewandt, zusammen mit seinen beiden engsten Mitarbeitern, den Ministerialräten Richter und Wolf, einen Kommentar zum neuen Ehescheidungsrecht zu schreiben. Hans Dieter Beck schlug nunmehr vor, diesen inzwischen abgeschlossenen Verlagsvertrag aufzulösen und Rebmann als Praktiker die Herausgeberschaft des Münchener Kommentars anzubieten, der gleichzeitig die Bandredaktion des Familienrechtsbandes übernehmen sollte. Mit diesem Plan war Rebmann sofort einverstanden, die Herren Richter und Wolf kamen nicht zuletzt aufgrund ihrer Erfahrung in der Eherechtskommission in das Autorenteam dieses Bandes.

Als nun die sozialliberale Koalition unter Bundeskanzler **Helmut Schmidt** 1976 das «Erste Gesetz zur Reform des Ehe- und Familienrechts» durchgebracht hatte, entschied der Verlag – ganz entgegen der Übung bei BGB-Großkommentaren – nicht mit den ersten Paragraphen des Allgemeinen Teils, sondern mit dem als fünften Band vorgesehenen Familienrecht zu beginnen. Die familienrechtlichen Änderungen waren immerhin einschneidend. Bei der Ehescheidung wurde das Verschuldens- durch das Zerrüttungsprinzip ersetzt. Außerdem wurde der

Band 5 Familienrecht der 1. A. des Münchener Kommentars zum BGB.

Versorgungsausgleich eingeführt. Deshalb war es Ehrgeiz des Verlages, mit dem Familienrechtsband möglichst zum Inkrafttreten der Reform oder doch wenigstens kurz danach auf dem Markt zu erscheinen. Nachdem die Reform erst im Juli 1977 in Kraft getreten war, konnte der Verlag den Familienrechtsband schon im November dieses Jahres erscheinen lassen.

Die Gewinnung der Autoren dieses Bandes innerhalb kürzester Zeit war jedoch eine Herkulesaufgabe, die nur kraft gemeinsamer Anstrengungen von Kurt Rebmann und Mitarbeitern des Verlages bewältigt werden konnte. Besondere Schwierigkeiten ergaben sich bei der völlig neuen Rechtsfigur des Versorgungsausgleiches, dessen Kommentierung durch einen Hochschullehrer sich nach Auffassung von Kurt Rebmann inhaltlich als völlig unzulänglich und auch nicht überarbeitungsfähig erwies. Nun galt es, innerhalb weniger Tage für diese ganz neuartige und schwierige Materie einen oder mehrere Ersatzautoren zu gewinnen. Nach intensiver Suche und zahlreichen Gesprächen gelang es schließlich, noch im Frühjahr 1977 den Leiter der Landesversicherungsanstalt Braunschweig Kurt Maier für diese Aufgabe zu gewinnen, der zusammen mit sechs weiteren Mitarbeitern seiner Behörde eine sachgerechte Kommentierung innerhalb weniger Wochen fertig stellen konnte, so dass das geplante Erscheinen des Familienrechtsbandes nicht gefährdet war.

Kurt Rebmann in der Festschrift zu seinem 65. Geburtstag 1989.

Anfang Dezember 1977 fand im Verlagsgebäude in der Wilhelmstraße 9 eine Feier zum Erscheinen des Familienrechtsbandes statt. Sie machte erhöhte Sicherheitsmaßnahmen notwendig, nachdem Kurt Rebmann seit Mitte des Jahres Nachfolger des ermordeten Siegfried Buback als Generalbundesanwalt geworden war. Festredner war der damalige Bundesjustizminister Hans Jochen Vogel, der – selbst ein Generalist im Recht – mit Wohlwollen bemerkte, ein Generalbundesanwalt könne offenbar auch auf dem Gebiet des bürgerlichen Rechts erfolgreich tätig sein.

Nach dem Erscheinen des Familienrechtsbandes und seinem auch für den Verlag unerwartet guten Verkauf war der Erfolg des gesamten Werkes vorprogrammiert. Nun galt es, die restlichen Bände innerhalb angemessener Zeit erscheinen zu lassen, wobei die Planung darin bestand, alle sechs bis neun Monate einen weiteren Band, nunmehr in der üblichen Reihenfolge des BGB, zu veröffentlichen. Das Schuldrecht wurde wegen der großen Stoff-Fülle in drei Bände Allgemeiner Teil und Besonderes Schuldrecht (zwei Bände) aufgeteilt. Die Bandredaktion hatte für den Allgemeinen Teil Franz-Jürgen Säcker, für den Allgemeinen Teil des Schuldrechts der bereits beim Palandt bewährte Präsident des Oberlandesgerichts Bremen Helmut Heinrichs, für den Besonderen Teil des Schuldrechts der Tübinger Ordinarius Harm Peter Westermann, für das Sachenrecht der Richter am BGH Friedrich Quack und für das Erbrecht der Richter am BGH Manfred Skibbe übernommen. Schließlich wurden es mit dem Band zum Internationalen Privatrecht (Bandredakteur Hans Jürgen Sonnenberger, damals Professor an der Universität Augsburg) insgesamt sieben Bände in der 1. Auflage.

An der Zusammensetzung des Herausgeberteams aus Wissenschaft und Praxis hat der Verlag im Übrigen auch nach dem Tode von Kurt Rebmann festgehalten. Sein Nachfolger wurde Roland Rixecker, Präsident des Saarländischen Oberlandesgerichts. Seit der 6. Auflage wirkt im Herausgeberteam ferner Hartmut Oetker, Professor an der Universität Kiel, mit.

Säcker und Rebmann schufen gemeinsam ein Fundament, das sich als tragfähig erwies. Unerschöpfliche Personalkenntnis – Säcker im Bereich der Hochschulen, Rebmann in Ministerialverwaltung und Justiz – förderten die Akquise der Bandredakteure und Autoren. Dabei war das Ziel, für den Kommentar die besten Autoren zu gewinnen. Junge Wissenschaftler oder gerade promovierte Praktiker zeigten in ihren Dissertationen oder in ihrer beruflichen Praxis, dass sie in der Lage sein würden, eine Kommentierung zu schaffen, die Maßstäbe in der juristischen Literatur setzt. Dass sie dabei meist das richtige Gespür aufbrachten, zeigt auch der zweitere Entwicklungsweg diverser Autoren des «MüKo». Helmut Heinrichs etwa, zunächst Präsident des Landgerichts Bremen, wurde später Präsident des Oberlandesgerichts Bremen, Friedrich Quack, Leitender Regierungsdirektor, Richter am Bundesgerichtshof, und Reinhard Gaier sowie Sibylle Kessal-Wulf, beide zunächst Richter am Bundesgerichtshof, wurden später als Richter des Bundesverfassungsgerichts berufen.

Das Bedürfnis, auch in mehrbändigen Kommentaren innerhalb einer relativ kurzen Zeitspanne eine komplette Kommentierung zu realisieren, war eine Forderung, die beim Münchener Kommentar zum BGB immer wieder an den Verlag herangetragen wurde. Während lange Auflagenfolgen von wissenschaftlichen Großkommentaren viele Jahrzehnte als notwendiges Übel akzeptiert wurden, trat nunmehr ein Wandel ein. Dies ist nicht zuletzt auf ein zunehmendes Tempo der Rechtsentwicklung zurückzuführen, die auch Großkommentare im Blick haben müssen. Bei dem Münchener Kommentar zum BGB ist dies erstmals eindrucksvoll gelungen.

Der letzte Band der ersten Auflage zum Internationalen Privatrecht erschien vier Jahre später, 1982. Die zweite Auflage begann 1984 und war 1987 abgeschlossen. Sie reagierte auf eine umfassende Reform des Internationalen Privatrechts. Bei der vierten Auflage stand die Verarbeitung der Schuldrechtsmodernisierung und der Mietrechtsreform 2002 im Vordergrund. Die fünfte Auflage berücksichtigte das kodifizierte Recht der Zahlungsdienste sowie im Familienrecht die Reform des Unterhaltsrechts sowie des Versorgungs- und Zugewinnausgleichs. Bei tiefgreifenden Änderungen während einer Auflage fand man Wege, auch diese zeitnah zu erläutern. Dies erfolgte durch einen Loseblatt-Ergänzungsband, bei großen Reformen durch Zusatz- oder Sonderbände. Solche sind etwa nach der deutschen Wiedervereinigung zum Zivilrecht im Einigungsvertrag, dann zur Schuldrechtsmodernisierung oder zu größeren familienrechtlichen Reformgesetzen erschienen. In der Rekordzeit von fünf Monaten war der Nachtragsband zum neuen Schuldrecht verfügbar.

Im Durchschnitt aber gab es zunächst alle fünf oder sechs Jahre, inzwischen alle vier Jahre, eine Neuauflage, ein Kraftaufwand für Herausgeber, Autoren und Verlag. Nun nähert sich 2013 die sechste Auflage mit elf Bänden ihrem Abschluss. Damit wird die von Franz Jürgen Säcker ursprünglich geplante Zahl von zehn sogar noch überschritten. Entsprechend angewachsen ist die Zahl derjenigen, die die Kommentare zu den einzelnen Vorschriften verfassen.

Aktuelle 6. A. des Münchener Kommentars zum BGB in elf Bänden.

Nicht nur die Erscheinungsweise des «MüKo», sondern auch inhaltliche Besonderheiten werden als Vorzug des Werks wahrgenommen. Es ist ein wissenschaftlicher Kommentar mit viel – auch rechtstatsächlichem – Hintergrundwissen, allerdings ohne überflüssiges altes Material. Er ist zudem besonders übersichtlich: Nachweise nicht im Text, sondern in zweispaltigen Fußnoten. Allerdings sind die mit Randziffern gezählten Absätze schon in der ersten Auflage oft länger gewesen als die ursprünglich redaktionell vorgegebenen 10 Zeilen.

Inzwischen hat sich der Münchener Kommentar weiter entwickelt: Die Phase zwischen den Auflagen, in denen der Nutzer ohne neu erscheinende Bände seines geschätzten Kommentars auskommen musste, ist nahezu entfallen. Der Gesamtumfang ist von rund 14 300 Seiten auf rund 30 000 Seiten angestiegen, die Zahl der Autoren liegt bei rund 120. Der Preis ist entsprechend der allgemeinen Kosten und der Umfangmehrung gestiegen, möglicherweise je gedrucktem Zeichen sogar gesunken. Dennoch ist das Werk seiner Ursprungskonzeption treu geblieben. Ein Kommentar für die tägliche Praxis mit einer Fülle an zuverlässiger Information, frei von überflüssigem Ballast und dennoch mit einer enormen Meinungsvielfalt.

4. Die weitere Familie der Münchener Kommentare

Der Erfolg des Münchener Kommentars zum BGB führte dazu, dass der Verleger Hans Dieter Beck die kostspielige Herausgabe solcher Großkommentare künftig zum Programmbestandteil des Verlages erklärte.

a) Handelsgesetzbuch

Zum Handelsrecht gab es im Vahlen-Verlag den von Schlegelberger, dem ehemaligen Staatssekretär im Reichsjustizministerium, herausgegebenen Großkommentars zum HGB. Als dessen 5. Auflage nach rund 20 Jahren mit dem Erscheinen des Bandes zur oHG abgeschlossen war, hätte eigentlich eine Neuauflage erscheinen müssen. Eine Anknüpfung an den Namen Schlegelberger war aber wegen seiner Tätigkeit unter der NS-Herrschaft nicht sinnvoll. Außerdem hatte dieses Werk den Nachteil aller üblichen Großkommentare, die erhebliche zeitliche Verzögerung bis zum Erscheinen einer neuen Gesamtauflage.

Schlegelberger, Handelsgesetzbuch, 4. und 5. A. (Vahlen); die Vorläufer des Münchener Kommentars zum HGB.

Deshalb wurde nun über ein neues Werk nachgedacht. Die Vorzüge des Münchener Kommentars zum BGB mit Herausgebern und Bandredakteuren als einem starken Bindeglied zwischen Verlag und Autoren lagen auf der Hand. Wenn das Werk in der ersten Planungsphase im Vahlen-Verlag auch als Hamburger Kommentar firmierte, sollte er nun doch ein Münchener werden. Als Herausgeber konnte **Karsten Schmidt**, damals Direktor des Seminars für Handels-, Schiffahrts- und Wirtschaftsrecht und Professor an der Universität

Hamburg, ab 1997 bis zu seiner Emeritierung Professor und Direktor des Instituts für Handels- und Wirtschaftsrecht an der Universität Bonn, von 2004 bis 2012 Präsident der Bucerius Law School in Hamburg und Inhaber des Lehrstuhls für Unternehmensrecht dort gewonnen werden. Karsten Schmidt begeisterte nicht nur die Leser seiner – nicht im Verlag C.H.Beck erschienenen – beiden Lehr- und Handbücher zum Handels- und Gesellschaftsrecht, durch seinen dogmatisch fundierten Ideenreichtum. Er faszinierte auch Autoren und Verlag mit seinen fundierten Darlegungen über Kunst, Musik, Geschichte und Literatur am Rande von Besprechungen. So meint seine Lektorin: «Man könnte ihm stundenlang zuhören.»

Bandredakteure wurden für das Bilanzrecht Werner Ebke und für das Transportrecht Jürgen Basedow. Die 1. Auflage des Kommentars, erschienen im Zeitraum von 1996–2004, hatte einige Klippen zu meistern. Wiederholt wurden Bände durch wenig später erlassene umfangreiche Reformgesetze, etwa das Handelsrechtsreformgesetz vom 22. Juni 1998, in bedeutendem Umfang überholt. Auch hier gab es deshalb Ergänzungs- und Aktualisierungsbände.

Der Kommentar beschränkte sich im Übrigen nicht nur auf die Kommentierung des HGB. Erläutert wurden etwa auch das CISG und das im BGB geregelte Recht des Zahlungsverkehrs, ab der 2. Auflage im Rahmen der Kommentierungen zum Bilanzrecht der §§ 238 ff. BGB auch die Abweichungen durch IAS und IFRS und ab der 3. Auflage das gerade reformierte Seehandelsrecht sowie – monographisch – das Bankvertragsrecht, das Effekten- und Depotgeschäft und das Factoring-Übereinkommen.

In der 2. Auflage von 2005–2009 wurden für alle Bände Bandredakteure – Barbara Grunewald, Beate Czerwenka, Walther Hadding und Rolf Herber – verpflichtet. Den Abschluss der 3. Auflage Ende 2013 wird Band 7 zum Transportrecht unter der Bandredaktion von Rolf Herber bilden.

b) Aktiengesetz

Der Münchener Kommentar zum AktG ging aus dem im Vahlen-Verlag erschienenen Kommentar Geßler/Hefermehl/Eckardt/Kropff hervor und wurde als 2. Auflage dieses Werkes unter neuem Namen von März 2000 bis Februar 2006 publiziert. Angestrebt wurde auch hier ein beschleunigter Auflagenrhythmus, der der Änderungshäufigkeit des ehemals so beschaulichen Aktienrechts gerecht wird.

Dieser Aufgabe stellten sich in der 2. Auflage zunächst **Bruno Kropff** und **Johannes Semler**, Herausgeber der Trilogie von Arbeitshandbüchern zum Aufsichtsrat, zur Hauptversammlung sowie zum Vorstand, beide bereits Mitautoren des Kommentars von Geßler/Hefermehl/Eckardt/Kropff. Sie hatten dabei auch zu entscheiden, ob eine Begrenzung auf das AktG und einige wenige Nebengesetze, die in unmittelbarem Zusammenhang stehen, stattfinden oder eine sehr weite Konzeption favorisiert werden sollte. Die Entscheidung fiel zu Gunsten der engeren Lösung aus. So konnte etwa ein Anhang zum Umwandlungsrecht entfallen, eine im Hinblick auf das neue Umwandlungsgesetz vom 28. Oktober 1994 konsequente Entscheidung. Schwierig war die Einbindung der bilanzrechtlichen Normen des HGB. Dies führte schließlich zu einer Aufspaltung von Band 5 in zwei Teilbände.

In der 3. Auflage konnte diese letzte Entscheidung revidiert werden. Jetzt wird auf den Münchener Kommentar zum Bilanzrecht verwiesen, der insofern die Kommentare AktG und GmbHG ergänzt. Neben dem AktG sind das Wertpapiererwerbs- und –übernahmegesetz (WpÜG), das Spruchverfahrensgesetz (SpruchG), das MitbestG und § 76 BetrVG 1952, das Drittelbeteiligungsgesetz (DrittelbG) sowie Auszüge aus dem Wertpapierhandelsgesetz (WpHG) zu den Mitteilungspflichten kommentiert. Eine besondere Herausforderung stellte schließlich das Inkrafttreten der Verordnung über das Statut der Europäischen Gesellschaft (SE-VO) vom 8. Oktober 2001 dar. Das europäische Aktienrecht sollte einen eigenständigen Band 9/2 bilden. Inzident mussten die Regelungen des deutschen Ausführungsgesetzes – SEAG – erläutert werden. Die arbeitsrechtliche Seite wird im SE-Beteiligungsgesetz beleuchtet. Auch steuerrechtliche Ausführungen fehlen nicht. Ein monographischer Abschnitt zum europäischen Niederlassungsrecht schließt den Kommentar ab. Anfang 2004 kündigte sich bei Band 9/2 der 2. Auflage der Wechsel der Herausgeberschaft zur 3. Auflage an, indem **Wulf Goette**, damals Vorsitzender Richter am Bundesgerichtshof, und **Mathias Habersack**, Professor an der Universität München, als Co-Herausgeber hinzutraten und mit Beginn der 3. Auflage die gemeinsame Herausgeberschaft übernahmen.

In der 3. Auflage, die von 2008–2012 erschien, zeigte sich die neu entdeckte Liebe des Gesetzgebers zum Aktienrecht mit Gesetzen, die in der Regel mit einigen wenigen Buchstaben abgekürzt werden, wie UMAG, EHUG, TUG, MoMiG, FGG-RG, BilMoG und VorstAG. Besonders erwähnenswert ist das Aktionärsrechterichtlinie-Umsetzungsgesetz (ARUG), das den Bereich der Hauptversammlung erheblich ändert.

c) GmbH-Gesetz

Nicht lange musste der Verlag über eine weitere Vervollständigung der Münchener Kommentare nachdenken; sie sollte sich der dritten großen Kodifikation neben HGB und AktG im Bereich des Gesellschaftsrechts widmen. Noch ohne Herausgeber begannen die konzeptionellen Vorarbeiten, Synopsen wurden erstellt, die Konkurrenzwerke wurden ausgewertet, ein gewünschter Gesamtumfang festgelegt und zum Teil eine Gewichtung einzelner Abschnitte vorgenommen. Überzeugungsarbeit musste allerdings bei den künftigen Herausgebern und anschließend bei den Autoren geleistet werden. Der Gelbe Kommentar von Roth/Altmeppen, der Kurz-Kommentar von Baumbach/Hueck und der zweibändige «Michalski» im Verlag C.H.Beck sowie der «Hachenburg» im de Gruyter-Verlag, der «Lutter/Hommelhoff» als einbändiger und der «Scholz» als zweibändiger Kommentar im Otto Schmidt-Verlag sollten nach deren Meinung doch genug sein. Wenn die Herausgeber **Holger Fleischer** und **Wulf Goette** gewusst hätten, dass mit dem Gesetz zur Modernisierung des GmbH-Rechts und zur Bekämpfung von Missbräuchen noch weitere Kommentare auf den Markt kommen würden, hätten sie dann die Mühen auf sich genommen?

Professor Wulf Goette wurde nach richterlicher Tätigkeit am Landgericht Bonn, Abordnung an das Justizministerium des Landes Nordrhein-Westfalen, und wiederum richterlicher Tätigkeit am Oberlandesgericht 1990 zum Richter am Bundesgerichtshof ernannt. Dort wurde er dem II. Zivilsenat zugewiesen, den er schließlich ab Juni 2005 als Vorsitzender Richter bis zum 30. September 2010 leitete. Nach dem Geschäftsverleihungsplan ist der II. Senat für gesellschaftsrechtliche Fragen zuständig. Zahlreiche Grundsatzurteile fallen in die Zeit seines Vorsitzes. Mit seinen vielfältigen Publikationen und Vorträgen genießt er hohes Ansehen. Professor Holger Fleischer ist nach seiner Tätigkeit als ordentlicher Professor an der Universität Göttingen von 2000–2003 und an der Universität Bonn von 2003–2009 seit April 2009 Direktor des Max-Planck-Instituts für ausländisches und internationales Privatrecht in Hamburg. 2008 wurde er mit dem Leibniz-Preis der Deutschen Forschungsgemeinschaft ausgezeichnet.

Die Autorenakquise konnte bei diesen Herausgebern nicht mehr allzu schwierig werden. So stand das Team wenige Monate später. Der für die drei Bände gestaffelte Manuskriptablieferungstermin von Dezember 2004 bis September 2005 näherte sich kaum wahrnehmbar unaufhaltsam und ... wurde verlängert. Ein gutes Werk sollte es werden, wissenschaftlich fundiert, alle Probleme – die höchstrichterlich noch nicht entschiedenen und die in Entscheidungen aufgearbeiteten – durchdacht und tragfähigen

Lösungen zugeführt. Dann zeichnete sich aber eine GmbH-Reform ab und so musste entschieden werden, ob sie abgewartet werden sollte. Es lagen viele Manuskripte vor, es fehlten aber auch noch einige. Deshalb wurde die Reform – das Gesetz zur Modernisierung des GmbH-Rechts und zur Bekämpfung von Mißbräuchen (MoMiG) vom 23. Oktober 2008 – abgewartet. Der Kommentar nach der Reform zum aktuellen Recht erschien in drei Bänden mit insgesamt rund 5400 Seiten von April 2010 bis Dezember 2011 und musste sich nicht – wie einige davor entstandene Konkurrenzwerke – mit Aktualisierungen behelfen. So konnte dann der Frankfurter Rechtsanwalt Cornelius Götze (NZG 21/2011) feststellen: «Mit dem Münchener Kommentar zum GmbHG hat ein neuer Hauptdarsteller die Bühne der GmbH-Literatur betreten.»

Die Vorarbeiten zum bisherigen GmbH-Recht haben in immerhin drei Sonderveröffentlichungen – Löwisch, Eigenkapitalersatzrecht; Liebscher, GmbH-Konzernrecht und Reichert/Weller, Der GmbH-Geschäftsanteil. Übertragung und Vinkulierung – deutliche Spuren in der juristischen Literaturlandschaft hinterlassen.

d) Deutsches und Europäisches Wettbewerbsrecht

Der Münchener Kommentar zum Deutschen und Europäischen Wettbewerbsrecht (Kartellrecht), herausgegeben von **Günter Hirsch**, damals Präsident des Bundesgerichtshofs, **Frank Montag**, Rechtsanwalt in Brüssel, und **Franz Jürgen Säcker**, kann mit Fug und Recht als Kompendium des Wettbewerbsrechts bezeichnet werden. Die Konzeption umfasst in insgesamt drei Bänden mit rund 6350 Seiten das gesamte europäische und deutsche Wettbewerbsrecht einschließlich Beihilfenrecht und Vergaberecht. Ein Blick in das Inhaltsverzeichnis zeigt die Normfülle, die nicht nur zur Kommentierung vorgesehen, sondern auch in das Gesamtgefüge eingeordnet werden musste. Aus Band 1 sind zu nennen: Art. 81 bis 86 EG, die Gruppenfreistellungsverordnungen, die VO 1/2003, die Leniency-Bekanntmachung und die FKVO, Sonderbereiche wie Telekommunikation und Energie, Versicherungswirtschaft, Verkehr und Landwirtschaft sowie Darstellungen zur Internationalen Fusionskontrolle und das Verfahren vor den Europäischen Gerichten in Wettbewerbs- und Beihilfesachen. Eine ausführliche Einleitung wurde vorangestellt, in der die das Wettbewerbsrecht tragenden Begriffe und allgemeine Vorgaben, wie etwa der Unternehmensbegriff, die Marktabgrenzung sowie ökonomische Zusammenhänge, herausgearbeitet werden.

Diese Darstellungen bilden gleichsam das Fundament für die Erläuterungen zu den einzelnen Normen. Band 2 zu den §§ 1 bis 95, 130, 131 GWB ist hingegen ein klassischer Kommentar, spart aber die grundlegenden Begriffsbestimmungen aus, die sich bereits in Band 1 finden. Band 3 beinhaltet das Beihilfen- und das Vergaberecht. Ähnlich wie in Band 1 gestaltet sich der Gesamtaufbau des Bandes komplex. Art. 107 AEUV mit einem Anhang zu horizontalen Beihilfen und den «De minimis»-Beihilfen, die Allgemeine Gruppenfreistellungsverordnung (AGVO), Ausführungen zu Rettungs- und Umstrukturierungshilfen, finanzielle Transfers und Transaktionen, steuerliche Maßnahmen, Regelungen für die Beurteilung staatlicher Beihilfen in immerhin 19 Sektoren, Artikel 108 AEUV, die BeihilfenverfahrensVO und der Rechtsschutz im Beihilfenrecht sind die zum Beihilfenrecht kommentierten Blöcke. Für das Vergaberecht, das durch die Reform des Jahres 2009 in vielen Bereichen grundlegend umgestaltet wurde, sind die §§ 97 bis 131 GWB, die Sektorenverordnung und die Vergabeverordnung zu nennen. Insgesamt 122 Spezialisten haben die Rechts- und Entscheidungspraxis der Kartellbehörden auf europäischer und nationaler Ebene umfassend und praxisgerecht dargestellt.

e) Insolvenzordnung

Der Münchener Kommentar zur Insolvenzordnung, herausgegeben von **Hans-Peter Kirchhof**, Richter am Bundesgerichtshof, dem Bankjustitiar Professor **Hans-Jürgen Lwowski** und dem Universitätsprofessor **Rolf Stürner** ist in 1. Auflage in drei Bänden von 2001–2003 erschienen. Auch dieses Werk ist in Zusammenhang mit einer großen Novelle zu sehen, der Ablösung der Konkursordnung durch die Insolvenzordnung; hinzu kam die Verordnung (EG) Nr. 1346/2000 über Insolvenzverfahren (EuInsVO) vom 29. Mai 2000. In der 1. Auflage konnten die ersten praktischen Erfahrungen mit der neuen Insolvenzordnung schon berücksichtigt werden. In der Folgeauflage hatte die Rechtsprechung, insbesondere auch des Bundesgerichtshofs, eine Fülle erreicht, die den Rückgriff auf ältere Entscheidungen zur Konkursordnung und zur Vergleichsordnung in vielen Bereichen verzichtbar gemacht hatte. Die aktuelle 3. Auflage wird nun mit den Herausgebern Hans-Peter Kirchof, Rolf Stürner und Horst Eidenmüller erstmals in vier Bänden erscheinen.

f) Versicherungsvertragsgesetz

Zwischen 2009 und 2011 erschienen die drei Bände des Münchener Kommentars zum Versicherungsvertragsgesetz (VVG). Bereits seit 1995 gab es hierfür Planungen. Ursprünglich sollte das Werk von einem Kreis aus vier bis fünf Autoren bearbeitet werden und auch Erläuterungen der wichtigsten Versicherungsbedingungen enthalten. Schon damals war die Mitwirkung des in Hannover lehrenden und später an die Universität Frankfurt am Main gewechselten Versicherungsrechtlers **Manfred Wandt** (Jahrgang 1955) vorgesehen. Er verwirklichte als Herausgeber das Projekt schließlich ab 2003 gemeinsam mit **Theo Langheid** (Jahrgang 1952). Die Arbeiten standen unter dem Einfluss der VVG-Reform, die sich ständig verzögerte und erst 2008 umgesetzt wurde. Auch die einzelnen Bände des Kommentars erschienen aufgrund verschiedener Widrigkeiten in größerem zeitlichem Abstand als von Herausgebern und Verlag geplant. Der über 5000 Seiten starke Kommentar wurde dann aber sogleich als «großer Wurf» gelobt. Er ist in außergewöhnlicher Weise konzipiert, weil er neben klassischen Erläuterungen des VVG zahlreiche systematische Darstellungen zu einzelnen Versicherungssparten und zu Sonderthemen enthält.

g) Lauterkeits-, Bilanz- und Anfechtungsrecht

Es gibt noch weitere Münchener Kommentare zum materiellen Recht. Obgleich auch sie Referenzwerke für ihre Rechtsgebiete geworden sind, sollen sie hier nur noch im Überblick erwähnt werden: Es handelt sich zunächst um den Münchener Kommentar zum Lauterkeitsrecht, herausgegeben von **Günter Hirsch**, seinerzeit Präsident des Bundesgerichtshofs, und **Peter W. Heermann**, zum Bilanzrecht, einen Spezialkommentar zu den §§ 238 ff. HGB, herausgegeben von **Joachim Hennrichs**, **Detlef Kleindiek** und **Christoph Watrin** und schließlich im Münchener Kommentar zum Anfechtungsgesetz, herausgegeben von **Hans-Peter Kirchhof**, vormals Richter am Bundesgerichtshof.

h) Zivilprozessordnung

Die Ausweitung der Münchener Kommentare auf das Prozessrecht lag nahe. So konnte die 1. Auflage des Münchener Kommentars zur ZPO mit den Herausgebern **Gerhard Lüke**, Professor an der Universität Saarbrücken, und **Alfred Walchshöfer**, Richter am Bundesgerichtshof, 1992 erscheinen, damals bereits unter Mitarbeit von Peter Wax, Präsident des Landgerichts Hechingen. Um die bewährte Herausgeberkombination Hochschullehrer und Richter fortzuführen, übernahmen mit der 3. Auflage 2007/2008 **Thomas Rauscher**, Professor an der Universität Leipzig, und **Joachim Wenzel**, Vizepräsident des Bundesgerichtshofs, die Herausgeberschaft. **Wolfgang Krüger**, damals Vorsitzender Richter am Bundesgerichtshof, und erfahren als Bandredakteur des Münchener Kommentars zum BGB, konnte 2009 kurzfristig als Mitherausgeber für den damals verstorbenen Joachim Wenzel gewonnen werden.

Die juristische Laufbahn führte Professor Wolfgang Krüger über Stationen als Richter am Landgericht Dortmund, Richter am Oberlandesgericht Hamm und im Justizministerium des Landes Nordrhein-Westfalen an den Bundesgerichtshof. Dort beendete er seine richterliche Karriere als Vorsitzender Richter des V. Zivilsenats. Die Tätigkeiten als wissenschaftlicher Assistent an der Universität Münster in jungen Jahren und seine spätere Lehrtätigkeit an der Universität Bonn zeigen seine Verbundenheit mit der Wissenschaft, die darüber hinaus in zahlreichen Veröffentlichungen dokumentiert wurde. Als Autor und Herausgeber erfüllte er seine Aufgaben souverän. Viele seiner Autoren lobten seine Manuskriptdurchsicht mit den immer wohlwollenden inhaltlichen Anregungen.

2008 hat der Gesetzgeber das Verfahren in Familiensachen nicht mehr in der ZPO geregelt sondern zusammen mit den anderen Verfahren zur freiwilligen Gerichtsbarkeit in ein neues Gesetz, dem Gesetz über das Verfahren in Familiensachen und in den Angelegenheiten der freiwilligen Gerichtsbarkeit (FamFG) überführt. Es lag daher nahe, den Münchener Kommentar zur ZPO um einen neuen Band zum FamFG, der zeitnah zum Inkrafttreten des FamFG im Herbst 2009 erschienen ist, zu erweitern. Thomas Rauscher nahm sich dieses Bandes an und wurde Herausgeber. Die 2. Auflage, die soeben erschienen ist, firmiert nun als eigenständiger Münchener Kommentar zum FamFG.

Der dreibändige **Münchener Kommentar zum StGB** schließlich soll im Zusammenhang mit der Entwicklung der strafrechtlichen Literatur behandelt werden (siehe S. 406 f.).

5. Eine recht erfolgreiche Textausgabe und ein «Gelber Kommentar» zum BGB

1976 hatte das am meisten verbreitete Buch zum Privatrecht die Zahl von **einer Million Exemplaren** erreicht, das **BGB als Beck Text im dtv**. 1964 war es als erste Ausgabe in dieser Reihe erschienen. Es gab eine Festveranstaltung in den Räumen der Bayerischen Akademie der Schönen Künste. Hans Dieter Beck hielt eine Rede, schließlich war er es, der diese Gesetzestextreihe erfunden hatte (siehe S. 248 f.). Das wichtigste Lob kam von ganz oben. Annemarie Renger, Präsidentin des Deutschen Bundestags, nannte die Beck-Texte im dtv in ihrer Ansprache eine demokratische Errungenschaft im Rechtsstaat Bundesrepublik.

Während 1978 der «MüKo» zum BGB als bislang größter Kommentar des Hauses zu erscheinen begann, folgte im nächsten Jahr ein kleiner einbändiger – deutlich unterhalb des Kurz-Kommentars von Palandt: der «**Jauernig**». Seine Autoren waren Professoren. Othmar Jauernig als Herausgeber und Mitautor koordinierte seine Kollegen Peter Schlechtriem, Rolf Stürner, Arndt Teichmann und Max Vollkommer. 2013 hat sich das Autorenteam wesentlich gewandelt. Ursprünglich umfaßte das Gelbe Erläuterungsbuch 1800 Seiten, aber gar nicht professoral, sondern klar gegliedert, eng gedruckt, das Wichtigste im Fettdruck, aber mit weniger Abkürzungen als beim Palandt. Der «Jauernig» verdeutlich besonders gut die Normstrukturen ohne den oft erdrückenden Ballast umfangreicher Kasuistik. Dieser Vorzug zeigte sich etwa in den transparenten Erläuterungen von Peter Schlechtriem zum Bereicherungsrecht. Dies alles in klarer und auf das Wesentliche konzentrierter Sprache.

Othmar Jauernig, seit 1963 Professor an der Universität Heidelberg, ist inzwischen emeritiert. Die von ihm zuletzt noch herausgegebene 14. Auflage von 2011 zeigt seine außerordentliche Arbeitsdisziplin. Legt man sie neben die erste von 1979, ist sie sogar etwas dünner. Aber keine Sorge. Es ist die Kombination einer ordentlichen Disziplin mit einem alten Trick des

Wilhelmstraße 9, Altbau, Empfangsraum im Erdgeschoss.

Verlags. Der Text ist nur 300 Seiten umfangreicher geworden, für 14 Auflagen eher geringfügig. Aber man hat dünneres Papier genommen.

Herausgeber und Autoren haben sich inzwischen geändert. Mit **Rolf Stürner** als neuem Herausgeber sind neben Arndt Teichmann nunmehr Astrid Stadler, Christian Berger und Heinz Peter Mansel die Verfasser des Werkes.

6. Soziale Bewegung und andere Neuigkeiten im Privatrecht

In den siebziger und achtziger Jahren gab es weitere erstaunliche Neuigkeiten im Privatrecht. Und C.H.Beck ging mit der neuen Zeit. Im Wesentlichen waren es wohl drei große Reformen. Die erste ist ein wirklich soziales Mietrecht gewesen. Das war nicht nur im Verlag verbunden mit dem Namen Wolfgang Schmidt-Futterer. Zweitens entstand ein voll entwickeltes Arztrecht. Dessen großer Botschafter kam ebenfalls zu C.H.Beck und hieß Adolf Laufs. Und seit Ende der siebziger, Anfang der achtziger Jahre wurde die nichteheliche Lebensgemeinschaft – «nel» – juristisch hoffähig und ihre erste systematische Zusammenfassung erschien, geschrieben von einem Rechtsanwalt und einem Referendar, Siegfried de Witt und Johann-Friedrich Huffmann.

a) Mietrecht

Die Anfänge eines sozialen Mietrechts liegen im Ersten Weltkrieg. Es wurde weniger gebaut, die Wohnungsnot ist größer geworden und – ganz entscheidend – es gab Unruhe der Soldaten an der Front, wenn ihre Familien zu Hause die Kündigung erhielten, weil sie die gestiegene Miete nicht mehr bezahlen konnten. Also kamen Mietpreisbindung und Kündigungsschutz. Dieses «Notrecht» wurde im «Dritten Reich» unverändert weitergeführt. Dann kam Konrad Adenauer 1960 mit einer Regelung, die hatte den schönen Titel «Gesetz zum Abbau der Wohnungszwangswirtschaft und für ein soziales Mietrecht». Soziale Schutzvorschriften sollten abgebaut werden, um den Mietwohnungsbau zu fördern, schrittweise bis 1965, zuerst in sogenannten weißen Kreisen, dann auch in schwarzen, wo die Wohnungsnot besonders groß war. Aber der Schlusstermin wurde immer wieder verschoben und dann geschah ein Wunder. Das war 1971. Willy Brandt hat mit seiner sozialliberalen Koalition damals das Kündigungsrecht des Vermieters im Grunde völlig abgeschafft, mit drei Ausnahmen: Vertragsverletzung des Mieters, Eigenbedarf des Vermieters und wirtschaftliche Neuverwertung des Grundstücks. Helmut Kohl hat das dann zum Teil wieder zurückgeschraubt.

Das Wunder von 1971 führte zum «Schmidt-Futterer», der selbst eine Art Wunder war und noch heute «das» Standardwerk zum Mietrecht ist. Selbst ein Wunder aus zwei Gründen. **Wolfgang Schmidt-Futterer**, geboren 1927, war als Soldat im Krieg durch Verbrennungen so schwer verwundet, dass er völlig blind geworden ist. Trotzdem hat er dann noch Jura studiert und war 1974, als sein Buch «Wohnraumschutzgesetze» erschien, Vorsitzender Richter am Landgericht Mannheim. Es hatte 300 Seiten, im Format etwas kleiner als die Kurz-Lehrbücher. Zweitens wurde er trotz sozialdemokratischer Tendenzen, ohne Mitglied der Partei zu sein, zum Papst des Mietrechts, sein Buch von der Praxis begeistert aufgenommen. Wahrscheinlich hat es überwiegend seine Frau geschrieben, nach seinem Diktat und Vorlesen von Rechtsprechung und Literatur. Das Vorwort der ersten Auflage beginnt mit dem programmatischen Satz: «Der Schutz der Wohnraummietverhältnisse vor ungerechtfertigten Bestandsgefährdungen und wirtschaftlicher Ausbeutung gehört neben einer angemessenen Wohnraumversorgung der Bevölkerung zu den vorrangigsten Aufgaben eines sozialen Rechtsstaates.» Die 2. Auflage stammt noch von ihm selbst. 1978 ist er früh gestorben, 50 Jahre alt. Das Buch wurde weitergeführt bis heute von seinem Mannheimer Richterkollegen Hubert Blank, der einstmals noch als Rechtsreferendar zu den Mitarbeitern und persönlichen «Vorlesern» von Schmidt-Futterer gehört hatte. Die 3. Auflage 1979 hatte schon 800 Seiten. Schließlich wurde es mit der 1999 erschienenen 7. Auflage zu einem Großkommentar, immer noch als «Schmidt-Futterer», nach Helmut Kohls Einschränkungen nun unter der zutreffenden Bezeichnung «Mietrecht», also nicht mehr bloß als Kommentierung der Mieterschutzvorschriften, sondern als Kommentar zum gesamten Mietrecht. Das Werk ist 2013 in 11. Auflage mit fast 3000 Seiten im Palandt-Format erschienen und wird seit der 7. Auflage von einem Autorenteam bearbeitet. Aktuell sind es sieben Bearbeiter, vier Richter, ein Anwalt und zwei Professoren. Das war der Wandel vom kleinen Buch eines blinden Richters zum Großkommentar, auf dessen Titel er selbst noch allein als Papst des Mietrechts erscheint: «Schmidt-Futterer».

Im Übrigen war es nicht sein einziges Buch zum Mietrecht. Das wichtigste andere war schon 1970 erschienen als «Mietrecht von A-Z» in der für den Verlag ebenfalls wichtigen Reihe «Beck-Rechtsberater im dtv» ad usum delphini, das bis zu seinem Tod insgesamt mit 100 000 Exemplaren erschienen ist und heute immer noch ein Erfolg, ebenfalls bearbeitet von seinem Kollegen Hubert Blank und nun im Titel als Verfasser Schmidt-Futterer/Blank nennt, anders als im «Schmidt-Futterer».

Die vergleichsweise lange Zeit, die zwischen der 6. und der 7. Auflage des «Schmidt-Futterer» lag (11 Jahre), konnte genutzt werden, um ein neues mietrechtliches Werk im Handbuchformat zu etablieren, welches inzwischen als das Standardhandbuch zum gesamten Mietrecht gelten darf: Das **Handbuch der Geschäfts- und Wohnraummiete** von «Bub/Treier». Es erschien unter der Herausgeberschaft des Richters am Bundesgerichtshof Gerhard Treier und des Münchner Rechtsanwalts Wolf-Rüdiger Bub erstmals 1989 und lag 1999 bereits in 3. Auflage vor. Das als Praxishandbuch konzipierte Werk ist nach Anspruchsgrundlagen gegliedert und enthält auch Darstellungen zu angrenzenden Rechtsgebieten wie dem Steuer- und dem Versicherungsrecht sowie dem Wohnungseigentumsrecht. Auch dem Mietprozess ist ein eigenes Kapitel gewidmet. Nach dem Ableben von Treier, der dem Verlag auch über seine Mitarbeit am Karlsruher Kommentar zur Strafprozessordnung verbunden war, wird das Werk nunmehr von Bub und dem Richter am BGH a.D. Hans-Jörg Kraemer fortgeführt.

b) Arztrecht

Die nächste wichtige Neuigkeit im Privatrecht dieser Zeit war das Arztrecht. Im Gegensatz zu den Vereinigten Staaten waren in der Bundesrepublik Schadensersatzklagen gegen Ärzte oder Krankenhäuser ebenso wie Strafverfahren gegen Ärzte wegen Körperverletzung sehr selten. Es gab zwar in der Literatur eine Diskussion dafür und dagegen, aber letztlich war es nur ein Grummeln im Untergrund. Man wollte das Vertrauensverhältnis zwischen Arzt und Patient nicht stören, das ja tatsächlich nicht unwichtig ist. Aber immer nur der weiße Kittel? Der wurde schon in der APO der sechziger Jahre von linken Medizinern – ja, die gab es – in Frage gestellt. Aber es geschah erstmal gar nichts, während in den USA die Zahl von Arzthaftungsverfahren mit enormen Schadensersatzsummen seit 1930 ständig, in den letzten Jahrzehnten sprunghaft gestiegen war.

Erst in den siebziger und achtziger Jahren wurde bei uns dieses Tabu gebrochen. Die Zahl der Prozesse wegen Behandlungsfehlern stieg und auch die Höhe der Schadensersatzansprüche. Es war eine «fast revolutionär zu nennende Entwicklung im Arzthaftungsrecht» (Klaus Ulsenheimer), das jetzt als neuer Bereich des Privatrechts entstand. Warum? Es waren wohl mehrere Gründe. Vielleicht gehörte zu ihnen auch, dass als Folge von «68» die Autorität des weißen Kittels kleiner wurde. Möglicherweise gehörte das zur allgemeinen Amerikanisierung des Lebens in der Bundesrepublik. Und es war wohl auch die zunehmende Zahl von Artikeln in juristischen Zeitschriften und das Erscheinen eines ersten Buchs zu diesem Thema, Adolf Laufs, Arztrecht, 1977, in der NJW-Schriftenreihe, damals mit etwas mehr als einhundert Seiten eher ein schmales Heft, heute in 6. Auflage 2009, nun geschrieben von drei Professoren, nämlich Adolf Laufs, der für das Arztrecht wurde, was Wolfgang Schmidt-Futterer im Mietrecht geworden ist, gemeinsam mit Christian Katzenmeier, Universität Köln, und Volker Lipp, Universität Göttingen. Jetzt hat das Buch mehr als 600 Seiten und die NJW-Schriftenreihe heißt heute NJW-Praxis, aber der Pappeinband ähnelt noch dem ursprünglichen. Auch in neuester Zeit hat sich der Gesetzgeber der Materie angenommen und in den §§ 630 a-630 f BGB Regelungen zum Behandlungsvertrag geschaffen.

Adolf Laufs ist ein Rechtshistoriker, der schöne rechtshistorische Bücher geschrieben und nebenbei das Arztrecht begründet hat. Als Professor in Heidelberg 1992 ergänzte er sein «Arztrecht» durch ein **«Handbuch des Arztrechts»** zunächst mit dem Kölner Richter Wilhelm Uhlenbruck, inzwischen in 4. Auflage 2010 mit 1928 Seiten als «Laufs/Kern». Wolf-Rüdiger Kern, Professor in Leipzig, sein Schüler, ebenfalls Rechtshistoriker, wird in der 5. Auflage (2014) unterstützt durch den Dortmunder Rechtsanwalt Martin Rehborn. Zukünftig wird man sich also nach «Laufs/Uhlenbruck» und «Laufs/Kern» den Namen «Laufs/Kern/Rehborn» einprägen müssen.

c) Nichtehelichenrecht

Noch ein anderes Tabu des Privatrechts fiel in jenen siebziger Jahren. Lange hat man daran herumformuliert, nannte es freie, wilde oder Onkelehe, Partnerschaft, Ehe ohne Trauschein, Verhältnis oder Konkubinat. Schließlich haben Juristen sich geeinigt auf **nichteheliche Lebensgemeinschaft**, abgekürzt nel. 1972 waren es ungefähr 300 000, die so zusammenlebten, zwanzig Jahre später wohl schon etwa drei Millionen. Eine starke Zunahme, die man in allen westlichen Ländern beobachtet. In der Bundesrepublik kam die entscheidende Wende 1974. Mit der Strafrechtsreform der sozialliberalen Koalition wurde die allgemeine Vorschrift gegen Kuppelei abgeschafft. Seitdem ist sie nur noch strafbar, wenn es um Minderjährige geht oder bei Ausbeutung von Prostitution. Vorher standen Hauseigentümer mit einem Bein im Gefängnis, wenn sie an unverheiratete Paare vermieteten oder sie in einer Wohnung duldeten, ähnlich Hoteliers.

Nächster Schritt der juristischen Aufwertung war 1982 eine Entscheidung des Oberlandesgerichts Hamm, dem andere Gerichte folgten, auch der Bundesgerichtshof und sinngemäß auch das Bundesverfassungsgericht. Wenn eine oder einer allein in einer Mietwohnung lebte, konnte er oder sie nicht leicht eine Freundin oder einen Freund einziehen lassen. Ohne Erlaubnis des Vermieters ist das letztlich heute noch so. Tut man es doch, kann gekündigt werden. Aber es gibt § 553 BGB (damals § 549), nach dem ein Vermieter zustimmen muss, wenn der Mieter ein berechtigtes Interesse daran hat, jemanden in die Wohnung aufzunehmen. Eine Freundin oder ein Freund gehörten natürlich nicht dazu. Das Oberlandesgericht Hamm stellte aber 1982 fest, auch das sei grundsätzlich möglich. Nur wenn der Vermieter im selben Haus wohne, könne er aus moralischen Gründen widersprechen. Sonst nicht. Grünes Licht für nel in Mietwohnungen.

Nachdem nel auf diese Weise erste juristische Weihen erhalten hatte, kam auch bald die staatliche Quittung, nämlich mit § 122 Bundessozialhilfegesetz. Wenn Männlein und Weiblein ohne Trauschein zusammenleben, dürften sie nicht bessergestellt werden als Ehepaare, bei denen das Einkommen des einen mitgezählt wird, wenn der andere keine Einkünfte hat. Ergibt das einen gemeinsamen Betrag, der durch zwei geteilt über dem Satz für Sozialhilfe liegt, gibt es keine Unterstützung vom Staat. Das galt nun auch für die beiden in einer nicht ehelichen Lebensgemeinschaft.

Damit entstand ein lustiges juristisches Problem. Was ist denn das eigentlich, eine nel? Wie soll man sie definieren? Die endgültige Lösung gab 1992 das Bundesverfassungsgericht aus Anlass einer Vorschrift des Arbeitsförderungsgesetzes, die der des Bundessozialhilfegesetzes ähnlich war. Die nel «ist also eine Lebensgemeinschaft zwischen einem Mann und einer Frau, die auf Dauer angelegt ist, daneben keine weitere Lebensgemeinschaft gleicher Art zulässt und sich durch innere Bindungen auszeichnet, die ein gegenseitiges Einstehen der Partner füreinander begründen, also über die Beziehungen in einer reinen Haushalts- und Wirtschaftsgemeinschaft hinausgehen.»

Inzwischen wird sie nach langem Zögern bei einigen auch in den Lehrbüchern des Familienrechts behandelt. Und ebenfalls hier steht am Anfang die erste systematische Darstellung auf 192 Seiten in der NJW-Schriftenreihe von C.H.Beck: **Siegfried de Witt, Johann-Friedrich Huffmann, Nichteheliche Lebensgemeinschaft,** 1983. Bisher gab es nur Zeitschriftenaufsätze und Rechtsprechung. Die Wilhelmstraße 9 in Schwabing also insgesamt als Zentrale des Fortschritts im Privatrecht. Auch das Problem des damaligen § 549 BGB (heute § 553 BGB) wurde dort ausführlich behandelt und entschieden im Sinn des Oberlandesgerichts Hamm, dessen Entscheidung in dieses Buch aber noch nicht aufgenommen worden ist, weil das Manuskript schon vorher im August 1982 abgeschlossen worden war.

Der eigentliche «Renner» zum Recht der Nichtehelichen Lebensgemeinschaft wurde aber ein kleiner Ratgeberband im dtv, verfasst von einer im Familienrecht besonders bewanderten Autorin, Rechtsanwältin **Eva Maria von Münch**, Ehegattin des liberalen Hamburger Staatsrechtslehrers und ehemaligen Senators Ingo von Münch. Ihr 1993, also zehn Jahre nach der Schrift von de Witt/Huffmann, erschienenes Buch «Zusammenleben ohne Trauschein – Lebenspartnerschaften von verschieden und gleichgeschlechtlichen Paaren» hat inzwischen immerhin sechs Auflagen erlebt. Schon der Untertitel machte deutlich, dass die Autorin keinen grundsätzlichen Unterschied im Zusammenleben von verschieden- und gleichgeschlechtlichen Paaren zu machen bereit war, eine damals, 1993, noch keineswegs allgemein geteilte Auffassung. Dass es aber offenbar weit mehr Interesse an den rechtlichen Problemen des ehelichen Zusammenlebens gibt, zeigt ein Vergleich mit den anderen beiden, von ihr verfassten Ratgebern im dtv. Der Band «Scheidung nach neuem Recht» hat es immerhin auf zwölf Auflagen gebracht, «Ehe- und Familienrecht hat» auf ganze sechzehn Auflagen.

d) Internationales Privatrecht

Eine herausgeberische und verlegerische Großtat auf einem wichtigen Teilgebiet des Zivilrechts ist das Handbuch **«Internationales Erbrecht»**. Seine Begründer, **Murad Ferid** (1908–1998) und **Karl Firsching** (1915–1991), haben 1955 die erste Lieferung dieser Loseblattsammlung herausgegeben, die heute zu den wichtigsten Werken auf diesem Gebiet zählt und in neun Leinenordnern mehr als 19 000 Seiten umfasst – ein erstaunlich gutes Buch. Das internationale Erbrecht gehört zum internationalen Privatrecht. Das war 1900 im Einführungsgesetz zum BGB (EGBGB) unvollständig geregelt, wurde oft geändert und bestimmt als deutsches Privatrecht «bei Sachverhalten mit einer Verbindung zum Recht eines ausländischen Staates ... welche Rechtsordnungen anzuwenden sind». So hieß es bis vor kurzem nach Artikel 3 EGBGB in einer heute noch gültigen Definition, die inzwischen durch eine Änderung weggefallen ist. Es beantwortet zum Beispiel die Frage, nach welchem Recht jemand Erbe eines in Schweden lebenden Inders wird, wobei es auch noch auf seine eigene Nationalität ankommt.

Das von Ferid und Firsching begründete Werk ist so aufgebaut, dass nach einer allgemeinen Einführung das internationale Privatrecht der einzelnen Staaten in alphabetischer Reihenfolge dargestellt wird, von Ägypten bis Weißrussland, und zwar für jeden Staat in zwei Teilen. Im ersten («Grundzüge») wird nach ausführlichen Angaben der Literatur, auch der ausländischen, eine Beschreibung der Rechtsquellen und ihres Inhalts gegeben, sowohl des internationalen Erbrechts dieses Staates, als auch seines normalen Erbrechts, auch des Erbschaftsteuerrechts. Nach einem von den Gründern vorgegebenen, stets gleichen Aufbauschema wird der Leser darüber informiert, wie unter Berücksichtigung internationaler Übereinkommen und des nationalen («autonomen») Rechts zunächst die anwendbare Rechtsordnung zu ermitteln ist, der dann die maßgeblichen Sachnormen zu entnehmen sind. Hierbei kann es durchaus sein, dass für einzelne Aspekte des Erbfalls, z. B. die Gültigkeit eines Testaments oder die Behandlung von Grundstücken in Drittländern, verschiedene Rechtsordnungen gelten. Durch diese schwierige Materie weist der Grundzüge-Teil jedes Länderberichts den Weg. In einem zweiten Teil werden auszugsweise in der Originalsprache mit deutscher Übersetzung die wesentlichen gesetzlichen Vorschriften abgedruckt.

Für den in Schweden lebenden Inder muss man also das schwedische und indische internationale Erbrecht einsehen. Stimmen sie überein – «Erbrecht des Heimatlandes» – ist es einfach. Wenn nicht, muss der Widerspruch – so etwas nennt man eine Kollision – kunstvoll gelöst werden. Entweder gilt dann das schwedische oder das indische Recht, wenn es ein Schwede ist, der erben soll. Auch dafür gibt es Regeln der einzelnen Staaten.

Das Werk der ursprünglichen Herausgeber, die die juristische Welt nach Rechtskreisen (römisches/romanisches Recht, Common Law, sonstige) zwischen sich aufgeteilt hatten, wird durch den Münsteraner Professor Heinrich Dörner und den Konstanzer Emeritus Rainer Hausmann weitergeführt.

Murad Ferid, Sohn eines türkischen Offiziers albanischer Herkunft und einer in verschiedenen europäischen Ländern aufgewachsenen deutschen Mutter, war nach eigenem Verständnis ein bayerischer Weltbürger. Obwohl er die deutsche Staatsangehörigkeit erst als Student erwarb, klang sein Münchnerisch so authentisch wie sein Französisch, Italienisch oder Spanisch. Auf die geschmackvolle Frage eines Lehrers, was er als zehnjähriger Türke in Mitteleuropa zu suchen habe, das war 1918, gab er die Antwort «I woaß net». Von seinem Schüler Hans Jürgen Sonnenberger ist er in der Verlagsfestschrift «Juristen im Porträt» 1988 sympathisch gewürdigt worden. Nach dem Abitur am berühmten Münchner Wilhelmsgymnasium, Studium an der Ludwig-Maximilians-Universität, Promotion und Assessorexamen ging er 1934 in den bayerischen Justizdienst, weil die NS-Diktatur eine Universitätslaufbahn verhinderte. Aus dem Krieg zurückgekehrt, habilitierte er sich für Rechtsvergleichung, ging nochmals kurz in die Justiz, wurde 1956 ordentlicher Professor an der Münchner juristischen Fakultät, baute das riesige alte Institut für Rechtsvergleichung (von bösen Zungen «Institut für Raumerschleichung» genannt) wieder auf und blieb dort trotz mehrerer Rufe an andere Universitäten bis zur Emeritierung 1974. Er war ein hervorragender Lehrer, schrieb viele Bücher und unendlich viele Gutachten zum internationalen Erbrecht, auch für Münchner Gerichte. Sein Doktorand und späterer Mitherausgeber Lichtenberger wusste zu berichten, dass Ferid im Rigorosum das fließende Übersetzen kirchenrechtlicher Texte aus dem Lateinischen verlangte, da der Titel «Doktor beider Rechte» redlich verdient sein müsse. Seine eigenen Sprachenkenntnisse waren legendär, und ausländische Gastwissenschaftler wusste er im Rahmen akademischer Feiern geschickt für das «Internationale Erbrecht» zu gewinnen. Seine stets eigenhändig mit energischem Anschlag auf einer betagten Schreibmaschine getippten Manuskripte trug er gern persönlich in den Verlag, nicht ohne vorsorglich – in der Regel grundlos – für etwaige «fautes de frappe» um Nachsicht zu bitten.

Karl Firsching, Vorsitzender Richter am Landgericht München, schrieb einige Bücher bei C.H.Beck und stieg auf bis zum Bayerischen Obersten Landesgericht. Schon früh stellte er fest, dass es für die Lösung erbrechtlicher Fälle mit Auslandsberührung kein Sammelwerk gab, das auf diesem Gebiet dem von Alexander Bergmann begründeten, von Ferid weitergeführten Handbuch zum «Internationalen Ehe- und Kindschaftsrecht» aus dem Verlag für Standesamtswesen entsprochen hätte. Daher bot er C.H.Beck an, ein solches Werk für das internationale Erbrecht gemeinsam mit Murad Ferid herauszugeben. So entstand 1955 der «Ferid/Firsching».

Dann entschied sich der wissenschaftlich interessierte Richter für den Weg an die Universität und wurde 1966 als einer der ersten Professoren an die neue Universität Regensburg berufen. Aber die Münchner Justiz wollte auf solch einen Mann nicht verzichten. Deshalb ist das bayerische Richtergesetz geändert und die Möglichkeit geschaffen worden, dass ein hauptamtlicher Hochschullehrer auch gleichzeitig Richter am Bayerischen Obersten Landesgericht in München werden konnte. Zehn Jahre, von 1970 bis 1980, hat Karl Firsching in dieser Doppelfunktion die Rechtsprechung des damals höchsten bayerischen Zivilgerichts zum internationalen Familien- und Erbrecht entwickelt, mit abgewogenem Urteil wie in seinen Regensburger Lehrveranstaltungen, allerdings auch in einer gewissen Zu-

Wilhelmstraße 9, Altbau, Treppenhaus.

rückhaltung gegenüber dem neuen Zeitgeist, der eine klare Gleichberechtigung und Gleichstellung von Mann und Frau forderte – eine Zurückhaltung, die ja auch heute noch gelegentlich anzutreffen ist.

Nach Firschings Tod 1991 übernahm vorübergehend der Münchner Notar Peter Lichtenberger die Mitherausgeberschaft des «Internationalen Erbrechts». Heute trägt das mehrmals jährlich aktualisierte Werk die Bezeichnung «Ferid/Firsching/Dörner/Hausmann».

Ein in mancher Hinsicht vergleichbares Werk ist das von dem Staatssekretär **Arthur Bülow** begründete, von dem Hochschullehrer **Karl-Heinz Böckstiegel** weitergeführte und seit längerem von dem Münchener Notar Reinhold Geimer und dem Stuttgarter Anwaltsnotar Rolf A. Schütze herausgegebene Loseblatt-Handbuch **«Internationaler Rechtsverkehr in Zivil- und Handelssachen»**. Es vereinigt in singulärer Weise systematische Darstellungen, Kommentierungen, Länderberichte und Texte zur Anerkennung und Durchsetzung inländischer Vollstreckungstitel und anderer Urkunden im Ausland und umgekehrt.

7. Weitere Entwicklungen im Zivilrecht

Das war natürlich längst nicht alles, was den Verlag in den 1970er und 1980iger Jahren im Zivilrecht bewegt hat. Alles dazu lässt sich ohnehin nicht berichten. Einige Schwerpunkte werden aber nun, nach Rechtsbereichen gegliedert, beleuchtet. Um die Zusammenhänge nicht aus den Augen zu verlieren, wird dabei zeitlich manchmal zurück- oder vorgegriffen.

a) Familienrecht

Beginnend mit der **großen Scheidungsreform** des Jahres 1976 nahm das Familienrecht einen bedeutenden Aufschwung, wurde in den 1980er Jahren auch verstärkt Gegenstand der juristischen Ausbildung und rückte in den Fokus anwaltlicher Schwerpunkttätigkeit. Immerhin ist die Fachanwaltschaft für Familienrecht mittlerweile die zahlenmäßig größte geworden.

Im Programm des Verlages wurde zunächst der zuletzt 1967 erschienene Kommentar zum **Ehegesetz**, herausgegeben von Hoffmann und Stephan unter der Bezeichnung «Eherecht» völlig neu gestaltet. Im Jahre 1987 erschien die 1. Neuauflage, herausgeberisch verantwortet von dem ehemaligen Bundesrichter Kurt H. Johannsen und dem damals schon als Familienrechtsexperte bundesweit bekannten Regensburger Hochschullehrer Dieter Henrich. Das Werk «Eherecht» mit dem Untertitel «Scheidung, Trennung, Folgen» liegt mittlerweile in 5. Auflage 2010, jetzt unter dem Titel «Familienrecht – Scheidung, Unterhalt, Verfahren» vor. Es behandelt als typische «Querschnittskommentierung» die wichtigsten Normen des materiellen Familienrechts sowohl aus dem BGB als auch aus Nebengesetzen sowie in einem zweiten Hauptteil die wichtigsten Bestimmungen des einschlägigen Familienverfahrensrechts.

Während sich diese vertiefte Spezialkommentierung familienrechtlicher Vorschriften in erster Linie an die Familiengerichtsbarkeit, daneben aber auch an Praktiker aus Anwaltschaft und Notariat wandte, wurde zur selben Zeit durch eine junge Anwältin ein **Praxishandbuch zum Unterhaltsrecht** begründet. Seine Zielsetzung ist nicht so sehr die wissenschaftliche Vertiefung, sondern eine allgemeinverständliche, ganz an der Rechtsprechung des Bundesgerichtshofes orientierte, sowohl für juristische Anfänger im Familienrecht als auch für Nichtjuristen aus dem Bereich der Jugend- und Sozialämter geeignete systematische Darstellung des gesamten Unterhaltsrechts einschließlich der sozialrechtlichen, steuerrechtlichen und verfahrensrechtlichen Bezüge. Das mittlerweile von ihrer Begründerin Beate Heiß und Winfried Born, beide Fachanwälte für

Familienrecht, herausgegebene und maßgeblich von dem Ehemann der Begründerin, Hans Heiß, einem bayerischen Familienrichter erster Instanz, verfasste Loseblattwerk hat bis heute 43 Ergänzungslieferungen erlebt und ist nach wie vor mit einem hohen Abonnentenstand auch außerhalb der typisch juristischen Kreise verbreitet und geschätzt. Dieses Buch war auch das erste, zu dem im Jahre 2000 eine buchbegleitende Website eingerichtet worden ist, auf der nicht nur alle unterhaltsrechtlichen Tabellen und Leitlinien in ihrer jeweils neuesten Fassung, sondern, passwortgeschützt nur für Abonnenten des Handbuches, allerneueste, noch nicht veröffentlichte unterhaltsrechtliche Entscheidungen mit erläuterten Anmerkungen aus der Feder von Autoren des Handbuches zu finden sind.

Die überragende Bedeutung des Unterhaltsrechts als des in der Praxis wichtigsten Kerngebiets familienrechtlicher Tätigkeit in Anwaltschaft und Justiz wird durch ein weiteres Werk besonderen Zuschnitts verdeutlicht, dessen 1. Auflage zufälligerweise ebenfalls aus dem Jahre 1986 stammt. Das von den Münchener Familienrichtern Philipp Wendl und Siegfried Staudigl begründete Werk **«Das Unterhaltsrecht in der familienrichterlichen Praxis»** ist ebenfalls eine systematische handbuchartige Darstellung des gesamten Unterhaltsrechts unter Einschluss des Sozial-, Steuer- und Verfahrensrechts. Die Besonderheit dieser Neuerscheinung lag darin, dass in einem Entscheidungsanhang wörtliche Auszüge der wichtigsten unterhaltsrechtlichen Entscheidungen des Bundesgerichtshofes (BGH) abgedruckt waren und durch entsprechende Hinweise in den Fußnoten mit dem Kommentierungstext verbunden wurden. Auch im Zeitalter der Datenbanken ist auf ausdrücklichen Wunsch der Bezieher dieser «Anhang R» beibehalten worden. Er weist in der jetzt vorliegenden 8. Auflage 2011, nunmehr herausgegeben von Hans Joachim Dose, dem Vorsitzenden des Familiensenats beim BGH, auf rund 400 Druckseiten die jeweils thematisch entscheidenden Passagen von insgesamt 240 Urteilen des BGH und des Bundesverfassungsgerichts aus den Jahren 1982–2008 nach. Das viele Jahre ausschließlich von Familienrichtern verfasste Werk gewann Autoren auch außerhalb Münchens und der Richterschaft ab der 3. Auflage 1995 hinzu, orientiert sich ebenfalls stark an der Rechtsprechung des Familiensenats des BGH sowie der Oberlandesgerichte und war schon frühzeitig auch Bestandteil des familienrechtlichen Online-Angebotes des Verlages.

Spezialgebiete des Familienrechts deckt schließlich ein anlässlich der großen familienrechtlichen Reformen von 1998 im gleichen Jahr begründetes und zunächst von Harald Scholz, dem langjährigen Koordinator der Düsseldorfer Tabelle, Vorsitzender eines Familiensenats am Oberlandesgericht Düsseldorf, und Rolf Stein, Seniorsozius einer ausschließlich im Familienrecht tätigen Hamburger Kanzlei, herausgegebene **Praxishandbuch Familienrecht** dar. Das jetzt von Scholz, Kleffmann und Motzer herausgegebene Werk hat technisch die Besonderheit, dass die einzelnen (der insgesamt 23) Teile als gelochte Broschuren in einem Ordner vertreten sind und anlässlich von Ergänzungslieferungen jeweils komplett aktualisiert sowie innerhalb weniger Minuten ausgetauscht werden können. Neben den Kernbereichen des Familienrechts wie Eheschließungs-, Unterhalts- und Scheidungsrecht befasst sich das Werk in eigenen Kapiteln etwa mit dem Verwandtenunterhalt, dem Versorgungsausgleich, dem Sorge- und Umgangsrecht, dem Recht der nichtehelichen Lebensgemeinschaft und eingetragenen Lebenspartnerschaft, dem Abstammungsrecht, dem Namensrecht, dem Adoptionsrecht sowie dem internationalen Familienrecht. Ein von einem Notar verfasstes Kapitel zur Vertragsgestaltung im Familienrecht rundet dieses Werk ab, das den Anspruch hat, umfassend und erschöpfend alle Rechtsbereiche des Familienrechts praxisorientiert zu erläutern.

Im Bereich der leinengebundenen mittelgroßen Handbücher ist ein Titel hervorzuheben, der seit seiner Begründung im Jahre 1984 zu einem Standardwerk der notariellen Praxis im Familienrecht wurde. Das von dem Karlsruher Notar Gerrit Langenfeld allein verfasste und derzeit in 6. Auflage 2011 vorliegende Werk **«Handbuch der Eheverträge und Scheidungsvereinbarungen»** betrat konzeptionelles Neuland, indem es eine Typisierung von Eheverträgen vornahm und dazu auch komplette Formulierungsmuster enthielt. Der Textentwurf eines Ehevertrages nach islamischem Recht, der erstmals in der 3. Auflage 1996 enthalten war, zeigte die Fortentwicklung des Familienrechts deutlich auf.

In einer Reihe «C.H.Beck Familienrecht» sind zudem Monographien und kleinere Handbücher zu familienrechtlichen Spezialthemen zusammengefasst, von denen insbesondere das in 5. Auflage 2011 vorliegende und von den Münchener Familienrechtlern Otto Haußleiter und Werner Schulz verfasste Handbuch zur Vermögensauseinandersetzung bei Trennung und Scheidung als auch das ebenfalls in 5. Auflage 2011 vorliegende, von dem Münchener Sachverständigen Joseph Salzgeber verfasste Handbuch über familienpsychologische Gutachten zu erwähnen sind.

So erfolgreich der Verlag in den 1970er und 1980er Jahren bei der Begründung von Tochterzeitschriften der NJW war, blieb ihm diese fachspezifische Vertiefung auf dem Zeitschriftensektor im Bereich des Familienrechts verwehrt. Hier dominiert unverändert die im Gieseking Verlag erscheinende Zeitschrift für das gesamte Familienrecht (FamRZ). Der Versuch des Verlages, mit der Übernahme der kleinen Zeitschrift «FPR – Familie–Partnerschaft-Recht» vom Haufe Verlag Berlin im Jahre 2000 mit einer interessant konzipierten und interdisziplinär angelegten Fachzeitschrift, die nicht nur rechtliche, sondern auch psychologische, medizinische und soziologische Aspekte des Familienrechts in Themenheften behandelt, muss angesichts der negativen Abonnentenentwicklung als gescheitert angesehen werden.

Nicht zum Familienrecht im engeren Sinne gehörend, aber häufig im Umkreis des Familienrechts angesiedelt ist das Spezialgebiet des **Betreuungsrechts**, welches angesichts der stark steigenden Zahlen von betreuten Personen nicht zuletzt seit der großen Betreuungsrechtsreform des Jahres 1992 erheblich an praktischem Gewicht gewonnen hat. Hier ist der Verlag durch den von Andreas Jürgens herausgegebenen Kommentar zum Betreuungsrecht in der Reihe der Gelben Erläuterungsbücher, dessen 5. Auflage Anfang 2014 erscheinen und das soeben verabschiedete Gesetz zur Stärkung der Funktion der Betreuungsbehörden behandeln wird, gut im Markt der Spezialliteratur vertreten. In der Reihe der Beck'schen Kurz-Kommentare wird ein Spezialaspekt der Betreuungstätigkeit behandelt durch das von Erwin Saage bereits in den 1960er Jahren begründete, 1975 durch Horst Göppinger fortgeführte und nunmehr von Rolf Marschner und Wolfgang Lesting in 5. Auflage 2010 bearbeitete Werk zur Freiheitsentziehung und Unterbringung, welches sowohl die Spezialnormen des materiellen Rechts wie des Verfahrensrechts kommentiert.

b) Erbrecht

Das Erbrecht gehörte lange Zeit zu den Kernbereichen des Zivilrechts. Es war unabdingbarer Bestandteil der Tätigkeit aller im Zivilrecht tätigen Anwälte und Notare und erlangte erst im Anschluss an die Wiedervereinigung und die damit neu auftretenden Probleme der Restituierung sowie durch den zunehmenden Einfluss steuerrechtlicher Aspekte eine größere eigenständige Bedeutung, die sich schließlich dann auch in der Begründung einer eigenen Fachanwaltschaft für Erbrecht niederschlug.

Im Verlagsprogramm war das Erbrecht deshalb über Jahrzehnte hinweg Bestandteil aller großen zivilrechtlichen Kommentierungen und Gesamtdarstellungen, bevor es dann in den späten 1990er Jahren durch eigenständige, anwaltsorientierte Mandatshandbücher und Prozessformularbücher eine beachtliche Vertiefung erfuhr.

Lediglich zwei Bereiche wurden schon längere Zeit durch eigenständige, handbuchartige Darstellungen vertieft. Zum einen das von dem ehemaligen Karlsruher Notariatsdirektor Heinrich Nieder 1992 begründete **Handbuch der Testamentsgestaltung**, nunmehr in 4. Auflage 2011 von zwei bayerischen Notaren, den Brüdern Reinhard und Winfried Kössinger, mittlerweile mit einem Umfang von 1100 Seiten in 4. Auflage 2011 fortgeführt. Im Jahre 1994 erschien das ebenfalls von zwei bayerischen Notaren, nämlich Manfred Bengel und Wolfgang Reimann, verfasste Handbuch der Testamentsvollstreckung, das mittlerweile in 5. Auflage 2013 unter der Mitarbeit eines größeren Autorenteams und auf über 800 Seiten Umfang angewachsen, vorliegt.

Ähnlich wie im Arbeitsrecht hat sich der Verlag vor einigen Jahren entschlossen, das gesamte Erbrecht auch in einer querschnittsartigen, nicht nur praxisorientierten, sondern zugleich auch wissenschaftlich vertieften Kommentierung zu erschließen. Diese ist in der Reihe der Beck'schen Kurz-Kommentare als Band 65 im Jahre 2011 mit einem Umfang von knapp 1700 Druckseiten unter der Herausgeberschaft von Wolfgang Burandt, Fachanwalt für Erbrecht in Hamburg, und dem Vorsitzenden Richter am Oberlandesgericht Dieter Rojahn erschienen. Dieser «Palandt des Erbrechts» behandelt mit einem Team von 26 Autoren alle materiellen und verfahrensrechtlichen Aspekte des Erbrechts einschließlich der Nebengesetze, daneben auch steuerrechtliche und vergütungsrechtliche Fragen, und enthält ferner Länderberichte zum internationalen Erbrecht aus den wichtigsten deutschen Nachbarstaaten und den USA.

Eine eigene, erstaunlich erfolgreiche **Zeitschrift für Erbrecht und Vermögensnachfolge** (ZEV), die 2013 bereits im 20. Jahrgang erscheint, verdeutlicht die mittlerweile große Bedeutung erbrechtlicher Fragestellungen im Kontext gesellschafts- und steuerrechtlicher Aspekte.

c) Wohnungseigentumsrecht

Die Entwicklung der wohnungseigentumsrechtlichen Literatur in den Verlagen C.H.Beck und Franz Vahlen begann bereits unmittelbar mit Verabschiedung des Wohnungseigentumsgesetzes (WEG) im Jahr 1951. Sie wurde zunächst maßgeblich durch literarische Leistungen von zwei Größen des Wohnungseigentumsrechts geprägt, deren Namen bis heute in Werken dieses Rechtsgebiets präsent sind: Weitnauer bei Franz Vahlen und Bärmann bei C.H.Beck.

Hermann Weitnauer (1910–1999) war nach rechtswissenschaftlichem Studium und anschließender Promotion zunächst im bayerischen Justizdienst tätig, bevor er 1937 in das Referat für Schuldrecht im Reichsministerium der Justiz wechselte. Der Zweite Weltkrieg führte zu einer Unterbrechung seiner Karriere: Ab 1941 im Wehrdienst an der Ostfront eingesetzt, geriet er in sowjetische Kriegsgefangenschaft. Nachdem er 1950 wieder nach Deutschland zurückgekehrt war, konnte er noch im selben Jahr eine Stelle im Bundesministerium der Justiz annehmen und dort am Entwurf eines Gesetzes über das Wohnungseigentum mitarbeiten, das bereits ein Jahr später 1951 beschlossen wurde. Zusammen mit dem Berichterstatter im Gesetzgebungsverfahren Carl Wirths verfasste er noch 1951 die erste Auflage eines Kommentars zum neu geschaffenen Gesetz, der sich trotz seiner nur 193 Seiten binnen kurzer Zeit zu einem gewichtigen Standardwerk entwickeln sollte. 1955 erschien die zweite Auflage mit bereits 354 Seiten. Weitere Auflagen folgten 1961, 1969 und dann in relativ schneller Folge. 1965 wechselte Weitnauer, mittlerweile im Range eines Ministerialrats, in die akademische Laufbahn und wurde Ordinarius an der Universität Heidelberg, wo er 1978 emeritiert wurde. Die noch aktuelle 9. Auflage seines Kommentars aus dem Jahr 2005 – in den juristischen Teilen bearbeitet vom Vorsitzenden Richter am Kammergericht Lothar Briesemeister, dem Vorsitzenden Richter am Oberlandesgericht Düsseldorf Wolfgang Gottschalg sowie den Universitätsprofessoren Wolfgang Lüke (Dresden) und Heinz-Peter Mansel (Köln) – erlebte er nicht mehr. Sie hatte mit 989 Seiten nicht nur einen großen Umfang, sondern auch ein großes Renommé erreicht.

Der zweite große untrennbar mit dem Wohnungseigentumsrecht verbundene Name – aus heutiger Sicht sicher der einflussreichste für die WEG-Literatur des Verlages und darüber hinaus – ist der von **Johannes Bärmann** (1905–1991). Auch Bärmann verfasste parallel zu Weitnauer bereits 1951 die erste Ausgabe einer um Erläuterungen und Gesetzesbegründungen ergänzten «roten Textausgabe mit Erläuterungen» zum Wohnungseigentumsgesetz im Umfang von 197 Textseiten. Bärmann war zunächst ab 1933 bayerischer Notar, habilitierte sich aber noch vor Kriegsende an der Universität Heidelberg, wo er nach dem Krieg auch seine akademische Laufbahn als Universitätslehrer beginnen sollte. 1954 wechselte er als Lehrstuhlinhaber für Zivilrecht und Rechtsgeschichte nach Mainz und blieb dort bis zu seiner Emeritierung. Nachdem sich Bärmann aus der Bearbeitung seines kleinen Kommentars mehr und mehr zurückzog, wurde das Werk ab der 6. Auflage 1972 von seinem Assistenten Eckhart Pick fortgeführt, ab der 7. Auflage 1974 dann als «Gelber Kommentar». Es ist eines der am häufigsten aufgelegten Werke zum Wohnungseigentumsrecht und heute bereits in 19. Auflage erschienen.

Eckhart Pick war lange Jahre dem Wohnungseigentumsrecht eng verbunden. Er kam 1965 als Assistent an den Lehrstuhl von Bärmann. Nach seiner Habilitation 1976 in Mainz übernahm er 1978 zunächst eine Professur für Bürgerliches Recht an der Universität Hamburg, folgte dann aber schon 1980 einem Ruf an die Universität Mainz. Sein späterer beruflicher Werdegang führte ihn für vier Legislaturperioden (1987–2002) als Abgeordneter in den Deutschen Bundestag, wo er zuletzt als Parlamentarischer Staatssekretär im Bundesministerium der Justiz wirkte. Sein Name bleibt durch die vielen von ihm betreuten Auflagen des «Gelben Kommentars» von «Bärmann/Pick» mit dem Wohnungseigentumsrecht im Verlag C.H.Beck in Erinnerung.

Auch in anderen Verlagen wurde das Wohnungseigentumsrecht gepflegt. So legte im Jahr 1952 Hans Diester zusammen mit Franz Raue, der für die steuerrechtlichen Fragen verantwortlich zeichnete, einen eigenen Kommentar zum Wohnungseigentumsgesetz im Verlag Otto Schmidt vor. 1974 wechselte Diester als Autor in den Verlag C.H.Beck und verfasste dort einen NJW-Schriftenband zu «Wichtigen Rechtsfragen des Wohnungseigentums unter Berücksichtigung der Novellierung des WEG».

Die bisher genannten Kommentierungen zeichneten sich durch einen relativ moderaten Umfang von um die 200 Seiten in der ersten Auflage aus. Ende der 1950er Jahre sollte ein neuer Kommentar die Landschaft der WEG-Veröffentlichungen schlagartig verändern. Es war eine der außerordentlichen Leistungen Bärmanns, dass er 1958 einen fast 1300 Seiten umfassenden großen Kommentar zum Wohnungseigentumsrecht auf den Weg brachte, auf dessen Manuskriptabgabe der Verlag lange Jahre gewartet und mit der dieser schon fast nicht mehr gerechnet hatte. Ab da gab es den «kleinen» und den «großen» Bärmann. Besonderes Kennzeichen dieses Kommentars war der weltoffene Blick über die Grenzen Deutschlands hinaus auf andere Rechtsordnungen, die sich mit dem «Eigentum an der Etage» beschäftigten. Das führte dazu, dass diesem Kommentar auch Einfluss auf die Gestaltung der wohnungseigentumsrechtlichen Gesetzgebung in fernen Rechtsordnungen zugeschrieben werden kann. Ab der zweiten Auflage wurde das Werk von seinen damaligen Assistenten Werner Merle und Eckhart Pick bearbeitet. Der Kommentar ist heute mit über 1700 Seiten der umfangreichste aktuelle WEG-Kommentar auf dem deutschen Markt. Merle und Pick sind noch heute in der 12. Auflage im Autorenteam, das mittlerweile mit den Hochschullehrern Matthias Becker (Münstereifel), Christian Armbrüster (Berlin) und dem ehemaligen BGH-Richter Michael Klein auf fünf Personen angewachsen ist.

Auch **Werner Merle** (Jahrgang 1940) war wie Pick Assistent am Lehrstuhl von Bärmann. Nach seiner Mainzer Assistenztätigkeit wurde er zunächst Universitätsprofessor in Münster, ab 1993 in Potsdam. Heute ist er als Rechtsanwalt in Berlin tätig. Das Wohnungseigentumsrecht hat ihn das gesamte berufliche Leben geprägt und begleitet ihn auch heute noch. Nicht nur durch seine Autorentätigkeit im «großen Bärmann», sondern auch als Schriftleiter der 1999 von ihm initiierten «Zeitschrift für Wohnungseigentumsrecht» (ZWE) ist er dem Rechtsgebiet nach wie vor sehr verbunden.

Erstaunlicherweise hatten Weitnauer und Bärmann lange Zeit persönlich keinen Kontakt, obwohl sie jahrelang die vielleicht bekanntesten Köpfe dieses Rechtsgebiets waren. Das änderte sich erst ab 1975 mit der Gründung der jährlich stattfindenden WEG-Tagung in Fischen im Allgäu, die eng mit dem Namen eines weiteren Autors verbunden ist: mit dem von Hanns Seuß.

Hanns Seuß (Jahrgang 1927), selbst nicht Jurist, sondern Diplom-Volkswirt, erkannte früh das Bedürfnis, in diesem Rechtsgebiet Wissenschaft und Praxis zu gemeinsamen Diskussionen zusammenzubringen. Da er selbst nicht über die entsprechenden Kontakte zu den wichtigen Persönlichkeiten der Juristenwelt verfügte, wandte er sich an Christian Schopp, seinen Lektor und langjährigen Justitiar des Beck-Verlages, ihm bei der Gründung einer Tagung im Wohnungseigentumsrecht mit der Vermittlung von Kontakten behilflich zu sein. Nach einem Treffen im Münchener Spatenhaus, bei dem die Idee geboren wurde, und einem nachfolgenden Treffen im Verlag eine Woche später stand das Grundkonzept für die Tagung in wesentlichen Teilen fest. Bis dato gab es ein solches Forum für einen Austausch zwischen Wissenschaft und Praxis im Wohnungseigentumsrecht nicht. Diese Lücke wurde mit der 1975 gegründeten Fischener Tagung geschlossen, die sich bis heute als feste Instanz bei Wohnungseigentumsrechtlern etabliert hat. Sie zieht seit ihrer Gründung sowohl juristische Spezialisten wie BGH- und Instanzrichter als auch praktizierende Wohnungseigentumsverwalter an, die alljährlich im Herbst eingerahmt von der reizvollen Allgäuer Berglandschaft praxisrelevante und aktuelle Themen des Wohnungseigentumsrechts diskutieren. Man kann annehmen, dass diese Form eines institutionalisierten, offenen Dialogs von Spitzenjuristen mit rein praktisch denkenden Nichtjuristen bis heute in keinem anderen Rechtsgebiet in ähnlicher Form gepflegt wird.

Seuß wurde aufgrund seines großen Interesses und seiner praktischen Aktivität in der Folge auch selbst zu einem wichtigen Herausgeber eines großen Werkes zum Wohnungseigentumsrecht, dessen Betreuung er von Bärmann übernahm. Dieser hatte 1952 mit dem «Formularbuch zum Wohnungseigentumsrecht» seine zweite größere Veröffentlichung auf diesem Gebiet im Verlag. Dieses Werk, ab der 2. Auflage 1968 mit mehr als doppeltem Umfang in **«Praxis des Wohnungseigentums»** umbenannt, wurde nun ab der 3. Auflage 1980 von Hanns Seuß fortgeführt und stellt heute als Handbuch in aktuell 5. Auflage (2010, herausgegeben von Michall Drasdo) einen wichtigen Baustein der wohnungseigentumsrechtlichen Literatur des Hauses C.H.Beck dar.

Die Kommentierungen von Weitnauer und Bärmann bedeuteten das Vertreten von zwei unterschiedlichen Philosophien: Während Weitnauer – selbst strenger und dogmatisch denkender Jurist, privat ein bekennender Wohnungseigentümer in einer Wohnungseigentümergemeinschaft – ein sachenrechtliches Konzept des WEG verfolgte, versuchte die Bärmann'sche Kommentierung im Laufe der Zeit gesellschaftsrechtliche Strukturen und Lösungen für das WEG fruchtbar zu machen. Mit den Entscheidungen des II. Zivilsenats des Bundesgerichtshofes (BGH) zur Teil-Rechtsfähigkeit der BGB-Gesellschaft aus dem Jahr 2001, die der dortige Richter Hans Jörg Kraemer als Berichterstatter vorbereitet hatte, sowie der «Jahrhundertentscheidung» des BGH zur richterrechtlich begründeten Teilrechtsfähigkeit der Wohnungseigentümergemeinschaft aus dem Jahr 2005, die inhaltlich an die Entscheidung zur BGB-Gesellschaft anknüpfte, hatte sich am Ende die Rechtsprechung dem Bärmann'schen Konzept der Auslegung des WEG angenähert. Dass zu dieser Zeit Joachim Wenzel, Vorsitzender Richter des für Wohnungseigentumsfragen zuständigen V. Zivilsenats am BGH, für das Autorenteam des Bärmann gewonnen werden und diese wichtige Entscheidung im Bärmann'schen Kommentar verarbeiten konnte, dürfte für die Akzeptanz und weitere Verbreitung des Werkes nützlich gewesen sein.

Aber nicht nur die traditionsreichen Kommentare, sondern auch jüngere Gründungen können sich sehen lassen: Als weiterer starker Kommentar konnte sich ab 1989 aufgrund seiner Praxisnähe, aber auch wegen des Taschenbuchformats und des günstigen Preises ein kleiner Kommentar zum Wohnungseigentumsgesetz von **Marcel Sauren**, einem Rechtsanwalt aus Aachen, vor allem bei Wohnungseigentumsverwaltern über jetzt schon fünf Auflagen durchsetzen. Die 1. Auflage erschien in einer neuen Reihe der «Beck'schen Gesetzestexte mit Erläuterungen», die unterhalb der Gelben Kommentare angesiedelt war; jetzt nennt sie sich «Beck'sche Kompakt-Kommentare». Ein weiterer, umfangreicher Kommentar ebenfalls Aachener Provenienz wurde von **Michael Timme**, Hochschullehrer an der TH Aachen und zugleich Richter am Landgericht, herausgegeben und mit verfasst. Im Unterschied zu allen bisherigen Kommentaren wurde dieses Werk zunächst als Online-Kommentar zum Wohnungseigentumsgesetz mit einem dreimonatlichen Aktualisierungsrhythmus konzipiert und erschien 2010 zusätzlich als Printausgabe. Zusammen mit den hier nicht genannten zahlreichen weiteren Titeln zum WEG im Verlag ist in den vergangenen Jahrzehnten auf diese Weise ein reichhaltiges Programm entstanden, das für Wissenschaftler wie Praktiker gleichermaßen interessant und lesenswert ist.

d) Gesellschaftsrecht

Im Jahre 1968 war die letzte Auflage des Baumbach/Hueck, Aktiengesetz (AktG) erschienen. Auch wenn das Autorenteam immer noch um die Fortführung rang, konnten Überlegungen zu einem weiteren Kommentar zum AktG nicht ausbleiben. Es war sicherlich einer der seltenen Glücksfälle, als mit **Uwe Hüffer** als Alleinautor 1988 ein Verlagsvertrag über einen Kommentar zum AktG in der Gelben Reihe geschlossen werden konnte; wahrlich eine Mammutaufgabe, der sich Hüffer stellte. 1993 wurde das Werk ausgeliefert und erfreute sich sofort großer Beliebtheit. Endlich konnten die interessierten Fachkreise wieder auf einen aktuellen Kommentar zugreifen. Ab der 4. Auflage 1999 erschien der Kommentar als Beck'scher Kurz-Kommentar, bis zu Hüffers Tod von ihm allein bearbeitet.

Über den Zeitpunkt, zu dem sich Professor Uwe Hüffers besondere Zuneigung zum Aktienrecht entwickelt hat, kann nur spekuliert werden. In seiner Promotion zum Thema «Der Rückgriff gegen den deliktisch handelnden Schädiger bei Entschädigungsleistungen» sowie in seiner Habilitationsschrift zu «Leistungsstörungen durch Gläubigerhandeln» war die spätere Beschäftigung mit dem Aktienrecht nicht angelegt. Vielleicht hat gerade die intensive Beschäftigung im Rahmen der Arbeiten zum Kommentar die Faszination für dieses Rechtsgebiet wachsen lassen. Die Begeisterung für die Materie und die Gabe, selbst schwierigste Sachverhalte scharf zu analysieren und prägnant zusammenzufassen, machte ihn nicht nur bei seinen Studenten an der Universität Bochum beliebt, sondern auch zum geschätzten Gutachter und Gesprächspartner. Nach seiner Emeritierung war er Of Councel in einer renommierten Mannheimer Sozietät.

Aus den Vorarbeiten zur Neuauflage des Baumbach/Hueck ging 1998 der große Kommentar von Emmerich/Habersack, **Aktien- und GmbH-Konzernrecht** hervor. Zum Recht der SE, der Societas Europaea, ist auf Habersack/Drinhausen zu verweisen.

Einige Jahre vor dem «Hüffer», 1987, wurde in der Gelben Reihe ein **Kommentar zum GmbHG** von Günter H. Roth vorgelegt. Auch Roth räumte dem Werk – aus einer Feder, aus einem Guss – den Vorzug vor einem Vielautorenwerk ein. Ab der 3. Auflage 1997 trat als Koautor Holger Altmeppen hinzu.

Das Umwandlungsrecht war lange Zeit eine Materie, die in den Kommentaren zum AktG als Anhang abgehandelt wurde. Mit dem «Dehmer» in der Gelben Reihe erhielten auch das **Umwandlungsgesetz** und das **Umwandlungssteuergesetz** einen eigenen Kommentar, in 1. Auflage 1993. Die Novellierung des Umwandlungsgesetzes von 1969 ließ auf sich warten und so wagte Rechtsanwalt Hans Dehmer mit seinen Sozien Rolf-Christian Stratz und Robert Hörtnagl eine komprimierte Kommentierung des noch geltenden Rechts mit äußerst verdichteter Darstellung von Rechtsprechung, Verwaltungspraxis und Literatur. Die Folgeauflage konnte an den Erfolg der 1. Auflage anknüpfen und erschien 1996 zum neuen Umwandlungsrecht. Ab der 3. Auflage 2002 wird der Kommentar von Schmitt/Hörtnagl/Stratz fortgeführt und ist im Juni 2013 in 6. Auflage erschienen. In der Reihe der Beck'schen Kurz-Kommentar wurde in 1. Auflage 2003, herausgegeben von Johannes Semler und Arndt Stengel, ein weiterer Kommentar zum Umwandlungsgesetz publiziert.

Mit dem von Martin Henssler und Lutz Strohn, Richter am Bundesgerichtshof, herausgegebenen Kommentar zum **Gesellschaftsrecht** (1. Auflage 2011) ist es gelungen, in einem Werk Erläuterungen zu den verschiedensten Gesellschaftsformen – Stiftung, BGB-Gesellschaft, GmbH, Aktiengesellschaft, Genossenschaft – zu vereinigen. Umwandlungsgesetz und Ausführungen zum internationalen Recht ergänzen den Kommentar. Die besondere Herausforderung eines derartigen Querschnittkommentars ist die notwendige Verdichtung der Stoff-Fülle bei ausreichender Ausführlichkeit. Zielgruppe ist neben dem im Gesellschaftsrecht spezialisierten Anwalt der Nutzer, der nur gelegentlich mit gesellschaftsrechtlichen Fragestellungen befasst ist und einen gut fundierten Einstieg sucht. Dabei ist eine Fokussierung auf die Probleme der täglichen Praxis unerlässlich.

e) Versicherungsrecht

Die Anfänge des versicherungsrechtlichen Programms bei C.H.Beck waren im Wesentlichen von **Erich R. Prölss** (1907–1969) geprägt. Er hat insbesondere die bis heute maßgeblichen Kurz-Kommentare zum Versicherungsvertragsgesetz (VVG) und zum Versicherungsaufsichtsgesetz begründet.

Sein Kommentar zum **Versicherungsvertragsgesetz** erschien erstmals 1935. Erich Prölss war in dieser Zeit als auf Versicherungsrecht spezialisierter Anwalt in Hamburg tätig. 1938 wurde er in den Vorstand der Bayerischen Rückversicherung AG, einer Tochter der Schweizer Rück, berufen, deren Generaldirektor er 1956 werden sollte. Sein Kommentar war damals ein äußerst knapp verfasstes Werk im Stil der Baumbachschen Erläuterungen, das sich weitgehend auf die Wiedergabe der amtlichen Gesetzesbegründung beschränkte. Diese Begrenzung erwies sich aber für den Absatz des Buches schnell als Vorzug, denn auf diese Weise wurden die Intentionen des Gesetzgebers erstmals zitierfähig.

Erich Prölss in der Festschrift zu seinem 60. Geburtstag 1967.

Erich Prölss war daran gelegen, nur möglichst wenig Exemplare einer Auflage herzustellen, damit Neuauflagen umso schneller veranstaltet werden konnten. Der VVG-Kommentar erschien deshalb bald in rascher Folge, die 5. Auflage bereits 1948, dann in oft zweijährlichem Rhythmus. Inhaltlich ging es Erich Prölss um die möglichst nahtlose Einfügung des Versicherungsvertragsrechts in das allgemeine Zivilrecht. So vertrat er etwa die Auffassung, der Versicherungsnehmer müsse sich das Verschulden von Erfüllungsgehilfen grundsätzlich nach Maßgabe des § 278 BGB zurechnen lassen, während die Rechtsprechung bis heute nur das Verhalten von sog. Repräsentanten berücksichtigt. Prölss galt als «Lichtgestalt des Privatversicherungsrechts des 20. Jahrhunderts». Neben seinem Werk existierte viele Jahre nur der große «Bruck/Möller», dessen Bände zudem in oft langen Intervallen erschienen (8. Auflage: 1961–2002; jetzt 9. Auflage: 2008 ff.).

Erich Prölss verstarb überraschend 1969. Den Kommentar führten dann ab der 18. Auflage (1970) sein Sohn **Jürgen Prölss** (1939–2012) und **Anton Martin** (1935–1990) unter der Firma «Prölss/Martin» fort. Martin und Jürgen Prölss veränderten in einer Hinsicht die ursprüngliche Konzeption des Werkes: Während sich Prölss noch vorrangig an die Versicherungsunternehmen wandte, rückte nun vermehrt der Versicherungsnehmer ins Blickfeld. Das entsprach der Tendenz von Gesetzgeber und Rechtsprechung, den Gedanken des Verbraucherschutzes stärker zu berücksichtigen. Deshalb wurden neben dem Gesetz auch die von der Versicherungswirtschaft verwandten Allgemeinen Versicherungsbedingungen (AVB) knapp erläutert. Als 1976 das AGB-Gesetz in Kraft trat und Regeln für die Inhaltskontrolle Allgemeiner Geschäftsbedingungen aufstellte, war angesichts der behördlichen Genehmigung der AVG durch das Bundesaufsichtsamt zunächst unklar, in welchem Maß sie inhaltlicher Kontrolle durch die Gerichte unterliegen. Der Bundesgerichtshof korrigierte dabei zunächst aber nur die Anwendung einer Klausel. Jedenfalls führten sowohl diese Praxis wie auch der Wegfall der Genehmigungspflicht für AVB 1994 zu einer Fülle gerichtlicher Entscheidungen, die sich mit der Wirksamkeit einzelner AVB auseinander setzt und im Prölss/Martin verarbeitet werden muss.

Aus kartellrechtlichen Gründen sind die vom Gesamtverband der Versicherungswirtschaft formulierten Bedingungswerke inzwischen nicht mehr verbindlich. Seitdem sind unterschiedliche AVB im Gebraucht, deren Umfang zudem ständig zunimmt. Vor diesem Hintergrund ist es verständlich, dass der Umfang des Prölss/Martin beständig zunahm: Seit der 18. Auflage (1970) wuchs der Umfang von 1096 Seiten (1948 waren es noch 660 gewesen) auf 1652 (1988), zugleich vergrößerte sich das Format des Buches.

2008 hat der Gesetzgeber das Versicherungsvertragsgesetz den Bedürfnissen des Verbraucherschutzes angepasst. Die VVG-Reform verarbeitete der Prölss/Martin 2012 in seiner 28. Auflage mit etwa 3000 Seiten. Diese Auflage war die letzte, an der Jürgen Prölss beteiligt war.

Das Anwachsen des «Prölss/Martin» ließ bereits Ende der 1980er Jahre den Wunsch des Verlages aufkommen, in der Gelben Reihe auch eine knappere Kommentierung anzubieten. Als Autor konnte Theo Langheid (Jahrgang 1952) gewonnen werden, ein brillanter und charismatischer Kölner Versicherungsanwalt. Das Werk kam nach längeren Vorplanungen erstmals 1997 auf den Markt. Koautor war Wolfgang Römer (Jahrgang 1936), Richter am Bundesgerichtshof. Das Buch, das dann doch einen deutlich größeren Umfang als geplant hatte, schlug sofort ein. In einer Rezension hieß es: «innen größer als außen».

Prägend für den gelben VVG-Kommentar ist, dass er die unterschiedlichen Interessenlagen des Versicherungsrechts widerspiegelt – einerseits die der Versicherungswirtschaft, andererseits die des Verbraucherschutzes. Dennoch gelang es den Autoren, bei entscheidenden Formulierungen Einigkeit herzustellen und so einen versicherungsrechtlichen Grundkonsens zu gestalten. Nachdem 2003 eine zweite Auflage des Werks erschienen war, kam es wegen der Reform des Versicherungsvertragsrechts zu einer Pause. An der Ausarbeitung des neuen Rechts waren die beiden Autoren als Mitglieder der Reformkommission des Bundesjustizministeriums maßgeblich beteiligt. So kann Wolfgang Römer auch als geistiger Vater eines der wesentlichen Reformergebnisse gelten, nämlich der Verabschiedung des «Alles-oder-nichts-Prinzips» und der Einführung des Verschuldensgrundsatzes: Der Versicherer darf nunmehr seine Leistung auch bei grob fahrlässiger Verletzung von Obliegenheiten durch den Versicherungsnehmer nicht vollständig verweigern, sondern kann sie nur noch kürzen.

Wesentlicher Bestandteil des versicherungsrechtlichen Programms sind die Kommentare und Handbücher zu einzelnen Versicherungssparten. Insbesondere nachdem 1994 die Pflicht, Allgemeine Versicherungsbedingungen vom Bundesaufsichtsamt für das Versicherungswesen genehmigen zu lassen, abgeschafft worden war, wuchs die Literatur zu einzelnen Sparten stark an.

Bereits kurze Zeit nach dem Zweiten Weltkrieg hatte es bei C.H.Beck schon Kommentare zu Allgemeinen Versicherungsbedingungen gegeben, etwa den Kommentar von Erich R. Prölss zur Einbruchdiebstahlversicherung, der 1950 in zweiter Auflage bei Beck erschien. Kurz darauf übernahm der Verlag auch den Kommentar zu den **Allgemeinen Bedingungen der Kraftfahrtversicherung**. Die erste Auflage dieses Werkes hatte der damals 22-jährige Referendar **Ernst C. Stiefel** (1909–1997) noch vor dem Zweiten Weltkrieg im Berliner Stilke-Verlag veröffentlicht. Stiefel musste Deutschland nach der Machtübernahme der Nationalsozialisten wegen seiner jüdischen Abstammung verlassen, emigrierte nach Frankreich und später nach New York. 1945 kehrte er als Berater der amerikanischen Besatzungsmacht nach Deutschland zurück, wo er mit der Entnazifizierung der Versicherungswirtschaft befasst war. In München suchte er den Verleger Heinrich Beck auf. Gemeinsam besichtigten sie die Ruinen des im Krieg zerstörten Verlagsgebäudes. Auf dieses Erlebnis Bezug nehmend schrieb Stiefel Jahrzehnte später an Hans Dieter Beck, dass ihm in diesem Augenblick klar gewesen sei, dass seine «praktische und akademische Verankerung im deutschen Recht nur im kulturellen Umfeld» des Beck-Verlags «wiederbelebt» werden konnte. Das geschah 1953, als Stiefels Kommentar, gemeinsam verfasst mit dem Haftpflicht-Experten Werner Wussow (1903–1977), erschien. Heute wird das Werk von Professor Karl Maier (Jahrgang 1954) aus Köln herausgegeben, der es um Kommentierungen zu zahlreichen Sondervertragsbedingungen und Spezialbereichen erweitert hat.

Innerhalb der Literatur zu den Versicherungssparten nimmt seit 1982 außerdem das von **Anton Martin** verfasste Werk zum **Sachversicherungsrecht** eine besondere Rolle ein. Der äußeren Form sowie der Bezeichnung im Untertitel nach handelt es sich dabei um einen Kommentar zu Allgemeinen Versicherungsbedingungen. In Wirklichkeit legte Martin aber ein umfassendes Handbuch vor, in dem er es geschickt verstand, die Begrifflichkeiten der einzelnen, oft deckungsgleichen Bedingungswerke zum Sachversicherungsrecht, also etwa zur Feuer-, zur Hausrat- und zur Diebstahlversicherung, gebündelt abzuhandeln und Wiederholungen zu vermeiden. Martin, der seit Anfang der 1960er Jahre bei der Allianz-Versicherung arbeitete, bewahrte sich trotz seiner beruflichen Verbundenheit mit der Assekuranz eine große wissenschaftliche Unabhängikeit. Auch deshalb konnte die NJW Martins Werk als «distanziert und objektiv» loben. In seiner Freizeit spielte Martin großartig Klavier. Überliefert ist die Anekdote, wonach der Verlag «jetzt endlich eine neue Auflage des Prölss/Martin fertig stellen» müsse, weil, so Martin, «ich mir einen Flügel kaufen will.» Martin verstarb vollkommen überraschend 1990, bevor er die Bearbeitung der dritten Auflage abschließen konnte. Der Verlag musste das zu vier Fünfteln vorliegende Manuskript somit in eigener Leistung vervollständigen. Seither ist es noch nicht gelungen, eine neue Auflage zu veranstalten. Das als «unübertroffen» geltende Werk erweist sich aber trotz seines Alters als «Dauerbrenner», der immer noch in beachtlicher Menge gekauft wird.

Auch im Bereich des **Versicherungsaufsichtrechts** ist der Verlag C.H.Beck mit mehreren Werken präsent. Erich R. Prölss veröffentlichte seinen Kurz-Kommentar zum Versicherungsaufsichtsgesetz erstmals 1955. Nach dem Tode von Prölss wurde Reimer Schmidt (1916–2002) die prägende Gestalt dieses Werks. Schmidts Lebensweg hatte sich auf ungewöhnliche Weise entwickelt, denn Schmidt war nicht nur ordentlicher Professor in Hamburg, sondern zugleich Vorstandsmitglied und später Vorstandsvorsitzender der Aachener und Münchener Feuer-Versicherungs-Gesellschaft. Ab der 10. Auflage (1996) übernahm zusätzlich **Helmut Kollhosser** (1934–2004) herausgeberische Aufgaben beim Kommentar. Kollhosser, der seit 1992 auch als Autor am Prölss/Martin mitwirkte, hatte als Lehrstuhlinhaber entscheidend die bedeutende Stellung der Universität Münster für die wissenschaftliche Fortentwicklung des Versicherungsrechts begründet, indem er in den 1980er Jahren mit dem «Münsterischen Versicherungstag» die führende Fachtagung auf diesem Gebiet und die «Münsterische Forschungsstelle für Versicherungswesen» ins Leben rief. Seit einiger Zeit liegen die Buchveröffentlichungen zum Versicherungsaufsichtsrecht allerdings brach, weil eine grundlegende Reform des Versicherungsaufsichtsrechts aufgrund europäischer Vorgaben («Solvabilität-II-Richtlinie») erwartet wird, die 2013 bereits in nationales Recht umgesetzt sein sollte, sich aber angesichts von Unstimmigkeiten unter den EU-Mitgliedstaaten und in der Kommission auf unabsehbare Zeit verzögert.

f) Bankrecht

Nach 1970 hat sich der Verlag noch nicht nennenswert mit dem Bankrecht befasst. Seine zentralen bankrechtlichen Werke sind erst nach 1990 erschienen. Hier soll wegen gewisser rechtlicher Parallelen zum Versicherungsrecht gleichwohl bereits im Vorgriff die bankrechtliche Literatur kurz beleuchtet werden. Das Bankrechts-Handbuch wird unten S. 367 behandelt.

Ein umfassendes Querschnittswerk ist der **«Bankrechts-Kommentar»** von Katja Langenbucher, Dirk H. Bliesener und Gerald Spindler. Auf über 2500 Seiten kommentieren Banksyndizi, Rechtsanwälte, Richter und Universitätsprofessoren das gesamte Bankrecht (ohne Kapitalmarktrecht) in einem Band. Bei diesem Werk ist der erste Schritt in Richtung «Standardwerk» gelungen, wenn Rüdiger Pamp vom sogenannten Bankrechtssenat des Bundesgerichtshofs (XI. Zivilsenat) dem Werk in den Wertpapier-Mitteilungen (Jahrgang 2013, S. 1199 f.) inhaltlich einen «hohen fachlichen Rang» bescheinigt. Einleitend weist Pamp in seiner Rezension darauf hin, dass «der Beck-Verlag seinem (blauen und zweibändigen) ‹Bankrechts-Handbuch› einen (grauen und einbändigen) ‹Bankrechts-Kommentar› an die Seite gestellt hat.» In anderem Zusammenhang würde man wohl sagen: Er befindet sich in bester Gesellschaft.

Der Ende 2012 erstmals erschienene Kommentar ergänzt zwei weitere des Verlages, die sich vertieft mit einzelnen Rechtsbereichen des Bankrechts befassen. Das ist zum einen der von Eberhard Schwark und Daniel Zimmer herausgegebene **«Kapitalmarktrechts-Kommentar»** (4. Auflage 2010) sowie der Kommentar zum **«Kreditwesengesetz»** von Karl-Heinz Boos, Reinfrid Fischer und Hermann Schulte-Mattler (4. Auflage 2012). Letzterer ist ein umfassender Querschnittskommentar des gesamten Bankenaufsichtsrechts, der sämtliche Rechtsquellen praxisgerecht erläutert. Schwerpunkte dabei bilden neben den Kommentierungen des Kreditwesengesetzes diejenigen der Solvabilitätsverordnung.

g) Wettbewerbs- und Immaterialgüterrecht

Als Hans Dieter Beck 1961 bei Eugen Ulmer, einer prägenden Persönlichkeit des deutschen Immaterialgüterrechts, über den Lizenzvertrag im Verlagswesen promovierte, spielte das Recht des Geistigen Eigentums und des lauteren Wettbewerbs im Verlagsprogramm, noch eine vergleichsweise untergeordnete Rolle. Zu den wenigen, allerdings seit langem führenden Beck'schen Werken zählte der noch bei Otto Liebmann erschienene Kommentar von Adolf Baumbach zum **Wettbewerbs-** und **Warenzeichenrecht**, weitergeführt von Wolfgang Hefermehl und in den sechziger Jahren aufgeteilt in einen Kommentar zum Gesetz gegen den unlauteren Wettbewerb und einen zum Warenzeichengesetz. Das 1965 grundlegend reformierte **Urheberrecht** behandelte der 1968 erschienene Kommentar von Otto-Friedrich Frhr. v. Gamm, damals Vorsitzender Richter am Landgericht München, später Vorsitzender des I. Zivilsenats am Bundesgerichtshof in Karlsruhe.

Auf dem Gebiet des **Patent-** und **Gebrauchsmusterrechts** glänzte der Verlag schon früh mit dem 1936 von Georg Benkard (1881–1955) begründeten Kurz-Kommentar, an dem seit den 1950er Jahren insbesondere Richter der für gewerblichen Rechtsschutz zuständigen Zivilsenate des Bundesgerichtshofs mitwirken. Benkard, zunächst Rechtsanwalt beim Reichsgericht, hatte sich u.a. als Schriftleiter der Zeitschrift «Markenschutz und Wettbewerb», als Lehrbeauftragter und durch eine systematische Bestandsaufnahme des Patent- und Gebrauchsmusterrechts nach dem Zweiten Weltkrieg verdient gemacht; ab 1951 war er noch kurze Zeit Richter am Bundesgerichtshof. Zu den Persönlichkeiten, die wie er, ohne Herausgeber zu sein, den patentrechtlichen Kurz-Kommentar durch kluge Koordination der Autorenleistungen und durch herausragende eigene Beiträge mitgeprägt haben, gehörten später unter anderem die Senatsvorsitzenden Karl Bruchhausen (1921–2001) und Rüdiger Rogge. Neben den Kommentaren von Busse/Keukenschrijver im Verlag W. de Gruyter und von Schulte bei C. Heymanns gehört der «Benkard», wie er bis heute heißt und wie auch sein dem Europäischen Patentübereinkommen (EPÜ) gewidmetes Pendant benannt ist, zu den führenden Werken auf dem Gebiet des gewerblichen Rechtsschutzes überhaupt. In der Reihe der gelben Erläuterungsbücher erscheint seit 1997 in mittlerweile 3. Auflage flankierend ein kleinerer Kommentar zum Patent- und Gebrauchsmustergesetz aus der Feder des vielseitigen Düsseldorfer Anwalts und Honorarprofessors Peter Mes, der dem Verlag auch als Mitherausgeber der Zeitschrift «GRUR» sowie mehrerer Handbücher verbunden ist.

Mit Übernahme des Verlages Franz Vahlen 1970 erwarb C.H.Beck auch einige Werke zum Immaterialgüter- und Wettbewerbsrecht. Zu ihnen gehörte ein großer, 1936 von dem Ministerialbeamten Georg Klauer begründeter «**Patentrechtskommentar**», dessen dritte, nun zweibändige Auflage 1971 unter der Herausgeberschaft von Philipp Möhring (1900–1975) erschien; eine 2012 erschienene Neuausgabe, herausgegeben von Uwe Fitzner, Raimund Lutz und Theo Bodewig, knüpft an diese Tradition an. Möhring, ein angesehener Rechtsanwalt beim Bundesgerichtshof, hat zusammen mit Käte Nicolini, Richterin am Oberlandesgericht Köln, auch einen 1970 ebenfalls im Verlag Vahlen erschienenen Kommentar zum Urheberrechtsgesetz herausgegeben. Dieses Werk erscheint seit Herbst 2012 als Beck'scher Online-Kommentar zum Urheberrecht.

Auf dem Gebiet des **Urheberrechts** konnte C.H.Beck 1987 einen Meilenstein setzen. In diesem Jahr erschien erstmals der heute weithin be- und gerühmte, von dem Münchner Professor und Direktor am Max-Planck-Institut Gerhard Schricker herausgegebene Kommentar, zu dessen Autoren neben Hochschullehrern diverse Anwälte, ein Richter sowie Referenten des einst von Eugen Ulmer gegründeten Münchner Instituts gehörten. Die gründliche dogmatische Durchdringung und die klare, fundierte Stellungnahme auf der Basis einer repräsentativen und prägnanten Auswertung von Rechtsprechung und Schrifttum zeichnen dieses meinungsbildende Werk aus. Wohl nur der im Kohlhammer-Verlag erscheinende Kommentar von Fromm/Nordemann bietet eine ähnlich profunde Darstellung. Gerhard Schricker, geboren 1935, ist eine bedeutende Herausgeberpersönlichkeit. Seine wissenschaftliche Autorität und seine väterlich integrierende Art verschafften ihm nicht nur bei Autoren, sondern auch in der Fachwelt höchstes Ansehen. Eine tückische Erkrankung zwang ihn, die Herausgeberschaft des Urheberrechtskommentars in andere Hände zu legen. Eine künftige 5. Auflage des Kommentars, den er als Herausgeber wie als Autor wesentlich geprägt hat, wird von den Professoren Ulrich Loewenheim (Frankfurt), der auch das «**Handbuch des Urheberrechts**» (2. Auflage 2010) als Herausgeber verantwortet, Matthias Leistner (Bonn) und Ansgar Ohly (München) ediert werden.

Zwei weitere Urheberrechtskommentare, jeweils verantwortet von einem Hochschullehrer und einem wissenschaftlich interessierten Anwalt, kamen später hinzu: In der Gelben Reihe das von Thomas Dreier und Gernot Schulze verfasste Werk, im größeren Format der roten Reihe (zu dieser Reihe siehe S. 509 ff.) der von Artur-Axel Wandtke und Winfried Bullinger herausgegebene «Praxiskommentar zum Urheberrecht» mit rund 20 Autoren, überwiegend aus der Anwaltschaft. Auch diese Kommentare haben sich rasch durchgesetzt.

Nachdem zum 1. Januar 1995 das **Markengesetz** an die Stelle des Warenzeichengesetzes getreten war, konnte C.H.Beck bald mit zwei Kommentaren zum neuen Recht aufwarten. 1997 erschien erstmals das umfangreiche, in der 4. Auflage von 2009 mit über 3000 großformatigen Seiten kaum mehr «Kurz-Kommentar» zu nennende Erläuterungswerk des Konstanzer Professors Karl-Heinz Fezer, der damit den eingangs erwähnten, von seinem Lehrer Hefermehl bis zur 12. Auflage von 1985 bearbeiteten Kommentar zum alten Warenzeichenrecht ersetzte. 1998 folgte dem «Fezer» in der Gelben Reihe die Erstauflage des von den Anwälten und Honorarprofessoren Reinhard Ingerl und Christian Rohnke verfassten Kommentars zum Markengesetz, über den ein Rezensent später anmerkte, ein Markenrechtler ohne den «Ingerl/Rohnke» sei wie ein Pfarrer ohne Brevier. Obzwar solche klerikalen Vergleiche wohl zum lyrischen Repertoire von Buchbesprechungen, Nachrufen und anderen Lobreden gehören, mag man der Charakterisierung im Falle des souverän geschriebenen, Praxis atmenden Ingerl/Rohnke tatsächlich beipflichten.

Bei den Kommentaren zum **Gesetz gegen den unlauteren Wettbewerb** (UWG) leistet sich der Verlag eine so große «Artenvielfalt» wie nur auf wenigen anderen Gebieten. Als Flaggschiff dieser Flotte darf weiterhin der eingangs erwähnte, von Adolf Baumbach begründete, von Wolfgang Hefermehl geprägte und heute von Helmut Köhler und Joachim Bornkamm bearbeitete Kurz-Kommentar gelten. In der Gelben Kommentarreihe liegt ein von Köhler/Piper begründetes, heute von Ohly/Sosnitza bearbeitetes kompaktes Pendant vor. Drei große Kommentare sind hinzugekommen: Ein von Henning Harte-Bavendamm und Frauke Henning-Bodewig herausgegebenes, in Fachkreisen als der «Harte/Henning» bekanntes Werk, ferner der zweibändige Kommentar «Lauterkeitsrecht» mit dem Herausgeber Karl-Heinz Fezer sowie ein ebenfalls auf zwei Bände angelegter Münchener Kommentar zum Lauterkeitsrecht, in der 2. Auflage herausgegeben von den Professoren Peter W. Heermann und Jochen Schlingloff. Nicht zu vergessen: Mit dem «Handbuch des Wettbewerbsrechts», begründet von dem Hamburger Rechtsanwalt Wolfgang Gloy und in 4. Auflage herausgegeben von Michael Loschelder, Rechtsanwalt und Generalsekretär der GRUR-Vereinigung, und dem ehemaligen Vorsitzenden des I. BGH-Zivilsenats, Willi Erdmann, verfügt C.H.Beck über ein weiteres in jeder Hinsicht gewichtiges Werk zum Lauterkeitsrecht.

Wilhelmstraße 9, Altbau. In diesem Raum finden Autoren- und Lektoratskonferenzen statt.

h) Kartellrecht

Die im Verlag C.H.Beck publizierte Literatur zum Kartellrecht, das am 1. Januar 1958 als **«Gesetz gegen Wettbewerbsbeschränkungen (GWB)»** in Kraft getreten ist, erlebte erst allmählich einen Aufschwung, sicherlich angeregt durch einschneidende Gesetzesnovellen. So war Anlass des von Ulrich Immenga und Ernst-Joachim Mestmäcker 1981 in 1. Auflage herausgegebenen Kommentars die Vierte GWB-Novelle mit ihren Schwerpunkten zur Fusionskontrolle, zur Missbrauchsaufsicht über marktbeherrschende Unternehmen sowie zum Diskriminierungs- und Behinderungsverbot. Im Vorwort dieser 1. Auflage ist zu lesen: «Der gemeinsamen Kommentierung liegt die Annahme zugrunde, daß Normen gegen Wettbewerbsbeschränkungen ein notwendiger und dauernder Bestandteil der verfassungsmäßigen Ordnung der Wirtschaft sind, die der wissenschaftlichen Analyse gerade deshalb bedürfen, weil sie bestimmt sind, Interessenkonflikte von großer gesamtwirtschaftlicher Bedeutung zu lösen.» Dieser Analyse stellten sich elf Bearbeiter. Nach heutigen Maßstäben war die Konkurrenzliteratur mit einigen wenigen Kommentaren, wie etwa Müller-Henneberg/Schwartz, v. Godin, Langen/Niederleithinger/Schmidt oder Rasch/Westrick, später Westrick/Löwenheim eher überschaubar. Zwischenzeitlich ist der Immenga/Mestmäcker, GWB, in 4. Auflage 2007 erschienen und musste nicht nur drei weitere große Novellen berücksichtigen, sondern auch eine Fülle an Literatur.

In der Gelben Reihe erschienen die Kommentare von Bechtold, Gesetz gegen Wettbewerbsbeschränkungen (GWB), und von Bechtold/Bosch/Brinker/Hirsbrunner, EG-Kartellrecht. Professor Rainer Bechtold, Jahrgang 1941, absolvierte sein zweites juristisches Staatsexamen als Jahrgangsbester Baden-Württembergs. Seine berufliche Tätigkeit begann in der Rechtsabteilung der Daimler Benz AG. Dort konnte er Erfahrungen mit Fragen der Fusionskontrolle sammeln. Rasch führte ihn seine berufliche Karriere in die Anwaltschaft. Nun befasste er sich intensiv mit allen Bereichen des Kartellrechts. Vor Gericht oder bei den Kartellbehörden, auf Konferenzen und im Hörsaal der Universität Würzburg, die ihn zum Honorarprofessor ernannte, fand seine Beherrschung des Kartellrechts sowie die akribische Analyse der Sachverhalte verbunden mit sprachlicher Präzision große Anerkennung.

Ferner sind der Loewenheim/Meessen/Riesenkampff, Kartellrecht und der Münchener Kommentar in drei Bänden als Neuerscheinungen im Kartellrecht zu nennen. 1997 gesellten sich zum Immenga/Mestmäcker, GWB zwei Bände zum EG-Wettbewerbsrecht mit einer weiterhin durchaus überschaubaren Zahl von 16 Autoren.

Darüber hinaus werden Spezialgebiete in eigenen Publikationen kommentiert, etwa Bunte/Sauter, EG-Gruppenfreistellungsverordnungen, 1988, oder Dalheimer/Feddersen/Miersch, EG-Kartellverfahrensverordnung. Ein umfassendes Handbuch des Kartellrecht, 2. Auflage 2009, herausgegeben von Gerhard Wiedemann, und Handbücher zu Einzelthemen, zB Winzer, Forschungs- und Entwicklungsverträge, 2. Auflage 2011, Ensthaler/Funk/Stopper, Handbuch des Automobilvertriebsrechts, 2003, oder Dreher/Kling, Kartell- und Wettbewerbsrecht der Versicherungsunternehmen, 2007, zeigen die gestiegene wirtschaftliche Bedeutung des Wettbewerbsrechts. Diverse Lehr- und Studienbücher der Autoren Mestmäcker/Schweitzer, Emmerich, Bunte, Kling/Thomas, Lettl und Säcker/Wolf bringen Studierenden oder jüngeren Anwälten die Materie näher.

i) Vergaberecht

Das Vergaberecht gewann schlagartig an Bedeutung, als es im Jahr 1999 in das GWB als 4. Teil aufgenommen wurde. War die öffentliche Auftragsvergabe zuvor im Wesentlichen ein verwaltungsinternes Verfahren mit schwer überprüfbaren Ergebnissen, wurde durch die Novelle die Entscheidung über den Zuschlag bei einer Auftragsvergabe ab einem bestimmten Auftragswert justiziabel. Die Anstöße für diese Entwicklung kamen aus Brüssel. Ziel war es, unter den Stichworten Wettbewerb, Transparenz und effektiver Rechtsschutz, im gemeinsamen Binnenmarkt auch ausländischen Bietern die Teilnahme an den jeweiligen nationalen Ausschreibungen zu ermöglichen.

Dieser Entwicklung wurde im Verlagsprogramm durch entsprechende Kommentare und Handbücher Rechnung getragen. So erschien Ende 2000 in 1. Auflage im Format des Münchener Kommentars der Beck'sche VOB-Kommentar Teil A, herausgegeben von Gerd Motzke, Vorsitzender Richter am Oberlandesgericht München, Jost Pietzcker, Professor an der Universität Bonn, und Hans-Joachim Prieß, Rechtsanwalt in Berlin. Der Autorenkreis setzte sich aus Vertretern aller mit dem Vergabeverfahren befassten Kreise zusammen. Neben den klassischen Kommentierungen der Vorschriften des GWB und der VOB/A sind systematische Darstellungen zu zentralen Aspekten des Vergaberechts ein Kernstück dieses Werkes. Für die 2. Auflage des Kommentars konnte – als Nachfolger der ausgeschiedenen Herausgeber Pietzcker und Prieß – Meinrad Dreher von der Universität Mainz gewonnen werden, der ab der für 2015 geplanten 3. Auflage von Martin Burgi (Ludwig-Maximilians-Universität München) unterstützt wird.

Das Vergaberecht hat sich auch in den letzten Jahren dynamisch weiterentwickelt. Lagen dessen Schwerpunkte in Deutschland lange bei Fragen zur Vergabe von Bauaufträgen, so wurden durch europäische Vorgaben immer neue Bereiche öffentlicher Beschaffung erfasst. So kamen in jüngster Zeit beispielsweise hinzu die Vergabe freiberuflicher Leistungen, Vergaben im Bereich des öffentlichen Personennahverkehrs, der Trinkwasser- und Energieversorgung, im Gesundheitswesen sowie in den Bereichen Verteidigung und Sicherheit.

Der Kommentar von Rudolf Weyand, leitender Regierungsdirektor a. D., stellt das Vergaberecht in all diesen Ausprägungen dar. Im Jahr 2007 veröffentlichte der Verlag die 2. Auflage seines Werks «Vergaberecht» in der roten Kommentarreihe (zu dieser Reihe siehe S. 509 ff.). Die 1. Auflage war noch im Mannheimer id Verlag erschienen. Innerhalb kurzer Zeit erreichte der Kommentar vier Auflagen. Auch in der aktuellen Ausgabe von 2013 wertet Weyand die fast unüberschaubar gewordene Rechtsprechung des Europäischen Gerichtshofs sowie der nationalen Gerichte und Vergabekammern auf über 3300 Seiten aus, systematisiert und bewertet diese. Als alleinigem Verfasser eines Kommentars dieses Umfangs kommt ihm ohne Frage eine Sonderstellung im Verlag zu.

Ebenfalls zum gesamten Vergaberecht wurde 2011 in der Gelben Reihe der Kommentar von Jan Ziekow, Universität für Verwaltungswissenschaften in Speyer, und dem Münchener Rechtsanwalt Uwe-Carsten Völlink in 1. Auflage veröffentlicht. Es ist der besonderen Dynamik des Vergaberechts zu verdanken, dass die 2. Auflage mit einem relativ kurzen zeitlichen Abstand noch für die zweite Jahreshälfte 2013 vorbereitet wird.

k) Privates Baurecht

Das private Baurecht ist eine komplexe Materie wegen des Zusammenspiels gesetzlicher Regelungen und vertraglicher Vereinbarungen. Im gesetzlichen Schuldrecht des BGB sind die Verträge am Bau nicht zusammenfassend geregelt; diesem Defizit versuchte man schon im Jahre 1926 durch die Schaffung der ersten VOB – damals noch «Verdingungsordnung für Bauleistungen» – abzuhelfen. Dem von Vertretern der öffentlichen Auftrageber und Auftragnehmer ausgehandelten Regelwerk kommt allerdings bis heute – als Vergabe- und Vertragsordnung für Bauleistungen (VOB) Teil B 2012 – nur der Charakter allgemeiner Geschäftsbedingungen zu. Eine zentrale Stellung nimmt deshalb der von den Parteien vereinbarte Bauvertrag ein.

Der wissenschaftlich interessierte Bauanwalt Nils Kleine-Möller und die beiden Richter Heinrich Merl und Winfried Oelmaier legten 1992 mit dem **«Handbuch des privaten Baurechts»** ein Werk vor, das der besonderen Bedeutung des Bauvertrags Rechnung trug. Über die Jahre hat das mit einer enormen Detailfülle glänzende Werk vier Auflagen erlebt, wobei Kleine-Möller und Merl nach dem Tod von Winfried Oelmaier weitere Autoren hinzugezogen haben. Für die 5. Auflage, die Ende 2013/Anfang 2014 erscheinen wird, konnte Jochen Glöckner, Universitätsprofessor in Freiburg und Leiter der Freiburger Baurechtstage, als weiterer Herausgeber gewonnen werden.

Fünf Jahre nach der 1. Auflage des «Handbuchs des privaten Baurechts» erschien 1997 erstmals der große **«Beck'sche VOB-Kommentar Teil B»**, herausgeben von Hans Ganten, Gerd Motzke und Walter Jagenburg. Durch die Beschränkung der Darstellung auf den B-Teil der VOB, stand genug Raum zur vertieften Darstellung zur Verfügung, auch für nützliche Querverweise zur Honorarordnung für Architekten und Ingenieure (HOAI) und für die erforderlichen Bezüge zur VOB Teil C, ohne deren Regelungswerk die geschuldete Bauleistung kaum sinnvoll zu beschreiben ist. Der Erfolg des Werks gab dieser Konzeption der Herausgeber und des Verlags recht: Die dritte Auflage des Kommentars ist 2013 erschienen, nunmehr unter Herausgeberschaft von Hans Ganten, Günther Jansen und Wolfgang Voit.

Eine innovative Leistung gelang den Herausgebern des Beck'schen **VOB-Kommentars Teil C**, Klaus Englert, Gerd Motzke und Rolf Katzenbach. Die Besonderheit des Werks, das im Jahr 2003 in 1. Auflage erschienen ist, besteht darin, dass erstmal jede einzelne DIN-Norm, die in ihrer Gesamtheit die VOB Teil C bilden, gemeinsam von einem Techniker und einem Juristen kommentiert wird. Auf diese Weise konnte technischer Sachverstand, der zur Erläuterung der Norm unbedingt erforderlich ist, mit der Bewertung der juristischen Implikationen verbunden werden. Anfang 2014 soll der Kommentar in 3. Auflage erscheinen.

Der VOB und ihrer optimalen Erläuterung haben sich auch die Herausgeber des Beck'schen Kurz-Kommentars zur **VOB Teile A und B** verschrieben. Die beiden Rechtsanwälte Klaus Kapellmann und Burkhard Messerschmidt haben im Jahr 2003 die Umsetzung der Europäischen Vorgaben im Vergaberecht genutzt, um eine moderne, vom Ballast überholter Darstellungen befreite Kommentierung der VOB vorzulegen. Durch den zweijährigen Erscheinungsrhythmus – seit Ende 2012 ist die 4. Auflage erhältlich – kann auch die Aktualität in dem sich immer noch rasch ändernden Rechtsgebiet gewährleistet werden.

Als Komplementärwerk erschien fünf Jahre später (2008) die 1. Auflage des von Burkhard Messerschmidt und Wolfgang Voit herausgegebenen Kommentars «**Privates Baurecht**». Dessen Kernstück bildet das Werkvertragsrecht des BGB, konsequent ausgerichtet auf die Erläuterung der bauvertraglichen Aspekte. Mit enthalten sind systematische Darstellungen übergreifender Themen, die sich nicht bei den einzelnen Vorschriften integrieren lassen, und eine knappe Erläuterung der VOB Teil B. In die 2012 erschienene 2. Auflage wurde ferner eine kurze Kommentierung der HOAI aufgenommen.

Eng mit dem privaten Baurecht verknüpft ist die **Honorarordnung für Architekten und Ingenieure (HOAI)**. Sie trat im Januar 1977 in Kraft und löste die Verordnung über Preise bei öffentlichen Aufträgen und ihre Anlage, die GOA, ab. Entstanden war ein Regelwerk, das von vielen Benutzern – bis heute – als schwer durchschaubar empfunden wird. Aus diesem Grund haben es sich Gerd Hesse, Hermann Korbion und Jack Mantscheff schon Ende der siebziger Jahre zum Ziel gesetzt, mit ihrem Kommentar «Unklarheiten aufzuhellen und somit dazu beizutragen, die HOAI ... praktikabler zu machen» (so das Vorwort zur 1. Auflage, 1978). Die sich intensiv mit der neuen HOAI auseinandersetzende Rechtsprechung und Literatur sorgten dafür, dass der kleine Oktav-Band schon in der 3. Auflage, die 1990 erschien, zu einem Kommentar im Beck'schen Standard-Format und anschließend zu einem Beck'schen Kurz-Kommentar anwuchs. Auch der Autorenkreis änderte sich: Nach dem Tod von Gerd Hesse trat Klaus Vygen in das Werk ein, welches er als «Korbion/Mantscheff/Vygen» bis zu seinem viel zu frühen Tod 2011 maßgeblich prägte. Der Kommentar wird von seinen Nachfolgern um Jack Mantscheff weitergeführt; die aktuelle 8. Auflage ist 2013 erschienen.

Ein wichtiger Schritt für das Engagement des Verlags C.H.Beck im Bereich des privaten Baurechts war der **Erwerb des id Verlags** in Mannheim im Jahr 2009. Der von Alfons Schulze-Hagen gegründete und von ihm bis Ende 2011 geführte Verlag, ein kleines Unternehmen mit rund fünfzehn Mitarbeitern, ist auf das Bau- und Immobilienrecht spezialisiert und veröffentlicht die Zeitschriften «IBR Immobilien- & Baurecht» (seit 1990), «IMR Immobilien- & Mietrecht» (seit 2006) und «VPR Vergabepraxis & –recht» (seit 2013). Diese Zeitschriften zeichnen sich durch die sogenannten Beiträge aus, die auf jeweils einer DIN-A4-Seite eine Zusammenfassung der für die Bau-, Immobilien- und Vergabepraxis relevanten Gerichtsentscheidungen enthalten. Zu jeder Zeitschrift gehört inzwischen eine internetbasierte Datenbank, über die sowohl auf die Volltexte der dazugehörigen Entscheidungen als auch auf zahlreiche Online-Werke zugegriffen werden kann. Der id Verlag veranstaltet darüber hinaus knapp 200 Seminare pro Jahr zu allen Themen des Bau-, Immobilien- und Vergaberechts.

8. Einige Bewegung im Prozessrecht

1981 erschien bei C.H.Beck der bisher einzige selbständige Kommentar zum **Gerichtsverfassungsgesetz**. Damit ist es neben den Artikeln 20 Absatz 3, 92 und 97 des Grundgesetzes als eines der Fundamente der Justiz unseres Rechtsstaats endlich entsprechend gewürdigt worden. Bisher hatte man es nur in Teilen im Anhang der Kommentare zur Zivil- und Strafprozessordnung behandelt. Autor war Otto Rudolf Kissel. Im Erscheinungsjahr wechselte er gerade vom Amt des Präsidenten des Oberlandesgerichts Frankfurt zu dem des Präsidenten des Bundesarbeitsgerichts in Kassel. Heute liegt die 6. Auflage 2010 vor, wie damals mit beträchtlichem Umfang. Seit der 4. Auflage ist Herbert Mayer Mitautor, damals Vizepräsident des Oberlandesgerichts Stuttgart. Mit der 5. von 2008 hat Kissel die Weiterführung insgesamt an Herbert Mayer abgegeben, der inzwischen Richter am Bundesgerichtshof geworden ist.

Otto Rudolf Kissel schrieb auch einen reich bebilderten kulturgeschichtlichen Essay über die Personifikation der Justitia (2. A. 1997).

Das Buch beschreibt das «Kernstück unserer Gerichtsverfassung» mit den, wie es im Vorwort zur ersten Auflage heißt, «tragenden Prinzipien des Rechtsstaats». Kissel behandelt in einer klaren ruhigen Sprache die Stellung des Richters, seine Unabhängigkeit, auch im Spannungsfeld von § 1 des Gerichtsverfassungsgesetzes («nur dem Gesetz unterworfene Gerichte») und Artikel 20 Absatz 3 des Grundgesetzes, nach dem die Rechtsprechung an «Gesetz und Recht gebunden» ist, auch mit Beschreibung der geschichtlichen Entwicklung dieser Unabhängigkeit und ihren Problemen in der Gegenwart.

Im **Zivilprozessrecht** blieb es beim ehrwürdigen Kurz-Kommentar «Baumbach/ Lauterbach» zur ZPO, dem ersten Kommentar der Reihe, als «Taschenausgabe» 1924 bei Otto Liebmann erschienen, noch allein von Baumbach verfasst, schon damals in hellgrauem Leinen, aber ganz klein im Format mit 615 Seiten. Nach dem Tod von Wolfgang Lauterbach (1893–1973) wird er seit der 32. Auflage von Jan Albers und Peter Hartmann weitergeführt, heute in 70. Auflage 2012 als «Baumbach/Lauterbach/Albers/Hartmann». Daneben lief in der Gelben Reihe weiter der «Thomas/Putzo».

Neben dem 1992 in 1. Auflage erschienenen Münchener Kommentar zur ZPO (siehe dazu S. 327 f.) konnte im Verlag Franz Vahlen ein weiterer Kommentar zur ZPO, «von Praktikern für Praktiker», aufgebaut werden. Als Herausgeber wurde Hans-Joachim Musielak gewonnen, der über sein Lehrbuch zur ZPO eine enge Verbundenheit mit der Materie zeigte. Dieser erstmals 1999 erschienene Kommentar erfreut sich aufgrund seines gut strukturierten Aufbaus und seiner zuverlässigen Wiedergabe der herrschenden Meinung in Rechtsprechung und Literatur nicht nur als Buch, sondern auch im Rahmen von beck-online großer Beliebtheit. Mit der FGG-Reform wurde aus der ZPO das 6. Buch zu den Verfahren in Familiensachen ausgegliedert und in das Gesetz über Verfahren in Familiensachen und in Angelegenheiten der freiwilligen Gerichtsbarkeit –

FamFG – überführt. Diesem Umstand trägt der ebenfalls im Vahlen-Verlag erscheinende Kommentar Musielak/Borth, Familiengerichtliches Verfahren, Rechnung.

9. Handbücher sowie Vertrags- und Formularbücher

Das Handbuch als eigene, systematisch ausgerichtete, vornehmlich für die Rechtspraxis verfasste Buchgattung hat im Verlag zwar schon eine längere Tradition. Ein erstes lag bereits 1931, ein weiteres, größeres, bereits 1934 vor. Mehrere Handbücher kamen dann in den 1950er und 1960er Jahren auf den Markt. Maßgebliche Bedeutung erfuhr die Gattung «Handbuch» aber erst seit den 1970er Jahren. Ihre Entwicklung kann hier nur in Ausschnitten nachgezeichnet werden. Einzelne Handbücher werden auch in anderen Zusammenhängen beschrieben. Nun aber der Reihe nach:

a) Sauter, Der eingetragene Verein

Das wohl erste Werk, 1931, war die systematische, nicht mehr lehrbuchartige Darstellung von Eugen Sauter, «Der eingetragene Verein», veröffentlicht in Neuauflage 1951, also zwanzig Jahre später. Das Buch besteht weiter, ab der 7. Auflage von Gerhard Schweyer und von der 15. bis zur 19. Auflage (2010) bearbeitet von Notar Wolfram Waldner. Vom Volumen ist es mit knapp 400 S. eher ein ausführlicher Leitfaden; er präsentiert sich kartoniert im Format der Kurz-Lehrbücher.

b) Geigel, Der Haftpflichtprozess

1934 erschien mit dem «Haftpflichtprozeß» des Münchener Rechtsanwalts Reinhart Geigel das erste umfangreichere Handbuch, das er selbst bis zur 11. Auflage im Jahre 1962 bearbeitete und das von seinem Sohn Robert bis zur 17. Auflage im Jahre 1979 fortgeführt wurde. Seit der 18. Auflage 1982 wird das Werk von Günter Schlegelmilch und nunmehr von Rechtsanwalt Kurt Haag herausgegeben und von zahlreichen Autoren fortgeführt. Reinhart Geigel hat in seinem «Haftpflichtprozeß» die sog. Verkehrspflichten stets in den Vordergrund gestellt und sich bei den Anwendungsfällen des § 823 Absatz 1 BGB nicht mit der dogmatischen Struktur dieser Norm aufgehalten. Später wurde mit dem Reichshaftpflichtgesetz erstmals eine verschuldensunabhängige Haftung durch die Gefährdungshaftung geschaffen. Geigel wollte mit seinem «Haftpflichtprozeß», vor allem seinen Kollegen, die täglich mit Haftpflichtfragen zu tun hatten, einen Berater schaffen, der schnell und zuverlässig Auskunft geben konnte. Dies ist bis auf den heutigen Tag hervorragend gelungen.

c) Handbuch der Rechtspraxis (HRP)

Neben den Handbüchern mit einer primär systematischen Darstellung eines Rechtsgebiets hatte der Verlag mit der Reihe «Handbuch der amtsgerichtlichen Praxis» schon relativ früh den Buchtypus der Formularbücher in sein Programm aufgenommen. Beginnend mit dem von Siegfried Schrader begründeten Band I zum **«Zivilprozeß»** erschienen in dieser Reihe in den Jahres 1953–1956 insgesamt neun Bände, die seit 1970 bis auf den heutigen Tag unter dem Titel «Handbuch der Rechtspraxis» (HRP) fortgeführt werden. Besonders erfolgreich sind dabei die Bände von Hartmut Schöner und Kurt Stöber zum **«Grundbuchrecht»** (15. Auflage 2012) sowie zum **«Nachlassrecht»** von Karl Firsching und Hans Lothar Graf (9. Auflage 2008). Diese Reihe ist freilich weniger für den Anwalt als vielmehr für den Richter und Rechtspfleger konzipiert, obwohl auch die Parteien dort Anregungen für ihr Vorgehen erhalten können.

d) Bärmann/Seuß, Praxis des Wohnungseigentums

1954 brachte der Verlag ein Handbuch «Praxis des Wohnungseigentums» von Johannes Bärmann und Hanns Seuß auf den Markt, dessen 1. Auflage zwei Jahre zuvor unter dem Titel «Formularbuch zum Wohnungseigentumsgesetz» erschienen war. Siehe dazu oben S. 347.

e) Gesellschaftsrechtliche Handbücher

Mit Handbüchern zu gesellschaftsrechtlichen Themen war der Verlag lange Zeit weniger stark vertreten als mit Kommentarwerken. Schon früh erschien freilich mit dem Werk von Martin Sudhoff «Der Gesellschaftsvertrag der Personengesellschaften» ein neues bedeutendes Handbuch, dem vom selben Autor 1964 der Band «Der Gesellschaftsvertrag der GmbH», 1967 «Der Gesellschaftsvertrag der GmbH & Co.» und schließlich 1972 das «Handbuch der Unternehmensnachfolge» folgten. Alle vier Bücher wurden jeweils von mehreren Autoren bis 2005 fortgeführt. Die in der gesellschaftsrechtlichen Praxis bei Anwälten außerordentlich beliebten Sudhoff-Bände hatten immerhin fast 30 Jahre eine dominierende Stellung im Bereich der gesellschaftsrechtlichen Handbücher eingenommen. Dann aber wurden sie von anderen Werken abgelöst.

Mit dem 1988 von Rechtsanwalt Michael Hoffmann-Becking herausgegebenen Band «Aktiengesellschaft» begann das auf vier Bände angelegte

«Münchener Handbuch des Gesellschaftsrechts», das nunmehr in der 4. Auflage einen Gesamtumfang von rund 11 600 Seiten in sogar sechs Bänden hat. Zu seinen Autoren zählen viele der besten deutschen Gesellschaftsrechtler, vor allem Notare, Rechtsanwälte, Wirtschaftsprüfer und Steuerberater, aber auch Hochschullehrer. Es behandelt alle Gesellschaftsformen von der Gründung bis zur Abwicklung. Auch zum internationalen Gesellschaftsrecht und zu den grenzüberschreitenden Transaktionen findet man dort profunde Darstellungen. Im Bestreben, nichts auszulassen, wurde selbst die exotische Rechtsform der Partenreederei behandelt, die mit der Seerechtsreform von 2013 aber endgültig Geschichte geworden ist. Zu den besonderen Vorzügen des Werkes gehört es, dass es sich nicht als «Kochbuch» versteht, sondern wissenschaftlichen Ansprüchen genügt. Den Praktiker freut es nebenbei, dass als besonderer «Mehrwert» das Steuerrecht durchgehend mitbehandelt ist.

f) Bankrechts-Handbuch

Von großer Bedeutung ist auch das «Bankrechts-Handbuch» von Herbert Schimansky, Hermann-Josef Bunte und Hans-Jürgen Lwowski. Die Herausgeber sind 1997 mit dem Ziel angetreten, ein Handbuch zu realisieren, das «alle Rechtsmaterien des Bankrechts auf aktuellem Stand behandelt» (so das Vorwort zur 1. Auflage). Dieses Ziel wurde ebenso souverän erreicht wie jenes, «sich an den Praktiker des Bankrechts» zu wenden, «aber auch wissenschaftlichen Ansprüchen [zu] genügen». Die Herausgeber repräsentieren exemplarisch die Ausgewogenheit des Werkes: Schimansky als Vorsitzender Richter des Bankrechtssenats am Bundesgerichtshof, Bunte als Hochschullehrer mit einem Schwerpunkt bei Allgemeinen Geschäftsbedingungen und Lwowski als erfahrener Bankjurist. Mit seinen fast 6000 Seiten in zwei Bänden – in 1. und 2. Auflage erschien es sogar dreibändig – hat es «Maßstäbe gesetzt» und ist das «Standardwerk im Bereich des Bank- und Kapitalmarktrechts» geworden (vgl. Die Aktiengesellschaft 2011, S. R437).

g) Weitere Handbücher

Erst in den Jahren 1986 bis 1988 sind dann eine Vielzahl bedeutender Handbücher erschienen. Begonnen hat dies mit drei sehr erfolgreichen Werken auf dem Gebiet des Steuerrechts im weiteren Sinne. So sind in schneller Folge erschienen: zunächst 1986 das **«Beck'sche Steuerberaterhandbuch»**, herausgegeben von dem Kölner Steuerberater und Rechtsanwalt Jürgen Pelka, im Jahr 1987 das von Edgar Castan, Dieter Ordelheide und Gerd Heymann herausgegebene **«Beck'sche Handbuch der Rech-**

nungslegung», das derzeit in drei Loseblattordnern erscheint, sowie im selben Jahr das von Wolfgang Blumers, Jörg Frick und Lutz Müller herausgegebene «**Betriebsprüfungs-Handbuch**».

Ferner sind als «**Beck'sches Personalhandbuch**» im Jahre 1986 das unter der Gesamtredaktion von Joachim Spiegelhalter verfasste «Arbeitsrechtslexikon» sowie zwei Jahre später als zweiter Band eine integrierte Darstellung des Lohnsteuer- und Sozialversicherungsrecht unter der Redaktion von Christine Schlater und Richard Knur erschienen. Joachim Spiegelhalter war zunächst Arbeitsdirektor und später Geschäftsführer der Firma Buderus in Wetzlar. Er genoss hohes Ansehen in der betrieblichen Praxis, aber auch in der Wissenschaft. Seit 1984 war er Schriftleiter der «Neuen Zeitschrift für Arbeitsrecht» und über 30 Jahre ehrenamtlicher Richter am Bundesarbeitsgericht. Christine Schlater war Vorstandsvorsitzende der Allianz-Betriebskrankenkasse und zugelassener Rechtsbeistand in Rentenangelegenheiten. Ihre fundierten Kenntnisse auf dem schwer zugänglichen Gebiet des Lohnsteuer- und Sozialversicherungsrechts haben Band II maßgeblich bereichert. Das zweibändige Loseblattwerk ist vor allem bei mittelständischen Betrieben und den sie beratenden Rechtsanwälten beliebt.

Ebenfalls 1986 brachte der Hamburger Rechtsanwalt Wolfgang Gloy das «Handbuch des Wettbewerbsrechts» heraus (siehe oben S. 357). Auch 1987 gab es mit dem «**Handbuch des Stiftungsrechts**» von Werner Seifart, dem «**Handbuch des Erbrechts**» der Notare Helmut Freiherr von Oefele und Karl Winkler sowie dem zweibändigen «**Rechtshandbuch Immobilien**» unter der Herausgeberschaft des Stuttgarter Rechtsanwalts Wolfgang Koeble einige Bewegung. In diesem Jahr ist außerdem das «Beck'sche Rechtsanwalts-Handbuch», herausgegeben von den Rechtsanwälten Hans-Ulrich Büchting und Benno Heussen, erschienen (siehe dazu S. 503f.). Aus dem folgenden Jahr 1988 ist vor allem das von Hermann Hummel-Liljegren herausgegebene «**Lebensmittelrechts-Handbuch**» zu nennen.

h) Münchener Vertragshandbuch

Anfang der 1980er Jahre entstand im Verlag C.H.Beck ein dank seiner umfassenden Konzeption neuartiges Werk, das dem wachsenden Bedürfnis nach Gestaltungsmustern Rechnung trug. Zwar gab es bereits – etwa mit den «Heidelberger Musterverträgen» des Verlages Recht und Wirtschaft und bei C.H.Beck – Formularsammlungen, die jeweils Teilgebiete der Vertragsgestaltung abdeckten. Jedoch fehlte ein Werk, das in thematischer Hinsicht wie auch von der Darstellungstiefe her mehr als nur Ausschnitte geboten hätte und in dem Formulierungsvorschläge und Gestaltungsvarianten fundiert erläutert wurden. Die fünf Herausgeber Martin Heidenhain, Burkhard W. Meister, Rolf A. Schütze, Lutz Weipert und Gerrit Langenfeld, alle Rechtsanwälte und/oder Notare, die auch an Universitäten lehrten, konzipierten ein zunächst vierbändiges, heute in sechs Bänden erscheinendes Handbuch, das die drei Kerngebiete Gesellschaftsrecht, Wirtschaftsrecht (einschließlich Unternehmenskauf, Gewerblicher Rechtsschutz und öffentlich-rechtliche Verträge) und Bürgerliches Recht abbildet und seit der 4. Auflage auch englischsprachige Muster enthält. In den ersten Verlagsverträgen hieß das Werk noch «Formularkommentar»; später entschied man sich für die Bezeichnung «Münchener Vertragshandbuch». Dank seiner vielen erfahrenen und spezialisierten Autoren hat es sich einen ausgezeichneten Ruf erworben, und es wurde zum Vorbild für manche anderen Werke, auch für solche in anderen Verlagen.

i) Beck'sches Formularbuch Bürgerliches, Handels- und Wirtschaftsrecht

Um der immer wichtiger werdenden außergerichtlichen Vertragsberatung Rechnung zu tragen, veröffentlichte der Verlag nach längeren Beratungen im Jahre 1978 das «Beck'sche Formularbuch Bürgerliches, Handels- und Wirtschaftsrecht», das von dem Münchener Notar Helmut Schippel und dem Düsseldorfer Rechtsanwalt Michael Hoffmann-Becking herausgegeben wurde. Konzeptionell noch stärker auf die Tätigkeit des Anwalts oder Notars bei der Gestaltung von Verträgen und Schriftsätzen ausgerichtet, enthielt das Werk zahlreiche kommentierte Vertragsmuster. In einem umfangreichen Anmerkungsteil zu jedem Muster wurden Hinweise zur Gestaltung einzelner Klauseln, zum materiellen Recht, wie aber auch zu den anfallenden Kosten und Gebühren aufgenommen. Helmut Schippel war sowohl wissenschaftlich wie auch für den Berufsstand der Notare eine außergewöhnliche Erscheinung. Als langjähriger Präsident der Bundesnotarkammer hat er die Entwicklung des Notariats in Deutschland ganz entscheidend geprägt. Letztlich geht es auf ihn zurück, dass nach der Wiedervereinigung in den neuen Bundesländern entgegen den Bestrebungen der Anwaltschaft das Nur-Notariat eingeführt wurde. Mit dem Verlag war Helmut Schippel als Berater des Verlegers Hans-Dieter Beck bei der Planung von Verlagsprojekten, aber auch gewissermaßen als «Hausnotar», eng verbunden.

Neben dem hier angezeigten Formularbuch ist er Herausgeber des bei Vahlen erscheinenden, von Karl Seybold und Erich Hornig begründeten

Kommentars zur Bundesnotarordnung. Sein allzu früher Tod hat sowohl im deutschen Notariat als auch im Verlag eine schwer zu schließende Lücke hinterlassen. In Anerkennung der großen Verdienste von Helmut Schippel hat die Deutsche notarrechtliche Vereinigung den Helmut-Schippel-Preis für herausragende praxisbezogene wissenschaftliche Arbeiten auf dem Gebiet des Notarrechts ausgelobt. Für das bereits in elf Auflagen erschienene Formularbuch konnte der Verlag ab der 8. Auflage als neuen Mitherausgeber den Hamburger Notar Peter Rawert gewinnen.

k) Beck'sches Prozessformularbuch

Parallel zu diesem auf die Vertragsberatung ausgerichteten Formularbuch hat der Verlag 1980 das «Beck'sche Prozessformularbuch» unter der Herausgeberschaft der Rechtsanwälte Horst Locher und Peter Mes veröffentlicht. In diesem erfolgreichen Werk werden für alle Verfahrensarten, also auch für den Arbeits-, den Verwaltungs-, den Sozial-, den Finanzgerichtsprozess, Muster für vollständige Schriftsätze mit Tatsachenvortrag und rechtlicher Begründung dargestellt. Auch dieses bei der Anwaltschaft sehr beliebte und geschätzte Werk ist 2012 bereits in 12. Auflage erschienen. Horst Locher war seit 1957 bis zu seinem Tode im Jahre 2011 als Anwalt in einer mittelgroßen, auf das private und öffentliche Baurecht spezialisierten Kanzlei tätig. Er behandelte als erster 1964 das Problem der sog. Bausummenüberschreitung und entwickelte hierbei die Grundsätze, nach denen solche Fälle noch immer in Recht und Praxis behandelt werden. Wegweisend war sein Lehrbuch zum privaten Baurecht, aber auch das zum Recht der Allgemeinen Geschäftsbedingungen, das deutlich macht, dass seine Interessen weit über das Baurecht im engeren Sinne hinausgingen. Peter Mes zählt zu einem der führenden Anwälte im Bereich des gewerblichen Rechtsschutzes und ist seit vielen Jahren Herausgeber der Zeitschriften Gewerblicher Rechtsschutz und Urheberrecht (GRUR) und ihres internationalen Teils (GRUR-Int). Führend ist sein bei C.H.Beck erscheinender Kommentar zum Patent- und Gebrauchsmustergesetz. Ferner ist er Herausgeber des Münchener Prozessformularbuchs zum gewerblichen Rechtsschutz (siehe dazu S. 507).

l) Beck'sches Formularbuch für den Strafverteidiger

Das dritte große solitäre Werk unter den Formularbüchern ist das 1987 erstmals aufgelegte «Beck' sche Formularbuch für den Strafverteidiger», das zunächst von den Rechtsanwälten Rainer Hamm und Ingram Lohberger herausgegeben wurde. Später trat, ab der 5. Auflage, für Lohberger dessen Sozius Klaus Leipold als Herausgeber in das Werk ein. Eine besondere konzeptionelle Schwierigkeit dieses Formularwerks bestand darin, die prozessuale Arbeit des Strafverteidigers in Formularform abzubilden. Bei einigen der renommierten Strafverteidiger, die als Autoren gewonnen werden konnten, musste echte Überzeugungsarbeit geleistet werden. Diese hat sich aus Verlagssicht gelohnt, denn bis heute hat das Werk einen hohen Verbreitungsgrad.

m) Disketten und CD-ROMs in Formularbüchern

In einen geschichtlichen Überblick gehört auch eine Reihe, die zwar nicht mehr besteht, aber einen markanten Entwicklungsschritt bezeichnet: die Reihe der **Beck'schen Texthandbücher**. Der Familienrichter Hans-Joachim Vespermann bot dem Verlag eine Sammlung von Textbausteinen unter dem Titel «Scheidungs- und Scheidungsverbundverfahren» an, aus denen man mit Hilfe eines Computers für ganz individuelle Sachverhalte Schriftsätze zusammenstellen konnte. 1980 erschien das Grundwerk im Ringordner, Ergänzungslieferungen folgten. Aus dieser Idee entwickelte sich eine Reihe u.a. mit Werken des Notars Benno Keim und des Rechtsanwalts Jakob J. Peter. Die Computerwelt erreichte die Juristenwelt. Damals war noch nicht einmal der Personal Computer nach dem sog. Industriestandard durchgesetzt, dennoch sickerten jetzt **Disketten** (erst noch die «floppies» – so genannt weil sie biegsam waren – im Format 5¼ Zoll, dann im Format 3½ Zoll) in die Juristenbüros ein, zuerst oft nur in das Sekretariat. Das war der Auftakt. Die wesentlich speicherstärkeren CD-ROMs folgten allmählich ab Mai 1989, nachdem die NJW-Leitsatzkartei auf **CD-ROM** dieser Technik den Weg gebahnt hatte. CD-ROMs konnten, da besonders flach, leicht einem Buch beigelegt werden und wurden so auch selbstverständlicher Bestandteil vieler Beck'scher Hand- und Formularbücher. Für große Textvolumina stehen mittlerweile DVD bereit, ferner auch beck-online, das den Vorteil laufender Aktualisierung bietet.

10. Arbeitsrecht: Rechtsliteratur für ein uneinheitlich kodifiziertes Rechtsgebiet

Mit Außerkrafttreten des im NS-Staat erlassenen und noch bis 1947 fortgeltenden Arbeitsorganisationsgesetzes (siehe dazu oben S. 156 ff.) und nach Gründung der Bundesrepublik Deutschland wurden zur Neuordnung des Arbeitsrechts eine Vielzahl von Gesetzen verabschiedet, die teilweise in modifizierter Form bis heute Tag Gültigkeit haben. Trotz zahlreicher Anläufe ist es aber – anders als in der DDR, die ein Arbeitsgesetzbuch (AGB) erlassen hatte – bisher zu keiner Kodifikation des Individualarbeitsrechts und des Kollektiven Arbeitsrechts gekommen. Es gibt freilich auch Rechtsgebiete, die überhaupt nicht kodifiziert sind, wie vor allem das Arbeitskampfrecht.

Der Verlag war von Anfang bemüht, dieser Entwicklung nicht nur in Gesamtdarstellungen, sondern auch mit Kommentierungen der einzelnen Gesetze Rechnung zu tragen. Diese Anstrengungen reichen bereits bis in die frühe Nachkriegszeit zurück. Zu erwähnen ist dabei in erster Linie die bereits 1950 von Alfred Hueck und Carl Nipperdey begründete Reihe der Beck'schen Kommentare zum Arbeitsrecht, die sog. Grüne Reihe. Sie wurde 1950 eröffnet mit einem Kommentar zum **Tarifvertragsgesetz** von Hueck und Nipperdey, der damals noch 204 Seiten umfasste. Von diesem grundlegenden Werk zum Kollektiven Arbeitsrecht erschien bereits ein Jahr später die 2. und im Jahre 1955 zusammen mit Ernst Tophoven die 3. Auflage. Die völlig neu bearbeitete 5. Auflage wurde von Herbert Wiedemann und Herrmann Stumpf bearbeitet und umfasste bereits 800 Seiten. Die 7. im Jahr 2007 erschienene Auflage von Herbert Wiedemann zusammen mit Hartmut Oetker und Rolf Wank hat ihren Umfang mit fast 1900 Seiten mehr als verdoppelt. Der Kommentar stellt heute das führende Werk zum Tarifvertragsrecht dar.

Als zweites Werk in der «Grünen Reihe» erschien noch im Jahr seines Erlasses 1951 ein Kommentar von Alfred Hueck zum **Kündigungsschutzgesetz**, den er bis zur 8. Auflage allein fortführte und dann in die Hände seines Sohnes Götz Hueck übergab. Die 9. von ihm allein bearbeitete Auflage hatte noch einen Umfang von 391 Seiten, der inzwischen in der 15. von Gerrick von Hoyningen-Huene, Rüdiger Krause und Rüdiger Linck bearbeiteten Auflage auf ca. 800 Seiten in einem größeren Format angewachsen ist. Während bis Anfang der 1970er Jahre kein nennenswertes Konkurrenzwerk von vergleichbarem wissenschaftlichem Rang bestand, hat sich dies in den kommenden Jahren aufgrund der zunehmenden Bedeutung des Kündigungsschutzes grundlegend geändert.

So ist schon im Verlag C.H.Beck mit dem Großkommentar zum **Kündigungsschutzgesetz** von Reiner Ascheid, Ulrich Preis und Ingrid Schmidt, dessen 4. Auflage im Jahre 2012 mit einem Umfang von 2770 Seiten erschienen ist, eine veritable Konkurrenz im eigenen Haus entstanden. Hinzu kommen die beiden kürzeren Kommentare zum Kündigungsschutzgesetz von Schwarze/Eylert/Schrader mit knapp 700 Seiten sowie der bereits in 4. Auflage bei Vahlen erscheinende von Backmeister/Trittin/Mayer.

Aus anderen Verlagen seien neben vielen kleinen Werken vor allem der Heidelberger Kommentar und der sog. Gemeinschaftskommentar zum Kündigungsschutzgesetz erwähnt.

Im Übrigen gibt es kaum ein arbeitsrechtliches Gebiet, in dem so viele ganz auf die Praxis abgestellte Einzeldarstellungen erschienen sind, wie gerade das Kündigungsschutzrecht. Dazu darf beispielhaft nur auf den «Klassiker» von Jobst-Hubertus Bauer zu den arbeitsrechtlichen Aufhebungsverträgen, aber auch auf Spezialdarstellungen zur betriebsbedingten, personenbedingten und verhaltensbedingten Kündigung verwiesen werden.

In der arbeitsrechtlichen Praxis der Unternehmen war und ist das **Betriebsverfassungsgesetz** von ganz entscheidender Bedeutung. Zu dem am 11. Oktober 1952 verabschiedeten Gesetz erschien bereits ein Jahr später in der Grünen Reihe ein Kommentar von Rolf Dietz, den dieser bis zu der im Jahre 1967 erschienenen 4. Auflage fortführte. Von ihm hat die Bearbeitung 1973 sein Schüler Reinhard Richardi übernommen.

Reinhard Richardi, geboren 1937 als katholischer Berliner, wurde 1967 Professor an der Freien Universität Berlin. Im selben Jahr eskalierte die Studentenrevolte nach der Erschießung des Studenten Benno Ohnesorg durch einen Polizisten und Stasi-Spitzel. Richardi ging deshalb im nächsten Jahr an die Universität Regensburg, wo er trotz einiger Rufe an andere Universitäten geblieben ist, heute noch genauso fröhlich wie damals als Assistent in München. Dort ist er einer der profiliertesten Arbeitsrechtler in der Bundesrepublik mit einer bemerkenswerten Literaturliste geworden. Als Professor der Universität Regensburg wohnte und wohnt er dort noch heute, wo es sich für deren Professoren gehört, nämlich in der Gemeinde Pentling südlich der Stadt, seit 1969 auch schon Wohnsitz von Herrn Professor Joseph Ratzinger, zuständig für katholische Theologie. Aus der Nachbarschaft und der gemeinsamen Religion wurde eine Freundschaft. Noch heute besucht Reinhard Richardi mit seiner Familie den Freund im Vatikan an seinem Ruhesitz. Der verlieh ihm 1996 sogar einen Orden wegen seiner Verdienste im kirchlichen Arbeitsrecht. 2005 wurde Reinhard Richardi emeritiert.

Reinhard Richardi im Jahre 2007.

Die von Richardi besorgte 5. Auflage wurde notwendig, nachdem das Gesetz 1972 von der sozialliberalen Koalition Willy Brandts völlig neu erlassen worden war. Deshalb musste auch der Kommentar neu verfasst werden. Hatte die 4. Auflage von 1967 im Format der normalen Kurz-Kommentare 1200 Seiten, so kam Reinhard Richardi im mittleren Format zwischen diesen und dem Palandt auf 1700 Seiten, die in zwei Bänden 1981/82 erschienene 6. Auflage sogar auf 2166 Seiten. Er hat eine Vorliebe für die klare Dogmatik des bürgerlichen Rechts, aus dem das Arbeitsrecht sich entwickelte, damit auch eine Abneigung gegen die Lehre von der Sozialadäquanz, mit der Hans Carl Nipperdey bis heute das Streikrecht der Bundesrepublik begründet hat, auch als erster Präsident des Bundesarbeitsgericht. Das «System Nipperdey», wie es der ehemalige Justiziar der IG Metall Michael Kittner genannt hat. Die Sozialadäquanz ist ein Begriff, der Reinhard Richardi zu schwammig und ungenau bleibt, im bürgerlichen Recht nicht anerkannt, nicht einmal als «sozialtypisches Verhalten», das vorübergehend eine Rolle spielte, dann aber wieder abgelehnt wurde. Sein Kommentar zum Betriebsverfassungsgesetz ist seine wichtigste wissenschaftliche Leistung unter vielen anderen wichtigen. Zuletzt erschien 2011 die 13. Auflage, bearbeitet von Reinhard Richardi, Gregor Thüsing und Georg Annuß.

Eindeutiger Marktführer zum Betriebsverfassungsrecht im Hause Beck ist jedoch der von Karl Fitting, ehemals Ministerialdirektor im Bundesarbeitsministerium, bei Vahlen erscheinende Kommentar zum Betriebsverfassungsgesetz, der bei einem Umfang von knapp 2300 Seiten zuletzt in 26. Auflage 2012 erschienen ist und derzeit von Gerd Engels, Ingrid Schmidt, Yvonne Trebinger und Wolfgang Linsenmaier bearbeitet wird. Die Neuauflagen dieses Kommentars, der vor allem auch bei den Gewerkschaften höchstes Ansehen genießt, erscheinen jeweils rechtzeitig vor den alle vier Jahre stattfindenden Betriebsratswahlen. Der «Fitting» erscheint ähnlich wie der Palandt bewusst unter dem Autorennamen seines Gründers, obwohl dieser seit vielen Jahren verstorben ist. Der Kommentar stellt gewissermaßen das juristische Flaggschiff bei Vahlen dar und trägt in erheblichem Maße zum Umsatz dieses Verlages bei.

Schwieriger war das Leben von **Karl Fitting** (1912–1990). Sein Vater, ein hoher Offizier, heiratete eine Jüdin. Das ist damals sehr ungewöhnlich gewesen. Ihr Sohn studierte seit 1930 Jura in Frankfurt, Leipzig und Gießen. 1933 kam das «Dritte Reich» und damit das Ende seiner juristischen Ausbildung, aus zwei Gründen. Erstens war er schon früh Mitglied der SPD gewesen und dann, das war entscheidend, wechselte er seit ihrer

Gründung 1931 zu deren linksradikaler Abspaltung, der Sozialistischen Arbeiterpartei Deutschland, meistens SAP genannt. Zweitens war er über seine Mutter «Halbjude». Mit dieser Kombination hatte er keine Chance mehr, für ein juristisches Examen zugelassen zu werden. Die mütterliche Familie – nicht seine Mutter – ging ins Exil nach England, er auch, kam aber bald wieder zurück nach Deutschland und war von 1933 bis 1942 Fabrikarbeiter in einer Leipziger Pelzfärberei, vielleicht schon beteiligt an der Untergrundarbeit der verbotenen SAP. 1942, 29 Jahre alt, wurde er im Krieg zur Wehrmacht eingezogen und nach wenigen Monaten für drei Jahre in das österreichische Konzentrationslager Mauthausen gebracht, als politischer Häftling. Dieses Lager war berüchtigt durch die Zwangsarbeit in Granitsteinbrüchen. Das und der Mangel an Ernährung führten damals zur durchschnittlichen Lebensdauer eines Gefangenen zwischen sechs und neun Monaten.

Nach der Befreiung durch US-Truppen im Mai 1945 zog er zu Verwandten in München und wurde von der amerikanischen Militärregierung beschäftigt, die jemand wie ihn, einen juristisch gebildeten Nazi-Gegner, gut brauchen konnte. Er schrieb in ihrem Auftrag einen Gesetzentwurf für die Errichtung eines Arbeitsministeriums. Das Gesetz wurde schon im Juni erlassen. So begann sein Leben als Fachmann für Arbeitsrecht. Im Juli 1945 wurde er persönlicher Referent des ersten bayerischen Arbeitsministers im von der Militärregierung eingesetzten Kabinett Wilhelm Hoegners (SPD), blieb hier bis 1948 und kam dann in die Verwaltung für Arbeit im Wirtschaftsrat für die englisch-amerikanische «Bizone» in Frankfurt am Main. Diese wurde aufgelöst durch die Gründung der Bundesrepublik 1949 und Karl Fitting Mitarbeiter im Bundesministerium für Arbeit der Regierung Adenauer. Er stieg langsam auf im Bundesministerium, wurde Regierungsdirektor, Ministerialrat, Ministerialdirigent und Ministerialdirektor, dem höchsten Amt hinter dem politischen Staatssekretär. Schon das Betriebsverfassungsgesetz von 1952 hat er als zuständiger Referent entscheidend vorbereitet und gestaltet. Starken Einfluss hatte er auf die Entstehung des ganz neuen Betriebsverfassungsgesetzes von 1972, das dann von einer großen parlamentarischen Mehrheit beschlossen worden ist. Deshalb war Fitting auch der richtige Mann für den Kommentar zu diesem und dem Gesetz von 1952, der seitdem bei Vahlen erscheint. 1977 wurde er pensioniert. 1990 ist er gestorben, «der Vater der deutschen Betriebsverfassung», wie ihn Fritz Auffarth in einem Nachruf genannt hat.

Politisch in der Mitte zwischen «Richardi» einerseits und dem im Bund Verlag erscheinenden Kommentar von «Däubler» andererseits steht noch heute der «Fitting,» der als Hauptzielgruppe diejenigen hat, die nicht zum DGB gehören, die sog. «freien» Betriebsräte. Vorsichtig im Umgang mit dem «Faktischen der Normaktivität» (Peter Hanau) ist er bis auf den heutigen Tag juristisch salonfähig und hat wegen der noch großen Zahl «freier» Betriebsräte mehr Auflagen und Absatzzahlen als der «Richardi» und der «Däubler». Diese Konkurrenz zum «Richardi» kam 1970 mit dem Vahlen Verlag zu C.H.Beck. 2012 war der «Fitting» in der 26. Auflage, hatte vier neue Bearbeiter, darunter die Präsidentin des Bundesarbeitsgerichts Ingrid Schmidt, und umfasst 2260 Seiten.

In schneller Folge erschienen dann weitere Kommentare zu arbeitsrechtlichen Spezialgesetzen, wie zunächst der Kommentar zur **Arbeitszeitordnung**, den Denecke bereits 1950 herausbrachte und dessen inzwischen 16. Auflage von Dirk Neumann und Josef Biebl bearbeitet wird. Zu erwähnen ist aus dieser «arbeitsrechtlichen Frühzeit» aber auch der 1953 erstmals erschienene Kommentar zum **Schwerbeschädigtengesetz** von Herrmann Wilrodt und Otfried Gotzen, der inzwischen als Sozialgesetzbuch IX unter dem Titel «Rehabilitation und Teilhabe behinderter Menschen» in 12. Auflage von Dirk Neumann, Roland Pahlen und Monika Majerski-Pahlen bearbeitet wird. Im Jahre 1954 wurden dann Kommentare zum Mutterschutzgesetz von Gustav Adolf Bulla, zum Bundesurlaubsgesetz von Hermann Dersch und zum Arbeitsgerichtsgesetzt von Rolf Dietz und Arthur Nikisch veröffentlicht. Auch diese Werke werden bis auf den heutigen Tag fortgeführt, wobei in diesem Zusammenhang auf die herausragende Rolle von Dirk Neumann, ehemals Vizepräsident des Bundesarbeitsgerichts, hingewiesen werden muss, der sich sowohl als Herausgeber wie auch als Autor von vier Kommentaren große Verdienste um die Grüne Reihe erworben hat.

Die Zersplitterung des Arbeitsrechts führte ab Mitte der 1970er Jahre zu immer neuen Gesetzen, die nahezu durchweg in der Grünen Reihe eine Kommentierung fanden. Zu erwähnen ist hier an erster Stelle das **Gesetz zur Verbesserung der betrieblichen Altersversorgung** aus dem Jahre 1974, zu dem Wolfgang Blomeyer und Klaus Otto einen Kommentar verfasst haben, der inzwischen mit 1900 Seiten Umfang in 5. Auflage erschienen ist.

Die zunehmende Bedeutung des Arbeitsrechts und die Zersplitterung in zahlreiche Einzelgesetze mit einer kaum mehr überschaubaren Rechtsprechung ließen den Ruf nach einer Gesamtdarstellung immer stärker werden, nachdem das große Lehrbuch von Hueck und Nipperdey bei Vahlen nicht mehr fortgeführt wurde. Diese Lücke schloss im Verlag C.H.Beck zunächst Günter Schaub 1972 mit seinem **Arbeitsrechts-Handbuch**, das in den kommenden Jahren die Fortentwicklung des Arbeitsrechts ganz maßgeblich beeinflusste. Es stellt schon eine enorme Leistung dar, dass dieses umfangreiche Werk mit fast 3000 Seiten bis zur 9. Auflage von nur einem einzigen Autor verfasst wurde. Inzwischen haben die Richter am Bundesarbeitsgericht Ulrich Koch, Rüdiger Linck und Jürgen Treber sowie der Vizepräsident am LAG Hinrich Vogelsang die Bearbeitung übernommen.

Günter Schaub, geboren 1933, war Richter zunächst am Landesarbeitsgericht und wurde 1978 zum Richter am Bundesarbeitsgerichts in Kassel gewählt, 1980 zum Vorsitzenden Richter des 4. Senats ernannt. 1998 ging er in den Ruhestand und schrieb weiter wie vorher. Er kennt alles, weiß unendlich viel, Gerichtsentscheidungen unterer, mittlerer Arbeitsgerichte und des Bundesarbeitsgerichtes, Bücher und Beiträge in Zeitschriften. Das Schriftenverzeichnis in der Festschrift zu seinem 65. Geburtstag hat einen Umfang von 20 Seiten. In den nächsten fünf Jahren wurden es noch einmal 40 Aufsätze, daneben die Neuauflage des Handbuchs von 2002, die er aber zum Teil schon an zwei andere Kollegen vom Bundesarbeitsgericht – Ulrich Koch und Rüdiger Linck – abgegeben hatte. 2007 gab er die Bearbeitung eines weiteren Teils der 12. Auflage an den Richter des Landesarbeitsgerichts in Hannover, Hinrich Vogelsang, ab und schließlich seinen letzten Teil der 14. Auflage an einen dritten Kollegen vom Bundesarbeitsgericht, Jürgen Treber. Das war 2011. Nun war er 78 Jahre alt und seine Kräfte ließen nach. Wen wundert es nach dieser Lebensleistung? Das Buch trägt aber im Übrigen noch nur seinen Namen. Der hat überall einen guten Klang, auch bei den Gewerkschaften. Das ist im Arbeitsrecht selten. Jedenfalls bei den Professoren findet man

Schaub, Arbeitsrechts-Handbuch, 14. A. 2011.

mehr, die eher auf der Seite der sogenannten Arbeitgeber zu finden sind. Am 18. April 2013 ist Günter Schaub im Alter von 80 Jahren auf einer der von ihm so geliebten Seereisen gestorben.

Da der «Schaub» entsprechend seiner ganz auf die Praxis zugeschnittenen Konzeption auf eigene Problemlösungen weitgehend verzichtete, beschloss der Verlag bereits 1987 das Projekt des **Münchener Handbuchs zum Arbeitsrecht** mit einer großen Zahl von Autoren unter der Herausgeberschaft von Reinhard Richardi und Otfried Wlotzke. Dieses enzyklopädisch angelegte Handbuch auf wissenschaftlicher Grundlage schließt eine Lücke, die im Arbeitsrecht vor allem auch durch das Fehlen einer einheitlichen Kodifikation besteht. Der Einigungsvertrag zwischen den beiden deutschen Staaten hat zwar dem Gesetzgeber aufgegeben, zumindest das Individualarbeitsrecht zu kodifizieren, was jedoch bis heute Tag nicht geschah. Das dreibändige Werk des Münchener Handbuchs zum Arbeitsrecht erschien deshalb rechtzeitig nach der Wiedervereinigung in den Jahren 1992/93. Die ersten beiden Bände behandelten das Individualarbeitsrecht, der dritte Band das Kollektive Arbeitsrecht.

Die dritte, zweibändige Auflage, die von zwei weiteren Herausgebern Hellmut Wißmann und Hartmut Oetker betreut wird, hat einen Umfang von insgesamt über 5100 Seiten. Einen Schwerpunkt bilden die Sonderformen des Arbeitsrechts, die in den herkömmlichen Kommentaren und in zahlreichen Praxishandbüchern überwiegend nicht behandelt werden. Um diesem Mangel abzuhelfen, werden u. a. die atypischen Arbeitsverhältnisse, wie Teilzeitbeschäftigung oder Arbeitnehmerüberlassung, sowie die Besonderheiten in Handel, Bergbau und Landwirtschaft, das Arbeitsrecht im Öffentlichen Dienst und in den Kirchen, das Seearbeitsrecht, die Besonderheiten bei Bühne, Film, Sport und Presse sowie das Recht der ärztlichen Tätigkeit und sonstiger Berufe eingehend dargestellt.

Als dritte umfassende Darstellung des Arbeitsrechts erschien 1998 der **Erfurter Kommentar zum Arbeitsrecht** mit den Herausgebern Thomas Dieterich, Peter Hanau und Günter Schaub, der schon in der 1. Auflage 2730 Seiten umfasste. Er weicht in seiner Konzeption von den beiden zuvor geschilderten Gesamtdarstellungen ab. Der Titel knüpft an den Sitz des Bundesarbeitsgerichts an, der nach der Wiedervereinigung von Kassel nach Erfurt verlegt wurde. Der Kommentar enthält in alphabetischer Reihenfolge nahezu alle arbeitsrechtlichen Gesetze und erläutert diese nach dem System «Palandt». Der inzwischen jährlich erscheinende Erfurter Kommentar hat bereits 13 Auflagen erlebt und wird jetzt von Rudi Müller-Glöge, Ulrich Preis und Ingrid Schmidt herausgegeben.

Als Ergänzung seines Handbuches hat Schaub schon frühzeitig ein **arbeitsrechtliches Formular- und Verfahrenshandbuch** herausgegeben, das inzwischen in 10. Auflage von den Fachanwälten für Arbeitsrecht Peter Schrader und Gunnar Straube sowie dem Arbeitsrichter Hinrich Vogelsang bearbeitet wird. Parallel dazu erscheinen das von Wilhelm Moll herausgegebene und von einer großen Zahl von Autoren bearbeitete **Münchener Anwaltshandbuch Arbeitsrecht**, das mit ca. 2900 Seiten bereits in 3. Auflage 2012 veröffentlicht wurde, sowie das von mehreren Rechtsanwälten herausgegebene und bearbeitete Beck'sche Formularbuch Arbeitsrecht.

Das **Beck'sche Personalhandbuch** ist schon oben S. 368 behandelt worden.

Arbeitsschutz und Arbeitssicherheit spielen in der betrieblichen Praxis eine zunehmend stärkere Rolle, weshalb sich der Verlag nach anfänglichem Zögern dazu entschlossen hat, auch dieses mehr technisch orientierte Gebiet in sein Programm aufzunehmen. Entsprechend der Beck'schen Tradition begann man mit einer als Nipperdey II bezeichneten Loseblatt-Textsammlung mit Vorschriften des technisch-sozialen und medizinischen Arbeitsschutzes sowie der Arbeitssicherheit, die mit ca. 3220 Seiten von Norbert Franz Kollmer herausgegeben wird. Kollmer ist auch zusammen mit Thomas Klindt Herausgeber des Kommentars zu den Arbeitsschutzgesetzen, dessen 2. Auflage ca. 1050 Seiten umfasst. Kollmer ist schließlich auch der Verfasser des in 3. Auflage 2009 erschienenen Kommentars zur Arbeitsstättenverordnung sowie eines Leitfadens zum Arbeitsschutzgesetz und den Verordnungen.

Wohl wenige Rechtsgebiete sind von der **Rechtssetzung der Europäischen Gemeinschaft** so stark beeinflusst wie das Arbeitsrecht, insbesondere nachdem der Vertrag von Maastricht vom 7. Februar 1992 unter der Bezeichnung Sozialpolitik eine Regelungskompetenz für das Arbeitsrecht erhielt, allerdings unter Ausklammerung des Arbeitsentgelts sowie des Koalitions- und Streikrechts. In der Reihe Grundrisse des Rechts hat deshalb Gregor Thüsing einen Band zum Europäischen Arbeitsrecht verfasst. Auch in den Beck-Texten im dtv ist bereits in 4. Auflage ein Band zum EU-Arbeitsrecht erschienen. Eine umfassende Darstellung des EU-Rechts, welches das Arbeits- und Sozialrecht als Einheit versteht, haben Peter Hanau, Heinz-Dietrich Steinmeyer und Rolf Wank im «Handbuch des Europäischen Arbeits- und Sozialrechts» vorgelegt. Schließlich ist auch auf die 2008 gegründete «Europäische Zeitschrift für Arbeitsrecht» (EuZA) hinzuweisen.

Bereits 1948 hatte der Biederstein Verlag die Zeitschrift **«Recht der Arbeit»** mit dem Untertitel «Blätter für die Wissenschaft und Praxis des gesamten Arbeitsrechts» (RdA) gegründet. Sie erschien monatlich und wurde 20 Jahre lang von Hans Nipperdey herausgegeben (siehe dazu oben S. 244). Die RdA befindet sich ebenso wie die NJW im 66. Jahrgang und gehört somit zu den ältesten Zeitschriften des Verlages. Aufgrund der zurückgehenden Zahl der Abonnenten erscheint die RdA jedoch seit 1972 nur noch im Zweimonatsrhythmus.

Da die RdA das Bedürfnis der betrieblichen Praxis an der Darstellung aktueller Probleme, insbesondere einer Dokumentation der umfassenden Rechtsprechung des Bundesarbeitsgerichts, nicht mehr erfüllen konnte, gründete der Verlag im Jahr 1984 die zweimal im Monat erscheinende **«Neue Zeitschrift für Arbeits- und Sozialrecht (NZA)»**. Sie war nach der NStZ und der NVwZ die dritte Gründung der sogenannten «N-Zeitschriften», die in Zusammenarbeit mit der Neuen Juristischen Wochenschrift und zu deren Entlastung erscheinen. Die NZA war und ist für den Verlag ein in diesem Ausmaß nicht erwarteter wissenschaftlicher und wirtschaftlicher Erfolg, was neben den prominenten Herausgebern vor allem den beiden Schriftleitern Hans Joachim Spiegelhalter und Klaus Schmidt zu verdanken ist.

Neue Zeitschrift für Arbeitsrecht (NZA)

Nach der Neuen Juristischen Wochenschrift, dem Deutschen Steuerrecht und der Juristischen Schulung ist die NZA heute im Verlag die Zeitschrift mit der viertgrößten Abonnentenzahl. Wie schon bei Gründung geplant, wurde im Jahre 1993 das Sozialrecht in die monatlich erscheinende **«Neue Zeitschrift für Sozialrecht»** ausgegliedert, weshalb sich die NZA nunmehr ganz auf das Arbeitsrecht im engeren Sinne konzentrieren konnte. Um der Fülle der arbeitsrechtlichen Rechtsprechung gerecht zu werden, gibt die NZA-Redaktion seit 1996 den «NZA-Rechtsprechungs-Report Arbeitsrecht» (NZA-RR) heraus, der einmal monatlich erscheint.

Von besonderer Bedeutung ist die im Jahre 1950 gegründete **«Arbeitsrechtliche Praxis (AP)»**, die als Dokumentation der Rechtsprechung bis auf den heutigen Tag unverzichtbar ist. Seit Gründung des Bundesarbeitsgerichts im Jahr 1954 bezeichnet sie sich als «Nachschlagewerk des Bundesarbeitsgerichts». Sie erscheint systematisch geordnet als Loseblattausgabe, um so alle Entscheidungen zu einer Regelung mit einem Griff zu erhalten. Die erste Serie ab 1954 umfasst derzeit bereits 109 Ordner, die letzte und sechste Serie 33 Ordner. Eine Besonderheit dieser Sammlung besteht darin, dass nahezu jede wichtige Entscheidung des Bundesarbeitsgerichts mit einer kritischen Anmerkung aus der Rechtswissenschaft versehen wird. Wie sonst in keinem anderen Rechtsgebiet sind deshalb Rechtsprechung und Rechtswissenschaft miteinander verzahnt. Diese Konzeption der Sammlung war vor allem das Werk von Herrmann Stumpf, der seit 1957 die AP mit einem enormen zeitlichen Einsatz redaktionell bearbeitete und nach dem Tod von Rolf Dietz auch formal die Herausgeberschaft übernahm.

11. Das Sozialgesetzbuch und die Folgen für das Verlagsprogramm

Die Ursprünge des Sozialstaats in Deutschland sind eine Reaktion auf die industrielle Revolution des 19. Jahrhunderts, die dadurch bedingte massenhafte Verelendung ganzer Bevölkerungsschichten und deshalb befürchtete soziale Unruhen. Die auf Initiative von Reichskanzler **Otto von Bismarck** in den 1880er Jahren eingeführte Krankenversicherung für Arbeiter, Unfallversicherung sowie Alten- und Invaliditätsversicherung sollten die Schlagkraft der einflussreicher werdenden SPD zurückdrängen und die Stabilität der monarchischen Strukturen im Deutschen Reich schützen. Das anfängliche Motiv für die Einführung sozialstaatlicher Elemente ist damit – paradoxerweise – die Sicherung der Feudalgesellschaft.

Das Grundgesetz beschreibt die Bundesrepublik Deutschland nicht nur als demokratischen Rechts-, sondern auch als Sozialstaat. Viele Jahrzehnte blieb es aber bei der noch kurz vor dem Ersten Weltkrieg verabschiedeten Reichsversicherungsordnung (RVO) vom 19. Juli 1911. Daran änderte auch die von einem Beck-Autor, dem bayerischen Regierungsrat Franz Eichelsbacher, bereits 1921 geäußerte Kritik an dem Gesetz nichts: «Das Arbeiten mit der Reichsversicherungsordnung ist nachgerade zu einer Qual geworden.»

Vielleicht war dies der Grund, weshalb sich der Verlag auch nach Gründung der Bundesrepublik nur sporadisch mit dem Sozialrecht befasst hat. So blieb der «Aichberger» lange Zeit sein zentrales sozialrechtliches Werk. Er war seit 1949 die maßgebliche Textsammlung zur Reichsversicherungsordnung mit einer ständig zunehmenden Zahl sozialrechtlicher Gesetze, zunächst als gebundenes Werk, dann aber als Loseblattausgabe im Schönfelder-Format, herausgegeben von Friedrich Aichberger, zuletzt Senatspräsident am Bayerischen Landessozialgericht. Es hat eine von Franz Eichelsbacher 1914 begründete Textsammlung abgelöst.

1969 aber kündigte Bundeskanzler Willy Brandt in seiner Regierungserklärung an, die sozialliberale Koalition werde das Sozialrecht grundlegend reformieren und systematisieren. Das war der Startschuss für die Verabschiedung von bislang zwölf Büchern des Sozialgesetzbuchs, die im Zeitraum von 1975 (SGB – Allgemeiner Teil) bis 2005 (SGB II – Grundsicherung für Arbeitssuchende und SGB XII – Sozialhilfe) in Kraft getreten sind. Das hat – inzwischen mit **Stefan Rittweger**, Vorsitzender Richter am Bayerischen Landessozialgericht (LSG) als Herausgeber – zu einem vollständigen systematischen Umbau des «Aichberger» geführt. Seine Gliederung folgt nunmehr den Büchern des Sozialgesetzbuchs, denen weitere sozialrechtliche Normen jeweils systematisch zugeordnet werden.

Mit Erlass des Sozialgesetzbuchs entwickelte sich aber auch ein eigenständiges sozialrechtliches **Kommentarprogramm des Verlages**. Es steht inzwischen vor allem auf zwei Säulen: Die erste sind Kommentare, die das Sozialgesetzbuch in seiner Gesamtheit und teilweise noch mehr in einem Werk erläutern. Daneben aber gibt es – in bewährter Qualität – Erläuterungswerke zu jedem Buch des SGB in der «Gelben Reihe».

Am Anfang der ersten «Säule» steht der **«Kasseler Kommentar»**. Erste Überlegungen zu seiner Begründung gehen bereits auf das Jahr 1985 zurück. Danach hatte der Gesetzgeber mit der Verabschiedung des SGB I – Allgemeiner Teil (1975), des SGB IV – Gemeinsame Vorschriften für die Sozialversicherung (1976) und des SGB X – Sozialverwaltungsverfahren (1980) einen maßgeblichen Anfang gemacht. Die damals bestehenden, vier wesentlichen Versicherungszweige – Arbeitslosen-, Kranken-, Renten- und Unfallversicherung – waren dagegen noch nicht in das SGB überführt. Überführungen standen aber bevor. Deshalb wurde ein Bedürfnis für eine das Sozialversicherungsrecht umfassende Kommentierung gesehen. Dazu gab es von Verlagsseite die Überlegung, bei einem solchen Werk nach der erfolgreichen Konzeption des «Palandt» vorzugehen. Das hätte bedeutet: gebundenes Werk, knappe, konzentrierte, unter Verwendung zahlreicher Kürzel verfasste Kommentierung. Dies waren dann aber doch Parameter, die vielen potentiellen Autoren nicht sinnvoll erschienen. Dagegen sprach neben der Fülle der zu erläuternden Vorschriften deren Anfälligkeit für Änderungen durch den Gesetzgeber. Dann aber war (und ist?) das Sozialrecht keine Rechtsmaterie, die auch nur annähernd so dog-

11. Das Sozialgesetzbuch und die Folgen für das Verlagsprogramm

matisch und systematisch durch Rechtsprechung und Rechtswissenschaft geformt ist wie Kernmaterien des Zivilrechts. Dies alles sprach für eine ganz andere Konzeption: Loseblattwerk und ausführliche, dogmatisch begründete Kommentierung ohne übertriebene Auflistung von Judikatur. Da die Dogmatisierung des Sozialrechts Mitte der 1980er Jahre ganz überwiegend noch das Geschäft des Bundessozialgerichts (BSG) war, würde sich auch die Kommentierung zentral auf sie zu stützen haben. Und weil dieses Gericht – damals noch im selben Gebäude wie das Bundesarbeitsgericht – seinen Sitz in Kassel hat und weil auch mehrere Autoren in Kassel tätig waren, lag die Bezeichnung des Werks nahe: «Kasseler Kommentar Sozialversicherungsrecht».

Es hat dann aber noch vier Jahre und elf Monate seit der ersten Besprechung über das Vorhaben gedauert, bis das großformatige Loseblattwerk im Juni 1990 erschienen ist, zunächst noch einbändig und ohne Kommentierung des Sozialverfahrensrechts im SGB X. Autoren der ersten Stunde waren der Vorsitzende Richter am BSG Winfried Funk, der zugleich erster Redakteur und zentraler «Motor» des Kommentars in seiner Entstehungsphase war, der Hauptgeschäftsführer der Kassenärztlichen Bundesvereinigung Rainer Hess, der Richter am Bayerischen LSG Korbinian Höfler, Otto Ernst Krasney, der spätere Vizepräsident des BSG, Kurt Maier, Honorarprofessor und Erster Direktor der Landesversicherungsanstalt Braunschweig, Klaus Niesel, Richter am Bayerischen LSG, Karl Peters, Richter am BSG, Wolfgang Ricke, Hauptgeschäftsführer der Großhandels- und Lagerei-Berufsgenossenschaft und Otfried Seewald, Professor an der Universität Passau. Der Anfang war gemacht. Der Kommentar hat sich als das maßgebliche Erläuterungswerk für die sozialversicherungsrechtliche Praxis etabliert. Inzwischen ist er von ursprünglich rund 2000 Seiten auf mehr als 6500 Seiten angewachsen.

Die Idee eines «Palandt» zum Sozialrecht mit allen zwölf Büchern des SGB hat der Verlag aber nicht aufgegeben. Sie hat sich nur erst viel später verwirklicht. 2007 wurden deswegen drei Herausgeber aus den Bereichen Rechtsprechung, Sozialversicherungsträger und Universität angesprochen mit der Frage, ob und wie sich ein solches Werk realisieren lasse. Wie aber sollte das gelingen, wo doch schon allein der Abdruck des vollständigen Sozialgesetzbuchs über ein Drittel des gesamten zur Verfügung stehenden Umfangs benötigte? Wie konnte da noch Raum für eine vernünftige Kommentierung der Vorschriften sein? Vor diesem Hintergrund entstand die Idee einer nur auszugsweisen Kommentierung des Sozialrechts. Die drei Herausgeber Professor Ralf Kreikebohm, Erster Direktor der Deutschen Rentenversicherung Braunschweig-Hannover, Professor Wolfgang Spellbrink, Richter am BSG und Professor Raimund Waltermann, Universität Bonn, wagten die Auswahl aus dem Sozialgesetzbuch sowie weiterer sozialrechtlicher Gesetze, welche ihrerseits stets vollständig abgedruckt werden sollten. Bereits die erste Auflage des 2009 in der Reihe der Beck'schen Kurz-Kommentare erschienenen Kommentars stieß auf einen beachtlichen Erfolg, der schon zwei Jahre später wiederholt werden konnte. Mit der 2013 erschienenen dritten Auflage des Werks kann daher der Versuch gestartet werden, ebenso wie bei dem großen Vorbild zum BGB, jährlich eine Neuauflage auf den Markt zu bringen.

Als zweite Säule der kommentarmäßigen Erschließung des SGB sind im Verlag **Einzelkommentare der «Gelben Reihe»** erschienen. Vorreiter ist der ursprünglich von Günther Schroeder-Printzen, Vorsitzender Richter am BSG herausgegebene Kommentar zum **SGB X – Sozialverwaltungsverfahren**, der in 1. Auflage 1983 erschienen ist. Damals war das Werk allerdings noch nicht wirklich ausgereift. Es hatte immer wieder systematische Schwächen. Dies galt etwa für die Erläuterungen zu Rücknahme und Widerruf von Sozialverwaltungsakten. Dies hat sich längst geändert, seitdem der Herausgeber Matthias von Wulffen, Präsident des BSG, Bernd Schütze als Autor gewonnen werden konnte. Seit der 8. Auflage, 2013, also dreißig Jahre nach Begründung des Werkes, ist nun auch er Herausgeber des Kommentars. Inzwischen hat der Kommentar längst auch eine dogmatische Tiefe und Konsistenz aufzuweisen, die einen Vergleich mit Erläuterungswerken zum Verwaltungsverfahrensgesetz nicht mehr zu scheuen hat. Zu Recht beurteilt Rainer Schlegel (NVwZ 2009, 374) daher das Werk als den «Klassiker».

Als sich 1993 die Autoren zu dem Kommentar des 1989 erlassenen **SGB VI – Gesetzliche Rentenversicherung** mit Professor Ralf Kreikebohm als Herausgeber in Kassel trafen, betonte man seitens des Verlags, dass es im Vergleich zu anderen Gebieten des Sozialversicherungsrechts geradezu eine Freude sei, die Veröffentlichung eines Kommentars zum Rentenrecht zu betreiben. Hier seien keine größeren gesetzlichen Reformen mehr zu erwarten. Diese Hoffnungen trogen. Es dauerte allein bis zum Erscheinen der 1. Auflage noch bis zum Jahr 1997, bis in der Gelben Reihe des Verlags C.H.Beck endlich auch der Kommentar zum SGB VI erscheinen konnte. Die Rente war nie sicher und auch jetzt nach der 4. Auflage 2013 hören die Diskussionen zu neuen Reformen des Rentenrechts nicht auf.

Das **SGB V – Gesetzliche Krankenversicherung** ist 1988 verkündet worden. Dennoch ist lange kein gebundener Kommentar zum SGB V in der

11. Das Sozialgesetzbuch und die Folgen für das Verlagsprogramm 385

»Gelben Reihe« erschienen. Dies hatte zum einen den Grund, dass dieses Gesetz in erhöhtem Maße Änderungen ausgesetzt ist, die es erforderlich machen, einen Kommentar möglichst jährlich herauszubringen, wenn er aktuell sein soll. Zum anderen gab es bereits seit 1973 die «klassische» (Bernd Schulte) Kommentierung zur Gesetzlichen Krankenversicherung. Sie war schon zum Recht der Reichsversicherungsordnung als Loseblattwerk erschienen, herausgegeben von Dieter Krauskopf. Er war damals Leiter der Zentralen Abteilung beim Landesverband der Allgemeinen Ortskrankenkassen in Baden-Württemberg. Dieses vorwiegend von kompetenten Praktikern erläuterte Werk erscheint seit 1989 zum SGB V. Außerdem hatte es einen «gelben» Ordner. Daneben war es lange nicht sinnvoll, einen gebundenen Kommentar zum SGB V zu verlegen.

Die Verhältnisse änderten sich aber: 1995 wurde aufgrund des neuen **SGB XI** die **Pflegeversicherung** eingerichtet und bald mutierte der Kommentar von Krauskopf zum Kommentar «Soziale Kranken- und Pflegeversicherung». Die Kommentierung der allgemeinen Bestimmungen des SGB I und des SGB IV war ohnehin Bestandteil dieses Werkes. So blieb es auch nicht mehr bei einem Ordner. Die beiden neuen Ordner, mit einem Umfang von inzwischen mehr als 6000 Seiten, waren, der «Farbphiolosophie» des Verlages folgend, nicht mehr «gelb», sondern «grau». Und schließlich: Dieter Krauskopf zog sich als Herausgeber zurück und als seine Nachfolger fungieren nun die Vorsitzenden Richter am LSG Regine Wagner und Stefan Knittel. Damit war doch Platz für einen einbändigen «gelben» Kommentar zum SGB V entstanden.

Die häufigen Änderungen des **SGB V** hatten es weitgehend verhindert, das Recht der Gesetzlichen Krankenversicherung dogmatisch überzeugend zu systematisieren. Die auch auf das Sozialrecht spezialisierten Staatsrechtslehrer Ulrich Becker, Direktor des Max-Planck-Instituts für ausländisches und internationales Sozialrecht in München, und Thorsten Kingreen, Universität Regensburg haben dies als Manko angesehen und waren bereit, mit einem engagierten Team aus Hochschullehrern und versierten Praktikern aus den Kreisen der Sozialrichter, Rechtsanwälte und Krankenversicherungen einen dogmatisch durchdachten, auf die zentralen Grundaussagen des SGB V konzentrierten Kommentar vorzulegen. So geschah es. Neuauflagen erscheinen im Abstand von 18 bis 24 Monaten. Bereits die 4. Auflage wird für 2014 erwartet.

Viele Jahre vor dem «Becker/Kingreen, SGB V» ist bereits ein «Gelber Kommentar» zum **SGB XI – Soziale Pflegeversicherung** erschienen. Sein Autor und heutiger Herausgeber: Peter Udsching. Als er noch am niedersächsischen LSG tätig war, bestand der Plan, mit ihm und anderen Richtern einen Querschnittskommentar zum Kassenarztrecht zu publizieren. Dazu kam es nicht, nicht zuletzt, weil der Gesetzgeber das SGB XI auf den Weg brachte und weil Peter Udsching, inzwischen Vorsitzender Richter am BSG und Honorarprofessor an der Universität Osnabrück, das Gesetzgebungsverfahren und die Einführung des neuen Versicherungszweigs eingehend rechtspraktisch und wissenschaftlich begleitet hat. Also verfasste er den Kommentar zur Sozialen Pflegeversicherung in erster Auflage zunächst allein, dann unterstützt von Bernd Schütze, heute Richter am BSG und Andreas Bassen, heute Richter am SG sowie ab der dritten Auflage zusätzlich von Nicola Behrend, Richterin am BSG.

Die letzten Kommentare zum SGB der Gelben Reihe, die hier vorgestellt werden sollen, sind geprägt durch Zusammenlegung der bisherigen Arbeitslosenversicherung mit der Sozialhilfe, kurz Hartz IV genannt. Das war keine Zusammenfassung mehr, wie sie Willy Brandt meinte, sondern eine grundlegende Änderung des Sozialrechts und die deutliche Reduzierung seiner Leistungen. Bundeskanzler Gerhard Schröder hat sie 2003 angekündigt in seiner Regierungserklärung als «Agenda Zwanzig-Zehn» (2010) für seine rotgrüne Koalition mit den Worten: «Wir werden Leistungen des Staates kürzen.»

Damals war die Sozialhilfe im Bundessozialhilfegesetz (BSHG) geregelt. Über Leistungen nach diesem Gesetz entschieden die Verwaltungsgerichte. Deshalb hatte der Verlag mit im Sozialhilferecht versierten Verwaltungsrichtern unter der Herausgeberschaft von Christian Grube und Volker Wahrendorf einen Kommentar für die «Gelbe Reihe» vereinbart. Während aber die Manuskriptarbeiten abgeschlossen waren, wurde das BSHG von der Agenda 2010 eingeholt und das BSHG durch das **SGB XII – Sozialhilfe** ersetzt. Deshalb mußte das Werk praktisch neu geschrieben werden. Das geschah auch, aber noch mit dem Verständnis der Verwaltungsgerichte. Die Hartz-IV-Reformen hatten indes zusätzlich zu einer Zuständigkeitsänderung zugunsten der Sozialgerichte geführt. Die sahen nun manches anders als die eher dem Interesse des Staates verhafteten Verwaltungsrichter. Volker Wahrendorf ist dann nicht nur Honorarprofessor, sondern auch Richter am LSG Nordrhein-Westfalen geworden. Außerdem wurde das Autorenteam durch versierte Sozialrichter ergänzt.

Aber der Anwendungsbereich des SGB XII ist deutlich kleiner geworden als beim alten BSHG. Ziel der Hartz-IV-Reform war gerade, arbeitsfähige Menschen aus der Sozialhilfe zu nehmen und sie mit Instrumenten der Agentur für Arbeit wieder in den Arbeitsprozess zu integrieren. Sie gelten nunmehr als Arbeitssuchende, erhalten aber grundsätzlich ebenfalls nur einen staatlich mit Steuergeldern finanzierten Mindestsicherungsbetrag, dessen Höhe der Sozialhilfe entspricht. So werden auch Arbeitslose nach einer Schonfrist behandelt, während derer sie noch Leistungen aus der Arbeitslosenversicherung erhalten (das heute sogenannte Arbeitslosengeld I). Danach erhalten auch Arbeitslose nur den Sozialhilfesatz (das heute sogenannte Arbeitslosengeld II).

Der gesamte Kreis der Arbeitssuchenden wird aufgrund des «Vierten Gesetzes für moderne Dienstleistungen am Arbeitsmarkt» vom 1. Januar 2005 grundsätzlich von dem damit erlassenen **SGB II – Grundsicherung für Arbeitssuchende** erfasst. Es ist damit von erheblicher praktischer Bedeutung und Tragweite. Für eine Kommentierung dieses Gesetzes interessierten sich schon früh zwei engagierte Richter am BSG, Wolfgang Spellbrink und Wolfgang Eicher. Sie waren dem Verlag bereits als Herausgeber eines umfassenden, auch wissenschaftlich ambitionierten Handbuchs zum Arbeitsförderungsrecht bekannt. Nun wurden sie mit der Herausgeber des «gelben» Kommentars zum SGB II betraut und sie erfüllten ihre Aufgabe mit Bravour. Spellbrink organisierte schwerpunktmäßig den Kontakt zu den Autoren, Eicher sorgte mit Akribie für durchgängig exzellente Kommentierungen. 2013 freilich ist die 3. Auflage des Werkes nur noch mit dem Herausgeber Eicher erschienen, qualitätvoll wie die beiden vorherigen.

Die Hartz-IV-Reform hat dagegen auch die Bedeutung des **Arbeitsförderungsrechts** geschwächt und sich nun überwiegend auf die Regelung der Instrumente der Arbeitsvermittlung konzentriert. Der heute maßgebliche Kommentar dazu, erschien erstmals 1995 in der Gelben Reihe als gebundener Kommentar zum Recht der Arbeitsförderung, das damals noch im Arbeitsförderungsgesetz (AFG) geregelt war. Herausgegeben wurde das Werk vom Vorsitzenden Richter am Bayerischen LSG Klaus Niesel. Als Redaktor des Kasseler Kommentars zum Sozialversicherungsrecht war er es bereits gewohnt, ein Autorenteam trotz ständiger neuer Reformen und Gesetze erfolgreich zu einem Abschluss zu führen. Schon zwei Jahre später folgte 1997 die 2. Auflage und als ein Jahr später das AFG in das neue Dritte Buch des Sozialgesetzbuchs – Arbeitsförderung (SGB III) überführt wurde, kam bereits gleich der neue Kommentar zum SGB III heraus. Nach dem plötzlichen Tod von Klaus Niesel wurde aus dem Autorenteam des zuletzt 2012 in 6. Auflage erschienenen Kommentars Jürgen Brand, vormals Präsident des LSG Nordrhein-Westfalen, mit der Herausgabe des Werkes betraut.

Natürlich gibt es auch außerhalb der genannten Säulen der Kommentarliteratur zum SGB sozialrechtliche Werke, zum einen weil das SGB nur die meisten Zweige des Sozialversicherungsrechts regelt, zum anderen weil es nicht nur Kommentare gibt. Deshalb sollen auch noch **einige andere wichtige sozialrechtliche Werke** angesprochen werden.

Zuerst der erfolgreichste sozialrechtliche Kommentar in der Gelben Reihe, der das im **Sozialgerichtsgesetz (SGG)** geregelte Verfahren erläutert und erstmals 1977 erschien. Sein Autor war zwar einmal Richter, jedoch nicht am Sozialgericht, sondern am Amtsgericht. Jens Meyer-Ladewig wurde vom Verlag auf die Autorenschaft angesprochen, weil er Ende der 1960er Jahre als zuständiger Referatsleiter für die öffentlich-rechtlichen Prozessordnungen im Bundesministerium der Justiz der Sekretär des Koordinationsausschusses war, der von der Bundesregierung berufen war, Vorschläge für eine Vereinheitlichung der Verwaltungsgerichtsordnung (VwGO), der Finanzgerichtsordnung (FGO) und des SGG zu erarbeiten. Ziel des neuen Handkommentars sollte sein, nicht nur das Sozialgerichtsgesetz für die Praxis und die juristische Ausbildung kompakt darzustellen, sondern ebenfalls auf die Parallelvorschriften der VwGO, der FGO sowie der ZPO einzugehen. Über sieben Auflagen verfasste Meyer-Ladewig den Kommentar als alleiniger Autor und entwickelte den Kommentar zu dem Standardwerk zum SGG. Mit der 8. Auflage 2005 traten als weitere Mitautoren die Richter am LSG Mainz Wolfgang Keller und Richter am BSG Stephan Leitherer hinzu. Seit der 9. Auflage 2008 schreiben die beiden alleine das Werk erfolgreich fort und für 2014 ist bereits das Erscheinen der 11. Auflage vorgesehen.

Wesentliche Bedeutung hat auch ein frühes Werk zum **Arbeitsförderungsgesetz (AFG)** erlangt. Der Verlagsvertrag dazu stammt bereits aus dem Jahr 1975 und wurde mit Alexander Gagel und Professor Bernd Baron von Maydell geschlossen. 1979 wurde dieser Vertrag aber aufgehoben und durch eine Vereinbarung mit Gagel und Professor Friedrich Jülicher ersetzt. In deren Verträgen wurde geregelt, dass der Kommentar in der Grünen Reihe der Beck'schen Kommentare zum Arbeitsrecht veröffentlicht werden soll. 1979 kam der Kommentar zu den §§ 1 – 62 AFG heraus. Seit 1985 erscheint der Kommentar als Loseblattwerk mit zwischenzeitlich 50 Ergänzungslieferungen. 1999 wurde das AFG durch das Dritte Buch Sozialgesetzbuch – Arbeitsförderung ersetzt und der Titel des Kommentars daraufhin entsprechend umgestellt. Mit der Hinzunahme des Rechts der Grundsicherung für Arbeitsuchende (SGB II) wurde der Kommentar 2009 noch einmal umbenannt. Die in der Praxis enorme Bedeutung des sog.

Hartz-IV-Gesetzes ließ dabei das SGB II im Namen an die erste Stelle rücken (SGB II/SGB III). 2009 wurde Professor Karl-Jürgen Bieback neben Gagel Mitherausgeber des Werkes. 2010 schied Gagel als Herausgeber aus und Richterin am BSG Sabine Knickrehm folgte ihm nach. Seit 2013 mit dem Ausscheiden von Karl-Jürgen Bieback als Mitherausgeber sind nunmehr Sabine Knickrehm und Professor Olaf Deinert Herausgeber des Loseblattwerkes.

Aber auch bedeutende dogmatische Leistungen zum Sozialversicherungsrecht haben das Verlagsprogramm bereichert. Bertram Schulin, damals Professor an der Universität Konstanz, hatte es unternommen, die Renten-, Kranken- und Unfallversicherung in einem auf drei Bände angelegten «**Handbuch zum Sozialversicherungsrecht**» für die vertiefte Befassung mit diesen Rechtsgebieten zu erschließen. Die Bände sind im Zeitraum von 1994 bis 1997 erschienen. Dabei haben sie Pionierarbeit geleistet, weil diese Rechtsmaterien zuvor nur unzureichend wissenschaftlich erschlossen waren. Er und eine stattliche Anzahl von Autoren haben «auf vorbildliche Weise ... das Sozialversicherungsrecht in wissenschaftlich-systematischer Weise» aufgearbeitet (Bernd Schulte). Leider haben die Handbücher keine Neuauflagen erlebt, zumal sich Schulin später anderen Aufgaben zugewandt hat. Eine gewisse Nachfolge stellt nun aber das von Helge Sodan, Professor an der Freien Universität Berlin, herausgegebene, erstmals 2010 erschienene «**Handbuch des Krankenversicherungsrechts**» dar, das sich aber nicht nur auf das Recht der Gesetzlichen Krankenversicherung, sondern auch auf deren Verbindungslinien zur Privaten Krankenversicherung bezieht.

12. C.H.Beck als Gravitationszentrum des Verfassungsrechts

Drei wichtige Kommentare zum Grundgesetz ergänzten nun den schon von Heinrich Beck begonnenen **Maunz/Dürig**, der inzwischen auf dem Weg zum Großkommentar gewesen ist (siehe dazu schon oben S. 262 ff.). Der eine war mittelgroß, erschien seit 1976, der andere von 1989 gehört in die «gelbe» – tatsächlich orangefarbene – Reihe von kleinen Bänden unterhalb des Formats der Kurz-Kommentare, der jüngste folgte 1996 im «Palandt»-Format.

Herausgeber des mittelgroßen dreibändigen Kommentars war zunächst **Ingo von Münch** allein. Sein erster Band war zuerst 1975 im Berliner Athenäum-Verlag erschienen als Nachfolger des Verlags Junker und

Dünnhaupt. 1976 wurde das Unternehmen nach Kronberg im Taunus verlegt, trennte sich vom Juristischen und gab im Wesentlichen Werke der Philosophie und Geschichte, Literatur und Sozialwissenschaft heraus. Deshalb wechselte Ingo von Münch mit dem zweiten Band 1976 zu C.H.Beck. Dort erschien 1978 der dritte Band und 1983 die zweite Auflage des ersten. Nun waren alle drei zum ersten Mal in einem Verlag. Lange blieb es bei der dreibändigen noch von Athenäum gestalteten gelben Ausgabe, aber der zeitliche Abstand der Erscheinung der Einzelbände wurde mit wachsendem Umfang und zunehmender Zahl der Bearbeiter immer größer, so dass Herausgeber – seit 1978 war Ingo von Münchs Schüler Philip Kunig dazugekommen – und Verlag sich für die 6. Auflage 2012 entschlossen haben, den Kommentar mit Kürzungen von älterer Rechtsprechung und Literatur in verringertem Umfang von zwei Bänden gleichzeitig erscheinen zu lassen. Dadurch ist er sehr viel übersichtlicher geworden, war ja von vornherein auch als Lehr- und Lernkommentar für Studenten gedacht, und im Gegensatz zum konservativ staatstragenden Maunz/Dürig von bewusst liberaler Tendenz. Die Übersichtlichkeit zeigt sich schon in der eleganten Idee, die Kommentierung der Präambel des Grundgesetzes damit zu beginnen, dass auf der ersten Seite nach dem Text von 1990 kurz erwähnt wird, die Paulskirchenverfassung habe keine Präambel gehabt und dann der Text derjenigen der Reichsverfassungen von 1871 und 1919 wiedergegeben wird und schließlich der des Grundgesetzes von 1949.

Ingo von Münch wurde 1965 Professor in Bochum, ging 1973 an die Universität in Hamburg, wo er 1985 Vorsitzender der FDP wurde, sie in der Wahl 1987 wieder in die Bürgerschaft brachte und dann in einer Koalition mit der SPD bis 1991 Senator für Wissenschaft und Kultur gewesen ist. Sein Schüler **Philip Kunig**, Jahrgang 1951, studierte in Hamburg Sinologie und Rechtswissenschaft, wurde 1985 habilitiert, 1987 Professor in Heidelberg, 1988 an der Freien Universität Berlin, und ist seit 2010 neben seiner Berliner Professur Vizepräsident des von deutschen Hochschulen gegründeten Kuratoriums für den Aufbau einer Türkisch-Deutschen Universität in Istanbul.

Nun zu den Erläuterungen des Grundgesetzes in der Gelben Reihe: Hans Zacher hatte Recht, als er in der Rezension der ersten Auflage des «**Jarass/Pieroth**» von 1989 schrieb: «Der von Ingo von Münch geprägte Kommentar gilt seit langem als ein Optimum an differenzierter Information und Diskussion auf knappem Raum. Nun haben Hans D. Jarass und Bodo Pieroth dem allem doch noch etwas Neues hinzugefügt: ein Optimum an systematischer Information über das Gültige auf noch knapperem

Raum.» Das ist bis heute richtig, besonders für die im Vorwort als zweite Zielgruppe genannten Studenten und Referendare neben denen, die «in der Praxis mit Problemen des Grundgesetzes beschäftigt sind.» Denn mehr als hier auf den heute 1300 Seiten der «Gelben Reihe» geboten wird, braucht man als Grundlage im Studium und Referendariat tatsächlich nicht. Die wichtigsten Probleme des Verfassungsrechts werden knapp, aber ausführlich genug behandelt. Noch einmal Hans Zacher: «Der Wurf ist einfach gelungen.»

Hans Dieter Jarass und Bodo Pieroth sind beide 1945 geboren und Professoren in Münster, Bodo Pieroth seit 1993, Hans Dieter Jarass seit 1995; und sie waren es schon gemeinsam in Bochum von 1982 bis 1988. So entstand die Zusammenarbeit und erleichtert sie bis heute. Sie sind nicht Herausgeber mit anderen Bearbeitern, sondern Autoren des ganzen Kommentars.

Später ist noch ein weiterer umfassender Kommentar zum Grundgesetz auf den Markt gekommen. Der von **Michael Sachs** 1996 erstmals herausgegebene, inzwischen in 6. Auflage erschienene Kommentar hat trotz seiner Einbändigkeit mit heute knapp 2700 Seiten und 33 Autoren das Format eines Großkommentars. Michael Sachs, ein Schüler von Klaus Stern und seit 2001 Professor an der Universität Köln, hat mit Lerke Osterloh und Juliane Kokott von Anfang an zwei prominente weibliche Professoren in den Kommentar miteingebunden, aber darüber hinaus auch weitere Kollegen aus dem Umfeld von Klaus Stern wie Herbert Bethge, Michael Nierhaus, Helmut Siekmann und den zu früh verstorbenen Peter Tettinger. Die Qualitäten dieses Kommentars hat etwa Christian Waldhoff folgendermaßen beschrieben: «Mir erscheint der ‹Sachs› als das ideale Werk zwischen Wissenschaft und Praxis, für den Rechtsanwalt wie für den Hochschullehrer, das weit mehr als einen ersten Zugriff bietet. Wäre dies anders, hätte man sich auch nicht an einer eingehend begründeten Auffassung reiben können.»

Zuvor ist 1986 ein Buch erschienen mit dem merkwürdigen Titel «Staatsrecht. Systematische Erläuterung des Grundgesetzes». Verfasser **Peter Badura** war seit 1964 Professor in Göttingen, von 1970 bis zur Emeritierung 2002 an der Münchener Ludwig-Maximilians-Universität. Die erste Auflage hatte 633 Seiten, in der fünften von 2012 sind es 1047. Erst mal stutzt man. Ist das ein Lehrbuch des Staatsrechts oder ein Kommentar zum Grundgesetz? Es beginnt mit einer langen Einleitung unter «A», dann wird das Grundgesetz behandelt in zehn mit B bis L bezeichneten Gruppen, von B (Präambel) über C (Grundrechte) bis L (Übergangs- und Schlußbestimmungen). Was ist es also? Die Antwort eines der ersten Rezensenten, Fritz Ossenbühls, war 1987: etwas «Neuartiges». Mit anderen Worten, eine Mischung aus Lehrbuch und Kommentar. Schon er fand es sehr gut. Wenn man heute, zunächst skeptisch, in der 5. Auflage 2012 liest, weiter blättert, wieder liest, kommt man doch zum selben Ergebnis. Zum Beispiel Seite 20 bis 22 unter der Überschrift «Verfassungslehre, Staatslehre». Er zerschlägt den gordischen Knoten unzähliger Meinungen mit dem Satz:

«Die Verfassungslehre hat in ihrer Blüte während der Weimarer Zeit drei Hauptrichtungen hervorgebracht, deren Grundgedanken bis heute die staatsrechtliche Debatte dominieren: die reine Rechtslehre Hans Kelsens, die Integrationslehre Rudolf Smends und den Dezisionismus Carl Schmitts.»

Diese beschreibt er dann, Carl Schmitt zu milde, und am ausführlichsten die Integrationslehre, die auch seine eigene Lösung ist. Danach sind Staat und Verfassung nicht eine feststehende Ordnung von Institutionen wie Parlament, Regierung und Parteien, sondern eine Einheit von moralischen Wertvorstellungen und geistigen und kulturellen Gemeinsamkeiten, die sich ständig weiterbildet als dynamischer Prozess aktueller Probleme, in dem die Bürger als überindividuelle Einheit in politischer Freiheit miteinander verbunden – integriert – sind. Dann folgt eine lange Liste der dazugehörigen Literatur. Ebenso gut auf den Seiten 26 und 27 ein Überblick über die Gesamtdarstellungen des Verfassungsrechts von 2010 («Die literarischen Gattungen... sind das Lehrbuch, das Handbuch und der Kommentar»), der so vollständig wohl kaum anderswo zu finden ist. Unter D – «Der Bund und die Länder» – behandelt Ziffer 7 «Die Bundesrepublik Deutschland in einem Vereinten Europa» auf 40 Seiten die europäische Integration, deren Geschichte auf sieben Seiten ein wenig unübersichtlich ist. Gleichwohl, wie Ingo von Münch in der Rezension der 2. Auflage 2000 geschrieben hat: «ein vorzügliches, außerordentlich verlässliches, inhaltsreiches, sehr gut lesbares Buch, kurz: uneingeschränkt empfehlenswert». Auch für Studenten, allerdings jetzt auf mehr als tausend Seiten.

Ein Riesenwerk zum Staatsrecht hat **Klaus Stern** geschrieben. Er war wissenschaftlicher Assistent bei Theodor Maunz in München, wurde 1962 Professor an der Freien Universität Berlin, 1966 in Köln, war dort von 1971 bis 1973 Rektor der Universität und wurde 2000 emeritiert mit vielen Orden und Ehrendoktoraten.

Sein wichtigstes Werk und eine der beeindruckendsten Veröffentlichungen des Verlags ist **«Das Staatsrecht der Bundesrepublik Deutschland»**.

Es erschien von 1977 bis 2011 in fünf Bänden, also innerhalb von 34 Jahren, wobei der erste Band von 1977 noch einmal 1984 eine zweite Auflage hatte:

Band I: Grundbegriffe und Grundlagen des Staatsrechts, Strukturprinzipien der Verfassung, 2. Auflage, 1984, 1111 Seiten.

Band II: Staatsorgane, Staatsfunktionen, Finanz- und Haushaltsverfassung, Notstandsverfassung, 1980, 1544 Seiten.

Band III.1: Allgemeine Lehren der Grundrechte, 1988, 1643 Seiten.

Band III.2: Allgemeine Lehren der Grundrechte, 1994, 1918 Seiten.

Band IV.1: Die einzelnen Grundrechte, 2006, 2422 Seiten.

Band IV.2: Die einzelnen Grundrechte, 2011, 2235 Seiten.

Band V: Die geschichtlichen Grundlagen des deutschen Staatsrechts, 2000, 2298 Seiten.

Klaus Stern in der Festschrift zu seinem 65. Geburtstag 1997.

Insgesamt hat diese Darstellung des Staatsrechts einen Gesamtumfang von 13 171 Seiten mit etwa 12 700 Seiten Text und den von Frau Helga Stern und Helfern angefertigten Namen- und Sachverzeichnissen. Das Manuskript hat Klaus Stern zum größten Teil selbst geschrieben, und zwar handschriftlich. Das wurde von seinen Sekretärinnen zunächst mit der Schreibmaschine, später mit dem PC in eine allgemein lesbare Form gebracht. Im dritten und vierten Band hat er seit 1988 Teile von seinen Schülern und ehemaligen Assistenten Michael Sachs und Johannes Dietlein schreiben lassen, die inzwischen auch schon Professoren geworden waren. Den fünften, die deutsche Verfassungsgeschichte von 2000, hat er wieder allein geschrieben, damit von den ungefähr 12 700 Seiten Text etwas mehr als 9200 Seiten. Von Michael Sachs und Johannes Dietlein sind es nicht ganz 3600 Seiten, auf jeder Seite bei allen drei zu einem großen Teil sehr viele und sehr klein gedruckte Anmerkungen.

In dem gesamten Werk von Klaus Stern spürt man dessen enorme Fachkenntnis. Sie wird verstärkt durch eine Masse historischer Einzelheiten und das ganze verbunden mit einer hohen Konzentration des Schreibens, wie sie wohl nur handschriftlich möglich ist und so eine eindrucksvolle sprachliche Prägnanz erreicht. Es ist schon imposant, wie zum Beispiel beim Lesen der 200 Seiten des 2. Bandes zum Finanz- und Haushaltsrecht, das vom Verfasser dieses Berichts ruhig und gern gelesen und auch verstanden wurde.

Man fragt sich allerdings, warum Klaus Stern sämtliche 1500 Jahre deutscher Verfassungsgeschichte auf mehr als 2000 Seiten beschreibt, also das umfangreichste Buch dieser Art überhaupt, und sich nicht beschränkt auf die jüngere deutsche Verfassungsentwicklung. Die richtige Antwort hat wohl Werner Frotscher gegeben. Grund sei Sterns Verständnis der Verfassungsgeschichte als Geschichte des deutschen Nationalstaats. Der sei heute zwar europäisch eingebunden, aber, so Klaus Stern in seinem Vorwort, «das Abdanken oder Absterben der Staaten in einer immer engeren Europäischen Union und trotz zunehmender Globalisierung wird nicht stattfinden» (Seite VIII). Deshalb, so Walter Frotscher, ist der «Staat der Deutschen» ein Begriff, der in dieser Verfassungsgeschichte bis zur Wiedervereinigung immer wieder verwendet wird, und er meint zu Recht, dass gewisse Zweifel bleiben, ob nicht am Beginn des 21. Jahrhunderts eine weniger national gefärbte verfassungsgeschichtliche Perspektive näher liege. Allerdings, so Frotscher wieder zu Recht, verdient die Bewältigung der Aufgabe, die sich Klaus Stern gestellt hat, uneingeschränkte Bewunderung. Man werde nicht nur immer sorgfältig informiert, sondern auch durch die hervorragende sprachliche Durcharbeitung des Textes geradezu in den Bann geschlagen.

Und das Gesamturteil über dieses Riesenwerk? Walter Pauly meint, eine umfassende Darstellung des Staatsrechts sei 1977 dringend notwendig gewesen, äußert aber leise Zweifel, ob ein Einmannunternehmen auf Dauer gesehen die richtige Lösung ist. Das Staatsorganisationsrecht von 1984 jedenfalls ist heute nicht mehr auf dem neuesten Stand, während vom vergleichbaren, von Josef Isensee und Paul Kirchhof in dreizehn Bänden mit einer dreistelligen Autorenzahl herausgegebenen «Handbuch des Staatsrechts» in 3. Auflage eine aktuellere Übersicht gegeben wird; zehn Bände davon seit 2003 liegen bereits vor. Christian Starck allerdings, der staatsrechtliche Kollege Klaus Sterns in Göttingen, meint in seiner abschließenden Rezension von 2011: «Geschaffen wurde ein unvergleichliches Kompendium des Staatsrechts, das die Rechtsprechung und Lehrmeinungen der Autoren ordnend und abwägend zuverlässig darstellt» und er «gratuliert». Gut, dem schließt sich der Berichterstatter an, zumal dieser «nur» Rechtshistoriker und Zivilrechtler ist.

Vergleicht man die fünf schon beschriebenen Beck'schen Kommentare – Maunz/Dürig, Jarass/Pieroth, Sachs, v. Mangoldt/Klein und v. Münch/Kunig – mit denen anderer Verlage, dann steht ihnen auf einer ähnlichen Stufe der Bedeutung wohl nur ein einziger gegenüber, nämlich der vom Regensburger Professor Horst Dreier herausgegebene und bei Mohr Siebeck erschienene Grundgesetz-Kommentar, drei Bände, jetzt in zweiter Auflage 2004/2006. Neben diesen sechs gibt es noch neun andere (genannt werden jeweils die Herausgeber), davon fünf bei C.H.Beck und dem dazugehörigen Nomos Verlag (Volker Epping/Christian Hillgruber 2009; Christoph Gröpl/Kay Windthorst/Christian von Coelln 2013; Helge Sodan 2. Auflage 2011; im Nomos Verlag Dieter Hömig 9. Auflage 2010 und der knappe Bürgerkommentar von Christof Gramm und Stefan Ulrich Pieper). Zwei erschienen bei C.F. Müller Heidelberg (Rudolf Dolzer/Karin Graßhof/Wolfgang Kahl/Christian Waldhoff, Bonner Kommentar, Loseblatt, Stand 2013; Dieter C. Umbach/Thomas Clemens, Mitarbeiterkommentar, 2 Bände, 2002), je einer im Verlag Erich Schmidt Berlin (Karl Heinrich Friauf/Wolfram Höfling, Berliner Kommentar, Loseblatt, Stand 2012), Verlag Otto Schmidt Köln (Gerhard Leibholz/Hans-Justus Rinck/Dieter Hesselberger, Kommentar an Hand der Rechtsprechung des Bundesverfassungsgerichts, Loseblatt, Stand 2013), Luchterhand Verlag (Erhard Denninger/Wolfgang Hoffmann-Riem/Hans-Peter Schneider/Ekkehart Stein, Alternativkommentar, seit 3. Auflage als Loseblattausgabe, Stand 2001) und Carl Heymanns Verlag Köln (Bruno Schmidt-Bleibtreu/Hans Hofmann/Axel Hopfauf, 12. Auflage, 2011).

Nimmt man dazu das Staatsrecht von Peter Badura (5. Aufl. 2012) und die fünf Bände «Staatsrecht» von Klaus Stern bei C.H.Beck neben dem von Josef Isensee/Paul Kirchhof in 3. Auflage herausgegebenen «Handbuch des Staatsrechts» bei C.F. Müller, dann ist wohl zutreffend, wenn Walter Pauly den Verlag C.H.Beck «als Gravitationszentrum des deutschen Verfassungsrechts» bezeichnet (Rechtswissenschaft und Rechtsliteratur S. 927).

Aber auch das beste Verfassungsrecht nutzt nicht ohne entsprechende Verfahrensregelungen. Folgerichtig trat am 17. April 1951, kurz nach der Verkündung des Grundgesetzes, das Bundesverfassungsgerichtsgesetz in Kraft. Zwei Kommentare des Verlages begleiten dieses Gesetz von Anfang an: der von Hans Lechner 1954 erstmals herausgegebene und seit der 4. Auflage von Rüdiger Zuck fortgeführte Gelbe Kommentar, der derzeit in 6. Auflage von 2011 vorliegt. Den zweiten Kommentar begründete 1964 Theodor Maunz zusammen mit Bruno Schmidt-Bleibtreu und Franz Klein. Das inzwischen auf zwei Bände angewachsene Werk wird heute maßgeblich von Herbert Bethge geprägt. Neben ehemaligen Bundesverfassungsrichtern wie Karin Graßhof, Dieter Hömig und Rudolf Mellinghoff wirken mittlerweile auch jüngere Staatsrechtslehrer wie Christian von Coelln, Ralf Müller-Terpitz und Jochen Rozek mit.

13. Das Verwaltungsrecht wird immer wichtiger

Bereits mit dem «Eyermann/Fröhler» begann für den Verlag ein ähnliches Übergewicht im Verwaltungsprozess- und allgemeinen Verwaltungsrecht, das bis heute demjenigen nahekommt, was im vorigen Unterabschnitt für das Verfassungsrecht beschrieben worden ist. **Erich Eyermann**, damals Oberregierungsrat, und **Ludwig Fröhler**, Regierungsrat, beide im bayerischen Wirtschaftsministerium, waren die Autoren eines Kommentars von 1950 zum Verwaltungsgerichtsgesetz (VGG), das 1946 für die Länder der amerikanischen Besatzungszone erlassen worden ist und erst 1960 durch die Verwaltungsgerichtsordnung abgelöst wurde, die in der ganzen Bundesrepublik eine einheitliche Regelung gebracht hat. Ihr Kommentar war ein schmaler großer Leinenband im hellen Grau der Kurz-Kommentare und fast im selben Format, das heute der sehr viel umfangreichere Palandt hat. Es gab keine Konkurrenz. 1947 war zwar im Stuttgarter Poeschel Verlag ein sehr kurzer Kommentar erschienen, den Paulus van Husen geschrieben hatte, früher Richter am Preußischen Oberverwaltungsgericht und am Reichsverwaltungsgericht der NS-Zeit. Aber sein Buch war nicht wieder aufgelegt worden.

Neben dem Eyermann/Fröhler gab es nur noch eine ernsthafte Konkurrenz, nämlich den von Hans Klinger, Präsident des Landesverwaltungsgericht Hannover, geschriebenen Kommentar zur Militärregierungsverordnung Nr. 165 von 1948 für die Länder der britischen Zone, ebenfalls 1950 erschienen, und zwar im Göttinger Verlag Otto Schwartz. Er hatte ein kleineres Format, vergleichbar mit dem der Beck'schen Kurz-Kommentare, war aber etwas umfangreicher als der Eyermann/Fröhler. Auch hier gab es einen Vorgänger von 1949, geschrieben vom Düsseldorfer Verwaltungsrichter Theodor van de Sandt, sehr viel dünner und ebenfalls nicht wieder aufgelegt. Die beiden Gesetze, das VGG und die Militärregieruns-Verordnung waren sehr ähnlich, mit einer Art Generalklausel für die Zuständigkeit der Gerichte und auch für die Anfechtbarkeit von Verwaltungsakten, die früher nur nach dem Enumerationsprinzip angegriffen werden konnten, also nur dann, wenn die Anfechtbarkeit in dem Gesetz zugelassen war, auf dessen Grundlage der Verwaltungsakt erging. Deshalb lag in der ersten Auflage des Eyermann/Fröhler eine Konkordanzliste der beiden Gesetze, so dass er auch in den Ländern der britischen Zone benutzt werden konnte. Wahrscheinlich hat man ihn auch in den drei Ländern der französischen Zone zu Hilfe genommen – das waren die Länder Baden, Württemberg-Baden und Rheinland-Pfalz, die jeweils eigene Gesetze zur Verwaltungsgerichtsbarkeit hatten. Kommentare zu diesen Gesetzen sind allerdings nicht in Erscheinung getreten. Vergleicht man die Kommentierung von Eyermann/Fröhler und Klinger, dann ist das juristische Niveau der beiden erfreulich hoch und etwa gleich gut. Der Eyermann/Fröhler ist allerdings besser gegliedert und übersichtlicher.

Als dann mit der **Verwaltungsgerichtsordnung (VwGO)** die ganze Materie bundeseinheitlich neu geregelt wurde, hat nur der Eyermann/Fröhler überlebt, wahrscheinlich weil er sofort im Geburtsjahr der VwGO 1960 in neuer Auflage erschien. Im Übrigen war es für den Eyermann/Fröhler nicht nur ein Überleben. Er hatte nun den doppelten Umfang wie der Kommentar zum VGG und war bis in die siebziger Jahre der am meisten verbreitete. Das Schicksal wäre mit den fleißigen Autoren des Kommentars ungerecht verfahren, wären sie nicht auch in ihren beruflichen Stellungen für ihre enorme Arbeit belohnt worden: Erich Eyermann wurde Senatspräsident am Bayerischen Verwaltungsgerichtshof, Ludwig Fröhler zunächst dort ebenfalls Richter und später dann Professor an der Universität Linz. Ihr Buch hatte in schneller Folge neun Auflagen, ein «Pionierwerk der ersten Stunde, das auf kaum einem Verwaltungsrichterschreibtisch fehlte» (Andreas Voßkuhle), inzwischen noch besser gegliedert in Randziffern. Bis heute erscheint es, inzwischen in der 13. Auflage von 2010, fortgeführt von fünf hohen Richtern (Harald Geiger, Michael Happ, Ingo Kraft, Klaus Rennert, Jörg Schmidt), wird aber inzwischen bedrängt durch einen zuerst 1974 erschienenen kleineren Kommentar der Beck'schen Gelben Reihe.

Der war geschrieben von einem hochbegabten Workoholic, **Ferdinand Otto Kopp**. Er hatte in den drei Jahren 1955–57 nacheinander das Examen als Diplomvolkswirt, Diplomkaufmann und das Referendarexamen bestanden, 1957 außerdem noch zum Dr. iur. promoviert und wurde dann wegen seiner enormen Sprachkenntnisse – englisch, französisch, italienisch, spanisch, portugiesisch, arabisch, türkisch, japanisch, chinesisch – Assistent am Münchner Institut für Rechtsvergleichung, nach dem zweiten Staatsexamen Richter am Münchner Verwaltungsgericht, dann am Bayerischen Verwaltungsgerichtshof, nebenbei habilitiert und 1970 Professor an der Universität Graz. Hier hat er zwei Standardkommentare in der Gelben

Reihe geschrieben, den von 1974 zur Verwaltungsgerichtsordnung und den anderen von 1976 zum Verwaltungsverfahrensrecht, ebenfalls ein «Pionierwerk der ersten Stunde» (Andreas Voßkuhle), denn im selben Jahr war das Gesetz erlassen worden. 1978 ging er an die neue Universität Passau. Dort ist er früh gestorben im Alter von 63 Jahren, vielleicht auch, weil er seine Arbeitskraft mit der immer wieder notwendigen Betreuung neuer Auflagen der beiden Standardwerke ständig überfordert hatte.

Für die Abfassung des zweiten Kommentars zum **Verwaltungsverfahrensgesetz** war Ferdinand Kopp durch seine – ebenfalls bei Beck erschienene – Habilitationsschrift «Verfassungsrecht und Verwaltungsverfahrungsrecht» prädestiniert und hat schon mit der ersten Auflage ein Standardwerk geschrieben in seiner «zupackenden... durchaus eigenständigen... und kritischen Kommentierung» (Andreas Voßkuhle). Es sei «nach seiner Gestalt ein Kleinkommentar, nach seinem Gehalt ein Großkommentar» (Albrecht Grundei). Beide Werke sind bis heute geblieben, was sie damals waren, Standardwerke, der erste in der Bearbeitung vom Mannheimer Professor Wolf-Rüdiger Schenke (Kopp/Schenke, VwGO, 19. Auflage 2013), der andere zum Verwaltungsverfahrensrecht in der von Ulrich Ramsauer, Professor in Hamburg und seit 2008 Vorsitzender Richter am Oberverwaltungsgericht der Stadt (Kopp/Ramsauer, VwVfG, 14. Auflage 2013).

Neben den beiden Kommentaren von Kopp und demjenigen von Eyermann sind zwei weitere führende Standardwerke zu nennen: Bereits in den 1970er Jahren gegründet wurde ein «grauer» Kommentar zum Verwaltungsverfahrensgesetz. Verfasser waren hohe Richter und Ministerialbeamte: **Paul Stelkens**, **Heinz Joachim Bonk** und **Klaus Leonhardt**, dem 1993 **Michael Sachs**, jetzt Professor in Köln, nachfolgte. Unter der Herausgeberschaft von Stelkens, Bonk und Sachs erschien der Kommentar 2008 in der 7. Auflage mit sechs Verfassern (Bonk, Sachs, Dieter Kallerhoff, Heribert Schmitz, Werner Neumann, Ulrich Stelkens). Eine Neugründung der 1990er Jahre ist der zweibändige, rote Loseblatt-Kommentar zur Verwaltungsgerichtsordnung unter der federführenden Herausgeberschaft des Freiburger Professors **Friedrich Schoch**. Mit-Herausgeber waren zunächst Eberhard Schmidt-Aßmann, Professor in Heidelberg, und Rainer Pietzner, Vorsitzender Richter am Bundesverwaltungsgericht. Seit 2012 wird der Großkommentar von Schoch sowie von dem Freiburger Professor **Jens-Peter Schneider** und von **Wolfgang Bier**, Vorsitzender Richter am Bundesverwaltungsgericht, herausgegeben. Beide Kommentarwerke sind das Ergebnis einer tiefgreifenden wissenschaftlichen und rechtspraktischen Durchdringung des Verwaltungsverfahrens- und des Verwaltungsprozessrechts. Aufgrund der umfassend verarbeiteten Materialfülle sind sie notwendige Arbeitsgrundlage für jede vertiefte Befassung mit diesen Rechtsbereichen.

Das Verwaltungsrecht ist im Übrigen immer wichtiger geworden, nicht nur in seinem allgemeinen, sondern auch in seinem besonderen Teil, dessen althergebrachte Bereiche das Polizei-, Bau- und Kommunalrecht waren. Heute sind es sehr viel mehr. Als Beispiel für die eher «klassischen» Bereiche des besonderen Verwaltungsrechts zunächst einige Bemerkungen zum **öffentlichen Baurecht**, das mit dem Bauplanungsrecht und dem Bauordnungsrecht zweigeteilt ist.

Das Bauordnungsrecht ist – ungenau gesprochen – das ältere, regelmäßig Landesrecht. Es regelt vor allem die technischen Einzelheiten für die Sicherheit von Gebäuden, ihre äußere Form (Höhe, Abstände usw.) und das Genehmigungsverfahren. Das Planungsrecht ist eher jüngeren Datums und bestimmt insbesondere, ob, wo und zu welchem Zweck ein Grundstück gebaut werden darf. Das geschah zum ersten Mal umfassend im **Bundesbaugesetz** von 1960, mit dem der Begriff der Planung endgültig Teil des Verwaltungsrechts geworden ist. 1987 ist es durch das **Baugesetzbuch** abgelöst worden. Mit seinen Kommentaren zu diesen Gesetzen hatte der Beck'sche Verlag ebenfalls eine starke Stellung gegenüber anderen gewonnen. 1965 begann es mit einer einbändigen Loseblattausgabe zum Bundesbaugesetz. Willy Zinkahn und Walter Bielenberg eröffneten den Reigen. Heute sind es fünf Loseblatt-Bände unter dem Namen **Ernst/Zinkahn/Bielenberg/Krautzberger** mit sechzehn weiteren Autoren und 2013 rund 13 570 Seiten nicht nur zum Baugesetzbuch, sondern auch zu einigen anderen Vorschriften, wie etwa zur Baunutzungsverordnung und zur Planzeichenverordnung. Nachdem Walter Bielenberg im Jahr 1999 wegen einer schweren Erkrankung sämtliche Arbeiten am Kommentar einstellen musste, hat Michael Krautzberger die Federführung übernommen. Dank seines persönlichen Engagements und seiner vielfältigen Kontakte wurde der «EZBK» zum Großkommentar, dessen Aktualität die Konkurrenzwerke kaum erreichen.

Daneben der einbändige Kommentar in der Gelben Reihe von **Ulrich Battis, Michael Krautzberger** und **Rolf-Peter Löhr**, zuerst 1985 mit fast 1600 Seiten zum Bundesbaugesetz, heute zum Baugesetzbuch von denselben drei in der 11. Auflage 2009 mit mehr Text auf nun 1500 Seiten. Er war als Kommentar des ersten Zugriffs konzipiert, der dem Benutzer zeigt, «was gilt». Die Neuauflagen erschienen zuverlässig nach jeder BauGB-Novelle, pünktlich zu ihrem Inkrafttreten, sodass der Kommentar nunmehr auch als «Palandt» des öffentlichen Baurechts bezeichnet wird (Reinhard Wilke). Das namensgebende Autorenteam hat sich mittlerweile geändert, fortgeführt wird der Kommentar jetzt von Ulrich Battis, Stephan Mitschang und Olaf Reidt, der Markenname «BKL» ist aber geblieben (12. Auflage 2013, im Erscheinen).

Vervollständigt wird das öffentlich-baurechtliche Programm des Verlages durch zahlreiche Publikationen, wie etwa das inzwischen zweibändige von **Michael Hoppenberg** und **Siegfried de Witt** herausgegebene Handbuch des öffentlichen Baurechts. Der Zunahme immer neuer Fachplanungsgesetze trug der Verlag in besonderer Weise Rechnung. So entstanden neben dem umfangreichen Werk von **Bernhard Stüer** zum Bau- und Fachplanungsrecht, 4. Auflage 2009, auch eine Reihe von Werken zu Spezialthemen wie Müller/Schulz, Bundesfernstraßengesetz und Bundesfernstraßenmautgesetz, 2. Auflage 2013. Wesentliche Bezüge zum Baurecht weist aber auch das von **Dieter Martin** und **Michael Krautzberger** herausgegebene Handbuch «Denkmalschutz und Denkmalpflege». Es behandelt neben beweglichen und Bodendenkmälern insbesondere die Baudenkmäler, die dafür geltenden denkmalschutzrechtlichen Anforderungen und die Grundsätze des denkmalpflegerechtlich angemessenen Umgangs mit ihnen.

In den siebziger Jahren enstand als neues Gebiet des Verwaltungsrechts das **Umweltrecht**, eine Leistung der sozialliberalen Koalition Willy Brandts, der schon im Wahlkampf 1961 den blauen Himmel über der Ruhr versprochen hatte. In schneller Folge ergingen neue Gesetze, vom Fluglärmgesetz und Benzinbleigesetz 1971 über das Abfallgesetz 1972, das Bundes-Immissionsschutzgesetz 1974, abgekürzt BImSchG, und andere bis zum Chemikaliengesetz von 1980. Das Umweltbundesamt wurde gegründet und der Sachverständigenrat für Umweltfragen, der bald ein «Vollzugsdefizit» feststellte. Aber immerhin. Neue Professuren wurden eingerichtet und besondere Vorlesungen gehalten. Auch der Verlag C.H.Beck reagierte, zunächst mit neuen Kommentaren und der Erweiterung des Großkommentars zur Gewerbeordnung von **Landmann/Rohmer** um einen dritten Band «Umweltrecht» von 1977. Die Kommentierung war zunächst auf das BImSchG beschränkt und wurde im Laufe der Jahre auf das gesamte Umweltrecht erweitert. 1991 erfolgte eine Ausgliederung in ein eigenständiges Loseblatt-Werk Landmann/Rohmer, Umweltrecht, das inzwischen vier Bände umfasst. Der Großkommentar wurde bis 2006 von **Klaus Hansmann**, Ministerialrat im nordrhein-westfälischen Umweltministerium, herausgeben. Die jetzigen Herausgeber sind **Martin Beckmann, Wolfgang Durner, Thomas Mann** und **Marc Röckinghausen**. Ein weiterer bedeutender Kommentar zum Bundes-Immissionsschutzgesetz wurde von **Hans Dieter Jarass** 1983 in der Gelben Reihe veröffentlicht. Er liegt jetzt in 9. Auflage 2011 vor.

Die Kommentare von Philip Kunig, Gerfried Schwermer und Ludger-Anselm Versteyl zum Abfallgesetz 1988 (jetzt Versteyl, Thomas Mann, Thomas Schomerus, Kreislaufwirtschaftsgesetz 2012), sowie die bereits seit den 1960er Jahren bestehenden beiden Kommentare zum Wasserhaushaltsgesetz von Frank Sieder, Herbert Zeitler, Heinz Dahme und Günther-Michael Knopp sowie von Manfred Czychowski und Michael Reinhardt sind ebenfalls schnell zu Standardwerken geworden.

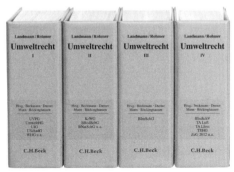

Landmann/Rohmer, Umweltrecht, 67. A. 2013.

Der Verlag dehnte seine Veröffentlichungen im Laufe der Zeit auf weitere Gebiete des Besonderen Verwaltungsrechts aus, wie z. B. durch das vom ehemaligen Polizeipräsidenten von Düsseldorf **Hans Lisken** und dem Frankfurter Hochschullehrer **Erhard Denninger** herausgegebene Handbuch des Polizeirechts, das aktuell in 5. Auflage 2012 vorliegt.

14. Zunehmende Bedeutung des Europarechts

Nach Gründung der Bundesrepublik Deutschland setzte ab 1951 der Prozess der europäischen Integration ein, der zur Entwicklung einer neuen Rechtsmaterie führte, dem Europarecht. Hier zunächst ihre wichtigsten Meilensteine:

Am Beginn steht 1951 die **Gründung der Montanunion** (Europäische Gemeinschaft für Kohle und Stahl) durch die Bundesrepublik Deutschland, Frankreich, die Benelux-Staaten und Italien. 1957 folgten mit den Römischen Verträgen die **Europäische Wirtschaftsgemeinschaft** (EWG) und die **Europäische Atomgemeinschaft** (Euratom).

Mit dem **Vertrag von Maastricht** entstand 1992 die Europäische Union (EU) als übergreifendes Dach über den drei Gemeinschaften. Er schuf zudem zwei weitere Formen der Zusammenarbeit: die Gemeinsame Außen- und Sicherheitspolitik (GASP) und eine einheitliche Justiz- und Innenpolitik (ZBJI). Des weiteren wurden die Unionsbürgerschaft sowie Regelungen für eine Wirtschafts- und Währungsunion vereinbart. Bei letzteren zeigten sich aber schon bald Schwierigkeiten, weil die gemeinsame Währung nicht durch die notwendigen gemeinsamen wirtschafts- und sozialpolitischen Maßnahmen flankiert worden war. Der **Vertrag von Amsterdam** hat 1997 deshalb zu einer Stärkung des Europäischen Parlaments und zur Vereinfachung von Verfahrensabläufen geführt. Als problematisch stellte sich dann aber zusätzlich die **Osterweiterung 2004** dar, die der **Vertrag von Nizza** 2001 vorbereitet hatte. Die Europäische Union war in 53 Jahren von 6 auf 15 Mitglieder gewachsen. Jetzt kamen weitere 10 Mitglieder hinzu, und zwar mit unrichtiger Gewichtung der Stimmen in Kommission und Ministerrat. Das hatte zur Folge, dass kleine und mittlere Staaten im Sinne einer Blockadepolitik agieren konnten.

Der **Vertrag von Lissabon** erhob die von einer Arbeitsgruppe unter Leitung von Roman Herzog verabschiedete **Charta der Grundrechte** der Europäischen Union zum maßgeblichem Vertragsrecht und korrigierte zugleich das Mehrheitsmodell des Vertrags von Nizza. Die damit geschaffenen Instrumente haben sich insgesamt freilich nicht als ausreichend herausgestellt, eine 2009 einsetzende schwere Wirtschaftskrise in der Europäischen Union und der gemeinschaftlichen Währung, des Euro, zu verhindern.

Das Europarecht umfasst nun folgende Rechtsquellen: Zunächst das **Primärrecht**. Es beinhaltet das Verfassungsrecht der EU, aktuell also den Vertrag über die Europäische Union (EUV) und den Vertrag über die Arbeitsweise der Europäischen Union (AEUV) einschließlich der Charta der EU-Grundrechte. Das **Sekundärrecht** ist die europäische Gesetzgebung der dafür im Primärrecht vorgesehenen Organe. Dies sind Verordnungen und Richtlinien. Erstere gelten einheitlich und unmittelbar in den Mitgliedstaaten, letztere sind von ihnen in nationales Recht zu transformieren. Durch diese Rechtsakte ist die europäische Integration immer stärker Realität in den nationalen Rechtsordnungen geworden. Sie betreffen zunehmend etwa das Wirtschaftsrecht, das Energierecht, das Landwirtschaftsrecht, das Verkehrsrecht oder das Dienstleistungsrecht. So bestimmt nicht mehr nur das nationale Recht diese Rechtsgebiete. Es wird vielmehr zunehmend von unmittelbar geltendem europäischem Recht verdrängt.

Im Europarecht hat sich der Verlag C.H.Beck zunächst nicht wesentlich engagiert. Es erschienen vielmehr Lehrbücher in anderen Verlagen, etwa das verdienstvolle, aber mit einem Umfang von 1100 Seiten für Studenten kaum brauchbare Großlehrbuch des in Hamburg lehrenden Hans Peter Ipsen «Europäisches Gemeinschaftsrecht», das Mohr Siebeck herausbrachte. Europarechtliche Werke erscheinen aber vor allem im **Nomos Verlag** in Baden-Baden, allen voran 1958 zum Inkrafttreten des EWG-Vertrags das Werk von Hans von der Groeben und Hans von Boeckh. Als mehrbändiger Kommentar hatte es lange Zeit eine Alleinstellung. In den Folgejahren traten als Herausgeber zunächst Jochen Thiesing und Claus-Dieter Ehlermann und später dann Jürgen Schwarze hinzu, die das Werk entscheidend mitgeprägt haben. Zwar hat der Nomos Verlag mit dem einbändigen schwarzen «EU-Kommentar» von Jürgen Schwarze noch ein weiteres Kommentarwerk im Programm. Es bietet jedoch nicht die wissenschaftliche Tiefe wie ein Großkommentar und rangiert daher in einem anderen Marktsegment. Nur im Verlag Franz Vahlen gab es seit 1960 einen kleineren Kommentar zum EWGV von Wohlfahrt/Everling, der aber wegen großer Aktualisierungsschwierigkeiten nicht neu aufgelegt werden konnte.

Zunächst in der Reihe der Beck'schen Kurz-Kommentare geplant, später aber in Loseblattform realisiert, erschien dann erst 1984 bei C.H.Beck ein ausführlicher Kommentar zum Vertrag über die Europäische Wirtschaftsgemeinschaft mit 23 Bearbeitern, herausgegeben von **Eberhard Grabitz**. Damit war ein neuer Großkommentar begründet. Dessen zügiger Aufbau in den Folgejahren war vor allem Verdienst des tatkräftigen Herausgebers, der leider schon 1992 verstorben ist.

Nach dem Tod von Grabitz verstärkte sich die Unruhe des europäischen Primärrechts. Zahlreiche inhaltliche Veränderungen einschließlich der daraus resulierenden Notwendigkeit zu einer übergreifenden redaktionellen Neustrukturierung der Verträge seit 1992 fielen in die Zeit des neu bestellten Herausgebers **Meinhard Hilf**, Professor ehemals an der Universität Hamburg und nunmehr an der Bucerius Law School. Unter dessen Ägide konnten

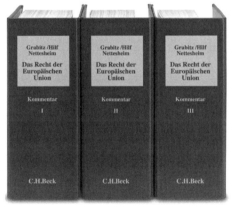

Grabitz/Hilf/Nettesheim, Das Recht der Europäischen Union, 50.A. 2013.

bis 2009 immerhin weitere 35 Ergänzungen, teilweise sogar zu ausgewählten Bereichen des Sekundärrechts, publiziert werden. Der Kommentar hatte damals bereits 74 Autoren und einen Umfang von über 8200 Seiten.

Eine weitere Zäsur für den Kommentar stellte der Vertrag von Lissabon im Jahr 2009 dar. Mit dem AEUV musste ein völlig neues Regelwerk erläutert werden. Verlag und Herausgeber reagierten blitzschnell mit der Erhöhung der Zahl der Bearbeiter auf 84. So konnte der Kommentar zügig von Grund auf neu aufgebaut werden. Unter der neuen Herausgeberschaft von Professor **Martin Nettesheim**, Professor an der Universität Tübingen, sind von 2010 bis heute zehn weitere Ergänzungslieferungen veröffentlicht worden, so dass nach nunmehr insgesamt 50 Ergänzungslieferungen der «Grabitz/Hilf/Nettesheim» im Umfang von über 6000 Seiten fast vollständig auf dem neuesten Stand ist. Aus den bisher fünf Bänden der Kommentierung nach dem Vertrag von Nizza wurden drei, weil die vor der Kommentierung erfolgte vollständige Wiedergabe der Vertragstexte am Anfang wegfiel und auf die bisherige Kommentierung von «Sekundärrecht» verzichtet wurde. So steht der «Grabitz/Hilf/Nettesheim» für Wissenschaft und Praxis des europäischen Primärrechts wieder an der Spitze der Kommentierungen.

Allein geblieben ist er deshalb nicht. Neben ihm sind in unterschiedlichen Phasen der Europäischen Integration drei andere Kommentare bei C.H.Beck zum Primärrecht begründet worden: Zunächst entstand – noch zum EWGV – in der Gelben Reihe der Kommentar des inzwischen emeritierten Professors **Rudolf Geiger** (ehemals Universität Leipzig), der in 5. Auflage 2010 zusammen mit **Daniel-Erasmus Khan**, Professor an der Universität der Bundeswehr München) und **Markus Kotzur** (Professor an der Universität Hamburg, bearbeitet wird. Als Beck'scher Kurz-Kommentar erschien 2003 das von dem Münchner Staatsrechtslehrer **Rudolf Streinz** herausgegebene Werk «EUV/AEUV» mit immerhin über 50 Verfassern, das inzwischen in 2. Auflage 2012 mit nahezu 3000 Seiten vorliegt. Zudem wurde dem Verlag ein zunächst im Luchterhand-Verlag begründeter, ehemaliger «Assistentenkommentar» angeboten. Er wird von **Christian Calliess**, Professor an der Freien Universität Berlin, und seinem Jenaer Kollegen **Matthias Ruffert** herausgegeben und liegt heute im Verlag C.H.Beck in 4. Auflage 2011 mit stattlichen 3150 Seiten vor. Dieser Kommentar verfolgt übrigens eine originelle Form der Erläuterung: Streitfragen werden stets in einem Dreierschritt erläutert: Rechtsprechung und Praxis, Literatur und Stellungnahme des jeweiligen Autors. So erkennt jeder Leser auf einen Blick, wo im Einzelfall die Fronten der juristischen Diskussion verlaufen.

Zur **Charta der EU-Grundrechte** sind bei C.H.Beck daneben zwei eigenständige Kommentare erschienen. Der erste aus dem Jahre 2006 unter dem Titel «Kölner Gemeinschaftskommentar zur Europäischen Grundrechte Charta» wurde herausgegeben von den Professoren Peter J. Tettinger und Klaus Stern, der andere ind er Gelben Reihe verfasst von Hans D. Jarass, Professor an der Universität Münster. Davon ist 2013 eine 2. Auflage erschienen.

Seit 1993, also bereits vergleichsweise früh, hat Manfred Dauses (Professor an der Universität Bamberg) das «**Handbuch des EU-Wirtschaftsrechts**», ein erstes wichtiges Werk zum europäischen Sekundärrecht, herausgegeben. Bis heute sind 32 Ergänzungslieferungen mit insgesamt rund 4500 Seiten erschienen. Allein ein Hand- oder Lehrbuch, nicht aber ein Kommentar, ist in der Lage, das systematische Zusammenwirken von einschlägigem EU-Sekundärrecht, also von Verordnungen und Richtlinien, einerseits und korrespondierenden nationalen Vorschriften andererseits verständlich zu erfassen und zu vermitteln.

Mit der zunehmenden Europäisierung ganzer Rechtsgebiete hat die Zahl von Kommentaren zum **europäischen Sekundärrecht** ständig zugenommen. Dazu sei nur auf das bereits wesentlich durch unmittelbar geltende EU-Verordnungen geprägte Lebensmittelrecht verwiesen. Das große, von Walter Zipfel begründete und heute von Rechtsanwalt Kurt Dietrich Rathke herausgegebene fünfbändige Loseblattwerk «Lebensmittelrecht» erläutert bereits überwiegend europarechtliche Verordnungen. Gleiches gilt für den lebensmittelrechtlichen Standardkommentar in der Gelben Reihe, herausgeben von Alfred Hagen Meyer und Rudolf Streinz. Die dort erläuterte Basis-Verordnung und die Health-Claims-Verordnung gelten EU-weit und nicht nur in der Bundesrepublik Deutschland. Das Nebeneinander von europäischen und nationalen Rechtsquellen hat im Übrigen dazu geführt, dass es immer weniger juristische Bücher zum nationalen Recht gibt, die ohne Verarbeitung von europäischem Sekundärrecht in der Lage sind, das in Deutschland geltende Recht zutreffend zu beschreiben.

Aus der jüngsten Zeit soll schließlich ein neuer Kommentar zur **Europäischen Menschenrechtskonvention** (EMRK) erwähnt werden, der 2011 in der Gelben Reihe erschienen ist, herausgegeben von Ulrich Karpenstein, einem im Europarecht profilierten Rechtsanwalt, und Franz C. Mayer, Professor an der Universität Bielefeld. Hierbei handelt es sich zwar um keine auf die Europäische Union zurückgehende Materie, weil der Europäische Gerichtshof für Menschenrechte eine Institution des Europarats ist. Die zunehmende Beachtung der in der Konvention geschützten Menschenrechte im Rahmen der Bestimmung der EU-Grundrechte einerseits und das Faktum, dass selbst das Bundesverfassungsgericht vermehrt vom Europäischen Gerichtshof für Menschenrechte kontrolliert wird, hat ein solches Werk aber längst überfällig gemacht.

15. Festigung der Verlagsstellung im Strafrecht

Lange Zeit lag der ausschließliche Schwerpunkt der strafrechtlichen Literatur des Verlages bei den bekannten und weiterhin führenden Kommentaren des Straf- und Strafprozessrechts, die zumeist bereits auf eine lange Entstehungsgeschichte zurückblicken können und die schon beschrieben sind (siehe oben S. 256 ff.).

Seit Beginn der 80er Jahre hatte sich der Verlag freilich konzeptionell verstärkt mit einer neuen Literaturgattung von Handbüchern und Formularbüchern beschäftigt, die sich ausschließlich an die juristische Praxis wenden. Das Strafrecht spielte allerdings in diesem Bereich zunächst keine bedeutende Rolle. Immerhin erschien bereits im Jahre 1987 das Beck'sche **Formularbuch für den Strafverteidiger**, das seit 2010 in 5. Auflage vorliegt und heute von den bekannten Strafverteidigern Rainer Hamm und Klaus Leipold herausgegeben wird. Erst 2006 folgten die seit langem erwarteten beiden Bände des «**Münchener Anwaltshandbuchs Strafverteidigung**», die von Gunter Widmaier und Klaus Volk herausgegeben werden (siehe S. 505 f). Daneben sind noch das Handbuch zum Wirtschaftsstrafrecht von Wabnitz/Janovsky (3. Auflage 2007) und das erst vor kurzem erschienene 1800 Seiten umfassende «Wirtschaftsstrafrecht» mit dem Untertitel «Handbuch für die Unternehmens- und Anwaltspraxis» von Momsen/Grützner zu erwähnen.

Neben diesen Ansätzen im Handbuchbereich gab es seit 2003 einen weiteren Aufschwung bei der strafrechtlichen Kommentarliteratur. Seitdem kamen die sechs Bände der ersten Auflage des **Münchener Kommentars zum Strafgesetzbuch** (StGB), herausgegeben vom Greifswalder Professor Wolfgang Joecks und dem Richter am Bundesgerichtshof Klaus Miebach, auf den Markt. In sieben Jahren war das Gesamtwerk vollendet und stand nun neben dem Leipziger Kommentar. Es wendet sich mehr an die Praktiker, während sich der «Leipziger» eher als wissenschaftlicher Großkommentar versteht. Dessen erste Auflage war 1916/19 auf den Markt gekommen als einbändiges Werk von drei Reichsgerichtsräten im Berliner Verlag Walter de Gruyter und wurde «Leipziger» genannt nach dem Standort ihres Gerichts. 2006 war erst dessen elfte Auflage abgeschlossen mit neun Bänden, erschienen in einzelnen unregelmäßigen und systematisch unzusammenhängenden Lieferungen mit mehr als 11 000 Seiten innerhalb von 14 Jahren, was vom Erwerber die Unbequemlichkeit verlangt, die Teile dem Buchbinder zu geben. Die erste Auflage des Münchener Kommentars zum StGB kam dagegen mit sechs fertigen Bänden im Zeitraum von 2003 bis 2009 heraus und unterstrich in seinem Vorwort:

«Er wendet sich vor allem an Richter, Staats- und Amtsanwälte, Strafverteidiger und alle strafrechtlichen Praktiker.»

Deswegen behandelte er – insgesamt in drei Bänden – auch stärker als der «Leipziger» das Nebenstrafrecht, wie etwa das Betäubungsmittelgesetz, das Natur- und Tierschutzrecht, das Waffenrecht oder das Ausländerstrafrecht. Dazu kamen die bekannten Stärken der Münchener Kommentare, nämlich die Schnelligkeit des Erscheinens der gesamten nächsten Auflage und bessere formale Übersichtlichkeit. So war die zweite Auflage mit acht Bänden und ca. 14 400 Seiten schon nach 18 Monaten 2013 fertig.

Neu erschienen sind aber auch mehrere größere einbändige Kommentare zum StGB, wobei einmal das von Bernd von Heintschel-Heinegg herausgegebene Werk mit immerhin 2580 Seiten, das zunächst als Online-Kommentar herauskam, sowie zum anderen der erst vor kurzem bei Vahlen erschienene, 2700 Seiten umfassende Kommentar von Holger Matt/Joachim Renzikowski zu erwähnen sind.

Parallel zu diesen beiden Kommentaren sind entsprechende Werke auch zur **Strafprozessordnung** (StPO) in den Verlagen Beck und Vahlen auf den Markt gekommen. Dabei ist zunächst der mit ca. 2900 Seiten sehr umfangreiche Online-Kommentar zum Strafprozessrecht von Jürgen-Peter Graf, Richter am Bundesgerichtshof, zu erwähnen, der regelmäßig alle drei Monate aktualisiert wird und bereits in zwei Auflagen auch als Printwerk erschienen ist. Er wird vornehmlich von aktuellen oder ehemaligen wissenschaftlichen Mitarbeitern an den obersten Gerichten des Bundes verfasst, von denen mittlerweile einige hervorgehobene Positionen an Instanzgerichten erreicht haben, in zwei Fällen erfolgten sogar Berufungen zum Richter am Bundesgerichtshof.

Jürgen-Peter Graf, der seine juristische Karriere in Baden-Württemberg im Familien- und Erbrecht begonnen hatte, kam erst spät zum Strafrecht, wo er sich aber schnell bis nach Berlin einen Namen als Spezialist für Computer- und Internet-Strafrecht machte. Auf Anfrage beim Bundesgerichtshof, ob es dort für einen Online-Kommentar zur StPO einen Interessierten als Herausgeber bzw. Autor gebe, hieß es: «Wir haben da einen im ersten Senat, der was mit Online macht, fragen Sie den Graf mal». Seine Berufung als tatkräftiger Herausgeber erwies sich für den Verlag als Glücksfall. Mittlerweile ist Jürgen-Peter Graf Herausgeber diverser weiterer Online-Kommentare, u. a. zum Ordnungswidrigkeitengesetz und zu verschiedenen Landesvollzugsrechts-Vorschriften.

Ein weiterer Großkommentar zur StPO, herausgegeben von Henning Radtke, Richter am BGH, und Rechtsanwalt Olaf Hohmann, mit insgesamt über 2600 Seiten wurde 2011 im Verlag Vahlen veröffentlicht. – Zuvor, 1995, hat Gerd Pfeiffer, Präsident des BGH, parallel zum damals von Lackner verfassten Kommentar des StGB, in der Gelben Reihe einen kleinen Kommentar zur StPO herausgegeben. Die letzte Auflage, die vierte, erfolgte 2002 und liegt damit bereits einige Zeit zurück.

Speziell für die Praxis verfasst sind einige wichtige, teils separat, teils in der NJW-Schriftenreihe (jetzt: NJW-Praxis) erschienenen systematische Darstellungen zu einzelnen straf- und strafprozessualen Themen, wie z. B. die Klassiker von Hans Dahs «Die Revision im Strafprozess», von Theodor Kleinknecht «Recht der Untersuchungshaft» oder von Lutz Meyer-Goßner «Das Urteil in Strafsachen», von Tido Park, «Durchsuchung und Beschlagnahme», von Benfer/Bialon, «Rechtseingriffe von Polizei und Staatsanwaltschaft», von Frank Nobis «Strafverteidigung vor dem Amtsgericht» oder von Lutz Meyer-Goßner «Prozessvoraussetzungen und Prozesshindernisse».

Die Kommentierung von **strafrechtlichen Nebengesetzen** war im Verlagsprogramm über viele Jahre dem von **Georg Erbs** 1953 begründeten Loseblattwerk vorbehalten. Dieses inzwischen auf vier Loseblattordner mit insgesamt ca. 14 000 Seiten und mindestens vier Ergänzungslieferungen pro Jahr angewachsene Werk erläutert zahlreiche strafrechtliche Nebenvorschriften, die sonst überhaupt nicht oder nur als Anhang kommentiert werden. Das Werk wird heute von Generalstaatsanwalt a. D. **Friedrich Ambs** herausgegeben.

Dieses Standartwerk wurde seit den 1980er Jahren durch Spezialkommentare zu Nebengebieten des Strafrechts ergänzt, die in der Praxis besonders wichtig sind. Dazu zählt etwa der Kurz-Kommentar zum **Betäubungsmittelgesetz** von Körner/Patzak/Volkmer, der 2012 bereits in 7. Auflage erschienen ist, das Standardwerk zur Internationalen Rechtshilfe in Strafsachen von Schomburg/Lagodny/Gleß/Hackner oder der Kommentar zum Wirtschafts- und Steuerstrafrecht von Graf/Jäger/Wittig.

Erwähnt sei aber auch der erfolgreiche, 1982 erstmals in der Gelben Reihe veröffentlichte Kommentar von Ulrich Eisenberg zum **Jugendgerichtsgesetz,** das bis heute auch die wichtigste Regelung des materiellen Jugendstrafrechts geblieben ist. Er ist zum Standardwerk geworden und steht inzwischen als Beck'scher Kurz-Kommentar in 16. Auflage (2013) auf den Schreibtischen der deutschen Jugendstaatsanwälte und Jugendrichter, aber auch der Strafverteidiger, die auf diesem Feld tätig sind. Ulrich Eisenberg ist seit 1976 Professor an der Freien Universität Berlin, die er trotz eines Rufs an eine andere bis zu seiner Emeritierung 2007 nicht verlassen hat.

In diesem Zusammenhang nicht unerwähnt bleiben dürfen an dieser Stelle drei im Verlag erschienene Kommentare zum **Ordnungswidrigkeitengesetz (OWiG),** das nach deutschem Verständnis zum Strafrecht im weiteren Sinne gerechnet werden kann. Insofern unterscheidet sich die bundesdeutsche Systematik von der Sichtweise im DDR-Recht, welches das Ordnungswidrigkeitenrecht dem Verwaltungsrecht zugeschlagen hatte.

Eine im Ordnungswidrigkeitenrecht dominante Stellung kommt dem seit 1965 erscheinenden Kurz-Kommentar von **Erich Göhler** zu. Ihm folgten 2002 Helmut Seitz, dann Peter König und schließlich Franz Gürtler. Unter der Herausgeberschaft von Karlheinz Boujong, vormals Vorsitzender Richter am BGH, erschien 1988 – als Pendant zum Karlsruher Kommentar zur StPO – der einbändige Großkommentar zum OWiG. Nunmehr herausgegeben von Lothar Senge ist er 2006 in 3. Auflage erschienen. Aber auch für den schnellen Zugriff hält das Verlagsprogramm einen Kommentar in der Gelben Reihe bereit, verfasst von Joachim Bohnert, der seit 2010 in 3. Auflage vorliegt.

Zu dem am 1. Januar 1977 in Kraft getretenen **Strafvollzugsgesetz (StVollzG)** ist damals termingerecht der Kurz-Kommentar der beiden Professoren Rolf-Peter Calliess und Heinz Müller-Dietz, die beide auch bei der Ausarbeitung des Gesetzes Hilfestellung geleistet hatten, erschienen. Dieses Standardwerk zum Strafvollzugsgesetz hat inzwischen elf Auflagen erlebt.

Daneben gibt es in der Gelben Reihe einen Kommentar von Ministerialdirigent Frank Arloth zum StVollzG des Bundes sowie den wichtigsten Strafvollzugsgesetzen der Länder, nachdem auf Empfehlung der Föderalismuskommission die Zuständigkeit für diese Materie vom Bund auf die Länder übergegangen war.

In diesem Zusammenhang darf ferner auf einen Kommentar zum Opferentschädigungsgesetz von Kunz/Zellner (ab 4. Auflage 2010 fortgeführt von Gelhausen/Weiner) sowie ein Handbuch zur Strafvollstreckung von Röttle/Wagner (8. Auflage 2009) und auf das soeben erschienene Handbuch zum Gnadenrecht von Birkhoff/Lemke hingewiesen werden.

Die zumindest wissenschaftlich im weiteren Sinne zum Strafrecht gehörende **Kriminologie** wurde vom Verlag C.H.Beck zunächst nicht in sein Verlagsprogramm aufgenommen. Die großen Kriminologen des 19. und 20. Jahrhunderts, zunächst der Mediziner Lombroso, vor allem aber Franz von Liszt sowie dessen engagierte Schüler Robert von Hippel, Eduard Kohlrausch und Gustav Radbruch, veröffentlichten ihre Werke in anderen Verlagen.

Während prominente Vertreter der Kriminologie und der Kriminalpolitik wie Aschaffenburg, Grünhut, von Henting oder Mannheim zur Zeit des Nationalsozialismus emigrierten oder ihre Lehrstühle verloren, haben andere, wie vor allem die beiden Münchener Hochschullehrer Edmund Mezger und Franz Exner, unter Hinweis auf die «Kriminalbiologie» durchaus im Sinne des Nationalsozialismus geschrieben.

Bemerkenswert ist, dass keines der damaligen Werke dieser sowie anderer Autoren, die dem Nationalsozialismus zumindest nahe standen, wie die Juristen H. Maier, Sauer, Schaffstein und Siegert, im Verlag C.H.Beck erschienen ist. Erst nach dem Zweiten Weltkrieg kam 1951 bei C.H.Beck das Studienbuch zur Kriminologie von Edmund Mezger heraus, der sich inzwischen von der Kriminalbiologie weitgehend verabschiedet hatte.

Erst 20 Jahre später folgten dann im Jahr 1971 gleich zwei beachtliche Lehrbücher zur Kriminologie, darunter das große grüne Lehrbuch von Hans Göppinger, das in der 2007 erschienenen 6. Auflage bereits auf fast 1000 Seiten angewachsen ist. 2000 hat der Verlag zusätzlich die «Kriminologie» von Ulrich Eisenberg vom Heymanns Verlag übernommen, die 2005 in 6. Auflage mit etwas über 2000 Seiten erschienen ist.

16. Straßenverkehrsrecht

Das Straßenverkehrsrecht ist eine Rechtsmaterie besonderer Art. Es reicht vom Zivilrecht mit seinen Vorschriften zur Halter- und Fahrerhaftung über die umfangreichen Regelungen des öffentlichen Straßenverkehrsrechts – im Zentrum die Straßenverkehrs-Ordnung – bis hin zum Ordnungswidrigkeitenrecht und zum Strafrecht. Dabei bestehen zwischen den Rechtsgebieten vielfältige Wechselbeziehungen. Die Bemessung der Haftungsquoten hängt maßgeblich auch von der Frage ab, gegen welche Regelungen fahrlässig oder vorsätzlich verstoßen wurde, weite Teile des Straßenverkehrs-Ordnungswidrigkeitenrechts und des Straßenverkehrs-Strafrechts sind verwaltungsrechtsakzessorisch und umgekehrt kann die öffentlich-rechtliche Fahrerlaubnis im Straf- oder Ordnungswidrigkeitenverfahren entzogen werden. Autoren im Straßenverkehrsrecht haben die schwierige Aufgabe, mit diesem komplexen und ineinander verschränkten Normengeflecht zurechtzukommen und dies in einer Art und Weise darzustellen, dass der Nutzer rasch und unkompliziert die gewünschten Informationen findet.

Der noch heute am meisten verbreitete Kommentar zum **Straßenverkehrsrecht** im Verlagsprogramm – der **Hentschel/König/Dauer** – kann bereits auf eine lange Geschichte zurückblicken. Er hat seine Wurzeln in dem im Verlag von Otto Liebmann erstmals im Jahr 1928 erschienenen, von Reichsgerichtsrat **Ernst Conrad** begründeten und vier Jahre später von Oberstaatsanwalt **Johannes Floegel** völlig neu bearbeiteten Werk mit dem Titel «Kraftfahrzeugverkehr». Nach der Übernahme des Liebmann-Verlages erschien das Buch erstmals in der Reihe der «Kurzkommentare» mit der neuen Bezeichnung «Straßenverkehrsrecht». Die Änderung des Titels hatte ihren guten Grund: Bis 1934 waren nur die *Kraftfahrzeug*führer Adressaten der verkehrsrechtlichen Regelungen durch das Gesetz über den Verkehr mit Kraftfahrzeugen vom 3. Mai 1909. An dessen Stelle trat im Mai 1934 die (bis 1970 geltende) Reichs-Straßenverkehrs-Ordnung, die sich nunmehr an alle Verkehrsteilnehmer richtete. Eine erhebliche Verbreitung hatte der Kommentar deshalb aber noch nicht. Die Deutschen fuhren damals kaum mit dem Kraftfahrzeug, sondern mit der Deutschen Reichsbahn.

Johannes Floegel hat das Werk bis zur 7. Auflage fortgeführt, die Mitte Mai 1940 erschien. 1945 ist er gestorben, und zwar, wie sein Nachfolger Fritz Hartung im Vorwort zur nächsten, 1953 erschienenen Auflage – terminologisch bemerkenswert – schreibt, «im russischen Konzentrationslager Mühlberg a. E.» Tatsächlich handelte es sich um eines der zehn, vom sowjetischen NKWD in der sowjetischen Besatzungszone betriebenen Speziallager, in denen – regelmäßig ohne Verurteilung – mindestens 122000 Personen oft aufgrund substanzloser Verdächtigungen jahrelang interniert waren, was ein Drittel der Betroffenen nicht überlebt hat. Hartung hat den Kommentar bis 1966 über neun Auflagen fortgeführt. Mit der Kommentierung des Straßenverkehrsrechts-Kommentars begann er als bereits fast siebzigjähriger Pensionär, der allerdings noch lange an gesetzgeberischen Entwicklungen aktiv mitwirkte.

Als Nachfolger konnte der Verlag den bekannten Senatspräsidenten am Bundesgerichtshof **Heinrich Jagusch** gewinnen, der den Kommentar erstmals in der 17. Auflage, erschienen 1968, bearbeitete und bis zur 26. Auflage 1981 fortführte. Es ist sicher nicht übertrieben, wenn man Jagusch, der die Gesetzgebung oft kritisch, stets aber konstruktiv begleitet hat, das Verdienst zuschreibt, das Werk im Laufe seiner Bearbeitung grundlegend modernisiert, inhaltlich entstaubt und auch in Sprache und Darstellung auf ein deutlich höheres Niveau gestellt zu haben. Peter Hentschel als Nachfolger, weist in seinem Vorwort mit Recht auf die Rezension des Rechtsanwalts Franz Oswald in NJW 1982 Heft 1/2 hin, der Jagusch bescheinigt, der Kommentar sei «längst das Werk von diesem, wie man bei aller Pietät gegenüber seinem Vorgänger Hartung und dem Begründer des Werkes Floegel feststellen darf.» Die Hinweise des Rezensenten auf Jaguschs «überlegene Beherrschung des Rechtsstoffes, ... klare Diktion von äußerster Kürze und Prägnanz bei reichstem Gehalt...» sowie darauf, «... dass der Verfasser den sonst vielfach zu beachtenden Präjudizienkult ablehnt und wo geboten, seine eigene Auffassung vorträgt und auch entsprechend begründet», bringen die von Jagusch neu geschaffenen Qualitäten des Kommentars auf den Punkt.

Peter Hentschel hat mit der von ihm erstmals bearbeiteten 27. Auflage aus dem Jahr 1983 also ein rundum «gut bestelltes Haus» übernommen. Mit einer Bearbeitung von dreizehn Auflagen über einen Zeitraum von dreiundzwanzig Jahren hat er die Position des Kommentars als zuverlässiges und aktuelles Referenzwerk weiter gefestigt – in den eigenen Wertungen und Stellungnahmen zurückhaltender und pragmatischer als sein Vorgänger, dadurch auch oft näher an den Anforderungen der anwaltlichen und richterlichen Alltagsarbeit, die ja maßgeblich von der obergerichtlichen Rechtsprechung bestimmt ist. Man könnte auch sagen, dass Hentschels Tätigkeit als Amtsrichter dem Kommentar zusätzliche juristische «Bodenhaftung» verliehen und seinen Schwerpunkt wieder weiter in die Richtung eines praktischen Handwerkszeugs verschoben hat.

Hentschel, dem im Hinblick auf seine außerordentliche, in der Fachwelt uneingeschränkt anerkannte fachliche Qualifikation eigentlich alle Türen zur juristischen Karriere bis in die höchsten richterlichen Ämter offen gestanden haben, ist zeitlebens Amtsrichter aus Überzeugung geblieben. Als Typ des hochbegabten Einzelkämpfers hat er die persönliche Unabhängigkeit seines Berufes über alles andere gestellt. Die Vorstellung, sich stattdessen – als Preis der Karriere – in das unvermeidliche Geflecht aus Abhängigkeiten, Rücksichtnahmen und Kompromissen in Kammern, Senaten oder Gremien welcher Art auch immer einbinden zu lassen, hätte seinem Naturell widersprochen. Nach längerer Krankheit starb er im Mai 2006.

Damit war, nach achtunddreißig Auflagen und fast achtzig Jahren, auch die Zeit der Autorenschaft aus einer Feder beendet. Wegen der zunehmenden fachlichen Spezialisierung und rapide steigenden Informationsmenge wird das Werk seit 2007 von zwei Autoren bearbeitet, einer literarischen «Nord-Süd-Achse»: **Peter König** ist gebürtiger Münchener, hat seine Karriere in der bayerischen Justiz begonnen und wurde im März 2008 zum Richter am Bundesgerichtshof ernannt; er erläutert die straf- und ordnungswidrigkeitenrechtlichen Abschnitte. Aus Hamburg kommt **Peter Dauer**, dort Leitender Regierungsdirektor in der Innenbehörde; als ausgewiesener Experte in allen Fragen des Verkehrszulassungs- und Fahrerlaubnisrechts ist er nunmehr zuständig für die Darstellung der verwaltungsrechtlichen Vorschriften des Werkes.

Die aktuelle, 42. Auflage ist die erste, in der, bis auf das Straßenverkehrsgesetz, sämtliche Vorschriften gegenüber der Vorauflage neu gefasst worden sind, überwiegend mit inhaltlich und strukturell einschneidenden Rechtsänderungen. In den nur sieben Jahren seit Beginn ihrer Autorentätigkeit haben König und Dauer vollständige Neubearbeitungen des Kommentars in einem Umfang vornehmen müssen, den die Verfasser früherer Auflagen nicht über Jahrzehnte zu bewältigen hatten. Die Erläuterungen ändern sich grundlegend und in immer schnellerem Tempo, die Qualitäten des Kommentars in Konzeption und Darstellung, die seine Unverwechselbarkeit ausmachen, sind aber – über fünfundachtzig Jahre – in vollem Umfang erhalten geblieben.

Von 1928 bis heute hat sich der Umfang des soeben beschriebenen Kurz-Kommentars mehr als verzehnfacht. Die inhaltliche Konzentration auf die ordnungs- und verwaltungsrechtlichen Aspekte des Straßenverkehrsrechts ist allerdings erhalten geblieben.

Einer bemerkenswerten konzeptionellen Wandlung wurde demgegenüber der – viel später – veröffentlichte «kleine Bruder» unterzogen, heute bekannt als **Burmann/Heß/Jahnke/Janker.** Kurz vor Inkrafttreten der neuen StVO ist das Buch erstmals im Jahr 1969 erschienen, damals übrigens noch nicht als Gelber Kommentar, sondern in einem flexiblen roten Plastikeinband, der eher einem Taschenkalender ähnelte und damit das Konzept eines besonders handlichen Hilfsmittels für den Arbeitsalltag auch äußerlich unterstrich. Begründet wurde es von **Hermann Mühlhaus**, Richter am Bayerischen Obersten Landesgericht. Das Werk war ursprünglich konzipiert als reiner Kommentar zu den Verkehrsstraftaten und -ordnungswidrigkeiten, im Wesentlichen wie der «große Graue», wenn auch wesentlich knapper. Die Erläuterungen blieben folgerichtig auf die StVO und die Verkehrsdelikte des StGB beschränkt. Insgesamt richtete sich das Buch damit vorrangig an die mit dem Verkehrsstrafrecht befassten Juristen und, wie Mühlhaus schon im Vorwort zur ersten Auflage betonte, gleichermaßen an die Nichtjuristen, etwa Polizeibeamte, Mitarbeiter in den Verwaltungsbehörden und Fahrschullehrer.

Mühlhaus hat seinen Kommentar über acht Auflagen bearbeitet. Er verstarb im April 1979. Sein Nachfolger wurde **Horst Janiszewski**, Ministerialrat im Bundesministerium der Justiz, ein angesehener Verkehrsrechtler, der vor allem in den siebziger Jahren wichtige gesetzgeberische Entwicklungen – von der Einführung der 0,8-Promille-Grenze über die Halterhaftung im ruhenden Verkehr bis zur Gurtanlegepflicht – maßgeblich mitgestaltet hat. Seine ausgeprägte Begabung, schwierige Sachverhalte in einfacher und klarer Sprache darzulegen, kam dem Kommentar dabei besonders zugute. Diese Fähigkeit machte Janiszewski übrigens auch zu einem beliebten Referenten auf zahlreichen Seminaren und Tagungen – viele Verkehrsrechtler der heute mittleren Generation werden sich an den dynamischen und agilen Vortragsredner mit unverkennbarem Berliner Tonfall noch gut erinnern. Janiszewski, kurz vor seinem 80. Geburtstag 2006 verstorben, hat den Kommentar bis 1998 in alleiniger Bearbeitung fortgeführt und inhaltlich weiter vertieft, ihn in seiner inhaltlichen Ausrichtung aber im wesentlichen unverändert gelassen.

Zunehmend konkretisierte sich im Verlag der Plan, den Kommentar für die große und wichtige Zielgruppe der Rechtsanwälte attraktiver zu gestalten. Im Jahr 2000, mit dem Übergang des Werkes in der 16. Auflage auf die nächste Autorengeneration, wurde dieser Weg eingeleitet: Für Kontinuität sorgte **Joachim Jagow**, wie sein Vorgänger Ministerialdirigent im Bundesjustizministerium und ausgewiesener Experte in allen Fragen des Verkehrsrechts. Mit zwei weiteren Autoren, **Michael Burmann** und **Rainer Heß**, gewann der Verlag nun aber erstmals auch jüngere Rechtsanwälte für das Werk, die es an die spezifischen Bedürfnisse ihrer Berufsgruppe anpassten. Dazu gehörte insbesondere, die ganze Palette der Rechtsprobleme zu behandeln, die mit der umfassenden anwaltlichen Wahrnehmung eines verkehrsrechtlichen Mandats verknüpft sind: eben nicht nur die bußgeld- und strafrechtlichen Folgen des Verkehrsverstoßes, sondern auch die zivil-

Wilhelmstraße 9, Altbau, Archiv der Gesetz-, Verordnungs- und Amtsblätter – unerlässliches Fundament zuverlässiger Gesetzestextausgaben.

rechtlichen Ersatzansprüche und versicherungsrechtlichen Fragen. Mit dieser konzeptionellen Erweiterung änderte sich auch der Titel: Statt «Straßenverkehrs-Ordnung (StVO)» heißt das Werk nun «Straßenverkehrsrecht».

Mit Jürgen Jahnke wurde das Autorenteam konsequenterweise ab der 20. Auflage um einen ausgewiesenen Experten im Versicherungsrecht verstärkt. Die ebenso wichtigen, überwiegend verkehrsverwaltungsrechtlichen Bearbeitungsabschnitte Jagows hat nach dessen Ausscheiden Helmut Janker, Hochschullehrer in Berlin, übernommen.

Innerhalb eines Jahrzehnts hat sich das Buch heute zu einem thematisch umfassenden Kommentar entwickelt, der neben dem Straf- und Ordnungswidrigkeitenrecht nun auch die zentralen Vorschriften des BGB und des Versicherungsvertragsgesetzes behandelt.

Neben den beiden Standardkommentaren bilden die umfangreichen Beck'schen **Loseblatt-Textausgaben** einen Schwerpunkt des verkehrsrechtlichen Programms. Es handelt sich zum einen um die erstmals 1961 erschienene Textausgabe «Straßenverkehrsrecht», zum anderen um die inzwischen auf vier Loseblattordner angewachsenen «Straßenverkehrs-Richtlinien» mit knapp 15 000 Seiten. In Deutschland hat also nicht nur die Zahl der Autos zugenommen ...

17. Der Weg zum steuerrechtlichen Verlag

a) Erste Werke

Nach 1945 wurde die Besteuerung von Einkommen durch die Militärregierung in Kontrollratsgesetzen normiert. Der Einkommensteuertarif sah eine extreme Progression vor, der Spitzensteuersatz ab einem Einkommen von 100 000 Reichsmark betrug 95 % (Kontrollratsgesetz Nr. 12 von 1945, Amtsblatt des Kontrollrats in Deutschland vom 28. Februar 1946, Nr. 4, S. 68 f., sog. Morgenthau'sche Erdrosselungssteuer). Die Einkommensteuerbelastung bei einem Einkommen von 100 000 Reichsmark belief sich auf rund 84 000 Reichsmark, bei einem Einkommen von 25 000 Reichsmark ergab sich eine Einkommensteuerbelastung in Höhe von 14 688 Reichsmark, das waren rund 58 %.

Dem Steuerrecht wurde im Verlag in den ersten Jahren nach dem Krieg im juristischen Lektoratsbereich keine besondere Aufmerksamkeit geschenkt. Herbert Thiele-Fredersdorf war seit 1948 der zweite Mann im Lektorat nach Carl Hoeller. Er war zuständig für das Steuerrecht. Allerdings beschäftigte er sich in erster Linie mit dem Strafrecht, dem Arbeitsrecht, dem Wiedergutmachungsrecht und nur am Rande wandte er sich dem Steuerrecht zu. Auf das Steuerrecht blickte man mit gewisser Verachtung herab, es galt nicht als *eigentlich* juristisches, sondern als ausschließlich betriebswirtschaftliches Gebiet. Die einzige Aufgabe des Steuerrechts wurde darin gesehen, dem nimmersatten und verarmten Staat in unwürdiger Weise zu dienen, der schon kleine Einkommen mit konfiskatorischer Wirkung belastete.

In den **1950er** Jahren gab es dennoch bereits drei führende steuerrechtliche Werke: den Boruttau/Klein, Kommentar zum Grunderwerbsteuergesetz (GrEStG), den Kommentar von Korn/Dietz, Doppelbesteuerungsabkommen und den Kurz-Kommentar von Koch/Wirckau, Umsatzsteuergesetz.

In den Jahren bis 1970 sind kaum wesentliche steuerliche Reformgesetze erlassen worden, vor allem keine Novellen, nach denen sich neue Werke im Bereich des Steuerrechts aufgedrängt hätten. Nur das Umsatzsteuerrecht erfuhr 1967 (mit Wirkung ab 1. Januar 1968) die Umstellung auf eine «Allphasen-Umsatzsteuer»; begleitend hierzu erschien – allerdings nur in einer Auflage – im Jahre 1970 der kleine gebundene Kommentar zum Umsatzsteuergesetz (UStG) von Lothar Müller, Regierungsdirektor in München.

1956 wurde das **Steuerfundheft** begründet, geleitet von Ministerialrat

Herbert Ziemer, Rechtsanwalt **Günther Felix** und Amtsrat im Bundesfinanzministerium **Heinz Kalbhenn**. Das ab 1964 in Fachkreisen geschätzte Fundheft für Steuerrecht war konzipiert nach dem Vorbild der NJW-Fundhefte, einer systematischen Literatursammlung im DIN-A-4-Format, angereichert mit Leitsätzen finanzgerichtlicher Entscheidungen sowie Kurzdarstellungen zur laufenden Gesetzgebung, zu Erlassen und zum steuerlichen Schrifttum.

Betrachtet man die Zeitspanne bis 1970, so war der Verlag Otto Schmidt wohl der mit Abstand führende steuerrechtliche Verlag in Deutschland. Danach folgten der NWB Verlag, der Stollfuß Verlag und der Verlag C.H.Beck sowie im Weiteren der Schäffer Verlag, der Boorberg Verlag und der Haufe Verlag. Später betätigte sich – allerdings nur kurzzeitig – auch der WEKA Verlag auf dem Gebiet des Steuerrechts. Das Angebot an Fachbüchern (insbesondere Textausgaben, Kommentare, Handbücher und monographische Werke) war in diesem konkurrierenden Verlagsumfeld weitgehend bis in die 1980er Jahre hinein statisch geblieben. Die führende Stellung des Otto Schmidt Verlags erklärte sich daraus, dass er zu allen wichtigen Steuerarten über (teils mehrbändige) Loseblattwerke verfügte, zu dessen bekanntesten Herrmann/Heuer, EStG- und KStG-Kommentar sowie die AO-/FGO-Kommentare Hübschmann/Hepp/Spitaler und Tipke/Kruse zählten.

C.H.Beck bot in den 1970er Jahren rund 60 Buchtitel an, vor allem Textausgaben, Veranlagungshandbücher, dtv-Textausgaben, diverse monographische Werke und insgesamt 12 Kommentare. Von den Kommentaren wurden nur sechs Werke – mit aktualisiertem Konzept – fortgeführt; im Verlag Vahlen blieben von zehn Kommentaren noch sechs, ebenfalls mit erheblichen Modifizierungen.

b) Gesetzesnovellen im Steuerrecht

Seit Beginn und besonders gegen Ende der 1970er Jahre hatte es zahlreiche Gesetzesnovellen gegeben, die Anlass boten, neue Werke zu schaffen und die vorhandenen Werke konzeptionell zu überarbeiten. Dies zeigt die nachfolgende Auflistung:
- 1972: Außensteuergesetz (AStG)
- 1975: Einkommensteuer-Reform
- 1975: Erbschaftsteuer-Reform
- 1977: Verabschiedung der Abgabenordnung (AO) mit Ablösung der Reichsabgabenordnung und entsprechender Nebengesetze sowie Steueranpassungsgesetz und Gemeinnützigkeitsverordnung

- 1977: Körperschaftsteuer-Reform (Wegfall der Doppelbesteuerung von Gesellschaft und Gesellschafter, Einführung des Anrechnungsverfahrens)
- 1980: Gewerbesteuer-Reform (Abschaffung der Lohnsummensteuer)
- 1980: Umsatzsteuer-Reform
- 1981: Verabschiedung der Steuerberater-Gebührenverordnung
- 1983: Grunderwerbsteuer-Reform (Abschaffung der Länder-Grunderwerbsteuergesetze und Einführung eines bundeseinheitlichen GrEStG)
- 1993: Umsatzsteuer-Reform (einheitliche Binnenmarktregelung)
- 1994: Umwandlungsgesetz-/Umwandlungssteuergesetz-Reform
- 1994: Ablösung des nationalen Zollgesetzes durch den per EU-Rechtsverordnung eingeführten Zollkodex
- 1996: Erbschaftsteuer-Reform
- 1997: Faktische Abschaffung des Vermögensteuergesetzes
- 1997: Bewertungsgesetz-Reform
- 1998: Gewerbesteuer-Reform (Abschaffung der Gewerbekapitalsteuer)
- 2001: Unternehmensteuer-Reform (Abschaffung des Körperschaftsteuer-Anrechnungsverfahrens; erneute Doppelbesteuerung von Gesellschaft und Gesellschafter)
- 2003: Investmentgesetz-/Investmentsteuergesetz-Reform
- 2008: Unternehmensteuer-Reform
- 2009: Erbschaftsteuer-Reform

Zu erwähnen ist an dieser Stelle auch die erhebliche Erweiterung der von Deutschland mit anderen Staaten abgeschlossenen **Doppelbesteuerungsabkommen**, sämtlich basierend auf dem OECD-Musterabkommen von 1964. Gleichfalls erwähnenswert sind die 1983 erstmals von der Finanzverwaltung erarbeiteten **Verrechnungspreisgrundsätze**, die in der Praxis bei international tätigen Unternehmen eine erhebliche Rolle spielen.

Ein neues Standbein der Verlagsproduktion schuf das 1985 verabschiedete **Bilanzrichtlinie-Gesetz** mit der erstmaligen Kodifizierung der Grundsätze ordnungsmäßiger Buchführung (sog. GoB). Die im Dritten Buch des Handelsgesetzbuches (HGB) in den §§ 238 ff. geregelten Bestimmungen zu Ansatz, Bewertung und Ausweis in Bilanz, Gewinn- und Verlustrechnung lösten eine Welle neuer Werke (Kommentare, Handbücher, Textausgaben) beim Verlag C.H.Beck, aber auch bei konkurrierenden Verlagen aus. Innerhalb weniger Jahre erreichte der Verlag C.H.Beck im Bereich des Handelsbilanzrechts und des Steuerbilanzrechts eine führende Stellung.

c) Gesetzestextausgaben und Veranlagungshandbücher

Die genannten steuerrechtlichen Gesetzesnovellen führten dazu, dass die Nachfrage nach zuverlässigen **Textsammlungen** stetig größer wurde. Während die **Steuergesetze** (aktuell 175. Ergänzungslieferung) in einem Band als Loseblatt-Textsammlung zusammengefasst werden konnten, ergab sich wegen des zunehmenden Bestands an Richtlinien und Erlassen im Jahr 1999 die Notwendigkeit, die **Steuerrichtlinien** (aktuell 146. Ergänzungslieferung) und die **Steuererlasse** (aktuell 40. Ergänzungslieferung) in zwei gesonderten Bänden herauszubringen. Bis 1999 enthielt der Richtlinienband auch die Steuererlasse. Sie waren inhaltlich jeweils nach Gesetzen und Paragraphen den Richtlinien zugeordnet. Die Erlasse wurden dann in einem eigenen Band herausgebracht. Als Loseblatt-Werke umfasst das Verlagsprogramm außerdem eigenständige Bände zur Umsatzsteuer (EU-Richtlinien und -Verordnungen, Gesetze, Richtlinien, Erlasse, EuGH-Rechtsprechung), zu Zöllen und Verbrauchsteuern (mit den einschlägigen EU-Vorschriften), zu Doppelbesteuerungsabkommen (einschließlich der einschlägigen Erlasse) und zu **IFRS-Texten** (synoptische Darstellung Deutsch/Englisch). Die jährlich erscheinenden **Aktuellen Steuertexte** in der Reihe der Roten Textausgaben und die vom Verlag C.H.Beck redigierten und produzierten Textausgaben im dtv runden das Programm ab. In den Jahren von 1970 bis 1993 gab es auch weitere Rote Textausgaben zu den wichtigsten Einzelsteuergesetzen, insbesondere zum Einkommensteuergesetz, zum Umsatzsteuergesetz und zur Abgabenordnung. Sie wurden letztlich jedoch verdrängt durch die immer erfolgreicheren Beck-Texte im dtv.

Eine besondere Stellung im Bereich der Textausgaben nehmen die **Veranlagungshandbücher** ein. Auf Anregung der Bundeskammer der Steuerbevollmächtigten erschienen die vom Beck Verlag erarbeiteten und erstellten Veranlagungshandbücher in Zusammenarbeit mit dem **Deutschen Wissenschaftlichen Steuerinstitut (DWS)** erstmals im Frühjahr 1963. Für die Steuerarten Einkommensteuer, Körperschaftsteuer und Gewerbesteuer sowie für die Umsatzsteuer gibt es seither jährlich – mit Rechtsstand 31. Dezember des abgelaufenen Kalenderjahres – je einen gesonderten Band. Darin werden das jeweilige Steuergesetz sowie vorschriftenbezogen Durchführungsverordnung, Richtlinien und Erlasse für den jeweiligen Veranlagungszeitraum paragraphenbezogen dokumentiert. Die vorstehenden Einzelbände werden außerdem vereint in einem **Gesamtband** veröffentlicht. Ergänzt wird die Reihe der Veranlagungshandbücher durch einen Band mit bewertungsabhängigen Steuerarten (Erbschaftsteuer, Grundsteuer und Grunderwerbsteuer mit dem Bewertungsgesetz als «Rahmengesetz»), einem Band zur Lohnsteuer sowie einem Band zum steuerlichen Verfahrensrecht mit Abgabenordnung und Finanzgerichtsordnung.

d) «Deutsches Steuerrecht (DStR)» und weitere Zeitschriften

Entscheidend für die weitere Entwicklung des Verlags C.H.Beck war die Herausgabe einer breit akzeptierten steuerrechtlichen Zeitschrift. Diese Chance bot sich, als sich im Jahre 1962 **Walter Ludwig Eckert**, einer der beiden Vizepräsidenten der damals neu gegründeten Bundeskammer der Steuerbevollmächtigten, an den Beck Verlag wandte. Er schlug vor, eine steuerrechtliche Zeitschrift zu gründen, die gleichzeitig Organ der Bundeskammer der Steuerbevollmächtigten sein sollte. Das zum 1. November 1961 in Kraft getretene Steuerberatungsgesetz («Gesetz über die Rechtsverhältnisse der Steuerberater und Steuerbevollmächtigten») hatte zwar das Berufsbild des «Helfers in Steuersachen» zum «Steuerbevollmächtigten» aufgewertet, die Trennung der mit Steuern befassten Berufe in zwei Gruppen – Steuerberater und Steuerbevollmächtigte – aber beibehalten. Die bereits zum damaligen Zeitpunkt vorhandene gesetzgeberische Intention, beide Berufsgruppen zu einem einheitlichen steuerberatenden Beruf zusammenwachsen zu lassen, wurde erst 1972 gesetzlich geregelt und zum 1. November 1975 in die Tat umgesetzt.

Die Spannungen zwischen beiden Berufsständen waren freilich im Jahr 1962 noch spürbar. Der Zugang zum Steuerberaterberuf setzte – im Gegensatz zum Steuerbevollmächtigtenberuf – eine akademische Ausbildung voraus, die Verwirklichung des Konzepts des Einheitsberufs stieß daher vor allem bei dieser Berufsgruppe auf Widerstand.

Hans Dieter Beck hatte nach seinem Assessorexamen im Januar 1961 seine Tätigkeit im Verlag aufgenommen (siehe dazu S. 311 ff.). Ausgestattet mit steuerjuristischer Expertise aus seiner juristischen Ausbildung erkannte er das Potenzial, das sich im Steuerrecht für den Verlag bot. Er nutzte die Gunst der Stunde und verhandelte erfolgreich mit den zukünftigen Präsidenten der Bundeskammer der Steuerbevollmächtigten, Hubert Möckershoff, Walter Ludwig Eckert und Karl-Heinz Mittelsteiner. Die Verhandlungen hatten in Bonn in den Räumen der Kammer stattgefunden, die Kammer residierte damals in Sichtweite eines gleichfalls an einer Zusammenarbeit interessierten Konkurrenzverlags. Hans Dieter Beck konnte gleichwohl nach langwierigen Verhandlungen die Herausgabe der Zeitschrift «Deutsches Steuerrecht (DStR)» für den Verlag sicherstellen. Dabei achtete er besonders darauf, dass die DStR nach dem Vorbild der NJW eine unabhängige Schriftleitung erhielt – eine Schriftleitung, die Aufsätze und Fachbeiträge unter qualitativen und objektiven Gesichtspunkten auswählen konnte, ohne Verbandsinteressen inhaltlich verpflichtet zu sein. Dieses Konzept erwies sich als richtig; die DStR wurde zugleich Organ der ab 1975 entstandenen Kammer der Steuerberater und Steuerbevollmächtigten. Im Vorwort des ersten Heftes heißt es:

«Doch wird diese Zeitschrift nicht darauf ausgerichtet sein, nur einem Stande als Sprachrohr zu dienen, sondern sie glaubt, allen Beteiligten dadurch am besten zu nützen, dass sie ihre Seiten den Vertretern aller Sparten öffnet. Die Zeitschrift hofft damit auf das gedeihliche Zusammenwirken von Verwaltung und Gerichten, um die beratenden Berufe zu fördern und zu unterstützen.»

Der Verlag C.H.Beck übernahm die Redaktion der DStR, als wissenschaftliche Schriftleiter der ersten Stunde konnten der Richter am Bundesfinanzhof **Emil Berger** (Autor des 1954 erschienenen und viel beachteten Werks «Der Steuerprozess») und der damalige Steuerreferent beim Industrie- und Handelstag und spätere Mitbegründer der Kanzlei Flick Gocke Schaumburg **Hans Flick** gewonnen werden.

Erster Redakteur der DStR wurde Rechtsanwalt und Fachanwalt für Steuerrecht Thomas Kreppel, der es verstand, Bundeskammer, wissenschaftliche Schriftleiter und Autoren gekonnt anzuleiten und einen prägnanten Stil für die Zeitschrift zu entwickeln. Die Zeitschrift «**Deutsches Steuerrecht**» konnte allgemeine Akzeptanz finden und kraft der Unterstützung durch die Bundeskammer wurde die DStR eine der auflagenstärksten steuerrechtlichen Zeitschriften in der Bundesrepublik. Der Bezug der DStR war zunächst für alle Kammermitglieder verpflichtend. Das Bundesverwaltungsgericht hat diese Regelung jedoch im Jahr 1982 für unzulässig erklärt. Gleichwohl blieb die DStR eine der führenden steuerrechtlichen Zeitschriften in Deutschland.

Die DStR erschien zunächst 14-tägig und war thematisch rein steuerrechtlich. Seit 1991 kommt sie wöchentlich mit Erweiterung des Themenspektrums auf die Bereiche Wirtschaftsrecht und Betriebswirtschaft. Mit einem alle zwei Wochen beigefügten **Entscheidungsdienst (DStRE)** wurde ab 1997 der Informationswert der DStR angereichert. Die damit einhergehende positive Entwicklung von DStR/DStRE war nicht zuletzt das Verdienst von Karl Heinz Sporer als Schriftleiter der DStR, der es zudem verstand, die Aktualität der Wochenzeitschrift durch die aufkommende moderne Texterfassung und Textverarbeitung zusätzlich zu erhöhen.

Seit 2006 erhalten die Bezieher zusätzlich den Zugang zu einer Datenbank, zunächst über eine DVD, ab 2013 ausschließlich über die Datenbank beck-online.

In den 1990er Jahren wurden **weitere Zeitschriften** in das Programm aufgenommen, die sich auf spezielle steuerliche Themen fokussieren: Internationales Steuerrecht (IStR, seit 1992); Zeitschrift für Erbrecht und Vermögensnachfolge (ZEV, seit 1994), die rechtsübergreifend einen Bogen zwischen Zivilrecht und Steuerrecht spannt; Steuerrecht Kurzgefasst (SteuK, seit 2009); MehrwertSteuerrecht (MwStR, seit 2013).

Die Zeitschrift für Bilanzierung, Rechnungswesen und Controlling (BC, seit 1994) sowie die Zeitschrift für Internationale Rechnungslegung (IRZ, seit 2006) ergänzen mit ihren vorwiegend bilanziellen Themen die Zeitschriftenpalette.

e) Steuerrecht bei Franz Vahlen

Seit den 1970er Jahren bereichern Werke aus dem Vahlen Verlag das steuerrechtliche Programm im Hause Beck.

Das mit Abstand wichtigste Werk ist der «**Blümich/Falk**» (ab 1988 nur «Blümich»). Er entwickelte sich ab 1988 von einem reinen Einkommensteuerkommentar zu einem Kommentar für das gesamte Ertragsteuerrecht. Seit Gründung des Werks 1935 aus Anlass der Neufassung des EStG 1934 veranlassten rechtliche, inhaltliche und technische Novellierungen bis hin zu einer umfassenden digitalen Ausgabe einen technischen und medialen Wandel. Dabei hatte der «Blümich» von Anbeginn starke Konkurrenten, insbesondere den im Verlag Otto Schmidt seit 1926 erscheinenden Kommentar zum Einkommensteuergesetz und zum Körperschaftsteuergesetz, der später unter dem Namen «Herrmann/Heuer/Raupach» große Bedeutung in der steuerlichen Fachwelt erlangte. Unter der Herausgeberschaft von Walter Blümich (1888–1950) war der Kommentar 1935 im Verlag Franz Vahlen erstmals erschienen. In den 1950er Jahren wurde das Werk in 6. Auflage als «Blümich/Falk» von Ludwig Falk (Ministerialdirektor im Bundesfinanzministerium) fortgeführt. Nach der Übernahme des Verlags Vahlen durch C.H.Beck erschien der Blümich/Falk in den Jahren 1971 bis 1973 in drei gebundenen Bänden; seit der 11. Auflage (1977) wurde der Kommentar unter der verantwortlichen Herausgeberschaft des späteren Ministerialdirektors im Bundesfinanzministerium Adalbert Uelner als dreibändige Loseblattausgabe auf den Markt gebracht. Der Kommentar hatte zunächst den Ruf eines «Verwaltungskommentars», nicht zuletzt weil fast alle Autoren aus der Finanzverwaltung stammten. Im Jahr 1988 nahm der Verlag in enger Abstimmung mit dem späteren Herausgeber Klaus Ebling, Vorsitzender Richter und später Vizepräsident des Bundesfinanzhofs, eine Neustrukturierung des Werks als umfassender Ertragsteuerkommentar zu EStG, KStG und GewStG sowie neun weiteren ertragsteuerlichen Nebengesetzen (insbesondere AStG, InvZulG, UmwStG) in fünf Bänden vor. In der aktuellen Fassung (119. Ergänzungslieferung) umfasst das Werk 9800 Seiten.

Blümich, Loseblatt-Kommentar zu Einkommensteuergesetz, Körperschaftsteuergesetz und Gewerbesteuergesetz. 118. A. 2013. Verlag Franz Vahlen

Zum Umsatzsteuergesetz war im Verlag Vahlen der **Eckhardt/Weiß, UStG-Loseblatt-Kommentar** erschienen, bearbeitet von Walter Eckhardt, Rechtsanwalt und Steuerberater, Eberhardt Weiß, Richter am Bundesfinanzhof, Reinhold Kreile, Rechtsanwalt und Fachanwalt für Steuerrecht, Harro Muuss, Ministerialrat im Bundesfinanzministerium und Werner Gottwalls, Regierungsrat im Bundesamt. Nach der 11. Ergänzungslieferung 1974 wurde er wegen dauerhafter Unvollständigkeit wieder eingestellt.

Max Troll, Ministerialrat im Bundesfinanzministerium, hatte als Autor mehrere Werke verfasst: zusammen mit Rudolf Rössler (Oberfinanzpräsident) den Rössler/Troll, Kommentar zum Bewertungsgesetz und Vermögensteuergesetz; nach Abschaffung der Vermögensteuer 1997 wurde das Werk auf Loseblattform umgestellt (derzeit 17. Ergänzungslieferung Stand März 2013). Ebenfalls als Loseblattwerk (seit 1980) erfolgreich ist sein in 1. Auflage 1959 im Beck Verlag erschienener **Kommentar zum Erbschaftsteuergesetz (ErbStG)**, dessen 2. Auflage 1975 in das Vahlen-Programm übernommen wurde, seit 1997 als Troll/Gebel/Jülicher, ErbStG (derzeit 45. Ergänzungslieferung Stand Januar 2013).

f) Steuerrechtskommentare in der Gelben Reihe

Zielsetzung der mit dem Dreher/Maassen, Strafgesetzbuch, und Thomas/ Putzo, Zivilprozessordnung, begründeten Reihe war die kurzgefasste Erläuterung von Rechtsvorschriften in einem kleinformatigen, einbändigen Buch; die Werke dieser Reihe formulierten auf dem Titelblatt «erläutert von» oder «...gesetz mit Erläuterungen» und wurden deshalb zunächst intern Gelbe Erläuterungsbücher genannt. Dann wuchsen immer mehr

Werke zu einem Umfang heran, den man treffend nur als »Kommentar« bezeichnen kann. Eine offizielle Reihenbenennung gibt es aber nicht und so kann jeder nach Belieben von gelber (oder Gelber) Reihe, Erläuterungsbüchern oder Kommentaren sprechen.

Diese Zielsetzung ließ sich ideal auf das schon damals als kompliziert geltende Steuerrecht übertragen, in dem es bis dahin meist nur mehrbändige Loseblatt-Kommentare gegeben hatte. In den Folgejahren entstand eine Reihe von rund einem Dutzend steuerrechtlicher Kommentare.

Der von Franz Klein (Präsident des Bundesfinanzhofs) und Gerd Orlopp (Ministerialrat im Bundesfinanzministerium) begründete und verfasste Kommentar war 1977 der erste. Heute trägt das Werk den Titel Klein, Abgabenordnung; zuletzt erschien die 11. Auflage 2012.

- Felix/Streck, Körperschaftsteuergesetz (KStG). Begründet und erläutert von Günther Felix, Michael Streck (beide Rechtsanwälte). Die erste Auflage zum Körperschaftsteuergesetz erschien 1979, heute liegt vor Streck, KStG, 7. Auflage 2008.
- Meincke/Michel, Erbschaftsteuergesetz (ErbStG). 7. Auflage 1981, heute Meincke, ErbStG, 16. Auflage 2012 (Einzelheiten dazu sogleich).
- Bunjes/Geist, Umsatzsteuergesetz (UStG). Begründet von Johann Bunjes (Vorsitzender Richter am Finanzgericht) und Reinhold Geist (Steuerberater), Umsatzsteuergesetz, 1. Auflage 1981, heute Bunjes, UStG, 11. Auflage 2012.
- Schmidt, Einkommensteuergesetz (EStG). Begründet von Prof. Ludwig Schmidt (Vorsitzender Richter am Bundesfinanzhof). 1. Auflage 1982, mitverfasst von Prof. Walter Drenseck, Wolfgang Heinicke und Prof. Dr. Siegbert Seeger (Einzelheiten dazu sogleich).
- Vogel, Doppelbesteuerungsabkommen (DBA). Begründet von Prof. Klaus Vogel, 1. Auflage 1983, heute Vogel/Lehner, DBA, 6. Auflage in Vorbereitung für Anfang 2014 (Einzelheiten dazu sogleich).
- Glanegger/Güroff, Gewerbesteuergesetz (GewStG). Peter Glanegger (Präsident des Finanzgerichts Nürnberg) und Georg Güroff (Vorsitzender Richter am Finanzgericht), 1. Auflage 1988, die 8. Auflage erscheint Herbst 2013.
- Pahlke/Franz, Grunderwerbsteuergesetz (GrEStG). Begründet und erläutert von Armin Pahlke (Richter am Bundesfinanzhof) und Willy Franz (Richter am Niedersächsischen Finanzgericht); ab der 5. Auflage fortgeführt als Pahlke, GrEStG.
- Witte, Zollkodex. Prof. Peter Witte (Fachhochschule des Bundes) und sieben weitere Autoren aus diesem Bereich sowie aus Rechtsanwalt-

schaft und Finanzgerichtsbarkeit verfassten die 1. Auflage 1994. Anlass war der ab 1994 in allen EU-Mitgliedsstaaten einheitlich anzuwendende Zollkodex, der das nationale Zollrecht ablöste (heute 6. Auflage 2012).
- Gräber, Finanzgerichtsordnung (FGO). Die 1. Auflage war 1977 im Vahlen Verlag erschienen, verfasst von Fritz Gräber, Vorsitzender Richter am BFH. Das Werk wurde mit der 2. Auflage 1978 in die Gelbe Reihe aufgenommen, wegen seines ausgezeichneten Rufs unter Beibehaltung des Namens, und seitdem bearbeitet von (Vorsitzenden) Richtern am BFH und Finanzrichtern, u. a. bis jetzt von Rüdiger von Groll, Dr. Hanns-Reimer Koch und Reinhild Ruban (heute 7. Auflage 2010).
- Kraft, Außensteuergesetz (AStG). Herausgegeben von Prof. Gerhard Kraft, 1. Auflage 2009, 2. Auflage in Vorbereitung für Frühjahr 2014.
- Kreutziger/Schaffner/Stephany, Bewertungsgesetz (BewG). Die 1. Auflage erschien 2002 als Kreutziger/Lindberg/Schaffner, seit der 2. Auflage 2009 mit neuem Autor unter neuer Bezeichnung (heute 3. Auflage).
- Heß/Martin, Investitionszulagengesetz (InvZulG). Von Ines Heß (Dipl.-Betriebswirtin, Oberregierungsrätin) und Sascha Martin (Oberregierungsrat). 1. Auflage 2009.
- Möhlenkamp/Milewski, Energiesteuergesetz Stromsteuergesetz (EnergieStG/StromStG). Von Karen Möhlenkamp (Rechtsanwältin) und Dipl.-Finanzwirt Knut Milewski. 1. Auflage 2012.

Der Kommentar von Ludwig Schmidt zum **Einkommensteuergesetz** sticht aus dieser Reihe besonders hervor. Das 1982 in 1. Auflage erschienene Werk setzte sich von den bis dahin vorhandenen Kommentaren zum Einkommensteuergesetz bewusst ab. An Stelle eines mehrbändigen Auftritts erschien der «Schmidt» einbändig. Mit dem kompakten, prägnanten und vor allem ausdrucksstarken Kommentierungsstil etablierte er sich schnell als feste Größe in der einkommensteuerlichen Kommentarliteratur.

Ludwig Schmidt (1928–2011) studierte

Ludwig Schmidt in der Festschrift zu seinem 65. Geburtstag 1993.

in seiner Heimatstadt München. Mit einer Dissertation zu einem gesellschaftsrechtlichen Thema promovierte er bei Alfred Hueck an der Ludwig-Maximilians-Universität. Seinen beruflichen Werdegang begann er im Rechtsreferat des bayerischen Finanzministeriums, seit 1961 war er bei einem Finanzamt und bei der Oberfinanzdirektion München, ab 1964 wieder beim Finanzministerium tätig. 1971 wurde er als Richter zum Bundesfinanzhof berufen, 1987 wurde er zum Vorsitzenden Richter ernannt.

Im Jahre 1979, an einem geselligen Abend anlässlich der Jahrestagung der Fachanwälte für Steuerrecht in Wiesbaden «mit gepflegtem Abendessen und exzellentem Wein», so berichtete Ludwig Schmidt, unterhielt er sich mit einem jungen Mann, dem seit einem Jahr für Steuerrecht zuständigen Lektor bei C.H.Beck, Albert Buchholz. Dort entstand die Idee zu einem «kleinen Kommentar» zum Einkommensteuergesetz und Ludwig Schmidt erklärte nach einem halben Jahr Bedenkzeit seine Bereitschaft, diesen Kommentar als Herausgeber und zugleich als Mitautor der zentralen Vorschriften der § 5, §§ 15–17 EStG zu betreuen: «Ich hatte zu diesem Zeitpunkt wohl bereits einige Gläser Wein getrunken, denn nur so kann ich mir im Nachhinein erklären, dass ich zu Herrn Buchholz sagte, ich sei dazu grundsätzlich bereit.»

Als Herausgeber machte sich Schmidt auf die Suche nach Mitautoren. Er hatte es bei der Autorensuche nicht ganz leicht. Zwar war er ein sehr beliebter, liebenswerter und fröhlicher Mensch und ein fachlich hoch geschätzter Richter. Die von ihm zuerst angesprochenen Richterkollegen im Bundesfinanzhof lehnten dennoch ab, u. a. mit der Begründung, das Vorhaben sei nicht sinnvoll, der Markt sei schon mit einer Fülle von Kommentaren zum Einkommensteuergesetz gesättigt. Umso größer war die Resonanz bei den danach gefragten, noch «hungrigen» wissenschaftlichen Mitarbeitern des Bundesfinanzhofs. Gemeinsam mit den drei Autoren Walter Drenseck, Wolfgang Heinicke und Siegbert Seeger besaß Ludwig Schmidt die «Verwegenheit, dem geneigten Publikum einen neuen Kommentar zum Einkommensteuergesetz anzubieten» (so das Vorwort der 1. Auflage). Der Kommentar erschien 1982 nach nur zweieinhalbjähriger Vorarbeit und wurde in Rezensionen hoch gelobt. Die Prophezeiung des Kölner Steueranwalts Günther Felix sollte sich bewahrheiten: Der «Schmidt» wurde zum «Palandt des Einkommensteuerrechts». Ludwig Schmidt sorgte als Mitautor und als Herausgeber über viele Jahre dafür, dass der Kommentar jährlich pünktlich erschien, er prägte über viele Jahre Konzeption und Qualität des Werks.

Ludwig Schmidt starb im November 2011. Ab der 26. Auflage hatte Walter Drenseck die Herausgeberschaft übernommen. Völlig überraschend verstarb auch er bereits im Jahr 2011, zwei Monate vor Ludwig Schmidt. An seine Stelle trat Heinrich Weber-Grellet, ebenfalls Vorsitzender Richter beim Bundesfinanzhof.

1983 erschien – ebenfalls in der Gelben Reihe – unter der Herausgeberschaft von **Klaus Vogel**, Professor an der Münchener Universität, ein **Kommentar zu den deutschen Doppelbesteuerungsabkommen** von Einkommen und Ertrag. Klaus Vogel war an den Verlag herangetreten, er wollte zunächst einen Kommentar im Stile des Korn/Dietz/Debatin schreiben. Auf Vorschlag des Verlags wurde dann jedoch das heute noch verwendete Kommentarkonzept auf der Basis des OECD-Musterabkommens erarbeitet und umgesetzt. Der von Klaus Vogel begründete und einer größeren Anzahl erfahrener Autoren verfasste Kommentar zu den deutschen Doppelbesteuerungsabkommen (1. Auflage 1983) erlangte in englischer Fassung auch hohe internationale Anerkennung.

Professor Klaus Vogel (1930–2008) studierte und promovierte in seiner Heimatstadt Hamburg. Seit 1964 lehrte er an der Universität Nürnberg. Von 1966 bis 1977 leitete er das von ihm gegründete Institut für Deutsches und Internationales Steuerrecht der Universität Heidelberg. Von 1977 bis 1998 war er Inhaber des Lehrstuhls für Öffentliches Wirtschafts- und Steuerrecht an der Ludwig-Maximilians-Universität München. Unter seiner Leitung entstand die Forschungstelle für Ausländisches und Internationales Finanz- und Steuerrecht, heute Forschungsstelle für Europäisches und Internationales Steuerrecht.

g) Die Blaue Reihe der «Beck'schen Steuerkommentare»

Parallel zur Gelben Reihe baute der Verlag C.H.Beck auch die Blaue Reihe der «Beck'schen Steuerkommentare» in einem größeren Format auf. Darin gab es von Anfang an sowohl gebundene Werke als auch Loseblatt-Kommentare. Zu den heute noch erscheinenden Loseblatt-Kommentaren zählen Wassermeyer, DBA (ehemals Korn/Dietz/Debatin, Doppelbesteuerung) sowie Sölch/Ringleb, UStG-Kommentar. Daneben gab es bis in die 1980er Jahre hinein den Kommentar zum EStG und KStG von Bühler/Paulick und den GewStG-Kommentar von Müthling/Fock. Beide Werke wurden Mitte der 1980er Jahre eingestellt. Nun zu den gebundenen Kommentaren, die es bereits in den 1960er Jahren gab:

Seit der 3. Auflage im Jahr 1953 erscheint mit dem «Boruttau/Klein» im Beck-Verlag ein führender Kommentar zum Grunderwerbsteuergesetz. Der Kommentar war im Jahr 1940 erstmals beim Verlag Rudolf Müller (Berlin) erschienen. Begründet hatten das Werk die Reichsrichter am

Reichsfinanzhof (später Richter am Bundesfinanzhof) Ernst Paul Boruttau und Otto Klein. Fortgeführt haben das Werk die Vorsitzenden Richtern am BFH Hans Egly und Heinrich Sigloch bis zur 12. Auflage. Der «Boruttau» gilt als Standardkommentar des Grunderwerbsteuerrechts. Im Jahr 2011 wurde die 17. Auflage erreicht. Das Werk wird nun bearbeitet von Hermann-Ulrich Viskorf (Vizepräsident des Bundesfinanzhofs), Prof. Peter Fischer (Vorsitzender Richter am Bundesfinanzhof a. D.), Christine Meßbacher-Hönsch (Richterin am Bundesfinanzhof) und Matthias Loose (Richter am Bundesfinanzhof). Im Jahr 1983 wurde ein bundesweit geltendes Grunderwerbsteuergesetz geschaffen, auf Basis des (zur Finanzierung des Krieges eingeführten) Reichsgrunderwerbsteuergesetzes von 1940; die geltenden Ländergesetze traten außer Kraft.

Weitere Werke der Reihe:
- Franzen/Gast, Steuerstrafrecht. 1. Auflage 1969, begründet von Staatsrat Klaus Franzen und Rechtsanwältin Brigitte Gast-de Haan, fortgeführt als Joecks/Jäger/Randt, 8. Auflage in Vorbereitung für Frühjahr 2014.
- Kinnebrock, Kommentar zum Kapitalverkehrsteuergesetz. Der Kommentar wurde nach Abschaffung des KVStG im Jahre 1974 eingestellt.
- Megow/Michel, ErbStG-Kommentar. Zum Programm des Vahlen-Verlags hatte ein vom Münchner Rechtsanwalt und Steuerberater Heinrich Megow verfasster Kommentar zum Erbschaftsteuergesetz gehört. Der Kommentar war in 1. Auflage 1937 erschienen, später wurde das Werk von Oberamtsrat Theodor Michel bearbeitet. Die 6. Auflage (1974) wurde nach dem Tod von Megow von Theodor Michel allein verfasst, das Werk wurde als «Megow/Michel» in das Programm des Verlags C.H.Beck übernommen und erschien in der Reihe der Beck'schen Steuerkommentare. Seit der 7. Auflage erscheint das Werk in der Gelben Reihe. Der Kommentar wurde von Prof. Jens Peter Meincke und Theodor Michel zunächst als «Meincke/Michel» – ab der 9. Auflage als «Meincke, ErbStG» – weitergeführt.
- Troll, ErbStG-Kommentar. Der von Max Troll (Ministerialrat im Bundesfinanzministerium) begründete Kommentar erschien in 1. Auflage (1959) in der Reihe der Beck'schen Steuerkommentare. Ab 1975 (2. Auflage) erschien das Werk wie seine weiteren Werke beim Verlag Franz Vahlen, mit der 3. Auflage (1980) wurde das Werk in einen Loseblatt-Kommentar umgewandelt.
- Ziemer/Birkholz, FGO-Kommentar. Das Werk wurde eingestellt.

Ab 1981 erschienen in der Reihe der Beck'schen Steuerkommentare:

- Gehre, StBerG-Kommentar. 1. Auflage 1981, heute fortgeführt als Gehre/ Koslowski, 7. Auflage in Vorbereitung für Frühjahr 2014.
- Eckert/Böttcher, StBGebV-Kommentar. 1. Auflage 1982, ab 3. Auflage als Eckert, StBGebV erschienen, ab 5. Auflage fortgeführt als Eckert, StBVV (in Vorbereitung für Herbst 2013).
- Gosch, KStG-Kommentar. 1. Auflage 2005. Herausgegeben von Dietmar Gosch (Vorsitzender Richter am BFH). 3. Auflage geplant für Anfang 2014.
- Haritz/Benkert, UmwStG-Kommentar. Herausgegeben von Detlef Haritz und Manfred Benkert. 1. Auflage 1996, ab der 3. Auflage fortgeführt als Haritz/Menner, in Vorbereitung für Frühjahr 2014.
- Pahlke/Koenig, Abgabenordnung. 1. Auflage 2004, heute fortgeführt als Koenig, Abgabenordnung (3. Auflage).

Sölch/Ringleb, UStG-Kommentar. Der 1935 erstmals erschienene, vom Senatspräsidenten des Reichsfinanzhofs Friedrich Wilhelm Koch und Oberregierungsrat (beim Landesfinanzamt München) Edgar Wirckau begründete «Kurz-Kommentar» zum Umsatzsteuergesetz in «Baumbach'scher Erläuterungsweise», wurde ab 1950 von **Otto Sölch** (Senatspräsident am Bundesfinanzhof) und **Karl Ringleb** (zunächst Oberregierungsrat bei der Oberfinanzdirektion – OFD – München, später ebenfalls Richter und Senatspräsident am Bundesfinanzhof) fortgeführt. Die 4. Auflage erschien 1950 (636 Seiten im Kleinformat), die 5. Auflage 1952. Die 6. Auflage (1957) erschien in größerem Format mit bereits 1012 Seiten. Der Kommentar wurde seit der 7. Auflage (1962) als einbändiges Loseblattwerk produziert und vom Präsidenten des Bundesfinanzhofs Heinrich List mitherausgegeben. Dem 1908 in Frankfurt geborenen Karl Ringleb widmet der Verlag C.H.Beck in seiner Festschrift zum 225-jährigen Jubiläum ein eigenes Kapitel. Karl Ringleb gehörte dem Bundesfinanzhof als Richter über 20 Jahre (1956–1976) an. Er prägte den Kommentar bis in die 1980er Jahre und war maßgeblich an der konzeptionellen Novellierung des Kommentars beteiligt, als im Umsatzsteuergesetz in 1967 ein Systemwechsel von der «Allphasen-Bruttoumsatzsteuer» zur «Netto-Umsatzsteuer» vollzogen wurde. Der Sölch/Ringleb wurde Anfang der 1980er Jahre nach zahlreichen Änderungen des Umsatzsteuerrechts (UStG 1980) neu aufgebaut; mit der Einbindung von Gerhard Mößlang und Wilfried Wagner als Autoren (ab 1984 bzw. 1985 BFH-Richter) konnte Karl Ringleb sein Konzept verstetigen, den Sölch/Ringleb zu einem «BFH-Richterkommentar» zu entwickeln. Der Kommentar wird heute von Dr. Wilfried Wagner herausgegeben und derzeit von zehn BFH- und FG-Richtern (regelmäßig zuvor wissenschaftliche Mitarbeiter beim BFH) geschrieben.

h) Wassermeyer, Doppelbesteuerung

Bereits 1953 wurde der **Korn/Dietz**, Kommentar zu den Doppelbesteuerungsabkommen im Verlag C.H.Beck begründet. Die Idee zu dem Werk stammte von Regierungsrat Dr. Rudolf Korn, der während seiner Tätigkeit als stellvertretender Leiter des Einkommensteuerreferats bei der OFD München mit der Thematik der Doppelbesteuerung betraut war. Seit dem Jahr 1970 war Prof. **Helmut Debatin** Mitverfasser des Werks, das bis 1997 den Namen «Korn/Debatin» trug. Das Werk enthielt eine systematische Darstellung zum Aufbau der Abkommen, ihrer Struktur und der Begriffe sowie Hinweise zur Auslegung des Abkommensrechts. Aufgeführt und kommentiert wurden alle deutschen Doppelbesteuerungsabkommen in alphabetischer Reihenfolge.

1997 übernahm Prof. **Franz Wassermeyer,** Vorsitzender Richter des ersten Senats des Bundesfinanzhofs, die Herausgeberschaft des «Debatin/Wassermeyer». Seit 2013 trägt das Werk ausschließlich seinen Namen. Wassermeyer prägte das Werk als Herausgeber und Autor, indem er den Kommentierungen einzelner Länderabkommen eine Kommentierung des OECD-Musterabkommens voranstellte und damit eine Ausstrahlungswirkung auf die Kommentierung einzelner Länderabkommen entfaltete. Wassermeyer schärfte das Profil des Kommentars als eine in höchstem Maße systematisierte Darstellung des deutschen Abkommensrechts. Zusammen mit 40 Mitautoren wurde seit 1997 die umfassende Neukonzeption des Werkes in die Tat umgesetzt. Band I enthält im Wesentlichen eine eigenständige Kommentierung der OECD-Musterabkommen auf dem Gebiet der Einkommen- und Vermögensteuer sowie der Nachlass-, Erbschaft- und Schenkungsteuer. Die Bände II bis VI enthalten Kommentierungen aller von Deutschland abgeschlossenen Doppelbesteuerungsabkommen. Kommentiert sind jeweils nur die Abweichungen der spezifischen Abkommen vom Musterabkommen. Der «Wassermeyer» umfasst mittlerweile 15 500 Seiten in sechs Bänden.

i) Beck'scher Bilanz-Kommentar

Im Juli 1986 erschien mit dem Beck'schen Bilanz-Kommentar ein Werk, das in den kommenden zwei Jahrzehnten zu einem der wichtigsten Werke im Handels- und Steuerbilanzrecht werden sollte. Neu war aus inhaltlicher Sicht der enge Bezug des kommentierten Handelsbilanzrechts (§§ 238–342e HGB) zu steuerbilanziellen Vorschriften. Seit der 5. Auflage (2003) wurden auch die Bezüge zu internationalen Rechnungslegungsstandards (IFRS) erläutert. Neu an diesem Konzept war die Kooperation zweier führender Wirtschaftsprüfungsgesellschaften, aus deren Kreis bis heute sämtliche Autoren stammen. Die früheren Herausgeber **Hermann Clemm** (DTG/KPMG) und **Wolfgang D. Budde** (Treuhandvereinigung/PWC) sowie **Helmut Ellrott** (KPMG) und **Gerhart Förschle** (PWC) prägten das Konzept des Bilanz-Kommentars nachhaltig. Sie verstanden den Beck'schen Bilanz-Kommentar als gemeinsames Projekt, das viel Mühe und Arbeit erforderte und dessen stetigen Erfolg sie mit ihrer Organisationserfahrung sicherstellten. Der «BeBiKo», wie er gerne zitiert wird, hat entscheidend zum hohen Standard des Verlags C.H.Beck im Bereich des Bilanzrechts beigetragen.

k) Die Blaue Handbuchreihe

Mit der Blauen Handbuchreihe begann Anfang der 1980er Jahre eine völlig neue Werklinie. Sie sollte mit einer themenübergreifenden Darstellung von Zivil-/Gesellschaftsrecht einerseits und steuerlichen Auswirkungen andererseits das Verständnis für das Ineinandergreifen der verschiedenen Rechtsbereiche fördern und sowohl Rechtsanwälte als auch Steuerberater bei ihrer Unternehmensberatung unterstützen.

Insgesamt erschienen in der Blauen Handbuchreihe rund 50 Werke. Prototypisch hierfür war zunächst das 1988 erschienene «Steuerliche Vertrags- und Formularbuch» (später «Formularbuch Recht und Steuern» genannt).

Aus der Handbuchreihe besonders hervorzuheben sind die von **Welf Müller** (mit-)herausgegebenen Handbücher zu Personengesellschaft, GmbH und AG. Welf Müller zählte zu den bekanntesten Gesellschafts- und Steuerrechtlern und war gleichzeitig ein erfahrener Wirtschaftsprüfer. Er war jahrelang im Vorstand der DTG/KPMG tätig, danach war er als Partner bei Oppenhoff/Rädler (später Linklaters) in Frankfurt am Main aktiv. Welf Müller hatte großen Einfluss auf die konzeptionelle Gestaltung und Darstellung dieser Werke, die bis heute seine Handschrift tragen. Inhaltlich folgen alle drei Handbücher dem Leben einer Gesellschaft von der Gründung bis zur Liquidation, in den einschlägigen Kapiteln stets mit Bezügen zu anderen relevanten Rechtsgebieten. Die Konzeption dieser Handbücher war im Übrigen auch prägend für andere Rechtsform-Handbücher der Reihe.

l) Internationales Steuerrecht

Im Bereich des Internationalen Steuerrechts kam bereits 1982 das von **Otto H. Jacobs** begründete **Handbuch zur Internationalen Unterneh-**

mensbesteuerung auf den Markt. Das Werk knüpfte an das 1964 erschienene Grundlagenwerk von Bühler an. **Ottmar Bühler** (1884–1965) hatte bereits im Jahr 1956 in der Reihe der Beck'schen Steuerkommentare einen «Kommentar zur Einkommensteuer, Körperschaftsteuer und zur Gewinnbestimmung der Gewerbesteuer» herausgegeben. Wenige Monate vor seinem Tod erschien in Zusammenarbeit des Verlags C.H.Beck mit dem Internationalen Steuerdokumentationsbüro Amsterdam im September 1964 sein Grundlagenwerk «**Prinzipien des Internationalen Steuerrechts**». Bühler hatte nach seiner Emeritierung in Köln an der Universität München die Forschungstelle für Internationales Steuerrecht übernommen. Er war Vordenker im internationalen Steuerrecht und 1938 Mitbegründer der International Fiscal Association (IFA). Zu seinen akademischen Schülern in München gehörten Professor **Arndt Raupach** und Professor **Albert Rädler** (1933–2012). Beide lernten sich im Seminar von Professor Bühler kennen und begannen danach ihre Zusammenarbeit. Diese Zusammenarbeit trug erste Früchte mit dem 1966 beim Verlag C.H.Beck erschienenen und dem gemeinsamen Lehrer Ottmar Bühler gewidmeten Werk «Deutsche Steuern bei Auslandsbeziehungen». Beide schufen damit ein weiteres Standardwerk zum Internationalen Steuerrecht; die von beiden begründete Rechtsanwalts- und Steuerberatungssozietät entwickelte sich in den 1990er Jahren zur damals größten deutschen Wirtschaftskanzlei.

m) Beck'sches Steuerberater-Handbuch

Das Beck'sches Steuerberater-Handbuch kam – in Zusammenarbeit mit dem Deutschen Wissenschaftlichen Steuerinstitut – im Zuge des Bilanzrichtlinien-Gesetzes 1986 erstmals auf den Markt und ist seither im Zweijahres-Rhythmus erschienen. Der bis zur aktuellen 14. Auflage (2013) gefestigte Anspruch des Werks bestand in einer umfassenden Aufarbeitung aller die Steuerberatung im weitesten Sinne betreffenden Themen aus dem Bilanzrecht, Steuerrecht, Verfahrensrecht, vereinbarten Tätigkeiten, Gesellschaftsrecht, Wirtschaftsrecht und der Unternehmensberatung. Das Werk erschien zunächst unter der alleinigen Gesamtverantwortung von Rechtsanwalt/Steuerberater **Jürgen Pelka** 1986, Mitherausgeber seit der 5. Auflage (1994) ist Rechtsanwalt/Steuerberater/Wirtschaftsprüfer **Walter Niemann**. Jürgen Pelka studierte in Köln Jura (1967–1971), war Mitarbeiter am Lehrstuhl von Klaus Tipke und promovierte im Jahr 1974 zu einem steuerrechtlichen Thema. Er ist Begründer der renommierten Wirtschaftskanzlei Pelka/Niemann/Hollerbaum/Rohde.

n) Küttner, Personalbuch

Die komplexen Fragestellungen bei Arbeitsverhältnissen führten zu einem «hybriden» Produkt mit starken steuerlichen Bezügen: Mit dem jährlich erscheinenden **Personalbuch**, seit 1994 herausgegeben von **Wolfdieter Küttner**, Fachanwalt für Arbeits- und Steuerrecht in Köln, mittlerweile in der 20. Auflage 2013, wurde ein interdisziplinäres und fachübergreifendes Werk ins Leben gerufen, das in rund 400 Stichworten drei Rechtsgebiete – Arbeitsrecht, Lohnsteuerrecht und Sozialversicherungsrecht – darstellt. Wegen der starken Verflechtung der Rechtsgebiete werden die zusammenhängenden Themen in dem Werk vernetzt und ergebnisorientiert zusammengeführt. Probleme werden stichwortbezogen jeweils in der Reihenfolge Arbeitsrecht, Lohnsteuerrecht, Sozialversicherungsrecht behandelt. Verweisungen zeigen die Bezüge zu benachbarten Problemfeldern auf. Konsequent werden die Rechtsprobleme herausgearbeitet und Lösungsansätzen bei strittigen Problemen gezeigt; sie geben dem Benutzer des Werks einen sicheren und schnellen Zugriff zur Lösung seiner Fragen an die Hand.

o) Resümee

Die Entwicklung von C.H.Beck zu einem führenden Verlag im Steuerrecht lässt sich im Wesentlichen auf vier Entwicklungen bzw. Gründe zurückführen:
– auf die Gründung der Zeitschrift DStR und die Herausgabe der Veranlagungshandbücher,
– auf die umfangreichen Steuergesetzesnovellen ab Ende der 1970er Jahre und der vom Verlag darauf aufbauenden klaren Produktlinien der Gelben und der Blauen Kommentarreihen,
– auf die Begründung der umfangreichen Blauen Handbuchreihe als Antwort auf die immer stärkere Verknüpfung von steuerlicher Beratung und begleitender rechtlicher Unternehmensberatung,
– neuerdings auch auf die steuerrechtlichen Module in Beck-online, wo alle erwähnten Literaturgattungen zusammen auftreten (dazu näher unten S. 521 ff.).

18. Die Studienliteratur wird lebendiger

Es ist wohl kein Zufall, dass in den etwa 20 Jahren Heinrich Becks nach Gründung der Bundesrepublik nur wenige didaktische Begabungen Studienliteratur geschrieben haben (siehe dazu S. 271 ff.). Danach hat ihre Zahl zweifellos deutlich zugenommen. Didaktisch begabte Autoren hat es sicher auch schon vor 1970 gegeben. Sie fühlten sich nur nicht herausgefordert in jener mehr akademisch-abstrakten Zeit.

Nach 1970 veränderte sich die Studienliteratur. Sie erschien nicht nur in größerer Zahl als vorher, sondern nahm auch mehr Rücksicht auf die Interessen von Studenten, die sich auf Prüfungen vorzubereiten haben. Sie wurde lebendiger, klarer und strukturierter, weniger abstrakt umschreibend. Zugleich wurde sie anschaulicher und damit besser verständlich. Dazu verwendete sie Beispiele, brachte kleine Fall-Lösungen und verbesserte das Druckbild.

Auf den ersten Blick könnte man meinen, die Verbesserung in der Lehrbuchliteratur sei die Folge der 1965 in Berlin entstandenen und 1967 auf die ganze Bundesrepublik verbreiteten Studentenrevolte gewesen, die 1968 ihren Höhepunkt hatte («68er»). Sie hat die Hochschullandschaft in der Tat zum Teil verändert, etwa mit Abschaffung der Ordinarienuniversität durch die Gruppenuniversität, um die privaten Interessen der Hochschullehrer in ihrem wissenschaftlichen Bereich zugunsten einer Verbesserung der Ausbildung von Studenten zurückzudrängen. Was dann in der Praxis nicht viel gebracht hat. Nein, die «68er» alleine waren es sicher nicht.

Es gab nämlich auch ganz allgemein eine Änderung der westdeutschen Bildungspolitik, die schon 1964 durch eine Schrift des Heidelberger Pädagogen und Philosophen Georg Picht über «Die deutsche Bildungskatastrophe» deutlich wurde. Er zeigte, dass die Zahl von Abiturienten und Studenten in der Bundesrepublik im Vergleich mit anderen Ländern Europas am unteren Ende lag. Das hatte die Politik seit dem Ende der Adenauerzeit 1963 bereits selbst gemerkt und mit der Gründung neuer Universitäten reagiert. Seitdem sind so eine Reihe neuer juristischer Fakultäten oder Fachbereiche entstanden: Bochum und Mannheim 1963, Gießen 1965, Konstanz 1966, Regensburg 1968, Bielefeld 1969, Trier/Kaiserslautern 1970, getrennt 1975, Augsburg 1971, Bremen 1972, Hannover 1973, Hamburg II 1974, Bayreuth 1975, Passau 1978.

Dazu kam 1971 das **Bundesausbildungsförderungsgesetz** (BAföG) der sozialliberalen Koalition Willy Brandts über die staatliche Unterstützung für bedürftige Schüler und Studenten, ja, auch für Schüler, denn der Weg zur Universität führt über das Abitur. Es löste das «Honnefer Modell» von 1957 ab, das sehr viel ungünstiger war. Das war einer der Gründe für die Steigerung der Zahl von Studenten. Waren es 1960 noch 247 000, sind es 1990 schon 1,45 Millionen gewesen, die Studierenden an Fachhochschulen noch gar nicht mitgerechnet. Die Massenuniversität entstand. Mit ihr erhöhte sich der Ausbildungsdruck, auch für die Hochschullehrer, deren Zahl ebenso stieg wie die der Assistenten. Auch wurde der Anreiz größer, Studienliteratur zu produzieren, die für die Vorbereitung auf das Examen besser geeignet war.

Kurz vor 1970 ist zwar noch die auf die Bedürfnisse von Studenten der Anfangssemester zugeschnittene Reihe «Grundrisse des Rechts» begründet worden (siehe oben S. 302 f.). Voll ausgebaut wurde sie aber erst danach. Später kamen weitere Lehrbuchreihen dazu. Ab 1990 hat sich diese Entwicklung sogar deutlich beschleunigt. Inzwischen ist die Studienliteratur, die bei C.H.Beck erscheint, geradezu unüberschaubar geworden. Ihre Zusammenstellung umfasst inzwischen ein Heft mit stattlichen 95 Seiten.

Um nicht den Überblick zu verlieren, sollen hier nur die wesentlichen Entwicklungslinien der wichtigstens Lehrbuchreihen beschrieben werden. Dabei wird mit der Entwicklung der ältesten Reihe begonnen, die es bereits unter Heinrich Beck als Verleger gegeben hat; siehe dazu schon S. 272 ff. Dann werden Lehrbuchreihen behandelt, die erst unter dem Verleger Hans Dieter Beck dazu gekommen sind.

a) Prüfe dein Wissen

Mit der Reihe «Prüfe dein Wissen» (PdW) zu beginnen, hat einen bestimmten Grund: Sie steht am Anfang der neueren Lehrbuchliteratur im Hause Beck. Von Heinrich Schönfelder begründet, erschienen ab 1929 insgesamt 13 Bände mit kurzen Fragen und ebenso kurzen Antworten zu den wichtigsten Rechtsgebieten, um Studierenden eine Hilfestellung beim Repetieren des Gelernten zu geben (siehe S. 94 ff. und 301 f.). Sie setzten damit bereits Wissen voraus, waren also keine «Lehr»bücher im engeren Sinne, sondern Wiederholungsbände, was auch der Titel «Prüfe dein Wissen» und der Untertitel «mit Fragen und Antworten» klarstellte.

In dieser Reihe erschienen und erscheinen veritable Klassiker der Ausbildungsliteratur. Im Strafprozessrecht beispielsweise muss der ab der 3. Auflage 1967 von **Claus Roxin** fortgeführte, tatsächlich aber völlig neu geschriebene Band hervorgehoben werden (ihm folgte Hans Achenbach). Der Band fasst, dazu in dem formschönen Sprachstil des Autors, konzentriert das notwendige Examenswissen zusammen. Wer den PdW-Band von Roxin gelesen hatte, brauchte eigentlich kein weiteres Lehrbuch mehr. Nur formal in das Frage-Antwort-Schema gegossen waren die beiden umfangreichen Bände von **Franz Gamillscheg** zum Arbeitsrecht. Tatsächlich waren sie umfassende Lehrbücher, weit besser als vieles, was es sonst auf dem Lehrbuchmarkt gab. Ein PdW-Autor ist gar nicht nur Professor gewesen, sondern wurde Präsident des Bundesverfassungsgerichts und später Bundespräsident. Das war **Roman Herzog**, der gemeinsam mit **Walter Schick** den PdW-Band «Staatsrecht» geschrieben hat. Als aktuelle «Klassiker» können etwa die von **Helmut Köhler** und **Stephan Lorenz** fortgesetzen PdW-Bände zum Allgemeinen Teil des BGB und zum Schuldrecht bezeichnet werden.

b) Kurz-Lehrbücher

Die Juristischen Kurz-Lehrbücher sind die Reihe, in der erste Bände bereits 1947 erschienen sind (siehe oben S. 293 ff.). Sie umfasst heute beinahe 50 Lehrbücher. Bis es soweit war, musste eine lange Wegstrecke mit konzeptioneller Arbeit und Anpassungen an geändertes Lernverhalten der Studenten zurückgelegt werden.

Im **Zivilrecht** wurde der Grundstein bereits früh, noch zu Zeiten des Biederstein-Verlages, gelegt. Die zumeist Ende der 1940er Jahre begründeten Werke leben zum großen Teil noch heute fort, wenn auch mit zumeist völlig verändertem Gesicht. Das «**Familienrecht**» von Günther Beitzke (1947) wurde später fortgeführt von Alexander Lüderitz und ab der 28. Auflage 2006 von Nina Dethloff, die es zu einem zeitgemäßen Familienrechtslehrbuch umgeformt hat. Friedrich Lents «**Zivilprozeßrecht**», begründet 1948, wurde von Othmar Jauernig seit der 16. Auflage (1972) fortgeführt. Seit 2011 übernahm Burkhard Hess mit der 30. Auflage die Bearbeitung. Das «**Zwangsvollstreckungs- und Konkursrecht**» aus dem Jahr 1948 übernahm Othmar Jauernig lange Zeit, bevor es mit der 22. Auflage 2007 von Christian Berger weiter aktualisiert wurde. Hanns Prütting führt das ursprünglich von Friedrich Lent stammende «**Sachenrecht**» (1949) seit der 23. Auflage 1991 fort, nachdem es vorher von Karl Heinz Schwab bearbeitet worden war. Alfred Huecks «**Gesellschaftsrecht**» von 1948 wird heute von Christine Windbichler mit teilweise geänderter Konzeption und in ausgezeichneter Qualität fortgeschrieben. Kurze Zeit später entstanden ein «**Handelsrecht**» von Karl-Hermann Capelle (1951), das später Claus-Wilhelm Canaris übernommen und inzwischen zu einem großen Lehrbuch in der «Grünen Reihe» fortentwickelt hat. Das Schuldrecht von Erich Molitor (1948) sowie Heinrich Mitteis' Rechtsgeschichte (1949) sind nicht fortgeführt worden.

Das 1952 von Heinrich Lange begründete Lehrbuch zum **Allgemeinen Teil des BGB** hatte bis 1974 bereits 15 Auflagen erlebt und wurde dann von Helmut Köhler fortgeführt und grundlegend erneuert (siehe dazu schon oben S. 298 f.). Er formulierte plastischer, die Inhalte wurden prüfungs-

und lebensnäher. Wie ist das zu erklären? Zum einen sicherlich dadurch, dass Helmut Köhler eine große didaktische Begabung besitzt. Sein Erfolg beruhte aber auch darauf, dass er kurz vorher 1979 als Nachfolger von Ulrich Hoche dem entsprechenden Band in der Reihe «Prüfe dein Wissen» ein völlig neues und lebendiges Profil gegeben hat. Damit wollte er «vor allem das Erlernen des klausurtechnischen Aufbaus fördern», wie er im Vorwort des Lehrbuchs 1980 geschrieben hat. Die «Verzahnung» beider Bücher mit ihrer anschaulichen und genauen Sprache vermittelt wirksam «die Erfahrung, dass die Jurisprudenz eine wissenschaftliche Disziplin ist» (Uwe Diederichsen).

Heute umfasst die Reihe im Zivilrecht die ganze Bandbreite der juristischen Ausbildung vom einfachen Schuldrecht (zwei Bände von Dieter Medicus, seit 2003 bzw. 2004 fortgeführt von Stephan Lorenz) bis zu Spezialmaterien wie dem Aktien- und Kapitalmarktrecht von Katja Langenbucher (2008; 2. Auflage 2011). Eine besondere Hervorhebung verdient in diesem Kontext der Bayreuther Ordinarius Volker Emmerich, dem es schon früh gelungen ist, Materien wie das Kartellrecht oder den Unlauteren Wettbewerb ebenso wie das Konzernrecht in für Studenten verständlicher Weise darzustellen.

Im Öffentlichen Recht stammen aus der Zeit nach dem Zweiten Weltkrieg vor allem das Deutsche Staatsrecht von Theodor Maunz (1951, siehe S. 293 ff.) sowie die frühen Werke von Hans J. Wolff zum Verwaltungsrecht (Band 1 aus 1956, Band 2 aus 1962, Band 3 aus 1966; siehe S. 301), später fortgeführt von Otto Bachof. Beide Werke existieren bis heute: das Staatsrecht zunächst von Reinhold Zippelius und aktuell in der 32. Auflage von Thomas Würtenberger.

Schwierig hat sich dabei nur die Nachfolge des «**Wolff/Bachof**», Verwaltungsrecht dargestellt. Dies hatte insbesondere inhaltliche Gründe. Das Werk stammte noch aus der Zeit vor Erlass des Verwaltungsverfahrensgesetzes und es war – sehr detailliert gegliedert – vor allem auf die Klärung ursprünglich noch im Fluss befindlicher Begrifflichkeiten ausgerichtet. Beides hatte sich mit der Verkündung des Verwaltungsverfahrensgesetzes überholt. Der Mammutaufgabe einer Überarbeitung des dreibändigen Werkes stellte sich dann erst **Rolf Stober**, der das Werk in den Jahren 1987 bis 2004 vollständig erneuert hat. Später holte er vor allem noch **Winfried Kluth** an Bord. Das inhaltliche Gesicht des Gesamtwerks hat sich dabei notwendigerweise geändert. Es stellt nunmehr eine weit angelegte, systematische Erfassung des Verwaltungsrechts dar. Dabei konzentriert es sich vor allem auf das Verwaltungsverfahrens- und Organisationsrecht, greift aber weit darüber hinaus auch auf die Materien des Besonderen Verwaltungsrechts.

Einzeldarstellungen zu Materien des **Besonderen Verwaltungsrechts** haben in den Juristischen Kurz-Lehrbüchern lange auf sich warten lassen. Inzwischen haben aber die Werke von Volkmar Götz, «Allgemeines Polizei- und Ordnungsrecht», Max-Emanuel Geis, «Kommunalrecht», Tom Ziekow, «Öffentliches Wirtschaftsrecht», einen Anfang gemacht.

Zwei öffentlich-rechtliche Lehrbücher haben schon wegen ihres Umfangs den Rahmen der Reihe gesprengt: Dies ist das erstmals 1962 mit rund 460 Seiten gestartete Lehrbuch von Eberhard Menzel zum **Völkerrecht**, das sich dann unter seinem Schüler Knut Ipsen seit der 3. Auflage explosionsartig ausgeweitet hat und in der 5. Auflage von 2004 bereits über 1300 Seiten umfasst. Thomas Oppermann ist 1991 mit seinem Lehrbuch zum **Europarecht** sogleich mit stattlichen 790 Seiten gestartet, behandelte dabei aber nicht nur das europäische Primärrecht, sondern auch die wesentlichen Materien des Sekundärrechts. Jetzt, da es gemeinsam mit Claus Dieter Classen von der Universität Greifswald und Martin Nettesheim in Tübingen aktualisiert wird, hat es seinen Umfang auf gute 700 Seiten reduziert. Lehrbücher für den üblichen Studenten sind beide Werke damit zwar nicht mehr, aber wegen der verarbeiteten Materialfülle gefragte Nachschlagewerke für Praxis und Wissenschaft.

Im **Strafrecht** wurden aus der Anfangsphase die beiden Kurz-Lehrbücher zum Allgemeinen Teil und zum Besonderen Teil von Edmund Mezger ab 1960 von Herrmann Blei fortgeführt. Weil sich diese Werke Mitte der 1990er Jahre inhaltlich überholt hatten, hat Helmut Frister 2006 – nach jahrelanger Pause – einen völlig neu geschriebenen Allgemeinen Teil vorgelegt, der bald in 6. Auflage erscheinen wird. Die Bände zum Besonderen Teil des Strafrechts sind ebenfalls mit neuen Autoren in Vorbereitung.

Das Kurz-Lehrbuch von Eduard Kern zum Strafverfahrensrecht, dessen 1. Auflage bereits 1949 im Biederstein Verlag erschienen war, hat dann 40 Jahre lang Claus Roxin seit der 9. Auflage 1969 bis zur 27. Auflage fortgeführt. Dieses Kunststück hat Seltenheitswert. Heute bearbeitet Bernd Schünemann das Werk.

c) JuS-Schriftenreihe

Diese ab 1970 begonnene JuS-Schriftenreihe (dazu schon oben S. 243), die heute mehr als 100 Titel umfasst, wurde von den damaligen Herausgebern der Ausbildungszeitschrift JuS – Juristische Schulung, vor allem deren Schriftleiter Hermann Weber, begründet. Die ersten Bände entstanden aus der Weiterbearbeitung von Aufsatzreihen, die zuvor in der Zeitschrift «JuS» erschienen waren. Zu den ersten Werken zählte «Die BGB-Klausur» von **Uwe Diederichsen** und «Die Strafrechtsklausur» von **Gunther Arzt**.

Das erfolgreichste Buch in der Reihe zum öffentlichen Recht wurde der Band «Öffentliches Recht in der Fallbearbeitung. Grundfallsystematik, Methodik, Fehlerquellen» von **Gunther Schwerdtfeger**. Seit der 1. Auflage 1973 ist es – mit einer längeren Unterbrechung – 2012 in 14. Auflage erschienen. Es geht neue Wege und war abweichend von anderen Anleitungen für die Anfertigung von Klausuren. Schwerdtfeger bringt zunächst bekannte Aufgabenfälle – für Klausuren und Hausarbeiten –, die systematisch dargestellt und deren prozessuale, materiellrechtliche und methodische Probleme ausführlich beschrieben werden. Das sind nach einer Einführung acht «Grundfälle». Am Ende folgt eine allgemeine «Methodik der Fallbearbeitung», auch und gerade für solche Fälle, in denen man noch nicht genau weiß, zu welchem «Grundfall» sie gehören oder ob sie eine völlig neue Aufgabenstellung aufweisen. Dabei wird dem Studenten neben den wichtigsten Problemen des materiellen Rechts und der Methode der Fallbearbeitung auch sehr geschickt das im öffentlichen Recht – Staats- und Verwaltungsrecht – besonders wichtige Prozessrecht beigebracht.

Die Reihe wurde in der Folgezeit stark weiterentwickelt und um Unterreihen zur Fall-Lösung oder zum Referendariat erweitert. Dabei steht zumeist die didaktische Vermittlung des Prüfungsstoffes im Vordergrund. Auffällig sind heute auch die zahlreichen bunten, in der JuS-Schriftenreihe erscheinenden Bände zum ausländischen Recht, die einen lebendigen Einblick in das jeweilige Rechtssystem des Landes geben, von Australien über England bis China.

d) Grundrisse des Rechts

Die erfolgreichste Lehrbuchreihe des Verlages ist die Reihe «Grundrisse des Rechts», die 1969 mit dem «Allgemeinen Schuldrecht» des Münsteraner Ordinarius **Hans Brox** gestartet ist. Das ist schon oben S. 302 f. beschrieben worden. Ein Jahr später legte er das «Besondere Schuldrecht» vor, das in seiner Konzeption aus kurzen einführenden Fällen, und der systematischen Darstellung mit an passender Stelle eingebauten Fall-Lösungen ebenso durchschlagenden Erfolg hatte. Diese Bände waren Auftakt einer ganzen Reihe von Grundrissen, die sich bis heute über alle wichtigen rechtlichen Ausbildungsgebiete erstrecken. Einige Titel seien im Folgenden exemplarisch hervorgehoben.

Ein besonderes «Highlight» ist das **Allgemeine Verwaltungsrecht** von

Hartmut Maurer, geboren 1931, Assistent und Schüler von Günter Dürig in Tübingen, dort 1965 habilitiert, 1969 Professor in Marburg und seit 1978 in Konstanz, wo er sein «Meisterwerk» (Peter Häberle) geschrieben hat. Maurer schreibt bis heute in einer einfachen, klaren Sprache. Sein Buch ist mit vielen Beispielen und Beispielsfällen «didaktisch hervorragend aufbereitet», so Andreas Voßkuhle. Dieser freilich stellt – mehr als dreißig Jahre jünger – eine gewisse Zurückhaltung gegenüber neueren Entwicklungen fest und nennt als Beispiel das so genannte informale Verwaltungshandeln, das nur «rudimentär» behandelt sei. Dabei ist dessen Entdeckung 1981 in einer Kölner Dissertation von Eberhard Bohne eine spannende Geschichte, entstanden bei der Mitarbeit an einer Untersuchung über die nur unvollständige Durchsetzung der neuen Umweltgesetze der siebziger Jahre, die der «Rat von Sachverständigen für Umweltfragen» angefordert hatte. Wenn das nun in § 15 des Buchs genauer beschrieben, der Satz Otto Mayers «Der Staat paktiert nicht» zitiert und die Grenze zwischen zulässiger Kooperation und unzulässiger Kollaboration von Verwaltung und privaten Unternehmen deutlicher ausgeführt wäre, ließe sich auch diese Form des Verwaltungshandelns eher zuordnen. Maurer aber konzentriert sich bewusst auf das, was der Student schon im Studium begriffen haben muss.

Später hat er ein weiteres mustergültiges Lehrbuch in der Grundrissreihe vorgelegt: **«Staatsrecht I. Grundlagen, Verfassungsorgane, Staatsfunktionen»** (1. Auflage 1999). Hier vermittelt er nicht nur das rechtliche Gerüst des Grundgesetzes, sondern auch das notwendige Hintergrundwissen, um das Funktionieren des Staates verstehen zu können. Beide Werke werden von **Friedhelm Hufen** sinnvoll und fundiert ergänzt, einerseits durch den Grundriß **«Verwaltungsprozessrecht»**, andererseits durch das Werk **«Staatsrecht II – Grundrechte»**, deren Funktionsweise erläutert und die dann einzeln anhand des klassischen Dreierschritts «Schutzbereich, Eingriff, Rechtfertigung» dargestellt werden.

Ganz anders ist der **«Allgemeine Teil des BGB»** von **Bernd Rüthers**. Im Jahr 1930 geboren, promovierte Rüthers 1958 in Münster und war nach dem Assossorexamen ein Jahr wissenschaftlicher Assistent an der Sozialakademie seiner Heimatstadt Dortmund, gegründet 1947 auf Initiative der Gewerkschaften zur Weiterbildung von Arbeitnehmern, heute Teil der Universität, danach Direktionsassistent bei Daimler-Benz von 1961 bis 1963. 1967 wurde er bei Hans Brox mit der Arbeit «Die unbegrenzte Auslegung – Zum Wandel der Privatrechtsordnung im Nationalsozialismus» promoviert. Damals war das eine mutige Schrift, denn fast überall waren die alten Professoren der NS-Zeit noch im Amt, und sie gilt bis heute als die erste und beste Arbeit zum NS-Recht, inzwischen in 7. Auflage 2012 (bei Mohr Siebeck). Von 1967 bis 1971 ist er Professor in Berlin, danach in Konstanz gewesen bis zu seiner Emeritierung 1998.

Sein Allgemeiner Teil des BGB erschien zuerst 1976, vier Jahre vor der Alleinbearbeitung des Kurz-Lehrbuchs von Helmut Köhler. Rüthers' Buch zeigt mehr Tatkraft. Im Rahmen der Grundrissreihe war das möglich. Er ließ einfach alles weg, was in diesem Teil des BGB am Anfang des Studiums nicht oder erstmal noch nicht so wichtig ist, also Vereins-, Stiftungs- und Namensrecht. Das Vereinsrecht wird besser mit dem Gesellschaftsrecht behandelt, der Name beim Deliktsrecht. Dadurch ist das Buch sehr viel kürzer, was ein großer Vorteil ist. Nach der allgemeinen Einleitung behandelt es im Wesentlichen nur die Rechtsgeschäftslehre. Außerdem beginnt es in jedem Kapitel sofort mit Fällen. Das ist für Erstsemester sehr wichtig, denn der «Allgemeine Teil» ist, wie gesagt, das Abstrakteste vom Abstrakten des BGB und leider fast überall noch die Vorlesung für Erstsemester statt zum Beispiel «Kauf und Übereignung». Heute wird das Werk von **Astrid Stadler** aus Konstanz fortgeführt.

Bernd Rüthers hat aber noch einen weiteren Grundriss veröffentlicht, mit dem er in gewisser Weise auf den methodischen Erfahrungsschatz zurückgreift, den er sich seit seiner Habilitation aufgrund seiner weiter fortgeführten Auseinandersetzung mit der Deformation des Rechts im NS- und SED-Regime erarbeitet hat. Es ist das Werk **«Rechtstheorie»**, das aber neben einer solchen auch eine Rechtsphilosophie und eine ausgefeilte juristische Methodenlehre enthält. Dabei hat er «versucht, die realen systempolitischen und weltanschaulichen Voraussetzungen des Rechts und seiner Wirkungen im Alltag des Rechtsvollzugs bewußt und kontrollierbar zu machen», wie auf der Rückseite des Buches zu lesen ist. Seit der 6. Auflage 2011 wird es gemeinsam mit Christian Fischer und Axel Birk fortgeführt.

Im **Strafrecht** erschienen ab 1973 in den «Grundrissen des Rechts» vier Bände – einer zum Allgemeinen und drei zum Besonderen Teil – von Paul Bockelmann. Fortgeführt wurden diese Bände zunächst für den Allgemeinen Teil durch Klaus Volk. Nach einer erneut längeren Vakanz konnte dieser Programmplatz durch drei neue Werke von **Rudolf Rengier**, ebenfalls Konstanz, besetzt werden, die schon binnen weniger Auflagen durch ihre eingängige und durchwegs gelungene Darstellung einen festen Platz in der Studienliteratur erobert haben. In den Nebengebieten sei aus strafrechtlicher Sicht im Jugendstrafrecht noch auf das in dieser Reihe erschienene Werk von Meier/Rössner/Schöch hingewiesen.

e) Juristischer Studienkurs

Auch durch die 1974 erfolgte Übernahme der Reihe «Juristischer Studienkurs» vom Athenäum Verlag konnte der Verlag weitere gute Autoren und Werke gewinnen. Neben der zivilrechtlichen Linie von Arndt Teichmenn, Volker Beuthien und Klaus Hopt sowie dem Öffentlichen Recht mit Hans-Uwe Erichsen und Wolfgang Martens waren es auch die ab 1979 veröffentlichten Bände von Albin Eser und Gerhard Fezer im Strafrecht bzw. Strafprozessrecht, die mit ihrer induktiven Darstellung anhand großer Fälle eine neue Art der Wissensvermittlung – und mit DIN A4-Größe auch ein neues Lehrbuchformat – in den Verlag brachten. Zuvor hatten schon Repetitoren wie etwa Alpmann Schmidt Skripten in diesem Format verbreitet. Der juristische Studienkurs war demgegenüber wesentlich aufwendiger gesetzt und folgte einem klug durchdachten didaktischen Konzept hervorragender Hochschullehrer.

f) Grundkurse

Mit dem 1986 in erster Auflage erschienenen Grundkurs BGB betrat der Passauer Ordinarius **Hans-Joachim Musielak** Neuland in der Beck'schen Lehrbuchliteratur. Das auch von ihm in den Vorlesungen praktizierte und daher bestens in der Praxis bewährte Grundkurs-Konzept, den Stoff einerseits abstrakt darzustellen und dann anhand einer großen Anzahl von Fällen bei den Studierenden zu prüfen und zu vertiefen, führte in den Vorlesungen zu gesteigertem Lernaufwand – er wählte Vorlesungshörer gezielt aus und ließ sie einzelne Fälle zur Erleichterung der gerade nicht befragten Zuhörer lösen –, aber in gleichem Maße auch zu gesteigertem Verständnis der Materie. Das Konzept fand mit dem ebenfalls von ihm verfassten Grundkurs ZPO seine Fortsetzung, auch wenn es – im Gegensatz zu einer Vorlesung «Grundkurs BGB» – keine entsprechende Grundkurs-Vorlesung zur ZPO gab. Der didaktische Ansatz überzeugte, so dass der Verlag in den Folgejahren nicht nur Nachauflagen der Musielak'schen Werke, sondern auch eine Reihe von weiteren Projekten derselben Herangehensweise veröffentlicht hat, die vom Zivilrecht (Peter Kindler, Handels- und Gesellschaftsrecht) über das Öffentliche Recht (Helge Sodan/Jan Ziekow, Staats- und Verwaltungsrecht, Werner Schroeder, Europarecht) bis zum Strafrecht (Klaus Volk, Strafprozessrecht) die Rechtsgebiete des Grundstudiums abdecken.

g) Lernbücher Jura

Im Gegensatz zur Grundkurs-Reihe hatte die Reihe Lernbücher Jura einen Vorgänger, nämlich die Reihe «Studium Jura», die aber nach ihrem Start in den 1990er Jahren mit ihrem skriptenartigen Stil als «Repetitoren-Reihe» nicht im Verlag reüssiert hat. Dass sich daraus eine der heute beliebtesten Reihen des Verlages entwickeln würde, konnte seinerzeit niemand wissen. Das Konzept mit vielen Übersichten und Fällen sowie ausformulierten Klausuren am Schluss dürfte daran aber neben der Bekanntheit der Autoren einen erheblichen Einfluss gehabt haben. Aus neuerer Zeit ist in diesem Zusammenhang exemplarisch hinzuweisen auf die gelungenen Werke von Wolfgang Lüke zum Sachenrecht, von Petra Pohlmann zum Zivilprozessrecht oder das bereits in 9. Auflage vorliegende Werk zum Handelsrecht von Peter Jung; ferner auf das schon in 11. Auflage vorliegende «Allgemeine Verwaltungsrecht – mit Verwaltungsprozessrecht» von Steffen Detterbeck, auf die erfolgreichen Bände zum Staatsrecht von Christoph Gröpl und Gerrit Manssen sowie auf die strafrechtlichen Werke von Jörg Hohmann und Günther Sander zum Besonderen Teil des StGB.

h) Juristische Fall-Lösungen

Wie notwendig Beispiele und Fälle für die Vermittlung juristischer Fertigkeiten sind, ist bereits mehrfach erwähnt worden. Es mag daher nicht verwundern, dass sich irgendwann im Verlag die Frage stellte, ob man nicht die Fall-Lösungstechnik prinzipiell für eine eigene Lehrbuchreihe fruchtbar machen könnte. In der JuS-Schriftenreihe wurde bereits eine Reihe von Bänden mit Klausursammlungen erfolgreich veröffentlicht. So war es nur eine Frage der Zeit, bis die Idee zu einer eigenen Fall-Lösungsreihe verwirklicht wurde. Der erste Band erschien 2003 aus der Feder von Jörg Fritzsche zum Schuldrecht, bis heute sind insgesamt 16 Bände aus dem Zivilrecht, Strafrecht und Öffentlichen Recht erschienen.

Gemeinsam mit den Juristischen Kurz-Lehrbüchern und den heute in gleichem Format erscheinenden PdW-Bänden bilden sie einen sinnvollen Zusammenhang: Die Kurz-Lehrbücher vermitteln den Prüfungsstoff systematisch, die Fall-Lösungen bereiten ihn anhand von einfachen und schwierigen Fällen auf und die PdW-Bände dienen der sinnvollen Wiederholung erlernten Wissens und der gezielten Vorbereitung auf die mündliche Prüfung.

i) Studienkommentare

Wie der Name schon sagt, handelt es sich bei den Studienkommentaren nicht um übliche Kommentare oder Lehrbücher. Der erste seiner Art ist der Studienkommentar zum BGB von dem inzwischen verstorbenen Hamburger Ordinarius **Jan Kropholler**, inzwischen fortgeführt von Florian Jacoby und Michael von Hinden. Es folgten die beiden vom Greifswalder Ordinarius **Wolfgang Joecks** verfassten und äußerst beliebten Studienkommentare zum StGB und zur StPO. Ihr Charakter liegt zwischen einem Kommentar herkömmlicher Prägung und einem Studienbuch. Der Aufbau – Paragraph für Paragraph – weist auf einen Kommentar hin, die Inhalte der «Kommentierung» entsprechen aber eher der Darstellung im Lehrbuch, wobei besonderer Wert auf die systematische Behandlung der Meinungsstreitigkeiten und – soweit sinnvoll – ein passendes Prüfungsschema gelegt wird. Zuletzt ist der sehr gelungene Studienkommentar zum Grundgesetz erschienen, verfasst von den drei Staatsrechtslehrern **Christoph Gröpl**, **Kay Windthorst** und **Christian von Coelln**.

k) Beck'sche Examinatorien

Eine Wiederbelebung der Idee des Juristischen Studienkurses – ebenfalls im Format DIN A4 – brachte die Anfang der 2000er Jahre gegründete Reihe «Beck'sche Examinatorien», deren zivilrechtliche und öffentlich-rechtliche Seite vor allem aus dem gelungenen Examensvorbereitungskurs der Ludwig-Maximilians-Universität München gespeist wird. In der Folgezeit konnten auch Autoren anderer Fakultäten für das als gezielte Vorbereitung auf das erste Examen gedachte Konzept gewonnen werden, das sich zunehmender Beliebtheit für die Examensvorbereitung erfreut.

l) Jurakompakt

Die neueste Entwicklung in der Beck'schen Lehrbuchliteratur ist die im Jahr 2008 mit dem Titel «Staatsrecht I» der Tübinger Privatdozentin Daniela Winkler gestartete Reihe «Jurakompakt». Diese mit Zielgröße 160 Seiten im kleinen Taschenbuchformat projektierte Reihe soll die Bedürfnisse derjenigen befriedigen, die vor einer Prüfung nur wenig Zeit haben, die wesentlichen Inhalte eines Rechtsgebiets noch einmal zu wiederholen. «Reduce to the Max», auf Deutsch: «Weniger ist mehr» wäre hier ein smarter Werbespruch. Diverse Prüfungsschemata, ausgesuchte Beispielsfälle mit ausformulierten Lösungen und Wiederholungsfragen geben dem Lernenden die Chance, ein Rechtsgebiet tatsächlich binnen eines Tages zu wiederholen oder sich schnell einen groben Überblick zu verschaffen. Mittlerweile gehören aber auch Titel wie «Definitionen und Schemata Strafrecht» des Rostocker Ordinarius Christian Fahl und des Münchener Rechtsanwalts Klaus Winkler oder «Der zivilrechtliche Aktenvortrag im Assessorexamen» des Nürnberger Richters am Landgericht Holger Jäckel schon über mehrere Auflagen zum festen Bestand der universitären Buchhandlungen.

m) Lehrbücher im Verlag Franz Vahlen

Ein weiterer Katalysator der bereits angesprochenen Aufwärtsentwicklung in der Studienliteratur des Hauses Beck ab den 1970er Jahren dürfte auch der damals abgeschlossene Kauf des Verlages Franz Vahlen gewesen sein, mit dem einige wichtige Titel und Autoren an das Haus gebunden werden konnten. Einen gewissen Schwerpunkt bildeten dabei Bücher für Rechtsreferendare. Besonders hervorzuheben ist in diesem Zusammenhang das älteste Lehrbuch des Hauses überhaupt, das 1884 aus der Feder von Reichsgerichtsrat Hermann Daubenspeck unter dem Titel «Referat, Votum und Urteil: Eine Anleitg. f. prakt. Juristen im Vorbereitungsdienst» das Licht der Welt erblickte (heute: Schuschke/Kessen/Höltje, Zivilrechtliche Arbeitstechnik im Assessorexamen, 35. Auflage 2013). Aus der jüngeren Vergangenheit muss in diesem Zusammenhang das mit fast 1000 Seiten umfangreiche Lehrbuch zum Strafrecht Allgemeiner Teil von **Kristian Kühl** genannt werden, das in bald acht Auflagen trotz seines Umfanges zu einem bei Studierenden sehr beliebten Lehrbuch avanciert ist.

n) Lehrbücher von Heymanns, Luchterhand & Co. im Verlag Franz Vahlen

Am 26. Februar 2010 ergriff der Verleger Hans Dieter Beck die sich ihm bietende Gelegenheit, die traditionsreiche Ausbildungsliteratur der Verlage Carl Heymanns und Luchterhand zu erwerben, die zuvor von der Wolters Kluwer Deutschland GmbH gekauft und dann nach wenigen Jahren, wohl aus Gründen einer sich wandelnden allgemeinen Unternehmensstrategie der niederländischen Konzernmutter, wieder abgestoßen wurden.

Die Übernahme der Heymann'schen und Luchterhand'schen Lehrbuchliteratur von Wolters Kluwer sollte noch einmal eine große Herausforderung, verbunden mit einem bedeutenden Umbruch, in der hauseigenen juristischen Studienliteratur werden. Die Entscheidung, das Lehrbuchprogramm nicht bei Beck, sondern unter der Marke Vahlen zu veröffentlichen, stellte sich im Nachhinein als glücklich heraus: Auf der einen

Seite wurde vermieden, die Beck'sche Reihensystematik durch das Einfügen diverser neuer Reihen einer gewissen Beliebigkeit zu unterwerfen, auf der anderen Seite konnten die vorhandenen juristischen Werke des Vahlen-Verlages von der natürlichen Zugkraft des Heymanns-Programms profitieren und einen willkommenen Gegenpol zur Lehrbuchliteratur bei C.H.Beck bilden. Die Integration führte so zu einer spürbaren programmatischen und vertrieblichen Belebung der schon zuvor im Vahlen-Verlag veröffentlichten juristischen Lehrbuchliteratur – und vielleicht auch zu einem Bewusstseinswandel bei vielen Autoren, die die Marke «Vahlen» nun als gestärkte Identität in der Beck'schen Verlagslandschaft wahrnehmen konnten.

Durch den Handel mit Wolters Kluwer konnten zahlreiche erfolgreiche Werke und Reihen den Beck'schen Hafen anlaufen, darunter auch die weißblaue Flotte der **«Academia Iuris»** mit dem «Flaggschiff» von Heymanns Lehrbuchliteratur – dem 1967 von Dieter Medicus begründeten «Bürgerlichen Recht» mit dem Untertitel «Eine nach Anspruchsgrundlagen geordnete Darstellung zur Examensvorbereitung». Es ist seit Jahrzehnten eines der bekanntesten Lehrbücher.

Dieter Medicus, geboren 1929, war Assistent und Schüler von Max Kaser, bei dem er 1956 und 1962 im römischen Recht promoviert und habilitiert worden war. 1962 wurde er Professor in Kiel, 1966 in Tübingen, wo er das «Bürgerliche Recht» schrieb. 1978 ging er nach München. Dort blieb er bis zu seiner Emeritierung 1994.

Das ursprünglich mit dem spröden Titel «Examensprobleme des bürgerlichen Rechts» geplante Werk war das erste seiner Art, das den Stoff nach Anspruchsgrundlagen ordnete und sich zugleich auf die prüfungsrelevanten Materien konzentrierte. Kein Student kam fortan für die Examensvorbereitung an «dem Medicus» vorbei. Wegen seines hohen Anspruchs war das Werk jedoch nie für Studenten der ersten Semester geeignet. Sein verknappter Stil forderte die Studierenden heraus und eröffnete ihnen die ganze Logik des Bürgerlichen Rechts. Es war das Ergebnis eines Examensrepetitoriums der juristischen Fakultät in Tübingen, geronnene didaktische Erfahrung, gepresst zwischen zwei Buchdeckel, und erschien – für den Beck-Verlag: leider – seit 1968 zunächst in 22 Auflagen bei Heymanns in Köln. Aber Ende gut, alles gut: Durch die Übernahme der Heymanns-Titel kommt das Buch seit der 23. Auflage 2011 aus der Wilhelmstraße 9 in Schwabing. Seit der Emeritierung von Dieter Medicus, zuletzt Universität München, wird es verfasst von seinem Schüler Jens Petersen von der Universität Potsdam.

Vergleicht man die beiden 1981 und 1983 erschienenen Kurz-Lehrbücher von Dieter Medicus zum Schuldrecht mit dem 13 Jahre älteren «Knaller» seines «Bürgerlichen Rechts» von 1968, ist man zunächst enttäuscht. Das ältere erscheint viel lebendiger, auch durch die stärkere Äußerung eigener Meinungen. Trotzdem: Liest man weiter in den Kurz-Lehrbüchern, macht die dort herrschende größere Ruhe einen guten Eindruck. Das «Bürgerliche Recht» ist ein sehr subjektives Buch. Daher auch sein größerer Erfolg. Die beiden Kurz-Lehrbücher, ebenfalls ein Erfolg, haben wie alle in dieser Reihe den gesamten Stoff in der «ordentlichen» Reihenfolge «objektiv» zu beschreiben. Und das macht er in seiner klaren Sprache. Man spürt auch hier sehr viel besser seine Herkunft als Rechtshistoriker für das antike römische Recht, die manches deutlicher werden lässt als das erste Buch. Besonders verdienstvoll ist seine Beschreibung des Bereicherungsrechts der §§ 812 ff. BGB. Das Wort Kondiktion wird hier aus dem alten römischen Recht ganz sachlich erklärt, nicht im «Bürgerlichen Recht». Zur Leistungskondiktion im Dreiecksverhältnis stellt er nur das Nötigste auf wenigen Seiten dar, weil er meint, dieses Problem werde viel zu oft und zu lang behandelt (zum Beispiel auch im ersten Buch von 1968), obwohl seine Bedeutung weit überschätzt werde. Recht hat er.

Aber nicht nur das «Bürgerliche Recht», sondern auch andere starke Titel und Klassiker der Ausbildungsliteratur hatte die «Academia Iuris» zu bieten: War das Bürgerliche Recht ein «Knaller», dann war der «Allgemeine Teil des Bürgerlichen Rechts» von Hans Brox mindestens ein «Knüller». Für diesen hatte sich Hans Brox 1976 beim Carl Heymanns Verlag verpflichtet, während er seine Schuldrechts-Bände beim Beck-Verlag platzieren konnte (bzw. wollte). Ebenfalls stark waren und sind die ursprünglich beim Metzner-Verlag erschienenen Werke zum Staatsrecht von Jörn Ipsen. Aber auch aus der jüngeren Zeit erwiesen sich einige Titel als stark. Man beließ es bei Heymanns nicht bei der bloßen Pflege gut laufender Titel, sondern entschloss sich, mit der herannahenden Schuldrechtsreform 2002 in Gestalt des Düsseldorfer Ordinarius **Dirk Looschelders** einem jungen Autor zwei neue Lehrbücher zum Schuldrecht anzuvertrauen. Looschelders gelang es, eines der ersten Lehrbücher zum neuen Schuldrecht zu verfassen, das unbelastet von jeder Rückwendung zum «alten» Schuldrecht aus der Zeit vor 2002 war. Durch seinen hervorragenden didaktischen Aufbau wurde es zu einem der aktuell erfolgreichsten Lehrbücher im Bereich des Schuldrechts. Der zweite Band zum «Schuldrecht BT», der einige Jahre später folgte, schloss nahtlos an den Erfolg des «Schuldrecht AT» an.

Sowohl diese Bände als auch das Werk «Sachenrecht» von Klaus Vieweg und Almuth Werner bezeugen, dass umfangreiche Werke mit mehr als 500 Seiten immer noch von den Studenten angenommen werden, wenn das Konzept stimmt. Auch der Erfolg des 2010 erstmalig erschienen Lehrbuchs zum Gesellschaftsrecht von Ingo Saenger zeugt von der Zugkraft der Marke «Academia Iuris», die die Einführung neuer Werke erleichtert. Und bei genauerer Betrachtung nicht nur für die Marke an sich, sondern auch die Unterreihen, ob als «Basisstudium»-Reihe, als «Examenstraining» oder als Unterreihe «Schwerpunktstudium». Dass auch die Reihen «Lernen im Dialog», der «Klausurenkurs» sowie die «Klausurprobleme», darunter die von Studenten sehr geschätzten und probaten strafrechtlichen Werke von Thomas Hillenkamp mit zum Portfolio gehörten, sei nur am Rande erwähnt.

Aber nicht nur in der reinen Studienliteratur, sondern auch mit der in den 1990er Jahren durch Bernd von Heintschel-Heinegg noch im Luchterhand-Verlag begründeten **Referendarausbildungsliteratur** konnte das Programm von Franz Vahlen arrondiert werden. Mit den Luchterhand-Skripten hatten schon viele Generationen von Referendaren – nicht nur aus Bayern – gelernt. Auch das ebenfalls mit übernommene Werk «Das Assessorexamen im Zivilrecht» von Monika Anders und Burkhard Gehle gehört – in Nordrhein-Westfalen, aber auch weit darüber hinaus – zur Grundausstattung vieler Referendare.

19. Große Leistungen in der Rechtsgeschichte

Es wurden ja schon kurze Bemerkungen zur Bedeutung von **Max Kaser** (1906–1997) mit seinen drei Bänden zum römischen Privatrecht und Zivilprozess gemacht (siehe oben S. 306). Die Bücher erschienen in der von Oscar Beck gegründeten und inzwischen riesigen Reihe des Handbuchs der Altertumswissenschaft. Diese Bemerkungen sollen nun ergänzt werden. Denn nach 1970 wurden die beiden ersten dieser drei, nämlich «Das römische Privatrecht. Erster Abschnitt» und dessen zweiter Abschnitt mit ihrer zweiten Auflage von 1971 und 1975 zum Höhepunkt der Forschung im antiken römischen Privatrecht. Die zweite Auflage des 1966 erschienenen Zivilprozessrechts kam erst 1996, bearbeitet vom Salzburger Professor Karl Hackl, ein Jahr, bevor Max Kaser gestorben ist.

Kaser war Österreicher, 1906 in Wien geboren. Er studierte in Graz und München. Von 1933 bis 1959 war er Professor in Münster, seine längste

Zeit als aktiver Hochschullehrer, ging dann an die Universität Hamburg. Dort ist er 1971 emeritiert worden und lehrte danach bis 1976 an der Universität Salzburg römisches Recht, blieb immer im Kontakt mit den Kollegen dort, denn er lebte mit seiner Frau wenige Autominuten entfernt in einem Altenheim der kleinen bayerischen Gemeinde Ainring bis zu seinem Tod.

Mit **Wolfgang Kunkel** (1902–1981, Professor zuerst an der Universität Göttingen, dann Bonn, Heidelberg, München) und **Franz Wieacker** (1908–1994, Universität Göttingen) war er einer der heiligen drei Könige des römischen Rechts in der Bundesrepublik, das nach seiner Ausgrenzung im «Dritten Reich» zugunsten des «germanisch deutschen» mittelalterlichen Rechts nun wieder Hochkonjunktur hatte. Die beiden anderen Könige erschienen dann mit unvollendeten großen Werken zum römischen Verfassungsrecht (Kunkel, 1995) und zur römischen Rechtsgeschichte (Wieacker, 1989 und 2006) ebenfalls in der Reihe des Handbuchs der Altertumswissenschaften.

Spätestens seit 1949 arbeitete Max Kaser am Manuskript für die ersten beiden Bände des Privatrechts, die 1955 und 1959 mit zusammen 1130 Seiten erschienen. 1966 kam «Das römische Zivilprozessrecht» und 16 Jahre später, 1971 und 1975 war die zweite Auflage der beiden Bände zum Privatrecht fertig, nun mit 1510 Seiten. Sie sind immer noch das wichtigste Handwerkszeug derjenigen, die auf diesem Gebiet arbeiten, das in seiner Bedeutung leider wieder abnimmt, aus vielen Gründen. Einer stand schon 1953 an der Wandtafel, kurz bevor der entsprechende Studienrat vor dem Abitur des Berichterstatters in die Klasse kam und wütend reagierte. Dort hatte einer mit weißer Kreide auf schwarzem Grund geschrieben: «Wozu Latein, wenn man gesund ist?» Ja, da fing das schon an. Und ein Zwanzigjähriger, der nun sechzig Jahre später diesen Bericht schreibt, hat gelacht und erstmal Latein und Griechisch studiert, bevor er zur Rechtswissenschaft wechselte.

Für diese Beschreibung von 1. altrömi-

Friedrich Carl von Savigny, gemalt von Franz Krüger, auf dem Umschlag der 2. A. von Jan Schröder, Recht als Wissenschaft (2012).

schem, 2. vorklassischem und klassischem, 3. nachklassischem Privatrecht kann Max Kaser für sich völlig zutreffend einen Satz von Bernhard Windscheid zitieren. Der war neben Friedrich Carl von Savigny wohl der bekannteste Jurist des 19. Jahrhunderts und hat über sein größtes Werk gesagt: «Auf die Vollständigkeit der Literaturangaben in meinem Lehrbuch (der Pandekten, U. W.) ... können Sie sich verlassen.» Das war auch die Funktion der drei Bände Max Kasers zum römischen Zivilrecht. Er begab sich «in die Rolle des Verarbeiters und Sprachrohrs der herrschenden Meinung» und wurde damit «zur integrierenden Figur des Faches» (Tomasz Giaro).

Nachdem die 1. Auflage der beiden großen Bände erschienen war, hat er seit 1960 für den Verlag Beck ein Kurz-Lehrbuch geschrieben unter dem Titel «Römisches Privatrecht», im Gegensatz zu den beiden anderen mit dem deutlich unterschiedlichen Titel «Das römische Privatrecht». In diesem einbändigen Buch hat er die zeitliche Dreiteilung weggelassen. Anders ging es nicht. Stattdessen wird vor den einzelnen Abschnitten auf die Paragraphen der beiden anderen großen Bände verwiesen. Es ist ein sehr beliebtes Buch geworden. Bis 1992 hat er es in 32 Jahren mit 16 Auflagen selbst geschrieben. Dann übergab er es zur Weiterführung seinem Schüler **Rolf Knütel** (Universität Bonn), der bis 2013 vier weitere Ausgaben herausgegeben hat.

Ebenso solide ist das Kurz-Lehrbuch von **Dietmar Willoweit**, «Deutsche Verfassungsgeschichte», 1. Auflage 1990, 7. Auflage 2013. Es behandelt die Zeit «Vom Frankenreich bis zur Wiedervereinigung Deutschlands», wie es im Untertitel heißt. Dieter Willoweit, Professor für Deutsche Rechtsgeschichte, Bürgerliches Recht und Kirchenrecht 1974 an der Freien Universität Berlin, 1979 in Tübingen und 1984 bis zu seiner Emeritierung in Würzburg.

Zur deutschen Rechtsgeschichte seit den frühesten Zeiten gab es bis in die achtziger und neunziger Jahre zwei Kurz-Lehrbücher, die, ja wie soll man das nennen, eher heikel gewesen sind, nämlich «**Mitteis/Lieberich**, Deutsche Rechtsgeschichte», zuletzt 17. Auflage 1992, ein Buch das immer wieder auf Literaturlisten zu Vorlesungen erschien, und «Mitteis/Lieberich, Deutsches Privatrecht», zuletzt 9. Auflage 1981. Anders als Dietmar Willoweit, der in seiner Verfassungsgeschichte zu Recht mit dem Frankenreich beginnt, also mit dem «Ausklang der Spätantike im fränkischen Reich (482–843)» wie es in der Überschrift des 1. Kapitels heißt, beginnen Heinrich Mitteis und Heinz Lieberich mit der «germanischen Zeit». Da liegt das erste Problem, und das zweite: Sie behandeln das Mittelalter ohne jede

Unterteilung, wie sie sich – seit langem notwendig – bei Dietmar Willoweit und anderen findet. Doch zuerst zu den Autoren, dann versteht man die beiden Probleme besser.

Heinrich Mitteis (1889–1952), «der unbestritten erste Forscher der deutschen Rechtsgeschichte» (Hans Erich Feine), «dessen Ruhm längst in die weite Welt gedrungen war» (Karl Siegfried Bader), ist der Sohn eines ebenso berühmten Vaters gewesen, des «Romanisten» Ludwig Mitteis, der in der Geschichte des römischen Rechts gearbeitet hat, während sein Sohn ein «Germanist» geworden ist, einer der die Geschichte des deutschen Rechts behandelt. Heinrich Mitteis war 1921 Professor in Köln und 1924 in Heidelberg. Dort – schon allgemein bekannt durch das erste seiner wichtigsten Bücher «Lehnrecht und Staatsgewalt» – kritisierte er 1933 als Dekan der juristischen Fakultät die Versetzung eines jüdischen medizinischen Kollegen in den Ruhestand, wurde deswegen vom Rektor als Dekan abgesetzt, erhielt trotzdem 1934 einen Ruf an die Münchener Universität, den er annahm, bekam hier ähnliche Schwierigkeiten wegen seiner offenen Kritik am NS-System, ging deshalb 1935 an die von Deutschland noch unabhängige Wiener Universität und wurde 1938 nach dem «Anschluss» Österreichs sofort entlassen. Außerdem war für ihn und seine Frau die Einweisung in ein Konzentrationslager angeordnet. Es passierte aber nichts und so lebten die beiden zwei Jahre in großer Ungewissheit bis 1940, als er an die kleinste deutsche Universität in Rostock eine Art Strafversetzung erhielt. In diesem Jahr erschien das andere seiner zwei wichtigsten Bücher, «Der Staat des Hohen Mittelalters». Nach dem Krieg wurde er Professor an der Universität im sowjetischen Sektor Berlins, ging aber 1947 wieder nach München, wo er 1952 gestorben ist.

Dann hat er 1949 noch für den Biederstein Verlag das Kurz-Lehrbuch «Deutsche Rechtsgeschichte» geschrieben, 159 Seiten, und 1950 nun schon für C.H.Beck das zweite «Deutsches Privatrecht», 166 Seiten, so wie Max Kaser zehn Jahre später «Römisches Privatrecht». Nach seinem Tod 1952 wurden beide Bücher von **Heinz Lieberich** weitergeführt. Der ging nach dem juristischen Assessorexamen 1930 in den Archivdienst, in dem er weit nach oben kam, nachdem er 1934 auch noch das Staatsexamen für den höheren Archivdienst hinter sich gebracht hatte. Er wurde zuletzt ab 1959 Generaldirektor der Staatlichen Archive Bayerns. Daneben schrieb er Aufsätze zur bayerischen Rechtsgeschichte und so lernten sie sich kennen, Heinrich Mitteis und Heinz Lieberich, der seine beiden Kurz-Lehrbücher weiterführte.

Nun zu den beiden Problemen. In erster Linie hat sie Heinrich Mitteis zu verantworten, in zweiter aber auch Heinz Lieberich, der ihm mehr oder weniger blind gefolgt ist und bei den «Germanen» einfach nicht aufgepasst hat.

Erstens. Schon in den zwanziger und dreißiger Jahren haben Historiker festgestellt, dass im 11./12. Jahrhundert besonders in Mitteleuropa eine entscheidende Wende stattgefunden hat, ökonomisch, politisch und geistig. Architektonisch ist es die von der Romanik zur Gotik gewesen. Der Engländer Charles Haskins nannte sie die «Renaissance des 12. Jahrhunderts». Der französische Historiker Marc Block datierte sie zu Recht in die Mitte des 11. Jahrhunderts und nannte sie «Agrarrevolution» und «kommerzielle Revolution». Es gab kein einheitliches Mittelalter mit einem einheitlichen Lehnswesen. Das hat Heinrich Mitteis allenfalls nebenbei gesehen und für die Rechtsgeschichte ignoriert.

Zweitens und wichtiger. Seit den frühen sechziger Jahren – Heinrich Mitteis war schon gestorben – wurde besonders durch Aufsätze des Freiburger Rechtshistorikers Karl Kroeschell und ein Buch des Historikers Reinhard Wenskus (Marburg, Göttingen) offensichtlich, dass die im 19. Jahrhundert entstandene und im «Dritten Reich» übertriebene Kontinuität einer angeblich von den Germanen über das Mittelalter bis in die Neuzeit reichenden deutschen Rechtsgeschichte eine Fehlkonstruktion gewesen ist. Ihre Ursache war im Wesentlichen das 1806 von Napoleon erzwungene Ende des Heiligen Römischen Reichs Deutscher Nationen. Das wollte man überspielen durch eine nationale Geschichte der Deutschen, an dessen Anfang die Germanen gestanden hätten. Die hat es aber so gar nicht gegeben, ebenso wenig wie ein deutsches Privatrecht, das bei ihnen angefangen habe. Deshalb waren die beiden Kurz-Lehrbücher schon bald nach ihrem Erscheinen veraltet und hätten nicht weitergeführt werden dürfen, weil sie eine Irreführung von Studenten gewesen sind, besonders mit der großen Verbreitung der «Deutschen Rechtsgeschichte».

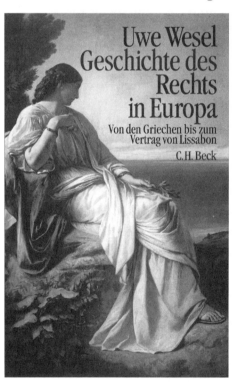

Auch der Verfasser dieser Verlagsgeschichte hat das Programm von C.H.Beck mit mehreren Werken bereichert. Die europäische Rechtsgeschichte (2010) hat bislang noch niemand so umfassend dargestellt.

Schwerpunkt der Rechtsgeschichte war seit langem das Privat- und Verfassungsrecht, das Strafrecht eher eine Art Stiefkind. Zuletzt ist es großartig beschrieben worden vom Heidelberger Strafrechtler **Eberhard Schmidt** (1891–1977) in seiner «Einführung in die Geschichte der deutschen Strafrechtspflege», 3. Auflage 1964, ein sehr gutes Buch, ähnlich wie die «Privatrechtsgeschichte der Neuzeit» von Franz Wieacker, 2. Auflage 1967, beide erschienen im Verlag Vandenhoeck & Ruprecht, Göttingen. Eberhard Schmidt beschrieb das Strafrecht von der germanischen Zeit – solide auf der Grundlage der «Germania» des Tacitus – bis zum Ende des «Dritten Reichs». Endlich wurde 1981 wieder eine neue Darstellung veröffentlicht, in der JuS-Schriftenreihe bei C.H.Beck, **Hinrich Rüping**, Grundriss der Strafrechtsgeschichte. Hinrich Rüping war Professor für Strafrecht an der Universität Hannover, wurde 2007 emeritiert und ist dort seitdem Rechtsanwalt. Er behandelte auch noch die Nachkriegszeit und die Entwicklung des Strafrechts der Bundesrepublik und der DDR. Das war einerseits verdienstvoll als neuer Anfang für diesen Teil der Rechtsgeschichte. Aber das war und ist immer noch das Problem dieses Grundrisses, jetzt 6. Auflage 2011. Der Umfang. Damals waren es 120 Seiten, heute sind es 136. Eberhard Schmidts «Einführung» hatte 450. Und bei Hinrich Rüping kamen noch die nächsten Jahrzehnte hinzu. Da wurde dann am Ende einer kritischen Aufzählung der Antiterrorismusgesetze als letztes das Kontaktsperregesetz (des schrecklichen «deutschen Herbsts») von 1977 zwar genannt, aber nicht erklärt. Ab der 4. Auflage 2002 kam noch etwas anderes hinzu. Rüping hat seitdem die Bearbeitung von fast zwei Dritteln seiner Schrift dem Jenaer Strafrechtsprofessor **Günter Jerouschek** übergeben, der acht Jahre jünger, aber deshalb nicht unbedingt eine didaktische Begabung ist. Er hat manches verändert. Das sollte er wohl auch. Aber er denkt und schreibt in der Sprache eines Gelehrten, nicht eines Lehrers.

1973 erschien bei C.H.Beck der erste von acht Bänden des umfangreichsten rechtshistorischen Unternehmens der Bundesrepublik unter dem Namen Helmut Coings als Herausgeber, das **«Handbuch der Quellen und Literatur der neueren europäischen Privatrechtsgeschichte»**, der «gewichtigste Beitrag zu einer europäischen Rechtsgeschichte überhaupt» (Regina Ogorek).

Er ist schon einer der bemerkenswertesten Juristen der Bundesrepublik gewesen, dieser **Helmut Coing** (1912–2000), nicht nur als Rechtshistoriker, auch als Dogmatiker des Privatrechts, Rechtsphilosoph und Wissenschaftsmanager. Er hatte gute rechtshistorische Lehrer. 1935 wurde er in

Göttingen bei Wolfgang Kunkel promoviert und 1938 mit einer Schrift habilitiert, die bis heute am Beispiel eines Einzelfalls, nämlich der Stadt Frankfurt, die beste Beschreibung des Vorgangs der Rezeption des römischen Rechts in Deutschland ist. Bis an sein Lebensende war er sehr konservativ, im «Dritten Reich» voller Verachtung für das NS-System, im Krieg bei der Wehrmacht, zuletzt als Hauptmann, bis 1947 in Gefangenschaft und seit 1948 Professor in Frankfurt. Dort ist er trotz vieler Rufe an andere Universitäten geblieben, überhäuft mit Orden und Ehrenzeichen, daneben die meiste Zeit von 1964 bis 1980 auch der erste Direktor des Max-Planck-Instituts für europäische Rechtsgeschichte. 1950 schrieb er die vorzüglichen «Grundzüge der Rechtsphilosophie» (5. Auflage 1993). Seit 1953 bearbeitete er in vier Auflagen das Erbrecht des aus der Weimarer Zeit stammenden und im «Dritten Reich» nicht mehr erschienenen Lehrbuchs des Bürgerlichen Rechts von Ludwig Enneccerus, Theodor Kipp und Martin Wolff, «Kipp/Coing», und für den noch älteren und in jener Zeit ebenfalls unterbrochenen Kommentar Julius von Staudingers zum Bürgerlichen Gesetzbuch in mehreren Auflagen den Allgemeinen Teil. Er war ein gefragter Gutachter in Fragen des bürgerlichen Rechts, erster Vorsitzender des 1957 von Bund und Ländern gegründeten Wissenschaftsrats und hatte internationales Ansehen. Ein großer schlanker eleganter Mann, meist sehr distanziert, auch zu seinen Mitarbeitern.

Sein großes Handbuch hat er als Direktor des Max-Planck-Instituts begonnen. Mit ihm wollte er eine Grundlage schaffen für die Geschichte des Privatrechts seit der Rezeption des römischen Rechts, die er in seiner Habilitationsschrift behandelt hatte. Es sollten zwei Bände sein, die alles konzentriert zusammenfassen. Der erste die Quellen und der zweite die Literatur zum Privatrecht für die Zeit von 1500 – Vollendung der Rezeption in Deutschland – bis zum Beginn des Ersten Weltkriegs. Auf Grund dieses Materials sollte dann die Geschichte des Privatrechts geschrieben werden. Dieser Plan war zu kurz gegriffen. Coings genialer Schüler Walter Wilhelm drang darauf, dass zunächst das Material des hohen und späten Mittelalters gesammelt werden müsse. Erst der zweite noch von Coing geplante Band behandelte – als zweiter Band, erster Teil – die Zeit von 1500 bis 1800, die hier die des gemeinen Rechts genannt wird, womit das römische und das kanonische Privatrecht gemeint sind. Der zweite Teil des zweiten Bandes behandelt dann die Gesetzgebung und Rechtsprechung dieser Zeit. Deshalb hat Helmut Coing die weitere Planung an Walter Wilhelm übergeben und schrieb nur noch ab und zu einen Beitrag, wenn es um das von ihm so geliebte gemeine, möglichst nur römische Recht ging.

Das Handbuch blieb aber bis zum Schluss unter seinem Namen als Herausgeber. Der letzte der inzwischen acht Bände, wenn man die Teilbände mitzählt, für das 19. Jahrhundert erschien 1988, insgesamt unter Mitarbeit von 52 Autoren. Es blieb ein unvollendeter Riesentorso.

Trotzdem. Dieser Riesenberg von Informationen ist eine unersetzliche Hilfe für jeden, der eine europäische Rechtsgeschichte schreiben will, auch wenn es nur um das Privatrecht und seine Nebengebiete geht. Für das Verfassungs-, Straf- und Verwaltungsrecht gibt es nichts Gleichartiges.

Nun zu einem weiteren Höhepunkt der Rechtsgeschichte bei Beck bis 1990. 1988 erschien der erste von vier Bänden, die **Michael Stolleis** über die Geschichte des öffentlichen Rechts in Deutschland geschrieben hat. Es ist nicht eine Geschichte des öffentlichen Rechts, sondern eine der Entwicklung seiner Wissenschaft, allerdings auch immer vor dem Hintergrund der allgemeinen Geschichte dieses Fachs – Verfassungsrecht, Völkerrecht, Verwaltungsrecht, Europarecht – und im Wesentlichen eine Prosopographie und nicht eine Topographie dieses Rechtsgebiets, um mal zu zeigen, dass der Berichterstatter sich auch richtig wissenschaftlich unverständlich ausdrücken kann, wie es sich in Deutschland gehört. Mit anderen Worten, es ist im Wesentlichen auch eine Geschichte der Männer dieses Fachs, und zwar nicht nur der großen, sondern auch der vielen kleinen, zum Schluss auch der wenigen Frauen, die im 20. Jahrhundert dazukamen. So sagen es auch die Titel der nun abgeschlossenen vier Bände:

1. Band: Reichspublizistik und Policeywissenschaft 1600–1800, 1988
2. Band: Staatsrechtslehre und Verwaltungswissenschaft 1800–1914, 1992
3. Band: Staats- und Verwaltungsrechtswissenschaft in Republik und Diktatur, 1914–1945, 1999
4. Band: Staats- und Verwaltungsrechtswissenschaft in West und Ost 1945–1990, 2012

Insgesamt ist das eine Forschungsleistung, die «ohne jeden Zweifel eine hervorragende» ist, wie selbst derjenige sagt, der den letzten Band als erster rezensiert hat, und zwar kritisch (Christian Hillgruber, Universität Bonn). Nachdem die Rechtsgeschichte, auch bei C.H.Beck, zunächst nur das Privatrecht behandelte, dann das Strafrecht, kam hier endlich der einzige, der nicht nur für öffentliches Recht, sondern auch für Rechtsgeschichte zuständig ist, **Michael Stolleis**, seit 1974 Professor in Frankfurt am Main und von 1991 bis 2006 daneben dort Direktor des Max-Planck-Instituts für europäische Rechtsgeschichte, in beiden Ämtern 2006 emeritiert und ähnlich überhäuft mit Orden und Ehrenerweisungen wie Helmut Coing.

Er beschreibt im ersten Band die Entstehung des öffentlichen Rechts im Wesentlichen aus der Glaubensspaltung, damals als Verfassungsrecht Publizistik genannt, von ius publicum, sehr deutlich gemacht an den beiden höchsten Gerichtshöfen, dem Reichskammergericht (protestantisch, die Landstände) und dem Reichshofrat der katholischen Habsburger Kaiser, damals mit dem größten Problem der Lehre von der Souveränität Jean Bodins, die im Zentralstaat Frankreichs ihre Heimat hatte.

Auch der zweite Band ist wieder «ein großer Wurf» (Otto Kimminich, Universität Regensburg). Es ist die Zeit vom Ende des Heiligen Römischen Reichs bis zum Ende des Ersten Weltkriegs, in deren Mitte die gescheiterte Revolution von 1848 mit ihrer gescheiterten Verfassung steht, und des Wegs vom Staatenbund (1815) zum Bundesstaat (1871), der «Verfassungsbewegung» und des Anfangs von Verwaltungsrecht und Verwaltungsgerichtsbarkeit. Sie wird hier wie im ersten und den beiden folgenden Bänden in eher kreiselnder Bewegung der einzelnen Themen beschrieben und dadurch bedingter Wiederholung der vielen Namen, die hier zusammenkamen.

Im dritten Band geht es um die Weimarer Zeit und das Dritte Reich. Dann wusste man nicht genau, schreibt er weiter oder nicht? «Es wäre ihm und uns und der Wissenschaftsgeschichte zu wünschen, wenn er auch die Energie dazu aufbrächte» (Manfred Wiegandt, Rechtsanwalt, USA). Nun dauerte es sehr lange, 13 Jahre, und siehe da, er hatte es geschafft für die Zeit vom Ende des Zweiten Weltkriegs bis zur Wiedervereinigung (1945–1990). Das war deshalb nicht unproblematisch, weil er nun zu einem guten Teil Zeitzeuge war und seine bisherige Methode unmöglich wurde, die Vergangenheit möglichst aus der Sicht der Zeit damals und nicht der von heute zu schreiben. Anders ausgedrückt, er musste und durfte auch ab und zu mal seine eigene Meinung durchblicken lassen. Das führte dann auch prompt zu jener schon genannten ersten Rezension, deren Autor in manchen Fragen anderer Meinung war als der eher liberale Michael Stolleis. Nach der Vollendung des ersten Bandes 1988 noch einmal 25 Jahre harte Arbeit. Sie hat sich gelohnt.

1989, ein Jahr nach dem ersten Band von Michael Stolleis, folgte eine kleine Sensation, ebenfalls im Bereich des öffentlichen Rechts. Es erschien von **Roman Herzog** «Staaten der Frühzeit. Ursprünge und Herrschaftsformen», 331 Seiten. Das Buch war die erste deutsche vergleichende Geschichte früher Staaten von Sumer, Babylon, Ägypten, Industaaten und der Anfänge in China. In dieser Form hatte das bisher niemand zusammengebracht. Der erste Teil beginnt mit dem «Normaljahr» 2000 v. Chr., in dem es drei größere Staatensysteme gab, in Ägypten, Mesopotamien und im Industal. Dann tastet er sich geschickt weiter zurück und kommt zu den großen Mauern von Jericho, 7000 v. Chr., eine befestigte Stadt, also organisierte Herrschaft, also Staat. Wie kommt das? Er antwortet in der Terminologie des öffentlichen Rechts von heute: Gefahrenabwehr und Daseinsvorsorge. Also Herstellung von Sicherheit nach außen und im Inneren und dazu Daseinsvorsorge nach der «hydraulischen Theorie» Karl August Wittfogels mit den großen Bewässerungsanlagen am Nil, Euphrat und Indus. Am besten gelungen ist der letzte Teil «Grundfragen der Staatsführung». Das hat man als Verfassungs- und Verwaltungsjurist im Griff. Also: allgemeine Verwaltung mit Polizei, Gerichtsbarkeit, Steuern und so weiter, zweitens die Wirtschaftsverwaltung der großen Palast- und Tempelökonomien, drittens der Hof des Herrschers und viertens das Militär. Und das Resümee?

Roman Herzog in der Festschrift zu seinem 75. Geburtstag 2009.

«Der Staat ist so zwiespältig wie alles, was Menschen geschaffen haben. Er ist so zwiespältig wie der Mensch selbst. Aber es lohnt sich, für seine guten Seiten zu kämpfen und zu arbeiten.» (S. 309)

Allerdings wird über Negatives kaum berichtet. Grundtenor: Alles am Staat ist gut. Das lassen wir einfach so stehen, ohne an Adolf Hitler und Josef Stalin zu denken. Stattdessen haben wir zwei Fragen. Erstens: Wann hat dieser Mensch das alles geschaffen? Schließlich war er von 1983 bis 1994 Richter im Bundesverfassungsgericht, zuletzt als dessen Präsident. In den frühen Morgenstunden zwischen vier und sechs? Zweitens: Warum interessiert er sich nicht ernsthaft für das, was vorher war? Für Gesellschaften ohne Staat? «Tribes without Rulers», Stammesgesellschaften ohne Herrschaft? Wie englische und amerikanische Ethnologen/Anthropologen es nennen, nämlich Gesellschaftsordnungen, die identisch sind mit ihrer Verwandtschaftsordnung. Ordnung ohne Staat? Das ist nicht anregend für den historischen Appetit der deutschen Staatsrechtslehre. Meistens haben sie noch den großen Staatsphilosophen Thomas Hobbes im Hintergrund.

Der hat 1651 in seinem «Leviathan» über den «Naturzustand» geschrieben, dass es ohne die Sicherheit des Staats nur den Krieg aller gegen alle gegeben habe (1. Teil, 13. Kapitel), und:

«Was mit dem Kriege aller gegen alle verbunden ist, das findet sich auch bei den Menschen, die ihre Sicherheit einzig auf ihren Verstand und auf ihre körperlichen Kräfte gründen müssen. Da findet sich kein Fleiß, weil kein Vorteil davon zu erwarten ist; es gibt keinen Ackerbau, keine Schifffahrt, keine bequemen Wohnungen, keine Werkzeuge höherer Art, keine Länderkenntnis, keine Zeitrechnung, keine Künste, keine gesellschaftlichen Verbindungen; statt dessen ein tausendfaches Elend; Furcht, gemordet zu werden, stündliche Gefahr, ein einsames, kümmerliches, rohes und kurz dauerndes Leben.»

Inzwischen hat die ethnologisch-anthropologische Forschung gezeigt, dass dies nicht mehr der Stand von heute ist. Im Gegenteil. Der amerikanische Anthropologe Marshall Sahlins beschreibt Sammler und Jäger sogar als erste Überflussgesellschaft (original affluent society). Ja nun also. 1998 erschien die zweite Auflage von Roman Herzogs schönem Buch, fast unverändert, 329 statt 331 Seiten. Da war er schon Bundespräsident.

20. «Neue» Zeitschriften entstehen in den achtziger Jahren und später fast eine Explosion

Nachdem die Ausbildungszeitschrift der Juristischen Schulung (JuS) und die Fachzeitschrift Deutsches Steuerrecht (DStR) erschienen waren, entstand eine Pause von fast 20 Jahren, bis es zur Gründung weiterer Zeitschriften kam. Dies war umso erstaunlicher, als in den Konkurrenzverlagen durchaus weitere Zeitschriften zu Spezialgebieten in dieser Zeit erschienen sind. Ausgangspunkt für die seit 1980 fast jährlich erfolgte Gründung neuer juristischer Fachzeitschriften im Verlag C.H.Beck war die **zunehmende Spezialisierung** der Anwaltschaft, eine Entwicklung, die später zu den **Fachanwälten** für bestimmte Rechtsgebiete führte, von denen es inzwischen 20 gibt.

Der Verlag stand zunächst vor der Frage, ob es möglich und sinnvoll ist, in der NJW die notwendige stärkere Ausrichtung auf die Fachrechtsgebiete zu berücksichtigen, was dann innerhalb kürzester Zeit zu mindes-

20. «Neue» Zeitschriften entstehen in den achtziger Jahren und später

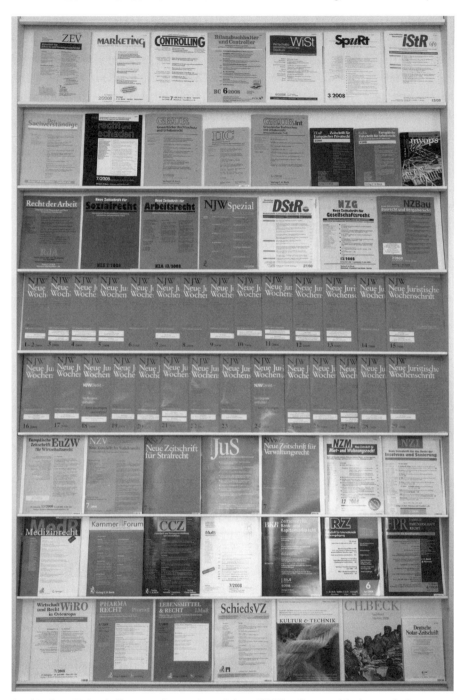

Beck'sches Zeitschriftenregal aus dem Jahre 2008 mit verschiedenen, keineswegs allen Periodika.

tens drei NJW-Jahrgangsbänden geführt hätte. Die Alternative war die **Gründung von Spezialzeitschriften** für einzelne Rechtsgebiete, ohne gleichzeitig die inhaltliche, aber auch wirtschaftliche Bedeutung der NJW als führende juristische Zeitschrift zu beeinträchtigen. Das Ganze glich einem Spagat – ähnlich der heute im Vordergrund stehenden, immer wieder neu zu definierenden Entscheidung zwischen Druck und elektronischen Medien.

Ferner gewann damals auch für die Gründung neuer Zeitschriften das Argument einer früher oder später kommenden Beck'schen Online-Datenbank an Gewicht, deren Inhalte im Rechtsprechungsteil nicht hinter juris zurück bleiben sollten; insbesondere bei den Rechtsprechungs-Reporten (RR) spielte das eine wesentliche Rolle; siehe unten S. 465.

Die Gründung von zahlreichen neuen Zeitschriften ab 1980 machte aber – neben inhaltlichen und wirtschaftlichen Gesichtspunkten – deutlich, dass sich der Verlag von einem bis dahin vornehmlichen **Buchverlag** auch stärker in Richtung auf einen **juristischen Zeitschriftenverlag** entwickelte.

a) Die «N»-Zeitschriften

Bevor indes die Frage der Etablierung von Spezialzeitschriften grundsätzlich entschieden war, kam es mehr oder weniger zufällig im Jahre 1980 mit der «**Neuen Zeitschrift für Strafrecht**» (NStZ) zur ersten Neugründung. Anlass hierfür war das Angebot der beiden Beamten im Bundesjustizministerium Peter Rieß und Klaus Miebach, eine Vierteljahresschrift zum Strafprozessrecht herauszubringen. Der für das Strafrecht zuständige Lektor Klaus Letzgus erkannte schnell, dass eine solche strafprozessuale Archivzeitschrift weder inhaltlich noch wirtschaftlich erfolgreich sein konnte, nahm jedoch dieses Angebot zum Anlass, einen schon länger gehegten Plan einer strafrechtlichen Spezialzeitschrift eventuell mit diesen beiden Herren zu realisieren. Nachdem der Verleger Hans Dieter Beck sein grundsätzliches Einverständnis erteilt

Die erste «N»-Zeitschrift, die Neue Zeitschrift für Strafrecht (NStZ), startete 1981.

hatte, erfolgten zahlreiche Gespräche, um diesen Plan voranzutreiben. Dabei galt es zunächst, ein tragfähiges Konzept zu erarbeiten und namhafte Herausgeber aus Wissenschaft und Praxis zu gewinnen. Mit den Strafrechtslehrern Claus Roxin und Hans-Ludwig Schreiber, dem Generalbundesanwalt Kurt Rebmann und dem Präsidenten des BGH Gerd Pfeiffer sowie den Anwälten Hans Dahs und Josef Augstein und den Ministerialbeamten Peter Rieß aus dem Bundesjustizministerium und Karl Heinz Kunert aus dem Düsseldorfer Justizministerium konnte schnell eine renommierte Mannschaft mit bekannten Persönlichkeiten zusammengestellt werden. Klaus Miebach erklärte sich zudem bereit, die Schriftleitung der neuen Zeitschrift zu übernehmen.

Nicht immer ganz einfach waren die Gespräche mit dem damaligen Schriftleiter der NJW, Hermann Weber, der naturgemäß darauf bedacht war, auch künftig das Strafrecht in der NJW möglichst ohne Substanzverlust angemessen zu berücksichtigen, gleichzeitig aber Überschneidungen, insbesondere beim Abdruck von Entscheidungen, weitgehend zu vermeiden. Lange diskutiert wurde im Verlag die Bezeichnung der neuen Zeitschrift. Da diese, wie zukünftig auch die meisten anderen neuen Zeitschrif-

Die zweite «N»-Zeitschrift zum Verwaltungsrecht begann mit dem Jahrgang 1982, der Rechtsprechungs-Report 1988.

ten, «in Zusammenarbeit mit der NJW» erscheinen sollte, entschied man sich schließlich in Anlehnung an die «Neue» Juristische Wochenschrift für die Bezeichnung «Neue» Zeitschrift für Strafrecht, abgekürzt NStZ.

Da die im 1. Jahrgang 1981 erscheinende NStZ auch zur Überraschung des Verlages in kurzer Zeit eine beachtliche Zahl von Abonnenten erreichen konnte, obwohl im gleichen Jahr die Konkurrenzzeitschrift «**Strafverteidiger**» gegründet wurde, entschloss sich der Verlag bereits im kommenden Jahr auf Initiative des Frankfurter NJW-Schriftleiters Hermann Weber, der wissenschaftlich ohnehin dem öffentlichen Recht verbunden war, die «**Neue Zeitschrift für Verwaltungsrecht (NVwZ)**» zu gründen, insbesondere auch, um die NJW von den zahlreichen verwaltungsrechtlichen Entscheidungen zu entlasten, die zunehmend öffentlich-rechtliche Spezialmaterien wie etwa das Ausländer- und Asylrecht sowie das Umweltrecht betrafen. Dies war auch ohne wesentliche Beeinträchtigung der NJW möglich.

Die dritte der so genannten «N-Zeitschriften» war dann die «**Neue Zeitschrift für Arbeitsrecht (NZA)**», deren Gründung im Jahre 1984 freilich nicht ganz so einfach war und differenzierte Überlegungen notwendig machte. Dies hing nicht zuletzt auch damit zusammen, dass für den Verlag nur eine wissenschaftlich neutrale Zeitschrift in Frage kam, was aufgrund der polarisierenden Situation zwischen Arbeitgeberverbänden und Gewerkschaften schwierig war. Der Verlag musste deshalb neben Wissenschaftlern und Praktikern auch Persönlichkeiten aus beiden politischen Lagern als Herausgeber gewinnen, wobei man ganz bewusst nicht auf irgendwelche Funktionäre zurückgreifen wollte. So ist es gelungen, mit dem ehemaligen Arbeitsminister aus Nordrhein-Westfalen Friedhelm Farthmann, der aus der Gewerkschaftsbewegung kam, und dem Personalvorstand bei der Daimler Benz AG Manfred Gentz zwei anerkannte Persönlichkeiten zu gewinnen. Auch der Präsident des Bundesarbeitsgerichts Otto Rudolf Kissel sowie der mit dem Verlag ohnehin seit vielen Jahren eng verbundene Richter am Bundesarbeitsgericht Günter Schaub und der für Arbeitsrecht zuständige Abteilungsleiter im Bundesarbeitsministerium Otfried Wlotzke sagten ihre Mitarbeit zu. Aus der Anwaltschaft kam der bekannte Arbeitsrechtler Jobst-Hubertus Bauer hinzu.

Ein weiteres Problem stellte sich in der Frage der Berücksichtigung des Sozialrechts, das zwar weniger dogmatisch, aber in der betrieblichen Praxis doch eng mit dem Arbeitsrecht verbunden ist. Da für eine eigene Zeitschrift zum Sozialrecht die Zeit noch zu früh schien, entschloss man sich, sie «**Neue Zeitschrift für Arbeits- und Sozialrecht**» zu nennen und auch einige führende Sozialrechtler aus Wissenschaft und Praxis als zusätzliche Herausgeber zu gewinnen. Schon damals hatte man beabsichtigt, später eventuell das Sozialrecht in einer eigenen Zeitschrift zu veröffentlichen, weshalb man die Abkürzung bewusst auf NZA beschränkte. Die Entscheidung war richtig, da der Verlag acht Jahre später mit der **«Neuen Zeitschrift für Sozialrecht (NZS)»** diesem immer wichtiger werdenden Rechtsgebiet eine eigene Zeitschrift widmete und das Sozialrecht aus der NZA ausgliederte.

Schwierig zu entscheiden war auch die Frage der Schriftleitung, wobei Hans Dieter Beck zu Recht darauf bestand, dass mindestens einer der beiden Schriftleiter aus der betrieblichen Praxis kommen sollte, da Hauptadressat der NZA – neben Gerichten und Rechtsanwälten – vor allem die Betriebe und Unternehmen sein sollten. So ist es gelungen, mit Joachim Spiegelhalter, Personalleiter bei Buderus in Wetzlar, einen echten Praktiker zu gewinnen, der zusammen mit dem Vorsitzenden Richter am Landesarbeitsgericht Rheinland-Pfalz, Klaus Schmidt, der später Präsident dieses Gerichts wurde, fast 30 Jahre lang die Schriftleitung der NZA wahrnahm.

Es folgten 1988 die «Neue Zeitschrift für Verkehrsrecht(NZV)» mit dem Dortmunder Rechtsanwalt Winfried Born als Schriftleiter, 1991 die «Neue Zeitschrift für Sozialrecht (NZS)» mit dem bayerischen Ministerialbeamten Gerhard Knorr als Schriftleiter sowie 1998 die «Neue Zeitschrift für Miet- und Wohnungsrecht (NZM)», die aus dem vormaligen Entscheidungsdienst der NJW zum Miet- und Wohnungsrecht, NJWE-MietR, hervorging und in den Jahren 1996 und 1997 von der NJW-Redaktion herausgegeben worden ist.

In Folge der Vielzahl der nun Mitte der 1990er Jahre an die Redaktion herangetragenen Entscheidungen entschloss sich der Verlag, durch die Frankfurter Redaktion gerade zur Dokumentation der instanzgerichtlichen Rechtsprechung vier NJW-Entscheidungsdienste herauszubringen, nämlich den eben erwähnten zum Mietrecht und Wohnungsrecht, der dann in der NZM

Die 2002 bezogene Niederlassung des Verlages in Frankfurt am Main in der Beethovenstraße 7b, Redaktion der NJW, der JuS und weiterer Zeitschriften.

aufgegangen ist, den zum Versicherungs- und Haftungsrecht (NJWE-VHR), den zum Familien- und Erbrecht (NJWE-FER), sowie den zum Wettbewerbsrecht (NJWE-WettbR), der später im GRUR-RR aufgegangen ist.

1998 wurde die **«Neue Zeitschrift für Gesellschaftsrecht (NZG)»** gegründet. Sie wurde vereinigt mit der Zeitschrift «Wirtschaftsrechtliche Beratung (WiB)», die der Verlag ab dem Jahr 1994 herausgegeben hatte. Die WiB hatte ein neuartiges Konzept: Originalentscheidungen wurden nicht in ihrem Wortlaut abgedruckt, sondern von prominenten externen Autoren praxisgerecht aufbereitet. Ein Konzept, das sich jedenfalls Mitte der 1990er Jahre nicht als tragfähig erwies, aus heutiger Perspektive aber zukunftsweisend war.

Damit war die Gründungswelle von neuen Zeitschriften noch nicht zu Ende, sondern es entstanden im Jahr 1998 noch die «Neue Zeitschrift für Insolvenzrecht (NZI)» sowie im Jahr 2000 die «Neue Zeitschrift für Baurecht und Vergaberecht (NZBau)». Alle sechs vorbezeichneten Zeitschriften werden jeweils in Zusammenarbeit mit der NJW herausgegeben, was durch die «Neue Zeitschrift» nach außen dokumentiert wird. Die vier letzten Zeitschriften werden von festangestellten Redakteuren in der Frankfurter Redaktion redaktionell betreut.

b) Weitere Zeitschriftenneugründungen

Zur selben Zeit hat der Verlag weitere Zeitschriften ins Leben gerufen, wie zum Beispiel 1991 die Zeitschrift «Internationales Steuerrecht (IStR)», 1994 auf Initiative des bayerischen Rechtsanwalts Fritzweiler die Zeitschrift «Sport und Recht (SpuRt)» sowie im selben Jahr die «Zeitschrift für Erbrecht und Vermögensnachfolge (ZEV)», 1990 die «Europäische Zeitschrift für Wirtschaftsrecht (EuZW)» und «Multimedia und Recht (MMR)» und 2003 in Kooperation mit der Deutschen Institution für Schiedsgerichtsbarkeit e.V. (DIS) die «Zeitschrift für Schiedsverfahren (SchiedsVZ)».

c) Übernahmen von anderen Verlagen

In dieser Zeit ergab sich auch die Gelegenheit, Zeitschriften von fremden Verlagen zu übernehmen. Der Verlag Wiley-VCH in Weinheim wollte sich im Zuge strategischer Überlegungen ganz vom Programmbereich Recht trennen. Hans Dieter Beck entschloss sich zum Erwerb. Dabei war besonders reizvoll die schon 1896 bei Heymanns gegründete **«Zeitschrift für gewerblichen Rechtsschutz und Urheberrecht (GRUR)»**. Seit 2001 erscheint sie bei C.H.Beck und bildet inzwischen mit dem schon erwähnten Rechtsprechungs-Report (GRUR-RR), dem internationalen Teil (GRUR-Int), und dem «International Review of Industrial Property and Copyright Law (IIC) die «GRUR-Familie».

In diesem Zusammenhang sind auch die Zeitschriften «Der Sachverständige», die sich bereits im 40. Jahrgang befindet, sowie die im 36. Jahrgang erscheinende «Zeitschrift für deutsches und internationales Bau- und Vergaberecht» (ZfBR) zu erwähnen.

d) Rechtsprechungs-Reporte (RR)

Bei der Fülle wichtiger Entscheidungen von Bundesgerichtshof und Bundesverfassungsgericht geriet bei der NJW die Rechtsprechung der unteren Instanzen immer mehr ins Hintertreffen. Wichtige Materien aus dem Miet- und Wohnungs-, Familien-, Versicherungs- und Wettbewerbsrecht konnten nur noch unvollständig vermittelt werden. Zusammen mit der oben schon erwähnten strategischen Ausrichtung auf ein künftiges Online-Angebot waren damit zwei gewichtige Gründe vorhanden, die NJW zu ergänzen. Ab 1986 erschien der erste Rechtsprechungs-Report: NJW-RR.

Er hatte Erfolg. Auch bei anderen Zeitschriften stellten sich die gleichen Probleme bezüglich unterinstanzlicher Entscheidungen. So folgten Rechtsprechungs-Reporte für NVwZ (1988), NStZ (1996), NZA (1996) und GRUR (2001). Abgesehen vom Nutzen für den Leser des Printmediums entstand so für den Verlag zusammen mit den anderen neuen Spezialzeitschriften ein immer attraktiver Fundus an Gerichtsentscheidungen für die kommende Online-Datenbank.

e) Zeitschriften bei Vahlen und Nomos

Im wirtschaftswissenschaftlichen Programm des Verlages Franz Vahlen erscheinen seit 1972 die Ausbildungszeitschrift «Wirtschaftswissenschaftliches Studium (WiSt)», die gewissermaßen eine Parallele zur «Juristischen Schulung» darstellt, sowie die beiden Praktikerzeitschriften «Marketing» (seit 1978) und «Controlling» (seit 1988).

Drei juristische Zeitschriften werden von den Verlagen C.H.Beck und Nomos gemeinsam veröffentlicht. Dies sind die Zeitschriften «Landes- und Kommunalverwaltung (LKV)», die sich bereits im 23. Jahrgang befindet, sowie seit dem Jahr 2001 die Zeitschrift «Straßen- und Verkehrsrecht (SVR)» und seit 2004 die Zeitschrift «Kommunaljurist (KommJur)».

f) Jüngste Entwicklungen

Eine letzte Epoche der Zeitschriften-Neugründung wurde in den Jahren 2008 bis 2010 eingeleitet. Da besonders die Anwaltschaft unter der Last der langen Aufsätze und der Vielzahl der Entscheidungen klagte, sah sich der Verlag veranlasst, so genannte **Berater-Zeitschriften** auf den Markt zu bringen. Diese ähneln von der Struktur her der bereits zuvor erwähnten «Wirtschaftsrechtlichen Beratung (WiB)». Das Wesen dieser Zeitschriftengruppe besteht darin, dass sie jeweils nur einen bis maximal drei kurze Beiträge von drei Seiten aufweist und im Übrigen die Rechtsprechung von kompetenten und ausgewiesenen Autoren praxisgerecht auf einer Seite komprimiert dargestellt wird. Die Entscheidungen enden stets mit einem Praxishinweis. Auch dies ähnelt sehr dem im Jahr 2004 als Supplement der NJW herausgegebenen NJW Spezial. Nach diesem Muster entstanden so die Zeitschrift für Gesellschafts- und Wirtschaftsrecht (GWR), die «Steuerrecht kurzgefasst (SteuK), die Zeitschrift für Familienrecht und Familienverfahrensrecht (FamFR), die Praxis des gewerblichen Rechtsschutzes und des Urheberrechts (GRUR-Prax) sowie zwei arbeitsrechtliche Zeitschriften, nämlich Arbeitsrecht aktuell (ArbR) und die Zeitschrift für das öffentliche Arbeits- und Tarifrecht (öAT). Darüber hinaus hat der Verlag auch in diesem Zeitraum noch drei weitere, gleichsam dem Zeitgeist entsprechende, Zeitschriften gegründet, nämlich im Jahr 2008 die Zeitschrift Corporate Compliance (CCZ), im Jahr 2011 die Zeitschrift für Datenschutz (DZ) sowie im Jahr 2012 die Neue Zeitschrift für Wirtschafts-, Steuer- und Unternehmensstrafrecht (NZWist).

Natürlich kann das Jubiläumsjahr 2013 nicht ohne Zeitschriften-Neugründungen auskommen. Aus diesem Grunde hat – aufgrund der sich immer mehr diversifizierenden Rechtsgebiete – der Verlag die Neue Zeitschrift für Kartellrecht (NZKart), die Zeitschrift für das gesamte Recht der Energie-Wirtschaft (EnZW), die Zeitschrift Recht der Transportwirtschaft (RdTW) sowie die Berater-Zeitschrift MehrwertSteuerrecht (MwStR) gegründet.

XXI. Deutschlands Vereinigung und Zerfall des Ostblocks
Entstehung von Rechtsstaaten im östlichen Mitteleuropa

Am Abend des 9. November 1989 fiel die Berliner Mauer. Es war das äußere Zeichen für den inneren Zerfall der DDR, der auch ein ökonomischer gewesen ist. Die Produktivität ihrer Betriebe war in den letzten neun Jahren seit 1980 um die Hälfte gesunken. Dazu kam der politische Druck von außen, seit Michail Gorbatschow 1985 Reformen für die Sowjetunion eingeleitet hatte. Zum 40. Jahrestag der Gründung der DDR im Mai 1989 hatte er sein Urteil über Erich Honecker gesprochen: «Wenn wir zurückbleiben, bestraft uns das Leben.» Am 4. November 1989 protestierte eine Million Menschen auf dem Berliner Alexanderplatz gegen die Politik der SED. Erich Honecker als oberster Chef der DDR war schon abgesetzt, Egon Krenz sein Nachfolger als Vorsitzender des Politbüros der SED.

Nach dem Mauerfall wurde der DDR-Hoffnungsträger Hans Modrow Ministerpräsident. Immer noch ging man im Westen davon aus, die DDR würde liberalisiert weiter bestehen. Aber am 15. November 1989, eine Woche später, sagte Michail Gorbatschow in Moskau, die Wiedervereinigung sei eine interne Angelegenheit der Deutschen. Das war das Signal. Politisch Erfahrene wussten nun, das ist der Beginn der Vereinigung Deutschlands. Bundeskanzler Helmut Kohl reagierte schnell mit einem Zehnpunkteprogramm. US-Präsident George Bush, Vater des späteren George W., erklärte sich einverstanden. In Paris und London blieb man zurückhaltend und skeptisch, reagierte eher negativ. Anfang Dezember 1989 waren 300 000 auf den Straßen von Leipzig mit einem schwarzrotgoldenen Fahnenmeer, davon eine große Menge ohne DDR-Emblem. Und vor den Wahlen zur Volkskammer im März 1990 versprach Helmut Kohl einen Umtauschkurs von eins zu eins für die Mark der DDR zur westdeutschen D-Mark. Das brachte den Wahlsieg für die Ost-CDU. Lothar de Maizière wurde Ministerpräsident. Es war die Entscheidung der DDR-Bürger für die Vereinigung. Im Mai vereinbarten die Finanzminister von Bundesrepublik und DDR einen Staatsvertrag zu einer Währungs-, Wirtschafts- und Sozialunion der beiden Länder, der im Juni von Bundestag und Volkskammer bestätigt worden ist. Darin wurde der Umtauschkurs 1 zu 1 für

Löhne, Gehälter, Renten, Mieten und Pachten bestätigt. Gleichzeitig ging der Vertrag immer noch von der Weiterexistenz der DDR aus.

Dann ging es ziemlich schnell. Denn es eilte. Es drohte ein Putsch gegen Gorbatschow in Moskau. Dort wurden im September 1990 die im Mai begonnenen Zwei-plus-Vier-Verhandlungen abgeschlossen, also von Bundesrepublik, DDR und den vier Siegermächten des Zweiten Weltkriegs. Die neue Volkskammer der DDR hatte schon im Juli die Bildung von fünf Ländern auf ihrem Gebiet verabschiedet. Die konnten nun den Beitritt nach dem alten Artikel 23 des Grundgesetzes erklären. Am 3. Oktober 1990 wurde die DDR ein Teil der Bundesrepublik. Der Putsch gegen Gorbatschow kam im August 1991.

«Wie ein so offensichtlich leidenschaftlicher und aufrichtiger Reformer am 15. März 1985 Nachfolger Stalins als Chef der sowjetischen KP werden konnte, ist immer noch unklar», schreibt der englische Historiker Eric Hobsbawm in seiner Geschichte des 20. Jahrhunderts über Gorbatschow. Der blieb Sozialist bis zu seinem Rücktritt nach dem Putsch. Das war das offizielle Ende der Sowjetunion. Er wollte die Wirtschaft umbauen (Perestroika) und den Würgegriff der Partei durch offene Diskussion ersetzen (Glasnost). Aber Zensur, Kontrolle und Repression waren das Gerüst des ganzen Systems. Mit seiner Beseitigung brach im Innern erst einmal alles zusammen. Und den Satellitenstaaten wollte er nicht mehr mit Gewalt – und viel Geld – den Sozialismus aufzwingen. Dort gab er den Sozialismus auf, um ihn in der Sowjetunion zu retten, und scheiterte.

Russland unter Boris Jelzin bis zu Wladimir Putin ging über von einer Mega-Sowjetunion, die sich auflöste, zu einer immer noch riesigen «Russischen Föderation», immer noch ein Bundesstaat und größtes Gebiet der Welt mit 78 Mitgliedern und einer Verfassung von 1993. In ihr nennt es sich einfach Russland und in Artikel 1 heißt es, das Land sei ein «demokratischer föderativer Rechtsstaat mit republikanischer Regierungsform.»

Das Wort Rechtsstaat ist ein deutscher Begriff. Er entstand Ende des 19. Jahrhunderts und bedeutete ein Land mit einer Verfassung, deren wichtigste Teile die Gewaltenteilung – Regierung, gewähltes Parlament und unabhängige Justiz – und die Menschenrechte sein sollten. Für die Länder im östlichen Mitteleuropa wurde die Bundesrepublik mit diesem Begriff zum Vorbild mit freiheitlicher Demokratie und dem Bundesverfassungsgericht. Das gilt auch für Russland. Aber bis heute hat sich dort nicht viel verändert. Wen wundert es nach über tausend Jahren Herrschaft von Zaren und dann fast einem Jahrhundert sowjetischer Herrschaft? Anders als in den anderen osteuropäischen Ländern, die schon bürger-

Marx und Engels ratlos. Bronzeskulptur von Ludwig Engelhardt auf dem Schlossplatz (zu DDR-Zeiten: Marx-Engels-Forum), an dem heute das Berliner Stadtschloss wieder entsteht. Im Hintergrund der Palast der Republik während des Abbaus (2007).

lich demokratische Zeiten erlebt hatten, bis sie nach 1945 von Stalin erobert wurden.

Zuerst fiel **Polen** von der Sowjetunion ab. 1989 verkündete es die Marktwirtschaft und die kommunistische Partei löste sich auf. Eine lange Entwicklung. Angefangen hatte sie 1980 mit der solidarność und Lech Wałęsa als gewerkschaftliche Protestbewegung. Schneller ging es in **Ungarn**. 1989 starb der Altkommunist János Kádár. Mit einem Gesetz des jetzt frei gewählten Parlaments wurde die neue Verfassung erlassen. In ihr heißt es «Die Republik Ungarn ist ein unabhängiger demokratischer Rechtsstaat.» Auch in der **Tschechoslowakei** gab es eine «samtene Revolution» des Volkes ohne Gewalt. Im November 1989 sprach der Antikommunist Vaclav Havel vor 250 000 auf dem Wenzelsplatz in Prag und wurde im Dezember von der kommunistischen Bundesversammlung zum Präsidenten gewählt. Dann folgten freie Wahlen, aber auch Differenzen zwischen Tschechen und Slowaken. Sie endeten mit der Souveränitätserklärung des slowakischen Landesparlaments. Die neuen Verfassungen für die **Tschechische und die Slowakische Republik** wurden 1992 erlassen. Beide erklären sich im jeweils ersten Artikel ebenfalls zu demokratischen Rechtsstaaten. In **Rumänien** begann der Sturz der kommunistischen Herrschaft Nicolae Ceaușescus Mitte Dezember 1989 mit einer Demonstration in der im Westen des Landes liegenden Stadt Timoşoara (Temesvár) gegen die Versetzung eines oppositionellen Pfarrers in ein kleines Dorf. Sie wurde beendet durch bewaffnete Kräfte der Sicherheitspolizei *securitate*. Dann erschütterten die Proteste das ganze Land, auch in der Hauptstadt Bukarest. Dort mussten Ceauşescu und seine Frau mit einem Hubschrauber fliehen, wurden von Aufständischen verhaftet und nach einem sehr kurzen Prozess Ende Dezember mehr oder weniger standrechtlich erschossen. Reformkommunisten übernahmen die Macht im Land, das sich langsam einer westlichen Demokratie näherte mit der Verfassung von 1991. Auch in ihr heißt es wie in denen der anderen osteuropäischen Länder im ersten Artikel: «Der rumänische Staat ist ein sozialer und demokratischer Rechtsstaat».

Nach dieser weit in den Osten reichenden Verbreitung des deutschen Begriffs Rechtsstaat konnte man erwarten, dass Niederlassungen von juristischen Verlagen der Bundesrepublik dort willkommen sein würden. Und so begab sich auch C.H.Beck auf den Weg nach Osten.

XXII. Hans Dieter Beck in der Berliner Republik 1990–2013
Die Expansion wird noch größer

1. Das Ende der DDR und die Folgen für den Verlag

Der Fall der Berliner Mauer war gleichzeitig das Signal für die westdeutsche Wirtschaft, in **Ostdeutschland** nach Betrieben zu suchen, an denen man sich beteiligen oder sie möglichst übernehmen könne. Denn es war klar, dieser Fall war auch ein Zeichen des Zusammenbruchs der sozialistischen Ökonomie, die dringend Kapital brauchte, und das hieß: westliches Kapital. So begab sich C.H.Beck auf den Weg nach Ostberlin zum Staatsverlag der DDR. In ihm erschien praktisch die gesamte juristische Literatur des Landes, Textausgaben, Kommentare, Lehrbücher. Aber die Münchner kamen zu spät. Der Freiburger Verlag Rudolf Haufe war schon vor der Wende da und hatte danach seine Zusammenarbeit mit den Ostberlinern vertieft. Deshalb beschloss der Beck-Verlag, von München aus ein eigenes juristisches Programm für Ostdeutschland aufzubauen, zunächst aus den Quellen der DDR, was auch deshalb notwendig wurde, weil nach den Wahlen zur Volkskammer im März 1990 dieses Parlament begann, das dortige Rechtssystem in freiheitlicher Art umzugestalten und an das Recht der Bundesrepublik anzupassen. Wichtige Grundlage dafür war die Vereinbarung einer Währungs-, Wirtschafts- und Sozialunion der beiden Länder, wobei man noch damals überwiegend, davon ausging, dass die DDR zunächst weiter ein eigenständiger Staat bleiben werde. Dies war auch die Einschätzung im Verlag.

Aufgrund dieser Zusammenhänge wurde Anfang 1990 in zwei Richtungen nachgedacht, nämlich ein eigenes Programm zum Recht der DDR zu entwickeln und Bücher zum bundesdeutschen Recht heraus zu bringen, die es Juristen in der DDR ermöglichen sollten, sich schnell in die Grundlagen der westdeutschen Rechtsordnung einzuarbeiten.

So ging es zunächst darum, zuverlässige Textausgaben zum Recht der DDR herauszubringen. Das war manchmal gar nicht so einfach. Für die volkseigene Wirtschaft hatte ein Vertragsgesetz gcgoltcn, das der Umsetzung von Planauflagen in den Betrieben und im Rechtsverkehr unter ihnen gedient hatte. Mit der Umwandlung in privatrechtliche Unternehmen waren die planwirtschaftlichen Rechtsgrundlagen hinfällig geworden. Stattdessen galten nun das HGB, das GmbH-Gesetz und das Aktiengesetz, die in der DDR nie aufgehoben waren. Aber sie hatten dort noch die Fassung des Jahres 1945, weil sie die DDR nicht geändert hatte. Nur wo holt man gerade auf die Schnelle diese Gesetzestexte her? Aber angesichts der Verhältnisse, die in den ersten Monaten des Jahres 1990 in der DDR herrschten, war es schon ein Problem, die zahlreichen Gesetze, die die Volkskammer nun zum Umbau des Staatswesens produzierte, schnell zu erhalten und dazu gar in München. Noch funktionierte die Post nur mit großen Verzögerungen und ob die Staatsdruckerei der DDR zuverlässig einen Versand der Gesetzblätter organisiert hätte, war mehr als fraglich. Aber man fand heraus, dass die Staatsdruckerei einen Laden für DDR-Gesetzblätter in Berlin Mitte eröffnet hatte. So stellten sich dann auch Beck'sche Lektoren in die Schlange und erstanden jeweils die neuesten Gesetze der DDR-Volkskammer.

So entstanden nicht nur kleine rote Beck'sche Textausgaben etwa zum Handelsrecht, Gesellschaftsrecht und Arbeitsrecht. Vielmehr gab es bereits im Sommer 1990 nach westdeutschem Vorbild auch einen «DDR-Schönfelder» und einen «DDR-Sartorius», in denen die maßgeblichen Rechtsquellen zusammengefasst waren, die nach westdeutschem Verständnis dem Zivil- und Strafrecht bzw. dem öffentlichen Recht zuzuordnen sind.

Kurze Darstellungen zum Recht der DDR konnten nur noch in begrenztem Umfang erscheinen. Gleiches gilt für Einführungen in das bundesdeutsche Recht, die speziell für DDR-Juristen konzipiert wurden. Immerhin kam aber das von Rechtsanwalt Burkhard Messerschmidt herausgegebene **Hand- und Schulungsbuch »Deutsche Rechtspraxis«** auf den Markt und der von Othmar Jauernig herausgegebene BGB-Kommentar erschien in broschierter Form besonders preisgünstig.

Die deutsche Wiedervereinigung kam dann doch viel schneller als gedacht. Im August 1990 hatte DDR-Ministerpräsident de Maizière Bundeskanzler Kohl an dessen Urlaubsort am Wolfgangsee dargelegt, die Volkskammer werde den Beitritt der DDR zum Bundesgebiet erklären, wenn es bis zum Oktober 1990 keine gesamtdeutschen Wahlen gebe. Die wirtschaftliche Lage in der DDR habe sich derart dramatisch zugespitzt, dass er keinen anderen Ausweg sehe. Am 31. August 1990 wurde dann bereits der Einigungsvertrag zwischen beiden deutschen Staaten geschlossen, der die staatliche Einheit zum 3. Oktober 1990 festsetzte. Damit trat von einem Tag auf den anderen praktisch das gesamte Recht der DDR außer Kraft. Nur wenige Randbereiche galten – zumeist nur übergangsweise –

1. Das Ende der DDR und die Folgen für den Verlag

Berlin wird Hauptstadt. 1999 nehmen Regierung und Parlament dort ihre Arbeit auf. Links das Reichstagsgebäude mit der Kuppel von Norman Foster, rechts das Marie-Elisabeth-Lüders-Haus von Stephan Braunfels, in der Mitte der Spreebogen.

als Bundes- oder Landesrecht weiter. Im Übrigen aber trat bundesdeutsches Recht in Kraft.

Nun mussten Rechtsanwälte und Notare, Gerichte, Behörden, Universitäten und Unternehmen mit Literatur zum bundesdeutschen Recht versorgt werden. So hatte sich der Verlag darauf zu konzentrieren, im Gebiet der neuen Bundesländer einen schlagkräftigen Vertrieb aufzubauen und seine Werke nachzudrucken oder höhere Auflagen einzuplanen. Literatur zum DDR-Recht gab es dagegen praktisch nicht mehr. Eine gewisse Bedeutung hat lediglich die Erläuterung der zunächst noch fortgeltenden Gesamtvollstreckung gespielt, die etwa im von Karsten Schmidt fortgeführten Kurz-Kommentar «Insolvenzgesetze», oder im von Peter Gottwald herausgegebenen Insolvenzrechts-Handbuch erfolgte.

Andere Bereiche des DDR-Rechts hat nach 1990 erst der Bundesgesetzgeber geregelt. So konnte in der DDR über volkseigenen Grund und Boden nicht verfügt werden. Um Bürgern der DDR dennoch die Möglichkeit zu eröffnen, Eigenheime zu errichten, erhielten sie am Grundstück ein Nutzungsrecht. Losgelöst vom Eigentum am Grundstück konnte der «Häuslebauer» Gebäudeeigentum an seinem Eigenheim erwerben, das seinerseits verkehrsfähig war. Mit der deutschen Einheit sollte nun aber wieder die Einheit von Grundstück und Gebäude als dessen wesentlicher Bestandteil festgelegt werden. Die damit zusammenhängenden Probleme hat der Gesetzgeber 1992 im Sachenrechtsbereinigungsgesetz geregelt und dazu erschienen nunmehr maßgebliche Kommentare im Verlag C.H.Beck: Vossius, Sachenrechtsbereinigungsgesetz, 2. Auflage 2006; Prütting/Zimmermann/Heller, Grundstücksrecht Ost, 2003 (Loseblatt) und Busche u. a., Neues Schuld- und Sachenrecht im Beitrittsgebiet, ein 1997 als seperate Kommentierung aus dem Münchener Kommentar zum BGB entnommener Sonderband, diesmal freilich in «grauer» Austattung.

Eine weitere Materie hat bis heute Bedeutung: Die **Wiedergutmachung** für das **Unrecht**, das unter **SED-Herrschaft** verübt worden ist. Sie besteht aus zwei unterschiedlichen Rechtszweigen. Der erste ist entstanden aus der Forderung der Bundesrepublik Deutschland gegenüber der DDR, die offenen Vermögensfragen zu regeln, die wegen Enteignungen von Bundesbürgern und in das Bundesgebiet geflohenen DDR-Bürgern entstanden sind und die im Grundlagenvertrag von 1972 ausdrücklich offen gelassen worden sind. Deshalb heißt dieser Rechtszweig «**Recht der offenen Vermögensfragen.**» Der andere Rechtszweig geht auf eine Initiative des «Runden Tischs» in der DDR zurück, dem es nach dem Vorbild erster Regelungen in der UdSSR unter Staatspräsident Michail Gorbatschow insbesondere darum ging, DDR-Bürger, die verfolgt worden waren, weil sie von ihren verfassungsrechtlichen Rechten Gebrauch gemacht hatten, zu rehabilitieren. Daraus hat sich das **Rehabilitierungsrecht** entwickelt.

Schon weil das Recht der offenen Vermögensfragen erst mit dem Einigungsvertrag verabschiedet werden konnte, hat es seine ursprüngliche Funktion, vermögensrechtliche Ansprüche von Bundesbürgern gegenüber der DDR durchzusetzen, geändert. Es gilt vielmehr für alle entschädigungslosen, diskriminierenden Vermögensschädigungen, ohne dass sie mit weitergehendem Unrecht in Verbindung stehen.

Die erst 1992 und 1994 erlassenen Rehabilitierungsgesetze gelten dagegen für die Fälle der straf- oder verwaltungsrechtlichen politischen Verfolgung. Solche Maßnahmen haben etwa bestanden aus perfiden Drangsalierungen durch die Stasi, politischen Schauprozessen mit drakonischen Strafen oder systematischer Ausschaltung von Unternehmern und Großgrundbesitzern als Klassenfeinde aus der Gesellschaft durch repressive Methoden unter schwerster Missachtung elementarer strafprozessualer Garantien nach dem Vorbild der in der UdSSR unter Stalin praktizierten Vertreibung der Kulaken und der stalinistischen Säuberungen. Gegenüber den bloßen Enteignungen, die das Recht der offenen Vermögensfragen erfasst, war die politische Verfolgung grundsätzlich das schlimmere Unrecht. Dennoch hat das Recht der offenen Vermögensfragen bei der Aufarbeitung des SED-Unrechts die wesentlich größere Rolle gespielt. Das bedeutete auch, dass der Verfolgungscharakter von Repressionsmaßnahmen in Tausenden Fällen bis heute nicht erkannt und rehabilitiert ist. Deshalb hat insbesondere eine Aufarbeitung der Massenrepressionen im Rahmen der

1. Das Ende der DDR und die Folgen für den Verlag

1999 nahm die Bundesregierung ihre Arbeit provisorisch im ehemaligen Staatsratsgebäude der DDR auf. 2001 wurde das neue Kanzleramt bezogen (Architekt Axel Schultes).

missverständlich als «Boden- und Wirtschaftsreform» bezeichneten Verfolgungsaktionen bislang nicht stattgefunden.

Das wesentlich größere Interesse am Recht des offenen Vermögens hat sich auch in der Literatur des Verlags niedergeschlagen. Das Vermögensgesetz ist gleich in drei Kommentaren erläutert. Schwerpunktmäßig die Sicht des Bundesministeriums der Justiz vermittelt der von Gerhard Fieberg und Harald Reichenbach, den beiden Referenten des Gesetzes, herausgegebene Loseblatt-Kommentar. 1995 hat Franz Jürgen Säcker einen gebundenen «grauen» Kommentar «Vermögensrecht» herausgegeben, der die materiellrechtlichen Vorschriften des Vermögensgesetzes, bemüht um wissenschaftliche Ausgewogenheit, erläutert. Da das Werk aber keine Neuauflage erlebt hat, informiert es nur über die Frühzeit des Rechts der offenen Vermögensfragen. Mit rund 2500 Seiten ist der Kommentar des Vermögensgesetzes, verfasst von Johannes Wasmuth, Werner Wellhöfer, Kurt Kiethe, Kay Windthorst und Hannes Flotho die umfangreichste Erläuterung des Gesetzes. Sie ist Teil des auf vier Bände ausgelegten «Rechtshandbuchs Vermögen und Investitionen in der ehemaligen DDR» und legt das Gesetz in der Tendenz in einer für die Geschädigten eher günstigen Weise aus. Dazu setzt sie sich immer wieder kritisch mit der Rechtsprechung auseinander, wenn diese eine zum Nachteil der Betroffenen betont restriktive Linie verfolgt.

Und das Rehabilitierungsrecht? Hier ist im Verlag nur ein Torso erschienen, das Grundwerk «Rehabilitierungsrecht» von Wolfgang Pfister und Wolfgang Mütze. Selbst die zentralen Vorschriften zum Anwendungsbereich der Rehabilitierungsgesetze sind dort nicht erläutert. Und mehr noch: Nicht einmal eine Ergänzungslieferung hat dieses Werk bislang erlebt. Auch das mag ein Grund dafür sein, dass die Aufarbeitung des SED-Unrechts in durchaus beträchtlichem Umfang mißlungen ist. Immerhin standen den Gerichten so nur kleinere Kommentare, einer zum Strafrechtlichen, ein anderer zum Verwaltungsrechtlichen Rehabilitierungsgesetz aus anderen Verlagen zur Verfügung, die bereits seit langem veraltet sind.

2. Aufbruch ins östliche Mitteleuropa

a) Verlagsgründung in Warschau

In Polen gab es ab dem Jahresbeginn 1992 zunächst eine recht **gründliche Sondierungsphase** mit dem Ziel auszuloten, wie die Marktlage und die Autorenszene beschaffen waren, ob ein deutsches Verlagshaus mit geschichtlich begründeten Ressentiments zu rechnen hätte und ob eine Übernahme bzw. eine Kooperation mit einem etablierten polnischen Verlag in Betracht kamen. So führte man unter anderem Gespräche mit einem wenig für Neuerungen aufgeschlossenen Leiter des «Juristischen Staatsverlags», einem monopolartig agierenden Relikt aus der kommunistischen Ära. Solcherart Verhandlungen führten schließlich zu der Erkenntnis, dass eine Eigengründung vermutlich der bessere Weg sein würde.

In der Folgezeit schickte Hans Dieter Beck seinen Assistenten, der sich mittels polnischer Familienbeziehungen und einiger Sprachkenntnisse rasch Kontakte erschließen konnte, vielfach auf Sondierungsreisen nach Polen. Wertvolle Unterstützung leistete dabei Professor Władysław Rozwadowski, der so manche namhafte Autorenpersönlichkeit zu einem ersten Orientierungsgespräch an den Tisch zu holen vermochte. In diesen Treffen an den rechtswissenschaftlichen Fakultäten in Warschau, Posen, Krakau und Danzig wurde nicht nur offenbar, dass die befürchtete Reserviertheit gegenüber einem deutschen Verlagshaus dort gar nicht existierte, sondern es wurde – ganz im Gegenteil – zumeist reges Interesse an einer Zusammenarbeit mit dem in Polen durchaus bekannten und geschätzten Beck Verlag bekundet. So entstanden bereits im Sommer 1992 erste konkrete Projekte und sogar Verlagsverträge für den seinerzeit noch gar nicht existenten Verlag «Beck Polska».

Unbedingt erwähnenswert ist aus dieser Phase das Projekt des **«polnischen Schönfelders»**, für das mit Professor Zbigniew Radwański eine in jeder Hinsicht herausragende Autorität des polnischen Zivilrechts als Herausgeber gewonnen werden konnte. Radwański, der neben seiner Professur in Posen auch den Vorsitz im «Obersten Gesetzgebungsrat» innehatte und zweifellos die Bedeutung dieses Projekts erkannte, war davon überzeugt, dass die erstmalige Konsolidierung der 120 wichtigsten Gesetze des Landes nur mit Hilfe einer ganzen Mannschaft namhafter Experten gelingen konnte. So versammelte er kurzerhand noch sechs weitere Professoren um sich, jeder von ihnen ein Spezialist in einer derjenigen Einzeldisziplinen, die in ihrer Summe eben den «Schönfelder» ausmachen.

Für die konkrete Umsetzung war nun zusätzliche Unterstützung vonnöten, und so sandte Hans Dieter Beck auch zwei seiner Münchener Lektoratsleiter, um das hochkarätig besetzte Redaktionskomitee im Umgang mit den ungewohnten Beck'schen Redaktionsrichtlinien anzuleiten. Tatsächlich war die allgemeine Versorgungslage im Lande damals noch so schlecht, dass die Münchener nicht nur Berge von Fotokopien aus dem polnischen Gesetzblatt, sondern auch Scheren und Klebstifte für das Erstellen konsolidierter Texte und sogar Buntstifte zum redaktionellen Auszeichnen mit nach Polen brachten. So ausgestattet konnte dann die Manuskriptarbeit für den 2400 Seiten starken Loseblattband «Polskie Ustawy» (Polnische Gesetze) wirklich beginnen.

Unter den geschilderten Umständen scheint es doch bemerkenswert, dass das Werk nach nur neun Monaten intensiver Arbeit im Mai 1993 pünktlich zur Warschauer Buchmesse erschienen ist. Dabei war der Druck seinerzeit noch in der Nördlinger Druckerei zu erledigen, denn an eine Verarbeitung von Dünndruckpapier und an eine präzise Lochung des Buchblocks war damals in Polen noch nicht zu denken. Dank gezielter Streuung eines Prospekts als Beilage zum amtlichen Gesetzblatt konnte Beck beinahe im Handumdrehen 5000 zahlende Abonnenten gewinnen und mit diesen ersten Einnahmen den weiteren Aufbau eines polnischen Verlagsprogramms zu einem guten Teil finanzieren. Dieser Bilderbuchstart hat sich für «Polskie Ustawy» und die wenig später gegründeten parallelen Loseblattwerke leider nicht sehr lange fortgesetzt, denn ab den späten neunziger Jahren war die Flut der Reformgesetzgebung derart ausgeufert, (es gab Jahre mit 27 umfangreichen Ergänzungslieferungen), dass drastische Einbrüche bei den Bezieherzahlen nicht ausbleiben konnten.

Um aber in der Chronologie zu bleiben, sind noch ein paar Ereignisse rund um die **formelle Verlagsgründung** nachzutragen. Bis in den Herbst des Jahres 1992 war Hans Dieter Beck zu der Einschätzung gelangt, dass die Idee eines Engagements in Polen genügend vielversprechend ist, und so wurde alsbald ein erster polnischer Verlagsleiter eingestellt. Im März 1993 wurde unter der Firma **«Wydawnictwo C. H. Beck sp. z o. o.»** eine

GmbH polnischen Rechts in das Warschauer Handelsregister eingetragen und etwa zur selben Zeit bezog eine kleine Verlagsmannschaft ihr erstes Büro am Rande der Warschauer Innenstadt.

Auf diese Weise konnte zwar die **Programmarbeit** weiter vorangetrieben, aber keineswegs ein effektiver **Vertrieb** geleistet werden. Um die Lösung dieses Problems kümmerte sich der Vertriebsleiter des Münchener Mutterhauses und fand alsbald eine kluge Lösung. Der damals noch staatliche Wissenschaftsverlag «PWN» war bereit, zu kooperieren und gegen eine umsatzabhängige Provision den Verkauf aller Beck'schen Publikationen über sein breites Verkaufsnetz zu besorgen. Als dann zeitgleich mit dem «polnischen Schönfelder» auch die ersten Bücher (zwei Lehrbücher und vier broschierte Textausgaben) sowie bald darauf die erste Monatszeitschrift «Monitor Prawniczy» erschienen, hatte der kleine Beck Verlag schon vom Start weg eine flächendeckende Buchhandelspräsenz.

In dem anfangs sehr **instabilen polnischen Markt** waren rasche Veränderungen beinahe an der Tagesordnung. So musste man sich von dem zunächst gefundenen Verlagsleiter recht bald wieder trennen, fand dann aber bald stabilen Ersatz für diesen wichtigen Posten. Ungeachtet solcher Erschütterungen ging der Programmaufbau zügig voran. Vor allem die Kommentarliteratur, die schon in der polnischen Nachkriegszeit eine gewisse Tradition entwickelt hatte, spielte eine erhebliche Rolle für das steile Umsatzwachstum der ersten Jahre. Gleich zum Einstieg gelang hier ein echter Bestseller, indem mit dem zweibändigen HGB-Kommentar von Sołtysiński, Szajkowski und Szwaja die erste Neukommentierung des polnischen Gesellschaftsrechts seit den 1930er Jahren publiziert werden konnte. Um dieses bis heute führende Werk herum entstand ein recht breit gefächertes Programm von Kommentaren unterschiedlicher Umfänge und Preislagen, allen voran die jeweils mehrbändigen Werke zum Zivilgesetzbuch (herausgegeben von Pietrzykowski) und zur Zivilprozessordnung (Piasecki). Im Jahre 2006 konnte der Verlag mit dem ersten einbändigen Kommentar zum Zivilgesetzbuch (Gniewek) bereits die vierte parallele Kommentar-Reihe eröffnen. Wenn mit diesem Werk auch vielleicht die Hoffnung auf einen künftigen «Palandt» verbunden war, so durfte man dies doch nicht offen so aussprechen, denn das polnische Wort *palant* bedeutet «Dummkopf».

Dank einer bemerkenswerten Experimentierfreude konnte der polnische Verlag inzwischen eine wohl landesweit führende Titelvielfalt aufbauen, die von einer ausgesprochen breiten Basis namhafter Autoren getragen wird. Neben den Kommentaren prägen heute vor allem Textausgaben,

Lehrbücher, Handbücher und Formularwerke, Fachlexika und nicht zuletzt Zeitschriften das Beck'sche Erscheinungsbild in Polen. Neben diesem «klassischen» Auftritt eines juristischen Fachverlages wurde ab dem Ende der 1990er Jahre dann auch noch in anderer Hinsicht Neuland beschritten: Unter dem Logo «Beck Info Biznes» veröffentlicht Beck in Polen seitdem auch ratgeberartige Werke für Nicht-Juristen in den Themenbereichen Personalwesen und Finanzen.

Wenn Beck einen Faktor in der Entwicklung der mittel- und osteuropäischen Märkte unterschätzt hatte, so war es der wahrhaft kometenhafte **Aufstieg der elektronischen Medien** und ihrer sofortigen Akzeptanz unter den Juristen dieser Länder. Im Nachhinein betrachtet liegt es vielleicht nahe, dass ab der postkommunistischen Zeitenwende zunächst einmal junge und jüngste Juristen auf der beruflichen Erfolgswelle schwimmen, dass also Menschen mit hoher Affinität zum Computer das Käuferverhalten viel stärker bestimmen als hierzulande. Mehr noch ist es aber der unablässig galoppierenden und reichlich unübersichtlichen Gesetzgebung in den Reformstaaten zuzuschreiben, dass die meisten Juristen arg verunsichert nach Orientierung und Sicherheit suchen und ihr Heil in tagesaktuellen elektronischen Gesetzgebungsdatenbanken finden. Die Bedeutung derartiger Datenbanken wurde in Polen mit Produkten namens «Lex» und «Lex Polonica» gegen Ende der Neunzigerjahre deutlich spürbar und verschaffte den multinationalen Verlagsgruppen Wolters Kluwer und LexisNexis (damals: Reed Elsevier) einen späten, aber wirksamen Einstieg in den polnischen Markt. Beide Konzerne konnten mehrere lokale Firmen und Produkte übernehmen und diese mit vermutlich hohem finanziellem Aufwand zu hohen Umsatzzahlen entwickeln.

Gegen diese neuen Wettbewerber musste auch Beck sich plötzlich sehr viel konsequenter auf elektronische Publikationsformen konzentrieren und mit einigen Investitionen ein ebenbürtiges Konkurrenzprodukt schaffen. Während einer zweijährigen Vorlaufphase wurden also Dutzende von Jahrgängen des Gesetzblattes digitalisiert und konsolidiert, es wurde eine sowohl für CD-ROM-Produkte als auch für den Online-Betrieb geeignete Endanwender-Software entwickelt und es wurde nicht zuletzt die Arbeitsweise des Lektorats auf die zeit- und kostensparende medienneutrale Datenhaltung umgestellt. Das Ergebnis dieser Kraftanstrengungen wurde dann schließlich im Jahre 2002 unter dem Produktnamen **«Legalis»** gestartet.

Insoweit ähnlich dem deutschen Vorbild «beck-online» ist auch Legalis eine modular aufgebaute Rechtsdatenbank mit getrennt beziehbaren Abonnements zu den verschiedenen Arbeitsgebieten der juristischen Praxis. Besonderheiten des polnischen Marktes bedingen jedoch einige Unterschiede zu «beck-online». So sind in der polnischen Datenbank Gesetzgebung und Rechtsprechung zu sämtlichen Rechtsgebieten in einem einheitlichen «Basismodul» vereinigt. Zudem bevorzugen bis heute noch viele der Datenbanknutzer in Polen eine Offline-Version auf DVD, die deshalb alternativ zur Online-Lösung angeboten wird. Der späte Markteinstieg im elektronischen Publizieren war für Beck Warschau eine mühsame Angelegenheit und ist es im Grunde bis heute, denn gegen die jahrelange Gewöhnung der Kunden an das zuerst etablierte Produkt der Konkurrenz lässt sich nur ganz allmählich Boden gutmachen. Dass dies offenbar dennoch gelingt, dürfte in hohem Maße dem Ansehen der Beck'schen Kommentarwerke zu verdanken sein. Diese sind sehr konsequent in «Legalis» einbezogen und schaffen dort einen erheblichen Kaufanreiz. Damit zählt inzwischen auch Beck Warschau zu den Verlagen, die gerade auf elektronischem Gebiet rasches Wachstum verzeichnen können.

Die heutige Situation im polnischen Markt ist geprägt von einem **angespannten Wettbewerbsverhältnis** zwischen den drei Verlagen C.H.Beck, LexisNexis und Wolters Kluwer. Der Großteil des gesamten Marktvolumens im juristischen Publizieren entfällt in Polen schon auf elektronische Produkte. Dagegen tun sich Bücher schwerer als etwa in Deutschland nicht zuletzt auch wegen der Schnelllebigkeit der Gesetzgebung: diese lässt den Lebenszyklus einer jeden Neuauflage auf ein Minimum schrumpfen, was die Auflagenzahlen reduziert und neben den Herstellkosten auch den Aufwand für Vertrieb und Marketing in die Höhe treibt. Dieses Phänomen wird nicht zuletzt an dem eingangs erwähnten «polnischen Schönfelder» ersichtlich, der in den 20 Jahren seit der Verlagsgründung in Warschau sage-und-schreibe 180 Ergänzungslieferungen erlebt hat.

So sind derzeit rund 140 fest angestellte Mitarbeiter im Warschauer Beck Verlag darum bemüht, mit der Gesetzgebung Schritt zu halten, und produzieren jährlich etwa 350 Neuerscheinungen und Neuauflagen, rund 100 Ergänzungslieferungen und daneben diverse Zeitschriftenhefte, CD-ROMs, DVDs und Internetseiten. Mit dieser relativ breiten Marktpräsenz konnte Beck innerhalb eines überschaubaren Zeitraums eine anerkannte Marke schaffen. Dazu hat beigetragen, dass mitunter auf bewährte verlegerische Rezepte zurückgegriffen wurde, die auch in Polen guten Anklang fanden – und nicht selten bald von anderen Verlagen übernommen wurden. Besonders freundliche Stimmen haben gar behauptet, der Einstieg von Beck in den polnischen Markt habe die gesamte juristische Szene des Landes spürbar bereichert. So betrachtet scheint die anfängliche Skepsis gegenüber dem Engagement in Polen heute eigentlich nur noch im Rahmen eines geschichtlichen Rückblicks erwähnenswert.

b) Verlagsgründung in Prag

Die Entwicklung in der Tschechischen Republik verlief in zeitlicher und weitgehend auch in sachlicher Hinsicht parallel zum Werdegang in Polen. Mit dem Unterschied, dass in Bezug auf die damals noch bestehende Tschechoslowakei eine Verlagsgründung eigentlich *nicht* in Frage kam. Da sich das juristische Verlagswesen auch heute noch fast ausschließlich in nationalen Märkten definiert, hängen die Erfolgsaussichten eines Markteintritts in erster Linie von der Bevölkerungszahl des jeweiligen Landes ab. In dieser Hinsicht war die Tschechoslowakei mit nur rund 15 Millionen Einwohnern weit weniger attraktiv als Polen mit seinen knapp 40 Millionen. Dabei war noch in keiner Weise absehbar, dass sich das Land wenige Jahre später auch noch teilen würde, so dass schließlich nur rund 10 Millionen Tschechen mit juristischer Literatur zu versorgen übrig blieben.

Aber auch hier kam wiederum dem «Schönfelder» eine wegweisende Bedeutung zu. Im März 1992 hatte die Lektoratskonferenz einen Publikationsvorschlag des Münchener Instituts für Ostrecht zu diskutieren, der auf die Schaffung einer Loseblattsammlung der wichtigsten tschechoslowakischen Gesetze abzielte. Kaum hatte man bei einer spontan anberaumten ersten Prag-Reise den dortigen Gesetzblattverlag «SEVT» als geeigneten Vertriebspartner ausfindig gemacht, machten sich zwei Münchener Lektoratsleiter an die Arbeit, die Gesetzessammlung «Československé Zákony» (später notgedrungen umbenannt in **«České Zákony»**) aus den fotokopierten Archiven des Gesetzblatts Gestalt annehmen zu lassen. Ähnlich wie in Polen, so wurde auch hier wochenlang mit Schere, Kleber und Buntstiften gearbeitet, bis schließlich im Frühjahr 1993 ein leuchtend gelber Plastikordner unter dem schier unaussprechlichen Motto «Úplné znění» (bereinigte Fassungen) an rund 5000 zahlende Abonnenten innerhalb kürzester Zeit verkauft werden konnte.

Beflügelt von dem erfolgreichen Einstand wollte man gleich noch einmal nachsetzen und auch eine Zeitschrift nach dem Vorbild der NJW ins Leben rufen. Hierzu war es nun allerdings nötig, eine tschechoslowakische Gesellschaft zu gründen (so die Vorgabe des dortigen Presserechts) und vor allem auch eine Redaktion zu installieren. Auf dieser Basis entstand dann zeitgleich mit dem Start in Warschau auch in Prag bereits ein erstes kleines Verlagsprogramm und in dessen Mittelpunkt die so genannte «Právní Rozhledy» (Juristische Rundschau).

Sehr rasch wurde auch das **Prager Verlagsprogramm** um die klassischen Ingredienzien eines juristischen Verlagskatalogs ergänzt. Neben den ersten broschierten Textausgaben entstanden zunächst einige Lehrbücher, und der Verlag konnte dafür – ähnlich wie in Polen – recht rasch das Vertrauen der prominentesten Autoren gewinnen. Dabei war es immer auch entscheidend, so etwas wie einen Präzedenzfall zu schaffen: hatte sich erst einmal eine Persönlichkeit wie Professor Dušan Hendrych (u. a. mit seinem Lehrbuch zum Verwaltungsrecht) auf diesen neu gegründeten Verlag eingelassen, so war es anschließend entschieden leichter, kooperationswillige «Nachahmer» zu finden.

Ein weiterer Meilenstein für den Aufbau des Buchprogramms war sodann die Übernahme einer ganzen Reihe von Titeln vom Verlag «Frances». Diese konnte Beck für einen überschaubaren Betrag dort ablösen und bereits 1994 in aktualisierter Fassung und in neuer Aufmachung unter dem Beck'schen Greif auf den Markt bringen. Unter den so übernommenen Werken befanden sich vor allem etliche Kommentare, die zwar zu jener Zeit noch recht spärlichen Umfangs waren, aber im Laufe der Jahre und der späteren Neuauflagen zu stattlichen Büchern herangewachsen sind. So gründet sich das Ansehen des tschechischen Beck Verlages bis heute zu einem erheblichen Teil auf die in unverwechselbar graues Leinen gebundene «Edition kommentierter Gesetze» mit den Werken von Bureš/Drápal zur Zivilprozessordnung, von Švestka zum Bürgerlichen Gesetzbuch, von Štenglová zum Handelsgesetzbuch und einigen anderen mehr.

Der zunächst steile Aufschwung dieser Beck'schen Verlagsgründung wurde allerdings schon recht bald wieder flacher, denn ab Mitte der 1990er Jahre verloren die Loseblatt-Textausgaben, die zu Anfang den Programmaufbau weitgehend finanziert hatten, drastisch an Beziehern. Hinzu kam ab 1993 die Teilung des Staates in zwei fortan eigenständige Republiken, deren jeweilige Gesetzgebung sich immer weiter voneinander entfernte. Aus diesem Grund konnte das Prager Programm plötzlich nur noch zwei Drittel der ursprünglichen Bevölkerung erreichen, und ein ohnedies schon relativ kleiner Markt mit geringer Kaufkraft war über Nacht noch einmal zusätzlich geschrumpft.

In den nun folgenden Jahren wurde das juristische Programm Schritt für Schritt weiter komplettiert und es wurden angesichts des grundsätzlich **schmalen Absatzmarktes** mehrere Versuche unternommen, die Programm- und Umsatzbasis des Verlages zu erweitern. Unter diesen Initiativen, die leider nicht sämtlich erfolgreich verliefen, sei hier immerhin der Start eines wirtschaftswissenschaftlichen Buchprogramms erwähnt. Mit diesem hat sich C.H.Beck Prag ein zusätzliches (freilich viel kleineres) Fachsegment erschließen können, in dem mit Miloslav Synek, Robert Holman und anderen mehr einige der hervorragendsten Autoren des Landes vertreten sind.

Noch bedeutungsvoller war die Frage, wann der Verlag es wagen würde, auch in das **elektronische Publizieren** einzusteigen, denn hier hatte sich – analog zur Entwicklung in Polen – längst der global agierende Konkurrent Wolters Kluwer mit seiner tschechischen Tochterfirma «Aspi» breitgemacht. Ein erster, noch recht schüchterner Schritt für Beck war die Übernahme der elektronischen Datenbank «LexData» im Jahre 2002, die zumindest im Bereich der Gerichtsentscheidungen ein in etwa ebenbürtiges Angebot darstellte. Doch es war bald erkennbar, dass damit allein die jahrelange Dominanz von «Aspi» nicht geschwächt werden konnte. Hans Dieter Beck entschied sich wiederum für den Weg über die Kommentarliteratur. So gab es im Jahr 2008 einen elektronischen Neubeginn unter dem Namen **«beck-online.cz»** mit zunächst sieben thematischen Fachmodulen, bei denen die Präsenz der Beck'schen Autorenwerke ganz im Vordergrund stand. Dieser Schritt hat sich in der Tat als wirksam erwiesen, und das tschechische «beck-online» erfreut sich seitdem guten Wachstums.

Der bis dahin letzte Schritt auf verlegerisches Neuland erfolgte schließlich ab dem Jahre 2010. Mit zunächst nur zwei Mitarbeitern vor Ort und unter der organisatorischen Leitung des Prager Verlags wurde eine **Niederlassung in Bratislava** gegründet, um von dort aus auch im Nachbarland Slowakei die juristische Literatur zu bereichern. Diese Aktivität beschränkt sich bislang auf ein schmales juristisches Buchprogramm, das aber doch schon einige sichtbare Spuren in den Bibliotheken und Buchhandlungen des Landes hinterlassen hat.

Der Blick auf die heutige Marktlage in der Tschechischen Republik offenbart manche Parallele zu der eben bereits geschilderten Situation in Polen. Nicht zuletzt dank eines traditionsreichen Namens und bewährter verlegerischer Konzepte ist es gelungen, aus kleinen Anfängen eine landesweit anerkannte Qualitätsmarke zu entwickeln. Der Prager Beck Verlag erfreut sich eines außerordentlich hohen Ansehens in den Bereichen Bücher und Zeitschriften und hält dort einigen Abstand zu seinen Konkurrenten, während im elektronischen Bereich versucht wird aufzuholen. Darum bemühen sich derzeit knapp 40 Mitarbeiter in Prag und Bratislava, die neben fünf Zeitschriften und mehreren Online- und Offline-Produkten jährlich etwa 100 Buch- und Loseblatt-Titel produzieren.

c) Der Verlag «All Beck» – Erwerb einer Beteiligung in Rumänien und später eine Art Neugründung

Es liest sich wie die Story einer amerikanischen Tellerwäscher-Karriere: Bukarest im Frühjahr 1990, kurz nach der blutigen Revolution gegen das Ceaușescu-Regime. Fünf junge Männer, allesamt Lehrstuhlassistenten an verschiedenen Fakultäten, beschließen, etwas gegen den chronischen Mangel an Lehrbüchern zu unternehmen. Sie sammeln Geld von den betroffenen Studenten, händigen ihnen dafür Bezugsscheine aus, beschaffen das wertvolle Papier für eine der wenigen funktionierenden Druckereien und organisieren erstmals seit Jahren einen Nachdruck von drei der am meisten benötigten Titel. Man hatte klug kalkuliert, und so konnten nicht nur die Inhaber von Bezugsscheinen bedient werden, sondern es blieben einige Tausend Exemplare für den freien Verkauf. Als auch der erfolgreich verlaufen war, war genügend Geld übrig, um davon – diesmal schon ohne Bezugsscheine – weitere Nachdrucke zu produzieren, die wiederum reißenden Absatz fanden. So und nicht anders kam etwas in Gang, das sich bis ins Jahr 1998 zum größten privaten Verlag Rumäniens gemausert hatte, rund 200 Mitarbeiter beschäftigte und mehr als 350 Buchtitel pro Jahr veröffentlichte. Und eben das war die Situation der «Verlagsgruppe All», als Hans Dieter Beck im Juli 1998 dort eine Beteiligung erwarb.

Dass zwei der drei Titel, mit denen alles begonnen hatte, ausgerechnet juristische Bücher waren, war zunächst nicht mehr als eine zufällige Begebenheit gewesen. Aber im Laufe der Zeit hatte sich dieser Trend fortgesetzt, und die **«Verlagsgruppe All»** hatte neben Schulbüchern und naturwissenschaftlichen Lehrbüchern vor allem auch juristische Titel in ihrem Programm. Die Konstellation, die C.H.Beck hier vorfand, war allerdings nicht frei von Tücken. Man erwarb eine 50 % – Beteiligung an einer neu gegründeten Verlagsgesellschaft namens «All Beck AG», in die zuvor alle juristischen und wirtschaftswissenschaftlichen Titel überführt worden waren. Nicht genug damit, dass Beck also in dieser Firma nicht «das Sagen» hatte – nein, man war auch nur an einem von vier Verlagen innerhalb der Gruppe beteiligt, und dieser Verlag bestand im Grunde nur aus einem Lektorat und war in allen anderen Angelegenheiten vom Management und von den anderen Abteilungen der Gruppe abhängig. Diese Struktur bescherte dem Verlag All Beck erwartungsgemäß einige Probleme, die nach nur zweieinhalb Jahren zur Abspaltung von der restlichen Verlagsgruppe führen sollten. Gegen Ende des Jahres 2000 kam es zu tiefgreifenden Meinungsverschiedenheiten zwischen den rumänischen Firmengründern, und am 1. Januar 2001 zog einer dieser «fünf jungen Männer» mit der kleinen Mannschaft des juristischen Teilverlags aus dem Bürogebäude der Verlagsgruppe All aus.

Der **Verlag All Beck** startete somit unter neuen Vorzeichen in eine neue Existenz. In eigenen (mehr als bescheidenen) Büroräumen, aber in voller Souveränität bezüglich der bisher so umstrittenen Programm- und Vertriebspolitik vollzog sich nun auch in Bukarest eine Art Neugründung in dem ohnehin schwierigen, weil von Armut und niedriger Kaufkraft geprägten rumänischen Markt. Mit der neu gewonnenen Selbständigkeit konnte Beck nicht nur seine Beteiligungsquote auf 75 % erhöhen, sondern – nach einer mühevollen Anlaufphase – auch verlegerisch mehr erreichen als noch zuvor.

Traditionell hatte das Verlagsprogramm zunächst fast nur aus akademischen Titeln, insbesondere Lehrbüchern, bestanden, während juristische Praktikerliteratur im ganzen Lande weitgehend unbekannt war. All Beck nutzte nun seine vergleichsweise starke Marktstellung und begann allmählich damit, Autoren und Kunden von der Notwendigkeit andersartiger Werke zu überzeugen. So entstanden neue Zeitschriften, allen voran der Entscheidungsdienst «Buletinul Casației» in Kooperation mit dem Obersten Gerichtshof, eine erste CD-ROM und natürlich auch diverse neue Buchreihen, wie z. B. die Textausgabenserie «La Zi» («Aktuell») und die Kommentarreihe «Comentarii All Beck». Nach und nach erschienen nun auch in Rumänien solide Kommentierungen zu den wichtigen Gesetzbüchern, so etwa zum Handelsgesetzbuch (herausgegeben von Cărpenaru), zur Zivilprozessordnung (Leș) und zu dem erst kürzlich neu in Kraft getretenen Bürgerlichen Gesetzbuch (Baias). Hinzu kamen erste praxisbezogene Hand- und Formularbücher, und so nahm schließlich auch das Verlagsprogramm in Bukarest, die typisch «Beck'schen» Konturen an. Im Jahr 2008 begann dann auch hier das elektronische Zeitalter. Unter der Marke **«Legalis»** startete eine juristische Online-Datenbank mit der vollständigen Gesetzgebung in konsolidierter Form (einschließlich der historischen Fassungen zu jedem gewünschten Stichtag), mit umfangreicher Rechtsprechung und mit einer kleinen Auswahl an Literatur.

Bei all dieser Entwicklung ist jedoch nicht zu übersehen, dass der **rumänische Markt** für das juristische Publizieren ein nach wie vor schwieriges Terrain darstellt. Kaufkraft und Kaufbereitschaft der juristischen Berufe befinden sich auch heute noch auf einem sehr niedrigen Niveau, während die politische wie auch die wirtschaftliche Entwicklung des Landes nur zögerlich vorankommen und immer wieder Rückschläge erleiden. Was dem Verlag aber bleibt, ist eine vielversprechende Ausgangsposition in einem Land mit rund 22 Millionen Einwohnern, die für die Zukunft hoffen lässt. Die Gegenwart ist freilich noch geprägt von einer sprunghaften Gesetzgebung, die nicht selten mittels «Eilverordnung» der Regierung und damit praktisch im Verborgenen stattfindet und dem Lektorat immer wieder neue Überraschungen bereitet. Insofern ist es nicht ganz leicht, in diesem Umfeld seriöse juristische Werke zu planen und gar erscheinen zu lassen. Aber irgendwie scheint der Verlag, der mit seinen 50 Mitarbeitern nahezu 200 Buchtitel pro Jahr publiziert, ein Rezept dafür gefunden zu haben.

3. Erwerb von Nomos und anderen Verlagen

Die Ursprünge des Nomos Verlags in Baden-Baden gehen zurück bis 1936. Damals hat August Lutzeyer, ein Wirtschaftsfachmann, den Berliner **Lutzeyer Verlag** gegründet, im Wesentlichen für Wirtschaftsfragen, und bald danach die Niederlassung in Bad Oeynhausen bei Minden/Westfalen, in der auch juristische Literatur erschien. In den vierziger Jahren während und nach dem Ende des Zweiten Weltkriegs findet man den Verlag nicht nur in Berlin und Bad Oeynhausen, sondern auch in Frankfurt am Main, Leipzig, Minden/Westfalen und seit 1955 auch in Baden-Baden. 1963/64 erhielt er den Namen **Nomos Verlagsgesellschaft** und gehörte wohl schon zum Frankfurter Suhrkamp Verlag. Das Wort Nomos (griechisch: Gesetz) deutet daraufhin, dass nun das Recht im Vordergrund stand. Suhrkamp verkaufte ihn Ende 1998 an den Berliner wissenschaftlichen Springer Verlag, der kurz danach von Bertelsmann übernommen wurde. Bertelsmann wollte ihn loswerden, weil Springer als naturwissenschaftlich, technisch und medizinisch interessiertes Unternehmen für die Verwaltung des verhältnismäßig kleinen und schwierigen Verlags in Baden-Baden nicht genug Erfahrung hatte, denn der beschäftigte sich mit Veröffentlichungen im Bereich der Rechts-, Politik- und Sozialwissenschaften.

Deshalb bot man ihn C.H.Beck an. Die Verhandlungen fanden 1999 statt und waren schwierig, weil Bertelsmann einen sehr hohen Preis verlangte und die Abonnentenzahl des dreißigbändigen Loseblattwerks «Deutsches Bundesrecht» zurückging, mit dem der gesamte Nomos Verlag finanziert wurde. Schließlich gab Hans Dieter Beck nach, zog aber sein Angebot schnell wieder zurück, um dann nach heftigen Protesten und Drohungen aus Baden-Baden doch noch abzuschließen, auch in der Überlegung, dass Nomos in den Händen ehrgeiziger Konkurrenten dem Beck'schen Verlag schaden könnte, zumal dort in Baden-Baden sehr früh ein Schwerpunkt des Europarechts entstanden war. Der Konkurrent würde wohl Wolters Kluwer gewesen sein. Das war nun der letzte Wechsel in der Geschichte dieses eher kleinen Unternehmens.

Im Gegensatz zum Vahlen Verlag, der vollständig und auch räumlich in den Münchner Verlag eingegliedert worden ist, blieb Nomos als Teil der Gruppe C.H.Beck äußerlich selbständig. Das führte zu Schwierigkeiten in der Zusammenarbeit mit dem bisherigen Geschäftsführer. Nach drei Jahren wurde er abgefunden. Sein Nachfolger wurde Alfred Hoffmann, der bisher den Deutschen AnwaltVerlag in Bonn geleitet hatte. Nun ging es aufwärts. Die meisten der unvollständig gebliebenen Loseblattausgaben wurden als gebundene Werke herausgebracht, die Zeitschriften redaktionell besser organisiert, neue gegründet, Hand- und Formularbücher für Anwälte herausgegeben und mehrere Hand- und Großkommentare. Besonders der arbeits- und sozialrechtliche Teil ist vergrößert worden und die Abhängigkeit des Verlags von veralteten Loseblattwerken beseitigt. So hat er sich zu einem einfallsreichen Unternehmen auf neuen Wegen entwickelt. Der hohe Preis, den Hans Dieter Beck gezahlt hat, war gut angelegt.

In dieser Zeit hat Hans Dieter Beck noch zwei andere Verlage erworben, nämlich Helbing & Lichtenhahn und den Kommunal- und Schul-Verlag. **Helbing & Lichtenhahn** hat seinen Sitz im schweizerischen Basel. Die Schweiz hat 7 Millionen Einwohner und 7000 Anwälte, Deutschland 80 Millionen Einwohner und inzwischen 160 000 Rechtsanwälte. Deutschland hat eine Amtssprache, nämlich deutsch, die Schweiz drei, nämlich deutsch, französisch und italienisch. Deutschland hat eine Zivilprozessordnung, die Schweiz hatte damals – vor der ZPO-Reform des Jahres 2008 – noch 27, nämlich je eine der 26 Kantone und die des Bundesgerichts. Der Verlag ist fast einhundert Jahre alt und einer von dreien, die Literatur zum Schweizer Recht veröffentlichen. 1998 wurde er Hans Dieter Beck zum Kauf angeboten, der ihn erworben hat mit einigen Anfangsschwierigkeiten, wie man sich denken kann. 2003 übernahm der Schweizer Jurist und Verleger Men Haupt die Leitung dieses für die Schweiz wichtigen juristischen Verlags, dessen etwas mehr als zwanzig Mitarbeiter jährlich 80 neue Buchtitel und sechs Zeitschriften veröffentlichen, außerdem auf der technischen Plattform von beck-online eine Datenbank betreiben, die weiter ausgebaut wird.

Der **Kommunal- und Schul-Verlag** in Walluf bei Wiesbaden wurde 2003/2004 von Hans Dieter Beck gekauft. Es ist ein kleiner Betrieb mit fünfzehn Mitarbeitern, die auf 400 000 Seiten das gesamte Recht für deutsche Gemeinde-, Stadt- und Kreisverwaltungen in sieben westlichen und fünf östlichen Bundesländern in je 30 beziehungsweise 24 Loseblattordnern veröffentlichen. Knapp die Hälfte des Inhalts besteht aus jeweils 100 Kommentaren oder Abhandlungen zum Landesrecht, die andere aus ungefähr 100 Beiträgen zum Bundesrecht. Der Aufwand für die Einordnung ist ziemlich groß. Deshalb nimmt die Zahl der Abonnenten langsam ab. Aber man hat einen Ausweg gefunden und die «Praxis der Kommunalverwaltung» – so heißt das Hauptwerk – inzwischen digitalisiert und nun kann es über beck-online benutzt werden, so dass der kleine Verlag wieder eine sichere Zukunft hat.

4. «Beck International» – das englischsprachige Programm des Verlages

Der Markt für juristische Publikationen in deutscher Sprache ist von wenigen Ausnahmen abgesehen auf den deutschen Sprachraum begrenzt. Darüber hinaus ist ein nennenswerter Absatz, vor allem bei Praktikerwerken, kaum zu erzielen. Englisch als international akzeptierte Publikationssprache dagegen ermöglicht es dem Verlag, diese Sprachbarriere zu überwinden. Englisch ist lingua franca der Wirtschaft und immer mehr auch des Rechts. Im Zuge der Globalisierung von Wirtschaft und Recht nutzen nicht muttersprachlich englische oder amerikanische Juristen immer häufiger Englisch als die Sprache der Wahl. Dies gilt gleichermaßen für Publikationen, die nur in englischer Sprache europaweit und international zur Kenntnis genommen und zitiert werden. Dafür schafft «Beck International» eine Publikationsplattform, nicht zuletzt auch im Interesse seiner Autoren.

Die deutsche Rechtstradition unterscheidet sich von der englischen und US-amerikanischen common-law-Tradition nicht unerheblich. Während sich die letztere aus der Auslegung praktischer Fälle entwickelt, wird die Rechtstradition der deutschsprachigen Länder durch ihre Wissenschaftlichkeit, ihre terminologische Klarheit und nicht zuletzt auch ihren rechtsdogmatischen Ansatz gekennzeichnet. Damit füllt die deutsche Rechtstradition auch publizistisch Lücken.

Angesichts dieser Situation musste der Verlag Überlegungen anstellen, seinen Markt über die bestehenden Sprachgrenzen hinaus auszuweiten.

Da auch deutsche Autoren interessiert sind, im Ausland wahrgenommen zu werden, war es sinnvoll, ihnen im Rahmen des Verlagsprogramms eine zusätzliche Publikationsmöglichkeit zu schaffen. Und schließlich: Es besteht ein elementares Interesse, eine internationale Plattform für Publikationen zur deutschen Rechtssituation zur Verfügung zu stellen. Nur so kann deutsches Recht insbesondere in Staaten wirksam werden, die noch damit befasst sind, ihre eigene Rechtsordnung aufzubauen.

Anfang der 1990er Jahre wurden infolge solcher Überlegungen die ersten englischsprachigen Titel in das rechtswissenschaftliche Programm aufgenommen. Am Anfang stand das von Bernd Rüster herausgegebene vierbändiges Loseblattwerk **«Business Transactions in Germany»**, gefolgt von einem von den Professoren Bruno Simma, Hermann Mosler, Rüdiger Wolfrum, Christian Tomuschat und Albrecht Randelzhofer herausgegebenen Kommentar zur **«Charter of the United Nations»**. In den Jahren danach folgten unter der Reihenbezeichnung **«German Law Accessible»** etwa ein Dutzend Titel, die sich vor allem mit Themen des deutschen Wirtschaftsrechts befassten.

2008 wurde beschlossen, das Programm systematisch auszubauen. Während bislang im Wesentlichen deutsches Recht thematisiert wurde, erschließt das unter dem Titel «Beck International» zusammengefasste Programm nunmehr alle Gebiete des europäischen, ausländischen und internationalen Rechts, und zwar sowohl in der Form systematischer, nach Lebenssachverhalten geordneter Handbücher wie auch als klassische «Artikel-für-Artikel»- Kommentare.

«Beck International» basiert von Anfang an auf einer festen Kooperation mit dem Oxforder Verlag **Hart Publishing** und dem Beck'schen Tochterverlag Nomos. Der Helbing & Lichtenhahn Verlag aus Basel kooperiert von Fall zu Fall. Die Verlage treten unter dem Namen **«C.H.Beck – Hart – Nomos»** gemeinsam auf; jeder Partner ist berechtigt, Werke in die Kooperation einzubringen. Hart hat sich dabei nicht nur als geeigneter Ko-Verlag, sondern, dank seiner beträchtlichen Reputation und seines guten Netzwerks in Großbritannien und den USA auch als vorzüglicher Vertriebspartner erwiesen.

2013 umfasst das Programm von Beck International bereits mehr als 50 Titel vor allem aus den Bereichen Arbitration/ADR/Litigation, European and International Criminal Law, European and International IP Law, European Union Law und Public International Law. Beispielhaft genannt werden soll der bereits in mehreren Auflagen erschienene «Triffterer, Commentary on the Rome Statute on the International Criminal Court»,

«Wolff, The New York Convention Commentary», «Schütze, Institutional Arbitration – Commentary» und der von Bertrand Waegenbaur verfasste «EU Court of Justice – Commentary on Statute and Rules of Procedure».

Der klassische, den Bestimmungen einer Norm folgende Kommentar ist für die deutschsprachige Rechtsliteratur kennzeichnend. Er gehört zum täglichen Handwerkszeug eines jeden Juristen in Deutschland, Österreich und der Schweiz. Anders ist die Lage im Ausland, insbesondere in den **common law Ländern**: Ausgehend vom prakischen Fall stehen dort im Mittelpunkt Gesetzessammlungen und Praxishandbücher; Kommentare waren zumindest in der Vergangenheit sehr selten oder entsprachen nicht dem Anspruch, der an einen wissenschaftlich fundierten Kommentar zu stellen gewesen wäre. Um sich vom internationalen Wettbewerb abzusetzen und sein spezielles Verlags-Know-How zu nutzen, setzt «C.H.Beck – Hart – Nomos» bei seiner Programmentwicklung auf das spezielle Format des Kommentars. Damit entspricht er der Nachfrage nach **article-by-article commentaries**, die mit der Zunahme kodifizierten Rechts spürbar wächst. Auf diese Weise bekennt sich «C.H.Beck – Hart – Nomos» zu einer Dogmatisierung des Rechts, d. h. zu einer aus einer Norm deduktiv abgeleiteten wissenschaftlichen Deutung der einzelnen Rechtssätze. Die Auswahl der Autoren auch aus anderen Rechtstraditionen gewährleistet dabei die nötige Distanz und Ausgewogenheit.

Beim Aufbau des Verlagsprogramms erweist sich die **Publikationssprache Englisch** naturgemäß als Hürde. Grundsätzlich wird vom Autor ein genuin englischsprachiges Manuskript erwartet, wobei sich die Ansprüche an die Qualität der Sprache im Laufe der Zeit relativierten. Das von einem nicht muttersprachlich englischen Autor verfasste Werk wird in aller Regel nicht klingen wie das eines Briten oder US-Amerikaners. In der Tat kann es so nicht klingen, da es von einem etwa in der deutschen, italienischen oder polnischen Rechtstradition geschulten Verfasser erdacht und formuliert wurde, dessen juristische Argumentation anders verläuft als die seiner englischen oder amerikanischen *peer group*. Der von «C.H.Beck – Hart – Nomos» gestellte sprachliche Anspruch richtet sich daher auf den korrekten Gebrauch der Fachterminologie, des Fachjargons und der Regeln der Grammatik und der Syntax. Es wird hingenommen, dass sich dieser «technische» Sprachgebrauch deutlich vom literarischen Englisch unterscheidet. Dies fällt umso leichter, als die Mehrheit der Leser – wie die Autoren auch – Englisch als *lingua franca* nutzen und mit einer «technischen» Sprache häufig besser zurechtkommen als mit dem Englisch eines Muttersprachlers. Ein nützlicher Maßstab für Englisch als

5. Neue oder grundlegend veränderte Rechtsgebiete

Publikationssprache haben sich dabei die Sprachratgeber der Europäischen Kommission und der Sprachgebrauch der europäischen Institutionen, insbesondere des Gerichtshofes, erwiesen.

Die größte Herausforderung für einen internationalen Verlag ist, einen **weltweiten Vertrieb** der englischsprachigen Werke zu gewährleisten. In der Vergangenheit erfolgte dies über projektbezogene Zusammenarbeit (z. B. mit Matthew Bender und Oxford University Press) und institutionalisierte Partnerschaften. Eine solche institutionalisierte Partnerschaft ist Law Publishers in Europe (LPE), eine Vereinigung von 12 großen Rechtsverlagen aus verschiedenen Mitgliedstaaten der Europäischen Union, die werkbezogen Vertriebskooperationen bilden.

5. Neue oder grundlegend veränderte Rechtsgebiete

Nicht nur politische Veränderungen brachten nach 1990 neue Herausforderungen für den Verlag C.H.Beck. Vielmehr galt es auch, auf neue Rechtsgebiete oder auf wesentlich veränderte Rechtsfragen zu reagieren. Dafür hier nun einige Beispiele:

a) Informationstechnologie, Telekommunikation, Datenschutz

Mit der Erfindung serienmäßig produzierter Mikroprozessoren in den 1970er Jahren, die bereits die dritte Generation der Computerentwicklung markiert, wurden Computer zunehmend leistungsfähiger, kleiner und kostengünstiger. Dennoch wurden zunächst deren Möglichkeiten verkannt. In Haushalte zogen Computer daher erst in den 1980er Jahren ein, zunächst als 8 Bit-Mikroprozessoren und mit noch recht beschränkten Arbeitsspeichern, dann aber zunehmend als immer leistungsfähigere Geräte. In den 1990er Jahren kamen das Internet und das World Wide Web dazu. Spätestens zu Beginn des 21. Jahrhunderts sind Computer im beruflichen und privaten Verkehr omnipräsent. In digitalen Rechnern werden Elemente der Bildbearbeitung und der Telekommunikation integriert. All dies sind technische Entwicklungen, an denen auch das Recht nicht vorbeigehen konnte. Gesetzliche Regelungen, die sich ausschließlich oder auch mit der neuen digitalen Welt befassen, werden inzwischen unter dem Schlagwort «IT-Recht» behandelt. Daneben hat das Telekommunikationsrecht 1996 das alte Fernmelderecht abgelöst. Mit dem Wegfall des staatlichen Fernmeldemonopols zählt auch die Regulierung der Telekommunikationsnetze zu seinen wesentlichen Materien. Sie soll allen Wettbewerbern einen diskriminierungsfreien Netzzugang dazu ermöglichen. Die zunehmende Digitalisierung von Informationen hat schließlich das Datenschutzrecht aus seinem «Dornröschenschlaf» erweckt.

IT-Recht ist die Kurzform für Informationstechnologierecht. Es ist nicht klar definiert, umfasst aber – mit unterschiedlichen Schwerpunkten – mehrere andere Teilrechtsgebiete. Dazu zählen: Internetrecht, Multimediarecht, Recht der elektronischen Medien, Telemedienrecht, aber auch die noch aus den 1980er- und 1990er-Jahren stammenden Begriffe Computerrecht und EDV-Recht. Einen Versuch der Eingrenzung unternimmt die Fachanwaltsordnung, in der 2006 mit der Einführung des Fachanwalts für Informationstechnologierecht die relevanten Gebiete beschrieben werden: u. a. Vertragsrecht, Recht des elektronischen Geschäftsverkehrs, Immaterialgüterrecht mit den Bezügen zum Kennzeichen- und Domainrecht, Datenschutz- und Datensicherheitsrecht, Telekommunikationsrecht, eGovernment, Internationales Privatrecht, Straf- und Prozessrecht, soweit diese Besonderheiten im Bereich der Informationstechnologien aufweisen. Teilweise als eigenständige Rechtsgebiete werden dagegen das Telekommunikationsrecht und das Datenschutzrecht gesehen. Überschneidungen gibt es ebenfalls mit dem Rundfunkrecht, das im Übrigen als eigene Rechtsmaterie eingeordnet werden dürfte.

Der Verlag hat sich dem Thema vorsichtig genähert. Pionier war ab 1988 der **«NJW-Computerreport (NJW-CoR)»**, der der NJW erst sechs, dann acht Mal pro Jahr beigelegt wurde. Rechtsfragen spielten dort nur eine untergeordnete Rolle, es ging vor allem um die Fragen der praktischen Anwendung der elektronischen Datenverarbeitung im juristischen Bereich. Ziel der Zeitschrift war es, den Juristen mit wichtigen Informationen über neue Geräte und Programme zu versorgen und so die damals noch ausgeprägten Berührungsängste gegenüber der modernen Technik abzubauen. Der Leser sollte in die Lage versetzt werden, vernünftig über den Erwerb der richtigen Produkte (nicht zuletzt auch des Verlages C.H.Beck) zu entscheiden, ihre Bedienung zu be-

Das erste Heft von NJW-CoR

herrschen und sein Büro sachgerecht zu organisieren. Dazu erschienen Rezensionen und Vergleichstests zu Hardware, Software und Datenbanken wie etwa zu den familienrechtlichen Berechnungen von Gutdeutsch, juris oder zur NJW-Leitsatzkartei auf CD-ROM. Ganz ungewöhnlich für eine Zeitschrift im juristischen Programm waren die Verwendung von zahlreichen Abbildungen, einem stets wechselnden Umschlagbild und die Streuung von Anzeigen im ganzen Heft. Mit steigenden Anzeigenerlösen konnte das Blatt eine Zeit lang an Volumen zulegen. 2001 wurde NJW-CoR allerdings nicht mehr weiter produziert. Der Computerreport hatte seinen Auftrag zur Einführung in die digitale Welt erfüllt.

1998, also zehn Jahre später, erschien dann erstmals die Zeitschrift **«MultiMedia und Recht** – Zeitschrift für Informations-, Telekommunikations- und Multimediarecht (MMR)». Sie informiert seitdem umfassend über alle Bereiche des Informations-, Telekommunikations- und Medienrechts. Berichtet wird über aktuelle Rechtsprechung, die nationale und europäische Gesetzgebung, die technologischen Entwicklungen mit ihren juristischen und wirtschaftlichen Folgen, die Aktivitäten der europäischen und internationalen Institutionen wie auch über die Arbeit formeller und informeller Koordinations- und Gesprächskreise.

Der erste Meilenstein eines Werkes zum IT-Recht in Loseblattform hat noch etwas länger auf sich warten lassen. Er war dann 1990 das von Wolfgang Kilian, Professor an der Leibniz Universität Hannover und dort Gründer des Instituts für Rechtsinformatik, und Benno Heussen, Rechtsanwalt in Berlin und Honorarprofessor an der Universität Hannover, herausgegebene **«Computerrechts-Handbuch»**. Es befasst sich mit allen Regelungen, die sich auf die rechtlichen Voraussetzungen und Folgen der Informationstechnik in den verschiedenen Lebensbereichen beziehen. Der Schwerpunkt der Darstellung liegt in der Analyse und Beschreibung der bestehenden rechtlichen Rahmenordnung und ihrer praktischen Problemfelder. Im Laufe der Jahre wurde es beständig den neuen Entwicklungen im Bereich des Computerrechts angepasst.

Bereits 1991 erschien das Werk **«Softwareüberlassungsverträge»** von Jochen Marly, damals noch Rechtsanwalt und Lehrbeauftragter an der Hessischen Verwaltungs- und Wirtschaftsakademie, inzwischen Professor für Zivilrecht, Gewerblichen Rechtsschutz und Urheberrecht sowie Recht der Informationsgesellschaft an der TU Darmstadt. Das Praxishandbuch hat sich schon mit der ersten Auflage als Standardwerk etabliert. Es stellt die heute gebräuchlichen Verträge über Erwerb und Einsatz von Software dar und beurteilt diese. Dabei werden auch die urheberrechtlichen Vorschriften über den Rechtsschutz von Computerprogrammen sowie die Vorschriften über die Allgemeinen Geschäftsbedingungen erläutert. Inzwischen liegt das Handbuch in der 5. Auflage und unter dem Titel «Praxishandbuch Softwarerecht» vor. Dem Autor gelingt es seit über 20 Jahren, ohne sich als Herausgeber auf zahlreiche Verfasser zu stützen, als einziger Autor das Handbuch fortzuschreiben, dem schon in der Besprechung zur 1. Auflage das Prädikat «umfassend, praxisgerecht und niveauvoll» verliehen wurde (Hoeren, NJW 1992, 1745).

Das Spektrum der Literatur zum Multimediarecht wurde im Jahr 1999 um zwei weitere wichtige Loseblattwerke erweitert. Zunächst erschien das **«Handbuch Multimedia-Recht»**. Der eine Herausgeber, Thomas Hoeren, war dem Verlag seit Veröffentlichung seiner Dissertation «Softwareüberlassung als Sachkauf» in der Praktikerreihe «Aktuelles Recht» im Jahre 1989 verbunden; das war schon doppelt ungewöhnlich. Inzwischen ist er Professor an der Westfälischen Wilhelms-Universität in Münster und Leiter der zivilrechtlichen Abteilung des Instituts für Informations-, Telekommunikations- und Medienrecht (ITM) geworden. Der zweite Herausgeber ist Ulrich Sieber, Direktor des Max-Planck-Instituts für ausländisches und internationales Strafrecht, Freiburg, damals noch Professor am Lehrstuhl für Strafrecht, Strafprozeßrecht und Informationsrecht der Universität Bayreuth. Der Kreis der Herausgeber wurde 2012 erweitert. Neu hinzugekommen ist Bernd Holznagel, Kollege von Hoeren in Münster, dort am ITM Leiter der öffentlich-rechtlichen Abteilung.

Das Handbuch, an dem neben den Herausgebern rund 60 namhafte Wissenschaftler und erfahrene Praktiker mitwirken, hat sich von Anfang an als Standwerk etabliert. Der schnelle Aufstieg des elektronischen Geschäftsverkehrs brachte eine Fülle von Rechtsfragen mit sich, die das Handbuch praxisorientiert behandelt. Der Aufbau des Werkes orientiert sich an den Fragestellungen und Abläufen im Unternehmen. Beginnend bei den technischen und wirtschaftlichen Grundlagen über die unzähligen Rechtsfragen im Online-Bereich, etwa dem Schutz von Kennzeichen oder von Texten, Bildern, Musik gegen rechtswidrige Verbreitung im Internet, die Möglichkeiten des Vertragsschlusses oder des Wertpapierhandels im Internet u. v. m., bis hin zur Haftung gibt das Werk für alle Schlüsselsituationen die notwendigen Erklärungen und Antworten. Die aktuelle Gesetzgebung und die Rechtsprechung werden laufend eingearbeitet. Inzwischen liegt bereits die im Juli 2013 erschienene 34. Ergänzungslieferung vor.

Nur wenige Monate nach dem Handbuch Multimedia-Recht erschien, ebenfalls als Loseblattwerk, der Kommentar **«Recht der Multimedia-**

Dienste», herausgegeben von Alexander Roßnagel, Professor an der Universität Kassel und dort Direktor des Forschungszentrums für Informationstechnik-Gestaltung (ITeG). Das Werk ist praxisorientiert, aber wissenschaftlich fundiert und erläutert die durch das Informations- und Kommunikationsdienstegesetz (IuKDG) erlassenen Vorschriften (Teledienstegesetz, Teledienstedatenschutzgesetz, Signaturgesetz und Signaturverordnung). 2013 wurde das Buch konzeptionell überarbeitet und unter dem Titel «Beck'scher Kommentar zum Recht der Telemediendienste» in ein gebundenes Werk überführt.

In der «Grauen Reihe» erschien im Januar 2008 und Anfang 2011 in 2. Auflage der Kommentar **«Recht der elektronischen Medien»**, herausgegeben von Gerald Spindler, Professor für Bürgerliches Recht, Handels- und Wirtschaftsrecht, Rechtsvergleichung, Multimedia- und Telekommunikationsrecht an der Universität Göttingen, und Fabian Schuster, Rechtsanwalt und Honorarprofessor an der Universität zu Köln. Der Kommentar erfasst die Kernmaterien des Medien- und Kommunikationsrechts und ist von dem Gedanken getragen, dass die Konvergenz der Medien langfristig auch zu einer Verschmelzung der Rechtsmaterien führen wird. Die zunehmenden, medienübergreifenden Rechtsfragen werden in diesem Kommentar deshalb auch integrativ behandelt, ein – im Vergleich zu sonstigen Informationsquellen – «unschlagbares und herausragendes Alleinstellungsmerkmal» (so Lindhorst, MMR 6/2009, XXIX).

Auch im Bereich des Rundfunkrechts konnte mit dem 2002 erstmals und 2012 in der 3. Auflage erschienenen «Beck'schen Kommentar zum Rundfunkrecht» eine Lücke des Verlagsprogramms geschlossen werden. Die Herausgeber **Werner Hahn**, Justitiar des NDR, und **Thomas Vesting**, Professor für Öffentliches Recht, Recht und Theorie der Medien an der Universität Frankfurt am Main, haben zusammen mit Vertretern aus Wissenschaft und Praxis ein Werk geschaffen, das den Bedürfnissen einerseits nach Systematisierung, andererseits nach Hinweisen zur Lösung praktischer Fälle gerecht wird und gleichzeitig die Entwicklungen bei der Umgestaltung der Medienordnung berücksichtigt.

Die Bedeutung des **Telekommunikationsrechts** ist aufgrund der raschen technischen und gesellschaftlichen Entwicklungen im Bereich von Telekommunikation und Multimedia nicht zu unterschätzen. Durch die Postreform II 1994 wurde der Weg frei gemacht für die vollständige Liberalisierung des Telekommunikationsbereichs. Gleichzeitig waren die Mitgliedstaaten seitens der EU aufgefordert, bis Anfang 1998 die Netz- und Telefondienstmonopole aufzuheben. Dem war der Gesetzgeber mit dem Telekommunikationsgesetz aus dem Jahr 1996 nachgekommen.

Der erste umfangreiche Kommentar, der «**Beck'sche Kommentar zum TKG**» erschien bereits Ende 1997 und hat sich umgehend eine herausragende Position in der Literatur zu diesem Rechtsgebiet gesichert. Herausgegeben wurde er von einem Kreis von im Telekommunikationsrecht erfahrenen Praktikern, den Rechtsanwälten Wolfgang Büchner, Jörg Ehmer, Martin Geppert, Bärbel Kerkhoff, Hermann-Josef Piepenbrock, Raimund Schütz und Fabian Schuster. Der Kreis der Herausgeber und Autoren hat sich von Auflage zu Auflage geändert, im Juni 2013 erschien die 4. Auflage des Kommentars, nunmehr herausgegeben von den Rechtsanwälten Dr. Martin Geppert und Dr. Raimund Schütz. Der Kommentar wird in der Praxis nicht zuletzt wegen der durchgängigen Berücksichtigung europarechtlicher Bezüge besonders geschätzt. – In der Reihe der «Grauen» Kommentare wurde daneben ein weiteres Werk zu diesem Rechtsgebiet veröffentlicht. Mit Klaus-Dieter Scheurle, dem ersten Präsidenten der Regulierungsbehörde für Telekommunikation und Post (seit 2005 Bundesnetzagentur), und Rechtsanwalt Thomas Mayen, inzwischen auch Honorarprofessor an der Universität zu Köln, konnten zwei kompetente Herausgeber gewonnen werden.

Das **Datenschutzrecht** wurde zwar schon 1970 mit dem Hessischen Datenschutzgesetz und dann 1977 mit dem Bundesdatenschutzgesetz begründet. In den Fokus der juristischen und politischen Aufmerksamkeit rückte es erst das Bundesverfassungsgericht mit dem im Volkszählungsurteil 1983 (BVerfGE 65, 1) aus Art. 2 Absatz 1 des Grundgesetzes abgeleiteten «Recht auf informationelle Selbstbestimmung». Trotzdem fristete der Datenschutz noch über Jahre hinweg ein Schattendasein. Erst die zunehmende Digitalisierung und Vernetzung mit ihren Möglichkeiten, Daten zu sammeln und auszuwerten, ließ den Datenschutz zu einem wichtigen, zunehmend präsenten Diskussionsthema werden.

Schon früh hat der Verlag einen ersten Kommentar zum **Bundesdatenschutzgesetz** in der Gelben Reihe veröffentlicht. Das von Ministerialdirektor Hans-Joachim Ordemann und Regierungsdirektor Rudolf Schomerus verfasste Erläuterungsbuch konnte sich schon bald nach seinem Erscheinen 1977 als Standardwerk etablieren. Ab der 5. Auflage, 1992, löste Peter Gola, Professor an der Verwaltungsfachhochschule in Wiesbaden, Hans-Joachim Ordemann als Autor ab. Nach dem Tod von Rudolf Schomerus wird der «Gola/Schomerus» seit der 10. Auflage, 2010, bearbeitet von Peter Gola, Rechtsanwalt Christoph Klug und Oberverwaltungsrätin Barbara Körffer. – Mit dem von Alexander Roßnagel herausgegeben «**Handbuch Datenschutzrecht**», erschienen 2003, ist es diesem zusammen mit rund 60 erfahrenen Praktikern und Wissenschaftlern gelungen, die Rechtsprobleme des Datenschutzrechts wissenschaftlich aufzuarbeiten und der Rechtspraxis, aber auch der Rechtspolitik, Orientierung und Sicherheit in einem unübersichtlichen Handlungsfeld zu bieten.

Der heutige Bundesbeauftragte für den Datenschutz und die Informationsfreiheit, Peter Schaar, verfasste bereits im Jahr 2002 bei C.H.Beck die wegweisende Monographie «**Datenschutz im Internet**», die einen Überblick über die datenschutzrechtlichen Vorgaben für das Internet gab.

Das Thema Datenschutz war auch Anlass für eine weitere Zeitschriftenneugründung im Verlag. Die «**ZD – Zeitschrift für Datenschutz**» startete im September 2011 und hat es sich zur Aufgabe gemacht, als Forum den Austausch und die Diskussion aktueller und grundlegender datenschutzrechtlicher Themen sowie damit zusammenhängender Aspekte zu bieten und dem Anwender den Zugang zu praxisorientierten Lösungen zu eröffnen.

b) Energierecht

Das Energierecht ist nicht neu. Sein zentrales Gesetz, das Energiewirtschaftsgesetz, ist schon am 13. Dezember 1935 erlassen worden. Es hat die damals bestehende wirtschaftliche Praxis der Energieversorgung im wesentlichen festgeschrieben. Danach gab es vorwiegend Stadtwerke, die zuständig für die Energieversorgung waren. Ihre Gebietsmonopole sicherten Konzessions- und Demarkationsverträge. Die Beibehaltung der deshalb vornehmlich dezentralen Energieversorgung hatte für den NS-Staat aber auch politische Gründe: Bei einer zentralen Energieproduktion hätten gezielte Luftangriffe schnell die Energieversorgung im Deutschen Reich lahmlegen können.

Selbst wenn das Energiewirtschaftsgesetz damit auch politischen Zielen der Kriegswirtschaft diente, hat es die Jahrzehnte der Bonner Republik weitgehend unbeschadet überstanden. Dann aber gab es einschneidende Veränderungen. Die erste steht im Zeichen von **Privatisierung und Wettbewerb** und wurde von der Europäischen Union angestoßen, die sich – nicht zuletzt nach US-amerikanischem Vorbild – zum Ziel gesetzt hat, die gesamte staatlich dominierte Grundversorgung in die Hände einer wettbewerbsorientierten Privatwirtschaft zu legen. Auslöser für die zweite Änderung, die «**Energiewende**», war die Atomkatastrophe im japanischen Fukushima im März 2011. Dies führte bereits im Juni 2011 zum Beschluss der Bundesregierung, aus der Atomenergie auszusteigen. Der Anteil der erneuerbaren Energien (insbesondere Wind- und Solarenergie sowie Energie aus Biomasse) an der Stromversorgung soll dagegen bis 2020 auf 35 %, bis 2050 gar auf 80 % steigen.

Die Vorgabe für die privatisierte, wettbewerbsorientierte Energieversorgung ist die «Richtlinie 96/92/EG betreffend gemeinsame Vorschriften für den Elektrizitätsbinnenmarkt aus dem Jahre 1996. Seit ihrer Umsetzung im Energiewirtschaftsgesetz 1998 haben Stromnetzbetreiber dritten Stromanbietern einen diskriminierungsfreien Netzgang zu gewähren. Seit 2005 wird der Netzzugang reguliert. Dazu werden Netzbetreiber von Regulierungsbehörden überwacht. Das ist nun die Bundesnetzagentur mit Sitz in Bonn. Die «Energiewende» hat die Förderung erneuerbarer Energie und das dazu erlassene Gesetz weit in den Vordergrund gerückt. Der schnelle Umstieg auf regenerative Energien löst aber auch zahlreiche logistische Probleme mit weitreichenden wirtschaftlichen Folgen aus. Insbesondere die Windenergie lässt sich vorwiegend nur in Norddeutschland und nicht zu vorherbestimmten Zeiten gewinnen. Das führt einerseits zu temporären Überlastungen der Stromnetze, andererseits wird der Strom nicht mehr dezentral am Ort der Energieversorgung erzeugt. Unerlässlich ist deshalb der unverzügliche Ausbau der Stromnetze, der den Stromtransport von Nord nach Süd ermöglicht. Dazu gibt es nun das Netzausbaubeschleunigungsgesetz.

Liberalisierung des Energiemarkts und «Energiewende» haben nicht nur zu einem enormen technischen, wirtschaftlichen und logistischen Umbau der Energieversorgung geführt. Sie haben auch eine geradezu explosionsartige Zunahme energierechtlicher Vorschriften bewirkt. Kam das Energiewirtschaftsgesetz von 1935 noch mit zwanzig zumeist kurzen Paragraphen aus, hat sich deren Zahl inzwischen versiebenfacht. Damit nicht genug: Längst ist das Energiewirtschaftsgesetz in eine Vielzahl von energierechtlichen Gesetzen und Verordnungen eingebettet, die problemlos mehrere Tausend Seiten füllen.

Die gesamte Entwicklung des Energierechts hat im Verlag allein das heute von **Wolfgang Danner**, vormals Präsident des Bundesamtes für Wirtschaft und Ausfuhrkontrolle und nunmehr Rechtsanwalt in Berlin, und **Christian Theobald**, Rechtsanwalt und Honorarprofessor an der Deutschen Universität für Verwaltungswissenschaften in Speyer, herausgegebene Loseblattwerk «Energierecht» begleitet. Es besteht bereits seit 1937, ist also nur zwei Jahre nach dem Erlass des Energiewirtschaftsgesetzes erschienen. Damals war es von Ernst Eiser begründet worden und erschien noch unter dem Titel «Energiewirtschaftsrecht» als gebundener Kommentar. Ab 1961 hatte die energierechtliche Entwicklung immerhin schon so zugenommen, dass das Werk als Loseblattwerk publiziert wurde. Lange blieb es dennoch bei *einem* Band. Wie das Energierecht, selbst ist inzwischen aber auch das Kommentarwerk explosionsartig angewachsen. Es besteht jetzt aus fünf Loseblattordnern mit rund 12 000 Seiten. Nach Ernst Eiser folgten als Herausgeber: Johann Riederer, Frank Sieder und Wolfgang Obernolte. Letzterer war als Ministerialdirigent langjähriger Leiter der Energierechtsabteilung im Bundeswirtschaftsministerium und dort hat er Wolfgang Danner für das Werk gewinnen können, der bis 1992 ebenfalls im Ministerium tätig war.

Der **«Danner/Theobald»** erläutert die wesentlichen Rechtsgrundlagen zum Energiewirtschaftsrecht einschließlich des Regulierungsrechts, zum Recht der erneuerbaren Energien, zur Energieeinsparung, zum Energiekartellrecht, zum Energiesteuerrecht und zu diversen anderen energierechtlichen Bereichen. Kernstück des Werkes ist aber die Kommentierung des Energiewirtschaftsgesetzes geblieben, die inzwischen auf über 3000 Seiten angewachsen ist. Aber nicht nur die im Energierecht zu verarbeitende Regelungsfülle, sondern auch die ständig kürzer werdenden Intervalle grundlegender Reformgesetze eines zumeist aus Brüssel getriebenen Bundesgesetzgebers machen es immer weniger möglich, zeitnah eine umfassende und aktuelle Erläuterung der maßgeblichen Vorschriften zu liefern. So mag sich der «Danner/Theobald» vielleicht schon bald zu einem Werk entwickeln, das eine deutlich abnehmende Kraft der Rechtsordnung dokumentiert, weil sie so von den Rechtsunterworfenen nicht mehr beherrscht und damit beachtet werden kann.

Bevor **Christian Theobald** Mitherausgeber und einer der maßgeblichen Autoren im «Danner/Theobald» wurde, hatte er sich bereits zu dem Verlagsautor entwickelt, der weit mehr als andere an energierechtlichen Werken und Publikationen beteiligt ist. Und diese Entwicklung hat sich fortgesetzt: Er ist Schriftleiter der seit 2004 erscheinenden Monatsschrift «Infrastrukturrecht – IR» und seit Ende 2012, tatkräftig unterstützt von Rechtsanwalt Peter Gussone, der «Zeitschrift für das gesamte Recht der Energiewirtschaft – EnWZ». Mit **Jens-Peter Schneider**, inzwischen Professor an der Universität Freiburg, gibt er das große Praxishandbuch «Recht der Energiewirtschaft» heraus, das demnächst bereits in 4. Auflage vorliegt. Gemeinsam mit seiner Ehefrau Christiane Nill-Theobald hat er die lehrbuchartige Darstellung «Einführung in das Energierecht» in mehreren Auflagen vorgelegt. Über zwei Auflagen hinweg war er Mitherausgeber eines Kommentars zum Erneuerbaren-Energiengesetz. Gemeinsam mit Gabriele Britz, Professorin in Giessen, inzwischen Richterin des Bundesverfassungsgerichts, und Rechtsanwalt Christian Held gibt er die im Verlag erscheinende Schriftenreihe «Energie- und Infrastrukturrecht» heraus. Dort hat er auch einzelne Bände verfasst. And last, but not least: Er betreut die jährlich erscheinende Textausgabe im dtv «Energierecht». Insgesamt also: Neben der aufreibenden Arbeit in einer ständig wachsenden energierechtlich ausgerichteten Kanzlei eine beachtliche Leistung, die viel Tatkraft, Ideenreichtum und Disziplin verlangt.

Mit den neuen Herausforderungen des Energierechts hat sich inzwischen auch eine beachtliche Anzahl von Kommentaren in der Gelben Reihe entwickelt, die die zunehmende rechtliche und wirtschaftliche Bedeutung des Rechtsgebiets dokumentieren. Sie sind sämtlich darauf ausgerichtet, die immer komplexeren und juristisch zunehmend weniger fassbaren Normen des Energierechts kompakt, begrifflich und systematisch überzeugend und ausgerichtet auf die Fragestellungen der energierechtlichen Praxis erläutern. Dazu ist es gelungen, erfahrene Wissenschaftler zumeist aus energierechtlichen Instituten der Universitäten, aber auch bedeutende Praktiker insbesondere aus dem Mitarbeiterstab der Bundesnetzagentur und aus der Anwaltschaft zu gewinnen.

Hier die wichtigsten Beispiele der Gelben Kommentare: Gabriele Britz gibt gemeinsam mit den Professoren Johannes Hellermann und Georg Hermes den Kommentar zum **Energiewirtschaftsgesetz** heraus. Er ist erstmals 2008 erschienen, die 3. Auflage steht nun bevor. Schwerpunkte dieser Kommentierung sind das detailliert geregelte Regulierungsrecht, die Planfeststellung für Hochspannungs- und Gasversorgungsleitungen einschließlich der Wegenutzung sowie das energierechtliche Behördenverfahren. Das Regulierungsrecht wird inzwischen durch die komplexen Regelungen der **Anreizregulierungsverordnung** ergänzt und modifiziert. Dazu haben Bernd Holznagel und Raimund Schütz, die bereits als Herausgeber im IT- und Telekommunikationsrecht in Erscheinung getreten waren, einen umfassenden, sehr spezialisierten Kommentar herausgegeben. Der inzwischen nur noch von Rechtsanwalt Martin Altrock und Regierungsdirektor Volker Oschmann herausgegebene Kommentar Altrock/Oschmann/Theobald, **Erneuerbare Energien-Gesetz**, der bald schon in 4. Auflage vorliegt, behandelt das wesentliche Kernstück der «Energiewende», die zunehmende Nutzung regenerativer anstelle fossiler Energieträger und des nun auslaufenden Atomstroms. Eine in der Praxis wichtige Variante zu den erneuerbaren Energien stellt der Einsatz von Wärme dar.

Auch dazu gibt es ein Gesetz, das **Erneuerbare-Energien-Wärmegesetz**. Natürlich darf auch hier ein Kommentar nicht fehlen, den der Leiter der Forschungsstelle Umweltenergierecht an der Universität Würzburg Thorsten Müller und die beiden Mitarbeiter im Bundesministerium für Energie, Naturschutz und Reaktorsicherheit Volker Oschmann und Guido Wustlich herausgegeben haben. Und auch schon zum **Netzausbaubeschleunigungsgesetz** liegt ein praxisgerechter Kommentar vor. Herausgeber sind die auch wissenschaftlich ambitionierten Rechtsanwälte Siegried de Witt und Frank J. Scheuten.

c) Compliance

Bereits 1977 trat in den USA mit dem Foreign Corrupt Practices Act ein Bundesgesetz in Kraft, das Zahlungen und Wertgeschenke an ausländische staatliche Amtsträger als Gegenleistung für Geschäfte verbot. Seine ganze Brisanz für deutsche Unternehmen und die Buchführung (Schmiergelder waren in den seltensten Fällen überhaupt in den Büchern verzeichnet, und wenn, dann falsch) entfaltete das Gesetz allerdings nur, sofern diese in den USA börsennotiert waren. Da immer mehr deutsche Unternehmen den Gang an die Wall Street wagten, wuchs auch das Risiko, in den Fokus der amerikanischen Börsenaufsicht zu geraten. Die 1991 in Kraft getretenen und 2004 überarbeiteten US Sentencing Guidelines verlangten von Unternehmen, die in den USA Geschäfte machten, erstmals explizit ein «effektives» Compliance-Programm. Im Falle von Rechtsverstößen richtete sich die Höhe der Strafe ab jetzt u. a. danach, ob das Unternehmen ein solches «effektives» Compliance-Programm vorweisen konnte.

Auch in Deutschland änderte sich die Verfolgungspraxis: Während bis zum 1. Januar 1999 «nützliche Aufwendungen» steuerlich absetzbar waren und Unternehmen sogar auf Zahlungsbelege verzichten konnten, wurde dies ab sofort radikal anders. Plötzlich wurden Schmiergeldzahlungen als Wirtschafts- und Steuerstraftat verfolgt, viele Unternehmen mussten ihre Geschäftspraktiken von heute auf morgen umstellen. Mit dem am 15. Februar 1999 in Kraft getretenen Gesetz zur Bekämpfung der Internationalen Bestechung (IntBestG) wurde der Paradigmenwechsel in der Strafverfolgung sichtbar. Zwar stellte auch zuvor schon die Bestechung ausländischer Amtsträger eine Straftat dar. Die Verfolgungsintensität der zuständigen Behörden und das Bewusstsein in den Unternehmen waren aber noch anders.

Das Ordnungswidrigkeitenrecht hatte zwar schon immer in seinen §§ 9, 30, 130 OWiG schuldhaft unterlassene Aufsichtsmaßnahmen seiner vertretungsberechtigten Organmitglieder sanktioniert, durch die spezialgesetzliche Normierung von Organisationspflichten in neueren Gesetzen (u. a. dem WpHG, dem BImSchG, dem KrW/AbfG oder dem GeldwäscheG) wurden die Pflichten aber nunmehr stärker konkretisiert. Es wurde damit immer wichtiger, die Einhaltung der Gesetze – insbesondere hinsichtlich potentiell korruptionsgeneigter Abteilungen und Auslandsniederlassungen – zu überwachen, die Mitarbeiter entsprechend zu schulen und dies auch zu dokumentieren, um im Fall einer Verfolgung durch die Strafverfolgungs- oder Steuerbehörden das Bemühen um eine ordnungsgemäße Unternehmensorganisation nachweisen zu können.

All dies firmierte fortan auch in Deutschland unter dem Begriff «Compliance». Die Stimmen, die zunächst das **Sicherstellen der Einhaltung rechtlicher Regeln** – so die einfache Umschreibung des Begriffs «Compliance» – als vorübergehenden «Lärm um nichts» und als «alten Wein in neuen Schläuchen» verstanden, verstummten recht bald angesichts der immer neuen aufgedeckten Skandale und der steigenden Personalkosten in den Compliance-Abteilungen der Unternehmen.

Auch das Haftungsrisiko von Unternehmensleitungen für eine fehlerhafte Unternehmensorganisation änderte sich. Unter dem Eindruck der ARAG/Garmenbeck-Entscheidung des Bundesgerichtshofs im Jahr 1997, die erstmals einen Aufsichtsrat zur Geltendmachung von erfolgversprechenden Ansprüchen gegen Vorstände zwingt, sobald er von haftungsauslösenden Sachverhalten Kenntnis erhält, wurde das Thema «Compliance» auch in den Führungsetagen großer deutscher Unternehmen virulent.

In der Folge wuchsen auch bei juristischen Beratern das Arbeitsaufkommen und damit das Bedürfnis nach maßgeschneiderter Literatur. Das Thema Compliance wurde aufgrund der häufig zwangsläufig auch strafrechtlichen Folgen mangelnder Unternehmensorganisation im Verlag bald an der Schnittstelle zwischen Gesellschafts- und Strafrecht verortet. Der Verlag konnte auch auf diesem publizistisch noch in den Kinderschuhen befindlichen Gebiet einen tatkräftigen Herausgeber und Autor gewinnen: **Christoph Hauschka**, nach beruflichen Stationen in Rechtsabteilungen von verschiedenen Unternehmen damals noch Justitiar eines bekannten Baukonzerns, hatte sich das Thema «Compliance» auf seine Fahne geschrieben und konnte den Verleger Hans Dieter Beck von der Verkäuflichkeit eines Handbuchs zum völlig neuen Thema Compliance überzeugen. Im Frühjahr 2006 erschien das von Hauschka herausgegebene Handbuch «Corporate Compliance» in erster Auflage. Dass zufällig nur wenige Monate zuvor in einer Aufsehen erregenden Aktion bei einem großen Unternehmen nach staatsanwaltlichen Ermittlungen bundesweit Durchsuchungen mit nachfolgend mehrjährigen Strafverfahren durchgeführt wurden und das Thema auch in den Folgejahren durch immer neue Bestechungsskandale und Kartellverfahren befeuert wurde, war für den Verkauf des Werkes alles andere als schädlich: 2010 erschien die zweite Auflage, die dritte Auflage ist in Vorbereitung.

Das Werk war Auftakt einer ganzen Serie von Compliance-Titeln, die das Lektorat in der Folge projektieren und realisieren konnte. Ab dem Jahr 2008 wurde der Bereich auch um eine eigene Zeitschrift, die «**Corporate Compliance Zeitschrift – CCZ**», ergänzt. Auch hierbei hatte der findige Christoph Hauschka, als Mitinitiator neben dem Münchener Rechtsanwalt Thomas Klindt, wieder einen günstigen Moment abgepasst, um den Verleger vom Bedürfnis und den Marktchancen einer solchen Publikation zu überzeugen. Zu Recht, wie sich herausstellen sollte: Andere Verlage zogen mit eigenen Zeitschriften und Büchern zum Thema Compliance nach.

6. Neues auf dem Handbuchmarkt: Anwaltshandbücher und weitere Formularbuchreihen

a) Handbücher speziell für den Anwalt

Die Entwicklung von Handbüchern speziell für den Rechtsanwalt begann 1987 mit dem von den Rechtsanwälten Hans-Ulrich Büchting und Benno Heussen herausgegebenen «**Beck'schen Rechtsanwalts-Handbuch**». Das Werk behandelt für zahlreiche Rechtsgebiete die Standardprobleme bei der jeweiligen Mandatsbearbeitung. Dieses Kompendium erfreut sich insbesondere auch bei Berufsanfängern nach wie vor großer Beliebtheit und ist für Beratungssituationen konzipiert, in denen der Rechtsanwalt außerhalb seiner Spezialdisziplinen tätig werden muss. Hans-Ulrich Büchting war neben seiner Tätigkeit als Rechtsanwalt langjähriger Lektor und Justitiar des Verlages C.H.Beck. Benno Heussen wurde 1973 in München als Rechtsanwalt zugelassen und gründete nach Mitarbeit in mehreren bekannten Kanzleien und Fusionen die Sozietät Heussen Rechtsanwälte als GmbH mit mehreren Standorten in Deutschland und Repräsentationsbüros in New York und Brüssel. 2003 wurde er in Hannover zum Honorarprofessor ernannt. Sein zweiter Schwerpunkt neben seinem primären Interesse an der Informationstechnologie (siehe dazu S. 493) liegt in den Bereichen Anwaltsmanagement und berufsständische Fragen. Deshalb war er acht Jahre im Vorstand des Deutschen Anwaltvereins (DAV) und gründete dort die Arbeitsgemeinschaften «Informationstechnologie» und «Kanzleimanagement».

Im Anschluss an das Beck'sche Rechtsanwaltshandbuch hat sich der Verlag, allerdings erst 12 Jahre später, entschlossen, mit der Reihe «**Münchener Anwaltshandbuch**» weitere, vertiefte Darstellungen zu einzelnen Rechtsgebieten anzubieten. Anlass für den Aufbau einer solchen Reihe war die zunehmende Spezialisierung der Anwaltschaft, die sich in der Einführung zahlreicher neuer Fachanwaltsbezeichnungen widerspiegelte. Bis 1999 beschrieb die Fachanwaltsordnung lediglich sieben Rechtsgebiete, für die man einen Fachanwaltstitel erwerben konnte. Mit der Jahrtausendwende begannen lebhafte Diskussionen der berufsständischen Organisationen zur Begründung weiterer Fachanwaltschaften. Bis heute wurde der Kanon auf 20 Rechtsgebiete ausgedehnt. Dazu zählen auch sehr spezielle Gebiete, wie etwa das Agrarrecht. Die Spezialisierung eines weiten Teils der Anwaltschaft erforderte «maßgeschneiderte» Konzepte. Kennzeichen der neuen Reihe war und ist die Integration von Checklisten, Formulierungsvorschlägen, Mustern und Beispielen in die systematische Darstellung.

Als erster Band in dieser Reihe ist im Jahre 2001 das «Münchener Anwaltshandbuch **Straßenverkehrsrecht**» von Hans Buschbell erschienen. Buschbell, dessen anwaltlicher Schwerpunkt im Straßenverkehrs- und Versicherungsrecht liegt, ist Senior in einer überörtlichen Sozietät in Düren und Köln. Er arbeitet eng mit den Rechtsschutzversicherungen zusammen und gilt als Erfinder der anwaltlichen Telefonberatung 24 Stunden rund um die Uhr.

Noch im selben Jahr folgten die Handbücher zum «**Wohnraummietrecht**» (später: «Mietrecht»), herausgegeben von den Rechtsanwälten Thomas Hannemann und Michael Wiegner, und zum «**Erbrecht**», herausgegeben von Stephan Scherer, Sozius der bekannten Mannheimer Kanzlei Schilling, Zutt & Anschütz. Die Kernkompetenz von Thomas Hannemann liegt im privaten Immobilienrecht, im Bau- und Architektenrecht, im Bauträgerrecht, im Maklerrecht sowie im Miet- und Pachtrecht. Er ist Vorsitzender der Arbeitsgemeinschaft «Mietrecht und Immobilien» im Deutschern Anwaltsverein (DAV) sowie beliebter Referent insbesondere im Miet- und Immobilienrecht auf über 40 Seminaren im Jahr. Das Interesse von Stephan Scherer liegt neben dem Erbrecht sowie der Unternehmensnachfolge insbesondere im Stiftungswesen, wo er sich in mehreren Verbänden stark engagiert.

Auch zum gesamten «**Gewerblichen Rechtsschutz**» konnte im Jahr 2001 ein beachtliches Querschnittswerk, herausgegeben von Gordian Hasselblatt, ins Leben gerufen werden. Gordian Hasselblatt ist Partner im Kölner Büro der Kanzlei CMS Hasche Sigle und hat sich auf das Recht des geistigen Eigentums spezialisiert. Besonders im Markenrecht gehört er zu den führenden Rechtsanwälten in Deutschland.

Im folgenden Jahr 2002 gelang auch ein Durchbruch im Familienrecht: Unter der Herausgeberschaft des Kölner Anwalts Klaus Schnitzler wurde ein fachlich excellenter Autorenkreis zusammengestellt, der zwischenzeitlich an der 4. Auflage des «Münchener Anwaltshandbuchs **Familienrecht**» arbeitet. Der Verlag konnte im selben Jahr noch ein weiteres Münchener Anwaltshandbuch auf den Markt bringen, das den Arbeitsbereich der Fachanwälte für Verwaltungsrecht abdeckt. Für den entsprechenden Band zum **Verwaltungsrecht** konnte man den erfahrenen Kölner Anwalt Heribert Johlen und seinen Sozius Michael Oerder gewinnen.

Für den großen Bereich des Gesellschaftsrechts bestritt der Verlag nicht wie seine Konkurrenten den Weg eines Gesamtbandes für den Fachanwalt für Handels- und Gesellschaftsrecht, sondern initiierte drei Bände, aufgeteilt nach Gesellschaftsformen. So wurde zunächst Ende 2002 der Band zum «**GmbH-Recht**», herausgegeben von dem anwaltlichen «Multitalent» Volker Römermann, aufgelegt, dem folgten Ende 2004 der Band zum «**Aktienrecht**», herausgegeben von dem Stuttgarter Rechtsanwalt, Steuerberater und Wirtschaftsprüfer Matthias Schüppen und dem Münchner Notar Bernhard Schaub, und Anfang 2005 der Band zum «**Personengesellschaftsrecht**», herausgegeben von Hans Gummert.

Auch zum **Arbeitsrecht**, durfte – trotz dicht gedrängten Markts – natürlich in der Reihe kein Band fehlen. Wilhelm Moll, Sozius der bekannten Kanzlei Heuking Kühn Lüer Wojtek, hat sich zusammen mit zahlreichen Kollegen dieser Herausforderung gestellt und erstmals 2004 ein weiteres beachtliches Werk vorgelegt; zwischenzeitlich hat auch dieser Band die 3. Auflage erreicht.

Besonderer Erwähnung bedarf das 2006 erschienene «zweibändige» «Münchener Anwaltshandbuch für die **Strafverteidigung**», an dem 122 Autoren über fünf Jahre gearbeitet haben. Der erste von dem leider allzu früh verstorbenen Rechtsanwalt Gunter Widmaier herausgebrachte Band ist für die allgemeine Strafverteidigung konzipiert, der zweite von Klaus Volk herausgegebene Band dient speziell der Verteidigung in Wirtschafts- und Steuerstrafsachen. Gunter Widmaier gehörte zu den herausragenden Strafverteidigern der letzten 30 Jahre mit einer eigenen, auf Revisionen und Verfassungsbeschwerden spezialisierten Kanzlei in Karlsruhe in unmittelbarer Nähe zum Bundesgerichtshof und Bundesverfassungsgericht. Widmaier leitete über zehn Jahre den Strafrechtsausschuss der Bundesrechtsanwaltskammer und wirkte an führender Stelle durch Gutachten und als Mitglied in der ständigen Deputation beim Deutschen Juristentag mit. Widmaier war an der Klärung zahlreicher wichtiger strafrechtlicher Rechtsfragen durch den Bundesgerichtshof und das Bundesverfassungsgericht beteiligt. Die Schwerpunkte des Münchner Professors Klaus Volk liegen vornehmlich im nationalen und internationalen Wirtschaftsstrafrecht sowie im Strafprozessrecht. Neben seiner Aufgabe als Hochschullehrer fand vor allem seine Tätigkeit als Strafverteidiger in spektakulären Verfahren, wie u. a. als Verteidiger von Josef Ackermann im Mannesmann-Prozess und von Boris Becker in dessen Steuerstrafverfahren, öffentliche Aufmerksamkeit.

Der Aufbau der Reihe der Münchener Anwaltshandbücher mit derzeit 22 Bänden in nur zehn Jahren mit zahlreichen Herausgebern und einer Vielzahl von Autoren stellt eine beachtliche inhaltliche, aber auch organisatorische Leistung des Verlages dar. Trotz der nicht unerheblichen Konkurrenz anderer Verlage, wie insbesondere Luchterhand, Dr. Otto Schmidt und Heymanns, hat die Reihe der Münchener Anwaltshandbücher bei der Anwaltschaft großen Beifall gefunden und sich weitgehend auch wirtschaftlich durchgesetzt. Besonders erfolgreich sind die Bände zum Erbrecht und zum Gewerblichen Rechtsschutz, die bereits in 4. Auflage erscheinen konnten. Als vorläufig letzten Band hat der Verlag im Jahre 2012 das von Andreas Fandrich und Ines Karper herausgegebene «Handbuch zum **Bank- und Kapitalmarktrecht**» veröffentlicht.

Mit ähnlicher Konzeption wie die Münchener Anwaltshandbücher, jedoch zu spezielleren Themen, die sich an den früheren «Interessen- und Tätigkeitsschwerpunkten» der Anwaltschaft orientierten, entwickelte der Verlag die Reihe «Beck'sches Mandatshandbuch». Sie wurde 2002 eröffnet und umfasst inzwischen 11 Bände.

Neben den durchweg in der typisch Beck'schen roten Farbe publizierten Handbüchern für die Anwaltschaft darf die NJW-Schriftenreihe – heute **«NJW Praxis»** – nicht unerwähnt bleiben, die schon seit den 1970er Jahren wichtige anwaltliche Themen aufgreift. Einige von ihnen haben im Laufe der Zeit den vorgesehenen Umfang weit gesprengt und sich zu echten Handbüchern entwickelt.

Beispielhaft genannt seien hier zwei besonders erfolgreiche Bände; zum einen der von Eugen Stahlhacke, Ulrich Preis und Reinhard Vossen bearbeitete Band **«Kündigung und Kündigungsschutz im Arbeitsver-**

hältnis», dessen bereits 10. im Jahr 2010 erschienene Auflage über 900 Seiten umfasst und zwischenzeitlich als Handbuch außerhalb der Reihe platziert werden konnte.

Zum anderen ist der von Elmar Kalthoener, ehemals Vorsitzender Richter am Oberlandesgericht Köln, begründete und über viele Jahre von Helmut Büttner, Richter ebenfalls an diesem Gericht, fortgeführte Band **«Die Rechtsprechung zur Höhe des Unterhalts»** zu erwähnen, der inzwischen zwölf Auflagen erlebt hat und nunmehr von Birgit Niepmann und Werner Schwamb bearbeitet wird.

Auch in der jüngeren Vergangenheit konnten zahlreiche Neuerscheinungen innerhalb der Reihe veröffentlicht werden, die besondere Tätigkeitsbereiche der Anwaltschaft aufgreifen, wie z. B. das Vergaberecht, die Mediation, Litigation im Gesellschaftsrecht oder den Anlegerschutz. Die Reihe umfasst heute weit über 70 lieferbare Titel und deckt 25 Rechtsgebiete ab.

b) Formularbücher

Die anhaltenden Erfolge der in den 1980er Jahren begründeten Formularbücher, so wie einige Nachahmungsversuche der Konkurrenz, veranlassten den Verlag, über den weiteren Ausbau dieser Buchgattung nachzudenken. In den bisher verlegten Werken konnten nicht annähernd alle Fallkonstellationen behandelt werden, so dass zwei neue Reihen entstanden: eine Reihe für Klage- und Schriftsatzmuster sowie eine Reihe für Vertragsmuster.

Für die forensische Tätigkeit wurde die neue Reihe **«Münchener Prozessformularbuch»** geschaffen, die die Tradition des «Beck'schen Prozessformularbuchs» fortsetzen und in einzelnen Teilbänden verbreitern sollte. Die Reihe war in erster Auflage auf sechs Bände angelegt. Als erstes Werk erschien 1998 der von Rechtsanwalt Heribert Johlen herausgegebene Band zum «Verwaltungsrecht», der inzwischen drei Auflagen erlebt hat. Die weiteren fünf Bände erschienen in den folgenden drei Jahren in 1. Auflage: zum «Mietrecht», herausgegeben von Paul Jendrek, später von Ulf Börstinghaus; zum «Privaten Bau- und Architektenrecht», begründet von Wolfgang Koeble und Rolf Kniffka. Das «Familienrecht» gab Peter Gottwald heraus und das Prozessformularbuch zum «Gewerblichen Rechtsschutz» Peter Mes. Schließlich erschien das «Arbeitsrecht», herausgegeben von Ulrich Zirnbauer.

Als die 2. Auflage dieser Bände anstand, wurde die Reihe um einen weiteren Band, «Erbrecht», ergänzt; der Münchner Anwalt Bernhard Klinger gibt ihn heraus. Er ist auch durch zahlreiche andere Veröffentlichungen bekannt.

Besonders erfolgreich sind folgende, bereits in 4. Auflage befindlichen Bände: **Familienrecht**, dessen Herausgeber der dem Verlag aus anderen Werken eng verbundene und an der Universität Regensburg lehrende Prozessualist Peter Gottwald ist. Er hat die Struktur des familienrechtlichen Prozessformularbuchs ausgearbeitet. Der Nürnberger Fachanwalt für Arbeitsrecht Ulrich Zirnbauer als Betreuer des **arbeitsrechtlichen Prozessformularbuches** ist nicht nur als Herausgeber und Autor zahlreicher Fachbücher auf dem Gebiet des Arbeitsrechts, sondern auch in berufsständischen Organisationen, im Vorstand des Deutschen Anwaltsvereins und der Rechtsanwaltskammer Nürnberg stark engagiert. Beim **Privaten Bau- und Architektenrecht** hat der Reutlinger Rechtsanwalt Wolfgang Koeble die Federführung. Er ist Autor und Herausgeber zahlreicher anderer Werke, wie z. B. des «Rechtshandbuchs Immobilien».

Ab 2001 hat der Verlag mit der weiteren Reihe der **«Beck'schen Formularbücher»** die Anwaltsliteratur im Bereich der kautelarjuristischen Formularwerke noch weiter ausgebaut. In bisher 13 auf einzelne Rechtsgebiete bezogenen Bänden werden dem Anwalt zahlreiche spezielle Vertrags- und Erklärungsmuster mit einer vertieften Erläuterung zur Verfügung gestellt. Die Reihe wurde mit dem Band zum «Immobilienrecht» von Stefan Weise eröffnet, der in Kürze in stark überarbeiteter Form eine Neuauflage erfahren wird.

Besonders erfolgreich sind in dieser Reihe die bereits in 3. Auflage erschienenen Bände zum **«Familienrecht»**, herausgegeben von dem Münchner Familienrechtsanwalt Ludwig Bergschneider, zum **«IT-Recht»**, herausgegeben von Wolfgang Weitnauer, und zum **«Mietrecht»**, herausgegeben von dem zwischenzeitlich leider viel zu früh verstorbenen Rechtsanwalt Günter Nies, u. a. Mitherausgeber der Beck'schen mietrechtlichen Zeitschrift NZM, und dem Kölner Richter Richard Gies.

Konzeptionelles Neuland betrat der zwischenzeitlich in 2. Auflage vorliegende Band zum **Zivil-, Wirtschafts- und Unternehmensrecht**, der alle enthaltenen Vertragsformulare in deutscher und englischer Sprache synoptisch gegenüberstellt, und der mit einer einheitlichen Terminologie über sogenannte Wortlisten Standards für die Vertragsgestaltung setzt. Herausgegeben wird dieser Band vom Münchner Notar Robert Walz.

Neben den geschilderten Hand- und Formularbüchern gibt es zu ganz speziellen Rechtsproblemen noch zahlreiche kürzere Darstellungen, deren auch nur beispielhafte Aufzählung den Rahmen sprengen würde. Insgesamt wurde so mit einer speziell auf den Rechtsanwalt zugeschnittenen

Literatur eine neue Programmsparte geschaffen, die durch zahlreiche Titel getragen wird.

7. Rote Kommentarreihe

Das Flaggschiff des Verlages, der Münchener Kommentar zum BGB, folgte im Laufe der Jahrzehnte weiter seiner erfolgreichen Bahn. Daneben suchten zahlreiche junge Wissenschaftler und Habilitanden nach neuen Herausforderungen. Aber in Beck'schen Werken zum BGB gab es nur selten vakante Kommentierungsabschnitte. Mit schöpferischer Phantasie entdeckte man im Verlag eine Lücke. Zwischen dem einbändigen Palandt und dem jetzt schon elfbändigen Münchener Kommentar zum BGB stand nur der zweibändige Erman, der vom Aschendorff-Verlag in den Otto Schmidt-Verlag wechselte. Die Lücke existierte nicht nur vom Umfang her. Vielmehr fehlte auch konzeptionell ein Kommentar, der auf der einen Seite in einer gewissen Ausführlichkeit die dogmatischen Grundlagen herausarbeitete und auf der anderen Seite in aller Kürze die für die Praxis wesentliche Rechtsprechung zusammenfasste.

In den ersten Überlegungen, die durch eine Synopse der bestehenden BGB-Kommentare – Jauernig, Palandt, Erman, Münchener Kommentar, Soergel und Staudinger – untermauert wurde, galt es, eine Entscheidung zum gewünschten Inhalt zu fällen. Ein wirtschaftlich ausgerichteter Kommentar ohne Familien- und Erbrecht in zwei Bänden wurde diskutiert, aber letztendlich verworfen. Viele Fragen, etwa zur Fortführung der Gesellschaft, zur Geschäftsfähigkeit oder zur Vertretung, sind ohne Familien- und Erbrecht nicht zu lösen. Auch Probleme der Wirkungen der Ehe im Allgemeinen, man denke nur an die Bestimmung zu den Geschäften zur Deckung des Lebensbedarfs, sind ohne Familienrecht nicht zu entscheiden. Dennoch sollte der neue Kommentar mit zwei Bänden einen Schwerpunkt auf die ersten drei Bücher des BGB setzen, Familien- und Erbrecht sollten ebenso knapp gehalten werden wie das Internationale Privatrecht. Als Zielgruppe hatte der Verlag den Praktiker im Auge, der täglich mit der raschen Lösung von Rechtsfragen befasst ist und gelegentlich einmal bisher noch nicht höchstrichterlich entschiedene Probleme dogmatisch vorangehend einer praktikablen Lösung zuführt.

Mit den beiden Herausgebern Georg Bamberger, damals Präsident des Oberlandesgerichts Koblenz, und Herbert Roth sowie damals 48, heute 72 Autoren war ein Team gewonnen, das sowohl die Praxis als auch die

Wissenschaft repräsentierte. Die Begeisterung bei den angefragten Autoren war groß, manchmal von einer gesunden Skepsis begleitet, ob es gelingen würde, ein komplettes Autorenteam zusammen zu stellen, das in angemessener Zeit die Manuskripte fertig stellen würde. Der Arbeitstitel für das neue Werk war Programm: BGB 2000. Damit war definiert, dass sich Herausgeber, Autoren und Verlag das Ziel gesetzt hatten, nach einer Entstehungszeit von drei Jahren zur Jahrtausendwende einen neuen zukunftsweisenden Kommentar vorzulegen.

Die optimistischen Planungen hatten gewisse Verzögerungen beim Fertigstellen der Manuskripte und die Notwendigkeit, Autoren bei ihrer mühsamen Arbeit zu entlasten oder durch andere zu ersetzen, einkalkuliert. Die Verzögerungen gingen aber über das Erwartete hinaus. Lag es an der erwarteten Schuldrechtsmodernisierung?

Über diese Schuldrechtsmodernisierung war schon viele Jahrzehnte diskutiert worden, ohne dass es zu einem Gesetzesbeschluss gekommen wäre. In der 14. Legislaturperiode (1998–2004) war die Zeit dann endlich reif für den großen Wurf. Überlegungen, den Kommentar trotz Schuldrechtsmodernisierung nach altem Recht zu publizieren, scheiterten daran, dass noch nicht alle Manuskripte geschrieben waren. Auch eine Veröffentlichung als Online-Produkt kam deshalb nicht in Betracht. Aus BGB 2000 wurde der **Bamberger/Roth,** Kommentar zum **Bürgerlichen Gesetzbuch,** erschienen von Oktober 2002 bis April 2003 in drei Bänden mit einem Gesamtumfang von rund 8000 Seiten. Der Bamberger/Roth war damit der erste mehrbändige Kommentar, der komplett zur Rechtslage nach der Schuldrechtsmodernisierung vorlag. Rückblickend war es die richtige Entscheidung, einen neuen Kommentar nicht mehr zum alten Recht zu publizieren. Damit gewann der Bamberger/Roth eine hervorragende Ausgangsposition für seine weitere Entwicklung. Die auf die Entstehungszeit zurückreichende Idee, von vornherein eine elektronische Verwertung vorzusehen, wurde weiter ausgebaut. Nicht mehr die Verfügbarkeit des unveränderten Printwerkes als Online-Produkt, sondern die Weiterentwicklung zu einem Beck'schen Onlinekommentar mit vierteljährlichen Aktualisierungen wurde realisiert. Siehe dazu auch unten S. 521 ff. Nach der 2. Auflage 2007/2008 mit einem Gesamtumfang von 9200 eng bedruckten Seiten ist 2012 die 3. Auflage des Printwerkes mit 9542 Seiten erschienen.

Es folgten weitere Kommentare in der Ausstattung des «Bamberger/Roth.» Auch der zweibändige Kommentar zum **Aktiengesetz**, herausgegeben von **Eberhard Stilz**, Präsident des Oberlandesgerichts Stuttgart, und **Gerald Spindler,** sollte eine Position zwischen dem einbändigen Hüffer in der Reihe der Kurz-Kommentare und dem großen Münchener Kommentar einnehmen. Das ursprüngliche Team war mit zehn Autoren klein gehalten. Innerhalb von vier Jahren war die Manuskriptabgabe anvisiert. Keine großen Reformen, aber zahlreiche Änderungen – Einfügung der §§ 327a bis 327f zum Squeeze out, das Spruchverfahrensneuordnungsgesetz, der neue § 161 AktG und der Corporate Governance Kodex, Rechnungslegung und IAS, die Auswirkungen der Übernahmerichtlinie und die SE-VO – und das Ausscheiden einiger Mitwirkender erforderten neue Planungen. Diesmal wurde die Zeit bis zur Manuskriptablieferung knapper berechnet, um nicht nochmals Gefahr zu laufen, dass die eingegangene Verpflichtung zu weit in künftige Aufgaben verschoben würde. Auch war der Arbeitsabschnitt, den ein Autor zu bearbeiten hatte, in der Regel weniger umfangreich als ursprünglich. So wurden aus den zehn nun 41 Autoren. Im September 2007 hatte die 1. Auflage schließlich den Weg zum Buchhändler geschafft – rechtzeitig vor der Konkurrenz. Die 2. Auflage folgte 2010, nun schon auf einem dichter besetzten Markt an aktienrechtlicher Literatur.

Der einbändige Kommentar zum **Handelsgesetzbuch**, herausgegeben von **Hartmut Oetker**, ist in 1. Auflage 2009, in 2. Auflage 2011 und im Juni 2013 kurz nach der Seehandelsrechtsreform in 3. Auflage erschienen. Ein kleines Autorenteam und ein effektiver Herausgeber aktualisiert das Werk zuverlässig und zeitnah.

Als weiterer gesellschaftsrechtlicher Kommentar ist das zweibändige Werk zum **GmbHG**, herausgegeben von **Lutz Michalski**, 1. Auflage 2002 und 2. Auflage 2010, zu nennen. Hinzuweisen ist insbesondere auf die ausführliche systematische Einleitung mit Ausführungen zum Internationalen Gesellschaftsrecht, zur Besteuerung der GmbH, zum Konzernrecht in der GmbH und zur Finanzierung. Professor Lutz Michalski, Jahrgang 1950 promovierte 1978 in Münster bei Professor Harry Westermann zum Thema «Gesellschaftsrechtliche Gestaltungsmöglichkeiten zur Perpetuierung von Unternehmen». Seine Habilitation folgte 1987 an der Universität Bielefeld wiederum zu einem gesellschaftsrechtlichen Thema: «Das Gesellschafts- und Kartellrecht der berufsrechtlich gebundenen freien Berufe». Sein literarisches Werk umfasst neben der Herausgeberschaft des GmbH-Kommentars die Kommentierung im Erman zu den §§ 90 ff., §§ 929 ff., §§ 1030 ff. und §§ 1611 ff. BGB sowie weitere diverse Veröffentlichungen aus dem Bereich Arbeitsrecht, Erbrecht und zum Partnerschaftsgesellschaftsgesetz. Ferner hat er am Aufbau der Neuen Zeitschrift für Gesellschaftsrecht (NZG) maßgeblich mitgewirkt. Von 1987 bis zu seinem Tod im Mai 2013 war er Professor an der Universität Bayreuth.

Nach der UWG-Reform 2004 waren die Programmplätze in der Reihe der Kurz-Kommentare und der Gelben Reihe bereits durch eingeführte Werke belegt. Für den Münchener Kommentar zum Lauterkeitsrecht sowie für den großen einbändigen Kommentar der Herausgeber Harte-Bavendamm/Henning-Bodewig waren Autorenteams akquiriert. Der neue Kommentar zum **Gesetz gegen den unlauteren Wettbewerb (UWG)**, herausgegeben von **Karl-Heinz Fezer**, wurde in der Reihe der roten Kommentare vorgesehen und hat dort in 1. Auflage 2005 und 2. Auflage 2010 seinen Platz erobert.

Die Reihe der roten Kommentare hat sich ständig weiter entwickelt. In dieser Ausstattung sind ferner erschienen: Sachs, Grundgesetz (siehe S. 391), Calliess/Ruffert, EUV/AEUV (siehe S. 404), Wandtke/Bullinger, Urhebergesetz, Weyand, Vergaberecht, und Kniffka, Bauvertragsrecht.

8. Rechtsliteratur für Nichtjuristen

Nicht vergessen werden darf, dass neben den Fachinformationen für Juristen auch ein umfangreiches Programm wie die Ratgeberliteratur für Verbraucher veröffentlicht wird. Traditionell waren dies die **Beck-Rechtsberater im dtv**, angeführt durch die populären Bände von Schaub, Arbeitsrecht von A – Z und Meine Rechte als Arbeitnehmer. Letztlich wurden mit diesem Programm fast alle wichtigen Gebiete in den Bereichen Mietrecht, Familienrecht und Verkehrsrecht ebenso wie in entlegeneren Bereichen abgedeckt. Die Änderungen der Lesegewohnheiten und die Tatsache, dass sich Verbraucher inzwischen vermehrt online informieren, führten zu einem Rückgang in diesem Bereich, so dass der Verlag neue Antworten auf die Bedürfnisse seiner Leser finden musste.

Dies waren zum einen die in DIN-A-4-Format mit Klammerheftung erscheinenden Broschüren zu zentralen **Rechtsfragen der privaten Lebensgestaltung**. Allen voran ist hier die Broschüre «Vorsorge für Unfall, Krankheit und Alter» zu nennen, die zusammen mit dem Bayerischen Staatsministerium der Justiz und für Verbraucherschutz herausgegeben und entwickelt wurde. Die Broschüre erschien zunächst im Selbstverlag des Justizministeriums und erstmals 2004 bei C.H.Beck. Sie erklärt dem Laien in übersichtlicher und verständlicher Form alles über Betreuung, hält für diese Akte rechtlich geprüfte Formulare, die individuell ausgefüllt werden können und allseits akzeptiert werden.

Ein weiterer erfolgreicher Titel aus dieser Reihe ist seit 2009 «Vorsorge für den Erbfall». Im Hinblick auf die strengen Formvorschriften des bürgerlichen Rechts können hier zwar keine herausnehmbaren Formulare angeboten werden, die Broschüre enthält aber zahlreiche Formulierungsvorschläge für Testamente in den verschiedenen Familien- und Lebenssituationen, weist den Leser aber zugleich darauf hin, wo es für den Laien zu kompliziert wird und der fachlich fundierte Rat eines Steuerberaters, Rechtsanwalts oder Notars gesucht werden muss. Ergänzt werden diese zentralen Titel durch ein reichhaltiges Programm zu benachbarten Themen, wie beispielsweise Spezialfragen der Patientenrechte, Fragen der Führung der Betreuung, zum Mietrecht, zum Vereinsrecht usw. Diese Broschüren wurden stets zum Hartgeldpreis angeboten und kosten derzeit 4,90 €.

Daneben entwickelte sich in einem ganz anderen Format, nämlich 10,4 x 16,1 cm, die Broschürenreihe **Beck kompakt**. Zu den erfolgreichsten Titeln dieser Reihe gehören: Pilz, Bilanzen lesen und verstehen, Kruell, Smalltalk, und Stackelberg, Selbstbewusstsein. Hier findet der Leser zu juristisch angehauchten Themen, insbesondere aber auch zu betriebs- und volkswirtschaftlichen Fragestellungen sowie zu den sogenannten «Softthemen» praktische Hilfe. Fast noch mehr als die DIN-A-4-Broschüren kommen diese sehr kurz gefassten Informationen den modernen Bedürfnissen nach rascher, zielgenauer und zugleich umfassender Information entgegen.

9. BeckAkademie Seminare

Mit außerhalb seines Kerngeschäfts liegenden Formen der juristischen Wissensvermittlung hat sich der Verlag lange zurückgehalten. Immerhin wurden bereits seit 1978 «Beck-Seminare» durchgeführt, zuerst zusammen mit einem englischen Unternehmen, das die Idee an den Verlag herangetragen hatte, aber bald schon allein. Seitdem gab es regelmäßig Seminarveranstaltungen, wenn auch nur in überschaubarer Zahl. Ein gewisser Schwerpunkt bildete sich bei arbeitsrechtlichen Themen; dort hatte man die höchsten Teilnehmerzahlen erreicht. Zugpferde waren damals Eugen Stahlhacke, dessen Buch «Kündigung und Kündigungsschutz im Arbeitsverhältnis» zu dieser Zeit noch in der NJW-Schriftenreihe erschien, und das Team um Karl Fitting mit betriebsverfassungsrechtlichen Fragestellungen.

Ein zusammenhängendes Seminarprogramm oder eine spezielle Seminarabteilung bestanden jedoch noch nicht. Geplant und organisiert wurde das Seminargeschäft von einem damit beauftragten Lektor, der das neben den ihm anvertrauten Büchern leisten musste. Initialzündungen für Seminare waren oft Buchneuerscheinungen oder Neuauflagen. Es ging nicht primär um ein neues, wirtschaftlich vielversprechendes Betätigungsfeld, sondern um eine Ergänzung der Buchproduktion, die von manchen Autoren als zusätzlicher Honorarerwerb geschätzt wurde und dem Verlag nützlich schien, weil so die Autorenbindung intensiviert, ein Kontakt vom Lektorat auch zu Endkunden hergestellt und schließlich in vereinzelten Fällen auch einmal neue Themen oder potentielle Buchverfasser getestet werden konnten, bevor Verlagsverträge abgeschlossen wurden.

Damals wie heute waren die meisten Seminare Tagesveranstaltungen, die in zentral gelegenen Hotels stattfanden. Es gab noch keinen Seminarkatalog. Geworben wurde allein mit Direktwerbebriefen und Anzeigen in Beck'schen Zeitschriften. Flyer zu den Werbebriefen erschienen puritanisch in schwarz/weiß. 1986 war das Seminarangebot trotzdem schon auf 17 Veranstaltungen angewachsen. Erstmals kam für arbeitsrechtliche Seminare die Bezeichnung «NZA-Seminare» auf, nachdem 1984 diese neue Zeitschrift erfolgreich gestartet war. So wurde das im Vergleich zum Buch «schnellere Medium» mit Seminaren kombiniert. Andere Zeitschriften folgten diesem Vorbild. So gab es später etwa auch «NJW-Seminare».

Die Deutsche Einheit im Oktober 1990 eröffnete den Beck-Seminaren ein neues Geschäftsfeld, bestand in den neuen Bundesländern doch ein enormes Bedürfnis nach professioneller Vermittlung von Kenntnissen im bundesdeutschen Recht. So wurden die **«Beck-DDR-Seminare – Das Recht der Bundesrepublik Deutschland»** aus der Traufe gehoben. Themen waren u. a. Steuer- und Bilanzrecht, Betriebsverfassungs- und Tarifrecht sowie Werkvertrags- und AGB-Recht. Zwar musste bei diesen Seminaren auf ein Mittagessen und die sonst so beliebten Kaffeepausen verzichtet werden. Dafür war die Seminargebühr mit 85,– DM zzgl. 14 % MwSt. unschlagbar günstig. Die Zahlung wurde laut Prospekt übrigens noch durch Scheck erbeten, den heute schon kaum jemand mehr kennt.

Doch nicht nur auf dem Gebiet der ehemaligen DDR bestand Fortbildungsbedarf. Auf Grund der zunehmenden Gesetzesflut, vor allem bedingt durch europarechtliche Vorgaben, wuchs im gesamten Bundesgebiet die Nachfrage nach juristischen Fachseminaren. Zudem wurde in der Fachanwaltsordnung (FAO) eine sanktionierte Fortbildungspflicht verankert. Dies belebte den gesamten Seminarmarkt. Insbesondere das Deutsche Anwaltsinstitut (DAI) und die Deutsche Anwaltsakademie (DAA) bauten ihr Seminarangebot aus. Zudem kamen etliche neue Seminaranbieter auf den Markt. Auch bei den «Beck-Seminaren» stieg die Zahl der Veranstaltungen deutlich an: 1992 wurden bereits 70 Seminare angeboten. Zwar gab es immer noch keine verlagseigene Seminarabteilung. Dennoch wurden Konzeption und Organisation der Seminare nun zentral in die Hände eines eigens dafür bestimmten Lektors samt Sachbearbeiterin gelegt. Dies war eine wichtige Basis für das weitere Wachstum der «Beck-Seminare». Mit den **«Beck'schen Steuerseminaren»**, die damals noch von der steuerrechtlichen Redaktion konzipiert wurden, erweiterte sich das Angebot nochmals.

Dann aber wurden so viele Veranstaltungen angeboten, dass 1995 der erste Seminarkatalog erschien. Verglichen mit dem heutigen Gesamtprogramm war dieser Katalog jedoch recht überschaubar. So zählte dieser gerade einmal 24 Seiten (zum Vergleich: Aktuelles Gesamtprogramm: 280 Seiten).

Neben Seminaren entwickelten sich als weiteres wichtiges Format größere **Fachtagungen** zu aktuellen rechtlichen Themen. Diese entstanden in Kooperation mit den Zeitschriften-Redaktionen. 1997 wurde erstmals eine «ZEV-Fachtagung» veranstaltet, die in diesem Jahr zum 17. Mal stattfindet. Die NZI-Jahrestagung wurde zwei Jahre später begründet und findet im Herbst zum 15. Mal statt. Auch die NZA- bzw. die IStR-Jahrestagung haben inzwischen eine längere Tradition. Vor allem bei den großen Tagungen zeigt sich, dass für die Teilnehmer mittlerweile nicht mehr alleine die reine Wissensvermittlung im Vordergrund steht. Die Jahrestagungen werden vor allem auch zur Kontaktpflege und zum wichtigen Netzwerken genutzt. Auch direkter Austausch und Diskussion mit Kollegen und angesehenen Experten sind wichtige Faktoren. Damit kommen insbesondere die Tagungen dem gewachsenen Kommunikationsbedürfnis in der Anwaltschaft nach.

2001 entstand eine selbständige Seminarabteilung mit eigenem Abteilungsleiter. Im ersten Halbjahr 2002 erschien zum ersten Mal ein Seminarkatalog in Farbe. Die Themenbereiche waren inzwischen auf neun angewachsen und reichten von A wie Arbeitsrecht bis Z wie Zivilrecht. Im Jahr 2005 wurden bereits 213 Seminare und Tagungen durchgeführt. Eine neue Internetseite mit einem Seminar-Shop ging 2008 online. Seitdem können Seminare auch direkt im Internet gebucht werden. Da der Verlag in der Zwischenzeit auch andere Seminaranbieter erworben hatte, wurde aus Gründen eines einheitlichen Auftritts die «BeckAkademie» als Dachmarke geschaffen. In diesem Zusammenhang änderte sich 2009 der Name der Seminarabteilung von «Beck-Seminare» in **«BeckAkademie Seminare»**.

Zwar ist die Nachfrage nach juristischen Fortbildungen im Laufe der Zeit weiter angewachsen, jedoch ist der Seminarmarkt inzwischen hart umkämpft. Es stiegen nicht nur das Fortbildungsbedürfnis, sondern auch die Zahl der Seminaranbieter. Ein wichtiger Mehrwert der Beck'schen Seminare ist neben erstklassigen Referenten und umfangreichen Unterlagen vor allem auch der sog. «Beck-Bonus»: So erhalten die Teilnehmer zusätzlich zum Seminar ein Exemplar hilfreicher Fachliteratur aus dem Verlagsangebot bzw. eine dreimonatige Freischaltung für ein passendes beck-online Fachmodul.

Die Teilnehmerstruktur hat sich mit der Zeit verändert. Zu Beginn wurden die Seminare ausschließlich von Rechtsanwälten bzw. Fachanwälten besucht. Inzwischen ist auch eine sehr große Anzahl von Unternehmensjuristen zu verzeichnen. Selbst Nichtjuristen, für die es sogar eigens konzipierte Veranstaltungen gibt, besuchen mittlerweile die Beck'schen Seminare.

2011 fanden erstmals die **Sommerlehrgänge** statt. Bei dieser neuen Veranstaltungsform handelt es sich um mehrtägige Fortbildungen, die in entspannter Atmosphäre an attraktiven Orten stattfinden. Die Teilnehmer haben so die Möglichkeit zur Urlaubszeit Fortbildung und Freizeitaktivitäten zu kombinieren.

Aktuell besteht das Seminarprogramm aus rund 400 Veranstaltungen, die in 20 verschiedenen Rechtsbereichen angeboten werden. Die wichtigsten Gebiete sind neben dem Arbeits-, Gesellschafts- und Steuerrecht vor allem das Vertragsrecht. Aber auch neue Rechtsbereiche sind entstanden. So komplettieren inzwischen Veranstaltungen zum Energierecht und zu Compliance das Angebot. Neben den zahlreichen Seminaren finden aktuell jährlich 15 Tagungen und über 20 Sommerlehrgänge von «AGB und Vertragsklauseln» bis hin zu «Umwandlungssteuerrecht» statt.

10. Die neue Form des Kommentars: der BeckOK
(Beck'scher Online-Kommentar)

Ab 2001 online gestellte Printwerke des Verlages gaben bald Anlass zu Überlegungen, ob daneben eine eigene Darstellungsform entwickelt werden müsse, die über die Grenzen des gedruckten Buches hinausgeht und alle Möglichkeiten des elektronischen Mediums konsequent ausnützt. Ziele waren dabei, aktueller als Printmedien zu sein, eine perfekte Verlinkung und die Darstellung in mehreren Ebenen. Im Hinblick auf diese Gesichtspunkte wurde die Konzeption für die Beck'schen Onlinekommentare entwickelt.

Anders als die Printkommentare, die in Abständen von 1, 2, 3, manchmal bis zu 5 oder 6 Jahren erscheinen, werden die Onlinekommentare alle drei Monate aktualisiert. Die besonderen Möglichkeiten des Onlinemediums und des Bildschirms schaffen neben dem Standardtext noch eine mit der gesamten Kommentierung verknüpfte Überblicksebene, die jeweils die Grobstruktur der Norm wiedergibt. Zu ausgewählten Punkten gibt es ferner eine Detailebene – über den Button «Details» erreichbar – in der Kasuistik, komplexe rechtliche Streitfragen, aber auch Rechtstatsächliches oder Historisches referiert werden können, ohne den Standardtext als Hauptkommentierung zu sehr zu belasten und den Lesefluss abzulenken. Diese Darstellungsform, die heute auf Homepages üblich ist, wird so für die juristischen Fachmedien nutzbar gemacht.

Die Onlinekommentare stellen besondere Anforderungen an seine Autoren. Erstens erfordern sie die Bereitschaft, sich ständig mit dem Thema zu befassen, um so auch laufend Aktualisierungen liefern zu können. Zum anderen müssen die Texte der Autoren den Erfordernissen der Bildschirmansichten in besonderer Weise gerecht werden, keine zu langen Absätze enthalten und umgekehrt die Technik einer Darstellung in mehreren Ebenen nutzen.

Hans Dieter Beck selbst griff im Herbst 2003 die schon älteren Überlegungen des Lektorats für elektronische Publikationen zu den Beck'schen Onlinekommentaren auf. Beginnen wollte man im **Arbeits- und Sozialrecht**. Mit den jungen Hochschullehrern **Professor Christian Rolfs**, jetzt Köln, und dem Geschäftsführer bei der Deutschen Rentenversicherung, Professor **Ralf Kreikebohm**, hat der Verlag zwei Herausgeber gefunden, die bereit waren, die Idee aufzunehmen, weiterzuentwickeln und im Rahmen des Projektes eines Beck'schen Onlinekommentars – zu diesem Zeitpunkt noch kombiniert – zum Arbeits- und Sozialrecht umzusetzen. Professor Richard Giesen, jetzt München, und der damalige Vorsitzende Richter am Bundessozialgericht Professor Peter Udsching kamen als weitere Herausgeber hinzu. Im Sommer 2004 wurde der Herausgeberverlagsvertrag geschlossen und in der Folgezeit ein schlagkräftiges, überwiegend junges Autorenteam aus Wissenschaftlern und Praktikern zusammengestellt. Am 15. März 2006 ging der Beck'sche Onlinekommentar zum Sozialrecht ans Netz, mit einiger Verzögerung folgte am 13. Juli 2006 der arbeitsrechtliche Teil.

Doch blieb es nicht bei diesem Projekt. Auf Wunsch des Verlegers wurde im Mai 2004 eine Gesamtkonzeption für alle Rechtsgebiete entwickelt. Noch 2004 wurden weitere Herausgeber- und Autorenverträge geschlos-

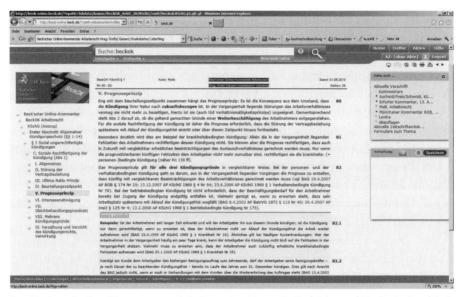

Beck'scher Online-Kommentar Arbeitsrecht, Hrsg: Rolfs/ Giesen/ Kreikebohm/ Udsching, Stand: 1. Juni 2013, Ed.: 28

sen. So folgten mit Livestellung am 18. Mai 2006 ein Beck'scher Onlinekommentar zur **VOB B**, herausgegeben von Professor Mathias Preussner, Konstanz, am 21. Juni 2006 ein Beck'scher Onlinekommentar zum **Umweltrecht**, herausgegeben von Rechtsanwalt Ludger Giesberts, Köln, und Professor Michael Reinhardt, Trier, am 20. Juli 2006 ein Beck'scher Onlinekommentar zur **Grundbuchordnung**, herausgegeben von Notar Professor Stefan Hügel, Weimar, und am 18. Oktober 2006 ein Beck'scher Onlinekommentar zum **Strafgesetzbuch** unter der Herausgeberschaft von Professor Bernd von Heintschel-Heinegg, Straubing.

Nicht nur zu zentralen Gebieten, sondern auch zu abgelegeneren Gebieten werden Beck'sche Onlinekommentare veranstaltet. So war im März 2006 zeitgleich mit dem Beck'schen Onlinekommentar zum Sozialrecht bereits der Beck'sche Onlinekommentar zum **Tarifvertrag für den Öffentlichen Dienst (TVöD)** in beck-online verfügbar. Dieses Werk hatte die Besonderheit, dass es – gleichsam wie ein Kommentar der Gesetzgebungsreferenten – von den maßgeblichen Repräsentanten der Tarifvertragsparteien herausgegeben wurde. In der ersten Edition waren dies der zuständige Vertreter der kommunalen Arbeitgeber Thomas Böhle von der Landeshauptstadt München, Frank Stöhr vom Deutschen Beamtenbund Tarifunion und Kurt Martin von der Gewerkschaft ver.di. Über den Sozialparteien wacht der Vorsitzende Richter am Bundessozialgericht, jetzt a. D., Professor Klaus Bepler über die Ausgewogenheit des Werkes.

Eine Reihe von Onlinekommentaren erfuhren auch Ausdrucke als Printkommentare, so z. B. der zitierte BeckOK Umweltrecht, ohne dass dadurch die Onlineausgabe als führendes Medium in Frage gestellt worden wäre. Eine Besonderheit stellt der Beck'sche Onlinekommentar zum BGB dar, der nicht originär als Onlinekommentar entwickelt wurde. Hier wurden die Autoren des **Bamberger/Roth**, BGB (siehe oben S. 510) gewonnen, ihr Werk in einen Onlinekommentar umzuwandeln. Dies war kein ganz einfaches Unterfangen, da die Autoren ja nicht mit der Prämisse in das Werk eingetreten sind, vierteljährliche Aktualisierungen vornehmen zu müssen. Am 24. Mai 2006 ging gleichwohl die erste Edition des BeckOK BGB ans Netz.

In den Folgejahren wurde der Kreis der Onlinekommentare zügig erweitert, so dass mit **28 Onlinekommentaren** derzeit alle wesentlichen Rechtsgebiete des Bürgerlichen Rechts, des Strafrechts und des Öffentlichen Rechts abgedeckt sind. Besondere Hervorhebung verdienen dabei noch der Beck'sche Onlinekommentar zur **Strafprozessordnung**, der unter der Herausgeberschaft des Richters am Bundesgerichtshof Jürgen-Peter Graf erschienen ist, sowie die Onlinekommentare zu den zentralen Gebieten des **Öffentlichen Rechts** wie Epping/Hillgruber, Grundgesetz, Posser/Wolff, Verwaltungsgerichtsordnung, und Bader/Ronellenfitsch, Verwaltungsverfahrensgesetz. Spät, aber deswegen nicht minder erfolgreich wurde das Programm der Beck'schen Onlinekommentare 2011 um einen Kommentar zur **Zivilprozessordnung** mit den Herausgebern Rechtsanwalt am BGH Professor Volkert Vorwerk und Professor Christian Wolf veröffentlicht. Ergänzt wurden die Beck'schen Onlinekommentare durch die **Reihe der Beck'schen Online-Formulare** zu allen Rechtsgebieten.

XXIII. beck-online – die Datenbank
Publizieren in der digitalen Welt
von Hans Dieter Beck

1. Rückblick auf die Entwicklung

Die juristischen Verleger in Deutschland sind schon seit Mitte der sechziger Jahre des vorigen Jahrhunderts sehr nachdenklich – und je nach Temperament auch erregt – darüber gewesen, ob nicht die dynamische Expansion auf dem Gebiete der Computer große Veränderungen, vermutlich sogar herbe Rückgänge bei den juristischen Publikationen mit sich bringen würde. In den USA waren verschiedene juristische Datenbanken ab 1973 in Erscheinung getreten und die Firma Lexis, die zur Mead Corporation gehörte, hatte in der Anwalts- und Gerichtswelt schon praktische Bedeutung erlangt. Aus dieser Sorge heraus wurde von den Mitgliedern der Arbeitsgemeinschaft rechts- und staatswissenschaftlicher Verlage im Jahr 1970 die Verlegervereinigung Rechtsinformatik als eingetragener Verein gegründet. Er sollte die Computer- und Datenbankanwendungen im Recht erforschen und dabei gangbare Wege für die Verleger zeigen. Auch das Bundesjustizministerium hatte mit Untersuchungen auf dem Gebiete der Rechtsinformatik begonnen. C.H.Beck hat damals hier seine Hilfe angeboten und hat vom Bundesjustizministerium als der eingeführteste Verlag für die gedruckten Gesetzestexte den Auftrag bekommen, geeignet aufbereitete Gesetzesdaten an das Bundesjustizministerium für einen Feldversuch zu liefern.

1981 beschäftigte sich ein Projektteam im Hause mit dem Angebot der IBM, eine großrechnerbasierte Datenbank mit Gesetzen und Zeitschrifteninhalten im Volltext aufzubauen. Der richtige Zeitpunkt schien aber damals noch nicht gekommen.

Als eine Vorstufe entwickelte C.H.Beck im Jahre 1983 eine Microfiche-Edition für die zurückliegenden Jahrgänge für seine auflagenstärkste Zeitschrift, die NJW. Das erfolgte in der Weise, dass ca. 400 Seiten dieser Zeitschrift zu einem postkartengroßen Microfiche komprimiert wurden.

Im Jahr 1988 entstand dann im Verlag C.H.Beck eine eigene Abteilung für elektronisches Publizieren, mit dem erprobten juristischen Lektor Dieter Burneleit und etwas später mit dem Computer-Juristen Rainer Dechsling an der Spitze. Anfang der 1980er Jahre war der IBM-PC auf den Markt gekommen, der überall große Aufmerksamkeit erweckte. Kurz davor war die CD-ROM in Erscheinung getreten, mit großer Speicherkapazität – geeignet für mannigfaltige digitale Inhalte. Für PCs wurden alle erforderlichen Programme vom Verlag zur Verfügung gestellt, um solche CDs zu durchsuchen und die Inhalte gut lesbar darzustellen. Das Beck'sche Schrifttum, wie zum Beispiel Axel Bauer/Rolf Lichtner, Computertechnologie im Anwaltsbüro (1988) und der als Beilage zur NJW erscheinende NJW-Computerreport (siehe dazu S. 492 f.), hat die Fragen der Rechtsinformatik deutlicher in die Diskussion gebracht und so konnte im Mai 1989 als erstes Produkt der Beck'schen Informationstechnologie die im Umschlag der NJW seit vielen Jahrgängen abgedruckte Leitsatzkartei mit ihren vielen tausend Rechtsprechungsabstrakten auf einer CD-ROM angeboten werden. Dieses aus heutiger Sicht kleine «Tool» konnte für die damalige Zeit überraschend gute Selektionsergebnisse liefern, vor allem auf dem Gebiet der Rechtsprechung. Als nächstes und sehr wichtiges CD-ROM-Produkt startete im Mai 1990 die 1. Edition der NJW-CD, die die Zeitschrift NJW ab 1986 bis 1989 im Volltext enthielt, zum Preis von DM 3498,–; die jährliche Aktualisierung kostete im Abo DM 1598,– für einen Bildschirmarbeitsplatz. Ein ambivalenter Erfolg für den Verlag: Der Anwalt konnte viele Meter Regalfläche der NJW frei räumen und hat in vielen Fällen vom Binden der Hefte von nun an abgesehen. Diese CD-ROMs und vor allem später beck-online haben einen merklichen Rückgang der gedruckten Auflage nach sich gezogen.

Der Leitsatzkartei (1989) folgten Volltext-CD-ROMs (ab 1990); sie dienten von Anfang an auch dem Ziel, Substanzen für eine Online-Datenbank zu gewinnen. Hier Beispiele der ersten Generation für MS-DOS mit der Suchsoftware von Dataware-Technologies.

Beispiele der zweiten Generation von CD-ROMs für Windows.

Die in der Verlegervereinigung Rechtsinformatik zusammen diskutierenden Verleger beobachteten, wie juris an Personal zunahm und immer mehr Gesetze und Rechtsprechung der oberen Gerichte in den riesenhaften, von Siemens gekauften Großrechner einspeicherte. juris, nach seiner

Aufstellung als GmbH, erklärte sich auch bereit, Verleger in ihre Gesellschaft mit aufzunehmen. Doch waren die Verleger damals geschlossen der Auffassung, bei einer solchen Beteiligung, verwaltet durch Beamte des Bundesjustizministeriums, kann man nur Geld verlieren. Die Verlegergemeinschaft beteiligte sich eigentlich nur aus informativen Gründen mit der Mini-Beteiligung von 0,75 %. Als dann juris im Laufe der 1990er Jahre immer effektiver wurde und sogar in die Gewinnzone kam, wären die Verleger gerne zu einem namhafteren Engagement bereit gewesen; doch nun wollte juris dies nicht mehr. Die Verleger hatten sich für juris als unbequeme Opponenten und potentielle Wettbewerber gezeigt, die man jetzt als Gesellschafter auch nicht mehr so dringend brauchte. Für die Verleger schien die Zeit reif zu werden, ihrerseits eine Datenbank, und zwar in Konkurrenz zu juris, auf die Beine zu stellen. Gegen dieses umfangreiche, vom Staat gestützte Unternehmen konnte man, wie es schien, nur gemeinschaftlich Erfolg haben. So schlossen sich im Jahr 1997 die Verlage C.H.Beck, mit einem Anteil von 52 %, und Carl Heymanns und Dr. Otto Schmidt, mit einem Anteil von je 24 %, zu einer Gesellschaft zusammen, um die Datenbank «Legalis» zu schaffen. Der Stoff sollte aus den drei Verlagen kommen und mit Lizenzmaterialien von anderen Verlegerkollegen angereichert werden. C.H.Beck hat als Geschäftsführer seinen bewährten Mitarbeiter Martin Weber zur Verfügung gestellt und man vergab den technischen Entwicklungsauftrag nach einer Ausschreibung an die Firma «Siemens Business Service». Dies war, wie sich zeigte, ein ganz ungeeigneter Vertragspartner, der eine nicht einsetzbare Software lieferte. War schon die Zielfindung zwischen den drei Verlagen nicht einfach, so sorgte nun die technische Pleite für zusätzlichen Frust. Die Kooperation brach auseinander. Nach einer Bestandsaufnahme aller Werke und Autoren meinte C.H.Beck, man könne einen Alleingang wagen. Die Verlage Carl Heymanns und Dr. Otto Schmidt schlossen sich zu einem anderen System mit dem Namen «Legios» zusammen.

Bei der neuen Beck'schen Plattform wirkten die Informatiker unserer Nördlinger Druckerei sowie unser damaliger Leiter Matthias Kraft auf verdienstvolle Weise zusammen. Man stützte sich auf einfache und kostengünstige Suchprogramme von Microsoft. Von Anfang an dachten wir daran, die Stärke des Beck Verlages zu nutzen: Diese lag in der Programm-Präsenz auf allen wichtigen Rechtsgebieten, und hier sowohl bei den Gesetzen als auch bei den Kommentaren und den Zeitschriften. Aus diesen drei Komponenten konnte man gut Sachgebiets-Module bilden, die dann für den Nutzer alles dringend Erforderliche zur Verfügung stellten. Dabei war die

Fünfjähriges Jubiläum von beck-online. Präsentation beim Deutschen Anwaltstag in Köln.

NJW als überspannende Zeitschrift für alle Sachgebiete und als die fast schon zwingende Grundlektüre für die Anwaltschaft wichtig. Auch konnten die Zeitschriftenneugründungen aus den 1980er Jahren, wie zum Beispiel die Neue Zeitschrift für Verwaltungsrecht, Neue Zeitschrift für Arbeitsrecht, Neue Zeitschrift für Strafrecht usw., mit ihren Rechtsprechungs- und Aufsatzinhalten gut genutzt werden.

Der Start von beck-online wurde beim **Anwaltstag 2001 in Bremen** ausgerufen. Inhaltlich hatte man zunächst nur die beiden Fachmodule Zivilrecht und Arbeitsrecht zu bieten. Doch das waren Materien, die bei Rechtsanwälten und Gerichten besonders gefragt waren. Beim Zivilrecht war schon gleich zu Anfang eine schwierige Entscheidung zu treffen: Welchen Kommentar sollte man einstellen? Sollte man einen kompakten wie den Palandt nehmen oder einen vielbändigen großen wie den Münchener Kommentar? Beide Entscheidungen schienen mit herben Nachteilen verbunden: Hier wie dort florierte der Buchabsatz, denn diese Kommentare waren wahre Flaggschiffe von C.H.Beck. Die Onlinenutzung konnte dem Buchverkauf nur schaden. Die Wahl fiel auf den Münchener Kommentar zum BGB. Sie sollte sich als richtig erweisen. Die große Fülle an Information bot eine große Attraktion – noch über das Zivilrecht hinaus. Diesen Modulen folgten im Jahre 2003 das Modul Strafrecht PLUS und anschließend 19 weitere Fachmodule, insbesondere Verwaltungsrecht PLUS (2003), Arbeitsrecht PREMIUM (2005), Insolvenzrecht PLUS (2005), Sozialrecht PLUS (2005), Handels- und Gesellschaftsrecht PREMIUM (2006), Notarrecht PLUS (2006), Baurecht PLUS (2006), Versicherungsrecht PLUS (2006) und so ging es weiter. Diese Module wurden von Simon Hohoff, der die Abteilung seit 2003 leitet, und einem Team von juristischen Produktmanagern und Programmierern in beck-online erarbeitet, unterstützt von den langjährigen Mitarbeitern Hans-Joachim Schröder und Hannes Binder.

Bei einem Festessen anlässlich des Deutschen Anwaltstages in Köln am 25. Mai 2006 wurde das fünfjährige Jubiläum von beck-online gebührend gefeiert. Festredner waren neben dem Verleger die Justizministerin von Nordrhein-Westfalen Roswitha Müller-Piepenkötter sowie Professor Ulrich Noack von der Universität Düsseldorf. Zu diesem Zeitpunkt war beck-online schon zu einem von der Anwaltschaft, den Gerichten und der Wissenschaft sehr anerkannten Rechtsinformationssystem herangereift. Es konnte bereits 20 Fachmodule zu unterschiedlichen Rechtsgebieten anbieten und darüber hinaus ein Gesamtmodul mit der Bezeichnung INTRA für firmeneigene Intranet-Angebote (später beck-online PREMIUM genannt). Dieses fasste das ganze gebotene Online-Material zu einem Jahrespreis von € 3046,– für die ersten drei Nutzer zusammen; jeder weitere Nutzer kostete € 761,–.

2. Die neuere Entwicklung. Erreichter Stand

Die weitere Entwicklung von beck-online seit diesem Anwaltstag ist durch eine starke Vermehrung des Contents – zu einer mehrfachen Menge seit 2006 – gekennzeichnet. Zum einen hat sich die Zahl der Fachmodule von 20 auf heute bald 100 vermehrt; dazugekommen sind neue, zumeist speziellere Rechtsgebiete, wie zum Beispiel Erbrecht, Versicherungsrecht, Kapitalmarktrecht, Gewerblicher Rechtsschutz und Patentrecht. Dazu kommt, dass größere Rechtsgebiete, wie zum Beispiel Zivilrecht, Handels- und Gesellschaftsrecht, Arbeitsrecht usw., in zwei Formen auftreten: als preisgünstiges PLUS-Modul mit den wichtigsten Kommentaren, Zeitschriften, Handbüchern und ein umfangreicheres und aufwendigeres PREMIUM-Modul mit zusätzlichen Werken. Dadurch sollte den unterschiedlichen Eigenschaften der Benutzer hinsichtlich Informationsbedarf und Finanzkraft Rechnung getragen werden. In das Angebot aufgenommen worden sind die umfangreichen verwaltungsrechtlichen Sammlungen und Kommentare des Kommunal- und Schul-Verlages, nach Ländern geordnet, die das öffentlich-rechtliche Angebot von beck-online wesentlich bereichern.

Als im Mai 2006 zum Anwaltstag in Köln das fünfjährige Jubiläum von beck-online gefeiert wurde, war die Datenbank von beck-online in technischer Hinsicht grundlegend erneuert und damit leistungsfähiger gemacht worden. Dies geschah durch die Abkehr von dem ursprünglichen Rechercheprogramm, dem Indexserver von Microsoft, und den Umstieg auf die Suchmaschine «dtsearch». Eine vom Verlag entwickelte neue Suchlogik konnte eingegebene Wörter juristisch interpretieren und Zitate erkennen. Zusätzlich wurde eine Rechtsgebietssystematik für alle Dokumente eingeführt.

Aber auch mit diesem Status der Suchgeschwindigkeit haben sich unsere leitenden Techniker Harald Gehring und Stefan Mehlmann nicht begnügt, sondern haben im Jahre 2008 sowohl die Textbasis als auch das

Suchprogramm nochmals entscheidend durch das lizenzfreie von der internationalen Gemeinschaft der Programmierer entwickelte Rechercheprogramm «Lucene» reformiert. Angereichert mit vielen, für die juristischen Dokumente notwendigen Zusatzprogrammierungen war dies eine wesentlich wirkungsmächtigere und leistungsfähigere Software, die den immer umfangreicheren zu durchsuchenden Textmassen besser gerecht wurde. Nach umfangreichen Vorarbeiten wurde von Simon Hohoff in Zusammenarbeit mit Professor Dr. Franz Guenthner vom Centrum für Informations- und Sprachverarbeitung an der LMU München 2010 eine linguistische Suche eingeführt (erkennen von Wortgrundformen, Kompositazerlegung, Rechtschreibkontrolle und Suchwortvorschläge).

Mit dem weiteren Wachstum der Nutzung bei beck-online und der nun wichtigeren Sicherheit gegenüber plötzlichen Ausfällen musste auch die Hardware neu organisiert werden. Seit dem Jahr 2013 haben wir die Computer auf zwei weit auseinander liegende Standorte in München verteilt. Es darf keine Unterbrechung eintreten, wenn eines dieser Rechenzentren aufgrund innerer oder äußerer Einwirkung seine Tätigkeit einstellt.

Werfen wir nun einen Blick auf die Benutzer von beck-online: Wir stellen fest, dass die Anwaltschaft unter Einschluss der Rechtsabteilungen in den privaten Unternehmungen und außerdem die Steuerberater und Wirtschaftsprüfer im Vordergrund stehen. Sehr starke Nutzung geht auch von den Universitäten aus, die zu einem wesentlich reduzierten Tarif ihre Studenten mit beck-online bedienen. Aber auch die Richter und die Staatsanwälte nutzen bundesweit beck-online. Die gemeinsame Beschaffung erfolgt durch die «Bund-Länder-Kommission» und sie geht dabei mit ihrem Etat sehr sparsam um.

Zusätzlich wurde das **Rechtsprechungsangebot** von beck-online stark erweitert, zum einen durch die zum Start von beck-online neugegründete Rechtsprechungszeitschrift NJOZ (Neue Juristische Online Zeitschrift), zum anderen durch nachgespeicherte Urteile der oberen Gerichte, die in unseren Zeitschriften nicht enthalten waren. Sie treten unter der Bezeichnung BeckRS auf und es handelt sich immer um die Volltexte der Judikate, die von unserer Frankfurter Redaktion mit Überschriften, Leitsätzen und Paragraphenangaben ausgestattet wurden. Es wurden die Leitsätze aus unseren NJW-Fundheften, die bis ca. 1950 zurückreichen, nacherfasst und gespeichert. Inzwischen weist beck-online ca. 2,5 Millionen Rechtsprechungsdokumente nach. Im gleichen Zug wurde auch der Vorschriftenbestand – auch im Landesrecht – stark erweitert. Er wird täglich aktualisiert.

beck-online war auch erfolgreich bei der Anwerbung von **Lizenzinhalten anderer Verlage**. Als wichtige Ergänzungen zu seinem Zeitschriftenprogramm hat beck-online die Wirtschaftszeitschrift «Der Betriebs-Berater», «Versicherungsrecht» und die «Wertpapier-Mitteilungen» in Lizenz nehmen können. Später ist es gelungen, den Großkommentar zum BGB «Staudinger» zu beck-online dazuzunehmen und ihn inhaltlich mit dem Münchener Kommentar und anderen Werken zu vernetzen. Vom Stuttgarter Kohlhammer Verlag konnte die öffentlich-rechtliche Zeitschrift «DÖV» sowie einzelne Kommentare in Lizenz genommen werden und von Hüthig Jehle Rehm bekam man kürzlich die wirtschaftsstrafrechtliche Zeitschrift «wistra» und die Schriftenreihe Strafverteidiger.

juris als die in ihren Wurzeln fast 20 Jahre ältere und vom Staat gegründete und unterstützte Rechtsdatenbank ist der Hauptwettbewerber von beck-online. Auch juris hat seine Bestände an Rechtsprechung und Vorschriften in den letzten Jahren weiter vermehrt und seinen Nutzungskomfort gesteigert. Dazu hat juris aktuelle Informationen zu den verschiedenen Sachgebieten, die sogenannten «juris PraxisReporte» aufgebaut. Darüber hinaus hat es eine Reihe von lizenzgebenden Verlagen um sich versammelt. Dr. Otto Schmidt für Steuerrecht, Gesellschaftsrecht und Wirtschaftsrecht, Hüthig Jehle Rehm für öffentliches Recht, Erich Schmidt für Sozialrecht u. a., Stollfuß für Steuerrecht u. a., wobei das Ganze jetzt als «jurisAllianz» bezeichnet wird. Damit will juris die Überlegenheit von C.H.Beck im sogenannten Sekundär-Content, d. h. bei den Kommentaren, Handbüchern und Zeitschriften, ausgleichen. juris hat zu diesem Zweck auch mit diesen Verlagen Fachmodule geschaffen.

beck-online hat für nahezu alle seine Fachmodule monatlich oder halbmonatlich Informationen, die sogenannten **«Fachdienste»**, für seine Nutzer entwickelt. Herausgeber und Verfasser sind hier meistens Rechtsanwälte, während die «juris PraxisReporte» überwiegend von Richtern verfasst sind. Beide Konzeptionen haben ihre Vor- und Nachteile. C.H.Beck hatte am Anfang für seine Fachdienste Gebühren vorgesehen, was die Akzeptanz zunächst gebremst hat. Jetzt sind sie kostenlose Beigabe vieler Fachmodule und erfreuen sich in dieser Form großer Akzeptanz.

Die Kommentarwerke, die man für beck-online benötigte, gewann man anfangs nur durch die **Digitalisierung von Print-Kommentaren**. Dabei handelte es sich meist um eingeführte und anerkannte Werke mit oft langer Tradition. Wollte man Aktualisierungen in beck-online bringen, so war dies davon abhängig, dass vorher gedruckte Neuauflagen zustande kamen. Zwischen den Auflagen entstanden Aktualisierungslücken. Um in der Datenbank zu möglichst hoher Aktualität zu gelangen, entschloss sich der Verlag, sogenannte **«Online-Kommentare»** konzertiert zu mehreren Rechtsgebieten zu organisieren. Dies war ein neues Abenteuer, über dessen Ausgang man sich anfangs nicht sicher sein konnte. Es begann 2006 mit einem zweiteiligen Kommentar zum Arbeits- und Sozialrecht. Hier konnte mit Professor Christian Rolfs, ein vorzüglicher Arbeitsrechtler wie auch ein onlinenaher kreativer Planer und dazu ein Besorger für weitere Herausgeber und Autoren, gewonnen werden. Dem Online-Kommentar zum Sozialrecht, herausgegeben von Christian Rolfs, Richard Giesen, Ralf Kreikebohm und Peter Udsching, folgten im Laufe weniger Monate Online-Kommentare zu VOB Teil B, herausgegeben von Mathias Preussner und Roland Kandel, BGB, herausgegeben von Heinz Georg Bamberger und Herbert Roth, StGB, herausgegeben von Bernd von Heintschel-Heinegg, Umweltrecht, herausgegeben von Ludger Giesberts und Michael Reinhardt, und GBO, herausgegeben von Stefan Hügel.

Und in diesem Tempo ging es in den folgenden Jahren weiter. Mittlerweile gibt es bei Beck 30 Online-Kommentare. Ein Online-Kommentar wird von einem Team von Verfassern und Herausgebern nicht nur konzipiert und geschrieben, sondern – und das ist das Besondere – vierteljährlich auf dem Laufenden gehalten; d.h. mit allen Neuerungen versehen, die sich inzwischen in der Gesetzgebung, Rechtsprechung oder in der Literatur ereignet haben. Dies verlangt von den Autoren eine nie abreißende Dauerarbeit. Deshalb sollte der Arbeitsabschnitt eines Autors nicht zu groß bemessen sein. Nach Überwindung der anfänglichen Schwierigkeiten sind die Online-Autoren heute vom Sinn ihrer anstrengenden Arbeit überzeugt; denn sie haben inzwischen viel Anerkennung von den beck-online Nutzern ernten können.

Kommentierte Vertragsvorschläge und Mustertexte gehören immer mehr zum Handwerk eines Rechtsanwalts oder Notars. So war auch beck-online aufgerufen, sich dieses Gebietes anzunehmen. Im Jahr 2007 erschienen die «Beck'schen **Online-Formulare** Vertragsrecht», herausgegeben von Stefan Weise und Hans-Frieder Krauß, unter Mitwirkung vieler Rechtsanwälte und Notare. 2010 erschien eine Formularbibliothek zum Prozessrecht, herausgegeben von Frank Baumann und Norman Doukoff. Der großen Nachfrage zu Online-Formularen geschuldet, folgten Spezialausgaben zu Zivilrecht, herausgegeben von Ulrich Sefrin, und Bau- und Architektenrecht, herausgegeben von Michael Börgers.

Die «Familienrechtlichen Berechnungen» von Werner Gutdeutsch sind ein weiteres wichtiges elektronisches Produkt, entwickelt für die im Familienrecht tätigen Richter und Anwälte. 1988 trat Gutdeutsch, der Richter am Oberlandesgericht München war, an den Verlag heran, und bat ihn um Mithilfe bei der Entwicklung und Veröffentlichung seiner «Familienrechtlichen Berechnungen». Der Verlag produzierte sie 1990 als Diskettenversion. Dank eines ausgefeilten Variantensystems, das die unterschiedlichen Leitlinien der Oberlandesgerichte berücksichtigte, war das Programm bundesweit einsetzbar und eroberte sich einen führenden Platz in den Bereichen Unterhalt, Versorgungsausgleich und Zugewinn. Auch die Anwälte lernten dieses pragmatische System zu schätzen und legten in ihren Prozessen oft eine «Unterhaltsberechnung nach Gutdeutsch» vor. Dank der unermüdlichen Arbeit des Autors liegt sein bahnbrechendes Werk nun auch in Windows sowie in beck-online vor und eine neue Schöpfung «Erbrechtliche Berechnungen» ist hinzugetreten.

3. beck-online. Chancen und Risiken

Während der nunmehr zwölf Jahre seines Bestehens durfte sich beck-online einer ständig wachsenden Nachfrage erfreuen. Die Messlatte hierfür ist die wachsende Zahl der Verträge und die Zugriffe der Nutzer – beides zusammen sind die Faktoren, mit der die Datenbank ihr «Geld verdient». Dieses Wachstum wird angetrieben durch vermehrtes Stoffangebot in Form von Kommentaren, Handbüchern – neuerdings auch Formular-Kommentaren, dann durch zusätzlich erschlossene Rechtsgebiete. Man merkt zudem, dass in der Anwaltschaft und im Richterstand junge Juristen nachgewachsen sind, die schon in der Studienzeit die für sie kostenlosen Datenbanken im Lesesaal studiert oder für ihre Hausarbeiten benutzt haben.

Große Anwaltskanzleien mit Hunderten von Berufsträgern neigen zu einer stärkeren Ablösung der Druckwerke durch Online. Das bedeutet verminderte Arbeit mit Printwerken und einen Schwund ihrer Bibliotheken. In diesen Organisationen hat das Kostenkalkül eine große Bedeutung. Online bietet mehr Quellen zu weniger Geld. Mittelgroße und kleinere Kanzleien sowie Einzelkämpfer denken in der Regel konservativer und sind dem Printmedium stärker zugeneigt. Es gibt auch hochqualifizierte Fachkanzleien, die beck-online Kunden sind und zur Freude des Verlages behaupten, keinerlei Abstriche bei ihren Literaturbezügen (Print) gemacht zu haben.

Für den Regelfall ist die Kehrseite der wachsenden Online-Nutzung der verminderte Bezug von Print-Literatur. Das bekommen alle Verlage unter Einschluss ihrer Autoren als Honorarempfänger zu spüren – nicht nur die juristischen. Es ist eine Erscheinung in der gesamten wissenschaftlichen

Literatur – am wenigsten in den Geisteswissenschaften – sehr stark aber in der Naturwissenschaft. Die Verleger von Zeitungen und Magazin-Zeitschriften haben da noch mehr zu klagen: Sie verlieren nicht nur Abonnenten, sondern auch ihre Anzeigen gehen zurück. Indessen waren Stellen- und Verkaufsanzeigen immer ein sehr wichtiger Geschäftszweig der Periodika. Die werbende Wirtschaft platziert sie aber immer mehr auf direktem Weg im Internet.

Um nun wieder zum juristischen Bereich zurückzukehren, so werden die Datenbanken hier die Folge haben, dass nicht mehr so viele Kommentare und Handbücher in gedruckter Form erscheinen können. Ihre Erneuerung durch Neuauflagen wird sich verlangsamen. Wirtschaftlich gesehen mildern sich die Einbußen der Verleger dadurch etwas, dass die Herstellungskosten der Printwerke schon seit mehreren Jahren sinken. Dies hängt mit den immer effizienteren Technologien der Druckereien zusammen und mit einem sehr hitzigen, dort herrschenden Wettbewerb um die Aufträge.

Das breite Eindringen des Internets in alle Lebensbereiche hat die Wirkungskraft des **Urheberrechts**, das den Verfassern geistiger Schöpfungen ihre gerechten Einnahmen sichert, stark gemindert. Autorenwerke werden vor allem durch Vervielfältigen und Verbreiten verwertet. Diese Haupttätigkeit der Verleger ging auf kontrollierbaren Wegen von statten. Bei einer Vervielfältigung im Internet ist die Lage unübersichtlich: Hier kann es zu tausendfachen Vervielfältigungen in einer Sekunde kommen und zu Übermittlungen an unübersehbare Empfängerkreise. Groß ist die Zahl derer unter den Besorgern der Informationen wie auch auf Seiten der Nutzer, die sich nicht um das Urheberrecht kümmern. So haben die Hersteller von Tonträgern der Musik (Schallplatten oder CDs) erleben müssen, wie sich in kurzer Zeit die Zahl ihrer verkauften Auflagen halbierten. Die musikbeflissenen Konsumenten besorgten sich nämlich mittels Tauschbörsen oder auf Piratenplattformen ihre Stoffe kostenlos. Zunehmend ist auch der Bereich der Filme und der Bücher betroffen. Piratenplattformen mit Sitz im Ausland beschaffen sich Inhalte durch unberechtigte «Uploads» und beliefern die Nutzer kostenlos, weil die gewonnenen Adressen sich für Werbeeinnahmen verwerten lassen. Weil die Kontrollmöglichkeiten im Internet so schwierig sind – auch Polizei- und Gerichtsorgane funktionieren hier ineffektiv – ist der Respekt vor dem Urheberrecht allgemein gesunken. So hat sich ja auch eine politische Partei nicht davor gescheut, sich ganz offiziell als Piratenpartei zu bezeichnen – sie trat nämlich für einen «gelockerten» Umgang mit dem Urheberecht ein.

Den Verneinern des Urheberrechts ähnlich, aber in ihrer kriminellen Energie noch gefährlicher, sind die sogenannten **Hacker**, die mit technischen Tricks in die Datenbanken eindringen, sich dort Inhalte herausholen oder sogar Inhalte und Programmgefüge zerstören. Gegen sie sichert sich der Betreiber durch sogenannte Firewalls. Doch die immer raffinierter vorgehenden Hacker veranstalten neuerdings, automatisch, d. h. programmiert ablaufende Angriffsserien von verteilten Computern aus. Nur sehr aufwendige Schutzeinrichtungen können hier Abhilfe schaffen. Die Angriffe, auch auf beck-online, haben sich in erschreckender Weise vermehrt.

Die **Bibliotheken** – private wie öffentliche – waren früher Institutionen mit freundlicher Einstellung gegenüber den Verlegern. Diese waren ja die Lieferanten ihres unentbehrlichen Handelsgutes. Doch heute findet der Verleger in der Bibliotheksbranche eine gewandelte Gesinnung vor. Man möchte dort am liebsten das erworbene Literaturgut scannen und zu Datenbanken aufbauen, um dem Nutzer die Inhalte per Internet zuzustellen. Das wäre natürlich eleganter als das körperliche Ausleihen mit der Kontrolle der Rückgabe. Das Einscannen und Verschicken per Internet ist nach deutschem Recht mit dem Urheberrecht unvereinbar – es ist einem verbotenen Nachdruck ähnlich. Wissenschaftsverbände kämpfen im Verbund mit Bibliothekaren für die Einschränkung des Urheberrechts auf dem Gesetzeswege, um Datenbanken (Repositorien) auf örtlicher oder fachlicher Ebene aufbauen zu können. Das wären sehr fühlbare Einschränkungen der Befugnisse der Autoren und Verleger, mit negativen Folgerungen für Umsätze und Erträge. Große amerikanische Wissenschaftsbibliotheken haben ihre Werkbestände der Firma Google zum scannen und einspeichern in Datenbanken übergeben – unter Ausnutzung des sehr schwachen kalifornischen Urheberrechts. Letzteres fördert die Einspeicherung, setzt aber gewisse Schranken bei der «Ausgabe» der Inhalte an die Öffentlichkeit. So «schlummern» nun in den USA große Massenbestände literarischer Inhalte – auch deutscher – bei Google und bei den amerikanischen Bibliotheken. Doch hoffnungslos ist die Lage der Verleger aus all diesen Gründen noch lange nicht. Man ist sich weitgehend darüber einig, dass sie als Förderer ihrer Autoren und als Verbreiter ihrer Werke gebraucht werden.

In den letzten Jahren sind **mobile Endgeräte** auf den Markt gekommen, wie zum Beispiel der iPad der Firma Apple, der Amazon Kindle und verschiedene Smartphones. Mit ihnen kann man auch auf eine Datenbank wie beck-online bedienen, wenn diese sich für die neuen Gebrauchsformen angepasst hat. Dies ist bei beck-online erfolgt. Es hat sich für die Geräte von Apple, dem Blackberry u. a., geöffnet. Nutzen hat dies beck-online kaum gebracht. Der User arbeitet heute noch weitgehend von seinem «häuslichen» Büroarbeitsplatz aus oder er nutzt den traditionellen Laptop.

Seit etwa drei Jahren breitet sich das eBook rapide auf dem Büchermarkt aus, ganz besonders in den USA, wo eine leistungsstarke Buchhandlung eine Rarität darstellt. Lesegeräte sind der Kindle von Amazon und der iPad von Apple und inzwischen noch weitere verschiedene Tablet-Fabrikate und dann die Smartphones. Das eBook ist besonders auf dem Gebiete der Unterhaltungsliteratur und Belletristik zu Hause, weniger in der Wissenschaft. In der juristischen Welt wird dieser elektronische Buchtyp allenfalls bei den Lehrbüchern angewandt, kaum aber bei Praktikerwerken, wie Kommentaren oder Handbüchern. Hier beherrschen noch die «traditionellen» Datenbanken wie juris oder beck-online das Feld. Im Bereich der Steuern erfüllen auch die Datenbanken des Verlags Neue Wirtschaftsbriefe und des Haufe Verlags eine wichtige Funktion. Vom Verlag Wolters Kluwer ist hierzulande das jBook, eine besondere Form des eBooks, entwickelt worden, welches inhaltlich dem gedruckten Buch, zum Beispiel einem Kommentar, entspricht. Das jBook eröffnet auch den Zugang zu einer umfangreichen Datenbank mit Vorschriften und Urteilen. Daneben ist auch eine Datenbank mit Fachmodulen in Entwicklung. Es bleibt abzuwarten, wie sich diese neuen Geschäftsmodelle am Markt entwickeln und durchsetzen.

4. Zur Zukunft der Bücher

Am Schluss komme ich zu der vielgestellten Frage, ob juristische Bücher noch eine Zukunftsaussicht haben. Der Versuch einer Antwort wurde schon 2007 in Willoweit, «Rechtswissenschaft und Rechtsliteratur im 20. Jahrhundert», Seite 1220, versucht. Im Einklang mit Hoeren, auf Seite 1189, komme ich zu einem positiven Ergebnis; es wird juristische Bücher und Zeitschriften auch weiterhin noch geben, wenn auch nicht mehr so viele wie bislang. Man kommt in der Beurteilung dieser schwierigen Frage einen Schritt weiter, wenn man die einzelnen juristischen Werkgattungen getrennt in den Blick nimmt. Betrachten wir zunächst die Lehrbücher: Sie haben unter den neuen Medien einstweilen noch wenig gelitten. Das Lehrbuch ist für gründliche Studien geschaffen und wird u. U. mehrfach durchgearbeitet. Der Student macht gerne Unterstreichungen und Anmerkungen. Hier scheint das Papiermedium das Richtige zu sein.

Bei einem juristischen Kommentar liegen die Dinge bereits anders, weil er für die Nutzung via Datenbank sehr geeignet ist. Der gründliche Wissenschaftler oder auch der genau arbeitende Spezialist wird die Buchform schätzen, wenn er viel Zeit mit dem Kommentar zu verbringen gedenkt. Aber auch handliche und komprimierte Kommentare, die man besonders gern und häufig «zur Hand nimmt» – hier darf ja wohl der Palandt, BGB, oder Fischer, StGB, genannt werden – werden auch in Zukunft beliebte Printmedien sein, zumal sie jährlich neu erscheinen.

Die Gesetzesausgaben, insbesondere die handlich auftretenden Broschurausgaben des dtv, haben sich weiterhin am Markt gut bewährt. Anders als bei den Datenbanken kann der Leser eine größere Zahl von Paragraphen «auf einmal» in den Blick nehmen – ein Vorteil.

Nun komme ich zur juristischen Zeitschrift: Hier wird der Rechtsanwalt die führende Zeitschrift seines Spezialgebiets wahrscheinlich weiterhin gern zur Hand haben. Der typische Richter dagegen hat nie viele Zeitschriften gelesen – er wird die Judikate bei Bedarf aus der Datenbank heraussuchen.

Bleiben am Schluss noch wissenschaftliche Monographien und systematisch geordnete Handbücher: Hier werden die Abnehmerzahlen zurückgehen; es wird aber bei guten Publikationen einen Leserkreis geben, der die Printausgabe schätzt. Somit werden wohl auch diese Gattungen weiter bestehen. Die öffentlichen Bibliotheken werden sich nach wie vor dieser Publikationen bis zu einem gewissen Grad annehmen. Im Übrigen wird es auch in Zukunft öffentliche und private Zuschüsse geben zur Förderung auf andere Art nicht erscheinender Werke.

Doch nun zurück zu beck-online: Es soll am Schluss noch eine Schwäche des Datenbankmediums genannt werden. Die Vielzahl der Suchergebnisse bringt für den Nutzer die Gefahr, dass er sich zu sehr an den gefundenen Quellen orientiert, statt über den Gesamtzusammenhang der betroffenen Rechtsmaterie nachzudenken.

Aus allen diesen Gründen kann man nur wünschen, dass der Jurist noch lange Zeit die Möglichkeit hat, zwischen den beiden Medienarten Print und Online zu wählen. Die Umstände sprechen auch dafür, dass es beide Arten noch lange Zeit nebeneinander geben wird. Der Verlag C.H.Beck, der in beiden Medien präsent ist, möchte alles dafür tun, um ein gutes Gleichgewicht zwischen diesen Quellen der juristischen Information herrschen zu lassen.

XXIV. Die Beck'sche Unternehmensgruppe.
Synergien

Von Hans Dieter Beck

Die Beck'sche Unternehmensgruppe besteht aus vier Hauptkomponenten: den inländischen Verlagen, der Druckerei in Nördlingen, den Buchhandlungen und den Auslandsverlagen. Wie komplex dieses Gebilde ist, darüber gibt diese Festschrift beredte Auskunft. Nun soll der Blick auf die einzelnen Teile geworfen werden, und es sollen die Synergien herausgeschält werden.

Der Verlag soll hier nicht mehr ausführlich behandelt werden. Im Kapitel über beck-online ist der allmähliche Übergang auf die elektronischen Informationsmedien beschrieben worden und der Rückgang der Printprodukte, der damit zwangsläufig verbunden ist.

1. Die Nördlinger Druckerei

Die Druckerei in Nördlingen war die historische Urzelle des Unternehmens. Über ihre Entwicklung geben frühere Schriften Zeugnis (vor allem Albert Heinrich, Die C.H. Beck'sche Buchdruckerei Nördlingen, 1980). Die Kooperation zwischen dem Verlag und seiner Hausdruckerei hat in der Vergangenheit sehr nützliche Ergebnisse gebracht: Die Setzerei konnte sich auf die Bedürfnisse des juristischen Verlages hinsichtlich Typographie und Buchgestaltung voll einstellen. Hier ging es zum Beispiel um die Speicherung des Altsatzes zum Zwecke der Verwendung bei Neuauflagen. Außerdem war für den Verlag ein professioneller Umgang mit Dünndruckpapier wichtig. Dem konnte bei der Anschaffung von Rotationsmaschinen Rechnung getragen werden. Exakte Bohrung und Schlaufung von Ergänzungslieferungen hatten hohen Stellenwert. Dafür hat die Druckerei spezielle Maschinen bauen lassen, die es anderswo nicht gibt. Diese sichtbare und nützliche Anpassung der Druckerei an den Verlag hat – vor allem früher – zu einer spürbar kostengünstigeren und, wo es darauf ankam, auch schnelleren Produktion beigetragen.

Heute gibt es zunehmend Faktoren, die das Führen und den Einsatz einer Hausdruckerei problematischer als früher gestalten:

a) Die neue Technologie ist oft sehr aufwendig und reicht dann in ihren Einsatzmöglichkeiten weit über die eigene Verlagsdruckerei hinaus.
b) Neue Maschinen mit hohen Laufgeschwindigkeiten haben hierzulande zu Überkapazitäten geführt, welche die Druckereidruckpreise sehr stark haben sinken lassen.
c) Um im verschärften Wettbewerb zu bestehen, müssen sich die Druckereien heute auf bestimmte Formate, Techniken und Qualitäten spezialisieren. Eine Hausdruckerei kann deshalb zumeist nicht mehr alle Anforderungen eines Verlages erfüllen.
d) Das Internet hat sich insgesamt zu einem gefährlichen Konkurrenten der Druckindustrie entwickelt. Die kostenlosen Informationen aus dem Netz haben die Druckauflagen von Büchern und Zeitschriften sinken lassen und die Druckbranche in wirtschaftliche Schwierigkeiten gebracht.
e) Auch verlangt das Führen einer Druckerei heute sehr spezielles technisches und kaufmännisches Know-how. Deshalb haben viele Verleger die Konsequenzen gezogen und sich von ihren Druckereien getrennt.

Wie sind nun unter diesen eher ungünstigen Prämissen die Zukunftsaussichten der Beck'schen Druckerei?

Festzustellen ist, dass die oben beschriebenen Synergien im Beck'schen Verbund noch wirksam sind und es ist eine weitere dazugekommen: Die Nördlinger Setzer, Programmierer und Informatiker haben erstklassiges Know-how in der computerisierten Verwaltung juristischer Texte erlangt. Dies hat wesentlich beim Aufbau der Datenbank beck-online mitgeholfen. Dieser wichtige Beitrag kann bei beck-online nicht mehr weggedacht werden.

Somit ist die Gesamtbilanz der Zusammenarbeit zwischen Verlag und Druckerei Beck eine günstige. Darum wird man auch in Zukunft auf eine fruchtbare Kooperation hoffen können.

2. Die Buchhandelsgruppe Schweitzer Fachinformationen

Die Buchhandlungsgruppe Schweitzer Fachinformationen hatte ihren Anfang 1970 mit dem Erwerb der Buchhandlung Schweitzer Sortiment in München. In den darauffolgenden Jahren wurden in deutschen Großstäd-

2. Die Buchhandelsgruppe Schweitzer Fachinformationen

Zentrum der Schweitzer Buchhandelsgruppe in München am Lenbachplatz.

ten weitere Buchhandlungen mit juristischem Programm dazu erworben, insbesondere die Buchhandlungen Witsch in Köln, Kerst in Frankfurt, Mauke und später Boysen in Hamburg, Goethe in Düsseldorf, Schweitzer in Berlin, Büttner in Nürnberg, Hoser in Stuttgart, Kamloth in Bremen. Bei all diesen Firmen stand die Belieferung der juristischen Kunden im Vordergrund. Die auch vorhandenen Buchläden spielten dagegen schon immer eine untergeordnete Rolle. Der im Allgemeinen treue Kunde wird laufend über die Neuerscheinungen informiert, die ihm auch großzügig zur Ansicht überlassen werden.

Heute ist das Geschäft der Schweitzer Fachinformationen in starkem Maße durch die Versorgung großer Kunden (Behörden, Wirtschaftsunternehmen) geprägt, die alles Erforderliche an gedruckter Information bei Schweitzer bestellen, ohne sich auf Rechtsliteratur zu beschränken. Es werden alle Arten von Veröffentlichungen geliefert, auch Zeitungen, Importware aus dem Ausland und elektronische Produkte. Der Kunde ist mit Schweitzer elektronisch vernetzt und hat Zugriff auf einen Katalog mit Millionen von Veröffentlichungen.

Suchen wir nun nach Synergien zwischen dem Verlag und der Buchhandelsgruppe, so spielt dabei kaum eine Rolle, eventuell Beck'sche Verlagswerke noch intensiver verkaufen zu können. Wohl aber kann es für den Verleger wertvoll sein, im Kontakt mit der Buchhandlung eine größere Nähe zu den Kunden zu gewinnen, für die er letztlich produziert. Und er kann etwas über deren Arbeitweise und Bedürfnisse lernen. Denn in der Juristenwelt laufen dynamische Wandlungsprozesse ab: Wie mannigfaltig sind zum Beispiel heute die Fachgebiete und die Kanzleitypen, mit denen Rechtsanwälte arbeiten! Alle anfallenden Informationsbedürfnisse zu befriedigen ist für den Verlag nicht möglich. Aber er kann Schritte in Richtung «maßgeschneiderte Produkte» tun.

Auch für die Gruppe Schweitzer Fachinformationen ist das Internet ein harter Wettbewerber geworden. Zum einen sind es die E-Commerce-Buchhandlungen, allen voran «Amazon» oder «buch.de», die als Versender mit dynamischen Wachstumsraten die über das Internet vom Kunden gefundenen Bestellobjekte abwickeln. Daneben sind es die Datenbanken, wie zum Beispiel beck-online oder juris, die den Juristen unmittelbar mit elektronischen Informationen versorgen und damit die Bedeutung der Druckerzeugnisse allmählich reduzieren. Schweitzer bemüht sich erfolgreich, auch seinerseits Datenbanken und eBooks in sein Angebot einzubeziehen; doch sind dem gewisse Grenzen gesetzt, weil die Datenbankbetreiber und die eBook-Verlage großen Wert auf unmittelbaren (elektronischen) Kontakt mit dem Endkunden legen. So erkennt die Schweitzer Buchhandelsgruppe, wie der gesamte deutsche Buchhandel: Man muss die Flächen und die Verwaltungskosten reduzieren, um sich an den allmählich kleiner werdenden Markt anzupassen.

3. Auslandsverlage

Werfen wir nun einen Blick auf die Auslandsverlage, die C.H.Beck zum Teil erworben, zum anderen Teil, etwa in Polen, Tschechien und Rumänien, von Grund auf aufgebaut hat.

Die jungen Demokratien in diesen Ländern haben noch manche weitere Entwicklungsschritte vor sich und die Rechtsordnungen werden sich dort noch feiner ausformen müssen. Somit ist ein weiteres Wachstum beim Bedarf für juristische Informationen zu erwarten. Daneben müssen hier die Beck'schen Datenbanken erst noch zur vollen Reife entwickelt werden. Dies erfordert hohe Investitionen.

Synergien ergeben sich zu Gunsten dieser Auslandsverlage vor allem durch die Übertragung des deutschen Know-how. Es geht zum Beispiel darum, wie man Gesetze praxisnah kommentiert, welche Werktypen sich bei Beck bewährt haben, welche Typographie man anwendet und wie man vom Lektorat aus die Qualität überwacht. Vielfältiger Erfahrungsaustausch ergibt sich auch zwischen den Auslandsverlagen untereinander. Brennende Themen liefern dabei immer wieder die Datenbanken.

Unser Verlag für Rechtsliteratur in der Schweiz, Helbing & Lichtenhahn in Basel, ist ein Beispiel eines erfolgreichen Verlages ohne elektronische Produkte. Dass man hier noch ohne Datenbank auskommt, liegt an der geglückten Produktgruppe der «Basler Kommentare», welche für die Juristen in der Schweiz die wichtigsten Wünsche erfüllen: Gründlichkeit, kompakte Übersichtlichkeit und Aktualität. Doch damit ist das Nachdenken über weitere Verbesserungen nicht verstummt.

Für das Stammhaus in München bedeutet der Besitz der Auslandsverlage einen Erfahrungsgewinn und einen ersten Schritt in Richtung Internationalisierung. Dies hat seine eigene Bedeutung in der sich auf mehreren Gebieten (Naturwissenschaft, Zeitungen, Belletristik) entwickelnden global orientierten Verlagswelt. Hier handelte es sich bisher vor allem um eine Domäne der großen Medienkonzerne. In der juristischen Verlagswelt haben zwei große internationale Gruppen, Wolters Kluwer und Reed Elsevier/LexisNexis Niederlassungen in vielen Ländern gegründet. Durch unsere Auslandstöchter treten wir mit diesen Gruppen in einen Wettbewerb, haben aber mit ihnen auch immer wieder lehrreiche Dialoge. Diese Gespräche helfen uns, die großen Konzerne besser zu verstehen und zugleich unseren Horizont in der internationalen Verlagswelt zu erweitern.

XXV. Dank und Ausblick
Von Hans Dieter Beck

Am Schluss dieser Jubiläumsschrift ist es mir ein Bedürfnis, meinen Dank allen denen auszudrücken, die das Beck'sche Unternehmen über die vielen Jahre bis heute aktiv gefördert haben. Das sind vor allem unsere Mitarbeiter, und zwar die heute noch aktiven und die inzwischen ausgeschiedenen, und es sind die unzählbaren Autoren, die in dieser Festschrift genannten und die noch viel zahlreicheren, die aus Platzgründen unerwähnt bleiben mussten. Dazu kommen die Berater des Verlages – die entgeltlichen und die unentgeltlichen - solche aus dem Verbandswesen und solche aus der Kollegenschaft der Verleger.

Einigen Leitungspersönlichkeiten aus der Vergangenheit – ich erwähne nur solche, die nicht mehr aktiv sind – schulde ich an dieser Stelle Erwähnung: Die wohl bedeutendste Leistung für den Verlag, und zwar schon während der Aufbauzeit nach dem Kriege bis in die Mitte der 1970er Jahre, hat der inzwischen verstorbene Prokurist Albert Heinrich erbracht. Er vollführte mit seiner ungewöhnlichen Arbeitskraft, die er bis tief in die Nächte strapazierte, die Funktionen der Planung, der Herstellung, der Werbung, des Vertriebes über die Buchhandlungen und der Steuerung der Druckerei in großartiger Weise. So viel wie er hat keiner für den Verlag geleistet. Er war ein Lehrmeister in allen verlagsbuchhändlerischen Fragen für mich.

Ein zweiter Lehrmeister war der Cheflektor Carl Hoeller: ein alterfahrener Jurist von großer Diplomatie und ein treffender Beurteiler von Mitarbeitern und Autoren – und lachen konnte er auch. Unvergessen bleibt zudem der langjährige kaufmännische Leiter Rolf Grillmair (1957 bis 1986), weil er so viel Zeit und Kraft dem Unternehmen gespendet hat.

Großen Dank schuldet das Unternehmen auch den Druckereileitern. Ich erwähne hier nur die nicht mehr Tätigen: In den Aufbaujahren nach dem Krieg bis zum Jahr 1974 regierte Wilhelm Wachter mit großer Umsicht und vorausschauender Planung. Ihm folgte der innovative Rudolf Knapp mit großen Erfolgen beim Bau der Hallen an der Augsburger Straße und ihrer Ausstattung mit leistungsstarken Rotationsmaschinen. Die recht umfangreichen Investitionen gaben Anlass zu gründlichen Gesprächen, die deshalb vertrauensvoll waren, weil sie mit großer Offenheit geführt wurden und zugleich die nötigen Berechnungen zur Stelle waren.

Große Verdienste – auch für den Aufbau der Ost-Verlage und für das elektronische Medium – hat der langjährige Vertriebsleiter Matthias Pflieger (1983 bis 2010).

Auf ganz anderem Felde, dem der Schweitzer Buchhandlungen, haben Klaus Sigmund und Raimund Auer große Aufbauleistungen vollbracht. Die Inhaber und die heutigen Manager erinnern sich an diese «Altgeschäftsführer» mit großer Dankbarkeit.

Mein Dank gilt auch allen anderen Mitarbeitern, die heute in den verschiedenen Bereichen tätig sind. Die leitenden Mitarbeiter wurden in dem Werk «Rechtswissenschaft und Rechtsliteratur im 20. Jahrhundert», herausgegeben von Dietmar Willoweit, S. 1214 ff., mit ihren Tätigkeitsbereichen beschrieben, so dass dies an dieser Stelle nicht wiederholt werden muss. Herausragende Rollen im Unternehmen spielen heute Peter Saßnink als kaufmännischer Leiter, Klaus Weber als Koordinator des juristischen Lektorats, Simon Hohoff als Leiter von beck-online und meine Sekretärin Margarete Lipinski. Ihnen sei an dieser Stelle herzlich für ihren unermüdlichen Einsatz gedankt.

Lange liegt inzwischen die Zeit zurück, als ich viele freundschaftliche Beratungsgespräche mit Klaus Beichel, dem Geschäftsführer des Bayerischen Druckverbandes führte. An sie erinnere ich mich dankbar zurück. Desgleichen an die hilfreichen Treffen mit seinem Schwager Rechtsanwalt Peter Schnelke.

Bis in meine Studienzeit zurück reichte die Freundschaft mit dem zu früh verstorbenen Professor für internationales Privatrecht Andreas Heldrich. Er hat als Präsident des Wissenschaftsrats und später als Rektor der Münchner Universität eine bedeutende Karriere gemacht. Dennoch stand er fast immer zu anregenden Unternehmungen, wie Bergtouren und Mittagessensgesprächen, zur Verfügung und hat dabei interessante Vorschläge und Beurteilungen über Verlagsautoren in die Debatte geworfen.

Ein anderer sehr enger Freund war der viel zu früh verstorbene Rechtsanwalt Hermann Schwanhäuser. Mit ihm konnte ich auf sonntäglichen Bergtouren alle bedrängenden Fragen des Lebens und des Berufs, zumeist mit klärendem Effekt, besprechen.

Hans Ulrich Büchting war nicht nur ein begabter Rechtsanwalt und erfolgreicher Lektor für das gesamte öffentliche Recht, sondern auch einer jener hilfreichen Verwandten, der in Konflikten Gutes für den «Juniorchef» getan hat. Im Jahr 2012 ist er im Alter von 92 Jahren gestorben (siehe Juristen im Portrait, S. 81 ff.).

Und hier ist auch der Platz, zwei meiner aktiven Vettern, mit denen ich hoffentlich noch lange verkehre, zu danken. Andreas von Hase, ein erfahrener, immer hilfreicher Rechtsanwalt, und Roland Büch, der bei Bau- und Architektenthemen immer mit Rat und Tat zur Seite steht.

Bei einem Verlag mit einer 250-jährigen Tradition als Familienunternehmen muss es die Bestrebung der heute aktiven Generation sein, es auch weiterhin in der Familie zu halten. Von den heutigen Inhabern haben Hans Dieter Beck drei Töchter im Studentenalter und von Wolfgang Beck arbeitet sein Sohn Jonathan Beck schon aktiv im Unternehmen mit. Die studierenden Kinder müssen ihre Berufsentscheidungen noch treffen. Sicher ist, dass unser Unternehmen für die kommende Zeit Leitungspersönlichkeiten für die Unternehmensspitze auch von außerhalb gewinnen muss. Dies liegt im Interesse des Unternehmens, aber auch der Beck'schen Familie.

Es bestehen beste Voraussetzungen dafür, dass sich der Verlag C.H. Beck als unabhängiges Unternehmen behaupten kann. Dabei sind seine führende Stellung in der deutschen Rechtswissenschaft und sein rechtzeitiger Einstieg in die elektronische Welt sehr hilfreich. Der Verlag kann die konkurrierenden Medien Print und Online gleichzeitig bedienen. Die Bezogenheit auf Deutschland und die deutsche Sprache bieten Schutz vor der ausländischen Konkurrenz. Inzwischen ist das Unternehmen C.H. Beck auch zu einer stattlichen Größe herangewachsen und man hat organisatorische Erfahrungen und Kompetenzen erworben. Dadurch kann man wohl auch – in Unabhängigkeit – die zukünftigen Herausforderungen bestehen.

Anhang 1

Kaufvertrag über den Erwerb des Verlages von Otto Liebmann vom 12. Dezember 1933

Abschrift.
==================

Vor dem unterzeichneten, zu Berlin W 15, Kurfürstendamm 188/189 wohnhaften Notar im Bezirke des Kammergerichts

Dr. Hans R e i c h

erschienen heute von Person bekannt:

1. der Verlagsbuchhändler Dr.jur.,Dr.rer.pol.h.c. Otto L i e b m a n n zu Berlin-Wilmersdorf, Landhausstrasse 32
2. der Verlagsbuchhändler Dr.phil. Heinrich B e c k zu München, Wilhelmstr.9.

Der Erschienene zu 1 erklärte, dass er alle nachstehenden Erklärungen als alleiniger Inhaber der im Handelsregister eingetragenen Firma "Otto Liebmann", Verlagsbuchhandlung zu Berlin (im folgenden kurz "Verkäufer" genannt) abgebe.

Der Erschienene zu 2 erklärte, dass er alle nachstehenden Erklärungen als alleiniger Inhaber der Firma C.H.Beck'sche Verlagsbuchhandlung Oskar Beck zu München (im folgenden kurz "Käufer" genannt) abgebe.

Nunmehr gaben die Erschienenen den nachstehenden

K a u f v e r t r a g
==================

zu Protokoll:

§ 1

Dr. Otto Liebmann verkauft sein gesamtes Verlagsunternehmen an Käufer nach Massgabe dieses Vertrages. Mitveräussert sind insbesondere die beiden im Verlage Otto Liebmann erscheinenden Zeitschriften "Deutsche Juristenzeitung" und "Deutsches Wohnungs-Archiv". Die Veräusserung umfasst den gesamten Betrieb mit allen zugehörigen Rechten und Pflichten jeder Art, ferner das vorhandene Inventar, die vorhandenen Bestände an Büchern, Zeitschriften, Papier und sonstigem Material.

Der Käufer hat das Recht, die Firma des verkauften Unternehmens unverändert oder mit Veränderungen oder Zusätzen fortzuführen. Der Käufer verpflichtet sich, dafür einzustehen, dass bei der "Deutschen Juristenzeitung" dauernd unter deren Kopf wie bisher folgende Bemerkung angebracht wird: "Begründet am 1.Januar 1896 von Laband-Stenglein-Staub-Liebmann", solange Käufer nicht nachweist, dass dieser Zusatz sich mit der Zukunft der "Deutschen Juristen-Zeitung" nicht mehr verträgt.

§ 2

Der Verkäufer verpflichtet sich, für fünf Jahre in Deutschland keinen neuen juristischen Verlag zu gründen und sich in keinem juristischen Verlag in Deutschland in einer Weise zu betätigen, die dem Käufer eine, wenn auch nur teilweise Konkurrenz machen könnte.

§ 3

Nicht mitveräussert ist das Geschäft der Werkverlag GmbH. (einschliesslich aller dazugehörigen Einrichtungen, Rechte und Bestände), sowie deren Geschäftsanteile. Ebenso sind nicht mitveräussert die Forderungen, welche dem Verlag Otto Liebmann gegen die Werk-Verlag GmbH. oder deren Gesellschafter oder Geschäftsführer zustehen.

§ 4

Nicht mitveräussert sind sämtliche dem Erschienenen zu 1, Dr.Liebmann, gehörenden Privatsachen sowie seine in den Räumen der Firma Otto Liebmann stehende Privatbibliothek einschliesslich einer Anzahl dazugehörender antiquarischer Werke und Herrn Dr.Liebmann gehörender Festschriften.

Der Erschienene zu 1, Dr.Liebmann, hat für seinen eigenen Bedarf Anspruch auf alle von ihm selbst herausgegebenen oder ihm gewidmeten Festschriften in beliebiger Anzahl, ferner auf je zwei Exemplare aller bisher erschienenen Werke jeder Art, die in dem veräusserten Verlag erschienen sind. Er hat ferner Anspruch auf unentgeltliche Lieferung von je zwei Stücken aller Werke und Zeitschriften, die bisher zu dem veräusserten Verlag gehörten und von dem Käufer neu aufgelegt werden. Auf die Erben von Dr.Liebmann überträgt sich dieser Anspruch nicht.

§ 5

Der Kaufpreis für das veräusserte Unternehmen beträgt 250.000.- Feingoldmark. Er ist wie folgt zu entrichten:
a) 100 000.- GM sofort bei Vertragsabschluss, über deren Empfang hiermit quittiert wird,
b) 50 000.- GM am 1.Juli 1934,
c) 50 000.- GM am 1.Januar 1935,
d) 50 000.- GM am 1.Juli 1935.

Käufer ist berechtigt, noch nicht fällige Kaufpreisraten jederzeit ganz oder in Teilbeträgen von mindestens 5 000.- GM vor der Fälligkeit zu zahlen.

Der jeweilige Rest des Kaufpreises ist vierteljährlich postnumerando mit 1% über dem Reichsbankdiskont des abgelaufenen Kalendervierteljahres zu verzinsen.

Bleibt der Käufer mit einer Rate des Restkaufgeldes in Rückstand, so wird nach erfolgloser Fristsetzung der gesamte Restkaufbetrag sofort fällig.

§ 6

Die auf den Kaufpreis etwa entfallende Einkommensteuer nebst Zuschlägen (insbesondere Zuschlag der Veranlagten und Krisensteuer) erstattet Käufer an Verkäufer zur Hälfte, zahlbar in bar bei Fälligkeit der Steuer.

§ 7

Wenn die "Deutsche Juristen-Zeitung" am 1.Juni 1936 mehr als sechstausend zahlende Abonnenten hat, so erhält Dr.Liebmann für jeden zahlenden Abonnenten über die Zahl von sechstausend hinaus eine einmalige Abfindung in folgender Höhe:
a) von 6001 bis 6500 mit je 10.- GM
b) von 6501 bis 7000 mit je 15.- GM

- 2 -

c) von 7001 bis 8000 mit je 20.- GM
d) für die Zahl über 8000 Abonnenten hinaus ist keine Abfindung zu leisten.

Der hiernach auszuzahlende Betrag ist Herrn Dr.Liebmann bis zum 15.Juni 1936 mit Berechnung mitzuteilen und kann von ihm persönlich oder durch einen von ihm beauftragten Bücherrevisor nachgeprüft werden. Der Betrag ist spätestens bis zum 1.Juli 1936 in bar an Dr.Liebmann zu zahlen.

§ 8

Die Übergabe des Geschäftes erfolgt am 15.Dezember 1933.Nutzungen und Lasten des Geschäfts gehen mit diesem Tage auf den Käufer über. Alle am 15.Dezember 1933 vorhandenen Aussenstände des verkauften Unternehmens gehen nicht auf den Käufer über, sondern verbleiben dem Verkäufer.Ebenso gehen die am 15.Dezember 1933 vorhandenen Schulden nicht auf den Käufer über.Vorstehende Regelung wegen der Forderungen und Schulden gilt insbesondere auch für Steuerforderungen und -Schulden.

Bis zum 15.Dezember 1933 werden keine neuen Werke ausgegeben und keine aussergewöhnlichen Verkäufe getätigt.

Abweichend von vorstehender Vereinbarung gilt folgendes:
a) alle vom 25.November 1933 ab entstehenden Ausgaben für die in Arbeit befindlichen neuen Werke einschliesslich der Einbanddecke der "Deutschen Juristen-Zeitung" für den Jahrgang 1933 gehen zu Lasten des Käufers.
b) Alle Einnahmen und Ausgaben für die Jahrgänge 1933 der "Deutschen Juristen-Zeitung" und des "Deutschen Wohnungsarchivs", die bis zum 31.Dezember 1933 entstehen, gehen zugunsten bezw. zu Lasten des Verkäufers.Verkäufer ist nur noch verpflichtet, das Heft der "Deutschen Juristen-Zeitung" vom 15.Dezember 1933 zu redigieren; darüber hinaus braucht er weder für die "Deutsche Juristen-Zeitung" noch für das "Deutsche Wohnungsarchiv" etwas zu veranlassen.

§ 9

Mit der Übergabe des Geschäfts tritt Käufer in alle laufenden Verträge des verkauften Unternehmens mit allen Rechten und Pflichten unter Befreiung des Verkäufers ein. Dies gilt insbesondere für sämtliche Verlagsverträge des verkauften Unternehmens. Verträge, die den Käufer zu grösseren Unternehmungen oder Zahlungen verpflichten,bestehen nicht.

§ 10

Käufer übernimmt sämtliche Angestellten und gewerblichen Arbeiter des verkauften Unternehmens und verpflichtet sich, sie zu den gegenwärtig mit ihnen vereinbarten Vertragsbedingungen mindestens bis zum 30.Juni 1934 zu behalten.Gehälter, Löhne und darauf beruhende Abgaben und Lasten für die übernommenen Angestellten und Arbeiter gehen vom 15.Dezember 1933 ab zu Lasten des Käufers, bis dahin zu Lasten des Verkäufers, der auch die Weihnachtsgratifikationen an die Angestellten und Arbeiter für das Jahr 1933 übernimmt.

Die Rechtsverhältnisse mit dem Prokuristen E b e l regelt der Käufer mit diesem durch einen besonderen Vertrag.

Käufer übernimmt den Sohn des Verkäufers als Angestellten mit einem monatlichen Gehalt von 1 333.30 RM vom 15.Dezember 1933 an bis zum 30.Juni 1934, mit der Massgabe einer der bisherigen entsprechenden Beschäftigung.

§ 11

Käufer ist über die sämtlichen Vorgänge und Schritte wegen der Haltung der Rechtsfront gegenüber der "Deutschen Juristen-Zeitung" und dem verkauften Verlage unterrichtet. Der Verkäufer übernimmt in dieser Beziehung keinerlei Verpflichtungen, Risiko oder Gewähr. Auch im Übrigen geht das verkaufte Unternehmen mit allen verkauften Gegenständen, Rechten und Pflichten so über, wie alles bei der Übergabe steht und liegt.

Alle Zahlungen nach diesem Vertrage verstehen sich in Feingoldmark, und zwar 1 Goldmark = 1/2790 Kilo Feingold, zu berechnen gemäss § 2 der 1.Durchführungsverordnung zum Gesetz über wertbeständige Hypotheken vom 29.Juni 1923 (Reichsgesetzblatt I Seite 482); jedoch ist mindestens der Nennbetrag in Reichsmark zu zahlen.

§ 12

Verkäufer ist berechtigt, die bis zum 15.Dezember 1933 erwachsenen Geschäftsbücher und Geschäftspapiere des verkauften Unternehmens jederzeit selbst oder durch Beauftragte in Berlin einzusehen, soweit dies sein berechtigtes Interesse erfordert.

§ 13

Die durch die Beurkundung dieses Vertrages entstehenden Gebühren und Stempelkosten tragen die Parteien je zur Hälfte. Die Kosten der Löschung oder Umschreibung der verkauften Firma im Handelsregister trägt der Käufer.

Die Erschienenen bitten um je eine Ausfertigung und je zwei einfache Abschriften des Vertrages.

Das Protokoll ist in Gegenwart des Notars vorgelesen, von den Beteiligten genehmigt und von ihnen eigenhändig, wie folgt, unterschrieben:

Dr. Otto Liebmann
Dr. Heinrich Beck
Dr. Hans Reich

Vorstehende, in das Register unter Nummer 52,Jahr 1933 eingetragene Verhandlung wird hiermit für Herrn Dr.Heinrich B e c k zu München, ausgefertigt.

Berlin, den 12.Dezember 1933
gez. Dr.Hans Reich

Sigel.
Notar
im Bezirke des Kammergerichts.

Anhang 2

Spruchkammerentscheidung («Spruch») vom 1. Oktober 1947
betreffend das Entnazifizierungsverfahren gegen Dr. Heinrich Beck

Die Spruchkammer **Urschrift!**

X München

München, den 1.Oktober 1947
Sch/Pr.   (Datum)

Aktenzeichen: X/371/46

Auf Grund des Gesetzes zur Befreiung von Nationalsozialismus und Militarismus vom 5. März 1946 erläßt die Spruchkammer X München

bestehend aus

1. F.W. Schick — als Vorsitzender
2. Heckel — als Beisitzer
3. Pittner — als Beisitzer
4. _____ als Beisitzer
5. _____ als Beisitzer
6. _____ als öffentlicher Kläger
7. _____ als Protokollführer

gegen Dr. Beck Heinrich, Verleger und Buchdruckereibesitzer, geb. 28.2.1889 in Nördlingen, wohnhaft: München 23, Kunigundenstrasse 40.

auf Grund der mündlichen Verhandlung — im schriftlichen Verfahren — folgenden am 1.10.47

Spruch:

Der Betroffene ist: Mitläufer (Gruppe IV)

Es werden ihm folgende Sühnemaßnahmen auferlegt:

1.) Der Betroffene hat einen Betrag in Höhe von RM 500.— (Fünfhundert RM) für den Wiedergutmachungsfonds zu entrichten.

2.) Im Falle der Uneinbringlichkeit tritt an die Stelle von je RM 25,— eine Sonderarbeitsleistung für die Allgemeinheit von je einem Tag.

3.) Die Kosten des Verfahrens gehen zu Lasten des Betroffenen. Streitwert: RM 2.065.000.—

Begründung:
Klageantrag: Einreihung in die Gruppe III der Minderbelasteten vom 29.3.1947.

Staatsarchiv München
SpkA K 102: Beck, Heinrich, Dr.

I. Feststellungen:

a) zu Ungunsten des Betroffenen:
Pg. von 1937, NSV, Reichsschrifttumskammer, Reichskulturkammer, RLB, DAF, Gesellschaft der Freunde der Deutschen Akademie, vorübergehend Fachuntergruppenleiter der Fachschaft Verlag, Inhaber eines bedeutenden Verlagsunternehmens (A M II 10 I).

b) zu Gunsten des Betroffenen:
Kein Aktivismus im Sinne des Art.7, keine Nutzniesserschaft, keine militaristischen Tendenzen. Anwendbarkeit des Art.39 II 4.

II. Einzelheiten:

Die in einem politischen Beurteilungsbogen des Gaupersonalamtes am 23.Mai 1939 (Bl.14) gemachte Angabe, dass der Betroffene auch förderndes Mitglied der SS gewesen sei, wird durch den Betroffenen selbst mit seiner Einlassung vom 21.10.1946 (Bl.26) bestritten. Offensichtlich liegt eine Verwechslung vor, denn nicht der Betroffene war förderndes Mitglied der SS, sondern seine Frau. Letztere sei durch einen jungen Verwandten, der seinerzeit bei einem Reitersturm der SS Dienst leistete und von seiner Einheit verpflichtet worden sei, eine bestimmte Zahl von fördernden Mitgliedern zu werben, zu dieser fördernden Mitgliedschaft überredet worden. Die Zeugin Albertine W e b e r gibt eidesstattlich an, dass ihr von einer fördernden Mitgliedschaft des Betroffenen bei der SS nichts bekannt geworden sei. Als Buchhalterin habe sie sämtliche Beiträge an Vereine, Gesellschaften und sonstige Organisationen für den Betroffenen entrichten müssen bezw. habe sie darüber Buch geführt. (Bl.27) Auf Grund dieser Erklärungen, denen die Glaubwürdigkeit nicht versagt werden kann, konnte die Annahme, der Betroffene habe seine fördernde Mitgliedschaft bei der SS bewusst oder versehentlich verschwiegen, fallen gelassen werden.

Wie schon in der Klageschrift vom 29.3.1947 (Bl.8 u.9) ausgeführt, ist der Betroffene als Alleininhaber eines in Deutschland und im Ausland hoch angesehenen alten Verlagsunternehmens 1937 der Partei beigetreten. Schon die Klage geht von der Feststellung aus, dass nach den zahlreichen vorliegenden unbedenklichen Erklärungen glaubhaft dargetan sei, dass der Betroffene persönlich dem NS ablehnend gegenüberstand. Es sei ausserdem erwiesen, dass der Betroffene zahlreichen jüdischen Autoren des Verlages noch mehrere Jahre nach der sogenannten Machtergreifung und freiwillig laufend Honorare bezahlt habe, um ihnen das weitere Schaffen zu ermöglichen, obwohl die Publikationen dieser Autoren für den Verlag nicht mehr möglich gewesen seien.

Gegen den Betroffenen wird andererseits - gestützt auf ein Vorprüfungsgutachten der Kommission für Kulturschaffende vom 19.11.46 (Bl.16 u.17) - der Vorwurf erhoben, dass mit seiner Duldung in seinem Verlag Bücher faschistischer Autoren, u.a. der Marschälle B a d o g l i o, De B o n o und G r a z i a n i, sowie ein Buch von Vittorio M u s s o l i n i über den Luftkrieg in Abessinien und eine Geschichte der faschistischen Revolution von F a r i n a c c i erschienen seien. Nach Ansicht der Klageseite seien diese Veröffentlichungen als Propaganda für den Faschismus anzusehen, während der Betroffene den Standpunkt vertritt, dass subjektiv bei seiner ganzen Einstellung von einer gewollten Propaganda für den Faschismus nicht die Rede sein könne und objektiv es sich

Staatsarchiv München
SpkA K 102: Beck, Heinrich, Dr.

– 2 –

bei den genannten Büchern lediglich um eine Darstellung der Zeitgeschichte handele, die überdies in der Hauptsache militärwissenschaftlichen Charakter trage und inhaltlich für die deutsche Öffentlichkeit kaum von wesentlichem Interesse und daher auch von keiner propagandistischen Wirkung für den Faschismus gewesen sei.

Auf eine nähere Beleuchtung des Komplexes "S p e n g l e r", dessen Werke im Verlag des Betroffene n verlegt worden sind, konnte verzichtet werden, da schon die Klageseite in den Publikationen Spenglers keine ideologische Unterstützung des NS sieht und auch die Kammer auf Grund der von anderen kompetenten objektiven Stellen eingereichten Gutachten zu der Überzeugung gelangt ist, dass Oskar S p e n g l e r im Gegenteil scharf gegen den NS Stellung genommen hat, sodass es nicht ausblieb, dass seine Werke als missliebig durch die nationalsozialistischen Zensurstellen dem öffentlichen Sortimentsbuchhandel entzogen wurden. Es ist in diesem Zusammenhang auf die sachlichen Gutachten anerkannter und politisch einwandfreier Wissenschaftler (Bl. 86, 87, 88, 89, 90, 91, 95) zu verweisen.

Für die Beurteilung der Verantwortlichkeit des Betroffenen in Bezug auf die Herausgabe angeblicher faschistischer Propagandaliteratur muss zunächst die allgemeine Haltung, die der Betroffene während des Dritten Reiches an den Tag gelegt hat, Berücksichtigung finden. Sein Eintritt in die Partei ist nicht aus innerer Sympathie zur nationalsozialistischen Ideologie erfolgt, sondern kann glaublich als Auswirkung von Massnahmen der Partei betrachtet werden, die sich gerade in diesem kulturellen Sektor als unausweichlicher und lähmender Druck auf das Selbstbestimmungsrecht der Verlagsunternehmungen und deren Inhaber legten. Wie der Betroffene ausführt, sei sein Eintritt in die Partei der Versuch gewesen, die Übergriffe der Partei, die vor allem seine juristische Verlagsabteilung bedrohten, nach Möglichkeit zu neutralisieren. Er habe im Jahre 1933 mit rechtsgültigem, beiderseits freiwillig abgeschlossenem Vertrag den Verlag Otto L i e b m a n n, Berlin käuflich erworben, dessen Hauptobjekt die "Deutsche Juristenzeitung" gewesen sei. Dieses juristische Fachblatt sollte unter der Leitung des von dem Betroffenen eingesetzten entschieden antinationalsozialistischen Herausgebers, des Senatspräsidenten a.D. Dr. Adolf B a u m b a c h, zu einem Sammelpunkt der liberal-konservativen Kräfte des deutschen Juristenstandes werden. Sehr bald seien schwere Angriffe auf die Zeitschrift seitens der Partei erfolgt, es sei die Beschlagnahme eines Heftes durch die Gestapo erwirkt worden und er selbst sei vor den Reichsjuristenführer und Reichsminister Dr. Hans F r a n k zitiert und gezwungen worden, die Zeitschrift unter die Aufsicht des NS-Rechtswahrerbundes zu stellen. Die Kämpfe mit dem Pressechef der deutschen Rechtsfront und dem Klüngel skrupelloser und fanatischer junger Funktionäre seien jedoch nicht abgerissen. Aus taktischen Gründen, vor allem um sich wieder eine grössere Unabhängigkeit gegenüber dem NS-Rechtswahrerbund zu sichern, habe er die deutsche Juristenzeitung eingehen lassen und habe statt dessen dieses Werk in der Form der "Zeitschrift der Akademie für deutsches Recht" fortgeführt. Auch bei Gründung dieses Blattes habe er bedeutende Schwierigkeiten mit Parteileuten zu überwinden gehabt, die ihn als Feind des NS und Reaktionär angesehen und ihm Mangel an Idealismus vorgeworfen hätten.

Staatsarchiv München
SpkA K 102: Beck, Heinrich, Dr.

- 3 -

Auch hinsichtlich eines zweiten Juristenblattes habe er schlechte Erfahrungen machen müssen und sei in ernste Auseinandersetzungen mit Parteifunktionären geraten. (" Deutsche Verwaltungsblätter " - später " Deutsche Verwaltung ").

Für die Richtigkeit der Darstellung des Betroffenen sprechen die Zeugenaussagen (Bl.30, 47, 48, 50). Die allgemeine antinationalsozialistische Haltung des Betroffenen, der als Repräsentant einer bürgerlich-liberalen Weltanschauung zu gelten hat, bestätigen die Zeugenaussagen (Bl.52, 53, 55, 58, 62, 63, 66, 69). Von besonders überzeugender Eindringlichkeit ist die Ansicht des durch das Naziregime in Wien 1938 ums Leben gekommenen bekannten Schriftstellers Egon F r i e d e l l über den Betroffenen, der mit seinem Freund Konrad F ä r b e r über den Betroffenen wiederholt zu sprechen Gelegenheit hatte. (Bl.66) Friedell habe geäussert, er sei fest überzeugt, dass der Betroffene einer der unbedingtesten und innerlich entschlossensten Nazigegner sei und dass wohl nur die Sorge um das Unternehmen, das schliesslich in der ganzen Welt Namen und Ansehen geniesse und weiter wirken solle und wolle, die Veranlassung zu einer äusserlichen Beugung vor der Partei gewesen sein könne.

Die Fürsorge des Betroffenen gegenüber rassisch und politisch Verfolgten, seine tatkräftige Hilfsbereitschaft jüdischen Autoren gegenüber, denen er weitgehende wirtschaftliche Hilfe angedeihen liess (siehe Zeugenaussagen Bl.56,60,64,66,67,68) runden das Bild über den Betroffenen in durchaus entlastender Weise ab und können als Beweis dafür gelten, dass der Betroffene tatsächlich nur äusserlich dem NS angehörte, in seinem privaten und geschäftlichen Wirkungskreis jedoch bemüht war, durch die Tat den NS-Praktiken entgegenzuwirken.

Muss schon bei Berücksichtigung aller vorerwähnten Umstände die Mutmassung ausscheiden, als habe der Betroffene durch die Herausgabe faschistischer Literatur bezw. militärwissenschaftlicher und geschichtlicher Bücher aus dem faschistischen Italien bewusst die Ideologie des Faschismus und die spätere Achsenpolitik der Diktatoren Hitler und Mussolini unterstützen wollen und habe damit vorsätzlich den subjektiven Tatbestand des Artikel 7 erfüllt, so kann auch der objektive Tatbestand im Rahmen des Art.7 bei sachlicher Prüfung der vorgelegten Beweismittel nicht aufrecht erhalten werden. Das am 19.11.46 von der Kommission für Kulturschaffende eingereichte Gutachten ist durch ein Gutachten derselben Kommission vom 11.9.1947 (Bl.105 und 106) ersetzt worden. Inhaltlich bedeutet das letztere Gutachten eine wesentliche Abschwächung des ursprünglich eingenommenen Standpunktes. Zweifellos war es die Absicht der faschistischen Schriftsteller und der faschistischen Geleitwortautoren, die Erfolge des faschistischen Italiens ins rechte Licht zu rücken; die Beachtung der chronologischen Reihenfolge der Herausgabe dieser Bücher im Verlag des Betroffenen ergibt aber bereits die Tatsache, dass objektiv gesehen eine Unterstützung der späteren Achsenpolitik nicht eintreten konnte, weil z.B. im Jahre 1936 - dem Jahre der Herausgabe des Buches von " De B o n o " (Die Vorbereitungen und ersten Operationen zur Eroberung Abessiniens) - eine enge politische Bindung zwischen dem faschistischen Italien und dem nationalsozialistischen Deutschland noch nicht bestand. Die späteren Verlagswerke faschistischer Autoren aus den Jahren 1937, 1938, 1939 bis 1941 fallen allerdings zeitlich in die Periode der allmählich sich gestaltenden Politik der Achse, sind aber - wie aus den Gutachten unbedenklicher Personen, die den Inhalt dieser Werke kennen, hervorgeht - (Bl.86, 87,89,90,91,92,94,96,97,99,100) kaum dazu angetan, als Propaganda

– 4 –

für die Ideen des Faschismus und seines Verbündeten, des NS, in der breiten Öffentlichkeit zu wirken.

Interessante Einzelheiten über das Zustandekommen der Verlagsverträge und die anschliessende redaktionelle Bearbeitung der Originaltexte durch den Verlag des Betroffenen vermitteln die eidesstattlichen Erklärungen der Zeugen Horst Eduard W i e m e r (Bl.96 u.97) und Dr. Gertrud G r o t e (Bl.99 u.100). Auf das Buch von B a d o g l i o über den abessinischen Krieg wurde der Verlag des Betroffenen durch die literarische Agentur Berlin W e g n e r, die Vertreterin der englischen Firma Curtis B r o w n Limited London für Deutschland aufmerksam gemacht. Der italienische Verlag M o n d a d o r i hatte für das bei ihm erschienene Buch von B a d o g l i o alle Übersetzungsrechte an den englischen Verlag Curtis B r o w n abgetreten, sodass erst wegen der Verlagsrechte für Deutschland in London rückgefragt werden musste. Durch die Zeugin Dr. G r o t e, die mit der Durchsicht der Übersetzung des Buches von F a r i n a c c i beauftragt worden war, liess der Betroffene unter dem Vorwand sprachlicher Verbesserungen allen Schwulst und faschistischen Bombast des Autors durch möglichst radikale Kürzungen mildern bezw. ganz ausmerzen und auch sonst durch Streichungen versuchen, den Text auf einen möglichst schlichten Tatsachenbericht zusammenzuziehen, wie es dann auch geschehen ist.

Die Kammer muss die von dem Betroffenen aufgeworfene Frage, ob nicht auch eine Verantwortlichkeit französischer und englischer Verleger vorliegt, von denen ebenfalls diese faschistischen Bücher derselben Autoren herausgegeben worden sind, dahingehend beantworten, dass weder in England, noch in Frankreich, ebensowenig in Amerika eine politische Bewegung die Macht in Händen hielt, die ihrer ganzen Struktur und ihrer Zielsetzung nach zumindestens grosse Ähnlichkeiten mit der faschistischen Diktatur in Italien aufzuweisen hatte. Deshalb war die Gefahr einer Oberflächen – oder Tiefenwirkung in diesen demokratischen Ländern durch die Verbreitung faschistischer Literatur nur minimal, während sie im Dritten Reich ohne Zweifel bestand. Demgegenüber darf aber der Umstand nicht ausser acht gelassen werden, dass die nationalsozialistische Propaganda im 3.Reich sehr selbständigen und autoritären Charakter trug, sodass Importware aus der faschistischen Verwandtschaft, die überdies propagandistische Wirkung vermissen liess, für die bereits nach nationalsozialistischen Begriffen parteipolitisch konsolidierten Verhältnisse in Deutschland als ein zusätzlicher Anreiz weder notwendig war, noch de facto durch die Literatur in Italien als Propaganda für die Politik der Achse besonders brauchbar erschien.

Die Kammer glaubte daher auf Grund der aus der Beweisaufnahme geschöpften Überzeugung auch in diesem Punkte eine Verantwortlichkeit des Betroffenen verneinen und damit den objektiven Tatbestand des Art.7 als nicht erfüllt ansehen zu können. Sie hat aus dem Verhalten des Betroffenen als Verleger den Eindruck gewonnen, dass sich dieser auch während der Zeit des 3.Reiches sehr wohl seiner Pflichten als demokratisch und liberal eingestellter Staatsbürger bewusst geblieben ist und dass er trotz schweren auf ihn ausgeübten Druckes mit Erfolg bestrebt war, seinen Verlag von nationalsozialistischen Einflüssen nach Möglichkeit freizuhalten und damit die Tradition seines international angesehenen Unternehmens im guten überlieferten Sinne hochzuhalten.

Staatsarchiv München
SpkA K 102: Beck, Heinrich, Dr.

- 5 -

Dass der Betroffene bisweilen als Verleger sich in bewusstem Gegensatz zu den Anordnungen der Parteizensur stellte -- unter anderem hat er auch die Schrift S p e n g l e r s " Jahre der Entscheidung " weiterverlegt, die nur als eine unmissverständliche Polemik gegen die Entwicklung im Dritten Reich aufgefasst werden konnte und von den Herren der Partei auch als solche verstanden wurde -- ist durch einwandfreie Zeugen erwiesen.

III. Zusammenfassung:

Nach dem Ergebnis der Beweisaufnahme vermochte der Betroffene die aus der Klage resultierende Rechtsvermutung des Art.10 zu widerlegen. Durch seine formelle Mitgliedschaft bei der Partei, die unter dem Zwang der Verhältnisse und zum Schutze seines Unternehmens zustandekam, hat der Betroffene nicht mehr als nominell am NS teilgenommen, hat ihn nur unwesentlich unterstützt und hat sich auch nicht als Militarist erwiesen. Für das Vorliegen einer Nutzniesserschaft ergaben sich in der Beweisaufnahme keine Anhaltspunkte. Unter Zugrundelegung des Art.12 I verfügte daher die Kammer die Einstufung des Betroffenen in die Gruppe IV der Mitläufer.

Zu einer Heranziehung des Art.11 I Ziff.2 sah sie sich nicht veranlasst. In Würdigung des durch den Betroffenen bewusst als Spitze gegen den NS ausgeübten passiven Widerstandes, der verschiedentlich in den Bereich aktiver Widerstandsleistungen hinüberreicht, hat sich die Kammer bei Festlegung der Sühneleistung nach Art.18 entsprechende Beschränkungen auferlegt, wobei sie dem Umstand Rechnung tragen will, dass die Höhe der Sühneleistung sich nach dem Grade der politischen Mitverantwortlichkeit zu bemessen hat. Durch den sehr hohen Streitwert werden überdies dem Betroffenen erhebliche Gebührenzahlungen auferlegt werden müssen.

Der 1. Vorsitzende:

(S c h i c k)

Der 1. Beisitzer:
gez.: H e c k e l

Der 2. Beisitzer:
gez.: P i t t n e r

Literaturhinweise

Zur grundlegenden Literatur über den Verlag siehe die Übersicht auf S. 15.

II. Konturen des Anfangs

Nördlingen: *G.A. Zipperer*, Nördlingen. Lebenslauf eines schwäbischen Stadt, 1979; *D.H. Voges*, Die Reichsstadt Nördlingen. 12 Kapitel aus ihrer Geschichte, 1988; Die C.H.Beck'sche Buchdruckerei Nördlingen in den Jahren 1945–1979, 1980, S. 1 f. Der Vergleich mit «Kuhschnappel» bei *M. Stolleis*, Der Aquädukt 1763–1988. Ein Almanach aus dem Verlag C.H.Beck, 1988, S. 22 ff. *W.L. Wekhrlin* in seiner Zeitschrift «Das Graue Ungeheuer», 4. Band, 1784 (Ndr. 1976), S. 252 f. **Buchhandel:** *F. Kapp*, Geschichte des Deutschen Buchhandels, Bd. 1, 1886, S. 448 ff. (Frankfurter Messe); *J. Goldfriedrich*, Geschichte des Deutschen Buchhandels, Bd. 2, 1908. S. 136 ff. (Leipziger Messe, Tauschhandel, das Zitat S. 271), Bd. 3, 1909, S. 185 ff. (Nettohandel, Konditionssystem, Nachdrucke); *G. Menz*, Der deutsche Buchhandel, 1925, S. 72 ff. (ab Tauschhandel, das Zitat S. 94 f.); *R. Wittmann*, Geschichte des deutschen Buchhandels, 1999, S. 82 ff. (ab Tauschhandel, das Zitat S. 102); die Anzeige Carl Gottlob Becks von 1775 bei: *B. Hampp*, Wilhelm Ludwig Wekhrlin und Karl Gottlob Beck. Ein Publizist und sein Verleger zur Zeit der Aufklärung, Diplomarbeit der Univ. Eichstätt, 2001, S. 59. Zum Beckschen Antiquariat: Oscar Beck, 1913, S. 39 f.

III. Carl Gottlob, Luise, Carl Heinrich und Catharina Magdalena Beck

Carl Gottlob Beck: *R Schmidt*, Deutsche Buchhändler. Deutsche Buchdrucker, 1912 (Ndr. 1979) S. 35 ff.; *Oscar Beck* 1913, S. 13 ff.; *Heinrich Beck*, 1963, S. 1 ff.; *B. Hampp*, Wilhelm Ludwig Wekhrlin und Carl Gottlob Beck. Ein Publizist und sein Verleger zur Zeit der Aufklärung, Diplomarbeit Univ. Eichstätt, 2001, S. 51 ff., dort S. 56 ff. zu den finanziellen Schwierigkeiten am Ende seines Lebens; der Lagerkatalog Nicolais 1787: *P. Rabe*, Zum Bild des Verlagswesens in Deutschland der Spätaufklärung. Dargestellt an Hand von Friedrich Nicolais Lagerkatalog 1787, in R. Wittmann u. B. Hack (Hg.), Buchhandel und Literatur, 1982, S. 152. **Heinrich Christian Senckenberg:** *R. v. Stintzing, E. Landsberg*, Geschichte der deutschen Rechtswissenschaft, Abt. 3. Halbbd. 1, S. 245 ff.; Halbbd. 2, S. 162 f., 1898 (Ndr. 1978). **Wilhelm Ludwig Wekhrlin:** *J. Mondot*, Nachwort, in: Anselmus Rabiosus Reise durch Oberdeutschland, 1988, S. 135 ff.; *B. Hampp* a. a. O. S. 22 ff. Zu **Carl Gottlob Beck und Wekhrlin:** *B. Hampp* a. a. O. S. 61 ff.; *Carl Gottlob Beck*, Klage gegen Wilhelm Ludwig Wekhrlin, hg. v. J. Mondot, in: E.-P. Wiekenberg (Hg.), Einladung ins 18. Jahrhundert. Ein Almanach aus dem Verlag C.H.Beck, 1988, S. 379 ff. **Zeitschriften der Aufklärung:** *O. Dann*, Die Zeitschriften der deutschen Aufklärungsgesellschaft, in: M. Stolleis (Hg.), Juristische Zeitschriften – die Medien des 18.-20. Jahrhunderts, 1999, S. 1 f.; *R. Stöber*, Deutsche Pressegeschichte, 2. Aufl. 2005, S. 86 ff., zu Wekhrlin dort S. 92. **Georg Gottfried Strelin:** *A. Schwennicke*, «Ohne Steuer kein Staat». Zur Entwicklung und Funktion des Steuerrechts in den Territorien des Heiligen Römischen Reichs (1500–1800), 1996, S. 341 f. **Carl Heinrich Beck:** Oscar Beck 1913, S. 31 ff; Antiquariat: *Heinrich Beck*, 1969, S. 16; Wirtschaft Nördlingens um 1800: *G.A. Zipperer*, Nördlingen. Lebenslauf einer schwäbischen Stadt, 1979, S. 190 ff.- **Catharina Magdalena Beck:**

Oscar Beck 1913, S.33 ff; **Johann Caspar Bluntschli**: *J. P. Arquint*, Bluntschli, Johann Kaspar, in: M. Stolleis (Hg.), Juristen, 1995, S.95 mit weiterer Literatur; zu Johann Caspar Bluntschli (und auch Friedrich Rohmer): *E. Forster*, Johann Caspar Bluntschli, in: G. Kleinheyer, J. Schröder (Hg.), Deutsche und Europäische Juristen aus neun Jahrhunderten, 5. Aufl. 2008, S. 70 f., dort auch zu der Blamage mit Friedrich Rohmer in Zürich. S. 33 ff.; das Zitat zu Georg Friedrich Puchta: *Ernst Landsberg*, Geschichte der deutschen Rechtswissenschaft, Abt. 3, Halbbd. 2, 1910 (Ndr. 1978), S. 439 f.

IV. Märzrevolution und Reichsgründung

H. Lutz, Zwischen Habsburg und Preußen. Deutschland 1815–1866, 1985; *M. Stürmer*, Das ruhelose Reich. Deutschland 1866–1918, 1983. *T. Nipperdey*, Deutsche Geschichte 1866–1918, 2.Bd., 1992, das Zitat S. 202 f. *H. Kessler*, Politische Bewegungen in Nördlingen und dem bayerischen Ries während der Deutschen Revolution 1848/49, 1939.

V. Carl und Eugenie Beck, Ernst Rohmer als Statthalter für die Söhne Carl Becks

Carl Beck: Oscar Beck, Verlagskatalog der C.H.Beck'schen Verlagsbuchhandlung, 1763–1913, 1913, Geschichtliche Einleitung, S. 35 ff.; H. Kessler, Politische Bewegungen in Nördlingen und dem bayerischen Ries während der deutschen Revolution 1848/49, 1939, S. 83, 96, 179, 191 f. (dort die Zitate aus den Akten der Augsburger Regierung), 279. **Volksverein und Nördlingen allgemein:** *H. Kessler* S. 96 ff., 243, 277. **Karl Brater:** *H. Kessler* S. 169 ff.; *A. Sapper* (seine Tochter), Frau Pauline Brater, 1908, auch zu seinen finanziellen Schwierigkeiten nach 1851; *T. Schieder*, Brater, Karl, in: Neue Deutsche Biographie, Bd. 2, S. 538 mit weiterer Literatur. **Blätter für die administrative Praxis:** das Zitat Braters in Bd. 1, S.4; *M. Stolleis*, Geschichte des öffentlichen Rechts in Deutschland, Bd. 2, 1992, S. 285; *C. Doerfert*, Die Zeitschriften des öffentlichen Rechts 1848–1933, in: M. Stolleis (Hg.), Juristische Zeitschriften. Die neuen Medien des 18.–20. Jahrhunderts, 1999, S. 421 ff.; *H. Weber*, Juristische Zeitschriften des Verlages C.H.Beck, 2007, S. 2 ff. **Eugenie Beck:** Oscar Beck 1913, S. 38, 44, 69 ff. **Ernst Rohmer:** *Oscar Beck* a. a. O S. 45 ff.; Artikel: Rohmer, Ernst, in: Neue Deutsche Biographie, Bd. 22, 2005, S. 1 f. **Die Zeitschrift für das Notariat:** Hermann Weber 2007, S. 5 f. **Die juristische Buchproduktion zur Zeit Ernst Rohmers:** *G. Jäger*, Juristischer Verlag, in: G. Jäger u.a. (Hg.), Geschichte des deutschen Buchhandels im 19. und 20. Jahrhundert, Bd. 1, Das Kaiserreich 1870–1918, Teil 1, 2001, S. 486. **Zahlen über Buchproduktion und Sachbereiche des Verlags von Carl Beck bis Ernst Rohmer** nach Durchsicht des Verlagskatalogs 1763–1913 bei *Oscar Beck* 1913, S. 157 ff.

VI. Kaiserreich, Weimarer Republik und Buchhandel

M. Stürmer, Das ruhelose Reich. Deutschland 1866–1918, 1983; *H. Schulze*, Weimar. Deutschland 1917–1933, 1982; *H.A. Winkler*, Weimar 1918–1933, 1993. **«Gründerkrise»:** *T. Nipperdey*, Deutsche Geschichte 1866–1918, Bd.1, 1990, S.283 ff. und *R. Walter*, Wirtschaftsgeschichte, 4.Aufl. 2003, S.105 ff. **Buchhandel bis 1918:** *R. Wittmann*, Geschichte des deutschen Buchhandels, erw. Aufl. 1999, S.257 ff.; *M. Esterwegen, G. Jäger*, Geschichtliche Grundlagen und Entwicklung des Buchhandels im Deutschen Reich bis 1871, in: G. Jäger (Hg.), Geschichte des deutschen Buchhandels im 19. und 20. Jahrhundert, Bd.1, Das Kaiserreich 1870–1918, 2001, S. 17 ff. (auch zur 1. Leserevolution); zum wissenschaftlichen und juristischen Verlag dort *G. Jäger* S.423 ff. und 486 ff. Zu den Ursachen der Stagnation seit 1848: *J. Goldfriedrich*, Geschichte des Deutschen Buchhandels, 4.Bd.; 1913, S.301 ff. und *R. Wittmann* a.a. O. S.257 ff., dort S.265 zur Krönerschen Reform. **Buchhandel in der Weimarer Zeit:** *B. Kastner*, Statistik und Topographie des Verlagswesens, in: E. Fischer, S. Füssel (Hg.), Geschichte des deutschen Buchhandels im 19. und 20. Jahrhundert. Die Weimarer Republik 1918–1933, Teil 1, 2007, S. 341 ff.; *U. Schneider*, Der wissenschaftliche Verlag, in: E. Fischer, S. Füssel a. a. O. S. 379 ff.; zur «Bücherkrise»: *E. Fischer*, Marktorganisation, in: E. Fischer, S. Füssel a. a. O. S. 273 ff., dort S. 274 das Zitat Samuel Fischers.

VII. Oscar Beck

Oscar Beck: *Heinrich Beck* 1963, S. 57 ff.; *W. Zorn*, Lebensbilder aus dem Bayerischen Schwaben, 1966, S. 258 ff. Die juristische Buchproduktion zur Zeit Oscar Becks: *G. Jäger*, wie Lit. zu VIII, dort S. 498 ff. zum Verlag C.H.Beck. **Walter Flex:** *R. Neuß*, Anmerkungen zu Walter Flex, 1992; *H. R. Wahl*, Die Religion des deutschen Nationalsozialismus, 2002, S. 283 ff.; *H. Wagener*, Wandervogel und Flammengel. Walter Flex: Der Wanderer zwischen beiden Welten..., in: T. F. Schneider, H. Wagener (Hg.), Von Richthofen bis Remarque, 2003, S. 17 ff. **Johann Julius Planck:** *Hellmann*, Johann Julius Wilhelm von Planck (Nachruf), in: Deutsche Juristen-Zeitung 1900, S. 409; der Nachdruck des Lehrbuchs 1970 im Keip Verlag Frankfurt am Main. **Otto Fischer:** *H. Kiefner*, Fischer, Otto, Jurist, in: Neue Deutsche Biographie, Bd. 5, 1961, S. 202 f.; *S. Saar*, Zwischen Preußischen Privatrecht und BGB – Otto Fischer (1853–1929), in: Festschrift H. Kollhosser, 2004, Bd. 2, S. 202 f. **Glossatoren und Kommentatoren:** *F. Wieacker*, Privatrechtsgeschichte der Neuzeit, 2. Aufl., 1967, S. 45 ff., 80 ff. (er nennt die Kommentatoren noch Konsiliatoren); *H. Schlosser*, Grundzüge der Neueren Privatrechtsgeschichte, 10. Aufl., 2005, S. 36 ff.; *U. Wesel*, Geschichte des Rechts, 3. Aufl. 2006, S. 317 ff. **Carl Sartorius:** *Heinrich Beck* 1963, S. 165; *M. Stolleis*, Geschichte des öffentlichen Rechts in Deutschland, Bd. 3, 1999, S. 291, dort in Anm. 291 die Unsterblichkeit; *M. Otto*, Sartorius, Carl, in: Neue Deutsche Biographie, Bd. 22, 2005, S. 440 f. **Fritz Stier-Somlo:** *P. Landau*, Juristen jüdischer Herkunft im Kaiserreich und in der Weimarer Republik, in: H. Heinrich, H. Franzki, K. Schmalz, M. Stolleis (Hg.), Deutsche Juristen jüdischer Herkunft, 1993, S. 181

VIII. Schwabing

K. Bäthe, Wer wohnte wo in Schwabing? 1965; *H. Bauer, E. Tworek*, Schwabing. Kunst und Leben um 1900, 1998, darin S. 159 ff. *R. Wittmann*, Verlage in Schwabing; *G. Brauer*, München Schwabing. Ein Zustand, 2010. *G. Fürmetz* (Hg.), Schwabinger Krawalle, 2006.

IX. Heinrich Beck in der Weimarer Republik

1. **Heinrich Beck:** *Heinrich Beck* 1963, S. 167 ff.; *Hans Dieter Beck* 1988, S. 25 ff.; *Wolfgang Beck* 1988, S. XXVI ff. **München 1918/19:** *A. Mitchell*, Revolution in Bayern 1918/19, 1967. **Inflation und Rentenmark:** *R. Walter*, Wirtschaftsgeschichte, 5. Aufl. 2011, S. 161 ff. **Spengler:** *A. M. Kotanek*, Oswald Spengler in seiner Zeit, 1968; *D. Felken*, Oswald Spengler, 1988. *Friedrich Reck*, Tagebuch eines Verzweifelten, 1981 (DIE ANDERE BIBLIOTHEK), S. 6 zur **Ermordung Willi Schmids:** *B. Lahusen*, Um jeden Preis, in: Lettre International, Heft 85, 2009, S. 87 ff.; 1935 erschien von Willi Schmid eine posthume Sammlung seiner Schriften mit einem Beitrag Oswald Spenglers: *Willi Schmid*, Unvollendete Symphonie, 1935. **Schweitzer:** *Heinrich Beck* 1963, S. 115 ff.; der Brief von 1962: Der Aquädukt 1988, S. 524 f.
2. **Friedell:** *W. Lorenz*, Egon Friedell, 1994. **Die juristische Titelproduktion 1919–1933:** *B. Kastner*, Statistik und Topographie des Verlagswesens, in: E. Fischer, S. Füssel (Hg.), Geschichte des deutschen Buchhandels im 19. und 20. Jahrhundert. Die Weimarer Republik 1918–1933, Teil 1, 2007, S. 344. **Fritz van Calker:** Wikipedia, Fritz van Calker. **Glungler:** *M. Stolleis*, Geschichte des öffentlichen Rechts in Deutschland, Bd. 3, 1999,

S. 272 Anm. 169. **Hans Frank:** *Stolleis* a. a. O. S. 288 Anm. 272. Glungler und Frank werden beide genannt im Vorwort des Buchs van Calkers.
3. Schönfelder: *H. Wrobel*, Heinrich Schönfelder. Sammler Deutscher Gesetze (1902–1944), 1947; *J. Wasmuth*, Schönfelder, Deutsche Gesetze, in: D. Willoweit (Hg.), Rechtswissenschaft und Literatur im 20. Jahrhundert, 2007, S. 433 ff. Zu Mazdaznan/Masdasnan: *U. Linse*, Mazdaznan, in: H. Baer u. a. (Hg.), Lexikon neureligiöser Gruppen, Szenen und Weltanschauungen, 2005, Sp. 774 ff. Das Zitat aus der Rezension des Vorsitzenden des Justizprüfungsamts Berlin: *H. David*, Dr. Heinrich Schönfelder, Prüfe dein Wissen, Juristische Wochenschrift 1929, S. 1868 f.; **zur Änderung des juristischen Unterrichts und des Referendarexamens:** *W. Kunkel*, Die Juristenausbildung in der Zeit von 1934–1945, in: Veröffentlichungen des Arbeitskreises für Fragen der Juristenausbildung e.V., Die Ausbildung der deutschen Juristen, 1960, S. 70 f.
4. Der Greif: *C.-A. v. Volborth*, Fabelwesen der Heraldik in Familien und Städtewappen, 1996, S. 42 ff.; *H. Gebhardt, M. Klug*, Von Drachen, Yetis und Vampiren, 2005, S. 78 ff. **Wappen, Heraldik:** *C.-A. v. Volborth*, Heraldik, 1989; *V. V. Filip*, Einführung in die Heraldik, 2000. **Schilde der Germanen:** *Tacitus*, Germania 6.1. **Wappen der Buchdrucker:** *E. Dilba*, Typographie-Lexikon, 2. Aufl. 2008, S. 26 **Druckermarken:** *H. Wendland*, Druckermarke, in: *S. Corsten* u. a. (Hg.), Lexikon des gesamten Buchwesens, Bd. 2, 2. Aufl. 1989, S. 367. **Entwicklung des Markenwesens und Markenschutzes:** *E. Leitherer*, Die Entwicklung des Markenwesens, Diss. 1954, Ndr. 1988; *E. Wadle*, Fabrikzeichenschutz und Markenrecht, 2 Teile, 1977/83 (19. Jh.); *E. Wadle*, Geistiges Eigentum, Bd. 1, 1996. Das Markengesetz von 1995: Schönfelder, Deutsche Gesetze, Nr. 72.

X. Das «Dritte Reich» und der Buchhandel

H.-U. Thamer, Verführung und Gewalt. Deutschland 1933–1945, 1986; *M. Hirsch, D. Majer, J. Meinck*, (Hg.), Recht, Verwaltung und Justiz im Nationalsozialismus, 2. Aufl. 1997; *R. Wittmann*, Geschichte des deutschen Buchhandels, 2. Aufl. 1999, S. 360 ff.

XI. Heinrich Beck im «Dritten Reich»

1. Arisierungen: *H. Genschel*, Die Verdrängung der Juden aus der Wirtschaft im Dritten Reich, 1966; *A. Barkai*, Vom Boykott zur «Entjudung», 1988. **Beiersdorf:** *F. Bajohr*, «Arisierung» in Hamburg, 1998, S. 36 ff. **Adolf Sommerfeld:** *C. Kress*, Frühe «Arisierungen in der Bauindustrie: Adolf Sommerfeld und seine Firmengruppe, in: C. Biggeleben, B. Schreiber, K. J. L. Steiner (Hg.), «Arisierung in Berlin», 2007, S. 151 ff. **Verlag Bensheimer:** *H. Göppinger*, Juristen jüdischer Abstammung im «Dritten Reich», 1990, S. 376 f., *R. Schmidt*, Deutsche Buchhändler, Deutsche Buchdrucker, 1902/1908, Ndr. 1979, S. 376 ff. **Verlag J. Heß:** *Göppinger* a. a. O. S. 376 f.; *Schmidt* a. a. O. S. 435 ff. **Verlag Walther Rothschild:** *Göppinger* a. a. O. S. 381 f.
2. Otto Liebmann: *P. Ebel*, O. Liebmann, in: R. Schmidt (Hg.), Deutsche Buchhändler. Deutsche Buchdrucker, Bd. 4, 1907 (Ndr. 1979), S. 617 f; (wohl O. L. selbst) Liebmann, Otto, in: Reichshandbuch der Deutschen Gesellschaft, Bd. 2, 1930, S. 119 f. **Deutsche Juristen-Zeitung:** *B. Rüthers, M. Schmitt*, Die juristische Fachpresse nach der Machtergreifung der Nationalsozialisten, in: Juristenzeitung 1988, S. 370; *M. Hachenburg*. Lebenserinnerungen eines Rechtsanwalts und Briefe aus der Emigration, 1978 (die Erinnerungen zuerst 1927), S. 134 ff, das Zitat S. 134, zur JW und Julius Magnus S. 136 f. **Liliputausgaben:** *G. Jäger*, Juristischer Verlag, in: G. Jäger u. a. (Hg.), Geschichte des Deutschen Buchhandels im 19. und 20. Jahrhundert. Das Kaiserreich 1870–1918, Teil 1, 2001, S. 487 f.; S. 502 f. zum Liebmann Verlag allgemein. **Systematische Methode der Liebmann'schen Kommentare:** Brief Liebmanns an Ebel im Besitz von Wolfgang Beck («Ebel-Notizen 47», vgl. unten 4.); Staub's Erfindung der systematischen Methode: *H. Heinrichs*, Hermann Staub (1856?-1904), in: H. Heinrichs u. a. (Hg.), Deutsche Juristen

jüdischer Herkunft, 1993, S. 393 f.; Otto Liebmann in der DJZ 1904, Sp. 828. **Adolf Baumbach:** *W. Hefermehl,* Adolf Baumbach, in: Juristen im Portrait, S. 130 ff.; das Zitat Baumbachs in der Deutschen Richterzeitung 1928, Sp. 42 f. **Ernst Strassmann:** *H. R. Sassin,* Liberale im Widerstand. Die Robinsohn-Strassmann-Gruppe 1934–1942, 1993. **Otto Schwarz:** *F. K. Kaul,* Geschichte des Reichsgerichts, Bd. 4, 1933–1945, 1971, S. 292 f.; *Heinrich Beck* 1963, S. 194. **Leo Rosenberg:** *K. H. Schwab,* Leo Rosenberg, in: Juristen im Portrait, S. 650 ff. **Marie Munk:** M. Röwerkamp, Jristinnen, 2005, S. 275 ff. **Tag von Potsdam:** *H.-v. Thamer,* Verführung und Gewalt, Deutschland 1933–1945, 1986, S. 270 ff. **Die Beerdigung Otto Liebmanns:** *H. Göppinger,* Juristen jüdischer Abstammung im «Dritten Reich», 2. Aufl. 1990, S. 375 f.

3. **Kauf des Verlags von Otto Liebmann:** *Heinrich Beck* 1963, S. 170 ff.; *Hans Dieter Beck* 1988, S. 27 f.; *Wolfgang Beck* 1988, S. XXXI f.; *D. Willoweit,* Das Profil des Verlages C.H.Beck im 20. Jahrhundert, in: Rechtswissenschaft und Rechtsliteratur, S. 67 ff.; *C. Busse,* Deutsche juristische Literatur des 20. Jahrhunderts, in: Kritische Justiz 2010, S. 319 ff. **Ullstein-Verlag:** *H. Gerschel,* Die Verdrängung der Juden aus der Wirtschaft im Dritten Reich, 1966, S. 128 Anm. 48a.

4. **Der Verleger im «Dritten Reich»:** *Heinrich Beck* 1963, S. 170 ff.; *Hans Dieter Beck* 1988, S. 27 ff.; *Wolfgang Beck* 1988, S. XXI ff. **Heimito v. Doderer:** *Heinrich Beck* 1963, S. 183, 256 ff. **G. Lenotre:** *Heinrich Beck* 1963, S. 184 f.; *R. Constans,* G. Lenotre, reporter du passé, in: La Nouvelle Revue d'Histoire, 2006, S. 18 ff. **Die Affäre Friedell 1937:** Bundesarchiv Berlin. **Die juristischen Zeitschriften:** *Heinrich Beck* 1963, S. 181, 172 f.; *B. Rüthers, M. Schmitt,* Die juristische Fachpresse nach der Machtergreifung der Nationalsozialisten, in: Juristenzeitung 1988, S. 369 ff., dort S. 370 ff. zur DJZ, S. 372 f. zur JW, S. 374 zum Widerstand bei Heymanns. *H. Göppinger,* Juristen jüdischer Abstammung im «Dritten Reich», 1990, S. 374 ff., ebenfalls zur JW und DJZ; *L. Becker,* Die «Selbstgleichschaltung» juristischer Zeitschriften im Nationalsozialismus, in: M. Stolleis (Hg.), Juristische Zeitschriften, 1999, S. 481 ff.; zu den Beck'schen Zeitschriften zuletzt *C. Busse,* Deutsche juristische Literatur. Annotierte Rezension zweier Beschreibungen aus dem Hause Beck, in: Kritische Justiz 2010, S. 320 ff. **Schriftleitergesetz vom 4.10.33:** *M. Hirsch, D. Majer, J. Meinck* (Hg.), Recht, Verwaltung und Justiz im Nationalsozialismus. 2. Aufl. 1997, S. 229 ff. **Walter Mallmann:** *Heinrich Beck* 1963, S. 182, 195, 201; *W. Schmitt,* Walter Mallmann, in: B. Diestelkamp, M. Stolleis (Hg.), Juristen an der Universität Frankfurt am Main, 1989, S. 306 ff. **Die 52 Bücher zum NS-Recht** nach der Bibliographie des Verlags 1913–1988. **Wolfgang Hefermehl:** SS-Akte im Bundesarchiv Berlin Sign.ZB 5252; zur Behandlung des Feindvermögens: *Stephan H. Lindner,* Das Reichskommissariat für die Behandlung feindlichen Vermögens im Zweiten Weltkrieg, 1991, das Zitat S. 5. Die 3 Artikel zur «Entjudung»: Deutsche Justiz 1938, S. 988 ff; 1938, S. 1981 ff.; 1941, S. 422 f.; im Übrigen: *W. Knopp,* Wolfgang Hefermehl, in: Juristen im Portrait, S. 396 ff.; *P. Ulmer,* Wolfgang Hefermehl (1906–2001), in: S. Grundmann, K. Riesenhuber (Hg.), Deutschsprachige Zivilrechtslehrer in Berichten ihrer Schüler, Bd. 1, 2007, S. 239 ff. **Zu Hans Frank und der Akademie für Deutsches Recht:** *H.-R. Pichinot,* Die Akademie für Deutsches Recht, 1981; *H. Hattenhauer,* Die Akademie für Deutsches Recht (1933–1944), in: Juristische Schulung, 1986, S. 680 ff.

5. **Stuckart, Globke: Alfred Flemming:** *H. Weber,* Alfred Flemming und Walter Lewald, in: Juristen im Portrait, S. 325 ff.; seine Mitgliedschaft in der NSDAP: SA- oder NSSK-Akte Alfred Flemming Bundesarchiv Berlin. **Wilhelm Stuckart:** *E. Klee,* Das Personenlexikon zum Dritten Reich, 2. Aufl. 2007, S. 611 f. **Hans Globke:** *J. Bevers,* Der Mann hinter Adenauer, 2009; *E. Lommatzsch,* Hans Globke (1898–1973). Beamter im Dritten Reich und Staatssekretär Adenauers, 2009 (das bessere Buch); ein scharfer Angriff gegen ihn aus der DDR z. B.: *H.-G. Cheim, A. Kutschke, P. Przybylski,* Globke-Kriegsverbrecher und Verbrecher gegen die Menschlichkeit, in: Neue Justiz, 1960, S. 719 ff. **Otto Schwarz und Rechtsprechung des Reichsgerichts:** *F. K. Kaul,* Geschichte des Reichsgerichts, Bd. 4, 1971, S. 113 f., 326 f.

Palandt: Das Zitat Helmut Heinrichs in Rechtswissenschaft und Literatur im 20. Jahrhundert, S. 397. **Otto Palandt:** *H. Heinrichs*, Palandt-Der Mensch und das Werk, in: Ludwig-Maximilians-Universität München, Verleihung der Ehrendoktorwürde an Herrn Dr. h. c. Helmut Heinrichs, 1988, S. 18 ff.; *H. Wrobel*, Otto Palandt zum Gedächtnis ... in: Kritische Justiz 1982, S. 1 ff.; *E. Barnert*, Von Station zu Station. Anm. zu Otto Palandt (umstr)..., in: myops 1, 2007, S. 56 ff. **Gustav Wilke:** Nachruf (anonym) in «Deutsche Justiz» 1938, S. 799. «Dr. rer. pol. und Dr.»jur» in: *Gustav Wilke*, Gewerblicher Rechtsschutz, 1936, Vahlen Berlin, Vorblatt. **Allgemeine Annahme,** Auftrag zum neuen Kommentar «Wilke/Palandt» 1934: Heinrich Beck 1963, S. 176; Helmut Heinrichs, Palandt – Der Mensch und sein Werk, 1988, S. 21; Helmut Heinrichs, Bernhard Danckelmann, in: Juristen im Portrait, 1988, S. 231; Jan Albers, Wolfgang Lauterbach, Juristen im Portrait, 1988, S. 513; K.W. Slapnicar, Der Wilke, der später Palandt hieß, in: Neue Juristische Wochenschrift, 2000, S. 1694; **besser: «Schnell»** ... «wegen der Hitlerschen Rassengesetze»: Hans Dieter Beck 1988, S. 28. **Loening, Basch, Straßmann 1934:** Bibliographie Verlag C.H.Beck 1913–1988, 1988, S.65. **Vertrag vom 31.8.1935 mit Loening, Basch, Straßmann über 2. Aufl.:** Karl Schröpel, Georg Sund, Erklärung v. 18.7.1946 in der Entnazifizierungsakte Heinrich Beck, Blatt 97. **Tagung der Reichsgruppe Hochschullehrer 3. und 4. Oktober:** H. Göppinger, Juristen jüdischer Abstammung im «Dritten Reich», 1990, S. 154 ff., S. 154 die Erklärung Hans Franks. **Das Datum 6. Dezember 1936 für den mit Wilke u. a. geschlossenen Verlagsvertrag:** Helmut Heinrichs, Palandt, Bürgerliches Gesetzbuch, in: D. Willoweit (Hg.), Rechtswissenschaft und Rechtsliteratur im 20. Jahrhundert, 2007, S. 357 (Danckelmann starb erst 1981). Der **Bericht über den Tod auf der Dienstfahrt:** Akte des Reichsinnenministeriums, Dr. Franz Schlegelberger, Bundesarchiv Berlin, Schlegelberger am 6.8.1938 an Minister Gürtner, S. 192 f., Bundesarchiv Bestandssignatur R/3001, Archivnummer 74179; *A. Wulf*, Staatssekretär Prof. Dr. Dr. h. c. Franz Schlegelberger, 1991, S. 43. Kein Mitglied in der NSDAP: Bundesarchiv Berlin, Mitgliederkartei der NSDAP, kein Eintrag, ebenso Angaben Schlegelbergers zur Ergänzung seines Personalbogens vom 5.8.41, Bundesarchiv Bestandssignatur R/3001, Archivnummer 74179. Die **Suche nach einem Nachfolger:** *K.W. Slapnicar*, Neue Juristische Wochenschrift 2000, S. 1695 Anm. 61. **Alfred Flemming:** *H. Weber*, Alfred Flemming und Walter Lewald, in: Juristen im Portrait, 1988, S. 325 ff. Mitglied der NSDAP seit 1.5.1933: Bundesarchiv Berlin, Mitgliederkartei der NSDAP. **Rechtswahrer:** *C. Schmitz-Berning*, Vokabular des Nationalsozialismus, 2000, S. 530 f. **Guido (von) List:** Deutsche Biographische Enzyklopädie, hg. v. W. Killy und R. Vierhaus, Bd. 6, 2001, S. 424 f. Zu Adolf Schönke siehe die Literaturhinweise bei XX. 15.
6. Andere Verlage im Vergleich: Mohr/Siebeck: *S. Knappenberger-Jans*, Verlagspolitik und Wissenschaft: der Verlag J. C. Mohr (Paul Siebeck) im frühen 20. Jahrhundert, 2001; *U. Schneider*, Der wissenschaftliche Verlag, in: E. Fischer, S. Füssel (Hg.), Geschichte des Deutschen Buchhandels im 19. und 20. Jahrhundert, Bd. 2, Teil 1, 2007, S. 408 f. **Carl Heymann:** *R. Schmidt*, Deutsche Buchhändler. Deutsche Drucker, 1902 (Ndr. 1979), S. 443 ff; *G. Jäger*, Der wissenschaftliche Verlag, in: G. Jäger u. a. (Hg.), Geschichte des Deutschen Buchhandels im 19. und 20. Jahrhundert, Bd. 1, Teil 1, 2001, S. 493 ff. **Franz Vahlen:** *R. Schmidt* a. a. O. S. 501 ff. **Junker und Dünnhaupt:** *Junker und Dünnhaupt:* ein Almanach zum 10-jährigen Bestehen des Junker und Dünnhaupt Verlages, Berlin 1927–1937, 1937. **Hanseatische Verlagsanstalt:** *S. Lokatis*, Die Hanseatische Verlagsanstalt. Politisches Buchmarketing im «Dritten Reich», in: Archiv für die Geschichte des Buchwesens, 1992, S. 1–189.

XII. Westdeutsche Nachkriegszeit und ihr Buchhandel

E. Umlauff, Der Wiederaufbau des Buchhandels. Beiträge zur Geschichte des Büchermarktes in Westdeutschland nach 1949, in: Archiv für die Geschichte des Buchwesens, Bd. 17, 1977/78, S. XVI ff und Sp. 1–1750 (der ganze Band), dort **das Militärregierungsge-**

setz Nr. 191 Sp. 1489 ff. und die **Information Control Regulation No.1** Sp. 1491, jeweils englisch mit deutscher Übersetzung; *B. R. Gruschka,* Der gelenkte Buchmarkt. Die amerikanische Kommunikationspolitik in Bayern und der Aufstieg des Verlages Kurt Desch 1945 bis 1950, in: Archiv für die Geschichte des Buchwesens, Bd. 44, 1995, Sp. 1-182; *R. Wittmann,* Geschichte des deutschen Buchhandels, 1999, S. 392 f., 406 ff. **Die in München 1945/46 lizensierten Verlage,** meistens mit Datum der Lizenz nach *E. Umlauff* Sp.1683 ff., dort auch das von Biederstein, Hanfstaengl und Leibniz Verlag. Zu **Ernst («Putzi») Hanfstaengl** zuletzt *P. Conradi,* Hitlers Klavierspieler. Ernst Hanfstaengl – Vertrauter Hitlers, Verbündeter Roosevelts, 2007. Zum **Verlag Hanfstaengl:** *R. Schmidt,* Deutsche Buchhändler. *Deutsche Drucker,* 1902/1908 (Ndr.1979), S. 300 ff.; *R. Wittmann,* Hundert Jahre Buchkultur in München, 1993, S. 52. **Verlag Oldenbourg:** *R. Schmidt* a. a. O. S. 729 ff.; R. Wittmann (1993) a. a. O. S. 119 f. Der **Parteieintritt Alexander Oldenbourgs:** *B. R. Gruschka* a. a. O. S. 139 Anm. 450. **Manfred Schröter:** Deutsche Biographische Enzyklopädie, Bd. 9, 2001, S. 156, seine Lizenz für den Leibniz Verlag: *E. Umlauff* a. a. O. S. 1691

XIII. Entnazifizierungsverfahren gegen Heinrich Beck

L. Niethammer, Die Mitläuferfabrik. Die Entnazifizierung am Beispiel Bayerns, 1982. C. Vollnhals, Entnazifizierung. Politische Säuberung und Rehabilitierung in den vier Besatzungszonen 1945–1949, 1991. Die Entnazifizierungsakte Heinrich Becks ist im Besitz seiner Söhne Hans Dieter und Wolfgang Beck; sie ist ferner im Staatsarchiv München SpkA K 102: Beck, Heinrich, Dr. Die Einstufung Wilhelm Stuckarts: *L. Müller,* Furchtbare Juristen, 1987, S. 216 f.

XIV. Aufarbeitung von Unrecht des Nationalsozialismus

Adorno: *T. W. Adorno,* Eingriffe, 1965, S. 125. **Zeitschrift RzW:** *H. Weber,* Juristische Zeitschriften des Verlages C.H.Beck, 2007, *S. 39 ff.* **Ernst Féaux:** *E. Klee,* Das Personenlexikon zum 3. Reich, 2. Auflage 2007, S. 145 **Entschädigung:** *Georg Blessin/Hans-Georg Ehrig/Hans Wilden* Bundesentschädigungsgesetze. Kommentar. 3. Aufl. 1960; *Georg Blessin/Hans Gießler* Bundesentschädigungsschlußgesetz. Kommentar. 1967; *Blessin/ Hans Gießler/Hans Wilden* Bundesrückerstattungsgesetz und elfte Verordnung über Ausgleichsleistungen nach dem Lastenausgleichsgesetz. Kommentar. 1958; Die Wiedergutmachung nationalsozialistischen Unrechts durch die Bundesrepublik Deutschland. Gesamtwürdigung in Einzeldarstellungen. Herausgegeben vom Bundesminister der Finanzen in Zusammenarbeit mit Walter Schwarz. Es erschienen sechs Bände ab 1974 und 1985 eine Schlußbetrachtung von Walter Schwarz.

XV. Berliner Niederlassung und Nördlinger Druckerei nach 1945

A. Heinrich, Die C.H.Beck'sche Buchdruckerei Nördlingen in den Jahren 1945 bis 1979, 1980, S. 1 ff.; *E. Dilba,* Typographie –Lexikon, 2. Aufl. 2008.

XVI. Biederstein Verlag

1. *Heinrich Beck* 1963, S. 189 f.; *Gustav End,* Grenzgang-Kreuzzwang, in: H. Proebst, K. Ude (Hg.), Denk ich an München, 1966, S. 286 ff.; *o. Verf.,* Gustav End zum 70. Geburtstag am 25.11.1970, C.H.Beck 1970; *Hans Dieter Beck* 1980, S. 40 f.; *M. Wegner,* Bayerisch und galant. Buchimperiums-Außenminister: Zum Tode von Gustav End, Frankfurter Allgemeine Zeitung 28.4.1994, S. 38; *A. Heinrich,* Gustav End †: Ein Wort des Dankes, in: Neue Juristisches Wochenschrift 1994, S. 1849 f.; Deutsche Biographische Enzyklopädie, Bd. 3, 2001, S. 107. *Deutsche Buch-Gemeinschaft,* Das Buch stiftet Gemeinschaft. Herausgege-

ben im April 1964 zum vierzigjährigen Bestehen, 1964; *Deutsche Buch-Gemeinschaft*, 50 Jahre Deutsche Buch-Gemeinschaft, 1974.

2. Der Teilnachdruck des Palandt wird erwähnt von *J. Albers*, Wolfgang Lauterbach, in: Juristen im Portrait, S. 515. **Carl Hoeller:** *Hans Dieter Beck* 1988, S. 68 ff.

3. *A. Flemming*, Aus der Gründungsgeschichte der NJW, NJW 1987, S. 2653 ff.; *H. Weber*, Juristische Zeitschriften des Verlags C.H.Beck. Von den Anfängen im 19. Jahrhundert bis zum Zeitalter der elektronischen Medien, 2007, S. 15 ff.

4. **Sonderausgabe des Palandt:** *J. Albers*, Wolfgang Lauterbach, in: Juristen im Portrait, S. 514. **Edmund Mezger:** *K. v. Jan*, Juristen im Portrait, S. 561 ff. einerseits, *E. Klee*, Das Personenlexikon zum Dritten Reich, 2. Aufl. 2007, S. 409 f. andererseits. Vgl. auch noch *R. v. Hippel*, Moderne Wege der Strafrechtsdogmatik. Ergänzende Bemerkungen zum Lehrbuch des Strafrechts in seiner 3. Aufl. (1949), 1950. Besuch Gustav Ends beim Übersetzer von Nikolai Leskow: *J. v. Guenther*, Der junge Siebziger, in: *o. Verf.*, Für Gustav End zum 70. Geburtstag am 25.11.1970, 1970, S. 20 ff.

5. Der Nachruf in der Frankfurter Allgemeinen vom 28. April 1994, S. 38.

XVII. Bauarbeiten in München und in der Nördlinger Druckerei

Roderich Fick: am besten der kleine Begleittext zu einer Ausstellung über ihn in Herrsching/Ammersee 2007, 158 Seiten, mit vielen Dokumenten und Abbildungen, wohl nur zu erhalten über das Archiv der Gemeinde Herrsching, «Roderich Fick. Baumeister in Herrsching» mit Beiträgen von Friederike Orth (seine Tochter), Friederike Hellerer (Leiterin des Archivs) und Thomas Harant, Dipl.Ing., Architekt. Bezeichnung als NS-Aktivist: *H. Weihsmann*, Bauen unterm Hakenkreuz, 1998, implizit an vielen Stellen, vgl. Index; *E. Klee*, Das Kulturlexikon zum Dritten Reich, 2007, S. 151; *M. Krauss*, Rechte Karrieren in München, 2010. Zur «Gottbegnadetenliste»: *O. Rauskolb*, Führertreu und gottbegnadet, 1991 (nicht zu Architekten). Zu **Bautätigkeit und Druckerei:** *A. Heinrich*, Die C.H.Beck'sche Buchdruckerei Nördlingen 1945 bis 1979 (auch zum Verlag); vgl. noch *Heinrich Beck* 1963, das Zitat dort S. 191; Zur **Umstellung von Fraktur und Antiqua** bei Beck: *A. Heinrich* a. a. O. S. 49, zum Führerbefehl 1941: *F. Beck*, «Schwabacher Judenlettern». Schriftenverruf im Dritten Reich, in: Die Kunst das Vernetzens, Festschrift für Wolfgang Hempel, hg. v. B. Brachmann u. a., 2006, S. 251 ff.

XVIII. Die Bundesrepublik und ihr Buchhandel

Allgemeine Geschichte: *M. Görtemaker*, Geschichte der Bundesrepublik Deutschland, 1999; *derselbe* Die Berliner Republik. Wiedervereinigung und Neuorientierung 2009. **Wirtschaft:** *W. Abelshauser*, Deutsche Wirtschaftsgeschichte seit 1945, 2004; *E. Pies*, Löhne und Preise von 1300 bis 2000, 6. Aufl. 2008. **Buchhandel:** *R. Wittmann*, Geschichte des deutschen Buchhandels, 3. Aufl. 2011, S. 392 ff.; die Zahlen für die Neuerscheinungen/Erstauflagen der Bundesrepublik nach den Angaben der Veröffentlichung «Buch und Buchhandel in Zahlen» des Börsenvereins des deutschen Buchhandels jeweils im folgenden Jahr. Die juristischen Verlage mit ihren lieferbaren Titeln nach ihren Internetseiten, meistens unter ARSV (Arbeitsgemeinschaft der rechts- und staatswissenschaftlichen Verlage, http://www.juristische-verlage.de). Die von C.H.Beck aus dem Verlag.

XIX: Heinrich Beck in der Bundesrepublik

1. *Heinrich Beck* 1963, S. 256 ff.; *Hans Dieter Beck* 1988, S. 39 ff.
2. Die Zahlen entweder schon genannt oder errechnet nach der Bibliographie von 1988.
3. *Hermann Weber*, Juristische Zeitschriften des Verlages C.H.Beck, 2007, S. 27 ff., dort die Zitate S. 37 und 66; die Entscheidung des BGH zur NJW als «allgemein verwendete

Wochenschrift» NJW 1979, S. 877. *Uwe Diederichsen:* NJW 1988, S. 1. Dessen Nietzsche Zitat: *U. Diederichsen,* Die BGB-Klausur, 1970, S. 173. Die Zahl der Entscheidungen in JR, JZ, MDR und NJW nach den Registern der Zeitschriften von 1970. Die Rechtssoziologie zum Wachsen des Rechtsstoffs, Gesetzes- und Prozessflut z. B. *M. Rehbinder,* Rechtssoziologie, 7. Aufl. 2009, Rdz. 89 f.; 144, 159, dort Rdz. 90 Anm. 76 das Zitat von Alexander Hollerbach.
4. Hans Dieter Beck, 1988, S. 30 f.; A. Heinrich 1980, S. 63 ff.
5. **Neues Bereicherungsrecht:** *E. v. Caemmerer,* Bereicherung und unerlaubte Handlung, in: Festschrift Ernst Rabel, 1954, S. 333 ff.; BGHZ 40.272 (Elektroherdfall, 1963); **Palandt/Thomas,** BGB, 29. Aufl. 1970, Einf. 1 vor §812; Pomponius Digesten 12.6.14; Palandt/Thomas, BGB, 31. Aufl. 1972, §812 Anm. 1; **Baumbach/Lauterbach:** *J. Albers,* Wolfgang Lauterbach, in: Juristen im Portrait, 1988, S. 514. **Böhle-Stamschräder:** *W. Uhlenbruck,* Aloys Böhle-Stamschräder, in: Juristen im Portrait, 1988, S. 182 ff. **Konrad Duden:** *H.-M. Pawlowski, G. Wiese, G. Wüst* in der Festschrift für Konrad Duden, 1977, S.Vff.; *H. Rowedder,* Konrad Duden, in: Juristen im Portrait S. 270 ff. **Thomas/Putzo:** *K. Reichold,* Thomas/Putzo, Zivilprozessordnung, in: D. Willoweit (Hg.) a. a. O. S. 755 ff.
6. **Otto Schwarz:** *C. Kirchner,* Reichsgerichtsrat a. D. Dr. Otto Schwarz (Nachruf), in: NJW 1960, S. 521 f.; *H. Tröndle,* Schwarz/Dreher/Tröndle/Fischer, Strafgesetzbuch, in: D. Willoweit (Hg.), Rechtswissenschaft und Rechtsliteratur im 20. Jahrhundert, 2007, S. 838 ff. **Eduard Dreher:** *J. Müller,* Furchtbare Juristen, 1987, S. 214 ff.; *Karl Lackner,* Eduard Dreher, in: Juristen im Portrait, S. 261 ff.; **Dreher/Maassen:** *Hans Dieter Beck,* 1988, S. 33.
7. **Maunz:** *P. Lerche,* Theodor Maunz in: Juristen im Portrait, S. 553 ff., der Aufsatz von *K. Redeker,* Bewältigung der Vergangenheit als Aufgabe der Justiz, NJW 1964, S. 1097 ff.; zur Arbeit für Gerhard Frey: *M. Stolleis,* Theodor Maunz. Ein Staatsrechtslehrerleben, Kritische Justiz, 1993, S. 393 ff. **Dürig:** *H.-U. Büchting,* in: Juristen im Portrait, S. 280 ff.; Dürig als Architekt: *P. Lerche,* Günter Dürig als Architekt, in: Peter Lerche u. a., Zum Gedenken an Prof. Dr. iur. Günter Dürig (1920–1996), 1999, S. 1 ff., im Übrigen mündliche Auskünfte von Dieter Burneleit, Ingo von Münch und Walter Rudolf. **Maunz/Dürig:** *P. Lerche,* Maunz/Dürig, in: Rechtswissenschaft und Rechtsliteratur S. 109 ff. **Folter im Rechtsstaat:** zur «Isolationsfolter» der RAF z. B. *S. Cobler,* Die Gefahr geht von den Menschen aus, 1976, S. 100 ff.; die Beschlüsse des BGH und BVerfG: BGH NJW 76.III und BVerGE 41.246. Eine sehr gute und genaue Beschreibung der Folterdiskussion von Ernst Albrecht bis Matthias Herdegen mit dem Fall Daschner: *J. P. Reemtsma,* Folter im Rechtsstaat?, 2005. Die beiden Aufsätze von Brugger in: Der Staat 1996, S. 67 ff. und JZ 2000. 165 ff. Matthias Herdegen zuletzt: Maunz/Dürig, 2005, Art. 1 Abs. 1, Rdz. 43 ff., noch einmal 2006, Rdz. 90. Das Urteil gegen Wolfgang Daschner: LG Frankfurt/Main, NJW 2005, S. 692 ff. Im Übrigen: *E.-W. Böckenförde,* Die Menschenwürde war unantastbar, FAZ 3.9.2003, S. 33 und 35. **Die drei anderen Kommentare zu Herdegen/Brugger:** *C. Starck* in: von Mangoldt/Klein, 6. Aufl. 2010, Art. 1 Abs. 1, Rdz. 79; *H. Dreier* in: Dreier, 2. Aufl. 2004, Art. 1 Abs. 1, Rdz. 133 unter Hinweis auf seinen Schüler Fabian Wittreck in Anm. 437; *P. Kunig* in: von Münch/Kunig, 6. Aufl. 2011, Art. 1, Rdz. 36 «Folterverbot».
8. a) **Grüne Lehrbücher: Ernst Forsthoff:** *H. Schneider,* Ernst Forsthoff: 70 Jahre, in: Neue Juristische Wochenschrift, 1972, S. 1654; *K. Doehring,* Ernst Forsthoff, in: Juristen im Portrait, S. 341 ff.; *H. Quaritsch,* Erinnerung an Ernst Forsthoff, in: Neue Juristische Wochenschrift, 1974, S. 2120; *G. Mauz,* Ernst Forsthoff und andere, in: K. Korino, E. Jaeckel (Hg.), Intellektuelle im Bann des Nationalsozialismus, 1980, S. 193 ff.; S. 197 f. der Hinweis auf Artikel im «Deutschen Adelsblatt»; *M. Stolleis,* Verwaltungswissenschaft in der Bundesrepublik Deutschland, in: D. Simon (Hg.), Rechtswissenschaft in der Bonner Republik, 1994, S. 235; *F. Hermann,* Forsthoff, Ernst, in: *M. Stolleis* (Hg.), Juristen, 1995, S. 212; *B. Rüthers,* Überlebende und überlebte Vergangenheit, in: myops, 2008, S. 67 ff.; *F. Meinel,* Der Jurist der industriellen Gesellschaft. Ernst Forsthoff und seine Zeit, 2011; *M. Stolleis,* Geschichte des öffentlichen Rechts in Deutschland, 4. Band, 2012, S. 178 ff.

Karl Larenz: *U Diederichsen,* Karl Larenz, in: Juristen im Portrait, S. 495 ff., das Zitat S. 509; *C.-W. Canaris,* Karl Larenz (Nachruf), in: Juristenzeitung 1993, S. 404 ff., *H. Köhler,* Karl Larenz (Nachruf), in: Versicherungsrecht 1993, S. 420 f.; *R. Dreier,* Karl Larenz über seine Haltung im «Dritten Reich», in: Juristenzeitung 1993, S. 454 ff. (Larenz' Brief an Dreier von 1987); *H. H. Jakobs,* Karl Larenz und der Nationalsozialismus, in: Juristenzeitung 1993, S. 805 ff.; *J. Prölss,* Erwiderung auf Jacob's Beitrag zu Karl Larenz, in: Juristenzeitung 1994, S. 33 f.; *H. H. Jakobs,* Schlusswort, in: Juristenzeitung 1994, S. 34; *R. Frassek,* Von der «völkischen Lebensordnung» zum Recht. Die Umsetzung weltanschaulicher Programmatik in den schuldrechtlichen Schriften von Karl Larenz (1903–1993), 1996; *B. Rüthers,* Die unbegrenzte Auslegung, 5. Aufl. 1997, S. 123 ff.; *R. Frassek,* Karl Larenz (1903–1993)-Privatrechtler im Nationalsozialismus und im Nachkriegsdeutschland, in: Juristische Schulung 1998, S. 296 ff.; *E. Klee,* Das Personenlexikon zum Dritten Reich, 2. Aufl. 2007, S. 358; *B. Hüpers,* Karl Larenz – Methodenlehre und Philosophie des Rechts in Geschichte und Gegenwart, 2010, das «krasse» Urteil S. 269; *C.-W. Canaris,* Karl Larenz, in: K. Riesenhuber, S. Grundmann (Hg.), Deutschsprachige Zivilrechtslehrer in Berichten ihrer Schüler ..., Band 2, 2010, S. 264 ff.; *B. Rüthers,* Personenbilder und Geschichtsbilder – Wege zur Umdeutung der Geschichte. Anmerkungen zu einem Larenz-Portrait, in: Juristenzeitung 2011, S. 593 ff.; das erste Zitat von Larenz 1935 bei Canaris: Karl Larenz, Rechtsperson und subjektives Recht, 1935, S. 21, das zweite Zitat S. 22, vgl. das Parteiprogramm der NSDAP von 1920 bei *K. Pätzold, M. Weißbecker,* Geschichte der NSDAP 1920 bis 1945, 3. Aufl. 2009, S. 46 ff., Punkt 4 und 5 auf S. 46; *C.-W. Canaris,* «Falsches Geschichtsbild von der Rechtsperversion im Nationalsozialismus» durch ein Portrait von Karl Larenz? in: Juristenzeitung 2011, S. 879 ff.; *B. Rüthers,* Die Risiken selektiven Erinnerns-Antwort an C.-W. Canaris, in: Juristenzeitung 2011, S. 1149 ff.; *D. Simon,* Des Teufels Advokat, in: myops 12,2011, S. 65 ff.; *H. H. Jacobs,* Sehr geehrter Herr Canaris, in: myops 14, 2012, S. 6 ff.; *J. Kaube,* Der Fremde als Gast im Zivilrecht, in: Frankfurter Allgemeine Zeitung 11. April 2012, Seite N3 («Geisteswissenschaften»). **Fritz Baur:** *H. Schultze-v. Lasaulx,* Vergleichende Rezension, in: Juristenzeitung 1963, S. 612 ff.; *M. Wolf,* Fritz Baur, in: Juristen im Portrait, S. 139 ff.; *U. Diederichsen, W. Grunsky, R. Stürmer, H. P. Westermann,* zum Gedenken an Prof. Dr. iur. Fritz Baur, 1994; *A. Thier,* Sachenrecht, in: Rechtswissenschaft und Rechtsliteratur, S. 264 ff.; Reichserbhofgesetz: *M. Hirsch, D. Majer, J. Meinck,* Recht, Verwaltung und Justiz im Nationalsozialismus, 2. Aufl. 1997, S. 388 f. **Heinrich Lange:** *D. Leipold,* Erbrecht, in: Rechtswissenschaft und Rechtsliteratur S. 357 ff. **Joachim Gernhuber:** *D. Schwab,* Familienrecht, in: Rechtswissenschaft und Rechtsliteratur, S. 332 ff.; *U. W.,* Der Gang nach Karlsruhe, 2004, S. 151 ff.

b) Kurz-Lehrbücher: Theodor Maunz (Konrad Hesse, Ekkehart Stein): *W. Pauly,* Verfassungs- und Verfassungsprozeßrecht, in: Rechtswissenschaft und Rechtsliteratur, S. 922 f; *M. Stolleis,* Geschichte des öffentlichen Rechts in Deutschland, 4. Band 2012, S. 488 ff. **Günther Beitzke:** *F. Gamillscheg,* Günther Beitzke, in: Juristen im Portrait, S. 147 ff., das Zitat S. 154; *D. Schwab,* Familienrecht, in: Rechtswissenschaft und Rechtsliteratur, S. 330 ff., das Zitat S. 331. **Friedrich Lent:** *W. Habscheid,* Friedrich Lent, in: Juristen im Portrait, S. 521 ff. **Erich Molitor:** *H. Schlosser,* Molitor, Erich, in: Neue Deutsche Biographie, Band 17, 1997, S. 726 f. **Heinrich Lange:** *K. Kuchinke,* Heinrich Lange (Nachruf), in: Neue Juristische Wochenschrift, 1978, S. 309; *E. Klee,* Das Personenlexikon zum Dritten Reich, 2. Aufl. 2007, S. 356. Der Begriffshimmel: *Rudolf v. Jhering,* Scherz und Ernst in der Jurisprudenz, 1884, Überschrift der 3. Abteilung, auch in späteren Auflagen. Die «Crux» bei *F. Wieacker,* Privatrechtsgeschichte der Neuzeit, 2. Aufl. 1967, S. 488; zum Problem des Allgemeinen Teils: *U. Diederichsen,* Allgemeiner Teil des BGB, in: Rechtswissenschaft und Rechtsliteratur, S. 93 f., zum Buch von H. Lange S. 94 f. **Horst Bartholomeyczik:** *W. Harms,* Horst Batholomeyczik (Nachruf), in: Neue Juristische Wochenschrift 1975, S. 1550; *E. Klee,* Das Personenlexikon des Dritten Reichs, 2. Aufl. 2007, S. 29; *I. Heinemann,* «Rasse, Siedlung, deutsches Blut». Das Rasse- und Siedlungshauptamt der SS und die rassenpolitische Neuordnung Europas, 2. Aufl. 2003, S. 135 (dort die Meldung vom Dezember

1940), 150 Anm. 75/610; zum Bodenamt in Prag S. 131 ff. **Hans Julius Wolff:** *M. Kriele,* Hans J. Wolff, in: Juristen im Portrait, S. 694 ff.; *derselbe,* Hans J. Wolff (Nachruf), in: Neue Juristische Wochenschrift, 1977, S. 28 f. *U. Battis,* Ein deutscher Staatsrechtler in der NS-Zeit, in: Neue Juristische Wochenschrift, 1939, S. 884 f.; *M. Stolleis* a. a. O. 3. Band, 1999, S. 266, und 4. Band, 2012, S. 184 f.; *A. Voßkuhle,* Allgemeines Verwaltungs- und Verwaltungsprozeßrecht, in: Rechtswissenschaft und Rechtsliteratur, S. 957 f.; Zur Auslandsorganisation der NSDAP allgemein: *V. Koop,* Hitlers fünfte Kolonne, 2009.
9. Rechtsgeschichte: Paul Koschaker: *G. Ries,* Koschaker, Paul, in: Neue deutsche Biographie, Bd. 12, 1980, Sp. 608 ff.; Churchils Rede: *G. Brunn,* Die europäische Einigung, 3. Aufl. 2009, S. 7 ff., Europarat, dort S. 51 ff. **William Seagle:** Kritik aus der Rechtsanthropologie z. B. *E. A. Hoebel,* Rezension Seagle, in: American Anthropologist, 1942, S. 141 ff. **Max Kaser:** die beste Beschreibung seines Hauptwerks ist wohl: *T. Giaro,* Max Kaser (1906–1997), in: Rechtshistorisches Journal Bd. 16, 1997, S. 231–357.

XX. Hans Dieter Beck in der Bonner Republik

1. Hans Dieter Beck: *Hans Dieter Beck* 1988, S. 41; *H. D. Beck,* Neue Entwicklungen des Verlagsunternehmens, in: Rechtswissenschaft und Literatur, S. 1192 ff.; *H. D. Beck,* Verlagserwerbungen, in: Rechtswissenschaft und Rechtsliteratur, S. 1202 ff.
2. Vahlen: Allgemein *R. Schmidt,* Deutsche Buchhändler. Deutsche Buchdrucker, 2. Bd. 1903, Ndr. 1979, S. 351; *Hans Dieter Beck* 1988, S. 41. **Walter Blümich:** *M. Friedenberger,* Walter Blümich, in: M. Friedenberger, K.-D. Gössel, E. Schönknecht (Hg.), Die Reichsfinanzverwaltung im Nationalsozialismus, 2002, S. 260 ff.; *M. Friedenberger,* Fiskalische Ausplünderung, 2008, S. 19, 42, 159, 162 ff., 171, 321, 351 f., 385. **Franz Schlegelberger:** *M. Förster,* Jurist im Dienst des Unrechts. Leben und Werk des ehemaligen Staatssekretärs im Reichsjustizministerium Franz Schlegelberger, (1876–1970), 1995; *L. M. Peschel-Gutzeit* (Hg.), Das Nürnberger Juristen-Urteil von 1947, 1996. **Günter Wöhe:** Nachruf in: Börsen-Zeitung, 4.1.2008, S. 7; Der Spiegel, 14.1.2008, S. 142; *D. Gräbner,* «Der Wöhe» macht ihn unvergessen, Saarbrücker Zeitung, 23.2.2008, Spezial/Momente West.
3. und 4. Münchener Kommentare: *Hans Dieter Beck* 1988, S. 44 ff.; *U. Diederichsen,* Münchener Kommentar zum BGB, in: Rechtswissenschaft und Rechtsliteratur, S. 109 ff.; *F. J. Säcker,* Münchener Kommentar zum BGB, in: Rechtswissenschaft und Rechtsliteratur S. 405 ff.
5. Eine Million BGB-Texte im dtv: Abendzeitung München 17.11.1976, Seite 6. **Othmar Jauernig:** H.-B. Kim, W. Marschall v. Bieberstein (Hg.), Zivilrechtslehrer deutscher Sprache, 1988, S. 182.
6. Soziales Mietrecht: *U. W.,* Geschichte des Rechts, 3. Aufl. 2006, S. 471 f., S. 577. **Wolfgang Schmidt-Futterer:** *H. Blank,* Wolfgang Schmidt-Futterer, in: Juristen im Portrait, S. 657 f. **Arztrecht allgemein:** *T. Riegger,* Die historische Entwicklung der Arzthaftung, Diss. Hamburg, 2007, S. 152 ff. **Adolf Laufs:** *B.-R. Kern,* Prof. Dr. iur. Dr. iur. h. c. Adolf Laufs zum 70. Geburtstag, in: Medizinrecht, Jg. 2005, S. 621; Festschrift Adolf Laufs, 2006, S. V ff. **Nichteheliche Lebensgemeinschaft,** Entwicklung: *C. Schreiber,* Die nichteheliche Lebensgemeinschaft, 1995, S. 6 ff.; *U. W.* Geschichte des Rechts, 3. Aufl. 2006, S. 573. **Siegfried de Witt und Johann-Friedrich Huffmann:** mündliche Auskunft von Johann-Friedrich Huffmann, Berlin. **Murad Ferid:** *H. J. Sonnenberger,* Murad Ferid, in: Juristen im Portrait, S. 311; *P. Lichtenberger,* Murad Ferid zum 90. Geburtstag, in: Neue Juristische Wochenschrift, 1998, S. 1129; *derselbe,* Nachruf auf Murad Ferid, in: Neue Juristische Wochenschrift 1999, S. 196. **Karl Firsching:** *D. Henrich,* Karl Firsching, in: Juristen im Portrait, S. 321 ff.; *H.-B. Kim, W. Marschall v. Bieberstein* a. a. O. (oben Nr.6), S. 96 f.
7. Zum Wettbewerbs- und Immaterialgüterrecht: *H. Köhler,* Lauterkeitsrecht, und *U. Loewenheim,* Immaterialgüterrecht, in: Rechtswissenschaft und Rechtsliteratur, S. 529 ff. und S. 551 ff.

8. Otto Rudolf Kissel: *W. Hiersemann,* Neuer Präsident des BAG: Dr. Otto Rudolf Kissel, in: Neue Juristische Wochenschrift, 1981, S. 1084 f.; *H. Wißmann,* Otto Rudolf Kissel zum 75. Geburtstag, in: Neue Zeitschrift zum Arbeitsrecht, 2004, S. 30.
9. Handbücher: *D. Willoweit,* Juristische Literatur des 20. Jahrhunderts, in: Rechtswissenschaft und Rechtsliteratur, S. 54 ff. **Römische Kauklasjurisprudenz:** *F. Wieacker,* Römische Rechtsgeschichte, 1. Abschnitt, 1988, S. 570. **Formularsammlungen im Mittelalter:** *G. Schmitz,* Formel, Formulare, Formelsammlung, in: Handwörterbuch zur deutschen Rechtsgeschichte, Bd. 1, 2. Auflage, 2008, Sp. 1616 ff.
10. Arbeitsrecht: Günter Schaub: *P. Hanau,* Dr. h. c. Günter Schaub, in: Neue Zeitschrift für Arbeitsrecht (NZA) 1994, S. 741 f.; *M. Schlachter, R. Ascheid, H.-J. Friedrich,* Geleitwort, in: dieselben (Hg.), Festschrift für Günter Schaub, 1998, S. VII f.; *M. Schlachter,* Dr. h. c. Günter Schaub zum 70. Geburtstag, in: NZA 2003, S. 32; *P. Hanau,* Ein Leben für das Arbeitsrecht – Günter Schaub zum 70. Geburtstag, in NZA 2003, S. 122; *M. Schlachter,* Dr. h. c. Günter Schaub zum 75. Geburtstag, in: NZA 2008, S. 29. **Reinhard Richardi:** *ohne Verfasser,* Professor Dr. Reinhard Richardi zum 65. Geburtstag, in: NZA 2002, S. 289, *B. Rüthers,* Reinhard Richardi 70 Jahre, in: Recht der Arbeit 2007, S. 185 f. *P. Hanau,* Reinhard Richardi 70 Jahre, in: NZA 2007, S. 289; *G. Annaß,* Reinhard Richardi zum 75. Geburtstag, in: NZA 2012, S. 311. **Albert Gnade:** BAG: «Dienstältester» ehrenamtlicher Richter – Albert Gnade wirkte 36 Jahre lang an BAG-Rechtsprechung mit, in: Der Betrieb 2001, Heft 19, S. 20. **Wolfgang Däubler:** mündliche Auskunft. **Karl Fitting:** *F. Auffarht,* Nachruf auf Karl Fitting, in: Neue Juristische Wochenschrift 1990, S. 2866 und *H. Wißmann,* Karl Fitting, in der Zeitschrift soziales Recht 2013, S. (das Manuskript hat er mir vorher überlassen).
11. Sozialrech: *B. Schulte,* Sozialrecht, in: Rechtswissenschaft und Rechtsliteratur, S. 647 ff.; *O. E. Krasney,* Kasseler Kommentar Sozialversicherungsrecht, a. a. O. S. 581 ff.; *J. Meyer-Ladewig,* Meyer-Ladewig/Keller/Leitherer, Sozialgerichtsgesetz, a. a. O. S. 691 ff.; *B. Rüthers,* Geschichte des Sozialrechts in Deutschland, 2003, S. 307 ff.
12. Verfassungsrecht: von Münch/Kunig: *W. Pauly,* Verfassung und Verfassungsprozeßrecht, in Rechtswissenschaft und Rechtsliteratur, S. 925; **Jarass/Pieroth:** Pauly a. a. O., S. 925; *H. Zacher,* Rezension, in: Juristenzeitung 1990, S. 36. **Badura, Staatsrecht:** *Pauly* a. a. O. S. 923; *F. Ossenbühl,* Rezension, in: Der Staat, Bd. 26, 1987, S. 449 ff.; *I. von Münch,* Rezension, in: Neue Juristisch Wochenschrift, 2000, S. 1171. **Klaus Stern:** *W. Frotscher,* Rezension von Band V, in: Die Verwaltung, 2002, S. 291 ff.; *W. Pauly,* Verfassungs- und Verfassungsprozeßrecht, in: Rechtswissenschaft und Rechtsliteratur, S. 919 ff.; *C. Starck,* Rezension von Band IV.2, in: Juristenzeitung 2011, S. 623 f.; Zur Diskussion über Art. 3 Abs. 2 GG im Parlamentarischen Rat: *M. F. Feldkamp,* Der Parlamentarische Rat 1948–1949, überarbeitete Neuausgabe, 2008, S. 69 f., 73 f. Zu Elisabeth Selbert: *B. Meyer,* Elisabeth Selbert (1896–1986), in: Kritische Justiz (Hg.), Streitbare Juristen, 1988, S. 427 ff. und *M. Röwekamp,* Juristinnen, 2005, S. 395 ff. Selbst *W. Frotscher, B. Pieroth* nennen *Frau Selbert in ihrer kurzen Verfassungsgeschichte, 11. Aufl. 2012,* S. *381,* Rdz. *787.*
13. Verwaltungsrecht: Zu Eyermann/Fröhler, Ferdinand Kopp und den Großkommentaren: *A. Voßkuhle,* Allgemeines Verwaltungsrecht, in: D. Willoweit (Hg.) a. a. O., S. 964 ff.; *W. R. Schenke,* Kopp/Schenke, Verwaltungsgerichtsordnung, in: Rechtswissenschaft und Rechtsliteratur, S. 1027 ff.; *A. Grundei,* Rezension, in: Neue Juristische Wochenschrift, 1977, S. 712. *S. Detterbeck,* Ferdinand O. Kopp (Nachruf), in: NJW 1995, S. 2771 f.
14. Europarecht allgemein: *R. Wolfrum,* Völkerrecht, in: Rechtswissenschaft und Rechtsliteratur, S. 1053 ff; dort S. 1061 ff. C. Callies. **Eberhard Grabitz:** *R. Scholz,* Nachruf auf Eberhard Grabitz, in: NJW 1993, S. 712 f.
15. Strafrecht: *H. Tröndle,* Schwarz/Dreher/Tröndle/Fischer, Strafgesetzbuch, in: Rechtswissenschaft und Rechtsliteratur, S. 835 ff; **Herbert Tröndle:** *Herbert Tröndle,* in: E. Hilgendorf (Hg.), Die deutschsprachige Strafrechtswissenschaft in Selbstdarstellungen, 2010, S. 595 ff. **Thomas Fischer:** seine website im Internet unter http:/fischer-stgb.de/2.

hzml, Stand 24.9.2011, die Rezension der 50. Auflage, «Fischer, StGB» 2001: *M. Hettinger*, in: Neue Juristische Wochenschrift, 2001, S. 3215 f., das Zitat S. 3252. **Karl Lackner:** *Karl Lackner*, in: E. Hilgendorf a. a. O. S. 269 ff. **Hermann Maassen:** *Munzinger Archiv Personen* im Internet unter Biographie, Maassen, Hermann, www.munzinger.de, Stand 23.9.2012. **Kristian Kühl:** website Dr.iur Dr.phil.Dres. h. c. Kristian Kühl unter http:/www.jura-uni-tuebingen.de/professoren_und_dozenten. **Zur Entwicklung des «Schönke/ Schröder»:** *A. Eser*, Schönke/Schröder, Strafgesetzbuch, in: Rechtswissenschaft und Rechtsliteratur, S. 851 ff. **Adolf Schönke:** *G. Wendt*, Adolf Schönke, in: Juristen im Portrait, S. 663 ff.; *A.-M. v. Lösch*, Der nackte Geist. Die juristische Fakultät der Berliner Fakultät im Umbruch von 1933, 1999, S. 340 ff. *E. Klee*, Das Personenlexikon zum Dritten Reich, 2. Aufl. 2007, S. 556; *A. Esser* a. a. O. S. 851 ff. **Horst Schröder:** *E. Dreher*, Zum Tode Horst Schröders, in: Juristische Rundschau, 1973, S. 461 f.; *T. Lenckner*, Zum Tode von Horst Schröder, in: Juristenzeitung, 1973, S. 799 f.; *P. Cramer*, Horst Schröder, in: Juristen im Portrait, S. 671 ff.; *W. Stree*, Horst Schröder, in: Juristen im Portrait, S. 671 ff.; *W. Stree*, Horst Schröder – Leben und Werk 1913–1973, in: Gedächtnisschrift Horst Schröder, 1978, S. 1 ff. *A. Eser*, Neue deutsche Biographie, Bd. 23, 2007, S. 566. **Ulrich Eisenberg:** mündliche Auskünfte meines Kollegen U. E. an der FU Berlin.

17. Der «Schmidt»: Zur Geschichte des Kommentars: *L. Schmidt*, Schmidt, Einkommensteuergesetz, in: Rechtswissenschaft und Rechtsliteratur, S. 1119 ff., dort S. 1119 das Zitat. **Ludwig Schmidt:** *L. Drenseck*, Ludwig Schmidt zum Fünfundsiebzigsten, in: Deutsches Steuerrecht, 2003, S. 1461; *F. Wassermeyer*, Ludwig Schmidt 75 Jahre alt, in: Der Betrieb, 2003, Heft 34, S. 1; *W. Schön*, Nachruf, in: Finanzrundschau 2011, S. 1125; *H. Weber-Grellet*, Nachruf, in: Deutsches Steuerrecht, 2011, S. 2117.

18. Die neuen juristischen Fakultäten/Fachbereiche: *M. Stolleis*, Geschichte des öffentlichen Rechts in Deutschland, 4. Band, 2012, S. 409. **Studentenzahlen 1960–90:** *H.-U. Wehler*, Deutsche Gesellschaftsgeschichte, 5. Band, 2008, S. 380 f. **Günther Schwerdtfeger:** zum Buch knapp *M. Stolleis* a. a. O., zur Person: seine Website im Internet der Universität Hannover vom 28.10.2012. **Hartmut Maurer:** *P. Häberle*, Hartmut Maurer zum 70. Geburtstat, NJW 2001, S. 736 f.; *A. Voßkuhle*, Allgemeines Verwaltungsrecht, in: Rechtswissenschaft und Rechtsliteratur S. 960 f. **Geschichte des informalen Verwaltungshandelns** kurz mit weiterführender Literatur U. W., Geschichte des Rechts, 3. Auflage 2006, S. 565 f. **Helmut Köhler:** *Uwe Diederichsen*, in: Rechtswissenschaft und Rechtsliteratur, S. 98 f.; im Übrigen Lebenslauf und Schriftenverzeichnis im Internet auf seiner Website der Universität München, 28. Oktober 2012. **Bernd Rüthers:** Website der Universität Konstanz, 30. Oktober 2012. **Dieter Medicus:** *V. Beuthien*, Dieter Medicus zum 70. Geburtstag, NJW 2004, S. 1642; *M. Fuchs*, Dieter Medicus zum 80. Geburtstag, NJW 2009, S. 1400 f.

19. Max Kaser: *D. Medicus*, Max Kaser, in: Juristen im Portrait, S. 147 ff.; *T. Giaro*, Max Kaser (1906–1997), in: Rechtshistorisches Journal, 1997, S. 231–357, das Zitat S. 240. *W. Kunkel*, Römische Rechtsgeschichte, 12. Auflage, 1990, S. 92 f. **Dieter Willoweit**, seine Website der Juristischen Fakultät Würzburg, 15. Oktober 2012. **Heinrich Mitteis:** *G. Landwehr*, Heinrich Mitteis, in: Juristen im Portrait, S. 572 ff., dort Anmerkung 2 und 10 die Zitate von Feine und Bader; *G. Diestelkamp*, Drei Professoren der Rechtswissenschaft in bewegter Zeit..., 2000, S. 9 ff. **Heinz Lieberwirth:** *R. Heydenreuther*, Nachruf, NJW 2000, S. 933 f. **Wende im mitteleuropäischen Mittelalter:** U. W., Geschichte des Rechts in Europa, 2012, S. 180 ff. **Germanenproblem:** *R. Ogorek*, Rechtsgeschichte in der Bundesrepublik, 1994, S. 60 ff. **Hinrich Rüping:** seine Website der Kanzlei Dr. Rüping und Partner, Hannover, 15. Oktober 2012. **Günter Jerouschek:** website Rechtswissenschaftliche Fakultät der Universität Jena, Prof. Dr. iur., Dr. phil., Dr. iur. h. c. Günter Jerouschek, MA. **Helmut Coing:** *K. Luig*, Helmut Coing, in: Juristen im Portrait, S. 215 ff.; *M. Stolleis*, Rezension Europäisches Privatrecht, in: Rechtshistorisches Journal Bd. 9, 1990, S. 81 ff.; *M. Brauneder*, Rezension Europäisches Privatrecht, in: Zeitschrift für neuere Rechtsgeschichte, 1993, S. 225 ff.; *R. Ogorek*, Rechtsgeschichte in der Bundesrepublik

(1945–1990), in: D. Simon (Hg.), Rechtswissenschaft in der Bonner Republik, 1994, S. 12 ff., 54 f., 88 f. *D. Simon,* zwischen Wissenschaft und Wissenschaftspolitik: Helmut Coing (28.2.1912–15.8.2000), in: NJW 2001, S. 1029 ff. *B. Döhlemeyer,* Rechtsgeschichte, in: Rechtswissenschaft und Rechtsliteratur, S. 1147 ff., 1153. **Walter Wilhelm:** *D. Simon,* Walter Wilhelm (1928–2002). Eine Erinnerung, in: Rechtsgeschichte, Bd. 2, 2003, S. 142 ff. **Michael Stolleis:** seine Website am Max-Planck-Institut für europäische Rechtsgeschichte 21. Oktober 2012. Rezensionen: **1. Band:** *G. Roellecke,* Juristenzeitung 1939, S. 291; *D. Wyduckel,* NJW 1989, S. 2455 f.; O. Kimminich, Die Öffentliche Verwaltung 1989, S. 827; *A. Blankenagel,* Kritische Justiz 1989, S. 365 ff. **2. Band:** *G. Roellecke,* Juristenzeitung 1993, S. 727; *O. Kimminich,* Die Öffentliche Verwaltung 1994, S. 747 f. **3. Band:** *M.H. Wiegandt,* Kritische Justiz, 2000, S. 651 ff., das Zitat S. 660. **4. Band:** *C. Hillgruber,* Doch den Beleuchter sieht man nicht, Frankfurter Allgemeine Zeitung, 13. August 2012, S. 10.
20. Zeitschriften: Alles ausführlich beschrieben von *Hermann Weber* in seinem Buch «Juristische Zeitschriften des Verlages C.H.Beck», 2007, S. 131 ff.

XXI. Deutschlands Vereinigung und Zerfall des Ostblocks

Wiedervereinigung: *M. Görtemaker,* Geschichte der Bundesrepublik Deutschland, 1999, S. 715 ff.; M. Görtemaker, Die Berliner Republik, 2009, S. 7 ff.; **Zitat Hobsbawm:** *E. Hobsbawm,* Das Zeitalter der Extreme, dtv, 8. Aufl. 2007, S. 592; **Russland, Polen, Tschechien:** U. W., Geschichte des Rechts in Europa, 2010, S. 546 ff.; 560 ff. **Rumänien:** A. U. Gabanyi, Systemwechsel in Rumänien, 1998, S. 165 ff. **Rechtsstaatbegriff:** *U. W.,* Geschichte des Rechts, 3. Aufl. S. 434 und Literatur zu Rdz. 273, S. 490

XXII. Hans Dieter Beck in der Berliner Republik 1990–2013.

H.D. Beck, Neue Entwicklungen des Verlagsunternehmens, in: Rechtswissenschaft und Literatur, S. 1192 ff.; *H. D. Beck,* Verlagserwerbungen, in: Rechtswissenschaft und Rechtsliteratur, S. 1202 ff.; *D. Willoweit,* Juristische Literatur des 20. Jahrhunderts in: Rechtswissenschaft und Rechtsliteratur, S. 54 ff.; **Zahlen der Rechtsanwälte** von 1880 bis 2000 bei *U.W.,* Risiko Rechtsanwalt, 2001, S. 57 ff., bis 2009: NJW Dokumentation Heft 13, 2009, S. XXXII.

Abbildungsnachweis

17, 20, 28, 34, 38, 40, 49, 53, 57, 58, 67, 73, 86, 89, 93, 95, 100, 101, 116, 120, 122, 124, 126, 127, 143 bis 156, 210, 211, 212, 214, 216, 218, 219, 243, 247, 253, 259, 270, 275, 283, 293, 303, 317, 321, 364, 377, 569, 473, 475, 492, 518, 522, 537 Dieter Burneleit, München

22 Wikimedia Commons Ogmios

31, 32, 37, 39, 47, 50, 51, 61, 66 (links), 82, 105, 158, 171, 207, 213, 222, 223, 242, 260, 265, 273, 278, 287, 312 oben, 314, 316, 318, 320, 329, 338, 350, 358, 380, 393, 401, 403, 415, 423, 425, 449, 452, 457, 459, 460, 461, 524 Verlag C.H.Beck, München, Archiv. Soweit Abbildungen aus Festschriften stammen, sind diese alle bei C.H.Beck erschienen.

65, 85, 139, 141, 226 Druckerei C.H.Beck, Nördlingen, Archiv

66 (rechts) Stephan Wagner, München

78, 118, 224, 227, 228 Ulrich Grebe (grebemaps), Essen

90 Wikimedia Commons Walter Anton

117, 165 akg-images, Berlin

131 Deutsche Nationalbibliothek, Deutsches Exilarchiv 1933–1945, Frankfurt am Main

159 Bundesarchiv, Koblenz

160 Wikimedia Commons, Goesseln, Universität Tübingen

161 Uwe Wesel, Berlin

184 Zehn Jahre nach der Vertreibung. Hrsg. Bundesministerium für Vertriebene, Flüchtlinge und Kriegsgeschädigte. Bonn, 1956. S. 94

185 Wikimedia Commons, links AlMare, rechts Drdoht

190 Wikipedia Axb

193, 195, 546–549, 552–557 Staatsarchiv München

208 Jörg Schäffer, München

229 Aus der Faksimileausgabe «Die deutschen Verfassungen», hrsg. von Jutta Limbach, Roman Herzog und Dieter Grimm, Verlag C.H.Beck 1999.

230 Lutz Kleinhans, Frankfurt am Main

232, 248 Fünfundzwanzig. Eine dtv-Dokumentation, 1986. Deutscher Taschenbuch Verlag, München.

266 Portraitsammlungen Universität Tübingen, Tobias Bild

292, 373 Klaus Winkler, München

312 unten Hans Bergmann, München

463 Jürgen Dietermann, Frankfurt

591 Ali Paczensky/ZENIT, Berlin

Es war uns nicht in jedem Einzelfall möglich, die Inhaber der Rechte zu ermitteln. Wir bitten deshalb gegebenenfalls um Mitteilung. Der Verlag ist bereit, berechtigte Ansprüche abzugelten.

Bildredaktion: Dieter Burneleit, München

Personenverzeichnis

A

Achenbach, Hans 435
Achilles, Alexander 176 f.
Ackermann, Josef 506
Adenauer, Konrad 87, 160, 164 ff., 179, 190, 201, 229, 236, 255, 309, 330, 375
Aichberger, Friedrich 245, 381 f.
Albers, August 83 f., 86
Albers, Jan 364
Altmeppen, Holger 324, 349
Altrock, Martin 500
Ambs, Friedrich 408
Anders, Günther 87, 234
Anders, Monika 448
Annuß, Georg 374
Antoni, Hans 177 f.
Apelt, Willibalt 210, 264
Arloth, Frank 409
Armbrüster, Christian 345
Arndt, Adolf 166, 240, 258
Arzt, Gunther 439
Aschaffenburg, Gustav 410
Ascheid, Reiner 372
Auer, Raimund 452
Auffarth, Fritz 375
Augstein, Josef 461

B

Bachof, Otto 301, 437
Bader, Karl Siegfried 451
Badoglio, Pietro 196
Badura, Peter 391, 395
Bamberger, Heinz Georg 509 f., 519, 528
Bärmann, Johannes 343 ff., 366
Barth, Marquard Adolph 52
Bartholomeyczik, Horst 297 ff.
Basch, James 125 f., 169 f., 172, 177
Basedow, Jürgen 322
Bassen, Andreas 386

Battis, Ulrich 399, 400
Bauer, Axel 522
Bauer, Fritz 285
Bauer, Jobst-Hubertus 373, 462
Baumann, Frank 528
Baumbach, Adolf 91, 121, 123 ff., 130, 135, 142 ff., 169, 197, 210, 219, 250, 355, 357
Baur, Fritz 284 ff.
Bechtold, Rainer 359
Beck, Carl 39 ff., 47 ff., 55 f., 60, 69, 140, 208
Beck, Carl Gotthelf 32
Beck, Carl Gottlob 17–30, 31 ff., 36, 69
Beck, Carl Heinrich 20, 26, 30, 31, 37 ff., 47, 65, 69, 85
Beck, Catharina Magdalena 20, 26, 31, 39, 41, 47, 69
Beck, Eugenie 47 ff., 69, 207 f.
Beck, Hans Dieter 5 f., 15, 18, 225, 234, 244, 248, 271, 309–317, 321, 328, 352, 355, 369, 391, 401, 420, 435, 443, 445, 460, 463 f., 471 ff., 476 f., 483, 484, 486 ff., 502, 517, 521 ff., 535 ff., 541 ff.
Beck, Heinrich 15 f., 63, 77, 81–92, 94, 98, 100, 103, 111 ff., 112, 121, 124–155, 160 f., 166 f., 169–172, 186, 189–199, 205, 207 ff., 212, 214 f., 220, 221–225, 230, 233 ff., 241, 249, 256, 271, 274, 303, 311, 314, 352, 389, 433, 435
Beck, Johann Gottfried 31
Beck, Jonathan 543
Beck, Luise 20, 37
Beck, Oscar 15, 18, 54, 56, 60, 65–76, 77, 79, 81 f. 98, 138, 208, 235, 448
Beck, Wolfgang 15, 18, 131, 234, 311 f., 543
Becker, Boris 506
Becker, Matthias 345
Becker, Ulrich 385

Beckmann, Martin 401
Behrend, Nicola 386
Beichel, Klaus 542
Beitzke, Günther 210, 218, 296, 436
Bender, Matthew 491
Benfer, Jost 408
Bengel, Manfred 343
Bengtson, Hermann 234
Benkard, Georg 355
Benkert, Manfred 429
Bepler, Klaus 519
Berber, Friedrich 236, 265, 285, 287 ff.
Berger, Christian 330, 436
Berger, Emil 421
Bergmann, Alexander 337
Bergschneider, Ludwig 508
Berra, Xaver 240
Bethge, Herbert 391, 395
Beuthien, Volker 442
Beyer, Rudolf 162
Bialon, Jörg 408
Bieback, Karl-Jürgen 389
Biebl, Josef 376
Biedenkopf, Kurt 316
Bielenberg, Walter 399
Bier, Wolfgang 398
Binder, Hannes 524
Binder, Josef 281
Binder, Julius 278
Birk, Axel 441
Birkhoff, Hansgeorg 410
Bismarck, Otto von 44, 50, 52, 54, 57 f., 67, 71, 75, 81, 94, 129 f., 381
Blank, Hubert 331 f.
Blei, Herrmann 438
Blessin, Georg 203
Bliesener, Dirk H. 354
Block, Marc 452
Blomeyer, Wolfgang 376
Blumers, Wolfgang 368
Blümich, Walter 422 f.
Bluntschli, Johann Caspar 40 f.
Bockelmann, Paul 441
Böckstiegel, Karl-Heinz 338
Bodewig, Theo 356
Bodin, Jean 456
Boeckh, Hans von 403

Böhle, Thomas 518
Böhle-Stamschräder, Aloys 251 f.
Bohne, Eberhard 440
Bohnenberg, Heinrich 176
Bohnert, Joachim 409
Böll, Heinrich 225, 248
Bonhorst, Anna von 6
Bonk, Heinz Joachim 398
Bono, Emilio de 196
Boor, Helmut de 234
Boos, Karl-Heinz 354
Börgers, Michael 528
Bormann, Martin 223
Born, Winfried 339, 463
Bornkamm, Joachim 357
Börstinghaus, Ulf 507
Boruttau, Ernst Paul 416, 427, 428
Boujong, Karlheinz 409
Branca, Alexander von 314 f.
Brand, Jürgen 387
Brandis, Ernst 162
Brandt, Willy 201, 309, 311, 330, 374, 382, 386, 400, 434
Brater, Karl 48, 49, 50, 51
Braunfels, Stephan 473
Briesemeister, Lothar 344
Britz, Gabriele 500
Brodesser, Hermann-Josef 204
Brox, Hans 302 f. 439 f., 447
Bruchhausen, Karl 355
Bub, Wolf-Rüdiger 332
Buback, Siegfried 318
Büch, Roland 543
Buchholz, Albert 6, 426
Büchner, Wolfgang 496
Büchting, Hans-Ulrich 236, 263 f., 368, 503, 542
Budde, Wolfgang D. 431
Bühler, Ottmar 427, 432
Bulla, Adolf 376
Bullinger, Winfried 356
Bülow, Arthur 338
Bunjes, Johann 424
Bunte, Hermann-Josef 367
Burandt, Wolfgang 343
Burckhardt, Emanuel 254
Bureš, Jaroslav 482

Burger, Hedwig 65
Burgi, Martin 360
Burmann, Michael 414
Burneleit, Dieter 6, 522, 573 f.
Buschbell, Hans 504
Bush, George 467
Bush, George W. 467
Büttner, Helmut 507

C

Caemmerer, Ernst von 250, 279 f.
Calker, Fritz van 91
Calliess, Christian 404
Calliess, Rolf-Peter 409
Canaris, Claus-Wilhelm 278, 280 ff., 436
Capelle, Karl-Hermann 436
Carson, Rachel 311
Castan, Edgar 367
Ceaușescu, Nicolae 469 f., 484
Chodowiecki, Daniel 28
Churchill, Winston 183, 189, 304
Classen, Claus Dieter 438
Clay, Lucius D. 185, 191
Clemens, Thomas 395
Clemm, Hermann 431
Coelln, Christian von 395, 396, 444
Coester-Waltjen, Dagmar 292
Coing, Helmut 453 ff.
Conrad, Ernst 411
Conring, Hermann 174
Cornils, Matthias 292
Cramer, Peter 257
Czerny, Wolfgang 6
Czerwenka, Beate 322
Czychowski, Manfred 401

D

Dahm, Georg 181, 290
Dahme, Heinz 401
Dahrendorf, Ralf 267
Dahs, Hans 312, 408, 461
Danckelmann, Bernhard 151, 170, 175, 219, 249
Danner, Wolfgang 498 f.
Daubenspeck, Hermann 445
Dauer, Peter 413
Dauses, Manfred 405

Debatin, Helmut 427, 430
Dechsling, Rainer 522
Degenhart, Max 249
Dehmer, Hans 349
Deinert, Olaf 389
Deisz, Robert 162
Denecke, Johannes 376
Dennewitz, Bodo 268
Denninger, Erhard 395, 401
Derrer, Sebastian 173
Dersch, Hermann 376
Dethloff, Nina 436
Detterbeck, Steffen 443
Diederichsen, Uwe 238, 243, 278, 281, 437, 439
Diester, Hans 345
Dieterich, Thomas 378
Dietlein, Johannes 393
Dietz, Georg 416, 427
Dietz, Rolf 149 f., 154, 156–159, 244, 373, 376, 381
Dillenberger, Heinrich 145
Dobring, Christiane 6
Doderer, Heimito von 138, 233
Dölle, Hans 98, 151, 154
Dollfuß, Engelbert 170
Dolzer, Rudolf 395
Dörner, Heinrich 336
Dose, Hans Joachim 340
Doukoff, Norman 528
Drápal, Ljubamir 482
Drasdo, Michael 347
Dreher, Eduard 127, 155, 180, 236, 253, 257 ff., 423
Dreher, Meinrad 359 f.
Dreier, Horst 269, 395
Dreier, Thomas 356
Drenkmann, Günter von 310
Drenseck, Walter 424, 426
Duden, Konrad 252
Dürig, Günter 246 f., 263 ff., 269, 294, 440
Durner, Wolfgang 401

E

Ebel, Paul 117, 121, 131 ff., 136, 205
Ebermayer, Ludwig 122
Ebert, Friedrich 214

Ebke, Werner 322
Ebling, Klaus 423
Eckert, Walter Ludwig 420
Eckhardt, Walter 423
Edel, Karl 52
Egly, Hans 428
Ehlermann, Claus-Dieter 403
Ehmer, Jörg 496
Eichelsbacher, Franz 245, 381 f.
Eicher, Wolfgang 387
Eidenmüller, Horst 326
Eisenberg, Ulrich 409, 410
Eisenhower, Dwight D. 185, 189
Eiser, Ernst 498, 499
Eisner, Kurt 82
Ellrott, Helmut 431
Emmerich, Volker 437
End, Gustav 186, 189, 205, 207 ff., 215, 220, 233, 248
End, Wilhelm 207
Engelhardt, Ludwig 469
Engelmann, Klaus 245
Engels, Friedrich 305
Engels, Gerd 374
Engisch, Karl 256
Englert, Ferdinand von 76
Englert, Klaus 362
Enneccerus, Ludwig 92, 454
Epping, Volker 395
Erbs, Georg 408
Erdmann, Willi 357
Erdsiek, Gerhard 240
Erhard, Ludwig 184, 229
Erichsen, Hans-Uwe 442
Eser, Albin 257, 442
Esser, Josef 277, 279, 280, 281
Exner, Franz 410
Eyermann, Erich 396, 397, 398

F
Fabio, Udo Di 270
Fahl, Christian 445
Falk, Ludwig 422
Fandrich, Andreas 506
Farthmann, Friedhelm 462
Féaux de la Croix, Ernst 203
Feine, Hans Erich 451

Felix, Günther 417, 424, 426
Ferid, Murad 335 ff.
Feuerbach, Anselm von 48
Fezer, Gerhard 442
Fezer, Karl-Heinz 357, 512
Fick, Catherina 221
Fick, Roderich 221 ff., 314 f.
Fieberg, Gerhard 475
Fikentscher, Wolfgang 277 ff.
Firsching, Karl 335, 337, 366
Fischer, Christian 441
Fischer, Gerald 6
Fischer, Otto 72, 127, 172
Fischer, Peter 428
Fischer, Reinfrid 354
Fischer, Samuel 197
Fischer, Thomas 261
Fitting, Karl 374 f., 513
Fitzner, Uwe 356
Fleischer, Holger 324
Flemming, Alfred 160 f., 172, 214 ff., 236, 238, 240 f.
Flex, Walter 67
Flick, Hans 421
Floegel, Johannes 411
Flotho, Hannes 475
Flume, Werner 279
Fock, Ernst 427
Förschle, Gerhart 431
Forsthoff, Ernst 236, 272 ff., 289, 312
Foster, Norman 473
Frank, Götz 295
Frank, Hans 91, 115, 125, 132, 143 f., 148, 151, 153, 170, 197, 213
Franke, Wilhelm 162
Franz Joseph (Kaiser) 43
Franz, Willy 424
Franzen, Klaus 428
Franzki, Harald 204
Frassek, Ralf 283
Freisler, Roland 153, 168, 181
Frey, Gerhard 265
Friauf, Karl Heinrich 395
Frick, Jörg 368
Friedell, Egon 81, 88 ff., 140, 147, 187, 194, 220
Friedrich Wilhelm III. (König) 24

Friedrich Wilhelm IV. (König) 44
Friesenhahn, Ernst 312
Frister, Helmut 438
Fritzsche, Jörg 443
Fröhler, Ludwig 396, 397
Frotscher, Werner 394
Fuchs, August 72
Funk, Winfried 383

G
Gagel, Alexander 388
Gaier, Reinhard 319
Gamillscheg, Franz 296, 302, 435
Gamm, Otto-Friedrich Freiherr von 355
Ganten, Hans 361, 362
Gast-de Haan, Brigitte 428
Gehle, Burkhard 448
Gehring, Harald 525
Geigel, Reinhart 365
Geiger, Harald 397
Geiger, Rudolf 404
Geimer, Reinhold 338
Geis, Max-Emanuel 438
Geist, Reinhold 424
Gelhausen, Reinhard 410
Gentz, Manfred 462
Geppert, Martin 496
Geret, Ludwig Heinrich 41
Gerhardt, Rudolf 241
Gernhuber, Joachim 291, 292
Gesner, August Philipp 33
Giaro, Tomasz 450
Gies, Richard 508
Giesberts, Ludger 518, 528
Giesen, Richard 517, 528
Glanegger, Peter 424
Gleispach, Graf 181
Gleß, Sabine 408
Globke, Hans 150, 152, 154, 159–166, 178
Glöckner, Jochen 361
Gloy, Wolfgang 357, 368
Glungler, Wilhelm 91
Gniewek, Edward 478
Goebbels, Joseph 108, 129, 186
Goerdeler, Rainer 290
Goette, Wulf 323 f.
Göhler, Erich 409

Gola, Peter 496
Goldmann, Wilhelm 248
Goldschmit, Friedrich 91
Göppinger, Hans 292, 410
Göppinger, Horst 204, 342
Gorbatschow, Michail 467, 474
Göring, Hermann 223
Gorter, Albert 111, 149, 154
Gosch, Dietmar 429
Gosselin, Theodore 139
Gottschalg, Wolfgang 344
Gottwald, Peter 292, 302, 473, 507, 508
Gottwalls, Werner 423
Götz, Volkmar 438
Götze, Cornelius 325
Gotzen, Otfried 376
Gräber, Fritz 425
Grabitz, Eberhard 403
Graf, Hans Lothar 366
Graf, Jürgen-Peter 407 f., 519
Gramm, Hans 219
Grass, Günter 248
Graßhof, Karin 395 f.
Graziani, Rodolfo 196
Greiff, Max 176
Grigoleit, Hans Christoph 285
Grillmair, Rolf 313 f.
Groeben, Hans von der 403
Groll, Rüdiger von 425
Gröpl, Christoph 395, 443 f.
Grote, Gertrud 196
Grube, Christian 386
Grundei, Albrecht 398
Grunewald, Barbara 322
Grünhut, Max 410
Grunsky, Wolfgang 285
Grützner, Thomas 406
Guenthner, Franz 526
Guillaume, Günter 309
Gummert, Hans 505
Gundlach, Johannes 316
Güroff, Georg 424
Gürtler, Franz 409
Gürtner, Franz 93, 171
Gussone, Peter 499
Gutdeutsch, Werner 528
Gütt, Arthur 162

H

Haag, Kurt 365
Häberle, Peter 295, 440
Habersack, Mathias 323
Habscheid, Walther 297
Hackl, Karl 306, 448
Hackner, Thomas 408
Hadding, Walther 322
Hahn, Werner 495
Hahn, Wilhelm 252
Hamm, Rainer 370, 406
Hanau, Peter 376, 378 f.
Hanfstaengl, Franz 186
Hanisch, Rolf 261
Hannemann, Thomas 504
Hans, Adrian 6
Hansmann, Klaus 400
Happ, Michael 397
Haritz, Detlef 429
Harm, Andreas 6
Harmening, Rudolf 252
Harms, Wolfgang 299
Harte-Bavendamm, Henning 357
Hartmann, Peter 364
Hartung, Fritz 411
Hase, Andreas von 543
Haskins, Charles 452
Hasselblatt, Gordian 505
Haufe, Rudolf 471
Haupt, Men 487
Hauschka, Christoph 502 f.
Hausmann, Rainer 336
Haußleiter, Otto 341
Havel, Vaclav 469
Heck, Philipp 286, 297
Hedemann, Justus Wilhelm 151 f., 154
Heermann, Peter W. 327, 357
Hefermehl, Wolfgang 151 f., 250, 313, 322 f., 355, 357
Heidenhain, Martin 369
Heinemann, Gustav 241, 309, 311
Heinicke, Wolfgang 424, 426
Heinrich, Albert 313, 314
Heinrichs, Helmut 166 f., 170, 204, 249, 319
Heins, Valentin 215
Heintschel-Heinegg, Bernd von 407, 448, 518, 528
Heise, Arnold 174
Heiß, Beate 339
Heiß, Hans 340
Held, Christian 500
Heldrich, Andreas 542
Heller, Hermann 301
Hellermann, Johannes 500
Hendrych, Dušan 482
Henkel, Heinrich 182
Henle, Wilhelm 72
Henning-Bodewig, Frauke 357
Hennrichs, Joachim 327
Henrich, Dieter 339
Henssler, Martin 303, 349
Henting, Hans von 410
Hentschel, Peter 412
Herber, Rolf 322
Herdegen, Matthias 270, 271
Hergenhahn, Theodor 116
Hermes, Georg 500
Herre, Paul 194
Herrmann, Heino 6
Herzog, Roman 265, 267, 271, 302, 402, 436, 456 ff.
Heß, Arthur 115
Hess, Burkhard 436
Heß, Ines 425
Hess, Rainer 383
Heß, Rainer 414
Hess, Rudolf 77, 299
Hesse, Gerd 362 f.
Hesse, Konrad 294, 295
Heuss, Theodor 229 f.
Heussen, Benno 368, 493, 503
Heydolph, Georg 205 f.
Heymann, Carl 61, 63, 180, 181
Heymann, Gerd 367
Hilf, Meinhard 403
Hillenkamp, Thomas 448
Hillgruber, Christian 395, 455
Hinden, Michael von 444
Hindenburg, Paul von 107, 214
Hippel, Ernst von 246
Hippel, Robert von 410
Hirsch, Günter 325, 327

Hitler, Adolf 59, 76, 77, 86, 90, 99, 101, 107, 112, 128, 129, 144, 148, 153, 156, 171, 177, 178, 186, 197, 213, 214, 222, 228, 265, 281, 288, 299, 301, 457
Hobbes, Thomas 457
Hobsbawm, Eric 468
Hoche, Ulrich 219, 301 f., 437
Hoegner, Wilhelm 190, 375
Hoeller, Carl 212 ff., 235, 253, 257, 263, 416
Hoeren, Thomas 494, 532
Hoffmann, Alfred 487
Hoffmann, Edgar 339, 369, 395
Hoffmann, Johannes 82
Hoffmann, Matthias 6
Hoffmann-Becking, Michael 366, 369
Hoffmann-Riem, Wolfgang 395
Höfler, Korbinian 383
Höfling, Wolfram 395
Hofmann, Hans 395
Hohmann, Jörg 443
Hohmann, Olaf 408
Höhn, Reinhard 181, 182
Hohoff, Simon 524, 526, 542
Hölder, Eduard 72
Hollerbach, Alexander 239
Holman, Robert 483
Holznagel, Bernd 494, 500
Hömig, Dieter 395, 396
Honecker, Erich 467
Hopfauf, Axel 395
Hoppenberg, Michael 400
Hopt, Klaus, J. 252, 442
Hornig, Seibold 369
Hörtnagl, Robert 349
Hoyningen-Huene, Gerrick von 372
Huber, Ernst Rudolf 181 f.
Hübner, Heinz 298
Hueck, Alfred 150, 154, 156, 158, 218, 244, 250, 316, 324, 348, 372, 376, 426, 436
Hueck, Götz 372
Hufen, Friedhelm 440
Hüffer, Uwe 348
Huffmann, Johann-Friedrich 330, 334
Hügel, Stefan 518, 528
Hugenberg, Alfred 157

Hummel-Liljegren, Hermann 368
Hunn, Felix 302
Hüpers, Bernd 283
Husen, Paulus van 396

I
Immenga, Ulrich 358
Ingerl, Reinhard 357
Ipsen, Hans Peter 244, 403
Ipsen, Jörn 447
Ipsen, Knut 438
Isensee, Josef 394 f.

J
Jäckel, Holger 445
Jacobs, Otto H. 431
Jacoby, Florian 444
Jagenburg, Walter 361
Jäger, Markus 408
Jagow, Joachim 414
Jagusch, Heinrich 412
Jahnke, Jürgen 415
Janiszewski, Horst 414
Janker, Helmut 415
Janovsky, Thomas 406
Jansen, Günther 362
Jarass, Hans D. 390, 405
Jauernig, Othmar 329, 436, 472
Jelzin, Boris 468
Jendrek, Paul 507
Jerouschek, Günter 261, 453
Jhering, Rudolf von 298
Joecks, Wolfgang 406, 444
Johannsen, Kurt H. 339
Johlen, Heribert 505, 507
Jülicher, Friedrich 388
Jung, Peter 443
Jürgens, Andreas 342

K
Kádár, János 469
Kahl, Wolfgang 395
Kalbhenn, Heinz 417
Kallerhoff, Dieter 398
Kalthoener, Elmar 507
Kandel, Roland 528
Kapellmann, Klaus 362

Kardorff, Ursula von 233
Karpenstein, Ulrich 405
Karper, Ines 506
Kaser, Max 70, 234, 306, 446, 448 ff.
Katzenbach, Rolf 362
Katzenmeier, Christian 333
Keim, Benno 371
Keller, Wolfgang 388
Kelsens, Hans 392
Kerkhoff, Bärbel 496
Kern, Eduard 218 f., 438
Kern, Wolf-Rüdiger 333
Kessal-Wulf, Sibylle 319
Khan, Daniel-Erasmus 404
Kiesinger, Kurt Georg 317
Kiesselbach, Wilhelm 216
Kiethe, Kurt 475
Kilian, Wolfgang 493
Kimminich, Otto 456
Kindler, Peter 442
Kingreen, Thorsten 385
Kipp, Theodor 454
Kirchhof, Hans-Peter 326 f.
Kirchhof, Paul 394 f.
Kisch, Wilhelm 151, 153
Kissel, Otto Rudolf 363 f., 462
Kittner, Michael 374
Klaes, Roland 6
Klauer, Georg 356
Klein, Franz 395, 424
Klein, Friedrich 268
Klein, Hans Hugo 271
Klein, Michael 345
Klein, Otto 416, 428
Kleindiek, Detlef 327
Kleine-Möller, Nils 361
Kleinknecht, Theodor 127, 261, 262, 408
Klindt, Thomas 379, 503
Klinger, Bernhard 507
Klinger, Hans 396
Klinkhardt, Julius 208
Kloepfer, Michael 245, 292
Klug, Christoph 496
Kluth, Winfried 437
Knapp, Rudolf 541
Knickrehm, Sabine 389
Kniffka, Rolf 507

Knittel, Stefan 385
Knopp, Günther-Michael 401
Knorr, Gerhard 463
Knost, Friedrich August 163, 165
Knur, Richard 368
Knütel, Rolf 450
Koch, Friedrich Wilhelm 147, 416, 429
Koch, Hanns-Reimer 425
Koch, Ulrich 377
Koeble, Wolfgang 368, 507, 508
Koellreutter, Otto 181
Koenig, Friedrich 59
Kohl, Helmut 310, 331, 467, 472
Köhler, Helmut 298, 302, 357, 436, 437, 441
Kohlrausch, Eduard 410
Kokott, Juliane 391
Kollhosser, Helmut 353
Kollmann, Ottmar 140, 146, 197, 198
Kollmer, Norbert Franz 379
König, Peter 409, 413
Kopp, Ferdinand Otto 397
Korbion, Hermann 362
Körffer, Barbara 497
Korn, Rudolf 416, 427, 430
Körner, Harald Hans 408
Koschaker, Paul 153, 303, 305
Kössinger, Reinhard 343
Kössinger, Winfried 343
Kotzur, Markus 404
Krach, Tillmann 204
Kraemer, Hans Jörg 332, 347
Kraft, Gerhard 425
Kraft, Ingo 397
Kraft, Matthias 523
Krais, Wilhelm 76
Krasney, Otto Ernst 383
Krause, Rüdiger 372
Krauskopf, Dieter 385
Krauß, Hans-Frieder 528
Krautzberger, Michael 399, 400
Kreikebohm, Ralf 383, 384, 517, 528
Kreile, Reinhold 423
Krenz, Egon 467
Kreppel, Thomas 421
Kreß, Hugo 92
Krieger, Karl 151, 152

Kriele, Martin 241
Kroeschell, Karl 306, 452
Kröner, Alfred von 60
Kropff, Bruno 322
Kropholler, Jan 444
Kruell, Caroline 513
Krüger, Wolfgang 327, 328
Kubuschok, Egon 202
Kuchinke, Kurt 291
Kühl, Kristian 259, 445
Kümmerlein, Heinz 150, 154
Kumpan, Christoph 253
Kunert, Karl Heinz 461
Kunig, Philip 270, 390, 401
Kunkel, Wolfgang 70, 307, 449, 454
Kunz, Eduard 410
Kurras, Karl-Heinz 241
Kutscher, Artur 208
Küttner, Wolfdieter 433

L
Laband, Paul 118
Lackner, Karl 237, 258, 259
Lagodny, Otto 408
Landmann, Ernst 54
Lange, Heinrich 181, 291, 297 ff., 436
Lange, Richard 162
Langen, Albert 78
Langenbucher, Katja 354, 437
Langenfeld, Gerrit 341, 369
Langheid, Theo 327, 351
Larenz, Karl 92, 181, 236, 250, 265, 274, 277–285
Laufs, Adolf 330, 333
Lauterbach, Wolfgang 170, 175 f., 215 f., 219, 249 f., 364
Lechner, Hans 395
Leenen, Detlef 284
Lehmann, Heinrich 152, 277, 296, 298
Lehndorff, Hans Graf von 233
Leibholz, Gerhard 395
Leipold, Klaus 371, 406
Leistner, Matthias 356
Lemke, Michael 410
Lenckner, Theodor 257
Lenotre, G. 139
Lent, Friedrich 210, 218, 285, 296, 436

Lent, Wolfgang 6
Lenz, Siegfried 248
Leonhardt, Klaus 398
Lerche, Peter 264
Leskow, Nikolai 220
Lesting, Wolfgang 342
Letzgus, Klaus 6, 460
Lewald, Walter 216
Ley, Robert 156
Lichtenberger, Peter 337 f.
Lichtner, Rolf 522
Lieberich, Heinz 450 ff.
Liebmann, Jakob 117
Liebmann, Karl Wilhelm 131, 137
Liebmann, Otto 16, 61, 91, 111 f., 114, 115–137, 142 ff., 146, 154 f., 160, 167, 169, 172, 176 f., 197, 236, 250, 255, 292, 545–549
Linck, Rüdiger 372, 377
Linden, Herbert 162
Linsenmaier, Wolfgang 374
Lipinski, Margarete 542
Lipp, Volker 333
Lippmann, Walter 183
Lisken, Hans 401
List, Heinrich 429
Liszt, Franz von 410
Locher, Horst 370
Loening, Otto 125 f., 169 f., 177
Loewenheim, Ulrich 356
Löffler, Martin 254
Lohberger, Ingram 370
Lohmann, Karl 145
Löhr, Rolf-Peter 399
Lombroso, Cesare 410
Looschelders, Dirk 447
Loose, Matthias 428
Loschelder, Michael 357
Lösener, Bernhard 162 ff.
Louis Philippe (Bürgerkönig) 43
Löwenstein, Otto 61
Lüderitz, Alexander 436
Ludwig I. (König) 23, 25, 43
Ludwig II. (König) 44, 52
Ludwig III. (König) 82
Lüke, Gerhard 242, 327
Lüke, Wolfgang 344, 443

Lutz, Raimund 356
Lwowski, Hans-Jürgen 326, 367

M

Maassen, Hermann 253, 257 f., 423
Magnus, Julius 120, 145, 236
Maier, Karl 352
Maier, Kurt 318, 383
Maizière, Lothar de 467, 472
Majerski-Pahlen, Monika 376
Malinowski, Bronislaw 305
Mallmann, Walter 147, 148, 160, 211, 214
Mangoldt, Hermann von 268
Mann, Thomas 62, 77, 85, 401
Mannhardt, Johann Wilhelm 94, 194
Mannheim, Hermann 410
Mansel, Heinz Peter 330, 344
Mansfeld, Werner 157
Manssen, Gerrit 443
Mantscheff, Jack 362, 363
Manz, Kaspar 33
Marly, Jochen 493
Marschner, Rolf 342
Marshall, George 183 ff.
Martens, Wolfgang 442
Martin, Anton 350, 353
Martin, Dieter 400
Martin, Kurt 518
Martin, Sascha 425
Marx, Thomas 6
Matt, Holger 407
Maunz, Theodor 236, 263 ff., 293 f., 392, 395, 437
Maurer, Hartmut 440
Max Joseph (Kurfürst) 22
Maximilian II. (König) 43, 48, 54
Maydell, Bernd Baron von 388
Mayen, Thomas 496
Mayer, Franz, C. 405
Mayer, Herbert 363, 364
Mayer, Otto 272, 274, 440
Medicus, Dieter 292, 437, 446 f.
Megow, Heinrich 428
Mehlmann, Stefan 525
Meincke, Jens Peter 428
Meissner, Otto 214, 215
Meister, Burkhard W. 369

Mellinghoff, Rudolf 396
Menzel, Eberhard 438
Merkt, Hanno 253
Merl, Heinrich 361
Merle, Werner 345, 346
Mes, Peter 355, 370, 507
Meßbacher-Hönsch, Christine 428
Messerschmidt, Burkhard 362, 472
Mestmäcker, Ernst-Joachim 358
Meyer, Alfred 149, 150
Meyer, Alfred Hagen 405
Meyer-Goßner, Lutz 408
Meyer-Ladewig, Jens 388
Mezger, Edmund 218, 236, 410, 438
Michalski, Lutz 511
Michel, Theodor 428
Miebach, Klaus 406, 460 f.
Milewski, Knut 425
Mirbt, Andreas 6
Mitteis, Heinrich 218 f., 436, 450 ff.
Mittelsteiner, Karl-Heinz 420
Möckershoff, Hubert 420
Modrow, Hans 467
Möhlenkamp, Karen 425
Mohr Siebeck 142, 180 f., 211, 215, 237, 254, 269, 271, 285, 294, 297, 395, 403, 441
Möhring, Philipp 241, 313, 356
Molitor, Erich 218, 297, 436
Moll, Wilhelm 379, 505
Momsen, Carsten 406
Montag, Frank 325
Montez, Lola 25, 43, 44
Montgelas, Maximilian Graf von 22
Mosler, Hermann 489
Mößlang, Gerhard 429
Motzke, Gerd 360, 361, 362
Mühlhaus, Hermann 414
Müller, Iwan von 70
Müller, Lothar 416
Müller, Lutz 368
Müller, Rolf 6
Müller, Thorsten 501
Müller, Welf 431
Müller-Dietz, Heinz 409
Müller-Glöge, Rudi 378
Müller-Piepenkötter, Roswitha 524

Müller-Terpitz, Ralf 396
Münch, Eva Maria von 335
Münch, Ingo von 269f., 335, 389ff.
Munk, Marie 127f., 134
Musielak, Hans-Joachim 364, 442
Mussolini, Benito 86, 93, 96, 102, 138, 170, 196
Mussolini, Vittorio 196
Müthling, Hans 427
Mütze, Wolfgang 475
Mützel, Philipp 6
Muuss, Harro 423

N
Napoleon Bonaparte (Kaiser) 17, 20ff., 112, 139, 452
Nawiasky, Hans 263
Nettesheim, Martin 404, 438
Neumann, Dirk 376
Neumann, Werner 398
Neuner, Jürgen 284
Neurath, Konstantin von 213
Nicolai, Friedrich 35
Nicolini, Käte 356
Nieder, Heinrich 343
Niemann, Walter 432
Niepmann, Birgit 507
Nierhaus, Michael 391
Nies, Günter 508
Niesel, Klaus 383, 387
Nikisch, Arthur 157, 376
Nill-Theobald, Christiane 499
Nilson, Johann Esaias 34
Nipperdey, Hans Carl 150, 154, 156, 158, 218, 244f., 315, 372, 374, 376, 380
Noack, Ulrich 524
Nobis, Frank 408

O
Obernolte, Wolfgang 499
Oefele, Helmut Freiherr von 368
Oelmaier, Winfried 361
Oerder, Michael 505
Oetker, Hartmut 319, 372, 378, 511
Ogorek, Regina 453
Ohly, Ansgar 356
Ohnesorg, Benno 241, 310, 373

Oldenbourg, Alexander 186
Oldendorp, Johann 173
Oppermann, Thomas 438
Ordelheide, Dieter 367
Ordemann, Hans-Joachim 496
Orlopp, Gerd 424
Oschmann, Volker 500, 501
Ossenbühl, Fritz 292, 392
Osterloh, Lerke 391
Oswald, Franz 412
Otto, Klaus 376

P
Pahlen, Roland 376
Pahlke, Armin 424
Palandt, Otto 73f., 97, 135, 147, 151f., 167–177, 205, 210, 215, 219, 249f., 253, 319
Pamp, Rüdiger 354
Park, Tido 408
Patzak, Jörn 408
Paulick, Heinz 427
Pauly, Walter 394, 395
Pelka, Jürgen 367, 432
Peter, Jakob J. 371
Peters, Karl 383
Petersen, Jens 446
Pfeiffer, Gerd 261, 408, 461
Pfister, Wolfgang 475
Pflieger, Matthias 542
Piasecki, Kazimierz 478
Piatti, Celestino 248
Picht, Georg 434
Pick, Eckhart 344, 345
Piepenbrock, Hermann-Josef 496
Pieroth, Bodo 390, 391
Pietrzykowski, Krzystof 478
Pietzcker, Jost 360
Pietzner, Rainer 398
Pilz, Gerald 513
Pinger, Winfried 285
Piper, Ernst 79
Planck, Julius Wilhelm 72
Pohlmann, Petra 443
Pollwein, Markus 76
Polster, Andreas 245
Preis, Ulrich 372, 378, 506

Prel, Max du 145, 198
Preuß, Hugo 210
Preussner, Mathias 518, 528
Prieß, Hans-Joachim 360
Prölss, Erich R. 217, 349, 352 f.
Prölss, Jürgen 281, 284, 350 f.
Prütting, Hanns 436
Puchta, Wolfgang Heinrich 41
Putin, Wladimir 468
Putzo, Hans 124, 250, 253

Q
Quack, Friedrich 319

R
Rabel, Ernst 252, 279
Radbruch, Gustav 410
Rademacher, Ludwig 219
Rädler, Albert 432
Radtke, Henning 408
Radwański, Zbigniew 476
Raiser, Ludwig 284 f.
Ramsauer, Ulrich 398
Randelzhofer, Albrecht 489
Rasehorn, Theo 240
Rathke, Kurt Dietrich 405
Ratzinger, Joseph 373
Raue, Franz 345
Raupach, Arndt 432
Rauscher, Thomas 327 f.
Rawert, Peter 370
Rebenich, Stefan 132
Rebmann, Kurt 317 ff., 460 f.
Reck-Malleczewen, Friedrich Percyval 83 f.
Redeker, Konrad 264
Rehbinder, Manfred 239
Rehborn, Friedrich 246
Rehborn, Martin 333
Reich, Philipp Erasmus 28
Reichenbach, Harald 475
Reidt, Olaf 400
Reimann, Wolfgang 343
Reinhardt, Max 88
Reinhardt, Michael 401, 518, 528
Remarque, Erich Maria 62
Renatus, Kuno 196

Renger, Annemarie 328
Rengier, Rudolf 441
Rennert, Klaus 397
Renzikowski, Joachim 407
Reut-Nicolussi, Eduard 194
Richardi, Reinhard 373 ff., 378
Richter, Bodo 163
Richter, Gerhard 317
Ricke, Wolfgang 383
Ridder, Helmut 295
Riedel, Emil Freiherr von 52
Riederer, Johann 499
Rieß, Peter 460, 461
Rinck, Hans-Justus 395
Ringleb, Karl 427, 429
Rittweger, Stefan 245, 382
Rixecker, Roland 319
Röckinghausen, Marc 401
Rogge, Rüdiger 355
Rohmer, Ernst 30, 47, 50–56, 60, 65, 69, 138, 207
Rohmer, Eugenie 207
Rohmer, Friedrich 40 f.
Rohmer, Gustav 54, 91, 149, 152
Rohmer, Mathilde 207
Rohmer, Theodor 40
Rohnke, Christian 357
Rojahn, Dieter 343
Rolf, Christian 517, 528
Römer, Wolfgang 351 f.
Roosevelt, Theodore 183, 186, 189
Rosenberg, Alfred 213
Rosenberg, Leo 127, 131, 134, 194, 292
Rössler, Rudolf 423
Roßnagel, Alexander 495, 497
Roth, Günter H. 349
Roth, Herbert 509, 528
Roth, Markus 253
Röttle, Reinhard 410
Roxin, Claus 292 f., 435, 438, 461
Rozek, Jochen 396
Rozwadowski, Władysław 476
Ruban, Reinhild 425
Ruffert, Matthias 404
Rumpf, Helmut 203
Rüping, Hinrich 261, 453
Rüthers, Bernd 97, 119, 166, 282 f., 440 f.

S

Saage, Erwin 342
Sachs, Michael 391, 393, 398
Säcker, Franz Jürgen 316, 318 f., 325, 475
Saenger, Ingo 448
Sahlins, Marshall 458
Salzgeber, Joseph 341
Sander, Günther 443
Sandt, Theodor van de 396
Sartorius, Carl 75, 92, 102
Saßnink, Peter 542
Sauer, Wilhelm 410
Sauren, Marcel 347
Sauter, Eugen 365
Savigny, Friedrich Carl von 61, 174, 449 f.
Schaar, Peter 497
Schacht, Hjalmar 156
Schäfer, Thomas 6
Schäffer, Fritz 190, 201
Schaffstein, Friedrich 181 f., 410
Scharnagl, Karl 190
Schaub, Bernhard 505
Schaub, Günter 377 f., 462
Scheel, Walter 309
Schenke, Wolf-Rüdiger 398
Scheurle, Klaus-Dieter 496
Scheuten, Frank J. 501
Schick, Walter 302, 436
Schimansky, Herbert 367
Schippel, Helmut 369 f.
Schirach, Baldur von 273
Schlater, Christine 368
Schlechtriem, Peter 329
Schlegelberger, Franz 99, 169, 172, 181, 313, 321
Schlegelmilch, Günter 365
Schleyer, Hanns-Martin 262
Schlingloff, Jochen 357
Schlüter, Wilfried 300
Schmalz, Klaus 204
Schmidt, Artur 72
Schmidt, Eberhard 237, 398, 453
Schmidt, Helmut 309 f., 317
Schmidt, Ingrid 372, 374, 376, 378
Schmidt, Jörg 397
Schmidt, Karsten 251, 321 f., 473
Schmidt, Klaus 380, 463

Schmidt, Ludwig 424–427
Schmidt, Reimer 244, 353
Schmidt-Aßmann, Eberhard 398
Schmidt-Bleibtreu, Bruno 395
Schmidt-Futterer, Wolfgang 330 f., 333
Schmitt, Carl 125, 136, 143, 145 f., 153, 170, 181 f., 197 f., 272 f., 276, 283, 286, 392
Schmitt, Hermann 53, 155
Schmitz, Heribert 398
Schneider, Hans-Peter 395
Schneider, Jens-Peter 398, 499
Schnelke, Peter 542
Schnitzler, Klaus 505
Schoch, Friedrich 398
Schollmeyer, Friedrich 72
Scholz, Harald 340
Scholz, Rupert 267, 271
Schomburg, Wolfgang 408
Schomerus, Rudolf 496
Schomerus, Thomas 401
Schöner, Hartmut 366
Schönfelder, Heinrich 92–103, 146, 202, 211, 214, 227, 241, 245 f., 282, 301 f., 435
Schönke, Adolf 151, 155, 163, 179 f., 210, 255 ff.
Schopp, Christian 346
Schrader, Peter 379
Schrader, Siegfried 366
Schreiber, Hans-Ludwig 461
Schricker, Gerhard 356
Schröder, Gerhard 386
Schröder, Hans-Joachim 524
Schröder, Horst 256 f.
Schröder, Jan 449
Schrödl, Ruth 6
Schroeder, Werner 442
Schroeder-Printzen, Günther 384
Schröpel, Karl 194, 215
Schröter, Manfred 186
Schulin, Bertram 389
Schullze, Erich 190, 209
Schulte, Bernd 385, 389
Schulte-Mattler, Hermann 354
Schultes, Axel 475
Schulz, Werner 341
Schulze, Gernot 356

Schulze-Hagen, Alfons 363
Schunder, Achim 6
Schünemann, Bernd 438
Schüppen, Matthias 505
Schuschnigg, Kurt von 170
Schuster, Fabian 495 f.
Schütz, Raimund 496, 500
Schütze, Bernd 384, 386
Schütze, Rolf A. 338, 369
Schwab, Dieter 291, 296
Schwab, Karl Heinz 292, 436
Schwamb, Werner 507
Schwanhäuser, Hermann 542
Schwark, Eberhard 354
Schwarz, Otto 126, 155, 163, 179 f., 219, 255 f., 258 f., 261
Schwarz, Walter 203
Schwarze, Jürgen 403
Schweitzer, Albert 81, 87 f., 90, 220
Schwerdtfeger, Gunther 439
Schwermer, Gerfried 401
Schweyer, Gerhard 365
Seagle, William 304 f.
Sedelmeier, Klaus 254
Seeger, Siegbert 424, 426
Seewald, Otfried 383
Sefrin, Ulrich 528
Seifart, Werner 368
Seitz, Helmut 409
Seldte, Franz 138
Semler, Johannes 322, 349
Senge, Lothar 409
Seuffert, Lothar von 53
Seuß, Hanns 346 f., 366
Seyss-Inquart, Arthur 171
Siebeck, Paul 181
Sieber, Ulrich 494
Siebert, Wolfgang 152, 157, 181 f.
Sieder, Frank 401, 499
Siegert, Karl 181
Siekmann, Helmut 391
Sigloch, Heinrich 428
Sigmund, Klaus 542
Simma, Bruno 489
Skibbe, Manfred 319
Smends, Rudolf 392
Sodan, Helge 389, 395, 442

Sölch, Otto 427, 429
Sołtysiński, Stanislaw 478
Sommerfeld, Adolf 114
Sonnenberger, Hans-Jürgen 336
Spellbrink, Wolfgang 384, 387
Spengler, Oswald 77, 81, 83–90, 138, 140, 147, 194, 196 f.
Spiegelhalter, Hans Joachim 368, 380, 463
Spindler, Gerald 354, 495, 510
Sporer, Karl Heinz 421
Stackelberg, Bettina 513
Stadler, Astrid 330, 441
Stahlhacke, Eugen 506, 513
Stalin, Josef 183 f., 189, 191, 229, 301, 457, 474
Starck, Christian 269, 394
Staub, Hermann 118, 122
Staudigl, Siegfried 340
Staudinger, Julius von 52 f., 155, 454
Stein, Ekkehart 294 f.
Stein, Rolf 341
Steinmeyer, Heinz-Dietrich 379
Stelkens, Paul 398
Stengel, Arndt 349
Stenglein, Melchior 53, 118
Štenglová, Ivana 482
Stephan, Walter 339, 388, 400, 436 f., 473, 504
Stern, Helga 393
Stern, Klaus 391–395, 405
Stiefel, Ernst, C. 352
Stier-Somlo, Fritz 75
Stilz, Eberhard 510
Stöber, Kurt 366
Stober, Rolf 437
Stöhr, Frank 518
Stoll, Heinrich 286
Stolleis, Michael 204, 265, 455 ff.
Strasser, Gregor 157
Strasser, Otto 157
Straßmann, Ernst 125 f., 169 f., 177
Stratz, Rolf-Christian 349
Straube, Gunnar 379
Strauß, Franz Josef 255
Streck, Michael 424
Stree, Walter 257
Streinz, Rudolf 404 f.

Strelin, Georg Gottfried 33, 36
Strohn, Lutz 349
Stuckart, Wilhelm 141 f., 150, 152, 154, 159–166, 178, 192
Stüer, Bernhard 400
Stumpf, Herrmann 372, 381
Stürner, Rolf 285, 326, 329 f.
Sudhoff, Martin 366
Suhrkamp, Peter 197
Sund, Georg 194
Švestka, Jiří 482
Synek, Miloslav 483
Szajkowski, Andrzej 478
Szwaja, Janusz 478

T
Teichmann, Arndt 329 f.
Teichmann, Robert 147, 211
Tettinger, Peter J. 405
Teufel, Fritz 241
Theobald, Christian 498, 499
Thibaut, Anton Friedrich 174
Thiele-Fredersdorf, Herbert 416
Thiesing, Jochen 403
Thomas, Heinz 124, 250, 253
Thomasius, Christian 35
Thüsing, Gregor 374
Timme, Michael 347
Tipke, Klaus 417, 432
Tischler, Stefan 6
Titze, Heinrich 172
Tomuschat, Christian 489
Tophoven, Ernst 372
Toynbee, Arnold 288, 289
Treber, Jürgen 377
Trebinger, Yvonne 374
Treier, Gerhard 332
Tremel, Klaus 236
Tremel, Paul 246
Troll, Max 423, 428
Tröltsch, Johann Friedrich von 34
Tröndle, Herbert 260 f.
Truman, Harry S. 183

U
Udsching, Peter 385 f., 517, 528
Uelner, Adalbert 422

Uhlenbruck, Wilhelm 333
Ullstein, Hermann 88
Ulmer, Eugen 312, 355 f.
Ulsenheimer, Klaus 332
Umbach, Dieter C. 395

V
Versteyl, Ludger-Anselm 401
Vespermann, Hans-Joachim 371
Vesting, Thomas 495
Vieweg, Klaus 448
Viskorf, Hermann-Ulrich 428
Vogel, Hans Jochen 318
Vogel, Klaus 424, 427
Vogelsang, Hinrich 377, 379
Voit, Wolfgang 362
Völderndorff-Waradein, Eduard Freiherr von 48
Volk, Klaus 406, 441, 442, 505, 506
Volkmar, Erich 151, 177
Volkmer, Mathias 408
Völlink, Uwe-Carsten 361
Vollkommer, Max 329
Vorwerk, Volkert 519
Vossen, Reinhard 506
Voßkuhle, Andreas 397 f., 440
Vygen, Klaus 363

W
Wabnitz, Heinz-Bernd 406
Wachter, Wilhelm 541
Waegenbaur, Bertrand 490
Wagner, Alois 410
Wagner, Gerhard 162
Wagner, Regine 385
Wagner, Wilfried 429
Wahrendorf, Volker 386
Walchshöfer, Alfred 327
Waldhoff, Christian 391, 395
Waldner, Wolfram 365
Walker, Wolf-Dietrich 302 f.
Waltermann, Raimund 384
Walz, Robert 508
Wandt, Manfred 327
Wandtke, Artur-Axel 356
Wank, Rolf 372, 379
Warneyer, Otto 176

Warth, Wilhelm 6
Wasmuth, Johannes 6, 475
Wassermann, Rudolf 240
Wassermeyer, Franz 427, 430
Watrin, Christoph 327
Wax, Peter 327
Weber, Hermann 241, 243, 289, 438, 461, 462
Weber, Karl 53, 71
Weber, Klaus 6, 542
Weber, Martin 523
Weber-Grellet, Heinrich 427
Weckherlin, Wilhelm Ludwig 19 f., 34 ff.
Weiner, Bernhard 410
Weipert, Lutz 369
Weise, Stefan 508, 528
Weiß, Eberhardt 423
Weißstein, Rudolf 202
Weitnauer, Hermann 343
Weitnauer, Wolfgang 508
Wekhrlin, Wilhelm Ludwig 19 f., 34 ff.
Wellhöfer, Werner 475
Wendl, Philipp 340
Wenskus, Reinhard 452
Wenzel, Joachim 327 f., 347
Werner, Almuth 448
Wesel, Uwe 452, 591
Westarp, Adolf Graf von 58
Westermann, Harm Peter 285, 319
Westermann, Harry 285, 511
Weyand, Rudolf 360
Widmaier, Gunter 406, 505
Wieacker, Franz 70, 298, 307, 449, 453
Wiedemann, Gerhard 359
Wiedemann, Herbert 372
Wiegandt, Manfred 456
Wiegner, Michael 504
Wiemer, Horst 196
Wilburg, Walter 279
Wilden, Hans 203
Wilhelm I. (Kaiser) 44, 112
Wilhelm II. (Kaiser) 58
Wilhelm, Walter 454
Wilke, Gustav 167, 169 ff., 176
Wilke, Reinhard 400

Willoweit, Dietmar 450 f.
Wilrodt, Herrmann 376
Windbichler, Christine 436
Windscheid, Bernhard 450
Windthorst, Kay 395, 444, 475
Winkler, Daniela 444
Winkler, Karl 368
Winkler, Klaus 6, 445
Wirckau, Edgar 147, 416, 429
Wirths, Carl 344
Wißmann, Hellmut 378
Witt, Siegfried de 330, 334, 400, 501
Witte, Peter 424
Wittfogels, Karl August 457
Wittig, Petra 408
Wlotzke, Otfried 378, 462
Wöhe, Günter 313
Wolf, Alfred 317
Wolf, Christian 519
Wolf, Manfred 284
Wolff, Hans Julius 300 f., 437
Wolff, Martin 285, 454
Wolfrum, Rüdiger 489
Wolfstieg, Friedrich 150, 154
Woll, Artur 313
Wulffen, Matthias von 384
Würtenberger, Thomas 437
Wussow, Werner 352
Wustlich, Guido 501

Z
Zacher, Hans 390 f.
Zapf, Georg Wilhelm 36
Zeitler, Herbert 401
Zellner, Gerhard 410
Ziegler, Georg 246
Ziekow, Jan 361, 442
Ziemer, Herbert 417
Zimmer, Daniel 354
Zinkahn, Willy 399
Zipfel, Walter 405
Zippelius, Reinhold 295, 437
Zirnbauer, Ulrich 507 f.
Zuck, Rüdiger 395
Zweigert, Konrad 244

Zur Person des Autors

Uwe Wesel, geb. 1933 in Hamburg, dort Abitur und Studium der Klassischen Philologie, danach der Rechtswissenschaft in München, wo er von 1961 bis 1968 Assistent an der Juristischen Fakultät bei Wolfgang Kunkel gewesen ist. Dort erfolgten auch die üblichen juristischen Examina und 1968 eine Habilitation für Römisches Recht und Bürgerliches Recht. Seit 1968 ist er (nunmehr emeritierter) Professor an der Freien Universität Berlin, deren 1. Vizepräsident er 1969 – 1973 war. Zudem ist er Mitglied des P.E.N.-Zentrums Deutschland.

Wichtigste Veröffentlichungen:
Der Mythos vom Matriarchat (1980), Juristische Weltkunde (1984), Frühformen des Rechts in vorstaatlichen Gesellschaften (1985), Der Honecker-Prozeß (1994), Die Hüter der Verfassung (1996), Der Gang nach Karlsruhe (2004), Mitarbeit in den Zeitschriften «Kritische Justiz», «Kursbuch» und «Die Zeit».

Bücher bei C.H.Beck:
Geschichte des Rechts (1. Auflage 1997, 4. Auflage in Vorbereitung für November 2013)
Recht, Unrecht und Gerechtigkeit (2003)
Geschichte des Rechts in Europa (2010)
Fast alles was Recht ist (9. Auflage in Vorbereitung für 2014),